Mannheimer Schriften zur Verwaltungs- und
Versorgungswirtschaft

Band 24

Die Zukunft aktiv gestalten II

Martin Arbeiter
Wolfgang Bühring
Rüdiger Höche
Siegfried Schwab
Hanspeter Stihl (Hg.)

Stadtwerke Frankenthal GmbH
Stadtwerke Speyer GmbH
Stadtwerke Bühl GmbH
Duale Hochschule Baden-Württemberg Mannheim
(Bis zum 28.2.2009 – 35 Jahre erfolgreich Berufsakademie, Staatliche Studienakademie)
Freunde und Alumni DHBW Mannheim e.V.

Centaurus Verlag & Media UG

Zu den Herausgebern:

Martin Arbeiter ist Ausbildungsleiter der Stadtwerke Frankenthal GmbH.

Wolfgang Bühring ist Geschäftsführer der Stadtwerke Speyer GmbH.

Dipl.-Ing. Rüdiger Höche ist Geschäftsführer der Stadtwerke Bühl GmbH.

Prof. Dr. Dr. Siegfried Schwab ist Professor und Studiengangleiter an der Dualen Hochschule Baden-Württemberg Mannheim.

Prof. Hanspeter Stihl ist Unternehmensbevollmächtigter Kommunalwirtschaft der Fichtner GmbH & Co. KG, Lehrbeauftragter an der Dualen Hochschule Baden-Württemberg Mannheim und Vorstand der Freunde und Alumni DHBW Mannheim e.V.

Die Herausgabe des Buches wurde durch die freundliche Unterstützung der Freunde und Alumni DHBW Mannheim e.V.
Stadtwerke Bühl GmbH
Stadtwerke Frankenthal GmbH
Stadtwerke Speyer GmbH und
von Prof. Dr. Dr. Siegfried Schwab, Mag. rer. publ.
ermöglicht.

Herausgeber und Verlag danken für die Unterstützung.

Bibliografische Informationen der Deutschen Nationalbibliothek
Die Deutsche Nationalbibliothek verzeichnet diese Publikation in der Deutschen Nationalbibliografie; detaillierte bibliografische Daten sind im Internet über http://dnb.d-nb.de abrufbar.

Gedruckt auf säurefreiem und chlorfrei gebleichtem Papier.

ISBN 978-3-86226-055-3   ISBN 978-3-86226-859-7 (eBook)
DOI 10.1007/978-3-86226-859-7

ISSN 1430-905X

Umschlaggestaltung: Antje Walter, Titisee-Neustadt
Satz: Vorlage der Herausgeber

Inhalt

Vorwort

Menschen mit Behinderung[1]

Prof. Dr. Dr. Siegfried Schwab, Mag. rer. publ.

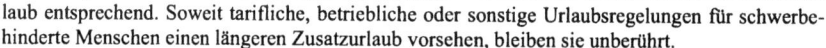

[1] **Schwerbehinderte Menschen haben Anspruch auf einen bezahlten zusätzlichen Urlaub von fünf Arbeitstagen im Urlaubsjahr;** verteilt sich die regelmäßige Arbeitszeit des schwerbehinderten Menschen auf mehr oder weniger als fünf Arbeitstage in der Kalenderwoche, erhöht oder vermindert sich der Zusatzurlaub entsprechend. Soweit tarifliche, betriebliche oder sonstige Urlaubsregelungen für schwerbehinderte Menschen einen längeren Zusatzurlaub vorsehen, bleiben sie unberührt. **Der Anspruch auf Zusatzurlaub entsteht mit dem Eintritt der Schwerbehinderteneigenschaft** (§ 2 Abs. 2 SGB IX -Menschen sind im Sinne des Teils 2 schwerbehindert, wenn bei ihnen ein Grad der Behinderung von wenigstens 50 vorliegt). Anspruch auf den gesetzlichen Zusatzurlaub haben vielmehr alle schwerbehinderten Menschen, die als Beschäftigte Anspruch auf Erholungsurlaub haben. Der Anspruch auf Zusatzurlaub nach § 125 Abs. 1 Satz 1 1. Halbs. SGB IX tritt dem Urlaubsanspruch hinzu, den der Beschäftigte ohne Berücksichtigung seiner Schwerbehinderung beanspruchen kann, AP SGB IX § 125 Nr. 1. Er erlischt mit dem Wegfall der Rechtsstellung als Schwerbehinderter (§ 116 Abs. 1). Der Zusatzurlaub folgt „akzessorisch" den für den gesetzlichen Mindesturlaub geltenden – gesetzlichen, tarifvertraglichen oder einzelvertraglichen – Regeln. Der Anspruch auf Zusatzurlaub besteht auch, wenn durch den Arbeitgeber bereits ein übertariflicher Urlaubsanspruch gewährt wird, BAG, BeckRS 2007, 40276; NZA 2007, 330. Der Anspruch auf Zusatzurlaub setzt die Schwerbehinderung voraus, nicht deren behördliche Feststellung. Der ArbN kann bereits vor Durchführung des Feststellungsverfahrens gegenüber dem Arbeitgeber seine Behinderung geltend machen und verlangen, dass ihm der Zusatzurlaub für das laufende Urlaubsjahr gewährt wird. Eine nur vorsorgliche Geltendmachung unter Hinweis auf eine zur Feststellung beantragte Schwerbehinderteneigenschaft reicht nicht, BAG, NZA 1986, 558. Der Zusatzurlaub ist ein bezahlter zusätzlicher Urlaub, so dass auch für die Zeit des Zusatzurlaubs das vertraglich geschuldete Arbeitsentgelt weiterzuzahlen ist. Ein Anspruch auf ein zusätzliches Urlaubsgeld besteht nur bei ausdrücklicher Regelung. Der Zusatzurlaub nach § 125 Abs. 1 S. 1 SGB IX folgt bundesurlaubsgesetzlichen Bedingungen. Er verfällt somit nicht, wenn er krankheitsbedingt nicht genommen werden kann und ist somit abzugelten, LAG Düsseldorf, Abgeltung wegen Krankheit nicht genommenen Jahresurlaubs, NZA-RR 2009, 247. Der Urlaubsanspruch wird nicht nur für Zeiten erworben wird, in denen der Arbeitnehmer seine Arbeitskraft zur Verfügung gestellt hat, sondern auch für Zeiten, in denen er ordnungsgemäß krankgeschrieben war. Dies gilt auch für den Zusatzurlaub, a. A. ArbG Berlin, Urlaubsabgeltung bei über den Über-

Durch das **Schwerbehindertenrecht werden (Schwer)behinderte**, d. h. Menschen
mit einer Behinderung von mindestens 50 % und diesen auf Antrag gleichgestellte
behinderte Menschen geschützt. Der **Begriff der Behinderung** legt in Anlehnung
an das Partizipationsmodell der Weltgesundheitsorganisation (WHO) die internationale Klassifikation zugrunde.[2] Hiernach wird nicht mehr die Orientierung an den
Defiziten im Vordergrund gesehen, sondern die Teilhabe an den verschiedenen
Lebensbereichen. Bei der Festlegung des Begriffes wird unterschieden:

- Gesundheitsschäden (Impairments)
- Funktionelle Einschränkungen (Disabilities)
- Soziale Beeinträchtigungen (Handicaps)

Die Gesundheitsschäden können auf körperlicher, geistiger oder seelischer Ebene
vorliegen. Als körperliche Schäden kommen z. B orthopädische, internistische Erkrankungen, Amputationen, Verlust der Sehkraft in Betracht. Geistige Erkrankungen
können z. B. Demenz, Hirnschädigungen und seelische Erkrankungen z. B. Neuro-
sen, Suchterkrankungen, Persönlichkeitsstörungen sein.

Die Funktionsfähigkeit auf der jeweiligen Ebene (körperlich, geistig, seelisch) ist
vermindert.[3] und es kommt hierdurch zu einer Einschränkung bei der Bewältigung
des täglichen Lebens. Aufgrund dieser Schädigung tritt dann eine Einschränkung der
Teilnahme am täglichen Leben ein

---

tragungszeitraum hinaus fortdauernder Arbeitsunfähigkeit – Verfall von Zusatzurlaub, NZA-RR
2009, 411 – § 125 SGB IX dient nicht der Umsetzung sonstigen EU-Rechts. Dies ist nicht ersichtlich und wird auch nicht diskutiert, vgl. Rolfs, in ErfK, 9. Aufl. [2009], SGB IX § 125 RN 1;
Pahlen, in: Neumann/Pahlen/Majerski-Pahlen, SGB IX, 11. Aufl. [2005], § 125 RN 1 ff. Die Entscheidung des ArbG Berlin überzeugt nicht, da das anerkannte Ziel, das besondere Erholungsbedürfnis zu befriedigen und die ohnehin durch die Behinderung gefährdete Arbeitskraft zu erhalten
erst recht nach einer längeren Erkrankung bei Schwerbehinderten gegeben ist. **Ein behinderter
Arbeitnehmer muss seine Behinderung mit erhöhtem Einsatz und erhöhtem Kraftaufwand
ausgleichen. Er verbraucht daher seine physischen und psychischen Kraftreserven schneller**
als ein anderer, gesunder Arbeitnehmer und muss sich dementsprechend länger erholen, Pahlen,
Neumann/Pahlen/Majerski-Pahlen, Sozialgesetzbuch IX, § 125 SGB IX, RN 6. Der Zusatzurlaub
dient dem Schwerbehinderten dazu, die verbliebene Arbeitsfähigkeit und Gesundheit zu erhalten,
Jabben, in Rolfs/ Giesen/Kreikebohm/Udsching, Beck'scher Online-Kommentar, § 125 SGB IX,
RN 2 – gesteigertes Erholungsbedürfnis bzw. eine längere Regenerationsphase. Eine zusätzliche
Erholungsbedürftigkeit muss nicht konkret nachgewiesen werden, sie wird unwiderleglich vermutet, Rolfs, in ErfK, § 125 SGB IX, RN 1. Düwell stellt deshalb eindeutig klar, dass der schwerbehinderte Beschäftigte, der erst nach Ablauf des Übertragungszeitraums seine Arbeitsfähigkeit
wieder erlangt, den nicht gewährten Erholungs- und Zusatzurlaub verlangen kann. Endet das Arbeitsverhältnis, so kann der dauerhaft arbeitsunfähige und aus dem Arbeitsverhältnis ausscheidende schwerbehinderte Beschäftigte die Abgeltung seines Erholungs- und Zusatzurlaubs nach § 7
Abs. 4 BUrlG fordern, Düwell, in Dau, u. a., § 125 SGB IX, RN 34.

2 Jabben, in Rolfs/Giesen/Kreikebohm/Udsching, § 3 SGB IX RN 3 f.

3 Jabben, in Rolfs/Giesen/Kreikebohm/Udsching, RN 4; Neumann, in Neumann/Pahlen/Majerski-
   Pahlen, SGB IX § 2, RN 7.

Menschen mit Behinderungen sind aktive Mit-Bürger unserer gestaltenden Gesellschaft. Spätestens seit 2006 die Vereinten Nationen die Konvention über die Rechte von Behinderten[4] verabschiedet haben, lässt sich ein Wandel des Verständnisses verstehen.[5] Dennoch sind Menschen mit Behinderungen hohen Risiken ausgesetzt, keinen Platz im Erwerbsleben zu finden Ihre Teilhabe am Arbeitsleben ist stark eingeschränkt. Sozial und arbeitsmarktpolitische Instrumente wie Eingliederungszuschüsse, konkrete Hilfeleistungen im Arbeitsleben oder Unterstützung durch Integrationsfachdienste sollen helfen, die Barrieren im allgemeinen Arbeitsmarkt zu überwinden. Gesetzliche (Pflicht)Quotenregelungen sollen die Chance auf einen Arbeitsplatz strukturell erhöhen. ArbeiterInnen unterlaufen[6] diese Bemühungen häufig durch Ausgleichszahlungen.

---

[4] Aichele, Behinderung und Menschenrechte: Die UN-Konvention über die Rechte von Menschen mit Behinderungen, APUZ 23/2010 – die UN-Konvention über die Rechte von Menschen mit Behinderungen (UN-BRK), seit dem 26. März 2009 in Kraft, ist in Deutschland angekommen. Ihre Bedeutung für die Lebenssituation von Menschen mit Behinderungen ist kaum zu überschätzen. Die Konvention steht zu Recht für einen Wechsel von einer Politik der Fürsorge hin zu einer Politik der Rechte. Sie ist der neue Rechtsrahmen für die Behindertenpolitik in Deutschland und erhebt die Rechte von Menschen mit Behinderungen zur Grundlage und zum Maßstab politischen Handelns. Bei den „Rechten von Menschen mit Behinderungen" gemäß der Konvention um ein und dieselben Rechte, wie sie in der Allgemeinen Erklärung der Menschenrechte von 1948, dem Internationalen Pakt über wirtschaftliche, soziale und kulturelle Rechte von 1966 und dem Internationalen Pakt über bürgerliche und politische Rechte von 1966 niedergelegt sind. Sie ist keine Spezialkonvention, die Sonderrechte oder Privilegien für Menschen mit Behinderungen formuliert. Die Leistung und der Gewinn der Konvention sind darin zu erkennen, dass sie die universellen Rechte aus der Perspektive von Menschen mit Behinderungen präzisiert und im selben Zuge die staatlichen Verpflichtungen für ihren Schutz konkretisiert. Dazu gehören das Recht auf Leben (Art. 10), das Recht auf gleiche Anerkennung vor dem Recht und Schutz der Rechts- und Handlungsfähigkeit (Art. 12), das Recht auf Zugang zur Justiz (Art. 13), das Recht auf Freiheit und Sicherheit (Art. 14), Freiheit von Folter (Art. 15), Freiheit vor Ausbeutung, Gewalt und Missbrauch (Art. 16), das Recht auf körperliche und seelische Unversehrtheit (Art. 17), Freizügigkeit (Art. 18), das Recht auf Staatsangehörigkeit (Art. 18), das Recht auf unabhängige Lebensführung und Einbeziehung in die Gesellschaft (Art. 19), das Recht auf persönliche Mobilität (Art. 20), das Recht auf freie Meinungsäußerung (Art. 21), das Recht auf Zugang zu Informationen (Art. 21), Achtung der Privatsphäre (Art. 22), Achtung der Wohnung (Art. 23), Familie und Familiengründung (Art. 23), das Recht auf Bildung (Art. 24) und auf Gesundheit (Art. 25), das Recht auf Arbeit und Beschäftigung (Art. 27), das Recht auf einen angemessenen Lebensstandard (Art. 28), Teilhabe am politischen und öffentlichen Leben (Art. 29), Teilhabe am kulturellen Leben sowie auf Erholung, Freizeit und Sport (Art. 30).

[5] Seit März 2009 in Deutschland in Kraft.

[6] Pfahl/Powell, Draußen vor der Tür: Die Arbeitsmarktsituation von Menschen mit Behinderung, APIU, 23/2010 – Auch weil die Behinderungsrate mit dem Lebensalter zunimmt, gelten mehr als vier Millionen der Menschen mit Behinderungen als „dem Arbeitsmarkt nicht zur Verfügung„ stehend. Doch auch eine unbekannte Anzahl von Personen mit erwerbsfähiger Konstitution gehört dieser Kategorie an: Nach einer jahrelang erfolglosen Arbeitsplatzsuche ist es eine gängige Praxis, sich nicht länger „Arbeit suchend" zu melden, sondern von Sozialgeld zu leben. Durch die Praxis der schulischen und beruflichen Besonderung von Menschen mit Behinderungen und Benachteiligungen werden die Betroffenen stigmatisiert. Ihnen wird der Zugang zu qualifizierenden

Zur Erhöhung seiner Chancen im Auswahlverfahren ist ein schwerbehinderter Bewerber nach § 82 S. 2 SGB IX von einem öffentlichen Arbeitgeber regelmäßig zu einem Vorstellungsgespräch einzuladen. Nach § 82 S. 3 SGB IX entfällt diese Pflicht ausnahmsweise, wenn dem schwerbehinderten Bewerber offensichtlich die fachliche Eignung fehlt.[7] **§ 81 Pflichten des Arbeitgebers und Rechte schwerbehinderter Menschen** – die Arbeitgeber sind verpflichtet zu prüfen, ob freie Arbeitsplätze mit schwerbehinderten Menschen, insbesondere mit bei der Agentur für Arbeit arbeitslos oder arbeitssuchend gemeldeten schwerbehinderten Menschen, besetzt werden können. Sie nehmen frühzeitig Verbindung mit der Agentur für Arbeit auf. Die Bundesagentur für Arbeit oder ein Integrationsfachdienst schlägt den Arbeitgebern geeignete schwerbehinderte Menschen vor. Über die Vermittlungsvorschläge und vorliegende Bewerbungen von schwerbehinderten Menschen haben die Arbeitgeber die Schwerbehindertenvertretung und die in § 93 genannten Vertretungen unmittelbar nach Eingang zu unterrichten. Arbeitgeber dürfen schwerbehinderte Beschäftigte nicht wegen ihrer Behinderung benachteiligen. Im Einzelnen gelten

---

Zweigen der beruflichen Bildung trotz arbeitsmarktpolitischer Maßnahmen der Rehabilitation strukturell stark erschwert.

[7] BAG, Urteil vom 21.07.2009 – 9 AZR 431/08 mit krit. Anm. von Kern, **beck-fachdienst Arbeitsrecht 39/2009 vom 01.10.2009.** Die Entscheidung überzeugt nicht, so Kern. Es bleibt offen, warum im Motivbündel des Arbeitgebers die fehlende Behinderung als positives Kriterium vorhanden gewesen sein soll, weil er die gesetzlich vorgesehene Besserstellung unterließ und anhand der Examensnoten eine Vorauswahl traf. Die für Beamte zuständige Verwaltungsgerichtsbarkeit hätte die Klage abgewiesen, VGH B-W, Urteil vom 04.08.2009 – 9 S 3330/08, BeckRS 2009, 37238). Erfreulich an der Entscheidung ist, dass das BAG seine bisherige Rechtsprechung, BAG, Urteil vom 12.09.2006 – 9 AZR 807/05, NZA 2007, 507, Anmerkung Göpfert, FD-ArbR 2007, 220823, auf Kritik der Literatur, von Medem, NZA 2007, 545, insoweit aufgegeben hat, als es keine sachliche Rechtfertigung der Auswahlkriterien mehr verlangt. Schwerbehinderte Bewerber können nach dieser Entscheidung eine Entschädigung mit guten Erfolgaussichten einklagen, wenn sie das **Anforderungsprofil erfüllen und trotzdem von öffentlichen Arbeitgebern nicht zum Vorstellungsgespräch eingeladen werden.** Gutzeit, in Rolfs/Giesen/Kreikebohm/Udsching, Beck'scher Online-Kommentar, § 82 SGB IX, RN 1 – ein schwerbehinderter Bewerber soll den öffentlichen Arbeitgeber im Vorstellungsgespräch von seiner Eignung überzeugen können. Das **Vorstellungsgespräch ist Pflicht für die personalverwaltende Dienststelle** und betrifft alle Bewerber oder von der Bundesagentur für Arbeit vorgeschlagene Personen, Neumann, Sozialgesetzbuch IX, § 82 RN 5. Ein **Verstoß gegen § 82 Satz 2 SGB IX kann geheilt werden,** wenn der Arbeitgeber des öffentlichen Dienstes den Stellenbewerber auf dessen Beanstandung hin in das unverändert noch laufende Bewerbungsverfahren wieder aufnimmt und zu einem Vorstellungstermin lädt, LAG Köln, BeckRS 2009 67329. Wird der Verstoß gegen § 82 Satz 2 SGB IX geheilt, entfällt damit auch eine etwaige Indizwirkung i. S. v. § 22 AGG. Arbeitgeber müssen peinlich genau auf die Einhaltung der Förderpflichten nach §§ 81, 82 SGB IX achten. Sie sollten zudem bereits im Anforderungsprofil bestimmte Mindestqualifikationen verlangen, damit der Beweis eines diskriminierungsfreien Bewerbungsverfahrens leichter gelingt. Bei Verfahrensfehlern werden sie sich häufig nur mit Erfolg gegen Entschädigungsklagen verteidigen können, wenn sie Indizien für eine nicht ernsthafte Bewerbung (so genanntes AGG-Hopping) beweisen können.

hierzu die Regelungen des Allgemeinen Gleichbehandlungsgesetzes.[8] Das BAG bestätigt seine neuere Rechtsprechung, wonach der Arbeitnehmer die im Zeitpunkt des Zugangs einer Kündigung zwar festgestellte, dem Arbeitgeber aber nicht bekannte Eigenschaft als schwerbehinderter Mensch innerhalb einer Frist von drei Wochen mitzuteilen hat; andernfalls ist eine Berufung auf § 85 SGB IX i.V.m. § 134 BGB ausgeschlossen.[9]

---

[8] **Schadensersatz wegen unterlassener Unterrichtung der Schwerbehindertenvertretung** – ein schwerbehinderter Stellenbewerber hat Anspruch auf Zahlung einer Entschädigung, wenn aufgrund der fehlenden Unterrichtung der Schwerbehindertenvertretung von seiner eingegangenen Bewerbung eine Benachteiligung vermutet wird und der Arbeitgeber die Vermutung nicht widerlegen kann. Dem Arbeitgeber ist es im Rahmen einer gerichtlichen Prüfung grundsätzlich verwehrt, sich auf sachliche Gründe für die Ablehnung zu berufen, die er dem betroffenen Bewerber bei seiner Unterrichtung nach § 81 Abs. 1 Satz 9 SGB IX nicht mitgeteilt hat, im Anschluss an Hess. LArbG vom 07.11.2005 – 7 Sa 473/05.

[9] Durch das Schwerbehindertenrecht werden Schwerbehinderte, d. h. Menschen mit einer Behinderung von mindestens 50 % **und diesen auf Antrag gleichgestellte behinderte Menschen geschützt.** Der Antrag ist formfrei an die örtlich und sachlich zuständige Agentur für Arbeit zu stellen, Dau, HK-SGB IX, § 68 RN 6. Das Verwaltungsverfahren ist dann einfach, zweckmäßig und zügig durchzuführen. Dabei ist die Agentur für Arbeit an die Feststellung des Grades der Behinderung durch das Versorgungsamt gebunden. Die Gleichstellungsentscheidung wirkt nach § 68 Abs. 2 S. 2 auf den Tag des Antragseingangs zurück. Sie begründet konstitutiv nahezu denselben Schutzumfang den Schwerbehinderte genießen, Griebeling, NZA 2005, 496, Neumann, in Neumann/Pahlen/Majerski-Pahlen, SGB IX, 10. Aufl., § 85 RN 24 BAG, NZA 1990, 612. **Eine Gleichstellung erfolgt nur dann, wenn die Betroffenen** auf Grund ihrer Behinderung ohne die Gleichstellung einen geeigneten Arbeitsplatz nicht erlangen oder behalten können, Neumann/Pahlen/Majerski-Pahlen, SGB IX, § 68 RN 8; BSGE 89, 119 = AP SchwbG 1986 § 2 Nr. 1 – **Der Arbeitgeber kann die Entscheidung der Arbeitsagentur, die seinen Arbeitnehmer Schwerbehinderten gleichstellt, nicht anfechten,** da die die Gleichstellung regelnde Vorschrift nicht dazu bestimmt ist, zumindest auch den Individualinteressen der von einer Gleichstellung mittelbar betroffenen Arbeitgeber zu dienen. Bei den sich für die Arbeitgeber (aus den arbeitsmarkt- und sozialpolitischen Gesichtspunkten berücksichtigenden Entscheidung)ergebenden Konsequenzen handelt es sich lediglich um Reflexwirkungen, die nach Sinn und Zweck der Norm nicht einer Anfechtung durch Arbeitgeber unterliegen. Entscheidendes Kriterium ist die mangelnde Konkurrenzfähigkeit des Behinderten **auf dem Arbeitsmarkt, und zwar** auf dem Arbeitsmarkt insgesamt, nicht etwa nur bezogen auf einen bestimmten Arbeitsplatz <vgl. BSG 86, 10, 15 = SozR 3-3870 § 2 Nr. 1>. Darüber hinaus hat die Gleichstellung die Funktion, Ungerechtigkeiten und Härten zu beseitigen, die bei der starren Grenze des § 69 SGBIX auftreten müssen. **Wettbewerbsnachteile auf dem Arbeitsmarkt müssen auf die Behinderung als wesentliche Ursache zurückzuführen sein,** BSGE 86, 10 = BeckRS 2000, 40492. Allein allgemeine betriebliche Veränderungen (Produktionsänderungen, Teilstilllegungen, Betriebsstilllegungen, Auftragsmangel, Rationalisierungsmaßnahmen, etc.), von denen nicht Behinderte gleichermaßen betroffen sind, können eine Gleichstellung ebenso wenig begründen wie fortgeschrittenes Alter, mangelnde Qualifikation oder eine allgemeine ungünstige oder schwierige Arbeitsmarktsituation, Bihr/Fuchs/Krauskopf/Ritz, SGB IX, § 69 RN 38; Kossens/v. der Heide/Maaß, § 69 RN 5. Als **Anhaltspunkte für eine behinderungsbedingte Gefährdung eines Arbeitsplatzes** können gelten:

- wiederholte oder häufige behinderungsbedingte Fehlzeiten.
- behinderungsbedingt verminderte Arbeitsleistung auch bei behinderungsgerecht ausgestattetem Arbeitsplatz.

Die Gleichstellung geringfügig Beschäftigter nach dem SGB IX – bei der Entscheidung **über den Antrag auf Gleichstellung ist zu berücksichtigten,** dass im Hinblick auf die derzeitige und mit hinreichender Wahrscheinlichkeit dauerhafte Behinderung (ein Antrag auf Neubewertung der gesundheitlichen Beeinträchtigungen wurde ebenfalls zeitlich vor der ausgesprochenen Kündigung gestellt) eine Gleichstellung nicht nur vor einer unbegründeten Kündigung schützen, sondern auch die **Aufnahme einer Beschäftigung fördern kann und soll.**[10] Hintergrund der Gleich-

---

- dauernde verminderte Belastbarkeit.
- Abmahnungen oder Abfindungsangebote in Zusammenhang mit behinderungsbedingt verminderter Leistungsfähigkeit.
- auf Dauer notwendige Hilfeleistungen anderer Mitarbeiter oder
- eingeschränkte berufliche und/oder regionale Mobilität auf Grund der Behinderung, Schrader/Klagges, Arbeitsrecht und schwerbehinderte Menschen, NZA-RR 2009, 170.

Die Vorschrift des § 90 Abs. 2a SGB IX gilt **nicht nur für schwerbehinderte Menschen,** sondern auch für ihnen nach § 68 SGB IX gleichgestellte behinderte Menschen. Gemäß § 85 i.V.m. § 68 Abs. 1 und 3, § 2 Abs. 3 SGB IX ist auch bei Kündigung des Arbeitsverhältnisses eines einem **schwerbehinderten Menschen Gleichgestellten** durch den Arbeitgeber die vorherige Zustimmung des Integrationsamtes erforderlich. Trotz fehlenden Nachweises bleibt der Sonderkündigungsschutz nach § 90 Abs. 2a 2. Alt. SGB IX bestehen, wenn das Fehlen des Nachweises nicht auf fehlender Mitwirkung des Arbeitnehmers beruht. Der Wortlaut des § 90 Abs. 2a SGB IX erwähnt zwar nur schwerbehinderte Menschen, nicht aber Gleichgestellte. Dies steht allerdings der Anwendung der Norm auf die Gleichgestellten nicht entgegen, da eine Besserstellung der weniger schutzbedürftigen Gruppe der Gleichgestellten sachlich nicht zu rechtfertigen ist, str. Grimm/ Brock/Windeln, DB 2005, 282, 284; Griebeling, Neues im Sonderkündigungsschutz schwerbehinderter Menschen, NZA 2005, 494, 496 – und LAG Baden-Württemberg 14. Juni 2006 – 10 Sa 43/ 06; a. A. Düwell, BB 2004, 2811, 2813; Bauer/Powietzka, NZA-RR 2004, 505, 507 – unter Hinweis darauf, dass das Gesetz nur von den „Versorgungsämtern" und von schwerbehinderten Menschen spricht. Auf Grund der Generalverweisung des § 68 Abs. 3 SGB IX sind auf gleichgestellte behinderte Menschen (mit Ausnahme des § 125 und des Kapitels 13) die besonderen Regelungen für schwerbehinderte Menschen anzuwenden. Dieser Gesetzesbefehl ist klar und unmissverständlich. Ebenso wie die Kündigung eines Gleichgestellten anerkanntermaßen der Zustimmung des Integrationsamtes bedarf, obwohl auch § 85 SGB IX sich dem Wortlaut nach auf diese nicht bezieht, gilt § 90 Abs. 2a SGB IX auch für Gleichgestellte. Mit § 90 Abs. 2a SGB IX sollte **Rechtssicherheit geschaffen werden.**
Die Behinderung ist erst bei Vorliegen eines Behinderungsgrades von 50% festzustellen, sondern im Hinblick auf die Möglichkeit der Gleichstellung bereits bei einer Behinderung von wenigstens 30%. Maßgebend für die Bewertung sind die Anhaltspunkte für die ärztliche Gutachtentätigkeit (AHP). Sie haben normähnlichen Charakter und konkretisieren § 69 Abs. 1 S. 1 SGB IX. Änderungen der AHP sind wie eine Änderung der rechtlichen Verhältnisse zu werten. Der GdB wird nicht durch Aufaddierung der für die einzelnen gesundheitlichen Beeinträchtigungen festzusetzenden GdB errechnet, sondern geschätzt. Maßgebend ist einerseits die mit der höchsten Einzel GdB bewertete Beeinträchtigung und die Auswirkungen jeder einzelnen gesundheitlichen Beeinträchtigung auf die Teilnahme am gesellschaftlichen Leben. Das Gleichstellungsverfahren findet nur auf formfreien Antrag eines behinderten Menschen (oder seines Bevollmächtigten) statt. Der Betroffene ist nicht verpflichtet, einen Antrag zu stellen. Zuständig ist die örtlich zuständige Agentur für Arbeit. Das Verwaltungsverfahren ist einfach und zweckmäßig durchzuführen. Die Arbeitsagentur muss den ArbG beteiligen, wenn ein ArbN die Gleichstellung beantragt hat, um einen Arbeitsplatz zu erhalten oder zu erlangen. Die Gleichstellungsentscheidung der Agentur für

stellung ist die Tatsache, dass bei einem Grad der Behinderung von weniger als 50 nicht automatisch eine uneingeschränkte Vermittelbarkeit auf dem Arbeitsmarkt vorliegt.[11] Eine Gleichstellung kommt in Betracht, **wenn eine Schutzbedürftigkeit vorliegt**, d. h. behinderte Mensch ansonsten nicht in der Lage ist, sich **einen geeigneten Arbeitsplatz** zu verschaffen oder **zu erhalten**.[12] Jede Gleichstellung ist von **drei persönlichen Voraussetzungen** abhängig.

1. Der Gleichzustellende muss zum Personenkreis des § 2 Abs. 2 SGB IX gehören, also im Bundesgebiet rechtmäßig wohnen, sich aufhalten oder arbeiten.

2. Es muss eine Feststellung über den Grad der Behinderung nach § 69 SGB IX vorliegen.

3. Der Gleichzustellende muss sich ohne die Gleichstellung einen geeigneten Arbeitsplatz nicht verschaffen oder erhalten können. Ob der Behinderte bereits in einem Betrieb als Arbeitnehmer tätig ist **oder eine Beschäftigung erst aufnehmen** will, ist nicht von Belang.[13]

Die Auslegung und Anwendung des § 73 SGB IX durch die Arbeitsagentur darf nicht gegen § 4 TzBfG verstoßen. § 4 Abs. 1 TzBfG differenziert in der ab 01.04.1999 geltenden Fassung nicht zwischen teilzeitbeschäftigten und geringfügig beschäftigten Arbeitnehmern. § 4 enthält ein **Verbot der Diskriminierung**: Ein teilzeitbeschäftigter Arbeitnehmer darf wegen der Teilzeitarbeit nicht schlechter behandelt werden als ein vergleichbarer vollzeitbeschäftiger Arbeitnehmer, es sei denn,

---

Arbeit begründet konstitutiv weitgehend denselben Schutz wie für schwerbehinderte Menschen. Sie wirkt auf den Zeitpunkt der Antragstellung zurück, Heines, in Dau, u. A. § 2 SGB IX, RN 20.

[10] Neumann, in Neumann/Pahlen/Majerski-Pahlen, § 2 RN 46 SGB IX. Eine Gleichstellung zur Erlangung eines Arbeitsplatzes **soll** erfolgen, wenn der Betreffende infolge seiner Behinderungen bei wertender Betrachtung (i. S. einer wesentlichen Bedingung) in seiner Wettbewerbsfähigkeit gegenüber den Nichtbehinderten in besonderer Weise beeinträchtigt und deshalb nur schwer vermittelbar ist. Unter dieser Voraussetzung ist **eine Gleichstellung zur Erlangung eines geeigneten Arbeitsplatzes gerechtfertigt**, denn die Gleichstellung hat zur Folge, dass der Gleichgestellte auf die **Pflichtquote (§ 71)** des ArbG angerechnet wird. Der Jugendwahn hinterlässt im Arbeitsmarkt für über 50-Jährige deutlich seine Spuren: Wer 50 Jahre und älter ist, soll zwar noch 15 und mehr Jahre arbeiten, hat es aber dennoch besonders schwer, nach einer Kündigung eine neue Stelle zu finden. Die Arbeitsagentur hält für ältere Arbeitssuchende allerdings auch spezielle Instrumente bereit. Laut der Bundesagentur für Arbeit (BA) in Nürnberg gab es im September 2009 genau 886 326 Arbeitslose im Alter über 50 Jahre. Das waren 26,5 Prozent aller Erwerbslosen. Im September 2003 lag der Anteil noch bei 24,4 Prozent. Je älter ein Arbeitsloser wird, desto schwieriger werde es, ihn in den Arbeitsmarkt zu vermitteln, sagt BA-Sprecherin Anja Huth. „Die Vermittler in den Arbeitsagenturen kümmern sich daher besonders intensiv um diese Zielgruppe."

[11] Morzynski, SGB IX Teil 1 § 2 RN 56.

[12] Neumann, a.a.O., § 2 SGB IX, RN 51; KSW/Kreikebohm, SGB IX § 2 RN 8, vgl. Jabben, in Rolfs/Giesen/Kreikebohm/Udsching, Beck'scher Online-Kommentar, § 2 SGB IX, RN 10 f.

[13] Die Gleichstellung kann dazu dienen, dem Minderbehinderten einen Arbeitsplatz zu verschaffen oder zu erhalten, Neumann, in Neumann/Pahlen/Majerski-Pahlen, § 2 SGB IX, RN 51.

dass sachliche Gründe eine unterschiedliche Behandlung rechtfertigen.[14] Genau das passiert aber, wenn man § 73 SGB IX auf § 68 und das Gleichstellungsverfahren bezieht. Dies ist weder vom Gesetzgeber so gedacht, noch formuliert und erst recht gar nicht gewollt. Kapitel 2 (SGB IX) regelt die Beschäftigungspflicht der Arbeitgeber.[15/16] Die Vorschrift legt fest, welche Arbeitgeber und in welcher Höhe bzw. Anzahl[17] die Arbeitgeber zur Beschäftigung schwerbehinderter Arbeitnehmer verpflichtet sind.[18] Die **Beschäftigungspflicht** ist eine **öffentlich-rechtliche** Verpflichtung des Arbeitgebers[19] des Inhalts, im Rahmen der durch Gesetz oder ggf. durch Rechtsverordnung nach § 79 festgelegten Pflichtzahl[20] sbM auf einem entsprechenden Arbeitsplatz einzustellen und zu beschäftigen."

---

[14] § 73 (3) SGB IX – Als **Arbeitsplätze gelten ferner nicht** Stellen, die nach der Natur der Arbeit oder nach den zwischen den Parteien getroffenen Vereinbarungen nur auf die Dauer von höchstens acht Wochen besetzt sind, sowie Stellen, auf denen **Beschäftigte weniger als 18 Stunden wöchentlich beschäftigt werden.**

[15] § 71 Pflicht der Arbeitgeber zur Beschäftigung schwerbehinderter Menschen
(1) Private und öffentliche Arbeitgeber (Arbeitgeber) mit jahresdurchschnittlich monatlich mindestens 20 Arbeitsplätzen im Sinne des § 73 haben **auf wenigstens 5 Prozent der Arbeitsplätze schwerbehinderte Menschen zu beschäftigen.** Dabei sind schwerbehinderte Frauen besonders zu berücksichtigen. Abweichend von Satz 1 haben Arbeitgeber mit jahresdurchschnittlich monatlich weniger als 40 Arbeitsplätzen jahresdurchschnittlich je Monat einen schwerbehinderten Menschen, Arbeitgeber mit jahresdurchschnittlich monatlich weniger als 60 Arbeitsplätzen jahresdurchschnittlich je Monat zwei schwerbehinderte Menschen zu beschäftigen.

[16] § 71 Abs. 1 S. 1 enthält die Pflichtquote für die Mindestbeschäftigung. Es gilt die Anzahl der zu berücksichtigenden Arbeitsplätze x 5: durch 100. Bruchteile sind aufzurunden. Die Beschäftigungspflicht wird durch die Bezahlung einer Ausgleichsabgabe ergänzt. Die Bezahlung einer Ausgleichsabgabe enthebt nicht von der Beschäftigungspflicht. Diese ist ein wirksames Mittel zur beruflichen Integration behinderter Menschen, BVerfGE 57, 159.

[17] Schönhöft/Brahmstaedt, Die Ermittlung der Schwerbehindertenquote im Gemeinschaftsbetrieb, BB 2009, S. 1585

[18] Jabben, in Rolfs/Giesen/Kreikebohm/Udsching, Beck'scher Online-Kommentar, § 71 SGB IX. Durch die öffentlich-rechtliche Beschäftigungspflicht besteht mittelbar die Pflicht, arbeitsuchende, schwerbehinderte Menschen einzustellen. Der ArbG kann seiner Beschäftigungspflicht auch ohne Neueinstellung erfüllen, wenn unter seinen ArbN schwerbehinderte Menschen oder Gleichgestellte tätig sind. Der ArbG muss die Mitarbeiter behindertengerecht beschäftigen § 81 Abs. 4 SGB IX. Im Übrigen ist die Nichteinstellung von geeigneten schwerbehinderten oder gleichgestellten behinderten Bewerbern eine Ordnungswidrigkeit i. S. von § 156 Abs. 1 Nr. 1. Unterlässt es der ArbG, einen sbM oder gleichgestellten Bewerber zu beschäftigen, kann er sich nicht entlastend auf sein Recht auf Personalauswahl berufen.

[19] **Der Begriff des Arbeitsplatzes** ist nach § 73 SGB IX nicht in funktionellem, arbeitsrechtlichem, sondern nur **in rechnerischem Sinne zu verstehen. Diese Vorschrift bezieht sich nur auf die Anrechenbarkeit oder Nichtanrechenbarkeit** bei der **Berechnung der Pflichtzahl von Schwerbehinderten**, Ambs, in Erbs/Kohlhaas, Strafrechtliche Nebengesetze, § 73 SGB IX, RN 1.

[20] Bei Vorliegen der Voraussetzungen entsteht für den Arbeitgeber eine Beschäftigungspflicht schwerbehinderter Menschen. Grundsätzlich ist ein Anteil von 5% der Arbeitsplätze mit schwerbehinderten Menschen zu besetzen, Jabben, a.a.O., RN 6. Die **Quote kann ein Arbeitgeber nur** mit anerkannten Schwerbehinderten oder gleichgestellten behinderten Menschen erfüllen.

Strategisches Hochschulmarketing unter Beachtung des Demographischen Wandels

Bildungspolitik, Demographischer Wandel, Fachkräftemangel, Hochschulmarketing, Strategische Marketingkonzeption, Wissenschaftliche Weiterbildung

Thomas Barthel / Andrea Frank[1]

Aufgrund der zunehmenden Globalisierung müssen sich die staatlichen Hochschulen in Deutschland einer Umstrukturierung unterziehen, damit sie der Konkurrenz weiter standhalten können. Neben internationalen Einflüssen ist die steigende Zahl an privaten Einrichtungen im nationalen Raum nicht zu verkennen. Im Rahmen dieser aufkommenden Wettbewerbsorientierung wächst gleichzeitig die Bedeutung des Marketings an Universitäten und Fachhochschulen, da dies als Möglichkeit der Profilierung gilt. Interessant ist in diesem Zusammenhang die Kernaufgabe der wissenschaftlichen Weiterbildung. Sie ist für die Hochschulen eine Chance, sich im Zuge des demographischen Wandels die eigene Existenz zu sichern. Daher sollten hier zeitnah entsprechende Marketingaktivitäten angesetzt werden.

1.   Probleme und Folgen des Demographischen Wandels

Der demographische Wandel ist ein Prozess, der viele Strukturen in unserer Gesellschaft komplett verwerfen wird. Mit dem starken Geburtenrückgang und der steigenden Lebenserwartung hat der Verlauf der demographischen Alterung bereits vor Jahrzehnten eingesetzt. Dieser Trend hält nach wie vor an: Seit den 70er Jahren ist die Geburtenziffer in Deutschland unter dem Wert, der langfristig für eine stabile Bevölkerung sorgt.[2]

---

[1]   Prof. Dr. rer. pol. Thomas Barthel und Andrea Frank B.A.
[2]   Vgl. Geißler, Rainer: Die Sozialstruktur Deutschlands, S. 52 ff.

Aus diesem Grund ist es wichtig frühzeitig Konzepte zu entwerfen, die die Chancen dieser Veränderungen aufdecken und zu nutzen wissen. Es bleibt festzustellen, dass der Demographische Wandel in den nächsten Jahren die politische und ökonomische Situation des Landes stark beeinflussen wird. Die Politik wird sich zunehmend mit den Themen Familienförderung und Integration von Zuwanderern[3] beschäftigen. Außerdem sind die sozialen Sicherungssysteme nach Otto von Bismarck zu reformieren: Der Drei-Generationen-Vertrag ist ab dem Zeitpunkt nicht mehr tragfähig, wenn der anwachsende Anteil der Älteren zusammen mit den Jüngeren zahlenmäßig die mittlere Schicht der Berufstätigen übersteigt. Wirtschaftlich betrachtet sind die Auswirkungen sehr umfangreich. An dieser Stelle werden aber ausschließlich die Konsequenzen für den Arbeitsmarkt näher beleuchtet. Einerseits steigt der Rentnerquotient sehr schnell an, sodass innerhalb kurzer Zeit immer weniger Arbeitskräfte auf dem Markt zur Verfügung stehen. Im Bezug zu den parallel abnehmenden Bevölkerungszahlen ist andererseits ein Sinken der Erwerbspersonen-Zahlen vorhersehbar. In diesem Zusammenhang hat die Industrie in den letzten Jahren immer wieder den damit verstärkt auftretenden Fachkräftemangel thematisiert. Ohne weitere Maßnahmen wird diese Verknappung an Fachpersonal in nächster Zeit nicht vergehen; aufgrund demographisch bedingter abfallender Schulabgänger-Zahlen wird dieser Trend stattdessen weiter fortschreiten. Wichtige Schritte, um diesen Konsequenzen entgegenzuwirken, sind das gezielte Fördern älterer Arbeitnehmer auf dem Arbeitsmarkt, die systematische Anwerbung ausländischer Fachkräfte und die Verkürzung der Ausbildungszeiten zum schnellen Berufseinstieg.[4]

2. Bildungs- und hochschulpolitische Auswirkungen des Alterungsprozesses

Einer Studie des Mannheim Research Institute for the Economics of Aging zufolge können Bildungsinvestitionen die Auswirkungen des demographischen Wandels abfangen. Durch verstärkte Aus- und Weiterbildungen sowie der fortlaufenden Verknappung des volkswirtschaftlichen Produktionsfaktors Arbeit ist eine relative Erhöhung der Löhne und Gehälter denkbar. Gerade der Faktor Bildung könnte die Volkswirtschaft daher in Zukunft positiv beeinflussen.[5]

Die Bildungsexpansion der 70er Jahre des letzten Jahrhunderts strebte eine Höherqualifizierung der deutschen Bevölkerung durch den Ausbau von weiterführen-

---

[3] Vgl. Focus Online: Demographischer Wandel, o.S.
[4] Vgl. Mannheim Research Institute for the Economics of Aging: Der Demographische Wandel, o.S.
[5] Vgl. Mannheim Research Institute for the Economics of Aging: Bildung und Demographischer Wandel, o.S.

den Schulen und Hochschulen an. Dieser Prozess erfährt momentan eine Stagnation. Qualifikation ist jedoch zukünftig sehr wichtig, um dem Demographischen Wandel gegenzusteuern. Durch die Ausbildung von Fachkräften ist eine Steigerung der deutschen Wettbewerbsfähigkeit denkbar. Da die Zahl der Akademiker mit Eintritt der geburtenstarken Jahrgänge ins Rentenalter ab 2020 zurückgehen wird, ist frühzeitiges Handeln angebracht.[6] Neben einer Förderung der Erstausbildung wird ebenso das Stichwort des Lebenslangen Lernens immer wieder thematisiert. Es verfolgt eine „biographiegebundene und ganzheitliche Herangehensweise an Lernprozesse"[7] durch kontinuierliches, dauerhaftes Lernen. Dabei ist es unumgänglich, Lernen und Anwenden direkt und ohne zeitliche Verschiebung zu verknüpfen. In diesem Zusammenhang ist davon auszugehen, dass sich unsere Gesellschaft zukünftig zur Bildungsgesellschaft entwickeln muss.[8]

Um dem Fachkräftemangel gegenzusteuern, wird die Thematik der Rekrutierung an deutschen Hochschulen immer aktueller. Durch gezielte Werbemaßnahmen rückt vor allem die qualitative Suche nach Studierenden in den Vordergrund.[9] Doch dem Mangel an hochqualifizierten Arbeitskräften und dem damit verbundenem Studierendenbedarf stehen sinkende Schulabgängerzahlen als Folge der demographischen Alterung entgegen. Bis 2013 wird es aufgrund der geburtenstarken Jahrgänge Ende der 80er Jahre des letzten Jahrhunderts sowie durch die Verkürzung der Gymnasialzeit in manchen Ländern zu einem leichten Anstieg der Jahrgangsstärken-Zahlen kommen. Im Anschluss daran werden die Zahlen immer weiter absinken. Nach Prognosen der Kultusministerkonferenz ist aber davon auszugehen, dass die Zahlen der Studieninteressierten weiter anwachsen werden. Aus diesem Grund ist eine Kapazitätserweiterung an den deutschen Hochschulen, wie es aktuell durch das bundesweite Projekt „Hochschulpakt 2020" gefördert wird, unabdingbar.[10]

Zur Dämpfung dieser vorhergesagten Auslastung sind die Schwächen der nationalen Hochschulen zu beseitigen. Neben überlangen Studienzeiten sind ebenso die langen Entscheidungswege in allen Bereichen zu reduzieren. Die niedrige Orientierung an Wettbewerb und Anpassung sowie mangelnde Unterstützung der Studierenden wirkt im internationalen Vergleich negativ und wird langfristig Probleme für die deutschen Hochschulen mit sich bringen. Das Weiterbildungsangebot an Universi-

---

[6] Vgl. Baade, Daniel: Demographischer Wandel und internationale Wettbewerbsfähigkeit Deutschlands, S. 97 ff.
[7] Nuissl, Ekkehard: Lebenslanges Lernen als kultureller Anspruch, S. 150.
[8] Vgl. Nuissl, Ekkehard: Lebenslanges Lernen als kultureller Anspruch, S. 149 f.
[9] Vgl. Hellmann, Sabine: Rekrutierung an deutschen Hochschulen, S. 49.
[10] Vgl. Berthold, Christian: Studierendenhoch, S. 33 f.

täten und Fachhochschulen ist ebenso ein Element, das zukünftig einer verstärkten Förderung bedarf.[11]

3. Wissenschaftliche Weiterbildung als Kompensationsmittel für die Folgen des Demographischen Wandels

Einer Forderung der DGWF nach sind „neue Wege ins Studium zu öffnen"[12], um den demographischen Anforderungen gerecht zu werden. Wissenschaftliche Weiterbildung an deutschen Hochschulen bietet dabei eine Möglichkeit des Lebenslangen Lernens. Sie gehört gemäß §§ 3 Abs. 1 und 3, 21 HHG i.V.m. § 8 HWBG zu den Kernaufgaben staatlicher Hochschulen in Hessen. Neben Schulabgängern und Senioren gehören damit auch Berufstätige zu der Zielgruppe der Studierenden. Sie erwarten von ihrem weiterbildenden Studium jedoch meist eine Weiterentwicklung innerhalb der beruflichen Tätigkeit oder eine Neuorientierung.[13]

Wissenschaftliche Weiterbildung ist unter den demographischen Bedingungen ein Mittel, die Studierendenzahlen langfristig zu sichern und damit die wirtschaftliche Lage der Hochschulen sowie des gesamten Landes positiv zu beeinflussen. Doch Weiterbildungsangebote staatlicher Einrichtungen sind durch bundes- und landesweite Regelungen bezüglich Personal und Haushalt stark eingeschränkt. Daher stehen mangelnde Anreizsysteme dem Druck gegenüber, sich im Bereich Weiterbildung auf dem Markt zu positionieren.[14] Aufgrund des Demographischen Wandels, der Globalisierung und des durch beide Faktoren ausgelösten sozialen Wandels ist eine Optimierung des Humankapitals erforderlich. Es bleibt festzustellen, dass mit steigender Bedeutung des Lebenslangen Lernens ebenso die Nachfrage nach wissenschaftlicher Weiterbildung wächst.[15] Bezugnehmend auf eine Umfrage des Bundesministeriums für Familie, Senioren, Frauen und Jugend der bis 25-jährigen ist festzustellen, dass diese bereits das Bewusstsein über die Wichtigkeit von Fortbildung entwickelt haben.[16] Sie sind in 10 bis 20 Jahren die relevante Zielgruppe, die gegen die Folgen des demographischen Wandels ankämpfen muss. Aus diesem Grund sind heute zukunftssichernde Maßnahmen zu ergreifen, um dieser Entwicklung der Bevölkerungsalterung entgegenzusteuern.

---

[11] Vgl. Dierkes, Meinolf: Zur Wettbewerbsfähigkeit des Hochschulsystems in Deutschland, S. 40 ff.
[12] DGWF: Mehr Berufstätige an die Hochschulen holen, o.S.
[13] Vgl. DGWF: Mehr Berufstätige an die Hochschulen holen, o.S.
[14] Vgl. Beyersdorf, Martin: Nachhaltigkeit und die wissenschaftliche Weiterbildung, S. 76 f.
[15] Vgl. Krug, Peter: Zukunftsfähigkeit durch Weiterbildung-Weiterbildung in der Zukunft, S. 164.
[16] Vgl. Bundesministerium für Familie, Senioren, Frauen und Jugend: Demographischer Wandel, S. 34 f.

Abschließend ist zu sagen, dass das Produkt Weiterbildung im Unternehmen Hochschule weiterer Förderung bedarf. Dabei ist ein kooperatives Handeln zwischen Wissenschaft und Wirtschaft im Dialog mit der Gesellschaft sicherlich unausweichlich. Ergänzend dazu wäre es ratsam diesen Bereich langfristig zu etablieren; dabei wäre die Entwicklung und Implementierung einer strategischen Marketingkonzeption für den Bereich der wissenschaftlichen Weiterbildung empfehlenswert.

4. Ansätze für die Entwicklung und Implementierung einer strategischen Marketingkonzeption für den Bereich der wissenschaftlichen Weiterbildung am Beispiel der TU Darmstadt

Die bisher rückständige Marketingorientierung an deutschen Hochschulen hinterlässt heute ihre Spuren. Die fehlenden finanziellen Mittel und Unkenntnis über den Umgang mit Kunden lassen Probleme bei der Umsetzung des Prozesses entstehen. Zukünftig ist es wünschenswert, dass mit Hilfe einer den Marketingablauf unterstützenden Systematik organisierte Marketingmaßnahmen ergriffen werden.[17]

An dieser Stelle soll eine Strategische Marketingkonzeption für den Bereich der wissenschaftlichen Weiterbildung an der TU Darmstadt skizziert werden. Dabei werden die Elemente Marketinganalyse, Strategische Marketingplanung und Implementierung näher beleuchtet. Vor Beginn der Marketinganalyse ist eine Abgrenzung des relevanten Markts vorzunehmen. Dabei ist festzustellen, dass die Konzeption konkret den Markt der Erwachsenenweiterbildung anspricht. Dieser wird von privaten und staatlichen Einrichtungen auf nationaler und internationaler Ebene beeinflusst.

a. Marketinganalyse

Unter eine Marketinganalyse fällt zum einen die Analyse des Käuferverhaltens bzw. Nutzerverhaltens. Die Entscheidung zum „Kauf" der Bildungsleistung einer Hochschule wird durch mehrere Faktoren beeinflusst. Soziale Einflüsse durch das Berufsumfeld sowie gesellschaftliche Normen und Werte, wie die öffentliche Meinung über Hochschulen oder Weiterbildungen, führen oft zu einer Entscheidung. Psychologische Faktoren, die eng mit der individuellen Situation zusammenhängen, haben außerdem Auswirkungen darauf, wie ein Erwachsener hinsichtlich einer Weiterbildung urteilt. Daraus kann geschlossen werden, dass zukünftig vor allem Signale an

---

[17] Vgl. Tutt, Lars: Marketing-Management, S. 279.

Wirtschaft und Gesellschaft gesandt werden müssen, um die Einflussfaktoren des „Bildungsverkaufs" unmittelbar zu suggerieren. Zum anderen kann durch eine SWOT-Analyse die Unternehmenssituation und der Bezug zur Umwelt beurteilt werden.

Im folgenden Verlauf wird eine solche SWOT-Analyse am Beispiel der Technischen Universität Darmstadt durchgeführt. Dabei werden neben internen Angelegenheiten auch die Stellung der Hochschule auf dem Markt darstellt.

Die interne Analyse untersucht die Stärken und Schwächen der Hochschule. Diese überzeugt durch bekannte Persönlichkeiten, welche die Tradition erfolgreicher Forschung über die Jahre hinweg fortsetzten. Weiterhin ist die TU Darmstadt durch eine Profilierung im technischen Bereich seit Jahren gerade in diesen Fächern bekannt und geschätzt. Problematisch sind an der Technischen Universität Darmstadt oftmals die dezentralen Strukturen, die eine Koordination von Marketingaktivitäten erschweren.

Im Konkurrenzvergleich der externen Analyse lassen sich folgende Chancen und Risiken der Hochschule feststellen: Der Zusammenschluss der Technischen Universitäten Deutschlands zu den *TU 9* im Jahr 2003 bietet der Institution viele Möglichkeiten der Kooperation, um u.a. die Forschungskraft weiter zu stärken.[18] Das positive Meinungsbild über die TU Darmstadt ist Grundvoraussetzung für erfolgreiche Kampagnen. Es verschafft Vorsprünge gegenüber anderen Hochschulen. Zudem ermöglicht der universitäre Autonomiestatus durch eine verstärkte Unabhängigkeit gegenüber der höheren Dienststelle ein flexibles Handeln auf dem Markt. Die Risiken der Universität sind neben weiter ausbaufähiger Internationalität insbesondere der steigende Wettbewerb um Studierende und Wissenschaftler.

Die aufgeführten Faktoren werden innerhalb der SWOT-Matrix in direkten Zusammenhang gebracht. Die Strength-Opportunity-Strategy legt ihren Schwerpunkt auf die Förderung und Optimierung des öffentlichen Bilds über die Technische Universität Darmstadt und deren autonomer Strukturen. Das Traditionsbewusstsein und die technische Ausrichtung der Hochschule sind im Rahmen einer Strength-Threat-Strategy Chancen, dem Wettbewerb um ausgezeichnete Wissenschaftler und Studierende hoffnungsvoll entgegen zu treten. Mithilfe einer Weakness-Opportunity-Strategy ist es denkbar, koordinierende Stellen zu schaffen, die weitere Chancen eröffnen; wünschenswert wäre dies gerade im Bereich des Marketing. An der TU Darmstadt ist dieser Gedanke bereits in Angriff genommen: Mit der Besetzung drei neu geschaffener Stellen im Bereich Marketing seit dem Wintersemester 2008/2009 wurde hier ein Zeichen gesetzt. Eine Weakness-Threat-Strategy ist derzeit nicht notwendig, da die ermittelte Schwäche aktuell nicht bedrohlich wirkt.

---

[18] Vgl. TU 9: Organisation und Struktur, o.S.

SWOT Analysis		
interne Analyse	**Strengths** - Bekannte Persönlichkeiten - Technische Ausrichtung - Lange Tradition erfolgreicher Forschung	**Weaknesses** - Dezentrale, unkoordinierte Aktivitäten (vor allem im Bereich des Marketing)
externe Analyse	**Opportunities** - Zusammenschluss der neun Technischen Universitäten Deutschlands zu den TU 9 - Positives Bild über die TU Darmstadt in der Öffentlichkeit - Autonomiestatus ermöglicht mehr Flexibilität auf dem Markt	**Threats** - Internationalität ist ausbaufähig - Steigende Konkurrenz um Wissenschaftler und Studierende wirkt sich auf jede Hochschule aus

Abb. 1: SWOT-Analyse. Eigene Darstellung.

		interne Analyse	
		Strengths	Weaknesses
externe Analyse	Opportunities	**Strength-Opportunity-Strategy** - Positives Meinungsbild der TU Darmstadt weiter fördern und stärken - Autonome Strukturen optimieren und ausbauen	**Weakness-Opportunity-Strategy** - Koordinationsmöglichkeiten innerhalb der dezentralen Strukturen konstituieren (v.a. im Bereich des Marketing)
	Threats	**Strength-Threat-Strategy** - Traditionsbewusstsein aufrecht erhalten, um Wissenschaftler und Studierende zu überzeugen - Technische Spezialisierung beibehalten, um Fachkräfte besonderer Art anzulocken und zu schaffen	**Weakness-Threat-Strategy** --- keine ---

Abb. 2: SWOT-Matrix. Eigene Darstellung.

b.   Strategische Marketingplanung

Nach einer eingehenden Marketinganalyse werden die Marketingziele und -strategien unter Berücksichtigung der universitären Besonderheiten erörtert. Die Gesellschaftsorientierung ist wichtig, um die Interessen und Ansprüche der Leistungsabnehmer und der Öffentlichkeit zu wahren. Denn aufgrund des öffentlichen Auftrags liegt der

Schwerpunkt der Hochschule auf dem Nutzen für das Gemeinwohl.[19] Prinzipiell sind die meisten Ziele im öffentlichen Bereich per Gesetz vorgegeben. Dennoch sind Vorstellungen über den zukünftigen Stand der Hochschule notwendig, um die Entwicklungen bewusst zu beeinflussen.[20] Das Marketing-Zielsystem orientiert sich daher an den Inhalten des Leitbilds,[21] die vordergründig nicht-monetärer Natur sind.[22]

Die Technische Universität Darmstadt fixiert mehrere psychographische Ziele, die innerhalb der Marketingplanung zur Geltung kommen. Die Erhöhung des Bekanntheitsgrads unter den technisch ausgerichteten Universitäten ist der TU Darmstadt vor allem auf nationaler Ebene, aber auch auf internationaler Ebene sehr wichtig. Diese geht einher mit einer Verbesserung des Images: Mit Einführung eines neuen Corporate Designs im Jahr 2007 wurden hier bereits Weichen für die nächsten Jahre gestellt. Zudem bietet die Excellenzinitiative weitere Möglichkeiten, das Renommee der Hochschule weiter zu steigern. Diese beiden Ziele sind unter Einbezug aller externen Adressaten dauerhaft zu betrachten. Des Weiteren ist die Stärkung der Kundenzufriedenheit ein bedeutsames Ziel, da durch eine hohe Kundenbindung mehr Immatrikulationen und Forschungsaufträge wahrscheinlich sind. Im Zusammenhang mit der demographischen Entwicklung ist vor allem die Stärkung der Berufstätigen-Bindung an die Hochschule anzustreben. Die wissenschaftliche Weiterbildung benötigt spätestens ab dem Jahr 2013, dem Zeitpunkt des dauerhaften Rückgangs der Schulabgänger-Zahlen, vordergründige Unterstützung.

Die Hochschule beachtet ebenfalls ökonomische Ziele, die jedoch eine nachrangige Bedeutung inne haben. Das Einwerben von Drittmitteln durch Forschungsaufträge und die Unterstützung bei steigenden Studierendenzahlen durch Mittel des Hochschulpakts 2020 sind wesentliche Größen, die zur Verbesserung der finanziellen Situation der Universität beitragen. Hohe Drittmittelquoten bieten eine zusätzliche Finanzierungsmöglichkeit zu den Landesressourcen.[23] Dennoch sollte die jährliche Erweiterung der Berufstätigen-Zahlen ein Zukunftsziel darstellen, um gleichsam die wirtschaftliche Situation der Hochschule zu arrivieren. Mit Darlegung eines vollkostendeckenden Betrags für weiterbildende Studien, der gemäß einem Erlass des Hessischen Ministeriums für Wissenschaft und Kunst gefordert wird, sind Verluste der Hochschule in diesem Punkt ausgeschlossen. Die Verbesserung der ökonomischen Lage oder sogar das Steigern der finanziellen Mittel haben sicherlich positive Auswirkungen auf die Reputation der TU Darmstadt. Diese positiven Elemente

---

[19] Vgl. Escher, Henning: Public Relations für wissenschaftliche Hochschulen, S. 46 f.
[20] Vgl. Hohn, Stefanie: Public Marketing, S. 37.
[21] Vgl. Barthel, Thomas, Potentielle Aufgaben eines Controllers an Universitäten, S. 100.
[22] Vgl. Tutt, Lars: Marketing-Management, S. 276 ff.
[23] Vgl. TU Darmstadt: Zahlen und Fakten, o.S.

können wiederum zur Folge haben, dass sich ein Berufstätiger für die TU Darmstadt als Studienort entscheidet.

Im Rahmen der Marketingkonzeption werden drei Marketingstrategien empfohlen: Neben der Marktparzellierungs- und der Marktfeldstrategie ist ebenso eine Konkurrenzausrichtung von Bedeutung. Mithilfe einer Segmentierung des Markts wird die Zielgruppe definiert. Weiterbildende Studien sind an Berufstätige adressiert, die ihre praktischen Fachkenntnisse weiter vertiefen möchten. Der Wille zur Weiterbildung steht oftmals in direktem Zusammenhang mit einem Vorankommen am Arbeitsplatz oder mit persönlichem Interesse. Neben Fernseher oder Zeitung gewinnt das Internet als Informationsmedium in diesem Kreis einen immer höherwertigeren Stellenwert. Berufstätige Studierende haben aufgrund ihres Berufs meist eine gute finanzielle Situation vorzuweisen. Kinderbetreuung ist, abhängig vom Familienstand der Studierenden, sicherlich eine Angelegenheit, welche die Hochschule thematisieren sollte. Zusätzlich ist die Verwirklichung einer Marktfeldstrategie ratsam, um das bestehende Produkt im bereits existierenden Markt zu etablieren. Doch statt einer Marktdurchdringung ist die Fokussierung auf eine Angebotsmodifizierung sinnvoller. Das aktuelle Weiterbildungsangebot wird auf dem Markt ausgebaut und speziell auf die Hochschule zugeschnitten. Dadurch ist eine erfolgreiche Vermarktung wahrscheinlicher. Durch eine stetige Beobachtung der Konkurrenz kann die Hochschule die eigene Position im Umfeld sichern. Gerade die Wettbewerbsausrichtung wird in Zeiten der Globalisierung auf universitärer Ebene immer wichtiger.[24] Der Wettbewerb besteht in erster Linie auf regionaler Ebene. Darüber hinaus besteht auch auf nationaler Ebene Konkurrenz mit den technischen Universitäten, die ihren Schwerpunkt ebenfalls in der Technik sehen. In diesem Zusammenhang ist entweder eine Konflikt- oder Kooperationsvariante zwischen den Hochschulen denkbar. Diese Entscheidung ist von der Führungsebene zu fällen. Prinzipiell kann sich die Technische Universität Darmstadt mit ihrem guten Ruf und einem überzeugenden Weiterbildungsangebot sicherlich klar gegenüber ihren Mitstreitern positionieren.

c. Implementierung der Marketingplanung

Mit einer bestehenden Unternehmenskultur, wie es aktuell an der TU Darmstadt der Fall ist, sind die ersten Eckpfeiler einer erfolgreichen Umsetzung des Konzepts gegeben. Dennoch sind die mit dem Marketingkonzept geschaffenen Bedingungen durch Einbindung des neuen Schwerpunkts Erwachsenenweiterbildung mit einzubeziehen. Nur durch eine derartige Modifikation des Leitbilds, der Vision sowie der

---

[24] Vgl. Wefers, Ulrike: Hochschulmarketing in Deutschland, S. 84 ff.

Normen und Werte[25] ist eine Motivation der Beschäftigten zur langfristigen Sicherung einer marketingausgerichteten Mitarbeiter-orientierung möglich. Neben einer
bereichsübergreifenden Zusammenarbeit auf zentraler Ebene, ist eine vollkommene
Akzeptanz der dezentralen Einheiten notwendig. Gerade diesem Aspekt gilt besondere Beachtung, um Missverständnissen mit den Fachbereichen entgegenzuwirken.
Die Einführung von verstärkter wissenschaftlicher Weiterbildung und der zentrale,
strategische Marketingansatz stellen keineswegs einen Rückschritt von den autonomen Strukturen dar; sie fördern letzten Endes die Marke „TU Darmstadt" und leben
ihre im Leitbild angekündigte Veränderungsbereitschaft. Um dies zu ermöglichen,
ist eine optimale Informations- und Kommunikationsbasis zwischen den dezentralen
Komponenten und der koordinierenden Hochschulverwaltung notwendig. Zuletzt
sind ebenso die Planung und die Kontrolle in den Implementierungsprozess zu
integrieren. In diesem Zusammenhang ist die Einführung eines Berichtswesens zur
Unterstützung der koordinierenden Tätigkeit denkbar.

Zur konkreten Realisierung des Marketingkonzepts ist in Abstimmung mit den
Fachbereichen zuerst das Weiterbildungsangebot zu gestalten. Dabei gibt es grundsätzlich die Möglichkeiten der internen und externen Kooperation. Solange auf zent-
raler Ebene ausreichend Ressourcen bereitgestellt werden, ist eine Koordination und
Überwachung der Fortbildungskurse durch die Hochschulverwaltung denkbar. Darüber hinaus sind externe Kooperationen mit der Kommune oder mit regionalen
Hochschulen möglich. Gemeinden und Städte müssen ebenfalls die Auswirkungen
des demographischen Wandels dämpfen und haben aufgrund ihres dauerhaften
Ziels, die Region wirtschaftlich aufzuwerten, ein Interesse an der steigenden Zahl an
Fachkräften. Das Einführen von kooperativen Studiengängen mit benachbarten Universitäten oder Fachhochschulen bietet eine weitere Perspektive, eine Aufgaben-
und Kostenverteilung der Weiterbildung zu verwirklichen. Nach Aussage des Leitbilds der TU Darmstadt ist die „Kooperation mit ausgewählten Partnern"[26] eine
universitäre Zielsetzung. Dies sollte sich auch im Dialog der Hochschule mit kooperativen Partnern im Bereich der wissenschaftlichen Weiterbildung äußern.

5.   Schlussbemerkungen

Der Demographische Wandel wird künftig alle bisherigen gesellschaftlichen Strukturen Deutschlands verändern. Dies macht die Einleitung von Anpassungsprozessen, v.a.
im öffentlichen Bereich, notwendig. Die Bedeutsamkeit des Lebenslangen Lernens

---

[25] Vgl. Thomas Barthel, Strategisches und operatives Hochschulcontrolling, S. 34.
[26] TU Darmstadt: Leitbild, o.S.

muss neben den öffentlichen Einrichtungen besonders den Menschen bewusster werden. Um die Entscheidungsfindung eines Berufstätigen für eine Weiterbildung positiv zu beeinflussen, ist eine politische Förderung weiterhin wünschenswert. Wissenschaftliche Weiterbildung ist zum jetzigen Zeitpunkt an vielen Hochschulen Deutschlands rückständig. Mit der rapiden Senkung der Schulabgänger-Zahlen ab dem Jahr 2013 werden die Universitäten und Fachhochschulen ab 2020 vor einem enormen Mangel an Studierenden stehen. Diese Entwicklung ist mit Hilfe strategischer Marketingkonzepte abzuschwächen. Die Stärkung von Berufstätigen im universitären Umfeld bietet dabei eine Möglichkeit des kontrollierten Eingriffs. Diese Chance sollten die Hochschulen zukünftig verstärkt nutzen.

Literaturverzeichnis

Baade, Daniel: Demographischer Wandel und internationale Wettbewerbsfähigkeit Deutschlands. Eine Analyse basierend auf Porters Ansatz; Dissertation Universität Hannover; 1. Aufl.; Gabler-Verlag; Wiesbaden 2007.

Barthel, Thomas: Potentielle Aufgaben eines Controllers an Universitäten; in: Barthel/ Thomas und Schneidewind/Thomas (Hrsg.): Verwaltungsmanagement im Wandel der Zeit, 1. Aufl.; Verlag Dr. Kovač, Hamburg 2007, S. 85-112.

Barthel, Thomas: Strategisches und operatives Hochschulcontrolling; in: Diploma Europäische Hochschulen – Fachhochschule Nordhessen (Hrsg.): Einheit in Vielfalt, 1. Aufl., o.V., Bad Sooden-Allendorf 2008, S. 25-42.

Berthold, Christian: Studierendenhoch; in: Wissenschaftsmanagement; Zeitschrift für Innovation; 14. Jahrgang; Heft 1; Ausgabe Januar/Februar 2008, S. 33-35.

Beyersdorf, Martin: Nachhaltigkeit und die wissenschaftliche Weiterbildung; in: Schäfer, Erich/Zinkahn, Bernd/Pietsch, Klaus-Dieter (Hrsg.): Die Weiterbildung in der Bildungsgesellschaft unter dem ökonomischen Paradigma; Perspektiven für die Ausrichtung der berufsbezogenen wissenschaftlichen Weiterbildung; 1. Aufl.; Edition Paideia; Jena 2003, S. 69-80.

Bundesministerium für Bundesministeriums für Familie, Senioren, Frauen und Jugend: Demographischer Wandel, abgerufen am 10.05.2011: http://www.bmfsfj.de/bmfsfj/generator/RedaktionBMFSFJ/Broschuerenstelle/Pdf-Anlagen/demografischer-wandel-emnid,property=pdf,bereich=,sprache=de,rwb=true.pdf

Dierkes, Meinolf/Merkens, Hans: Zur Wettbewerbsfähigkeit des Hochschulsystems in Deutschland; Reihe Standpunkte 1; 1. Aufl.; Verlag Wissenschaftszentrum Berlin für Sozialforschung; Berlin 2002.

DGWF: Mehr Berufstätige an die Hochschulen holen, abgerufen am 10.05.2011: http://www.dgwf.net/docs/0340-080910.pdf

Escher, Henning: Public Relations für wissenschaftliche Hochschulen. Systemtheoretische Grundlegung und exemplarische Modellierung im Wettbewerbsumfeld; Profession Bd. 34; 1. Aufl.; Rainer Hampp Verlag; München 2001.

Focus Online: Demographischer Wandel, abgerufen am 10.05.2011: http://www.focus.de/karriere/perspektiven/demografischer_wandel/demografischer-wandel-frauen-sollen-sozialsysteme-retten_aid_350344.html

Geißler, Rainer: Die Sozialstruktur Deutschlands. Zur gesellschaftlichen Entwicklung mit einer Bilanz zur Vereinigung, 4. Aufl., VS Verlage f. Sozialwissenschaften, Wiesbaden 2006.

Hellmann, Sabine: Rekrutierung an deutschen Hochschulen; in: Wissenschaftsmanagement; Zeitschrift für Innovation; 14. Jahrgang; Heft 5; Ausgabe Sept./Okt. 2008, S. 49-50.

Hohn, Stefanie: Public Marketing. Marketing-Management für den öffentlichen Sektor; 2. Aufl.; Gabler-Verlag; Wiesbaden 2008.

Krug, Peter: Zukunftsfähigkeit durch Weiterbildung-Weiterbildung in der Zukunft; in: Schäfer, Erich/Zinkahn, Bernd/Pietsch, Klaus-Dieter (Hrsg.): Die Weiterbildung in der Bildungsgesellschaft unter dem ökonomischen Paradigma; Perspektiven für die Ausrichtung der berufsbezogenen wissenschaftlichen Weiterbildung; 1. Aufl.; Edition Paideia; Jena 2003, S. 157-168.

Mannheim Research Institute for the Economics of Aging: Demographischer Wandel, abgerufen am 11.04.2009: http://www.mea.uni-mannheim.de/mea_neu/pages/files/polstudies/7ohffx7sakb62sag_policybrief.pdf

Mannheim Research Institute for the Economics of Aging: Bildung und Demographischer Wandel, abgerufen am 06.03.2009: http://www.mea.uni-mannheim.de/mea_neu/pages/files/polstudies/an0582eiuew04x1x_newsletter16.pdf

Nuissl, Ekkehard: Lebenslanges Lernen als kultureller Anspruch; in: Schäfer, Erich/Zinkahn, Bernd/Pietsch, Klaus-Dieter (Hrsg.): Die Weiterbildung in der Bildungsgesellschaft unter dem ökonomischen Paradigma. Perspektiven für die Ausrichtung der berufsbezogenen wissenschaftlichen Weiterbildung; 1. Aufl.; Edition Paideia; Jena 2003, S. 149-156.

Tutt, Lars: Marketing-Management; in: Hanft, Anke (Hrsg.): Grundbegriffe des Hochschulmanagements; Reihe Hochschulwesen – Wissenschaft und Praxis; 1. Aufl.; Luchterhand Verlag; Neuwied 2001, S. 275-280.

Wefers, Ulrike: Hochschulmarketing in Deutschland. Chancen und Herausforderungen; 1. Aufl.; VDM Verlag; Saarbrücken 2007.

TU Darmstadt: Leitbild, abgerufen am 10.05.2011: http://www.tu-darmstadt.de/universitaet/profil_1/identitaet/index.de.jsp

TU Darmstadt: Fortschrittsbericht 2009, abgerufen am 24.05.2011: http://www.tu-darmstadt.de/media/illustrationen/referat_kommunikation/fortschrittsbericht/2009_6/TU-Fortschrittsbericht_2009.pdf

TU 9: Organisation und Struktur, abgerufen am 24.05.2011: http://www.tu9.de/tu9/713.php

Was ist Tüchtigkeit?[1]

Dagmar Binder[2]

Nach Polos in der Politeia: „Die Tüchtigkeit besteht darin, der Stärkere zu sein und Macht zu haben."

Sokrates ist anderer Meinung: „Tüchtig ist derjenige, der über Gerechtigkeit verfügt. Dabei ist mit Gerechtigkeit nicht das Recht des Stärkeren gemeint, sondern die Einstellung das Gute zu tun."

Aktuell fand Dirk Hellhammer, Psychobiologe an der Trierer Universität, dass aktive, dominante Männer, die nichts anbrennen ließen, eine niedrige Spermienzahl und niedrige Testosteronwerte haben. Bei den Aktivlingen, die sich in einem ständigen Arbeitsmodus mit hohem Stresspegel befinden, verteilt sich das Blut so, dass sich die Gefäße überall dort, wo es nicht lebenswichtig ist, zusammenziehen- auch in den Fortpflanzungsorganen. Der Hoden wird weniger durchblutet und dadurch wird die Produktion von Testosteron gedrosselt. Aber Männer mit Testosteron-Mangel leiden vermehrt an Abgeschlagenheit und Lustlosigkeit. Der Körper verändert sich, die Muskelmasse nimmt ab, dafür nehmen die Fetteinlagerungen deutlich zu, die Haut leidet, die Hämoglobin-Produktion (roter Blutfarbstoff in den roten Blutkörperchen) ist herabgesetzt, in schweren Fällen kommt es zur Anämie (Blutarmut). Mit sinkendem Testosteron-Spiegel steigt das Risiko für Osteoporose.

Der israelische Mediziner Samuel Melamed und sein Team von der Universität in Tel Aviv untersuchte, wie sich chronischer Stress auf den Körper auswirkt. Bei ca. 20% der 10.000 untersuchten Berufstätigen traten auffällige Erschöpfungssymptome auf. Bei den betroffenen Menschen fanden sich mehr Entzündungsbiomarker und erhöhte Lipid- und Cholesterinwerte im Blut. Das sind die klassischen Risikofaktoren für Herzerkrankungen, Schlaganfall und Diabetes. Die Erschöpften litten unter Schlafstörungen, häufigen Infekten, Magen-Darm-Problemen und Erkrankungen der Muskeln, Knochen und Gelenke.

---

[1] Vortrag: die Vortragsform wurde beibehalten.
[2] Dr. med. Dagmar Binder.

Eigentlich ist Stress für uns wichtig, um unseren Geist zu entwickeln und Neues zu lernen. Unser biologisches Stresssystem ist aber vor allem für Situationen ausgelegt, in denen es um Leben oder Tod geht, nicht um drohende Entlassung oder ständigen Termin- und Leistungsdruck. „Evolution ist ein ständiger Anpassungsprozess zwischen Mensch und Umwelt. Aber derzeit verändert sich die Umwelt so rasant, dass unsere evolutionäre Entwicklung keine Chance hat mitzuhalten." (Erich Seifritz, Direktor der Psychiatrischen Universitätsklinik Zürich).

Bei einer akuten Gefahr wird unser Körper auf zwei Urreaktionen vorbereitet: Kampf oder Flucht. Unser Gehirn ist darauf programmiert, mit einer Kaskade von Botenstoffen den Körper sekundenschnell in Handlungsbereitschaft zu versetzen. Kortisol, Adrenalin und Noradrenalin werden als wichtigste Stresshormone ausgeschüttet. Damit steigen der Herzschlag, der Blutdruck, die Atemfrequenz, der Zucker- und Fettspiegel im Blut (die Energielieferanten für die Muskulatur und das Gehirn). Dieses Stresssystem wird aber sehr leicht aktiviert, auch wenn Kampf oder Flucht nicht in Frage kommen. So kann es kommen, dass die Probleme des Alltags den Körper in permanente Alarmbereitschaft versetzen. Wenn wir die aufgebaute Energie nicht beim Joggen oder anderem Sport verbrauchen können, bleibt der hohe Zucker- und Fettspiegel im Blut erhalten und macht uns krank.

Aber nicht alle Menschen reagieren unter Druck gleich und vor allem erkranken nicht alle an einer Erschöpfungsdepression (Burn-out). Forscher wiesen nach, dass dies an der Wechselwirkung zwischen genetischen Faktoren und Umwelt liegt, dass sich Erbanlagen verändern können, je nachdem unter welchen Umständen Kinder zur Welt kommen und groß werden. Umwelteinflüsse, Lebensstil und Ernährung können einzelne Gene chemisch umprogrammieren.

Der Trierer Psychologe Hellhammer hält die umweltbedingte Aktivierung oder Ausschaltung von Genen in den frühen Lebensjahren für den wichtigsten Risikofaktor für spätere Stresserkrankungen. Vor der Geburt und in den ersten Lebensjahren reagiert das Zentralnervensystem des Kindes, das sich in diesem Zeitraum gerade entwickelt, auf Stress der Mutter oder ein negatives Umfeld besonders empfindlich. Wenn die hormonellen Alarmsysteme zu früh auf Dauerstress geeicht werden, reagieren sie im weiteren Leben besonders empfindlich auf Belastungen.

In einer stressgeplagten Gesellschaft, in der auch werdende Mütter oft unter starkem Druck stehen, werden zunehmend Kinder geboren, die von Natur aus besonders sensibel auf Stress reagieren. Wenn es dann im Leben anstrengend wird, kommt ein derart vorbelastetes Kind schneller an seine Belastungsgrenze.

Je länger das Stresssystem aus dem Lot ist, desto schwerer lässt es sich wieder ins Gleichgewicht bringen. Anhaltend hohe Stresshormonpegel drosseln die Produktion des Glückshormons Dopamin, eines zentralen Botenstoffes im körpereigenen Belohnungssystem. Das Risiko einer depressiven Störung wächst, genauso wie durch die verminderte Produktion von Serotonin.

Die gebremste Ausschüttung von Noradrenalin wirkt sich auf die Konzentrationsfähigkeit und die Aufmerksamkeit aus. Das Angstzentrum des Gehirns wird überstimuliert, im Laufe der Zeit schrumpfen bestimmte Hirnregionen, die an der Verarbeitung von Emotionen beteiligt sind. Das Volumen des Gehirns nimmt insgesamt ab (Mazda Adli, Stressforscher an der Berliner Charité). Besonders stressgefährdet sind junge Menschen. Viele haben ein chronisches Schlafdefizit, und sie haben noch keine guten Strategien entwickelt, um mit Belastungen umzugehen.

Die Ursache für eine Erschöpfungsdepression (Burn-out)und Ansatzpunkte zur Abhilfe liegen bei den betroffenen Personen selbst, da die Erschöpfungsdepression als Folge unrealistischer Erwartungen verstanden wird. *Freudenberger/North* definieren Burn-out als Zustand, der sich langsam über einen Zeitraum von dauerndem Stress und Energieeinsatz entwickelt und der schließlich Motivationen, Einstellungen und Verhalten beeinträchtigt. *Freudenberger* vertritt einen intrapersonalen Ansatz, nach dem Burn-out überwiegend durch eine **narzisstische Helferpersönlichkeit** entsteht. Wenn das Image wichtiger als eigene Gefühle ist, geht der Bezug zum wahren Selbst verloren. Ein Narzist glaubt, dass die Welt sich um ihn dreht. Nicht lieben, nicht zweifeln, nicht trauern, stattdessen cool sein. Wenn aber der coole Typ nichts fühlt, kann er auch nicht verstehen, was andere fühlen. Er verabschiedet sich nicht nur vom eigenen fühlenden Selbst. Er wird unempfindlich gegenüber den Gefühlen anderer. Die Verleugnung von Gefühlen zeigt sich als Unabhängigkeit und Stärke. Bedeutet dies aber eigentlich nicht, sich von seinem lebendigen Fundament abzuschneiden und von der Menschlichkeit zu verabschieden? *Aronson, Pines und Kafry* (1983) verstehen unter Ausbrennen (Burn-out) einen seelischen Zustand, der häufig bei Menschen auftritt, die mit anderen Menschen arbeiten und die in ihren Beziehungen zu ihren Klienten, Vorgesetzten oder Kollegen die Gebenden sind.

Nach *Demerouti (1999)* lassen sich bei allen Unterschieden der verschiedenen Burn-out Definitionen folgende Gemeinsamkeiten feststellen: hohe Motivation zu Berufsbeginn, Frustration, weil Erwartungen und Ziele nicht erreicht werden. Daraus resultiert Enttäuschung. Im Falle von Burn-out wird die Enttäuschung durch Depersonalisierung verarbeitet.

Burisch (2006) bildet sieben Kategorien, nach denen er die Vielzahl berichteter Symptome von Burn-out sortiert. Warnsymptome wie überhöhter Energieeinsatz und Erschöpfung in der Anfangsphase reduziertes Engagement, emotionale Reaktionen wie Depression oder Aggression, Abbau der kognitiven Leistungsfähigkeit, der Motivation, der Kreativität und verstärktes Schwarz-Weiß-Denken, Verflachung des emotionalen, des sozialen und des geistigen Lebens, psychosomatische Reaktionen, Verzweiflung bis hin zu Selbstmordabsichten.

Doch die schädlichen Wirkungen von Stress sind reversibel.

Voraussetzung ist, eine Fehlerkultur, die es gestattet, mit Schwächen konstruktiv umzugehen. Für Fritz Oser, Schweizer Psychologe, sind Fehler das natürliche Ergebnis eines Lernvorgangs. Wenn etwas schief läuft, ist diese Erfahrung nicht unnütz sondern birgt eine wertvolle Information, nämlich das Wissen darüber, wie etwas nicht funktioniert. Es reicht aus, dieses Wissen abzuspeichern und wieder abzurufen, wenn es gebraucht wird. Fritz Oser nennt dies „Negatives Wissen". Emotionen wie Scham, Schuldgefühle, Angst oder Betroffenheit spielen im Erinnerungsprozess eine entscheidende Rolle. Für Oser ist die Erinnerung deshalb ein „metakognitives Alarmsystem". Negatives Wissen schützt vor Wiederholungsfehler und hilft, komplexere Zusammenhänge zu verstehen und einzuordnen. Es ist nicht die Akzeptanz des Falschen, sondern die Verarbeitung des Falschen zum Richtigen hin.

Eine Möglichkeit sein Verhaltensmuster zu ändern ist, **die Selbstwahrnehmung zu verbessern.**

Die Persönlichkeitspsychologie hat elf Persönlichkeitstypen definiert, die bei Misserfolgen zu problematischen Reaktionen neigen. Der Psychologe Saul Rosenzweig hat diese Typen in drei Gruppen eingeteilt, um den Umgang mit Wut und Frustration zu untersuchen.

Extrapunitiver Typ: „die anderen sind schuld."

Reizbar. Explosiver Aufpasser, reagiert auf die kleinsten Fehler völlig überzogen, urteilt vorschnell über Misserfolge.

Vorsichtig. Sensibler Zurückweicher. Rechnet mit Fehlschlägen. Fühlt sich zu schnell angegriffen, um aus Feedback zu lernen.

Skeptisch. Wachsamer Beobachter. Erwartet unfaire Schuldzuweisungen. Sieht in konstruktiven Hinweisen nur die Kritik.

Gemächlich. Ausredenspezialist. Sucht und flüchtet sich in Ausreden. Macht oft den Auftraggeber verantwortlich.

Intropunitiver Typ: „ich bin schuld."

Gewissenhaft. Micromanager. Kritisiert sich selbst schon beim kleinsten Fehler, fürchtet Fehlschläge so sehr, dass er sich selbst lähmt.

Pflichtbewusst. Märtyrer. Nimmt mehr Schuld auf sich als angemessen. Geht mit sich selbst so hart ins Gericht, dass andere ihre Kritik schon gar nicht mehr äußern.

Impunitiver Typ: „keiner ist schuld."

Kühn. Der Geltungsbedürftige. Reagiert auf Kritik wütend oder verletzt. Schmeichelt sich bei Vorgesetzten ein, in der Hoffnung, Fehler zu vermeiden.

Boshaft. Seiltänzer. Leugnet seine Rolle bei Fehlschlägen und vielleicht sogar den Fehlschlag an sich. Verzerrt Informationen, um nicht verantwortlich gemacht zu werden.

Reserviert. Gleichgültiger Tagträumer. Ignoriert hilfreiches Feedback. Misserfolge und Schuldzuweisungen scheinen ihn nicht zu kümmern.

Bunt. Schauspieler. Setzt darauf, dass man ihm alles verzeiht. Würde lieber kritisiert als ignoriert werden.

Fantasievoll. Durchsetzungsstarker Tagträumer. Liefert komplexe Erklärungen für Misserfolge. Scheint künftige Kritik zu fürchten, aktuelle aber gelassen hinzunehmen.

Persönlichkeitstests wie das **Fünf-Faktoren-Modell** helfen dabei, die Selbstwahrnehmung zu verbessern, gültig sowohl für Manager als auch für Mitarbeiter. Dann sollten sie ihr Bewusstsein dafür schärfen, wie ihre Botschaften bei anderen ankommen und wie deren Erwartungshaltung aussieht. Anschließend sollten sie neue Strategien ergreifen, wie zum Beispiel aktives Zuhören und Kommunizieren oder Nachdenken über die Situation und die beteiligten Personen.

Die fünf Faktoren als Grunddimensionen der Persönlichkeit sind **Neurotizismus** (ich fühle mich anderen oft unterlegen), **Extraversion** (ich habe gerne viele Leute um mich herum), **Soziale Verträglichkeit** (ich versuche zu jedem, dem ich begegne, freundlich zu sein), **Gewissenhaftigkeit** (planvolles und genaues Arbeiten), **Offenheit für Erfahrungen** (ich probiere oft neue und fremde Speisen aus) (Ostendorf & Angleitner, 2004).

Neurotizismus, auch emotionale Labilität: bedeutet, jemand ist ängstlich, unruhig, kommt unter Stress leicht aus dem Gleichgewicht.

Extraversion: jemand ist ausgelassen, „heiter gestimmt" und ein „guter Unterhalter". Daneben ist er auch meist freundlich, abenteuerlustig, redet viel, neigt dazu, soziale Kontakte zu knüpfen und geht leicht aus sich heraus. Geeignet für Kontaktberufe, Politik, Manager.

Verträglichkeit: jemand neigt dazu, anderen entgegen zu kommen, Konfrontation zu vermeiden, sich anzupassen und Übereinstimmung mit dem Gegenüber zu erreichen. Geeignet für Kontaktberufe im Dienstleistungsbereich.

Gewissenhaftigkeit: gewissenhafte Menschen sind sich der Verantwortung ihrer Aufgabe bewusst und arbeiten zielstrebig und entschlossen auf ihre Ziele hin. Geeignet für planvolles und genaues Arbeiten.

Offenheit für Erfahrungen: Eigenschaft, offen für neue Ideen zu sein, Veränderungen des Alltags herauszufordern und vielseitig Interesse zu zeigen. Geeignet für künstlerische und forschungsorientierte Berufe.

Eine weitere Hilfe, sein Verhaltensmuster zu ändern, ist das „Coping".

Es wird eine Bewältigungsstrategie in Stresssituationen entworfen,die abhängig von der Situation, von der Persönlichkeit und den kognitiven strukturender Person ist. Dieser Umgang mit einer Bedrohung wird Coping genannt. Mögliche Verhaltensweisen sind: Angriff oder Flucht, Verhaltensalternativen, Änderung der Bedingung, Verleugnung der Situation, Über Erfolgs- oder Misserfolgsrückmeldungen lernt die Person mit der Zeit Bewältigungsstrategien selektiv einzusetzen. Nicht die Beschaffenheit der Reize oder der Situationen sind für die Stressreaktion von Bedeutung sondern die individuelle Verarbeitung des Betroffenen.

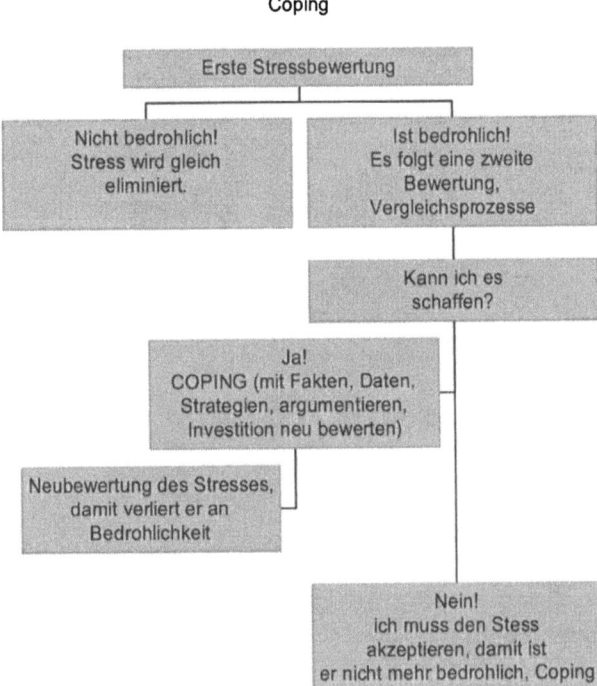

Coping

In der Prävention des Burnout spielen **das Erkennen** (Akzeptanz der Behandlungsbedürftigkeit), **die Entlastung** (Reduktion/Ausschalten der Stressoren), **die Stress** entsteht weniger durch die Ereignisse selbst als vielmehr dadurch, wie wir diese bewerten. **Erholung** (Entspannen/Batterien aufladen/Sport treiben), **die Ernüchterung/Besonnenheit** (Perfektionismus und Idealismus begrenzen bzw. reduzieren, sich abgrenzen gegenüber überzogenen Forderungen, Eigenbedürfnisse situationsgerecht durchsetzen) eine große Rolle. Lösungsorientiert vorgehen: Hilflosigkeitstendenzen eingrenzen. Wichtiges von Unwichtigem trennen. Komplexes übersichtlicher werden lassen. Selbsthilfekräfte fördern. Belastung und Kompliziertheit reduzieren. Schutz vor Destruktivität herstellen. Nach verborgenen konstruktiven Lösungsansätzen fragen. Zufriedenheitserlebnisse pflegen: Praktizieren von Hobbies, kontemplative Techniken (Spazieren in der Natur, Beobachten von Tier- und Pflanzenwelt), Ausübung der Religion, Durchführung einer Aussprache zur Psychohygiene mit Familienangehörigen, Freunden, Bekannten oder professionellen Helfern (Ärzte, Psychotherapeuten, Seelsorgern, Sozialarbeitern). Pflegen von privaten und beruflichen Kontakten zur Stärkung des Selbstgefühls („ich bin nicht alleine auf mich gestellt", „auf diese Kollegen, auf meine Familie ist immer Verlass"), Austausch von Erlebnissen („auch die anderen haben ähnliche Querelen zu ertragen"). Lernen, sich besser abzugrenzen. Lernen, eigene Anliegen in geeigneter Form zu vertreten, unangenehme Aufgaben und Extrachargen abzuwehren. Teilnahme an Kommunikationskursen und Supervisionen (in Gruppen werden Fähigkeiten vermittelt mit dem Ziel, in Konfliktsituationen deeskalierend zu reagieren).

Verbesserung der Analysefähigkeit: „Zeitfresser" erkennen (zu große Anzahl oder überlange Sitzungen und Besprechungen identifizieren und mit dem Verantwortlichen zwecks Änderung kommunizieren, realistische Zeitpläne unter Beachtung der betrieblichen Interessen erstellen).Ungünstige Einstellungsmuster identifizieren, dann modifizieren und eigene Bedürfnisse formulieren. Erwerb neuer praxisbezogener Fertigkeiten (Sozialverhalten). Ändern von Persönlichkeitsmerkmalen, die die Stressbewältigung erschweren, Perfektionismus (Pedanterie), Selbstbehauptungsdefizite (überbehütete Kinder, Alleinstehende, chronisch Kranke), Idealismus (Träumer von einer besseren Welt), hohe Leistungsorientierung (überhöhte Anforderungen an sich selbst, z.B. Arbeiter in Japan).

Individuelle Interventionsmöglichkeiten: Entspannungstraining, Progressive Muskelentspannung (Jacobson), Atemübungen, Meditation/Gebet. Gesunde Lebensweise: leichtverdauliche, vitaminreiche Kost, tägliche Bewegung (mindestens 30 Minuten).

Wer hatte Recht, Polos oder Sokrates?

Biogas – Ein Beitrag zum Umbau der Energieerzeugung

Rüdiger Höche / Jörg Wickenheißer[1]

Vorwort

Energie (altgr. ἐνέργεια *énérgeia* „Aktion", „Werk") ist eine physikalische Größe, die in allen Teilgebieten der Physik sowie in der Technik, der Chemie, der Biologie und der Wirtschaft eine zentrale Rolle spielt.

Mit Energieversorgung bezeichnet man die gesamte Wertschöpfungskette von der Erschließung von Energiequellen, der Wandlung in andere Energieformen, deren Zwischenspeicherung, Transport, Zwischenhandel und letztlich die Verteilung bis zum Endverbraucher oder Nutzer.

Energieversorgung ist aber auch eine Aufgabe der Daseinsvorsorge uns spielt somit in der politischen Diskussion eine wichtige Rolle. Daseinsvorsorge bedeutet insbesondere die staatliche Aufgabe zur Bereitstellung der für ein sinnvolles menschliches Dasein notwendigen Güter und Leistungen – die sogenannte Grundversorgung. Bestandteil der Daseinsvorsorge und der Grundversorgung ist demnach auch die Bereitstellung von öffentlicher Energieversorgung. Dazu bedarf es der Schaffung geeigneter politischer Rahmenbedingungen und eines der Aufgabenstellung angemessenen Rechtsrahmens. Energiepolitik ist ein Bestandteil der Wirtschaftspolitik mit Querverbindungen zur Umwelt- und Klimapolitik sowie zur Entwicklungs-, Verkehrs-, Sozial- und Technologiepolitik. In diesem Zusammenhang kommt heute der engen Verzahnung der Wirtschaftspolitik mit der Umwelt-, Klima- und Verkehrspolitik eine besondere Bedeutung zu. Klimawandel, zunehmender Wettbewerb um fossile Energieträger, Endlichkeit der Ressourcen, die Kosten bzw. Folgekosten

---

[1] Dipl.-Ing. Rüdiger Höche ist Geschäftsführer bei den Stadtwerken Bühl GmbH;
Jörg Wickenheißer, B.Eng., ist Betriebsingenieur bei den Stadtwerken Bühl GmbH.

der Energieversorgung und besonders die durchaus notwendige Diskussion über vorhandene und zukünftige Technologien zur Wandlung von Primärenergie in Nutzenergie zeigen die Notwendigkeit einer ganzheitlichen Betrachtung deutlich auf.

Große Bedeutung für die Energiepolitische Ausrichtung hat die Betrachtung der Endlichkeit der Ressourcen.

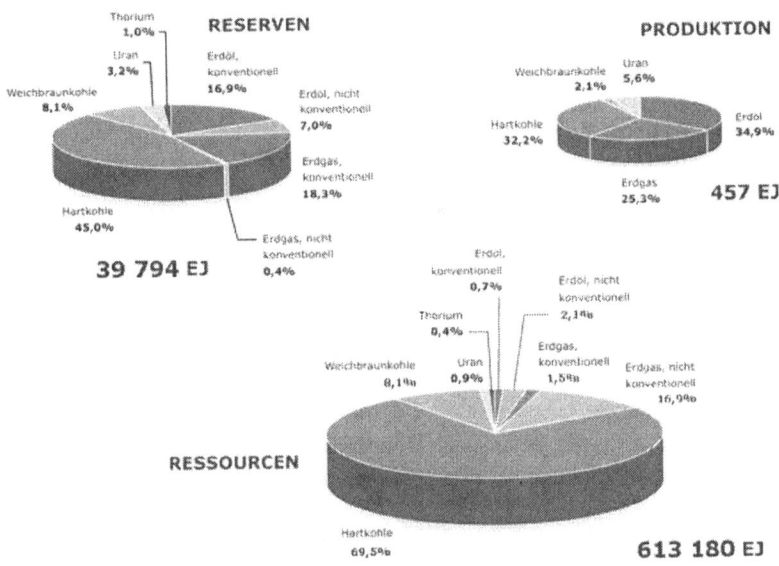

Abb. 1: Anteile der einzelnen nicht-erneuerbaren Energierohstoffe an der Förderung, den Reserven und den Ressourcen Ende 2009. Quelle: BGR.

Dazu die Aussage der Bundesanstalt für Geowissenschaften und Rohstoffe (BGR):

„Vergleicht man zusammengenommen für alle Energierohstoffe weltweit die Jahresförderung mit 457 EJ, die Reserven mit 39 794 EJ und die Ressourcen mit 613 180 EJ, so ergibt sich eine Relation von etwa 1 zu 87 zu 1342. Damit lassen die globalen Reserven an Energierohstoffen mit Ausnahme des konventionellen Erdöls längerfristig eine ausreichende Deckung des Energiebedarfes erwarten."

Was ist denn nun aber längerfristig ausreichend? Und die Verfügbarkeit von Erdöl wird offensichtlich auch von der Bundesanstalt eher kritisch gesehen. Zitat aus der Energiekurzstudie 2010 der BGR:

▶ Erdöl ist der einzige Energierohstoff bei dem bereits in den kommenden Jahrzehnten eine steigende Nachfrage nicht mehr gedeckt werden kann. Angesichts der langen Zeiträume, die für eine Umstellung auf dem Energiesektor erforderlich sind, ist deshalb die rechtzeitige Entwicklung alternativer Energiesysteme notwendig.

Auf der Internetseite des Bundesministeriums für Umwelt, Naturschutz und Reaktorsicherheit lesen wir:

Zitat:

Schritt für Schritt zur Energieversorgung der Zukunft.
Das Energiekonzept der Bundesregierung

Der Übergang in das Zeitalter der erneuerbaren Energien verlangt einen Umbau der Energiestrukturen in Deutschland. Bis zum Jahr 2050 muss es gelingen, den Treibhausgas-Ausstoß in Deutschland um mindestens 80 Prozent gegenüber 1990 zu reduzieren.

Ziel ist, dass Deutschland eine der effizientesten und umweltfreundlichsten Volkswirtschaften der Welt wird – bei wettbewerbsfähigen Preisen und einem hohen und breiten Wohlstandsniveau. Um das zu erreichen, bedarf es einer langfristigen, energiepolitischen Gesamtstrategie, die verlässliche Rahmenbedingungen für die Technologieentwicklung und die notwendige Investitionen schafft.

Mit dem Energiekonzept wird die Bundesregierung eine solche Strategie verabschieden, die zugleich den Weg ins Zeitalter der erneuerbaren Energien beschreibt. Das Energiekonzept ist langfristig angelegt, es ist mit einem konkreten Maßnahmenprogramm unterlegt und langfristig finanziert. Das ist in Europa und weltweit einmalig.

Mit dem Zielhorizont 2050 wird den langen Investitionszyklen der Energiewirtschaft von 20 bis 30 Jahren Rechnung getragen. In Zehn-Jahres-Schritten sind daher Klimaziele festgelegt sowie Ziele für den Ausbau der erneuerbaren Energien und für die Steigerung der Energieeffizienz gesteckt.

Aber selbst wenn Deutschland zu einem „Musterland" im Sinne des Energiekonzeptes der Bundesregierung wird, bleibt die Frage ähnlicher Entwicklungen weltweit derzeit unbeantwortet. Denn eines ist klar, ein ökologisch korrekt aufgestelltes Deutschland rettet diese Welt nicht.

Ein weiterer wichtiger Ansatz in der energiepolitischen Diskussion ist die Nachhaltigkeit – aber nur im Sinne der eigentlichen Bedeutung dieses Begriffs. Die folgenden Zitate verdeutlichen dies:

„Das Konzept der Nachhaltigkeit beschreibt die Nutzung eines regenerierbaren Systems in einer Weise, dass dieses System in seinen wesentlichen Eigenschaften erhalten bleibt und sein Bestand auf natürliche Weise regeneriert werden kann."[2]

Konrad Ott vom Sachverständigenrat für Umweltfragen definiert den „etymologisch ursprünglichen Wortsinn von Nachhaltigkeit":

„Regenerierbare lebende Ressourcen dürfen nur in dem Maße genutzt werden, wie Bestände natürlich nachwachsen."[3]

Die ursprüngliche Definition wurzelt im forstwirtschaftlichen Nachhaltigkeitsdenken. Erstmals wurde die Grundidee 1560 in der kursächsischen Forstordnung formuliert, Grund war der hohe Bedarf an Holz für die Bergwerksverbauungen:

„...dass den Untertanen und Bergwerken, soviel möglichen und die Gehölze ertragen können, eine währende Hilfe, auch eine unseren Ämtern eine vor und vor bleibende und beharrliche Nutzung bleiben möge."

Der Begriff der „Nachhaltigkeit" selbst wird auf eine Publikation von Hans Carl von Carlowitz aus dem Jahr 1713 zurückgeführt.[4]

Das Bundesministerium für Wirtschaft und Technologie fordert die nachhaltige Entwicklung und spricht diesbezüglich ein gemeinsames Agieren und eine gemeinsame Verantwortung der Wirtschaft, Wissenschaft und Politik an. In ähnlicher Weise stellt auch das Bundesministerium für Ernährung, Landwirtschaft und Verbraucherschutz den Begriff der Nachhaltigkeit als wesentlichen Leitgedanken heraus. Insofern stellt sich die Situation der Querverbindungen innerhalb der Politik, zumindest auf der Ebene der Bundesministerien, gut dar. Ob diese Rahmenbedingungen längerfristig stabil bleiben und auch wechselnden Mehrheiten standhalten ist abzuwarten. An dieser Stelle sei aber angemerkt, dass offensichtlich nicht nur ein Defizit in der Kommunikation der Leitgedanken in Richtung der Bevölkerung besteht, sondern auch in der Kommunikation der Zusammenhänge – lokal wie global.

Neben den energiepolitischen Zielsetzungen muss wieder verstärkt für die dringend notwendigen technologischen Entwicklungen geworben werden. Es gilt nicht nur Akzeptanz für neue Energiekonzepte zu schaffen, sonder vielmehr auch ein tech-

---

[2]   Quelle: Deutscher Bundestag, 14. Wahlperiode: Schlussbericht der Enquete-Kommission Globalisierung der Weltwirtschaft – Herausforderungen und Antworten Drucksache 14/9200, 12. Juni 2002.
[3]   Konrad Ott: Lässt sich das Nachhaltigkeitskonzept auf Wissen anwenden? 1999.
[4]   Quelle: Bundesministerium für Ernährung, Landwirtschaft und Verbraucherschutz.

nologiefreundliches Umfeld zu schaffen. Hier ist die Politik ebenfalls in besonderer Weise gefordert.

Die vielfältigen Ansätze zur Nutzung regenerativer Primärenergieressourcen, der Dezentralisierung von Anlagen zur Umwandlung von Primärenergie in Nutzenergie bedeuten natürlich, dass entsprechende Transport- und Speichersysteme entwickelt und errichtet werden müssen. Dafür sind die Randbedingungen zu schaffen und zusätzlich muss dafür gesorgt werden, dass ein hohes Maß an Zustimmung in der Bevölkerung mit den energiepolitischen Zielen erreicht wird – lokal und global.

Am 11. März 2011 ereignete sich in Japan ein schweres Erdbeben in dessen Folge verheerende Auswirkungen zu beklagen sind. Das Erdbeben führte auch zur der Reaktorkatastrophe in Fukushima, die Folgen sind noch nicht abschätzbar. Die Bundesregierung hat daraufhin kurzfristig entschieden, die ältesten Kernkraftwerke vorübergehend abzuschalten und die energiepolitischen Handlungsoptionen neu zu bewerten. Eine ausführliche Stellungnahme dazu hat der Verband kommunaler Unternehmen (VKU) in seinem Positionspapier zur Fortentwicklung des Energiekonzepts der Bundesregierung am 7. April 2011 veröffentlicht, hier sind die Positionen der kommunalen Versorgungswirtschaft formuliert.

Im Zusammenhang mit dem – inzwischen in der Öffentlichkeit stark diskutierten – Umbau der Energieerzeugung wird die Forderung nach dem Ausbau und der Nutzung erneuerbarer Energie weiter verstärkt, der Ausbau der Bioenergie ist dabei ein wesentlicher Gesichtspunkt. Die Erzeugung von Biogas aus organischen Stoffen ist eine Option, die im Folgenden näher betrachtet werden soll. Im Zuge der aktuellen Entwicklungen hat die Biogastechnik einen rasanten Aufschwung erlebt. Biogas könnte für die Industrieländer eines Tages eine attraktive Alternative für Erdgas sein. Dabei darf allerdings nicht verschwiegen werden, dass die verstärkte Nutzung von Energiepflanzen (Mais, Getreide etc.) zu weiteren Konflikten führen wird. Schon jetzt prallen die gegensätzlichen Argumente aufeinander. Hier werden vielfältige Bedenken formuliert und jeweils mit Argumenten so untermauert, dass offensichtlich zu Tage tritt, welche Interessen im Hintergrund stehen. Ein Beispiel dafür ist die Nutzung von Biomasse für Treibstoffe. Die wahren Gründe für den Hunger von ca. 850 Mio. Menschen weltweit werden in dieser Diskussion nicht hinterfragt.

Neben politischen und technologischen Fragestellungen müssen sowohl die heutigen als auch die zukünftigen wirtschaftlichen Randbedingungen für die Erzeugung und Nutzung von Biomasse bewertet werden. Das soll am Beispiel der Biogaserzeugung dargestellt werden.

1. Einführung

1.1. Einleitung

Methan stellt die Brennkomponente in Biogas dar. Um Methan zu erzeugen werden wie bei in der Natur ablaufenden Gärprozessen organische Stoffe durch natürlich vorkommende Bakterien zersetzt. Bei den anaeroben Stoffwechselprozessen dieser Mikroorganismen wird Methan als Nebenprodukt freigesetzt.

2. Herstellungsprozess von Biogas

2.1. Entstehung von Biogas

Für die Biogasproduktion werden verschiedene Rohstoffe z.B. Bioabfall, Gülle, Klärschlamm, Fette oder Pflanzen in einem Fermenter (Bioreaktor) vergärt. Dieser Vergärungsprozess läuft als anaeroben Zersetzungsprozess ab. Das Wort „anaerob" stammt aus dem Altgriechischen und bedeutet „ohne Luft". Folglich ist ein anaerober Prozess grundsätzlich nichts anderes als ein Verfahren, das unter dem Ausschluss von Luft bzw. Sauerstoff stattfindet. Die Bakterien holen sich den fehlenden freien Sauerstoff durch Reduktion von im Wasser vorhandenen chem. Verbindungen. Für die Herstellung von Biogas ist der anaerobe Prozess insofern von großer Bedeutung, als dass hier besonders sauerstoffempfindliche anaerobe Mikroorganismen zum Einsatz kommen. Der ganze Prozess würde also nicht funktionieren, da sich die anaeroben Mikroorganismen unter Einwirkung von Sauerstoff nicht vermehren würden. Zudem sind deren Mengenverhältnis zueinander durch den Ausgangsstoffes, ph-Wert, Temperatur- und Faulungsverlauf von Bedeutung.

Dieser anaerobe Prozess läuft parallel bzw. nacheinander grundsätzlich in vier Phasen ab. Diese sind die Hydrolyse, Acidogenese, Acetogenese und Metanhogenese. Diese Teilprozesse werden in den weiteren Abschnitten erklärt.

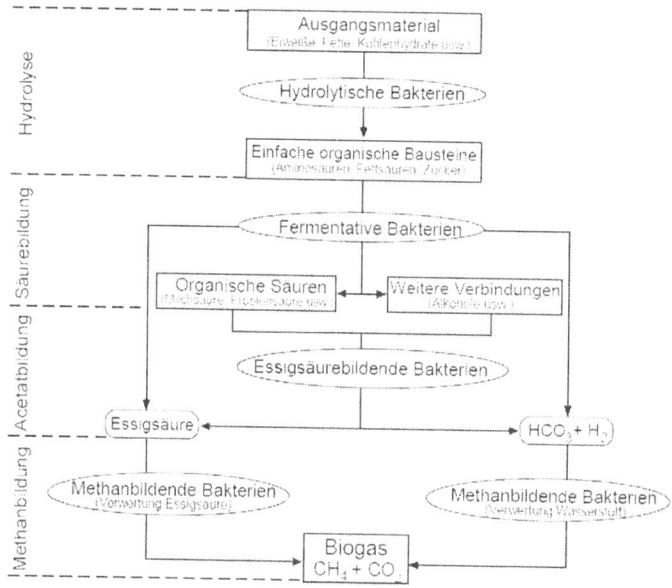

Abb. 2: 4 Phasen der Biogaserzeugung [2].

2.1.1. Hydrolyse

Die Hydrolyse stellt die erste Stufe der Biogaserzeugung dar. Das Wort Hydrolyse entstammt der altgriechischen Sprache und bedeutet übersetzt sinngemäß „Auflösung durch Wasser". Grundsätzlich ist damit die Aufspaltung einer chemischen Verbindung durch das Hinzufügen von Wasser gemeint. Dadurch können die Moleküle biologischer Stoffe wie Eiweiße, Fette oder Kohlenhydrate in ihre einzelnen Bestandteile zerlegt werden. So werden zum Beispiel Fette in langkettige Fettsäuren, Kohlenhydrate in Zucker und Proteine in einzelne Aminosäuren umgewandelt. Diese Umwandlungen müssen vollständig abgeschlossen sein, bevor die in der Biomasse enthaltenen Bakterien dazu in der Lage sind, die Substrate aufzunehmen und sie durch ihren Stoffwechsel in Methan und einen kleinen Teil Rest-Biomasse umzuwandeln. Die Hydrolyse ist also absolute Voraussetzung dafür, um überhaupt Biogas erzeugen zu können, da die hochmolekularen Substanzen zunächst in niedermolekulare umgewandelt werden müssen.

In der Biogaserzeugung vollzieht sich die Hydrolyse, indem das Ausgangsmaterial durch Bakterienstämme in seiner molekularen Struktur aufgespalten wird und sich anschließend an diesen Spaltstellen Wassermoleküle anlagern, so dass die Ausgangssubstanz in immer kleinere Teile zerfällt. Wie schnell und effektiv dieser Prozess vonstatten geht, hängt dabei von der Zusammensetzung der Ausgangssubstanz sowie weiteren Faktoren wie Temperatur usw. ab. So können beispielsweise stark stärkehaltige Substanzen wesentlich leichter gespalten werden als Ausgangsstoffe, die zu großen Teilen aus Lignin und/oder Cellulose bestehen (z.B. Holz, Stroh etc.). Damit die Hydrolyse bei der technischen Erzeugung von Biogas stattfinden kann, wird das Ausgangssubstrat zunächst über mehrere Tage in einem Fermenter, gelagert. Damit die Biomasse im Fermenter möglichst homogen bleibt und sich keine Schwimm- oder Sinkschichten bilden, wird sie durch ein spezielles Rührwerk ständig in Bewegung gehalten. Weiterhin verfügt der Fermenter über ein eigenes Heizsystem, mit dem die Temperatur im Inneren konstant bei etwa 35-40 Grad Celsius gehalten werden kann. Die Heizung funktioniert dabei beim Großteil der Anlagen über einen Wassermantel, der den Gärbehälter umschließt. In diesem Wassermantel ist ein elektrisches Heizelement eingebaut, mit dem das Wasser stufenlos erhitzt werden kann.

Um den Hydrolyse-Prozess zu beschleunigen und den ph-Wert der Biomasse möglichst im optimalen Bereich zu halten, setzt man heute oft so genannte Koenzym ein [1] „Dieses Koenzym ist im Gegensatz zum Enzym kein Protein, sondern ein niedermolekulares organisches Molekül, dessen katalysatorische Eigenschaft die Reaktion zwischen Enzym und Substrat ermöglicht, indem es chemische Gruppen, Protonen oder Elektronen überträgt".

Dabei handelt es sich um Zusätze, die zusammen mit der Biomasse in den Fermenter gegeben werden. Zur Regulierung des ph-Werts wird beispielsweise gerne Kalk verwendet.

2.1.2. Acidogenese

Die Acidogenese bildet die zweite Phase der Vergärung im Rahmen der Herstellung von Biogas. Diese wird im allgemeinsprachlichen auch als Fermentation bezeichnet. Diese zweite Phase der Biogaserzeugung muss nicht zwangsläufig nach der Hydrolyse folgen, sondern kann auch zeitgleich mit dieser ablaufen. Es handelt sich dabei um Abbauprozess von kleineren Moleküleinheiten zu niedermolekularen Säuren organischen Ursprungs wie z.B. Essigsäuren, Milchsäuren oder Buttersäuren. Als Nebenprodukte dieses Vorgangs entstehen dabei außerdem Alkohole sowie Wasserstoff und Kohlendioxid in geringem Umfang. Es kommen hierbei zahlreiche unterschiedliche acidogene Bakterienarten zum Einsatz, die jeweils für die Versäuerung eines bestimmten Substrats zuständig sind. So gibt es beispielsweise unterschiedliche Bakterienstämme zur Umwandlung von:

- Glukose in Essigsäure
- Glukose in Alkohole
- Aminosäuren in Wasserstoff
- Aminosäuren in Kohlendioxid
- Stärke in Schwefelwasserstoff
- Proteine in Ammoniak

Moderne Biogasanlagen sind auf diesen zeitgleichen Ablauf optimiert, damit die Biogasherstellung möglichst schnell und effektiv ablaufen kann und somit der Ertrag der Anlage optimiert wird. Auch die Acidogenese findet im Gärtank der Biogasanlage statt. Die optimale Temperatur für die Säurebildung liegt bei etwa 30 Grad Celsius, der ph-Wert der Biomasse sollte dabei etwa sechs betragen. Wichtig ist, dass der bei der Acidogenese entstandene Wasserstoff möglichst rasch aus dem Fermenter entfernt wird (zumindest bei zweistufigen Anlagen), da er ansonsten eine hemmende Wirkung auf den Prozess der Säurebildung hat.

Weiterhin können sich bei der Acidogenese unter ungünstigen Bedingungen z.B. nicht optimale Temperatur oder unpassender ph-Wert des Substrats auch unerwünschte Säuren wie Valerian-, Oenanth- oder Carbonsäure bilden. Man spricht da-bei auch von so genannten ISO-Säuren. Diese Stoffe sind sehr schwer verwertbar und bewirken eine Übersäuerung der Biomasse. Damit sorgen sie dafür, dass der Prozess der Biogasentstehung deutlich gehemmt wird oder gar ganz zum Erliegen kommt. Das ständige Überwachen und Justieren der Einflussfaktoren ist daher unerlässlich.

2.1.3. Acetogenese

Die dritte Phase in der Vergärung von Biomasse zu Biogas und Restmasse bildet die Acetogenese. Diese Phase wird auch als Säuerungsphase bezeichnet. Die entstandene Biomasse, die nun aus verschiedenen Fettsäuren und Alkoholen besteht, wird unter Einwirkung spezieller Bakterienstämme in Essigsäure (Acetat) umgewandelt. bzw. dessen gelösten Salz, dem Acetat umgesetzt.

Essigsäure, Wasserstoff und Kohlendioxid bilden dabei sozusagen die Vorläufer für die Bildung von Methangas. Die Acetogenese kann dabei entweder im Fermenter erfolgen, in dem auch schon Hydrolyse und Acidogenese stattfanden, oder aber in einem speziellen Behälter, das heißt getrennt von den beiden ersten Schritten der Biogaserzeugung. Im letzteren Fall spricht man dabei von einer zweistufigen Biogasanlage. Sie hat den Vorteil, dass sich die Bakterienstämme des ersten und zweiten Schritts nicht mit denen der letzten Schritte vermischen und es somit zu

Beeinträchtigungseffekten kommen kann. Die Einflussfaktoren z.B. Temperatur, ph-Wert können hierbei viel besser auf die Bakterienarten der einzelnen Schritte abgestimmt werden. Nachteil bei zweistufigen Anlagen ist die komplexere Bauweise und der damit verbundene höhere Preis. Der in dieser Phase entstehende Wasserstoff bedingt es, das die letzten beiden Phasen (Acetogenese und Methanogenese) grundsätzlich immer zusammen ablaufen müssen. Für die essigsäurebildenden Bakterien der Acetogenese ist ein übermäßiger Gehalt an Wasserstoff im Substrat nämlich äußerst schädlich, er kann ihren Stoffwechsel behindern oder sie sogar ganz abtöten. Die methanogenen Bakterien der letzten Stufe hingegen benötigen diesen Wasserstoff unbedingt, um die Essigsäure in Methan umzuwandeln. So entsteht eine Symbiose, bei der jede Bakterienkultur von der anderen profitiert und zum Gelingen des Gesamtprodukts beiträgt.

2.1.4. Methanogenese

Die Methanogenese bildet den Abschluss des vierstufigen Prozesses zur Erzeugung von Biogas. In dieser Phase wandeln spezielle methanogene Bakterien die aus der Acetogenese hervorgegangene Essigsäure sowie die Nebenprodukte Wasserstoff und Kohlendioxid in den gasförmigen Stoff Methan um. Als Nebenprodukt entsteht dabei Wasser, außerdem verbleibt ein Rest an Kohlendioxid. Man kann davon ausgehen, dass in etwa 30 Prozent des Methangases aus den Nebenprodukten Wasserstoff und Kohlendioxid gebildet werden, der größere Rest bildet sich aus der Essigsäure. Wie bereits bei der Acetogenese beschrieben, wird zur Umwandlung von Essigsäure und des Nebenprodukte in Methan eine erhöhte Menge an Wasserstoff benötigt. Die methanogenen Bakterien sind daher auf den bei der Acetogenese freiwerdenden Wasserstoff angewiesen, weshalb sich Acetogenese und Methanogenese nicht voneinander trennen lassen.

Nach Abschluss der Methanogenese bleibt als Restsubstrat ein wässriges Gemisch übrig. Dieses besteht neben Wasser zum Großteil aus anorganischen Substanzen wie Steinen, Sand und Mineralien sowie aus Resten organischer Substanzen, die nicht vollständig abgebaut werden konnten. Dies können zum Beispiel Lignin (der Basisstoff von Holz) oder Cellulose sein. Man bezeichnet dieses Restsubstrat auch als Gärrest. Da die Gärreste reich an Schwefel, Stickstoff und Spurenelementen sind, eignen sie sich ideal als landwirtschaftlicher Dünger. Wie viele Gärreste bei der Erzeugung von Biogas übrig bleiben, hängt von den verwendeten Ausgangssubstanzen und vom Wirkungsgrad bzw. der Qualität der Biogasanlage ab. Moderne Biogasanlagen arbeiten so effektiv, dass der größte Teil der Ausgangssubstanz in Gas umgewandelt wird, so dass am Ende nur noch sehr wenige Gärreste anfallen.

2.1.5. Prozessauftrennung (einstufig, mehrstufig/einphasig, mehrphasig)

Unter gewissen Umständen kann es sinnvoll sein, den anaeroben Abbau in unterschiedliche Phasen und/oder in verschiedene Stufen aufzutrennen. Nach heutigem Kenntnisstand ist die Trennung der Hydrolyse und der Methanbildung möglich. Wenn zukünftig mehr Erkenntnisse zur Wechselwirkung zwischen den am Prozess beteiligten Mikroorganismen vorliegen, ist zu erwarten, dass auch noch weitere prozessbio-logische Phasen voneinander abgetrennt werden können.

Laufen die Hydrolyse und Säurebildung von der eigentlichen Methanisierung separat ab, spricht man von einem Prozess in zwei biologischen Prozessphasen. Die Hydrolysestufe wird dann so dimensioniert, dass die Aufenthaltszeit genügend groß ist, um das Wachstum der hydrolytischen und säurebildenden Bakterien zu ermöglichen. Bei leicht hydrolysierbaren organischen Substraten läuft die Hydrolyse dann so rasch innerhalb von ein bis zwei Tag ab, dass sich die Methanisierung in der ersten biologischen Prozessphase nicht entwickeln kann „Auswaschung" der Methanbildner. Darüber hinaus kann der Vergärungsprozess in unterschiedliche Stufen, die sich prozessbiologisch nur wenig unterscheiden, unterteilt werden. Hier können beispielsweise bei einer Kaskade von Rührkesseln mehrere Fermenter in Serie hintereinander geschaltet werden. Dies ist z. B. in Klärwerken der Fall z. B. Vorfaulraum, Hauptfaulraum, Nachgärer. Dabei hat man hier in der Regel keine eindeutige Trennung der biologischen Prozessphasen, obwohl die hydrolytische Aktivität im ersten Fermenter wahrscheinlich etwas größer ist als in den folgenden. Bei solchen Rührkesselkaskaden ist die Wahrscheinlichkeit sehr klein, dass frisch zugeführtes Material gleich wie-der ausgetragen wird. Dies trifft ebenfalls auf einen Fermenter mit einem nachgeschalteten, zum Nachgärraum umfunktionierten, Schlammspeicher zu. Zur Aufrechterhaltung einer guten Gasbildung oder auch eines stabilen biologischen Prozesses kann eine Ruckimpfung von Vorteil sein, bei der das Frischmaterial durch die Zuführung von vergorenem Material mit Bakterien versorgt wird. Eine Auftrennung in Prozessphasen und Prozessstufen ist grundsätzlich beliebig miteinander kombinierbar, wobei bei der Anlagenerrichtung die Maßgabe eines wirtschaftlichen Anlagenbetriebes zu berücksichtigen ist.

2.2. Optimale Lebensbedingungen der Bakterien

2.2.1. Bedingungen

Um optimale Wachstumsbedingungen für die Mikroorganismen zu schaffen, müssen die folgenden Bedingungen im beachtet werden:

- Es sollte kein Licht in den Fermenter eindringen, da es den Abbauprozess hemmt
- Es ist den anaeroben Methanogenen nur möglich, die Abbauprozesse und die Methanbildung ohne jegliche Hemmung durchzuführen, wenn das Substrat ausreichend mit Wasser aufgeschwemmt worden ist, d.h. mindestens 50 % Wasseranteil besitzt.

Die am Prozess beteiligten Bakterien sind einerseits aerob bzw. fakultativ anaerob und andererseits obligat anaerob. Der anfangs vorhandene Sauerstoff hat mit +1780 mV ein für die anaeroben Bakterien zu hohes Redoxpotential. Deshalb muss der Sauerstoff erst von den aeroben Bakterien so weit verbraucht werden, bis es den anaeroben möglich ist, zu wachsen. Dies ist erst ab einem Redoxpotential von -100 mV möglich. In Teilen der Literatur heißt es, dass Sauerstoff tödlich auf die Anaerobier wirkt. Dies sind in der Praxis meist nicht der Fall, da die Bakterien in einer Mischkultur mit fakultativ anaeroben Bakterien leben und häufig auch reduzierende Stoffe mit einem.

2.2.2. Temperaturoptima

Die Höhe der Temperatur ist entscheidend für die Geschwindigkeit des Abbauprozesses und den Methananteil. Weichen die tatsächlichen Temperaturen, etwa in einem Biogasfermenter, von diesen Optimalwerten nach unten oder oben ab, so tritt zunächst eine Verlangsamung (Hemmung) der Biogasbildung ein, im Extremfall können die Bakterien aber auch abgetötet werden.

Mit Blick auf die jeweiligen optimalen Umgebungstemperaturen lassen sich die Bakterien in die psychrophilen, mesophilen und thermophilen Gruppen einteilen.

2.2.2.1. Psychrophilen Bakterien

Psychrophile Bakterien sind auch noch der Lage bei tiefen Temperaturen (20 °C bis 25 °C) einem biologischen Abbauprozess zu arbeiten. Aus technischer Sicht wären diese Mikroorganismen sehr interessant, da bei solchen Temperaturen auch unter den in Mitteleuropa vorherrschenden klimatischen Bedingungen ein Aufheizen des Fermenters entfallen könnte. Leider sind jedoch die Abbauleistung und damit die Gasproduktion dieser Bakterienstämme so gering, dass eine technische Nutzung nicht sinnvoll ist.

2.2.2.2. Mesophilen Bakterien

Die mesophilen Bakterien arbeiten in einem Temperaturbereich (32 °C bis 42 °C). Dieser Temperaturbereich ist ein guter Kompromiss zwischen einer relativ hohen Gasausbeute und einer guten Prozessstabilität. In der Praxis lassen sich meist nur Biogasanlagen mit mesophilen Bakterien und selten mit thermophilen oder psychrophilen Bakterien finden, denn mesophile Bakterien sind Temperaturschwankungen gegenüber weniger empfindlich

2.2.2.3. Thermophilen Bakterien

Die thermophilen Bakterien haben eine höhere Aktivität und auch eine höhere Substratumsatzrate als die mesophilen Bakterien. Zusätzlich ist zu beachten, dass zur Einhaltung des thermophilen Temperaturniveaus (50 °C bis 57 °C) deutlich mehr Energie für das Aufheizen des Gärprozesses benötigt wird. Bei Biogasanlagen, in denen das Gas vor Ort in Blockheizkraftwerken verstromt wird, stellt der erhöhte thermische Energiebedarf allerdings in der Regel keinen Nachteil dar, da die überschüssige Wärme des BHKW oft nicht oder nur teilweise für eine externe Wärmeversorgung genutzt werden kann.

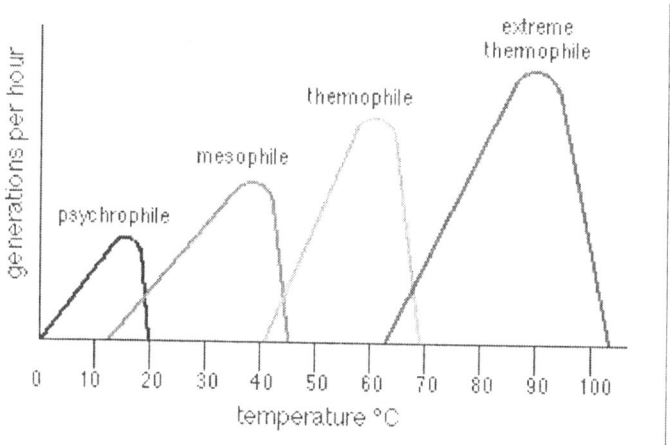

Abb. 3: Verfahrenstemperaturen bei Biogasproduktion.

2.2.3. pH-Wert

Der pH-Wert ist wie die Temperatur ein entscheidender Parameter für das Wachstum der Bakterien. Die pH-Optima unterscheiden sich ebenfalls in den einzelnen Phasen:

- Hydrolyse (4,5 - 6,3)
- Acidogenese (4,5 - 6,3)
- Gametogenese (6,8 - 7,5)
- Methanogenese (6,8 - 7,5)

In der Praxis wird die Substratumsetzung so gewählt dass ein pH-Wert von 7 erreicht wird. Bei der Unterschreitung eines pH-Werts von 6,6 wird die Methanogenese stark gehemmt, dennoch arbeiten die Bakterien der ersten beiden Phasen (Hydrolyse und Acidogenese) weiter. Fällt der pH-Wert unter 6,6, werden die aus der Versäuerungsphase angelieferten Substrate (Essig- und Propionsäure) nicht mehr vollständig abgebaut, was zu einem weiteren Absinken des pH-Wertes führt und schließlich zur Einstellung der Tätigkeit der Methanogenen. Um ein solches Absinken des pH-Wertes zu verhindern, gibt es Säurepuffer. Carbonatpuffer diese verhindern ein Absinken, indem sie H-Ionen ab einem bestimmten pH-Wert freisetzen. Ammoniakpuffer verhindern ein Ansteigen des pH-Wertes indem sie H+-Ionen aufnehmen, um dann gasförmig dem Fermenter zu entweichen.

2.2.4. Hemmstoffe

Es gibt diverse Stoffe bzw. Gase, die auf Bakterien hemmend oder toxisch wirken können. Hierbei ist zu unterscheiden zwischen Hemmstoffen, die durch die Substratzugabe in den Fermenter gelangen und die als Zwischenprodukte aus den einzelnen Abbauschritten hervorgehen.

Eine übermäßige Substratzugabe liefert nicht zwangsläufig die gewünschte gesteigerte Biogasproduktion, sondern im Gegenteil, der Gärprozess wird spürbar gehemmt. Das liegt daran, dass sich grundsätzlich jeder Inhaltsstoff eines Substrates in zu hohen Konzentrationen schädlich auf die Bakterien auswirken kann. Dies gilt natürlich ganz besonders für Substanzen, die außerhalb des Biogasreaktors zu Reinigungs- und Desinfektionszwecken oder zur Behandlung von Tierkrankheiten eingesetzt werden. Diese Stoffe setzten ihre Wirkung auch im Biogasfermenter fort und lassen die Bakterien absterben. Neben Antibiotika, Desinfektions- oder Lösungsmitteln zählen auch Herbizide, Salze oder Schwermetalle zu den Stoffen, die bereits in geringen Mengen den Abbauprozess hemmen können. Aber auch essentielle Spurenelemente können in zu hohen Konzentrationen toxisch für die Bakterien sein. Da sich die Bakterien bis zu einem gewissen Maße auch an solche Stoffe anpassen können, ist die Konzentration, ab der ein Stoff die Bakterien schädigt, nur schwer zu bestimmen.

2.2.5. Substrate

Das Substrat muss bestimmte Eigenschaften aufweisen, damit ein Optimum bezüglich der Biogasproduktion und Qualität erreicht werden kann. Eine davon ist das Verhältnis von Kohlenstoff, Stickstoff und Phosphor (C:N:P) zueinander, da dieses entscheidend für die Stoffwechselvorgänge der Mikroorganismen ist. Das optimale Verhältnis liegt etwa zwischen 75:5:1 und 125:5:1. Um ein solches Verhältnis zu erreichen, müssen die unterschiedlichen Substrate in den notwendigen Relationen zusammengemischt werden. Dabei muss auch der TS-Gehalt beachtet werden, da es zu einer deutlich geringeren Gasausbeute führt, falls der Wasseranteil zu groß ist TS-Gehalt unter 5 % bei Nassfermentierung. Doch gilt es ebenfalls einen zu hohen TS-Gehalt über 40 % TS-Gehalt bei Trockenfermentierung im Substrat zu vermeiden, da sich die Bewegungsfreiheit der Bakterien einschränkt, wodurch sie erheblich weniger Substrat umsetzen können. Gleichzeitig wird auch der Grad der von den Mikroorganismen benötigten Feuchtigkeit derartig verringert, dass es zu einem Abbruch des Gärprozesses führen kann. Generell gilt, dass zerkleinertes Substrat besser ist, da es schneller abgebaut werden kann, weil sich die Angriffsfläche für Proteine vergrößert und darin weniger Sauerstoff enthalten ist. Es sollte in gleichmäßigen kurzen Abständen in den Fermenter eingebracht werden, um eine Auskühlung des Faulraumes und eine Überfütterung der Bakterien zu vermeiden.

3. Biogas Anlagen (Verfahrenstechnik)

Sowohl für den Bau von Biogasanlagen als auch bei der Herstellung von Biogas selbst gibt es verschiedene Verfahren und Konzepte. Um das richtige Konzept für eine Biogasanlage festzulegen, ist es zunächst wichtig, den genauen Zweck zu klären, welchen die Anlage erfüllen soll. Es muss unterschieden werden zwischen Anlagen, die vorrangig dazu dienen, Strom und/oder Wärme zu produzieren. Anlagen, die hauptsächlich dazu gedacht sind, Strom ins öffentliche Netz einzuspeisen und eventuell Fernwärme in Form von Warmwasser zu produzieren. Oder Anlagen, die das erzeugte Biogas aufbereiten und in ein örtliches Erdgasnetz einspeisen.

Anhand dieser Punkte kann anschließend die optimal geeignete Biogasanlage kon-struiert und schließlich auch gebaut werden.

Neben den genannten Aspekten gibt es noch weitere Punkte, die einen entschei-denden Einfluss auf die Bauform der Anlage sowie das Verfahren zur Herstellung von Biogas haben können. Dabei kann es sich zum Beispiel um die in der Region beziehungsweise in der Umgebung der Anlage verfügbaren Substrate handeln. Nicht überall ist jedes Substrat in ausreichenden Mengen verfügbar. Daher muss die Anlage so konstruiert werden, dass ausschließlich die Substrate zur Herstellung von Biogas verwendet werden, welche am Ort kontinuierlich und in ausreichenden Men-gen verfügbar sind. Von den zur Verfügung stehenden Substraten hängt schließlich auch ab, ob die Anlage verfahrenstechnisch für die so genannte Nassfermentation oder eher für eine Trockenfermentation ausgelegt wird. Weiterhin muss unterschie-den werden zwischen Anlagen mit einer kontinuierlichen Vergärung und Anlagen, die nach dem so genannten Batch-Verfahren arbeiten. Auch hierbei ist die Art des zur Verfügung stehenden Substrats wieder ausschlaggebend.

3.1. Nassfermentation

Die Nassfermentation (Nassgärung) ist das mit Abstand am weitesten verbreitete Verfahren zur Biogasherstellung in Deutschland. Durch den hohen Wasseranteil im Substrat ist Sie günstiger, schneller und leichter automatisierbar als die Trocken-fermentation. Der Grund für die weite Verbreitung besteht darin, dass die meisten Biogasanlagen auf landwirtschaftlichen Höfen errichtet werden und vorrangig mit Schweine- oder Rindergülle betrieben werden, die eine optimalen Voraussetzungen für eine Nassfermentation bieten. Dadurch ist es rühr- und fließfähig und ist relativ leicht zu handhaben. Damit sich die einzelnen Inhaltsstoffe nicht voneinander tren-nen, muss das nasse Substrat während dem Fermentationsprozess in regelmäßigen Abständen durchgemischt werden. Das Verfahren der Nassfermentation bedeutet jedoch nicht, dass ausschließlich Gülle als Substrat für die Biogasherstellung ver-wendet wird. Auch bei der Nassfermentation werden in der Regel neben dem Grund-stoff Gülle Feststoffe als Substrate wie z.B. Biomüll, Pflanzenschnitt, Mais- oder Grassilage hinzugegeben. Es ist lediglich darauf zu achten, dass das Gesamtsubstrat immer einen ausreichenden Wasseranteil aufweist. Dieser kann jedoch auch durch die Zugabe von Wasser in den Fermenter entsprechend reguliert beziehungsweise erhöht werden.

Wichtig bei der Nassfermentation ist, dass das Substrat immer gut durchgemischt wird, so dass sich die einzelnen Inhaltsstoffe nicht voneinander trennen und so die Biogasproduktion behindern können. Dies wird dadurch erreicht, dass im Fermenter ein- oder mehrere Rührwerke eingebaut sind, die manuell oder automatisch gesteuert in regelmäßigen Abständen das Substrat durchmischen. Bei der Trockenfermentation sind diese Einrichtungen nicht notwendig.

3.2. Trockenfermentation

Die Trockenfermentationsanlagen arbeiten hauptsächlich nach dem so genannten Batch-Verfahren.

Während die Nassfermentation mittels Gülle aus dem landwirtschaftlichen Bereich zur Biogasherstellung seit vielen Jahren etabliert ist, wuchs zunehmend der Wunsch, auch Substrate in Biogas umzuwandeln, welche nicht in flüssiger Form verfügbar sind. Das Substrat wird dabei in einer oder mehreren Schichten in den Fermenter eingebracht und danach mittels einer Wand- und/oder Bodenheizung erwärmt. Dadurch fängt das Substrat an zu gären und es entwickelt sich Biogas, welches durch entsprechende Leitungen aus dem Fermenter zur weiteren Verwendung zum Beispiel in ein Blockheizkraftwerk gelangt. Zusätzlich kann auf das Substrat ein so genanntes Impfmittel aufgetragen werden, welches dafür sorgt, dass die Gärung schneller vor sich gehen kann. Ein Durchmischen des Substrats ist bei der Trockenfermentation nicht notwendig.

3.3. kontinuierliche Vergärung

Die kontinuierliche Vergärung kommt bei ausreichend nassen Substraten zur Anwendung. Der große Vorteil dabei ist, dass diese Technik quasi vollständig automatisiert werden kann. Substrat kann je nach Bedarf computergesteuert nachgefüllt werden, ebenso wird der bzw. werden die Fermenter automatisch geleert, um Platz für neues Substrat zu schaffen. Entscheidend ist dabei auch, dass alle der Biogasanlage angeschlossenen Einrichtungen wie Reinigungs- und Aufbereitungsanlagen, Blockheizkraftwerke bei der kontinuierlichen Vergärung ebenfalls kontinuierlich und automatisiert arbeiten können. Die Gasproduktion und Gasnutzung kann also in einem fortwährenden Prozess ohne irgendwelche Unterbrechungen ablaufen.

3.4. diskontinuierliche Vergärung (Batch-Verfahren)

Anders sieht die Sache bei Anlagen aus, die nach dem Batch-Verfahren arbeiten. Bei ihnen ist eine Automatisierbarkeit schwierig, da die Anlage hierbei nach jedem Fermentationsprozess angehalten werden und der Fermenter anschließend entleert werden muss. Danach muss eine neue Substratschicht in die Anlage eingebracht werden. Erst dann kann die Anlage wieder gestartet und somit neues Biogas produziert werden. Die Gründe hierfür liegen darin, dass bei sehr trockenem und faserigem Substrat wie beispielsweise Bio- bzw. Hausmüll oder Grünschnitt, dass Substrat wesentlich weniger vergärt und somit an Masse verliert, als bei nassen Substraten. Eine automatisierte Entleerung des Fermenters wäre dadurch äußerst schwierig. Der große Nachteil beim Batch-Verfahren ist, dass Biogas nicht fortlaufend produziert werden kann, sondern der Prozess immer wieder unterbrochen wird. Dadurch können auch Reinigungs-, Aufbereitungsanlagen und Blockheizkraftwerke immer nur etappenweise laufen. Diese Nachteile zu umgehen, besteht darin, mehrere einzelne Batch-Anlage hintereinander zu schalten, so dass einzelne Fermenter entleert werden können, während andere weiterlaufen und somit auch die Nachfolgenden Anlagen am Laufen zu halten. Diese Lösung ist allerdings recht teuer.

3.5. Gegenüberstellung Nass- und Trockenfermentation

Ein Nachteil ist, das Verfahren der Trockenfermentation in einer Biogasanlage vollständig zu automatisieren. Dies rührt daher, dass die ausgefaulte Biomasse bei der Trockenfermentation in der Regel manuell aus dem Fermenter entfernt werden muss, bevor die Anlage mit einer Lage neuem Substrat wieder gestartet werden kann. Da dieser Umstand ungünstig für die weitere Verwendung des Biogases ist, wurden in den letzten Jahren auch hier Lösungen entwickelt, um die kontinuierliche Biogasproduktion zu gewährleisten. Eine solche Lösung ist, bei der Trockenfermentation mehrere Fermenter parallel arbeiten zu lassen, so dass, wenn ein Fermenter entleert werden muss, der bzw. die anderen Fermenter weiterhin Biogas produzieren können.

Ein sehr großer Vorteil bei der Trockenfermentation ist der niedrige Energieverbrauch. Während Anlagen mit Nassfermentation viel Energie für die Zerkleinerung von Substraten oder zum Durchrühren beziehungsweise Ein- und Abpumpen des Substrats verbraucht wird, fallen all diese Punkte bei der Trockenfermentation weg.

Zu Beginn der Entwicklung der Trockenfermentation befürchtete man, dass die Gasausbeute bei Trockensubstraten wesentlich geringer sein könnte, als bei der Verwendung von Nasssubstraten. Diese Befürchtung hat sich jedoch als haltlos erwiesen. Mittlerweile konnte nachgewiesen werden, dass die Gasausbeute bei der Trockenfermentation in etwa der bei der Nassfermentation entspricht. Zudem gilt das Endprodukt Biogas bei der Trockenfermentation als wesentlich hochwertiger, da es mehr Methan und weniger Schwefel als das Biogas aus der Nassfermentation entfällt. Eine aufwendige und teure Nachbehandlung des Gases fällt so weitgehend weg. Die ausgegärte Biomasse aus der Trockenfermentation kann anschließend als Dünger in der Landwirtschaft verwendet oder auch weiter fermentiert werden. Die weitaus größte Anzahl der Biogasanlagen arbeitet nach dem Prinzip der Nassfermentation. Aufgrund dieser Lösungsansätze ist die Trockenfermentation in Deutschland zunehmend auf dem Vormarsch und wird sich nach Ansicht in absehbarer Zeit in einem ähnlichen Umfang wie die Nassfermentation auf dem Markt etablieren."

4.   Aufbereitung von Biogas zu Erdgas

Die Aufbereitung vom Biogas wird angewendet wenn z.b. der Standort der Biogasanlage in einem ländlichen Gebiet platziert ist, und wo die erzeugte Menge an Biogas zu groß ist um eine energetische Sinnvoll Nutzung mit eine BHKW zu haben. Bei der direkten Nutzung zum Betreiben eines BHKW mit Biogas sind Bestandteile des Gases nicht so hoch wie bei der Einspeisung in das öffentliche Erdgasnetzes.

Grundsätzlich ist Biogas ein Gemisch, das aus den Hauptbestandteilen Methan. Kohlendioxid und einer gewissen Restmenge anderer Stoffe besteht. Dies können zum Beispiel Stickstoff, Sauerstoff, Wasserstoff, Schwefelwasserstoff und Ammoniak sein.

Für die Erzeugung von Energie aus dem Biogas ist indes nur der Methananteil bestimmend, da dieser eine oxidierfähige Verbindung darstellt, die während des Verbrennungsprozesses Energie freisetzt. Es liegt also auf der Hand, dass Biogasanlagen möglichst so konstruiert und betrieben werden sollten, dass der Methananteil im Endprodukt so hoch wie möglich ausfällt. Dies wird von in Biogasanlagen mit Maissilage erzielt. Alle anderen Bestandteile im Biogas sind weitgehend nutzlos, wobei einige Stoffe wie z.B. Ammoniak oder Schwefelwasserstoff sogar hinderlich für die weitere Verwendung sein können. Da diese Stoffe in ihrer chemischen Zusammensetzung besonders aggressiv sind, können sie die Teile im Inneren der Motoren, in denen das Biogas verbrannt und in Energie umgewandelt wird, nachhaltig angreifen oder sogar ganz zerstören. Aus diesem Grund müssen die schädlichen Stoffe vor der Weiterverarbeitung des Gases entfernt werden. Die typische Zusammensetzung von Biogas sieht folgendermaßen aus:

Inhaltsstoff		Einheit	Anteil im Gas
Methan	CH_4	Vol.-%	50-70 %
Kohlendioxid	CO_2	Vol.-%	30-50 %
Wasser (Dampf)	H_2O	Vol.-%	0 – 10 %
Stickstoff	N	Vol.-%	0 – 5 %
Sauerstoff	O_2	Vol.-%	0 – 2 %
Wasserstoff	H_2	Vol.-%	0 – 1 %
Schwefelwasserstoff	H_2S	Vol.-%	0 – 1 % (< 600ppm)
Ammoniak	NH_3	mg/m³	< 10

Tab. 1: Zusammensetzung Biogas.

Bei den in Tabelle 1 aufgezeigten Bestandteilen des Rohbiogas wird deutlich, dass vor der Einspeisung in ein öffentliches Erdgasnetzes die Bestandteile Kohlenstoffdioxid, Schwefelwasserstoff und Wasserdampf entfernt werden müssen.

Zur Reinigung und Aufbereitung für die Verbrennung von Biogas sind in der Regel mehrere Schritte notwendig. Die wichtigsten sind dabei:

- Vortrocknung,
- Entschwefelung (Grobentschwefelung auf ca. 50- 300 ppm H2S und optional Feinentschwefelung auf unter 3 ppm H2S),
- CO2 Entfernung bei erfolgter Feinentschwefelung und bei nicht erfolgter Feinentschwefelung kombinierte CO2-H2S Abtrennung,
- Nachtrocknung.

4.1. Trocknung

Um die Geräte die Gasbetrieben werden vor hohem Verschleiß und Zerstörung zu schützen, muss der im Biogas enthaltene Wasserdampf entfernt werden. Die relative Feuchte des Biogases beträgt im Fermenter 100 %. Das Biogas ist somit wasserdampfgesättigt. Damit ist der Wasserdampf, der im Biogas enthalten ist, von der Gärtemperatur und somit folglich von der Gastemperatur abhängig. Durch die Kühlung des Gases fällt kann ein Teil des Wasserdampfes auskondensieren.

Die Trocknung des Biogases durch eine Kühlung, wird meist mit elektrisch betriebenen Kühlern bei Temperaturen unter 10 °C getrocknet. Zur Minimierung der relativen Luftfeuchte, jedoch nicht der absoluten Luftfeuchte kann das Gas nach der Kühlung wieder erwärmt werden. Dadurch kann eine Kondensatbildung im weiteren Verlauf des Prozess verhindert werden.

Zur Nachtrocknung von Feuchtigkeit werden auch adsorptive Verfahren angewendet, bei denen der Gasstrom durch eine Adsorptionskolonne geleitet und der Wasserdampf z. B. an Molekularsieben adsorbiert wird. Diese können aus Zeolithe, Kieselgele oder Aluminiumoxide bestehen und lassen sich in der Regel durch Erhitzung regenerieren. Deshalb werden üblicherweise mindestens zwei parallele Kolonnen vorgesehen. Die Nachtrocknung erfolgt in der Regel nur bei der Bereitstellung von Fahrzeugtreibstoff oder der Aufbereitung von Biogas auf Erdgasqualität vor der Einspeisung in Erdgasnetze.

4.2. Entschwefelung

Aus dem Biogas sollte der Schwefelwasserstoff entfernt werden, um eine erhöhte Korrosionswirkung in viele gasbetriebene Geräte zu vermeiden. Dabei sollte eine Entschwefelung auf unter ca. 300 ppm Schwefelwasserstoff angestrebt werden. Es können auch geringere Werte erreicht werden, damit erhöht sich die Lebensdauer bzw. die Wartungszyklen der Gasgeräte erheblich, so dass sich in vielen Fällen auch eine weitergehende Entschwefelung auf beispielsweise unter 50 ppm H2S ökonomisch darstellen lässt.

Im einfachsten Fall kann der mikrobiologische Effekt zum nutzen gemacht werden, dass sich Schwefelbakterien im Gasraum eines Fermenters ansiedeln, wenn geringe Luftmengen zu dosiert werden. Da sie unter Zufuhr kleiner Mengen von Sauerstoff Schwefelwasserstoff in elementaren Schwefel umwandeln. Als Grundvoraussetzung für diese Lösung muss ausreichend Besiedlungsfläche für die Mikroorganismen vorhanden sein. Eine Regelung der Entschwefelungsleistung ist mit diesem Verfahren nicht möglich. Trotzdem sind bei geringen Schwefelfrachten sehr gute Ergebnisse erreichbar. Dieses Verfahren wird deshalb bei kleineren landwirtschaftlichen Biogasanlagen eingesetzt. Zusätzlich muss aber berücksichtigt werden, dass durch dieses Prozess das Biogas einen erhöhten Stickstoff- und ggf. Sauerstoffanteil aufweist.

$$2 \, H2S + O2 \leftrightarrow 2 \, S + 2 \, H2O$$

$$2 \, S + 2 \, H2S + 3 \, O2 \leftrightarrow 2 \, H2SO4$$

$$H2S + 2 \, O2 \leftrightarrow H2SO4$$

Ein weiteres vergleichsweise einfaches Entschwefelungsverfahren ist die Bindung von Schwefelverbindungen in der Fermenterflüssigkeit durch die Zugabe von Eisenverbindungen. Eingesetzt werden hier meist Eisensalze (FeCI2, FeCI3, etc.). Der Schwefel wird an den Eisenverbindungen chemisch gebunden und damit die Freisetzung von Schwefelwasserstoff verhindert. Die entstehenden Verbindungen finden sich im vergorenen Substrat als düngen wirksame Inhaltstoffe.

$2\ Fe^{3}+L + H2S \leftrightarrow 2\ Fe^{2}+L + S + 2\ H+$
Eisenchelat (L=org. Liganden)

$2\ Fe(OH)3 + 3\ H2S \leftrightarrow 2\ FeS + S + 6\ H2O$
Eisenhydroxid

$2\ FeO3 + 3\ H2S \leftrightarrow 2\ FeS + S + 3\ H2O$
Eisenoxid

$Fe^{2}+ + S^{2} \leftrightarrow FeS$
Eisenchlorid

Eisenverbindungen können auch in Waschkolonnen als Adsorptionsmittel für Schwefelwasserstoff eingesetzt werden. Die biologische Entschwefelung kann auch außerhalb des Fermenters in biologischen Entschwefelungskolonnen durchgeführt werden. Dieser Prozess findet in separaten Behältern statt. Hier ist auch eine Regelung für das Entschwefelungsverfahren realisierbar. Vorwiegend wird dies jedoch bei größeren Anlagen eingesetzt.

Der Effekt der Schwefelwasserstoffbindung durch Schwefelbakterien wird auch in Biowäschern eingesetzt. Jedoch wird hier im Unterschied zu dem oben genannten Verfahren kein Sauerstoff in den Bereich der eigentlichen Biogasproduktion eingebracht. Mit gleicher Funktionsweise können auch Tropfkörperanlagen eingesetzt werden. Die Entschwefelung erfolgt dabei direkt im Gasstrom oder in einer externen Waschkolonne. Die Bindung des Schwefelwasserstoffs aus dem Gasstrom wird mit einem Lösungsmittel (z. B. Wasser) gebunden. Durch diese Verfahren besteht die Möglichkeit, die für die Entschwefelung notwendigen Randbedingungen wie Luft- bzw. Sauerstoffzufuhr genauer einzuhalten. Um die Düngewirkung des vergorenen Substrats zu erhöhen, kann der anfallende Schwefel dem vergorenen Substrat im Gärrestlager zu gemischt werden.

$H2S + NaOH \leftrightarrow NaHs + H2O$	1. Kolonne
$NaHS + 0,5\ O2 \leftrightarrow NaOH + S$	2. Kolonne

$2\ NaHS + 4\ O2 \leftrightarrow NaHSO4$ 2. Kolonne

$2\ NaHS + 4\ O2 \leftrightarrow Na2SO4 + H2SO4$ 2. Kolonne

Alternativ kann die Entschwefelung auch mit Eisenverbindungen vorgenommen werden. Bei derartigen Verfahren wird Schwefelwasserstoff mittels einer Eisen Redox-Reaktion zu elementarem Schwefel umgewandelt. Das Verfahren wird in externen Reaktoren unter der Zugabe von Sauerstoff realisiert, wobei der Sauerstoffzusatz auch in einem externen Behälter erfolgen kann, der nicht direkt in den Biogasstrom eingebunden ist. Durch diese Kombination kann eine sehr hohe Entschwefelungsleistung erreicht werden.

Eine noch höhere Entschwefelungsleistung ohne Sauerstoffzusatz ist durch imprägnierte oder dotierte Aktivkohle erreichbar. Die Dotierung kann hier mit Kaliumjodid oder Kaliumkarbonat erfolgen. Dabei ist die Verfügbarkeit von Feuchtigkeit und Sauerstoff für die Schwefelwasserstoffreduzierung und Adsorption des Schwefels an der Aktivkohlenoberfläche erforderlich. Auch ist eine Regenerierung der Aktivkohlen grundsätzlich möglich.

4.3. Abtrennen von Kohlendioxid

Im Biogas sind bis zu 45 % CO_2 enthalten und ist ein inertes Gas. Diese Beeinflusst die brenntechnischen Kenndaten wie Brennwert, Heizwert und Dichte, die für die Abrechnung mit dem Gasabnehmer relevant sind. Daher muss bei einer Einspeisung von Biogas in ein öffentliches Erdgasnetzes der CO_2-Gehalt bei der Aufbereitung abgetrennt werden. Das nach der CO_2-Abtrennung erhaltene Reingas wird deshalb als Biomethan bezeichnet.

Zu diesem Zweck stehen verschiedene Verfahren zur Verfügung.

Art der Trennung	Verfahren/ Technologie	Trenneffekt
Adsorption (trockene Verfahren)	Druckwechseladsorption (PSA)	Adsorption von CO_2 an Kohlenstoffmolekularsieb bei 8 bis 10 bar > 96 % CH_4
Absorption (nasse Verfahren)	Druckwasserwäsche (DWW)	Losung von CO_2 in Wasser durch Druckerhöhung > 96 % CH_4

	Selexol-, Rectisol-, Purisolverfahren	Physikalische Losung von H_2S und CO_2 im Absorptionsmittel > 96 % CH_4
Chemische Absorption	Monoethanolamin(MEA)-Wasche	Chemische Reaktion von CO_2 mit MEA
Membranabtrennung	Polymermembrangastrennung trocken	Membrandurchlässigkeit von H_2S und CO_2 hoher als für CH_4 > 96 % CH_4
	Membrantrennung Nassverfahren Weitere Verfahren nach Desorption möglich	Membrandurchlässigkeit von H_2S und CO_2 hoher als für CH_4 > 96 % CH_4
Kühlung	Tieftemperaturtrennung (Kyrogentechnik)	Phasentrennung von flüssigem CO2 und gasförmigem CH_4 > 99,9 % CH_4

Tab. 2: Verfahren Biogasaufbereitung.

Die Verfahrensschritte sind dabei von den gewählten Technologien und der vorhandenen bzw. der geforderten Biogasqualität abhängig. Die gängigsten Verfahren der Aufbereitung sind die Druckwechseladsorption und die Druckwasserwäsche. Diese werden in Studienarbeit auch kurz Vorgestellt.

Bei der Druckwechseladsorption wird durch starke und schnelle Druckwechsel im Wesentlichen das CO2 an regenerierbare Aktivkohle adsorbiert, um ein Reingas in Erdgasqualität zu erzeugen. Dazu muss das erzeugte Biogas zuvor im biologischen Wäscher entschwefelt und getrocknet werden. Danach erfolgt die Druckwechseladsorption in vier Teilschritten:

- Adsorption von Kohlenstoffdioxid (CO2) aus dem Biogas bei höherem Druck an der Aktivkohle oder dem Molekularsieb in einer Kolonne (ca. 10 bar).
- Entspannung des Druckes nach Umleitung des Biogases auf eine zweite Kolonne (in der Schritt 1 dann erneut stattfindet) bei Spülung mit Umgebungsluft.
- Desorption des Kohlenstoffdioxid von der Aktivkohle oder Molekularsieb im Gleichstrom bzw. Gegenstrom in Umgebungsluft.
- Druckaufbau in der Kolonne und Zufuhr von Biogas, um wieder mit Schritt 1 zu beginnen.

Dabei werden die vier Schritte je nach geforderter Gasqualität für das Erdgasnetzes in zwei- oder dreimal nacheinander durchlaufen, um eine Gasreinheit von mehr als 97 % Methan zu erhalten. Dies erfordert 4 bzw. 6 Adsorptionskolonnen. Die häufigen Druckwechsel erfordern eine extrem hohe Präzision und Standfestigkeit der Ventilsteuerungen.

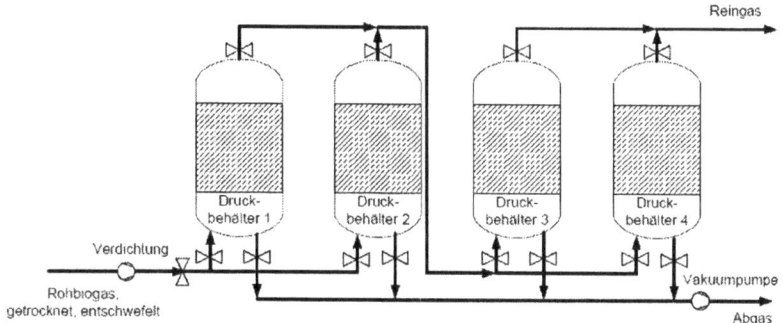

Abb. 4: Druckwechselabsorption.

Das Druckwasserwäscheverfahren nutzt dahingegen bei veränderlichem Drücken unterschiedlichen Löslichkeiten von Methan und Kohlenstoffdioxid in Wasser, um ein Reingas mit mehr als 96 % Methangehalt zu erzeugen. Anstelle von Wasser kann auch ein anderes Waschmittel (Genosorb) eingesetzt werden. Diese Wasch-flüssigkeit hat einer höheren Aufnahmefähigkeit für CO2 und H2O. Zudem kann diese auch noch Wasserdampf aufnehmen. Die Waschflüssigkeit kann nach der Wäsche bei höherer Temperatur regeneriert werden und hat eine Standzeit von ca. 10 Jahren. Das Biogas wird ohne vorherige Entschwefelung auf ca. 10 bar ver-dichtet und den Absorptionskolonne zugeführt. Diese werden dann von dem Biogas von unten nach oben durchströmt. Die Kolonnen sind als Rieselbettreaktor ausge-führt. Das Wasser wird im Gegenstrom zum Gas von oben nach unten zugeführt. In dieser Absorptionskolonne lösen sich die basischen und sauren Bestandteile im Wasser. Eventuell im Rohgasenthaltene Stäube und Mikroorganismen werden eben-falls vom Waschwasser aufgenommen. Vor allem wird CO2 und H2S gebunden. Das gereinigte Gas verlässt die Kolonne mit einem Methangehalt von bis zu 98 %. Durch den prozessbedingt enthaltenen Wasserdampf im Gas muss anschließend auskondensiert werden. Das Waschwasser wird durch mehrstufige Entspannung wieder vom enthaltenen von CO2 befreit. Dabei werden geringe Anteile von Methan nach der ersten Entspannungsstufe wieder dem Rohgas am Anlageneingang zuge-führt, um Vcrluste zu minimieren. H2S wird aufgrund der guten Wasserlöslichkeit bei diesem Verfahren weitestgehend gleichzeitig mit dem CO2 aus dem Gas entfernt und wird aus dem Wasser in der letzten Desorptionsstufe in das Abgas abgegeben.

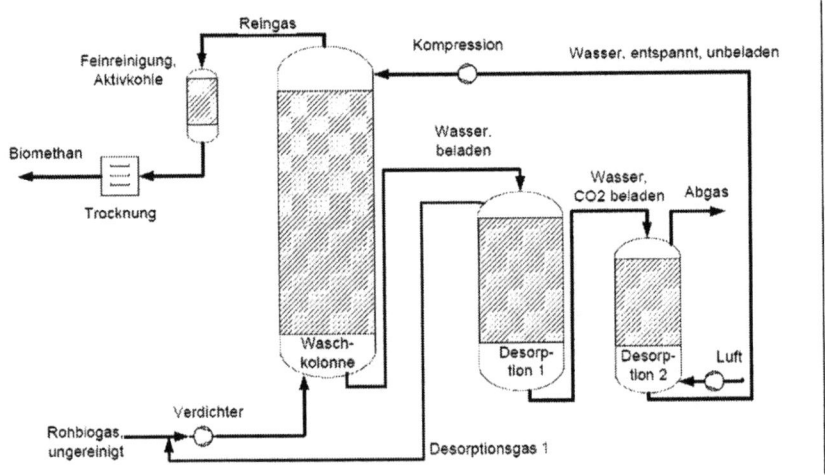

Abb. 5: Druckwasserwäsche.

4.4. Sauerstoffentfernung

„Zusätzlich zu den Anforderungen der DVGW Arbeitsblättern G260 und G 262 muss bei einer Einspeisung in Gashochdruckleitungen bzw. Untergrundspeicher eine Sauerstoffgehalt von maximal 10 ppm eingehalten werden, um Betriebsstörungen durch die Bildung von elementaren Schwefel zuverlässig ausschließen zu können." Der für die Bildung von Elementarschwefel verantwortlichen Reaktion lautet:

2H2S+O2 ↔ 2 S + 2H2O

„Aufgrund von Kapazitätsgrenzen wird aufbereitetes Biogas zukünftig auch zunehmend in HD-Leitungen eingespeist werden. Diese erfordert zuverlässige Verfahren zur Sauerstoffentfernung aus Biogas, da beim Eintrag der Biomasse in die Fermenter, z. B. bei der CO2 Entfernung mit Hilfe der Druckwasserwäsche oder mit Grobentschwefelung Sauerstoff in das Biogas eingetragen wird. Der Eintrag von Sauerstoff über Waschflüssigkeiten ist auf die Strippung bei der Regeneration mit Luft zurückzuführen und kann Sauerstoffgehalt im aufbereiten Biogas von 0,3 Vol.-% oder mehr verursachen."

Es gibt verschiedene Verfahren für die Abtrennung des Sauerstoffes aus dem Biogases. Hierzu zählt die Druckwasserwäsche oder sauerstoffelektiven Adsorbentien wie Kupfer. Nachteil dieses Verfahren ist die Empfindlichkeit des Adsorbentien gegen Schwefel. Daher muss der Schwefel vorher vollständig entfernt werden und eine Regeneration mit hohen Temperaturen ist notwendig. Ein anders Verfahren ist durch Oxidation des Sauerstoffes durch Reduktionsmittel. Vorteil ist hierbei das diese kontinuierlich betrieben werden können und keine Regeneration notwendig ist. Jedoch für es zu einem Anstieg der Temperatur im Biogases und zu einer Erhöhung des Wasserdampf im Biogas das durch Kühlung aus Kondensiert werden muss.

4.5. Konditionierung

Zur Einspeisung des aufbereiten Biogas in Erdgasnetze bzw. zur Nutzung als Fahrzeugtreibstoff müssen eine Reihe unterschiedlicher Parameter erfüllt werden. Dies ist das Ziel der Konditionierung. Die einzuhaltenden Parameter für die Gasqualität werden im Wesentlichen durch den erforderlichen Brennwert und die maximal zulässigen Spurengasgehalte vorgegeben.

Spurengase werden üblicherweise im Zuge der Kohlenstoffdioxidabscheidung, den Einsatz von zusätzlichen Aktivkohlefiltern oder Gastrocknern realisiert. So dass die Konzentration der üblichen Spurengase wie Schwefelwasserstoff und Wasserdampf unter den geforderten Grenzwerten für Erdgas liegen.

Mit aufbereitetem Biogas lassen sich je nach Herstellungs-, Aufbereitungsverfahren z den geforderten Brennwert für das Erdgasnetz nicht immer erreichen. In diesen Fällen kann die Zumischung von Propan (Flüssiggas) zur Brennwertanpassung genutzt werden. Alternativ kann auch durch Mischung des aufbereiteten Gases mit dem viel größeren Erdgasstrom in der Erdgasleitung erreicht werden, dass die zulässigen Toleranzgrenzen der Gasqualität im Erdgasnetz nicht über- bzw. unterschritten werden. Dann ist zwar die Brennwertanpassung nicht notwendig, aber eine Brennwertverfolgung nach dem Einspeisepunkt im Erdgasnetz erforderlich.

Aus Sicherheitsgründen ist es erforderlich, zusätzlich eine Odorierung (Geruchstoff) zu dem aufbereiteten Gases zu zumischen, damit im Gefahrenfall der Nutzer des Gases das unbeabsichtigte Ausströmende Gas feststellen kann.

Auch ist der Druck des aufbereiteten Biogases an die Erfordernisse des Gasnetzes anzupassen.

Alle genannten Parameter werden üblicherweise in einer sogenannten Gas-Druck-Regel-und-Messstation überwacht, um die Weitergabe von qualitativ minderwertigem Gas ausschließen zu können. Heutzutage werden hier neben Brennwertmessgeräten, Feuchtemessgeräten, Drucksensoren und Volumenstrommessern auch Prozessgaschromatographen zur Qualitätsüberwachung eingesetzt. Aus technischer Sicht muss zusätzlich ein Anschluss an das Gasnetzes mit entsprechenden Anschlüssen und Leitungen realisiert werden. Deshalb sollte der Standort der Biogasanlage so gewählt werden, dass die Übergabeleitungen möglichst kurz werden.

5. Ertragssteigerung von Klärgas im Klärwerk

5.1. Kofermentation

Bei der Kofermentation werden Tierexkremente (z.b. Gülle, Mist aus der Landwirtschaft) mit Biomasse (kohlenhydrathaltigen und ölhaltigen Pflanzen wie z.b. Mais, Raps oder Grünabfälle) oder mit festen organischen Abfällen (z.b. Schlachtabfälle, Bioabfälle oder Reststoffe aus der Lebensmittelindustrie) vergärt.

Das Ziel der Kofermentation ist es durch die Mitvergärung von organischem Material einen ausgelasteten und optimalen Betrieb des Fermenters zu bekommen, um einen kontinuierlichen Ertrag von Biogas zu erzielen.

5.2. Gaserträge

Für den Gestehungspreis von Rohbiogas sind nicht nur die Kosten für die Rohstoffe, sondern auch der spezifische Gasertrag des Rohstoffes ein Auswahlkriterium. Rohstoffe die zu einem geringen Gasertrag führen benötigen ein höheres Gärvolumen, als die Rohstoffe den einen höheren Gasertrag erzielen. Hohe Gärvolumina wirken sich wiederum verhältnismäßig stark auf die Investitionskosten aus.

Die Ertragsmenge und der Methangehalt von Biogas sind von Proteinen, Fetten und Kohlenhydraten im Substrat abhängig. Bei der Vergärung von Kohlenhydraten entsteht Biogas mit niedrigem Methangehalt, während bei der Vergärung von fetthaltigen Substraten ein höherer Methangehalt erreicht wird. Bei der Vergärung komplexer organischer Stoffgemische stellt sich ein mittlerer Methangehalt ein, der zusätzlich von der Löslichkeit des Kohlendioxids im Gärsubstrat und vom Prozessverlauf beeinflusst wird.

Tabelle: Gasertrag verschiedener biogener Materialien [Härdtlein 2004]

Substrat	Gasausbeute (m³/t Substrat)	CH4-Anteil (Richtwert in %)
Rindergülle	25	55
Kartoffelschlempe	35	54
Wiesengras	103	55
Maissilage	171	54
Speiseabfälle	220	60
Rapskuchen	552	43-50
Altfett	600	70
Backabfälle	657	70

Tab. 3: Gasertrag verschiedener biogener Materialien.

Wird beim Prozess im Fermenter der Gärprozess gestört wird ein deutlich geringer Methangehalt im Rohbiogas erzeugt. In der Regel wird zuerst die Methanbildung gehemmt, während die Freisetzung von Kohlendioxid durch die Bakterien unbeeinflusst bleibt. Die Abnahme des Methangehaltes und die Verminderung der produzierten Biogasmenge ist daher ein sicheres Zeichen für eine Prozessstörung. Diese kann entstehen, wenn der ph-Wert oder die Temperatur im Fermenter von der Betriebsbedingung abweicht.

Die unter realen Prozessbedingungen erzielbaren Gasträge und Methangehalte einzelner Substrate sind in der nachfolgenden Tabelle aufgeführt.

Tabelle: Biogasertrag und Methangehalt einiger ausgewählter Stoffe [Biogas Forum 2004]

Stoffgruppe	Biogasertrag (mN3/kg oTS)	Methangehalt (Vol.-%)
Kohlenhydrate	0,7 - 0,8	55 - 60
Proteine	0,6 - 0,7	70 - 75
Fette	1,0 - 1,25	68 - 73
Bioabfall	0,35 - 0,5	55 - 68
NAWARO	0,5 - 0,7	50 - 62

Tab. 4: Biogasertag und Methangehalt.

5.3. Klärschlamm/Faulgas

In Kläranlagen wird durch den Abbau der Abwasserinhaltsstoffe Klärschlamm erzeugt. Dieser anfallende Klärschlamm wird in sogenannten Faulbehältern unter anaeroben Bedingungen durch anaerobe Bakterienstämme zu Faulschlamm und brennbarem Faulgas (im Wesentlichen ein Gemisch aus Methan und Kohlenstoffdioxid) umgewandelt.

Bei der Schlammfaulung wird der Rohschlamm von ca. 70 Prozent auf etwa 50 Prozent organischem Anteil vermindert. Theoretisch könnte der organische Anteil noch weiter abgebaut werden, jedoch verliefe dieser Vorgang sehr viel langsamer, da die restliche organische Substanz nämlich sehr schwer abbaubar ist.

Als Abbauprodukt entsteht bei der Faulung Faulgas was sich wie folgt zusammensetzt:

- Methan 60 bis 70 Prozent
- Kohlendioxid 26 bis 36 Prozent
- geringe Mengen Wasserstoff und Schwefelwasserstoff.

Dieser Prozess entspricht der Erzeugung von Biogas in einer Biogasanlage.

5.4. Bäckereiabfall und Klärschlamm-CO-Fermentation

Bei der CO-Vergärung von biogenen Abfällen (Backwaren, Altbrot) in Kläranlagen lassen sich eine sinnvolle Verwertung und die Erzeugung erneuerbarer Energie realisieren. Als CO-Vergärung bezeichnet man die Zugabe von anaerob abbaubaren Stoffen (Backwaren, Altbrot) in den Faulturm eines Klärwerkes, welche nicht vom Klärwerk selbst stammen.

Hierbei öffnet sich für das Klärwerk zumeist die Möglichkeit nicht ausgelastete Faulturmkapazitäten zu nutzen, um eine Ertragssteigerung von Faulgas bzw. Biogas zu erzeugen und dabei weitere Einnahmen zu erzielen.

Bei der gemeinsamen Vergärung von Bäckereiabfällen und Klärschlamm sollte ein entsprechendes Mengenverhältnis von 1:28 (Bäckereiabfällen: Klärschlamm) eingehalten werden, damit die CO-Vergärung keine negative Auswirkung auf den normalen Klärschlammbetrieb hat. Die Bäckereiabfälle werden fast vollständig abgebaut. Eine Versäuerung (ph-Wert) durch Zugabe von Bäckereiabfällen kann ausgeschlossen werden. Bei dieser Zusammensetzung von Bäckereiabfall und Klärschlamm kann der Biogasertrag um mehr als 100 % gesteigert werden.

Zusammenfassung

Die Untersuchungen und Recherchen zeigen auf, dass die Biogasproduktion eine zunehmende Bedeutung für unsere Energiegewinnung bekommt. Der Ertrag von Klärgas (Biogas) kann durch die Verwendung von Brotabfällen, süßen Backwaren und sonstige getreidehaltige Produkte um 100% gesteigert werden.

Somit könnte auch in der Bühler Kläranlage der zweite Faulturm zur Biogasproduktion genutzt werden um eine Ertragssteigerung zu erzielen. Damit könnte der Abwasserzweckverband seine Energiekosten für den Strombezug senken und die überschüssige Energie ins öffentliche Netz einspeisen.

Alternativ wäre das Biogas aufzubereiten und in ein Erdgasnetz einzuspeisen. Hierzu müsste ein sehr hoher technischer Aufwand betrieben werden.

Um einen höheren wirtschaftlichen Erfolg zu erzielen, müssten die Betreiber der kommunalen Kläranlage mit den örtlichen Großbäckereien in Bühl über anfallende Abfallmengen verhandeln. Der höhere Gewinn, der aus der Ertragssteigerung von Biogas entsteht, könnte somit in größere und bessere Anlagen investiert werden.

Da in der heutigen Zeit die Verwendung von Backwaren oder (Alt)-Brot bei der zunehmenden Bevölkerungsamt ein nicht unbedeutendes gesellschaftliches Problem darstellt, müsste man diesen Vorgang sehr sorgfältig planen und der Öffentlichkeit den Vorteil für die Verwendung von Bäckereiabfällen aufzeigen und verständlich machen.

Literatur und Quellenverzeichnis

1. Holger Watter: Nachhaltige Energiesysteme; 1. Auflage 2009; Viweg+Teubner.
2. Martin Klatschmitt/Hans Hartmann/Hermann Hofbauer: Energie aus Biomasse; 2. neu bearbeitete und erweitere Auflage; Springer Verlag.
3. Viktor Wesselak/Thomas Schabbach; Regenerative Energietechnik; Springer Verlag.
4. Internetseite wikipedia „http://de.wikipedia.org/wiki/Enzym"
5. Fachzeitschrift gwf Gas Erdgas 3/2010 Jahrgang 151.
6. Fachbericht Biogas: „Aufbereitung von Biogas – Stand, Erfahrungen und neue Entwicklungen", Wolfgang Köppel/Frank Graf und Siegfried Bajohr, S.120.
7. Internetseite wikipedia „http://de.wikipedia.org/wiki/Kläranlage"
8. Fachzeitschrift Chemie Ingenieure Technik, 4. Ausgabe März 2007.
9. Effizicnz- und Wirtschaftlichkeitsuntersuchungen zur Bäckereiabfall- und Klärschlamm- Co-Fermentation, M.B. Huber, Dipl.-Ing. (FH)/A. Gamper, Dipl.-Ing. (FH)/ A.A.L. Giovannini, Dr.-Ing.

Die Lissabon-Begleitgesetze

Christian Hofmann[1]

A. Einleitung

Oktober 2008: das deutsche Zustimmungsgesetz zum Vertrag von Lissabon vom 13.12.2007 wird ausgefertigt, im Bundesgesetzblatt verkündet und tritt in Kraft.[2] 25.09.2009: die Bundesrepublik Deutschland hinterlegt die Ratifikationsurkunde in Rom.[3] Weshalb hat es so lange gedauert? Der Bundesregierung waren die Hände gebunden, denn mittlerweile lagen dem BVerfG mehrere Organstreitverfahren und Verfassungsbeschwerden zur Entscheidung vor, die das Zustimmungsgesetz zum Vertrag von Lissabon und die „ersten" Begleitgesetze zum Gegenstand hatten.[4] Am 30.06.2009 erging das Lissabon-Urteil des BVerfG: Das Gericht hat das Zustimmungsgesetz zum Vertrag von Lissabon verfassungsrechtlich nicht beanstandet, ein Begleitgesetz zum Vertrag von Lissabon[5] jedoch für verfassungswidrig erklärt.[6] Das BVerfG gab vor, die BRD dürfe die Ratifikationsurkunde erst dann hinterlegen, wenn der Gesetzgeber die Beteiligungsrechte des Bundestages und des Bundesrates ausgestaltet habe.[7] Das Parlament reagierte schnell und erließ bzw. änderte drei Begleitgesetze: Das Gesetz über die Wahrnehmung der Integrationsverantwortung des Bundestages und des Bundesrates in Angelegenheiten der Europäischen Union

---

[1] Dr. iur. Christian Hofmann ist Lehrbeauftragter an der Dualen Hochschule Baden-Württemberg Mannheim, Studiengang Öffentliche Wirtschaft.

[2] BGBl. II 2008, 1038 ff.

[3] REGIERUNGonline: Ratifizierung des Lissabon-Vertrages in Deutschland abgeschlossen, verfügbar unter: http://www.bundesregierung.de/nn_1264/Content/DE/Artikel/2009/09/2009-09-09-bundestag-lissabon-vertrag.html.

[4] Vgl. BVerfGE 123, 267 (268 ff.).

[5] Gesetz über die Ausweitung und Stärkung der Rechte des Bundestags und des Bundesrats in Angelegenheiten der Europäischen Union (AusweitG), BT-Drucks. 16/8489.

[6] BVerfGE 123, 267 (369).

[7] BVerfGE 123, 267 (270).

(Integrationsverantwortungsgesetz – IntVG)[8], das Gesetz über die Zusammenarbeit
von Bundesregierung und Deutschem Bundestag in Angelegenheiten der Europäischen Union (EUZBBG)[9] und das Gesetz über die Zusammenarbeit von Bund und
Ländern in Angelegenheiten der Europäischen Union (EUZBLG).[10]

Der vorliegende Aufsatz gibt zunächst einen allgemeinen Überblick über die Lissa-
bon-Entscheidung des BVerfG. Sodann werden die Vorgaben des BVerfG hinsichtlich der Begleitgesetzgebung vorgestellt und aufgezeigt, wie diese in den Lissabon-
Begleitgesetzen umgesetzt wurden.

B.   Kernaussagen des Lissabon-Urteils

Das BVerfG betont ausdrücklich die Europarechtsfreundlichkeit des Grundgesetzes
(GG).[11] Zwar ermächtige das GG den Gesetzgeber in Art. 23 GG zu einer Übertragung von Hoheitsrechten auf die Europäische Union (EU), dies stehe aber unter der
Bedingung, „dass dabei die souveräne Verfassungsstaatlichkeit auf der Grundlage
eines Integrationsprogramms nach dem Prinzip der begrenzten Einzelermächtigung
und unter Achtung der verfassungsrechtlichen Identität als Mitgliedstaaten gewahrt
bleibt".[12] Das Prinzip der begrenzten Einzelermächtigung ist Dreh- und Angelpunkt
der Frage, wo die Kompetenzen der Mitgliedstaaten enden und der Zuständigkeitsbereich der EU beginnt: die EU darf in einem bestimmten Bereich nur tätig werden,
wenn ihr die Mitgliedstaaten unter Verzicht auf eigene Hoheitsrechte die entsprechenden Kompetenzen übertragen haben; es bedarf also einer Ermächtigungsgrund-
lage in den Verträgen.[13] Normiert ist das Prinzip der begrenzten Einzelermächtigung
in Art. 5 Abs. 2 des Vertrags über die Europäische Union (EUV):[14]

---

[8]   Gesetz vom 22.09.2009 (BGBl. I, S. 3022), zuletzt geändert durch Gesetz vom 01.12.2009
      (BGBl. I, S. 3822).
[9]   Gesetz vom 12.03.1993 (BGBl. I, S. 311), zuletzt geändert durch Gesetz vom 22.09.2009 (BGBl. I,
      S. 3026).
[10] Gesetz vom 12.03.1993 (BGBl. I, 313), zuletzt geändert durch Gesetz vom 22.09.2009 (BGBl. I,
      3031).
[11] BVerfGE 123, 267 (347).
[12] BVerfGE 123, 267 (347).
[13] Vgl. Oppermann/Classen/Nettesheim, Europarecht, 4. Auflage 2009, § 12 Rn. 3 ff.
[14] Vertrag über die Europäische Union vom 07.02.1992 (ABl. Nr. C 191 S. 1), zuletzt geändert
      durch Art. 1 Vertrag von Lissabon v. 13.12.2007 (ABl. Nr. C 306 S. 1).

„Nach dem Grundsatz der begrenzten Einzelermächtigung wird die Union nur innerhalb der Grenzen der Zuständigkeiten tätig, die die Mitgliedstaaten ihr in den Verträgen zur Verwirklichung der darin niedergelegten Ziele übertragen haben. Alle der Union nicht in den Verträgen übertragenden Zuständigkeiten verbleiben bei den Mitgliedstaaten."

Das BVerfG hebt die Bedeutung des Prinzips der begrenzten Einzelermächtigung als „Schutzmechanismus zur Erhaltung mitgliedstaatlicher Verantwortung" hervor.[15] Die EU könne in einem Sachbereich nur dann tätig werden, wenn eine entsprechende Zuständigkeitsübertragung durch die Mitgliedstaaten stattgefunden habe.[16] Es müsse zwischen den Mitgliedstaaten als „politischem Primärraum" und der EU unterschieden werden, die „sekundäre, das heißt delegierte Verantwortung für die ihr übertragenen Aufgaben" trage.[17] Die Mitgliedstaaten bleiben also die „Herren der Verträge"; der EU dürfe insbesondere keine „Kompetenz-Kompetenz" übertragen werden, die sie in die Lage versetzte, aus der Wahrnehmung von Zuständigkeiten heraus eigenmächtig neue Zuständigkeiten zu begründen.[18] Das BVerfG hebt hervor, dass der EU keine „Blankettermächtigung zur Ausübung öffentlicher Gewalt" erteilt werden dürfe.[19] Gleichwohl erkennt das BVerfG an, dass sich supranationale Organisationen wie die EU auch „selbständig entwickeln"[20] und „dynamisch fortentwickeln"[21] können. Wenn aber die

„Mitgliedstaaten das Vertragsrecht so ausgestalten, dass unter grundsätzlicher Fortgeltung des Prinzips der begrenzten Einzelermächtigung eine Veränderung des Vertragsrechts bereits ohne Ratifikationsverfahren allein oder maßgeblich durch die Organe der Union [...] herbeigeführt werden kann, obliegt neben der Bundesregierung den gesetzgebenden Körperschaften eine besondere Verantwortung im Rahmen der Mitwirkung, die in Deutschland innerstaatlich den Anforderungen des Art. 23 Abs. 1 GG genügen muss (Integrationsverantwortung) und gegebenenfalls in einem verfassungsgerichtlichen Verfahren eingefordert werden kann."[22]

---

[15] BVerfGE 123, 267 (381 f.).
[16] BVerfGE 123, 267 (382).
[17] BVerfGE 123, 267 (382).
[18] BVerfGE 123, 267 (349).
[19] BVerfGE 123, 267 (351).
[20] BVerfGE 123, 267 (351).
[21] BVerfGE 123, 267 (352).
[22] BVerfGE 123, 267 (351).

Das BVerfG mahnt, man dürfe der konstruktiven Kraft des europäischen Integrationsmechanismus nicht blind vertrauen.[23] Welche Gefahr besteht, wenn die Unionsorgane das Primärrecht erweiternd auslegen, übertragene Zuständigkeiten dynamisch fortentwickeln oder die Unionsorgane am Ende gar neue Zuständigkeiten eigenmächtig an sich reißen? Die EU würde die Hürden des Prinzips der begrenzten Einzelermächtigung und der Integrationsverantwortung der Mitgliedstaaten überspringen und sich am Ende die Kompetenz anmaßen, über eigene Kompetenzen zu entscheiden.[24] Was kann getan werden, um dies zu verhindern? Das BVerfG sieht folgende Möglichkeiten: entweder dürfen „dynamische Vertragsvorschriften mit Blankettcharakter" nicht vereinbart werden oder es müssen innerstaatlich Sicherungsvorkehrungen getroffen werden, welche die nationale Integrationsverantwortung wahren.[25] Zu diesem Zwecke müssen das Zustimmungsgesetz und die nationale Begleitgesetzgebung

> *„so beschaffen sein, dass die europäische Integration weiter nach dem Prinzip der begrenzten Einzelermächtigung erfolgt, ohne dass für die Europäische Union die Möglichkeit besteht, sich der Kompetenz-Kompetenz zu bemächtigen oder die integrationsfeste Verfassungsidentität der Mitgliedstaaten, hier des Grundgesetzes, zu verletzen. Für Grenzfälle des noch verfassungsrechtlich Zulässigen muss der deutsche Gesetzgeber gegebenenfalls mit seinen die Zustimmung begleitenden Gesetzen wirksame Vorkehrungen dafür treffen, dass die Integrationsverantwortung der Gesetzgebungsorgane sich hinreichend entfalten kann."*[26]

Außerdem ist es nach Ansicht des BVerfG erforderlich, den nationalen Raum vor „ersichtlichen Grenzüberschreitungen bei Inanspruchnahme von Zuständigkeiten durch die Europäische Union" zu schützen.[27] Das BVerfG will sich hier einerseits der „Identitätskontrolle" bedienen um zu überprüfen, ob der unantastbare Kerngehalt des Grundgesetzes verletzt werde und andererseits auf die „Ultra-vires-Kontrolle" zurückgreifen, um „Grenzdurchbrechungen bei der Inanspruchnahme von Zuständigkeiten durch Gemeinschafts- und Unionsorgane" zu ahnden.[28] Beide Kontrollinstrumente „können dazu führen, dass Gemeinschafts- oder künftig Unionsrecht in

---

[23] BVerfGE 123, 267 (352).
[24] BVerfGE 123, 267 (352).
[25] BVerfGE 123, 267 (353).
[26] BVerfGE 123, 267 (353).
[27] BVerfGE 123, 267 (353).
[28] BVerfGE 123, 267 (353 f.).

Deutschland für unanwendbar erklärt wird".[29] Das BVerfG führt aus, dass sogar die Einführung neuer verfassungsgerichtlicher Verfahren speziell zur Identitäts- und Ultra-vires-Kontrolle denkbar sei.[30]

Nach Art. 23 Abs. 1 S. 2 GG kann der Bund durch Gesetz mit Zustimmung des Bundesrates Hoheitsrechte auf die EU übertragen. Nach Ansicht des BVerfG ist dieser Gesetzesvorbehalt „zur Wahrung der Integrationsverantwortung und zum Schutz des Verfassungsgefüges so auszulegen, dass jede Veränderung der textlichen Grundlagen des europäischen Primärrechts erfasst wird".[31] Das BVerfG fährt fort, dass die deutschen Gesetzgebungsorgane auch „vereinfachte Änderungsverfahren oder Vertragsabrundungen" begleiten müssen, sowie „bei bereits angelegten, aber der Konkretisierung durch weitere Rechtsakte bedürftigen Zuständigkeitsveränderungen und bei Änderung der Vorschriften, die Entscheidungsverfahren betreffen" einer politischen Verantwortung gerecht werden müssen, die dem Ratifikationsverfahren vergleichbar sei.[32]

C.   Die Lissabon-Begleitgesetze: Umsetzung der Vorgaben des BVerfG

I.   Das IntVG

Nach § 1 Abs. 1 IntVG sollen Bundestag und Bundesrat in Angelegenheiten der EU ihre Integrationsverantwortung wahrnehmen. Was unter einer „Integrationsverantwortung" zu verstehen ist, wird im IntVG nicht definiert; hier muss auf die Erläuterungen des BVerfG im Lissabon-Urteil zurückgegriffen werden.[33] Zusammengefasst lässt sich sagen, dass der Bundestag und der Bundesrat als demokratisch legitimierte Organe den europäischen Integrationsprozess kontinuierlich begleiten müssen um zu verhindern, dass die EU das Vertragsrecht ohne Beteiligung der Mitgliedstaaten ändert.[34]

---

[29] BVerfGE 123, 267 (354).
[30] BVerfGE 123, 267 (355).
[31] BVerfGE 123, 267 (355).
[32] BVerfGE 123, 267 (355 f.).
[33] Vgl. Spörer, in: von Arnauld/Hufeld (Hrsg.), Systematischer Kommentar zu den Lissabon-Begleitgesetzen, 2011, 5. Abschnitt, Rn. 1 ff. Vgl. im Übrigen die Ausführungen unter „B. Kern-aussagen des Lissabon-Urteils".
[34] Vgl. Spörer, in: von Arnauld/Hufeld (o. Fußn. 33), 5. Abschnitt, Rn. 2 ff.

1. Das vereinfachte Vertragsänderungsverfahren: § 2 IntVG

In Art. 48 Abs. 2 bis Abs. 5 EUV ist das ordentliche Vertragsänderungsverfahren geregelt. Nach Art. 48 Abs. 4 UAbs. 2 EUV kann eine Vertragsänderung erst dann in Kraft treten, wenn sie von allen Mitgliedstaaten nach Maßgabe ihrer verfassungsrechtlichen Bestimmungen ratifiziert worden ist.

Zusätzlich ist in Art. 48 Abs. 6 EUV ein vereinfachtes Vertragsänderungsverfahren geregelt zwecks Änderung von Bestimmungen des dritten Teils des Vertrages über die Arbeitsweise der Europäischen Union (AEUV).[35] Der Unterschied zum ordentlichen Vertragsänderungsverfahren liegt darin, dass die Vertragsänderung nicht auf einer Regierungskonferenz von den Mitgliedstaaten vereinbart werden muss, sondern lediglich ein Beschluss des Europäischen Rates notwendig ist, der „nach Zustimmung der Mitgliedstaaten im Einklang mit ihren jeweiligen verfassungsrechtlichen Vorschriften in Kraft" tritt.

Nach Ansicht des BVerfG verlangt diese „Zustimmung" ein Gesetz im Sinne von Art. 23 Abs. 1 S. 2 GG.[36]

Dementsprechend heißt es in § 2 IntVG, dass die „Zustimmung" der BRD durch ein Gesetz nach Art. 23 Abs. 1 GG erfolgen muss. Offen bleibt, ob für das Gesetz nach Art. 23 Abs. 1 GG eine qualifizierte Mehrheit nach Art. 23 Abs. 1 S. 3 i. V. m. Art. 79 Abs. 2 GG notwendig ist.[37] Hier muss von Fall zu Fall nach Maßgabe der konkreten Vertragsänderung entschieden werden.[38]

2. Das besondere Vertragsänderungsverfahren: § 3 IntVG

In den Verträgen finden sich Spezialbereiche, bei welchen ebenfalls die Anforderungen an das Änderungsverfahren vereinfacht sind: Art. 218 Abs. 8 UAbs. 2 S. 2 AEUV (Beitritt der EU zur Europäischen Menschenrechtskonvention), Art. 311 Abs. 3 AEUV (Festlegung der Eigenmittel der EU), Art. 25 Abs. 2 AEUV (Fortentwicklung der Unionsbürgerschaft), Art. 223 Abs. 1 UAbs. 2 AEUV (Einheitliches Wahlverfahren zum Europäischen Parlament), Art. 262 AEUV (Rechtsstreitigkeiten im Bereich des geistigen Eigentums), Art. 42 Abs. 2 UAbs. 1 EUV (Gemeinsame Verteidigung). Daran wird kritisiert, dass das Verfahren nur vereinfachten Anforde-

---

[35] Vertrag über die Arbeitsweise der Europäischen Union vom 25.03.1957, zuletzt geändert durch Art. 2 Vertrag von Lissabon vom 13.12.2007 (ABl. Nr. C 306 S. 1).

[36] BVerfGE 123, 267 (387).

[37] Vgl. Nettesheim, Die Integrationsverantwortung – Vorgaben des BVerfG und gesetzgeberische Umsetzung, NJW 2010, 177 (179).

[38] Spörer, in: von Arnauld/Hufeld (o. Fußn. 33), 6. Abschnitt, Rn. 30 ff.

rungen genügen müsse, obwohl es zu „potenziell erheblichen Veränderungen von Struktur und Entwicklung der Union" kommen könne.[39]

Deshalb verwundert es nicht, dass das BVerfG auch hier ein Gesetz nach Art. 23 Abs. 1 GG verlangt.[40] Liegt ein Beschluss des Rates nach Art. 218 Abs. 8 UAbs. 2 S. 2 AEUV oder nach Art. 311 Abs. 3 AEUV vor, ist nach § 3 Abs. 1 IntVG ein Gesetz gemäß Art. 23 I GG erforderlich. Gleiches gilt nach § 3 Abs. 2 IntVG, wenn der Rat Bestimmungen erlässt gemäß Art. 25 Abs. 2 AEUV, Art. 223 Abs. 1 UAbs. 2 AEUV oder Art. 262 AEUV. § 3 Abs. 3 IntVG stellt im Falle des Art. 42 Abs. 2 UAbs. 1 EUV strengere Anforderungen auf als das BVerfG und sieht ein Verfahren in zwei Stufen vor:[41] Der deutsche Vertreter im Europäischen Rat darf einem entsprechenden Beschlussvorschlag nur zustimmen, wenn zuvor der Bundstag sein Ja-Wort gegeben hat. Kommt dann in einem zweiten Schritt der Beschluss auf europäischer Ebene zustande, muss die BRD durch ein Gesetz gemäß Art. 23 Abs. 1 GG zustimmen.

3.   Brückenklauseln

a)   Allgemeine Brückenklausel und besondere Brückenklauseln: §§ 4, 5 und 6 IntVG

Die allgemeine Brückenklausel in Art. 48 Abs. 7 EUV ermöglicht der EU, das Verfahren im Rechtsetzungsprozess „halbautonom" zu ändern und zwar durch eine Änderung der Abstimmungsmodalitäten im Rat oder einen Wechsel des einschlägigen Gesetzgebungsverfahrens.[42] Nach Art. 48 Abs. 7 UAbs. 1 EUV kann der Europäische Rat in einem bestimmten Bereich bzw. Fall beschließen, dass der Rat in diesem Bereich bzw. Fall mit qualifizierter Mehrheit statt einstimmig beschließen kann. Des Weiteren wird der Fall geregelt, dass der Europäische Rat beschließt, dass ein Wechsel vom besonderen zum ordentlichen Gesetzgebungsverfahren stattfindet (Art. 48 Abs. 7 UAbs. 2 EUV).

Neben der allgemeinen Brückenklausel gibt es in den Verträgen folgende besondere Brückenklauseln: Art. 81 Abs. 3 UAbs. 2 AEUV (Maßnahmen zum Familienrecht mit grenzüberschreitendem Bezug), Art. 31 Abs. 3 EUV (Beschlüsse über die gemeinsame Außen- und Sicherheitspolitik in anderen als den in Abs. 2 genannten Fällen), Art. 312 Abs. 2 UAbs. 2 AEUV (Aufstellung des mehrjährigen Finanzrah-

---

[39]   Rathke, in: von Arnauld/Hufeld (o. Fußn. 33), 6. Abschnitt, Rn. 36.
[40]   BVerfGE 123, 267, 387 f.
[41]   Vgl. Nettesheim, (o. Fußn. 37), 177 (179).
[42]   Vgl. Rathke, in: von Arnauld/Hufeld (o. Fußn. 33), 6. Abschnitt, Rn. 81.

mens), Art. 153 Abs. 2 UAbs. 4 AEUV (Tätigkeiten auf den Gebieten Schutz der Arbeitnehmer bei Beendigung des Arbeitsvertrages, Vertretung und kollektive Wahrnehmung der Arbeitnehmer- und Arbeitgeberinteressen, Beschäftigungsbedingungen der Staatsangehörigen dritter Länder), Art. 192 Abs. 2 UAbs. 2 AEUV (umweltpolitische Maßnahmen) sowie Art. 333 Abs. 1 und Abs. 2 AEUV (Abstimmungsregeln im Bereich der verstärkten Zusammenarbeit). Auch bei den besonderen Brückenklauseln besteht die Möglichkeit, dass das Abstimmungsverfahren geändert wird und der Rat mit qualifizierter Mehrheit statt Einstimmigkeit beschließt (vgl. z.B. Art. 31 Abs. 3 EUV) oder dass ein Übergang vom besonderen zum ordentlichen Gesetzgebungsverfahren stattfindet (vgl. z.B. Art. 81 Abs. 3 UAbs. 2 AEUV).

Werden die allgemeinen und besonderen Brückenklauseln ausgeübt, sieht das BVerfG einen „Verlust des deutschen Einflusses im Rat".[43] Zwar sei eine Änderung der Verfahrensvorschriften nach den Brückenklauseln nur bei Einstimmigkeit im Europäischen Rat oder Rat möglich, doch reiche dies nicht aus, weil der deutsche Vertreter im Europäischen Rat bzw. im Rat nicht erkennen könne, in welchem Umfang er für künftige Fälle auf sein Vetorecht im Rat verzichte.[44] Die allgemeine Brückenklausel sieht in Art. 48 Abs. 7 UAbs. 3 EUV ein Ablehnungsrecht der nationalen Parlamente vor; ein Ablehnungsrecht enthält auch die spezielle Brückenklausel in Art. 81 Abs. 3 UAbs. 3 AEUV. Nach Ansicht des BVerfG ist das

> *„Ablehnungsrecht der nationalen Parlamente kein ausreichendes Äquivalent zum Ratifikationsvorbehalt; eine Zustimmung des deutschen Regierungsvertreters im Europäischen Rat erfordert deshalb in Deutschland jeweils ein Gesetz im Sinne des Art. 23 Abs. 1 S. 2 und gegebenenfalls S. 3 GG. Erst auf diese Weise betätigen die deutschen Gesetzgebungsorgane jeweils ihre Integrationsverantwortung ..."*[45]

Dieses Erfordernis soll sowohl für die allgemeine Brückenklausel in Art. 48 Abs. 7 UAbs. 3 EUV als auch für die besondere Brückenklausel in Art. 81 Abs. 3 UAbs. 3 AEUV gelten.[46]

Das IntVG kommt dieser Vorgabe wie folgt nach: § 4 Abs. 1 IntVG schreibt für die allgemeine Brückenklausel in Art. 48 Abs. 7 EUV ein Gesetz nach Art. 23 Abs. 1 GG vor. § 4 Abs. 2 IntVG verlangt für die besondere Brückenklausel in Art. 81 Abs. 3 UAbs. 3 AEUV ebenfalls ein Gesetz gemäß Art. 23 Abs. 1 GG.

---

[43] BVerfGE 123, 267 (390).
[44] BVerfGE 123, 267 (390).
[45] BVerfGE 123, 267 (391).
[46] BVerfGE 123, 267 (391).

Bei den anderen besonderen Brückenklauseln bedarf es nach Ansicht des BVerfG keines Gesetzes im Sinne von Art. 23 Abs. 1 GG.[47] Gleichwohl müsse der Gesetzgeber auch hier seiner Integrationsverantwortung gerecht werden und zwar durch Zustimmung des Bundestages und des Bundesrates, sofern die Gesetzgebungsbefugnisse der Länder berührt werden.[48]

Auch hier orientiert sich das IntVG genau an den Vorgaben des BVerfG: Nach § 5 Abs. 1 IntVG darf der deutsche Vertreter im Europäischen Rat im Bereich der besonderen Brückenklauseln in Art. 31 Abs. 3 EUV und Art. 312 Abs. 2 UAbs. 2 AEUV einer Änderung des primären Unionsrechts nur dann zustimmen, wenn der Bundestag einen entsprechenden Beschluss gefasst hat. Warum bedarf es keines Gesetzes im Sinne von Art. 23 Abs. 1 S. 2 GG? Das BVerfG hält hier ein entsprechendes Gesetz für entbehrlich, weil sich diese besonderen Brückenklauseln „auf Sachbereiche beschränken, die durch den Vertrag von Lissabon bereits hinreichend bestimmt sind".[49]

Ist ein Gebiet betroffen, in welchem den Ländern eine Gesetzgebungskompetenz zukommt oder ein Bundesgesetz der Zustimmung des Bundesrates bedarf, verlangt § 5 Abs. 2 IntVG zusätzlich zum Beschluss des Bundestages einen entsprechenden Beschluss des Bundesrates. Kritiker dieser umfangreichen Beteiligungsrechte des Bundesrates sollten sich die Frage stellen, ob der Bundesrat angesichts der Vorgabe in Art. 23 Abs. 4 GG nicht sogar weiterreichenden Mitwirkungsrechte haben müsste.[50]

Im Übrigen verlangt § 6 Abs. 1 IntVG einen Beschluss des Bundestages im Falle von Art. 153 Abs. 2 UAbs. 4 AEUV, Art. 192 Abs. 2 UAbs. 2 AEUV sowie Art. 333 Abs. 1 und Abs. 2 AEUV als Voraussetzung für eine entsprechende Zustimmung des deutschen Vertreters im Rat. Nach § 6 Abs. 2 IntVG i.V.m. § 5 Abs. 2 IntVG kann zusätzlich ein Beschluss des Bundesrates notwendig sein.

b)   Ablehnungsrecht bei Brückenklauseln: § 10 IntVG

Auf das Ablehnungsrecht der nationalen Parlamente in Art. 48 Abs. 7 UAbs. 3 EUV und in Art. 81 Abs. 3 UAbs. 3 AEUV wurde oben bereits hingewiesen: beide Klauseln räumen den nationalen Parlamenten ein „Vetorecht" ein, d.h. sie können eine Initiative des Europäischen Rats (Art. 48 Abs. 7 UAbs. 3 EUV) bzw. einen Vorschlag der Kommission (Art. 81 UAbs. 3 AEUV) durch Ablehnung verhindern.

---

[47] BVerfGE 123, 267 (391).
[48] BVerfGE 123, 267 (391 f.).
[49] BVerfGE 123, 267 (391).
[50] Nettesheim, (o. Fußn. 37), 177 (179).

Dieses Ablehnungsrecht wird näher ausgestaltet in § 10 IntVG: betrifft die Initiative des Europäischen Rats gemäß Art. 48 Abs. 7 UAbs. 3 EUV schwerpunktmäßig den Bereich der ausschließlichen Gesetzgebungszuständigkeit des Bundes, ist ein Ablehnungsbeschluss des Bundestages erforderlich (§ 10 Abs. 1 Nr. 1 IntVG). In allen anderen Fällen muss sich der Bundestag sein Vetorecht mit dem Bundesrat teilen (§ 10 Abs. 2 Nr. 2 IntVG). Entsprechendes gilt nach § 10 Abs. 3 für Vorschläge der Kommission nach Art. 81 UAbs. 3 AEUV).

Angenommen, es liegt ein Gesetz im Sinne von Art. 23 Abs. 1 GG nach § 4 IntVG vor: ist dann nachträglich eine Ablehnung nach § 10 IntVG möglich? Zunächst wird in der Praxis die Entscheidung nach § 10 IntVG zeitlich vor jene nach § 4 IntVG fallen.[51] Wird § 10 IntVG dann nicht in Anspruch genommen, hat dies keine Präjudizierung der Entscheidung nach § 4 IntVG zur Folge.[52] Was aber gilt, wenn die Zustimmung nach § 4 IntVG vorgelagert ist? Dann ist eine Ablehnung nach § 10 IntVG möglich, da das Gesetz nach Art. 23 Abs. 1 GG lediglich die nach dem Lissabon-Urteil erforderliche Parlamentsbeteiligung gewährleistet, jedoch keine Bindungswirkung auf Unionsebene zur Folge hat.[53]

Welche Konsequenzen hat eine Ablehnung nach § 10 IntVG? Beachtliche, denn ein einzelnes nationales Parlament kann die Brückeninitiative zu Fall bringen.[54] Insofern muss man sich nicht über die Kritik am Ablehnungsrecht in beiden Brückenklauseln wundern.[55]

4.   Kompetenzerweiterung: § 7 IntVG

Manche Normen des AEUV ermöglichen der EU, ihre Zuständigkeit selbständig auf weitere Bereiche auszudehnen. So gibt Art. 83 Abs. 1 UAbs. 1 AEUV der EU das Recht, in bestimmten Kriminalitätsbereichen mit grenzüberschreitendem Bezug gesetzgeberisch tätig zu werden. Die entsprechenden Kriminalitätsbereiche werden in UAbs. 2 genannt. UAbs. 3 gibt der EU jedoch das Recht, bei entsprechender Entwicklung der Kriminalität, ihre Kompetenz auch auf andere Kriminalitätsbereiche auszudehnen.

Nach Ansicht des BVerfG handelt es sich hierbei um eine „dynamische Blankettermächtigung", die „in der Sache einer Erweiterung der geschriebenen Kompeten-

---

[51]   Nettesheim, (o. Fußn. 37), 177 (179 f.).
[52]   Kötter, in: von Arnauld/Hufeld (o. Fußn. 33), 7. Abschnitt, Rn. 40.
[53]   Kötter, in: von Arnauld/Hufeld (o. Fußn. 33), 7. Abschnitt, Rn. 40. A.A. Nettesheim, (o. Fußn. 37), 177 (179).
[54]   Kötter, in: von Arnauld/Hufeld (o. Fußn. 33), 7. Abschnitt, Rn. 50.
[55]   Vgl. hierzu Kötter, in: von Arnauld/Hufeld (o. Fußn. 33), 7. Abschnitt, Rn. 50.

zen der Union" entspricht und „deshalb dem Gesetzesvorbehalt des Art. 23 Abs. 1 S. 2 GG" unterliegt.[56]

Art. 7 Abs. 1 IntVG kommt dieser Vorgabe nach und verlangt ein Gesetz in diesem Sinne.

In die gleiche Richtung wie Art. 83 Abs. 1 AEUV geht auch Art. 86 Abs. 4 AEUV: Hier kann die EU die Befugnisse der Europäischen Staatsanwaltschaft ausdehnen.

Nach Ansicht des BVerfG kommt auch hier ein Gesetz nach Art. 23 Abs. 1 S. 2 GG in Betracht[57] und das IntVG leistet dem Folge in § 7 Abs. 1 IntVG. Darüber hinaus verlangt Art. 7 Abs. 2 IntVG ein Gesetz nach Art. 23 Abs. 1 GG, falls die Satzung der Europäischen Investitionsbank geändert wird (Art. 308 Abs. 3 AEUV).

Was den Erlass von Mindestvorschriften für spezifische Aspekte des Strafverfahrens nach Art. 82 Abs. 2 UAbs. 2 lit. d AEUV anbelangt, ist im Grunde auch ein Gesetz nach Art. 23 Abs. 1 S. 2 GG notwendig.[58] Gleichwohl hat der Gesetzgeber diesen Fall in § 7 IntVG nicht geregelt.[59]

5. Flexibilitätsklausel: § 8 IntVG

Hält man sich die geringe Praxisrelevanz der bisher dargestellten Fallgestaltungen vor Auge überrascht es nicht, dass bisweilen von „Sonntagsgesetzen"[60] die Rede ist oder dem BVerfG vorgeworfen wird, es habe den Gesetzgeber zur „symbolischen Gesetzgebung" verpflichtet.[61] Art. 352 AEUV ist indes eine Vorschrift, der seit jeher misstraut wird[62], denn sie erlaubt es dem Unionsrecht, sich „unterhalb der förmlichen Vertragsänderung" fortzuentwickeln[63] und führt zu einer Lockerung des Prinzips der begrenzten Einzelermächtigung.[64] Nach § 352 AEUV kann nämlich die EU „geeignete Vorschriften" erlassen, wenn dies erforderlich sein sollte, „um eines der Ziele der Verträge zu verwirklichen", ohne dass sich hierfür eine entsprechende Er-

---

[56] BVerfGE 123, 267 (412 f.).
[57] BVerfGE 123, 267 (436).
[58] BVerfGE 123, 267 (436).
[59] Vgl. hierzu Rathke, in: von Arnauld/Hufeld (o. Fußn. 33), 6. Abschnitt, Rn. 132.
[60] Gröning-von Thüna, Die neuen Begleitgesetze zum Vertrag von Lissabon aus Sicht des Deutschen Bundestages – offene Fragen und neue Herausforderungen, integration – 4/2010, 312 (319) m. w. Nachw.
[61] Nettesheim, (o. Fußn. 37), 177 (180).
[62] Streinz, Europarecht, 8. Aufl. 2008, Rn. 499.
[63] Oppermann/Classen/Nettesheim (o. Fußn. 13), § 12 Rn. 9.
[64] Streinz (o. Fußn. 62), Rn. 499.

mächtigungsgrundlage in den Verträgen findet. Daher darf die praktische Bedeutung folgender Vorgaben des BVerfG nicht unterschätzt werden:[65]

Nach Ansicht des BVerfG lockert Art. 352 AEUV das Prinzip der begrenzten Einzelermächtigung.[66] Diese Bestimmung dürfe keinesfalls dazu führen, dass der EU eine „Blankettermächtigung" oder eine „Kompetenz-Kompetenz" übertragen werde.[67] Auch die Pflicht zur Information der nationalen Parlament in Art. 352 Abs. 2 AEUV könne diese Bedenken nicht aus dem Weg räumen.[68] Das BVerfG kommt daher zu folgendem Schluss:

> *„In Anbetracht der Unbestimmtheit möglicher Anwendungsfälle der Flexibilitätsklausel setzt ihre Inanspruchnahme verfassungsrechtlich die Ratifikation durch den Deutschen Bundestag und den Bundesrat auf der Grundlage von Art. 23 Abs. 1 S. 2 und S. 3 GG voraus."*[69]

Das IntVG orientiert sich in § 8 exakt an dieser Vorgabe und verlangt bei der Flexibilitätsklausel ein Gesetz gemäß Art. 23 Abs. 1 GG.

6. Der Notbremsemechanismus: § 9 IntVG

Mithilfe des Notbremseverfahrens kann ein Mitglied im Rat eine Aussetzung des Gesetzgebungsverfahrens erwirken. Folgende Bestimmungen im AEUV sehen ein Notbremsesystem vor:

a) Art. 48 Abs. 1 und 2 AEUV: Maßnahmen auf dem Gebiet der sozialen Sicherheit für die Herstellung der Freizügigkeit der Arbeitnehmer – hier kann ein Mitgliedstaat eine Aussetzung des Gesetzgebungsverfahrens betreiben, wenn der Gesetzesentwurf wichtige Aspekte seines Systems der sozialen Sicherheit verletzt oder dessen finanzielles Gleichgewicht beeinträchtigt würde.

b) Art. 82 Abs. 2 und 3 AEUV: Zur Erleichterung der gegenseitigen Anerkennung gerichtlicher Urteile und Entscheidungen und der polizeilichen und justiziellen Zusammenarbeit in Strafsachen kann die EU Richtlinien erlassen. Werden hierdurch grundlegende Aspekte der Strafrechtsordnung eines Mitgliedstaats berührt, kann dieser eine Aussetzung des Gesetzgebungsverfahrens beantragen.

---

[65] Gröning-von Thüna (o. Fußn. 60), 312 (319).
[66] BVerfGE 123, 267 (394).
[67] BVerfGE 123, 267 (395).
[68] BVerfGE 123, 267 (395).
[69] BVerfGE 123, 267 (395).

c) Art. 83 Abs. 1 und 3 AEUV: Richtlinien können bestimmte Straftaten und Strafen festlegen. Fühlt sich ein Mitgliedstaat hierdurch in seiner Strafrechtsordnung betroffen, kann er die „Notbremse ziehen".

Das BVerfG hat im Lissabon-Urteil entschieden, dass im Rahmen dieser Notbremseverfahren die Bundesregierung im Rat nur handeln darf, wenn ihr Bundestag und ggf. Bundesrat eine entsprechende Weisung erteilt haben.[70]

Dies wird in § 9 Abs. 1 IntVG dadurch umgesetzt, dass ein Beschluss des Bundestags erforderlich ist; ist nach den Vorschriften über das Gesetzgebungserfahren eine Beteiligung des Bundesrats notwendig, muss dieser ebenfalls eine Anweisung in Gestalt eines Beschlusses erteilen (§ 9 Abs. 2 IntVG).

Die Beteiligung des Bundestages und des Bundesrats am Notbremsemechanismus gestaltet sich wie folgt: Zunächst muss der Gesetzgeber von der Bundesregierung entsprechend unterrichtet werden; die Unterrichtung wird näher ausgestaltet in § 13 IntVG. Die Beschlussfassung selbst wird in der jeweiligen Geschäftsordnung näher ausgestaltet. Die GO-BT[71] sieht kein besonderes Verfahren für Beschlüsse im Notbremseverfahren vor, sodass die Bestimmungen über einfache Anträge und Beschlüsse herangezogen werden müssen.[72] Die Beschlussfassung des Bundesrats erfolgt auf Grundlage der GO-BR[73] nach Maßgabe von § 45 a ff. GO-BR.

7.   Subsidiaritätsrüge und Subsidiaritätsklage: §§ 11, 12 IntVG

a)   Subsidiaritätsrüge: § 11 IntVG

Das Prinzip der begrenzten Einzelermächtigung grenzt die Kompetenz der EU vom Zuständigkeitsbereich der Mitgliedstaaten ab, vgl. Art. 5 Abs. 1 S. 1 EUV. Demgegenüber will der Subsidiaritätsgrundsatz der EU Schranken setzen, wenn sie eine Zuständigkeit ausübt (Art. 5 Abs. 1 S. 2 EUV). Näher definiert wird das Subsidiaritätsprinzip in Art. 5 Abs. 3 EUV: Zunächst spielt das Subsidiaritätsprinzip keine Rolle im Bereich der ausschließlichen Zuständigkeit der EU; da sich die EU hier ihre Zuständigkeit nicht mit den Mitgliedstaaten teilen muss, besteht auch nicht die Gefahr von Überschneidungen, vgl. Art. 2 AEUV i. V. m. Art. 3 AEUV. In allen

---

[70] BVerfGE 127, 267 (436).
[71] Geschäftsordnung des Deutschen Bundestages vom 25. Juni 1980 (BGBl. I S. 1237), zuletzt geändert durch die Bekanntmachung vom 17. Dezember 2010 (BGBl. I S. 2199).
[72] Kötter, in: von Arnauld/Hufeld (o. Fußn. 33), 7. Abschnitt, Rn. 30.
[73] Geschäftsordnung des Bundesrates vom 26. November 1993 (BGBl. I S. 2007), zuletzt geändert durch die Bekanntmachung vom 8. Juni 2007 (BGBl. I S. 1057).

anderen Bereichen ist nach Art. 5 Abs. 3 EUV zweierlei erforderlich: Erstens darf nicht feststehen, dass die Mitgliedstaaten die jeweilige Maßnahme ausreichend verwirklichen können und zweitens muss die jeweilige Maßnahme zudem auf Unionsebene besser verwirklicht werden können. Nach Art. 12 lit. b EUV kontrollieren die nationalen Parlamente die Wahrung des Subsidiaritätsprinzips. Dieses Kontrollrecht wird näher ausgestaltet durch das Subsidiaritätsprotokoll (SubsProt).[74] Das Rügerecht regelt Art. 6 SubsProt: ist nach Ansicht der nationalen Parlamente ein Gesetzgebungsakt nicht mit dem Subsidiaritätsprinzip vereinbar, können diese eine Stellungnahme abgeben. Die Anforderungen an diese Stellungnahme sind indes hoch und die Mitgliedstaaten können maximal erreichen, dass der Gesetzesentwurf überprüft wird: Nach Art. 7 Abs. 2 SubsProt kann eine Überprüfung nur erzwungen werden, wenn mindestens ein Drittel (S. 1) bzw. ein Viertel (S. 2) aller nationalen Parlamente von einer Verletzung des Subsidiaritätsprinzips überzeugt sind. Am Ende der Überprüfung kann der Initiator des Entwurfs beschließen, am Entwurf festzuhalten, ihn zu ändern oder ihn zurückzuziehen (Art. 7 Abs. 2 UAbs. 2 SubsProt). Nichts anderes gilt im Ergebnis nach Art. 7 Abs. 3 SubsProt, wenn die Anzahl der Stellungnahmen, wonach eine Verletzung des Subsidiaritätsprinzips gerügt wird, die einfache Mehrheit der Gesamtzahl der den nationalen Parlamenten zugewiesenen Stimmen erreicht.

Hat der Vertrag von Lissabon tatsächlich die Rolle der nationalen Parlamente gestärkt?[75] Die Subsidiaritätskontrolle muss sich jedenfalls folgende Kritik gefallen lassen: die Anforderungen an das Quorum sind hoch und der Gesetzgebungsentwurf kann nicht zu Fall gebracht werden. Dass der Unionsgesetzgeber seinen Entwurf infolge der Rüge ändert, ist unwahrscheinlich, käme dies doch einem „Schuldeingeständnis" gleich.[76] Alles in allem ist die Subsidiaritätsrüge nicht mehr als ein „Verzögerungsinstrument".[77]

Das BVerfG knüpft zunächst an die Acht-Wochen-Frist für die Stellungnahme der nationalen Parlamente in Art. 6 Abs. 1 SubsProt an und stellt die Frage, ob man diesen Mechanismus „innerhalb der kurzen Frist von acht Wochen sinnvoll" nutzen könne.[78] Des Weiteren macht das BVerfG den Erfolg der Subsidiaritätskontrolle

---

[74] Protokoll über die Anwendung der Grundsätze der Subsidiarität und der Verhältnismäßigkeit vom 13.12.2007 (ABl. Br. C 306 S. 150).
[75] Vgl. dazu Streinz/Ohler/Herrmann, Der Vertrag von Lissabon zur Reform der EU. Einführung mit Synopse, 2. Auflage 2008, S. 60 ff.
[76] Gröning-von Thüna (o. Fußn. 60), 312 (320).
[77] Gröning-von Thüna (o. Fußn. 60), 312 (320).
[78] BVerfGE 123, 267 (383).

davon abhängig, ob neben der Kompetenzausübung auch die Zuständigkeitsabgrenzung nach dem Prinzip der begrenzten Einzelermächtigung überprüfbar ist.[79]

§ 11 IntVG hält den Bundestag und den Bundesrat an, in ihren Geschäftsordnungen zu regeln, wie eine Entscheidung über die Abgabe einer begründeten Stellungnahme nach Art. 6 SubsProt herbeizuführen ist. Nach § 93 a Abs. 1 S. 1 GO-BT überprüfen die Ausschüsse die Einhaltung des Subsidiaritätsprinzips. Soll eine Verletzung gerügt werden, muss unverzüglich der Ausschuss für die Angelegenheiten der EU informiert werden, sodass dieser Stellung nehmen kann (S. 2). Der Ausschuss für die Angelegenheiten der EU kann auch eine Unterrichtung des Bundestages erzwingen (S. 3). Die Entscheidung, ob eine Subsidiaritätsrüge erhoben wird, fällt das Plenum des Bundestages, § 93 c GO-BT. Nach § 93 b Abs. 2 bis Abs. 4 GO-BT kann auch der Ausschuss für Angelegenheiten der EU über die Subsidiaritätsrüge entscheiden, wenn eine entsprechende Ermächtigung des Bundestages vorliegt. Bisher hat der Bundesrat sein Kontrollrecht in der GO-BR nicht näher ausgestaltet.[80] Schließlich hat der Gesetzgeber in § 11 IntVG den Gedanken des BVerfG an eine Kontrolle der Kompetenzabgrenzung nicht aufgenommen.[81]

b)   Subsidiaritätsklage: § 12 IntVG

Nach Art. 8 SubsProt ist der Gerichtshof der Europäischen Union zuständig für Klagen wegen Verstoßes eines Gesetzgebungsaktes gegen das Subsidiaritätsprinzip, die nach Maßgabe des Art. 263 AEUV[82] von einem Mitgliedstaat erhoben werden, wobei nach Maßgabe der jeweiligen innerstaatlichen Rechtsordnung die Klage auch von einem Mitgliedstaat im Namen seines nationalen Parlaments oder einer Kammer dieses Parlaments erhoben werden kann. Es ist nicht erforderlich, dass vor der Subsidiaritätsklage die Subsidiaritätsrüge erhoben wird.[83]

Auf nationaler Ebene wird die Subsidiaritätsklage ausgestaltet durch Art. 23 Abs. 1 a GG, § 12 IntVG. Der Antrag eines Viertels der Mitglieder verpflichtet bereits den Bundestag zur Klagerhebung. Dieses „Minderheitenrecht" wurde kritisiert, denn man befürchtete einen „Missbrauch als innenpolitisches Blockadeinstrument".[84] Gleichwohl kann die „Mehrheit" im Bundestag dieses Minderheitenklagerecht nicht verhindern; stattdessen sieht § 12 Abs. 1 S. 2 , § 93 d Abs. 3 S. 1

[79]   BVerfGE 123, 267 (383 f.).
[80]   Vgl. zum Ablauf Kötter, in: von Arnauld/Hufeld (o. Fußn. 33), 7. Abschnitt, Rn. 61.
[81]   Nettesheim, (o. Fußn 37), 177 (181).
[82]   Art. 263 AEU regelt die sog. „Nichtigkeitsklage". Mit der Nichtigkeitsklage können vor allem Rechtsakte der EU angefochten werden.
[83]   Kötter, in: von Arnauld/Hufeld (o. Fußn. 33), 7. Abschnitt, Rn. 67.
[84]   Kötter, in: von Arnauld/Hufeld (o. Fußn. 33), 7. Abschnitt, Rn. 68.

GO-BT Folgendes vor: Auf Antrag eines Viertels der Mitglieder, die die Klage nicht stützen, muss deren abweichende Ansicht in der Klageschrift deutlich gemacht werden. Das weitere Verfahren im Bundestag regelt § 93 d GO-BT; insbesondere ist für die Durchführung der Klage und die Prozessführung der Ausschuss für die Angelegenheiten der EU zuständig (vgl. § 93 d Abs. 1 GO-BT).

Auch der Bundesrat kann nach § 12 Abs. 2 IntVG in der GO-BR regeln, wie ein Beschluss über die Erhebung der Subsidiaritätsklage herbeizuführen ist. Obwohl dies bisher nicht geschehen ist, darf auch der Bundesrat auf der Grundlage von Art. 23 Abs. 1 a S. 3 GG die Subsidiaritätsklage als Minderheitenrecht wahrnehmen.[85] Mangels einer ausdrücklichen Regelung in der GO-BR ist das Plenum zuständig für die Führung der Subsidiaritätsklage.[86]

Alles in allem ist die Subsidiaritätsklage damit zwar von den Voraussetzungen her einfacher als die Subsidiaritätsrüge, doch bietet sie im Ergebnis nur ein Blockaderecht und keine Gestaltungsmöglichkeiten.[87]

8.   Unterrichtungspflichten: § 13 IntVG

Nach § 13 Abs. 1 S. 1 IntVG muss die Bundesregierung den Bundestag und den Bundesrat in Angelegenheiten des IntVG umfassend, frühestmöglich, fortlaufend und in der Regel schriftlich unterrichten.[88] Hierdurch wird einerseits die Pflicht aus Art. 23 Abs. 2 S. 2 GG näher ausgestaltet, wonach die Bundesregierung den Bundestag und den Bundesrat umfassend und zum frühestmöglichen Zeitpunkt unterrichten muss. Darüber hinaus schafft die Unterrichtung gerade die Voraussetzung dafür, dass das Parlament seine Integrationsverantwortung wahrnehmen kann; auf sich alleine gestellt wäre das Parlament kaum in der Lage, umfassend alle erforderlichen Informationen zu erlangen.[89] Nach § 13 Abs. 1 S. 2 IntVG bleiben Einzelheiten der Unterrichtungspflichten aufgrund des EUZBBG, des EUZBLG und anderer Regelungen unberührt. Diese Formulierung ist unglücklich, denn eigentlich müsste das IntVG als engere „lex specialis"-Regelung die entsprechenden Einzelheiten festlegen.[90] Folglich muss § 13 Abs. 1 S. 2 IntVG so verstanden werden, dass die Unterrich-

---

[85]   Vgl. dazu Kötter, in: von Arnauld/Hufeld (o. Fußn. 33), 7. Abschnitt, Rn. 70.

[86]   Kötter, in: von Arnauld/Hufeld (o. Fußn. 33), 7. Abschnitt, Rn. 71.

[87]   Gröning-von Thüna (o. Fußn. 60), 312 (323).

[88]   Vgl. zur Auslegung der Rechtsbegriffe „umfassend", „frühestmöglich" und „fortlaufend" Neumann, in: von Arnauld/Hufeld (o. Fußn. 33), 8. Abschnitt, Rn. 8 ff.

[89]   Dazu ausführlich Neumann, in: von Arnauld/Hufeld (o. Fußn. 33), 8. Abschnitt, Rn. 3.

[90]   Neumann, in: von Arnauld/Hufeld (o. Fußn. 33), 8. Abschnitt, Rn. 5.

tungspflichten in den anderen Begleitgesetzen neben diejenigen des IntVG treten.[91] Die Unterrichtung bei allgemeinen Brückenklauseln regelt § 13 Abs. 2 IntVG: Das Parlament muss hier bereits im Stadium der Vorbereitung einer Initiative unterrichtet werden (§ 13 Abs. 2 S. 1 IntVG). Das Parlament muss abermals unterrichtet werden, wenn der Europäische Rat eine derartige Initiative tatsächlich ergriffen hat (S. 2).

§ 13 Abs. 3 S. 1 IntVG verdichtet die Unterrichtungspflicht zu einer Pflicht zur Erläuterung der Folgen für die vertraglichen Grundlagen der EU sowie einer Pflicht zur Bewertung der integrationspolitischen Notwendigkeit und Auswirkungen. Die Bundesregierung muss hierfür die Rechtslage einschätzen und sorgfältig und gewissenhaft erläutern.[92]

Nach § 13 Abs. 3 S. 2 Nr. 1 IntVG muss die Bundesregierung erläutern, ob für die Mitwirkung des Parlaments ein Gesetz nach Art. 23 Abs. 1 S. 2 oder 3 GG erforderlich ist.

§ 13 Abs. 3 S. 2 Nr. 2 IntVG gestaltet die Erläuterungspflicht beim Notbremsemechanismus aus.

Nach § 13 Abs. 3 S. 1 IntVG beträgt die Frist für die Übermittlung der Erläuterung und Bewertung zwei Wochen. Nach § 13 Abs. 4 S. 1 IntVG ist in Eilfällen eine Verkürzung der Frist möglich; im Falle einer besonders umfangreichen Bewertung kann die Frist auch verlängert werden (S. 2).

Übt ein anderer Mitgliedstaat im Rahmen von Art. 48 Abs. 2 S. 1 AEUV, Art. 82 Abs. 3 UAbs. 1 S. 1 AEUV oder Art. 83 Abs. 3 UAbs. 1 S. 1 AEUV sein Veto aus, muss das Parlament unverzüglich unterrichtet werden (§ 13 Abs. 5 S. 1 IntVG). „Unverzüglich" heißt ohne schuldhaftes Zögern, die Anforderungen sind also nicht so streng wie bei einer Unterrichtung zum „frühestmöglichen Zeitpunkt"; dies trägt dem Umstand Rechnung, dass ein Veto die Beteiligungsrechte eines anderen Parlaments nicht direkt betrifft.[93]

Die Absätze 6 und 7 dienen der Kontrolle des Subsidiaritätsprinzips und der Verhältnismäßigkeitsprüfung und betreffen somit die Subsidiaritätsrüge und die Subsidiaritätsklage. Nach Abs. 6 S. 1 muss die Bundesregierung Vorschläge für Gesetzgebungsakte der EU dem Bundestag gegenüber umfassend bewerten und zwar binnen zwei Wochen nach Überweisung an die Bundestagsausschüsse oder spätestens zu Beginn der Beratungen in den Ratsgremien. Nach Abs. 6 S. 2 muss die Begründung Angaben zur Zuständigkeit der EU zum Erlass des Rechtsaktes und zu dessen Vereinbarkeit mit dem Subsidiaritäts- und Verhältnismäßigkeitsgrundsatz enthalten.

---

[91] Neumann, in: von Arnauld/Hufeld (o. Fußn. 33), 8. Abschnitt, Rn. 5.
[92] Neumann, in: von Arnauld/Hufeld (o. Fußn. 33), 8. Abschnitt, Rn. 18.
[93] Neumann, in: von Arnauld/Hufeld (o. Fußn. 33), 8. Abschnitt, Rn. 24.

Neben dieser Möglichkeit zur Kontrolle der Kompetenzausübung können die nationalen Parlamente indes einen Rechtsakt nicht mit der Begründung angreifen, es
fehle eine Kompetenzgrundlage der EU zum Erlass.[94]
    Abs. 7 will das Recht aus § 12 IntVG gewährleisten.[95] Zu diesem Zwecke muss
die Bundesregierung das Parlament frühestmöglich über den Abschluss eines Gesetzgebungsverfahrens der EU unterrichten (S. 1). Dies beinhaltet eine Bewertung
der Frage, ob die Grundsätze der Subsidiarität und Verhältnismäßigkeit von der EU
beachtet wurden (S. 2).

II. Das EUZBBG

1. Einführung

Nach Art. 23 Abs. 2 GG wirken der Bundestag und der Bundesrat an den Angele-
genheiten der EU mit. Die verfassungsrechtliche Vorgabe für die Beteiligung von
Bundestag und Bundesrat findet sich in Art. 23 Abs. 3 bis 7 GG. Nach Art. 23
Abs. 3 S. 1 GG gibt die Bundesregierung dem Bundestag Gelegenheit zur Stellung-
nahme vor ihrer Mitwirkung an der Rechtsetzung der EU. Dabei berücksichtigt die
Bundesregierung die Stellungnahmen des Bundestages bei den Verhandlungen
(S. 2). Näheres regelt ein Gesetz (S. 3). Bei diesem Gesetz handelt es sich um das
EUZBBG.
    Das EUZBBG wurde nicht im Nachgang des Lissabon-Urteils geschaffen, son-
dern stammt bereits aus dem Jahre 1993. Von Bedeutung für die Beteiligung des
Bundestages war ursprünglich eine Vereinbarung zwischen dem Bundestag und der
Bundesregierung.[96] Das BVerfG kam im Lissabon-Urteil zum Ergebnis, diese Ver-
einbarung sei „weder ihrer nicht eindeutigen Rechtsnatur noch ihrem Inhalt nach
ausreichend."[97] Folgerichtig hat der Gesetzgeber diese Vereinbarung in das neue
EUZBBG integriert.[98]
    In welchem Verhältnis steht das EUZBBG (und entsprechend auch das
EUZBLG) zum IntVG? Eine scharfe Trennung ist zunächst nicht möglich, denn alle

---

[94] Neumann, in: von Arnauld/Hufeld (o. Fußn. 33), 8. Abschnitt, Rn. 30.
[95] Vgl. dazu Neumann, in: von Arnauld/Hufeld (o. Fußn. 33), 8. Abschnitt, Rn. 32 f.
[96] Vereinbarung zwischen dem Deutschen Bundestag und der Bundesregierung über die Zusammen-
    arbeit in Angelegenheiten der Europäischen Union in Ausführung des § 6 des Gesetzes über die
    Zusammenarbeit von Bundesregierung und Deutschem Bundestag in Angelegenheiten der Euro-
    päischen Union vom 30. 09. 2006 (BGBl. 2006 I, S. 2177 – 2180).
[97] BVerfGE 123, 267 (433 f.).
[98] Nettesheim, (o. Fußn. 37), 177 (182).

Gesetze sind eng miteinander verzahnt.[99] Des Weiteren regelt das IntVG das Verfahren für Spezialfälle und ist insofern „lex specialis".[100] Am ehesten mag folgendes Bild die Wechselwirkung veranschaulichen: Wenn das IntVG die Beteiligung an „Sonntagsgesetzen" regelt, dann haben das EUZBBG und das EUZBLG die Mitwirkung bei „Werktagsgesetzen" zum Inhalt.[101] Die Anwendungsfälle des EUZBBG und des EUZBLG sind also alles andere als unbedeutend.

2. Inhalt

a) Angelegenheiten der Europäischen Union / Vorhaben der Europäischen Union

Art. 23 Abs. 2 S. 1 GG sieht vor, dass der Bundestag und der Bundesrat in „Angelegenheiten" der EU mitwirken. § 1 EUZBBG greift diese verfassungsrechtliche Vorgabe auf und spricht ebenfalls von einer Mitwirkung in „Angelegenheiten" der EU. Dann ist jedoch in § 3 EUZBBG von „Vorhaben" der EU die Rede. Sind beide Begriffe identisch? Bei den „Vorhaben" der EU handelt es sich um eine „einfachgesetzliche Konkretisierung der EU-Angelegenheiten", wenngleich fraglich ist, ob es sich um eine echte Lagaldefinition handelt.[102] In § 3 EUZBBG finden sich 14 Fallgestaltungen; aus der Formulierung „insbesondere" wird deutlich, dass es sich um keinen abschließenden Katalog handelt.

b) Unterrichtung: § 4 EUZBBG

§ 4 EUZBBG konkretisiert Art. 23 Abs. 2 S. 2 GG.[103] Die Unterrichtung ist wesentlich, denn ohne Unterrichtung könnte sich der Bundestag gar nicht mit Vorhaben der EU befassen, vgl. § 4 Abs. 1 S. 4 EUZBBG. Die Bundesregierung muss ihrer Verpflichtung bei jedem Vorhaben gesondert nachkommen; eine „punktuelle" Unterrichtung ist nicht möglich.[104] Nach § 4 Abs. 5 EUZBBG kann der Bundestag auf die Unterrichtung zu einzelnen oder Gruppen von Vorhaben verzichten, es sei denn dass eine Fraktion oder 5 % der Mitglieder des Bundestages widersprechen. Teilweise wird eingewandt, Abs. 5 sei im Hinblick auf Art. 38 Abs. 1 S. 1 GG bedenklich.[105]

---

[99] Koch, in: von Arnauld/Hufeld (o. Fußn. 33), 9. Abschnitt, Rn. 5.
[100] Koch, in: von Arnauld/Hufeld (o. Fußn. 33), 9. Abschnitt, Rn. 6.
[101] Koch, in: von Arnauld/Hufeld (o. Fußn. 33), 9. Abschnitt, Rn. 6.
[102] Koch, in: von Arnauld/Hufeld (o. Fußn. 33), 9. Abschnitt, Rn. 12 ff.
[103] Saberzadeh, in: von Arnauld/Hufeld (o. Fußn. 33), 11. Abschnitt, Rn. 4.
[104] Saberzadeh, in: von Arnauld/Hufeld (o. Fußn. 33), 11. Abschnitt, Rn. 5.
[105] Dazu Saberzadeh, in: von Arnauld/Hufeld (o. Fußn. 33), 11. Abschnitt, Rn. 5 m. w. Nachw.

Jedenfalls darf nicht übersehen werden, dass Abs. 5 angesichts der „Informationsflut" ein wichtiger „Informationsfilter" ist.[106] Nach § 4 Abs. 1 S. 1 EUZBBG muss die Unterrichtung umfassend, zum frühestmöglichen Zeitpunkt, fortlaufend und in der Regel schriftlich erfolgen.[107] Die Übertragungsgeschwindigkeit lässt in der Praxis oft zu wünschen übrig.[108] § 4 Abs. 4 EUZBBG enthält verschiedene Konstellationen, bei welchen eine Verpflichtung zur frühestmöglichen Unterrichtung besteht. Schließlich sieht § 4 Abs. 3 EUZBBG vor, dass die Bundesregierung zum Zwecke der Frühwarnung in der Regel schriftlich über aktuelle politische Entwicklungen der EU und geplante Vorhaben unterrichten muss.

c)   Übersendung von Dokumenten und Berichtspflichten: § 5 EUZBBG

Die Unterrichtung des Bundestages erfolgt durch Übersendung der in § 5 Abs. 1 und Abs. 2 EUZBBG genannten Dokumente, vgl. § 5 Abs. 1 EUZBBG. Bei der Pflicht zur Übersendung der Dokumente handelt es sich um eine „Bringschuld" der Bundesregierung; es reicht bereits eine bloße Anforderung einer Fraktion oder auch einzelner Abgeordneter.[109] Erste Erfahrungen aus der Praxis zeigen, dass die gefürchtete „Informationsflut"[110] ausgeblieben ist.[111] Dafür „kämpft" die Praxis mit anderen Schwierigkeiten: Nach § 5 Abs. 1 Nr. 3 lit. a EUZBBG müssen auch Berichte über Sitzungen der Arbeitsgruppen des Rates im Hauptstadtformat übersendet werden. An diesen Sitzungen nehmen jedoch keine EU-Beamte, sondern Referenten aus den Hauptstädten der Mitgliedstaaten teil; da diese in Deutschland keine Berichte verfassen, kann auch dem Bundestag nichts übersendet werden.[112]

d)   Stellungnahme des Bundestages: § 9 EUZBBG

Bevor die Bundesregierung an Vorhaben der EU mitwirkt, gibt sie dem Bundestag Gelegenheit zur Stellungnahme, § 9 Abs. 1 S. 1 EUZBBG. Hat die Bundesregierung eine Stellungnahme abgegeben, legt die Bundesregierung diese nach § 9 Abs. 2 S. 1 EUZBBG ihren Verhandlungen zugrunde. Hier fällt auf, dass der Wortlaut von der verfassungsrechtlichen Vorgabe in Art. 23 Abs. 3 S. 2 GG abweicht, denn hier ist die Rede von „berücksichtigen". Das Verb „zugrundelegen" geht weiter als „berück-

---

[106] Koch, in: von Arnauld/Hufeld (o. Fußn. 33), 9. Abschnitt, Rn. 41.
[107] Ergänzend kann auch mündlich unterrichtet werden, § 4 Abs. 1 S. 3 EUZBBG.
[108] Gröning-von Thüna (o. Fußn. 60), 312 (325).
[109] Saberzadeh, in: von Arnauld/Hufeld (o. Fußn. 33), 11. Abschnitt, Rn. 10.
[110] So z.B. Nettesheim, (o. Fußn. 37), 177 (182).
[111] Gröning-von Thüna (o. Fußn. 60), 312 (324 f.).
[112] Gröning-von Thüna (o. Fußn. 60), 312 (325).

sichtigen" und hätte „ein Letztentscheidungsrecht des Bundestages zur Folge".[113] Folglich wird § 9 Abs. 2 S. 1 EUZBBG so ausgelegt, dass die Bundesregierung die Stellungnahme bei ihren Überlegungen einbeziehen muss, darüber hinaus jedoch nicht daran gebunden ist.[114] Nach § 9 Abs. 3 S. 1 EUZBBG kann der Bundestag seine Stellungnahme im Laufe der Beratungen ändern. § 9 Abs. 4 EUZBBG verweist auf Art. 23 Abs. 3 S. 1 GG und betrifft den Fall, dass der Bundestag Stellung nimmt zur Mitwirkung der Bundesregierung an Rechtsetzungsakten. Nach § 9 Abs. 4 S. 4 EUZBBG muss sich die Bundesregierung vor einer abschließenden Entscheidung im Rat bemühen, ein Einvernehmen mit dem Bundestag herzustellen. Hier wird diskutiert, ob es hinnehmbar sei, dass es zu einem Stillstand der europäischen Gesetzgebung kommen könne, wenn immer mehr Staaten dem deutschen Beispiel folgten.[115] Was gilt, wenn es zu keiner einvernehmlichen Einigung kommt? Dies ist vor allem auch im Hinblick darauf umstritten, dass nach § 9 Abs. 4 S. 6 EUZBBG das Recht der Bundesregierung unberührt bleibt, in Kenntnis der Stellungnahme aus wichtigen außen- oder integrationspolitischen Gründen eine abweichende Entscheidung zu treffen.[116]

Im Zusammenhang mit § 9 EUZBBG muss auch § 10 EUZBBG gesehen werden: Unterrichtet die Bundesregierung den Bundestag über Vorschläge und Initiativen für Beschlüsse zur Aufnahme von Verhandlungen zur Vorbereitung eines Beitritts zur EU, weist sie ihn auf sein Recht zur Stellungnahme nach § 9 EUZBBG hin (§ 10 Abs. 1 EUZBBG). Auch hier soll nach § 10 Abs. 2 S. 1 EUZBBG vor einer abschließenden Entscheidung im Rat Einvernehmen zwischen Bundesregierung und Bundestag erzielt werden. Da es um Beitritte zur EU geht, sind die Anforderungen an das Einvernehmen streng.[117] Gleichwohl kann auch hier die Bundesregierung in bestimmten Fällen eine abweichende Entscheidung treffen (§ 10 Abs. 2 S. 2 EUZBBG). Dieses Abweichungsrecht ist nicht unproblematisch; für den Beitritt wäre später ohnehin im Wege der Ratifizierung ein Zustimmungsgesetz nach Art. 23 Abs. 1 S. 2 GG erforderlich[118] und es stellt sich daher die Frage, was es der Bundesregierung brächte, wiche sie von der Stellungnahme des Bundestages vor dem Hintergrund ab, dass dieser dann dem Beitrittswunsch später nicht zustimmt.[119]

---

[113] Saberzadeh, in: von Arnauld/Hufeld (o. Fußn. 33), 11. Abschnitt, Rn. 34.
[114] Saberzadeh, in: von Arnauld/Hufeld (o. Fußn. 33), 11. Abschnitt, Rn. 34.
[115] Dazu Saberzadeh, in: von Arnauld/Hufeld (o. Fußn. 33), 11. Abschnitt, Rn. 36 m. w. Nachw.
[116] Dazu eingehend Saberzadeh, in: von Arnauld/Hufeld (o. Fußn. 33), 11. Abschnitt, Rn. 36.
[117] Saberzadeh, in: von Arnauld/Hufeld (o. Fußn. 33), 11. Abschnitt, Rn. 24.
[118] Vgl. Art. 49 Abs. 2 S. 2 EUV.
[119] Vgl. dazu Saberzadeh, in: von Arnauld/Hufeld (o. Fußn. 33), 11. Abschnitt, Rn. 24 m. w. Nachw.

III. Das EUZLB

1. Einführung

Nach Art. 23 Abs. 2 S. 1 GG wirkt neben dem Bundestag auch der Bundesrat in Angelegenheiten der EU mit. Weitere Details zur Beteiligung des Bundesrates enthalten die Abs. 4 bis 6. Nach Abs. 7 regelt das Nähere zu den Absätzen 4 bis 6 ein Gesetz: das EUZBLG. Die Änderung des EUZBLG im Zuge des Lissabon-Urteils war zwar keine Vorgabe des BVerfG, doch schien es zweckmäßig, den „sensiblen Bereich" der Länderbeteiligung auf eine sichere Rechtsgrundlage zu stellen.[120]

2. Inhalt

Nach § 1 EUZBLG wirken die Länder durch den Bundesrat in Angelegenheiten der EU mit. Auch hier muss die Bundesregierung den Bundesrat umfassend und zum frühestmöglichen Zeitpunkt über alle Vorhaben der EU unterrichten, die für die Länder von Interesse sein können (§ 2 EUZBLG). Ein Interesse der Länder besteht, wenn diese bei entsprechenden Maßnahmen auf nationaler Ebene beteiligt werden müssten.[121] Der Begriff „Vorhaben" ist weit zu verstehen; gleichwohl muss stets ein „Länderbezug" gegeben sein.[122]

Werden Belange der Länder berührt, muss die Bundesregierung, ehe sie ihre Verhandlungsposition zu einem Vorhaben der EU festlegt, dem Bundesrat rechtzeitig Gelegenheit zur Stellungnahme geben (§ 3 EUZBLG). Länderinteressen werden berührt, wenn die Gesetzgebungsbefugnisse der Länder, die Einrichtung ihrer Behörden oder ihre Verwaltungsverfahren betroffen sind, vgl. Art. 23 Abs. 5 GG.

§ 4 EUZBLG regelt die Beteiligung von Ländervertretern an Beratungen der Bundesregierung. Auch hier ist zwischen Bund und Ländern ein Einvernehmen anzustreben (§ 4 Abs. 2 S. 2 EUZBLB).

§ 5 EUZBLG beschäftigt sich mit der Frage, inwiefern die Bundesregierung an die Stellungnahme des Bundestages gebunden ist. Hier müssen zwei Fälle unterschieden werden: Sind in einem Bereich der ausschließlichen Zuständigkeit des Bundes Länderinteressen berührt oder hat der Bund im Übrigen das Recht zur Gesetzgebung,

---

[120] Nettesheim, (o. Fußn. 37), 177 (182).
[121] Saberzadeh, in: von Arnauld/Hufeld (o. Fußn. 33), 11. Abschnitt, Rn. 30.
[122] Koch, in: von Arnauld/Hufeld (o. Fußn. 32), 9. Abschnitt, Rn. 29 f.

muss die Bundesregierung die Stellungnahme „berücksichtigen"; sie ist nicht an diese gebunden und hat somit das Letztentscheidungsrecht.[123] Davon zu unterscheiden ist die Konstellation, dass nach § 5 Abs. 2 S. 1 EUZBLG im Schwerpunkt Gesetzgebungsbefugnisse der Länder betroffen sind und der Bund kein Recht zur Gesetzgebung hat oder ein Vorhaben im Schwerpunkt die Einrichtung der Behörden der Länder oder ihre Verwaltungsverfahren betrifft. Hier muss die Bundesregierung die Stellungnahme des Bundesrates „maßgeblich berücksichtigen". Dann ist des Bundesrates Stellungnahme verbindlich; ihm steht ein Letztentscheidungsrecht zu.[124] Im Falle des Art. 72 Abs. 3 GG bleibt es beim Letztentscheidungsrecht der Bundesregierung; strittig ist, was gilt, wenn zwar der Bund eine Gesetzgebungszuständigkeit hat, er hiervon aber noch keinen Gebrauch gemacht oder auf sein Recht gar verzichtet hat.[125] Bei divergierenden Auffassungen soll ein Einvernehmen angestrebt werden, § 5 Abs. 2 S. 3 EUZBLG. Zu diesem Zwecke sollen Vertreter beider Seiten erneut miteinander beraten (S. 4). Kommt dabei immer noch kein Einvernehmen zustande, kann der Bundesrat mit zwei Dritteln seiner Stimmen beschließen, dass er auf seinem Standpunkt beharrt (S. 5). Dieser „Beharrungsbeschluss" führt dann im Falle des § 5 Abs. 2 S. 1 EUZBLG zu einem Letztentscheidungsrecht des Bundesrates.[126] Strittig ist, ob es über die Regelung in § 5 Abs. 2 S. 6 EUZBLG hinaus der Bundesregierung möglich ist, vom Beharrungsbeschluss des Bundesrates abzuweichen.[127]

§ 6 EUZBLG regelt den Fall, dass die Bundesregierung Ländervertreter zu den Verhandlungen in Beratungsgremien der Kommission und des Rates hinzuzieht. Sind in bestimmten Bereichen (schulische Bildung, Kultur, Rundfunk) im Schwerpunkt ausschließliche Gesetzgebungsbefugnisse der Länder betroffen, überträgt die Bundesregierung die Verhandlungsführung auf einen Ländervertreter, § 6 Abs. 2 S. 1 EUZBLG. In anderen Fällen der ausschließlichen Zuständigkeit der Länder können Ländervertreter in Abstimmung mit dem Vertreter der Bundesregierung Erklärungen abgeben, § 6 Abs. 2 S. 5 EUZBLG. § 6 Abs. 2 EUZBLG gilt indes nicht für Rechte, die der BRD als Vorsitz im Rat zustehen (Abs. 3).

Werden die Länder durch die EU im Bereich ihrer Gesetzgebungszuständigkeiten betroffen und hat der Bund kein Recht zur Gesetzgebung, kann der Bundesrat von

---

[123] Saberzadeh, in: von Arnauld/Hufeld (o. Fußn. 33), 11. Abschnitt, Rn. 41.
[124] Saberzadeh, in: von Arnauld/Hufeld (o. Fußn. 33), 11. Abschnitt, Rn. 42.
[125] Saberzadeh, in: von Arnauld/Hufeld (o. Fußn. 33), 11. Abschnitt, Rn. 42.
[126] Saberzadeh, in: von Arnauld/Hufeld (o. Fußn. 33), 11. Abschnitt, Rn. 43.
[127] Vgl. dazu Saberzadeh, in: von Arnauld/Hufeld (o. Fußn. 33), 11. Abschnitt, Rn. 43.

der Bundesregierung verlangen, von einer Klagemöglichkeit im AEUV Gebrauch zu machen (§ 7 Abs. 1 S. 1 EUZBLG). Was die Prozessführung betrifft, so stellt die Bundesregierung in den Fällen der Abs. 1 und 2 sowie für Vertragsverletzungsverfahren, in denen die BRD Partei ist, mit dem Bundesrat ein Einvernehmen her, soweit Gesetzgebungsbefugnisse der Länder betroffen sind und der Bund kein Recht zur Gesetzgebung hat, § 7 Abs. 3 EUZBLG.

§ 10 EUZBLG sieht vor, dass die Rechte der Gemeinden und Gemeindeverbände bei Vorhaben der EU gewahrt werden müssen.

D. Fazit

Der Gesetzgeber hat sich eng an den Vorgaben des BVerfG im Lissabon-Urteil orientiert. Indes wird zurecht kritisiert, dass eine Aufsplitterung in drei Gesetze unübersichtlich ist und der Gesetzgeber besser eine einheitliche Regelung erlassen hätte.[128] Ob der Gesetzgeber mit dem IntVG tatsächlich ein „Sonntagsgesetz" geschaffen hat, wird die Praxis zeigen. Ein weiteres Problem ist das Spannungsverhältnis zwischen der Handlungsfähigkeit der EU in „Notfällen" und den Mitwirkungsrechten der nationalen Parlamente.[129] Als Musterbeispiele hierfür werden die „Finanzhilfe für Griechenland" und die „Euro-Stabilisierung" genannt; in beiden Fällen war dem Parlament eine gewissenhafte Prüfung nicht möglich.[130] Daher ist die Forderung nach „Eilverfahren für die Parlamentsbeteiligung in Notfällen" vernünftig.[131]

Auch die Neugestaltung des EUZBBG und des EUZBLG ist zu begrüßen. Schade ist indes, dass der Bundestag zwar in der Praxis eine Fülle an Informationen erhält, daran gemessen die Zahl der Stellungnahmen jedoch bescheiden ist.[132] Dies mag daran liegen, dass Stellungnahmen nicht attraktiv sind, weil einem großen Arbeitsaufwand am Ende nur ein geringer, mittelbarer Einfluss gegenübersteht.[133]

---

[128] Nettesheim (o. Fußn. 37), 177 (183).
[129] Gröning-von Thüna (o. Fußn. 60), 312 (313).
[130] Gröning-von Thüna (o. Fußn. 60), 312 (313 u. 331).
[131] Gröning-von Thüna (o. Fußn. 60), 312 (313 u. 331 f.).
[132] Gröning-von Thüna (o. Fußn. 60), 312 (325).
[133] Gröning-von Thüna (o. Fußn. 60), 312 (325).

Der Prozess von der Vollversorgung zur strukturierten Beschaffung im liberalisierten Gasmarkt, am Beispiel der Stadtwerke Frankenthal GmbH[1]

Matthias Leidner

1. Einleitung

„Die Bindung von Gas-Importverträgen mit den Produzenten an den Ölpreis kostet Importeuren wie der Eon Ruhrgas Marge – angesichts der preislichen Abkopplung eines Gas-Großhandelspreises nach unten, zu dem auch Ruhrgas-Großkunden Zugang haben."[2] „Hoher Ölpreis setzt Gasbranche zu."[3] „Seit August 2008 driften die Öl- und Gaspreise auseinander."[4] „Mehr als eine Generation lang war die Ölpreisbindung des Erdgases ehernes Gesetz der Energiebranche. Seit rund zwei Jahren ist nichts mehr, wie es war."[5]

Die folgende, in Auszügen dargelegte Bachelorarbeit mit dem Thema „Der Prozess von der Vollversorgung zur strukturierten Beschaffung im liberalisierten Gasmarkt, am Beispiel der Stadtwerke Frankenthal GmbH" beleuchtet den Ablauf, welcher die Grundlage eines beschaffungsseitig strategischen Wechsels mit der Chance auf längerfristigen Erfolg darstellt. Der aktuelle Bezug dieser Thematik lässt sich wohl kaum besser als mit dem letzten Satz des ersten Absatzes titulieren. Diese Aussage in Kombination mit der sich bei der Stadtwerke Frankenthal GmbH aktuell darstellenden Bezugskonstellation, bildete die Ausgangssituation, aus der das Ziel entstanden ist, die Gasbeschaffung grundlegend zu novellieren. Die im ersten Abschnitt willkürlich hintereinander gestellten Zitate, welche allesamt jüngeren Datums sind,

---

[1] Auszug aus der Bachelorarbeit für die Prüfung zum Bachelor of Arts (BA) im Ausbildungsbereich Wirtschaft der Dualen Hochschule Baden-Württemberg Mannheim.
Betreuender Dozent: Dipl. Volkswirt Thomas Becker.
[2] o. V.: Ölpreisbindung ja, aber, 2011, S. 16.
[3] Flauger, Jürgen: Hoher Ölpreis, 2011, S. 22 f.
[4] Benditkis, Julia/Palm, Regine: Öl- und Gaspreise driften auseinander, 2011, S. 22 f.
[5] Pack, Sebastian: Im Einkauf liegt der halbe Gewinn, 2011, S. 16.

verdeutlichen, dass die dauerhafte Entkopplung der Gaspreise von den Ölpreisen an den Großhandelsmärkten eine Neuorientierung der gesamten Energiebranche hervorgebracht hat.

> „Wer die Vergangenheit nicht kennt,
> kann die Gegenwart nicht verstehen.
> Wer die Gegenwart nicht versteht,
> kann die Zukunft nicht gestalten."[6]

Diese Aussage, auf den ersten Blick eine Binsenweisheit, soll im Zusammenhang dieser Arbeit dem Leser die Wichtigkeit verdeutlichen, die eine fundierte Darstellung der aktuellen Vertragssituation im Gasbereich der Stadtwerke Frankenthal GmbH für die Betrachtung der zukünftigen Verfahrensweise einnimmt.

2.   Der Projektumsetzungszeitplan

2.1. Grundlegendes

Von der Vollversorgung zur strukturierten Beschaffung. Zur dauerhaft erfolgreichen Bewältigung dieses Schrittes sind eine klare Zieldefinition, sowie ein strukturierter Zeitplan unerlässlich. Um diesen Anforderungen gerecht zu werden, hat die Stadtwerke Frankenthal GmbH in Zusammenarbeit mit einer Unternehmensberatung einen Projektumsetzungszeitplan entworfen, mit dessen Hilfe der beschaffungsseitige Wandel im Gasbereich erfolgreich und solide vollzogen werden soll. Ziel des Projektumsetzungszeitplans ist die Definition der Eckpunkte des Prozesses, unter Berücksichtigung aller in den Prozess involvierten Teilnehmer und Gremien. Der Projektumsetzungszeitplan lässt sich dabei in die beiden folgenden Abschnitte gliedern.

2.2. Praxiswerk – Individuelle Risiko-Steuerung

Das Praxiswerk – Individuelle Risiko-Steuerung (PIRS) hat die Funktion der Ausformulierung der im Projektumsetzungszeitplan deklarierten Eckpunkte, sowie die Darstellung der in den einzelnen Workshops festgelegten jeweiligen praktischen Umsetzung. Seine Daseinsberechtigung erhält das PIRS einerseits aus den sich aufgrund der Beschaffung an volatilen Märkten ergebenden Risiken, andererseits aufgrund des vertriebsseitig zunehmenden Wettbewerbsdrucks. Inhaltlich gliedert sich

---

[6]   Bergmann, Hans-Friedrich, www.ich.das-ossi.de, Abruf: 25.03.2011.

das PIRS in sieben Punkte. Darin wird u. a. die Ausgestaltung der Portfoliostruktur sowie der Beschaffungsstrategien definiert.

2.3. Praktische Umsetzung der Risikorichtlinie

Der zweite Teil des Projektumsetzungszeitplans stellt die praktische Umsetzung der Risikorichtlinie dar. Die Grundlagen der praktischen Umsetzung bilden dabei die im PIRS definierten Handlungsanleitungen. Als Beispiel soll hier die Software zur Darstellung der Einkaufs- und Risikosteuerungsstrategie genannt werden.

3.   Beschaffungskostenvergleich: Strukturiert vs. VV

„Einsparungen von 2,– €/MWh sind bei einer vollständigen Portfoliobewirtschaftung realistisch."[7]

Im Folgenden soll dem Wahrheitsgehalt dieser Aussage anhand einer Kostenvergleichsrechnung nachgegangen werden. Dazu werden die Bezugskonditionen des aktuell gültigen Gasliefervertrags einem strukturierten Beschaffungsmodell gegenübergestellt. Aus Gründen der Übersichtlichkeit werden dabei lediglich diejenigen Mengen miteinander verglichen, die gemäß den festgelegten Beschaffungsstrategien unter das Beschaffungssubportfolio 1 (BSP1) fallen. Als Grundlage wird eine durchschnittliche Jahresmenge von 331.536 MWh angenommen. Da der Betrachtungszeitraum aufgrund der im Folgenden genannten Schwierigkeiten lediglich das Quartal Q4 im Jahr 2010, sowie die Quartale Q1 und Q2 des Kalenderjahres 2011 umfasst, wird die Vergleichsrechnung mit der den Quartalen entsprechenden Menge in der Größenordnung von 305.428 MWh durchgeführt. Die Schwierigkeit, einen geeigneten Betrachtungszeitraum zu definieren, ergibt sich zum Einen daraus, dass sich das GPL-Marktgebiet erst zu Beginn des GWJ 2009/2010 gebildet hat[8] und die Erweiterung des NCG-Marktgebiets[9] ebenfalls erst zu diesem Zeitpunkt stattfand, zum Anderen aus der im aktuellen Gasliefervertrag verankerten Verfahren der Preisermittlung. Die Erweiterung bzw. Zusammenlegung der Marktgebiete führt in Kombination mit der linearen Beschaffungsstrategie dazu, dass ein möglicher Betrachtungszeitraum somit nicht sehr weit in der Vergangenheit liegen kann. Vor allen

---

[7]   Pack, Sebastian: Im Einkauf liegt der halbe Gewinn, 2011, S. 16.

[8]   Vgl. Focht, Peter: Gaswettbewerb, 2009, S. 11; vgl. European Energy Exchange AG (EEX Kundeninformation, 2009, S. 1. www.eex.com, Abruf: 14.03.2011.

[9]   Vgl. NetConnect Germany GmbH & Co. KG: Marktgebietskooperation, 2009, S. 1, www.net-connect-germany.de, Abruf: 14.03.2011.

Dingen der frühe Beginn der linearen Eindeckung vor physikalischer Erfüllung, bewirkt diese Restriktion. Hinzu kommt weiter, dass über diesen Zeitraum hinaus noch Settlementpreise für weitere Handelstage existieren müssen, aus denen sich die jeweiligen oberen und unteren Preislimits errechnen. Die Begrenzung des Betrachtungszeitraumes in die Zukunft stellt die Bindung des Preises an die Entwicklung der Preise der Referenzcommodities des Gasliefervertrages dar.

Mit Hilfe der Preislimitberechnung wird der Preis eines jeden Beschaffungsfensters beobachtet und in Abhängigkeit der Entwicklung entsprechend reagiert. Dadurch ergeben sich für jedes Beschaffungsfenster die folgenden theoretischen Handlungsgebote, oder -möglichkeiten:

1. Eindeckung der dem jeweiligen Beschaffungsfenster zugeordnete Menge zu 100 % aufgrund steigender Preise, die das obere Preislimit des Beschaffungsfensters durchbrechen.

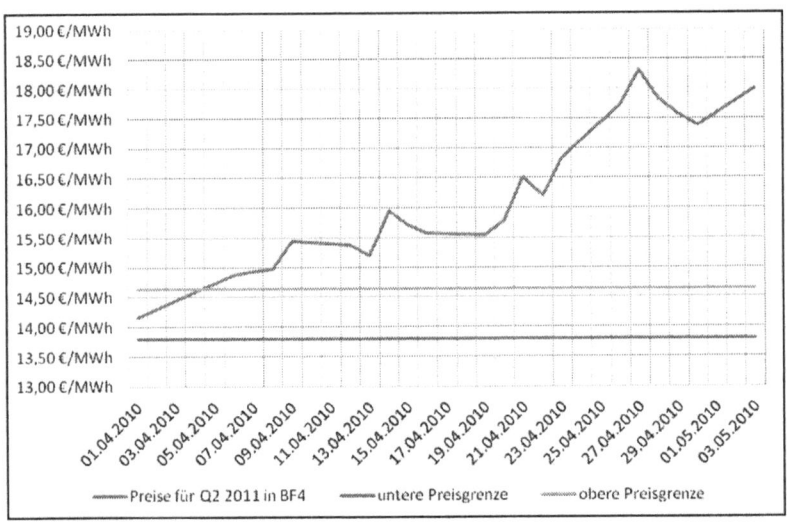

Abb. 1: Preise für Q2 2011 in BF4. Quelle: eigene Darstellung.

2. Eindeckung der dem jeweiligen Beschaffungsfenster zugeordneten Mengen zu 100 % aufgrund zunächst stark sinkender Preise, die das untere Preislimit zunächst von oben durchbrechen, um dieses untere Preislimit, welches ab dem Zeitpunkt des Durchbruches als neues oberes Preislimit fungiert, dann von unten zu durchbrechen.

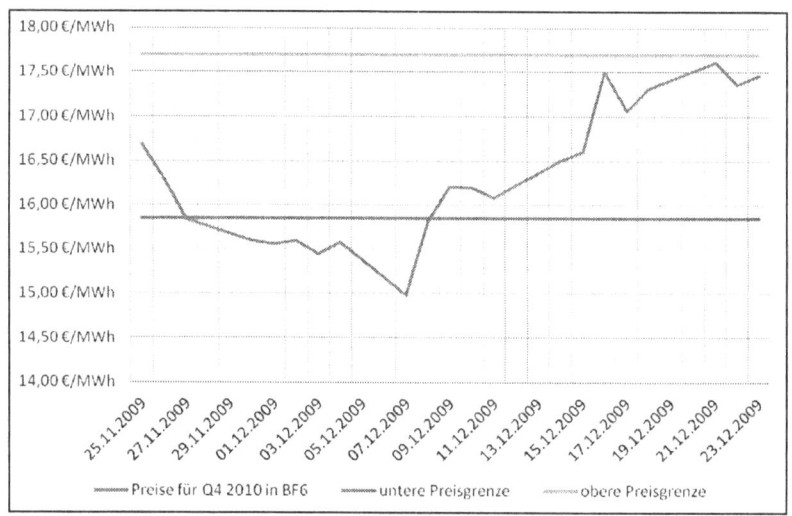

Abb. 2: Preise für Q4 2010 in BF6. Quelle: eigene Darstellung.

3. Keine Eindeckung der dem jeweiligen Beschaffungsfenster zugeordneten Mengen aufgrund sinkender Preise, die das untere Preislimit durchbrechen und weiter sinken.

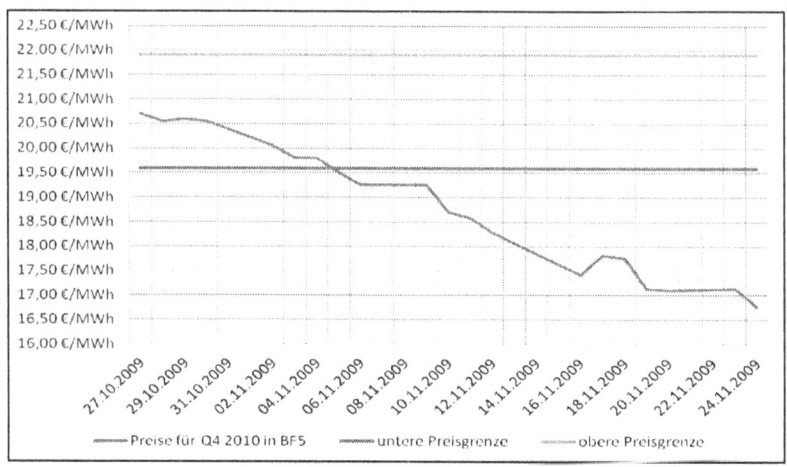

Abb. 3: Preise Q4 2010 in BF5. Quelle: eigene Darstellung.

4. Keine verbindliche Regelung sondern, die Möglichkeit flexibel zu handeln besteht bei der Konstellation, in der die Preise während eines Beschaffungsfensters weder das obere Preislimit, noch das untere Preislimit durchbrechen, sondern sich innerhalb der Bandbreite seitwärts bewegen.

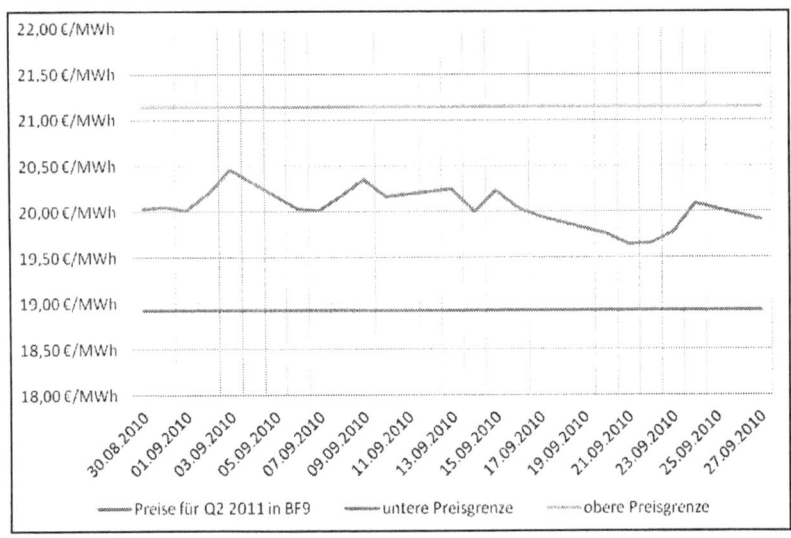

Abb. 4: Preise Q2 2011 in BF9. Quelle: eigene Darstellung.

Um allerdings auch bei Eintritt dieser Variante klare Beschaffungszeitpunkte definieren zu können, wird im Rahmen dieses Modell die Annahme getroffen, dass 100 % der Mengen des Beschaffungsfensters am letzten Handelstag beschafft werden. In der Praxis wird diese Handhabung sicherlich nicht grundsätzlich Anwendung finden, allerdings dient sie dem Verfasser als Grundlage der Beschaffungskostenvergleichsrechnung.

Eine vollkommene Angleichung an den vertriebsseitig benötigten kumulierten Lastgang aller Kunden lässt sich durch den Einkauf von Produkten allerdings nicht realisieren, weswegen ein Zuschlag veranschlagt wird.

Die Gesamtkosten der strukturierten Beschaffung werden den Gesamtkosten, welche aus dem aktuell noch bestehenden Liefervertrag entstehen, gegenübergestellt. Die Kosten für den Gasbezug über den Gasliefervertrag gliedern sich in eine Arbeitspreiskomponente, sowie eine Leistungspreiskomponente. Im Zuge des zu vergleichenden Betrachtungszeitraumes werden als Datengrundlage die Preise der Referenzcommodities der Monate März 2010 bis Februar 2011 verwendet und entsprechend den Regelungen des Gasliefervertrages berücksichtigt. Die Datengrundlage der Leistungspreisberechnung bildet die monatliche Gaslieferrechnung des Vorlieferanten. Bei Kenntnis sämtlicher Parameter beider Preisbestandteile lässt sich somit der Preis je Kilowattstunde ermitteln. Allerdings gilt dieser Preis nur für diejenigen Mengen eines Monats, welche nicht der Festpreisvereinbarung unterliegen. Zur Ermittlung dieser Differenz bedarf es der Kenntnis darüber, welchen Kunden aufgrund ihres Tarifes diese Festpreismengen vorbehalten sind[10]. Grundsätzlich handelt es sich dabei um große Industriekunden, die aufgrund der hohen Abnahmemenge preissensibel sind und marktnahe Preise fordern. Innerhalb des VSP1 werden lediglich zwei Kunden auf Basis der Festpreismengen beliefert, deren Abnahmemengen sich zusammen auf ca. eine Million kWh/a belaufen. Die genauen Mengen wurden dementsprechend in der Vergleichsrechnung beschaffungsseitig mit den Festpreiskonditionen bewertet.

Unter Berücksichtigung sämtlicher Kostenfaktoren beider Beschaffungsalternativen, ergibt sich ein Einsparpotential, bezogen auf alle drei Quartale, von ca. 1.470.000 €, welches sich wie folgt zusammensetzt:

Quartal Q4 2010:
- Delta: 644.485,85 €

Quartal Q1 2011:
- Delta: 511.392,34 €

Quartal Q2 2011:
- Delta: 315.946,71 €

Das geringere Einsparpotential im ersten Quartal 2011 gegenüber dem vierten Quartal 2010, trotz einer höheren sich dahinter befindlichen Menge, lässt sich mit den stark gestiegenen EEX-Settlementpreisen begründen. Der Mittelwert der Preise der zwölf Beschaffungsfenster ist in Q1 2011, gegenüber denen in Q4 2010, um 1,27 €/MWh gestiegen. Demgegenüber stieg der sich aus der Arbeitspreisformel bildende Arbeitspreis im gleichen Zeitraum lediglich um 0,2 €/MWh. Grund dafür ist ein nahezu unverändert gebliebener Preis des einen Referenzcommodities (+0,84 %), sowie ein sich in entgegengesetzter Richtung entwickelter Preis des zweiten Referenzcommodities (-1,15 %).

Abschließend bleibt noch die Frage zu beantworten, ob die in Aussicht gestellten, 2,- €/MWh Einsparpotential realistisch sind. Die Antwort kann dabei nur „Ja" lauten. Unter den diesem Vergleich zugrunde gelegten Annahmen, welche zum einen

---

[10] Im Rahmen des Mitarbeitergespräches mit Herrn Luzian Weigand am 24.02.2011 erhielt der Verfasser diesbezüglich Informationen.

so existieren, zum anderen bei konsequente Handeln gemäß der Risikorichtlinie so eingetreten wären, hätte sich sogar eine Ersparnis von ca. 4,80 €/MWh eingestellt.

4. Fragenkatalog

4.1. Allgemein

„Der Prozess von der Vollversorgung zur strukturierten Beschaffung im liberalisierten Gasmarkt." Dieser Titel legt zwar das Augenmerk auf das Ausbildungsunternehmen des Verfassers, dennoch soll ein Blick über die Grenzen der Stadtwerke Frankenthal GmbH geworfen werden. Allein die Aktualität des Themas rückt die Notwendigkeit dieser Betrachtung bereits in den Vordergrund. Bietet sie doch die Chance das breite Spektrum der möglichen Ausprägungen, die sich im Laufe des Prozesses, weg von der klassischen Vollversorgung durch einen Lieferanten, hin zur strukturierten Beschaffung bieten, praxisnah darzustellen. Mit diesem Ziel, sowie der Hoffnung auf eine möglichst große Anzahl an unterschiedlichen Ausprägungen, entstand der Fragenbogen. Dabei geht es nicht darum, aufgrund der Antworten der angeschriebenen Unternehmen Rückschlüsse auf die Erfolgsaussichten möglicher Vertriebsmaßnahmen im jeweiligen Liefergebiet zu ziehen, sondern vielmehr darum, eine Vielzahl möglicher Wege zu thematisieren. Inhaltlich gliedert sich der Fragenbogen in zwei Teile:

Im ersten Teil geht es im Schwerpunkt um die Ausprägung des, wenn noch vorhanden, vorherrschenden Vollversorgungsvertrags und der Tendenz, nach Ablauf eines solchen Vertrages anderweitig tätig zu werden. Der zweite Teil befasst sich dagegen mit der qualitativen und quantitativen Ausgestaltung des Prozesses, mit der in den verschiedenen Unternehmen eine Neupositionierung durchgeführt wurde.

4.2. Auswertung

4.2.1. Vollversorgung

Bei näherer Betrachtung der zurückgesendeten Fragenkataloge lässt sich festhalten, dass sich das erhoffte Ergebnis eingestellt hat. Konkret bedeutet dies: Die aktuelle Situation aller Unternehmen ist vergleichbar, das Ziel ist bei den meisten Unternehmen das Gleiche und der zukünftige Weg dorthin ist oftmals sehr individuell.

Bereits die erste Fragestellung: „Beschaffen Sie ihre Gasmengen über einen Vollversorgungsvertrag?" teilt die Unternehmen in zwei Gruppen. Wobei der überwiegende Teil zumindest noch Teilmengen über einen VV-Vertrag bezieht. Der VV-Vertrag muss dies allerdings auch zulassen. Aktives PFM betreibt hingegen lediglich ein EVU.

Noch größere Differenzen weisen die Antworten der zweiten Frage auf, in der nach den Commodities gefragt wird, die den Referenzpreis mit bilden. Neben der klassischen Variante einer HEL- und HSL-Bindung, existieren auch Bindungen an die Marktpreise des TTF- und NCG-Marktgebiets, sowie Bindungen an fuel oil- und gas oil-Preise. Eine weitere vorherrschende Variante mit anderem Ansatz ist eine nahezu 100 %ige Beschaffung der Mengen zu Festpreisen, ohne direkte Bindung. Die Option, Mengen zu Festpreisen über den Vorlieferant zu bekommen, haben dabei alle Unternehmen. Auch die Möglichkeit, eine Preisbindung an verschiedene Commodities nach dem Kauf, noch im Stile eines Fixed-for-Floating Swaps gegen einen Festpreis zu wechseln, ist vereinzelt gegeben. Eine ähnlich homogene Situation zeigt sich bei der Flexibilität der Gaslieferverträge. Hier überwiegt eine klassische prozentuale Flexibilität. Mehrmals genannt wurde diese in der Ausprägung 80 % zu 120 % in Kombination mit einer Take-or-Pay-Regelung bei Unter- bzw. Überschreitung dieser Grenzen.

Die tendenziell eher zurückhaltende Haltung gegenüber der Frage, ob nach Beendigung des aktuellen Vertrages eine strukturierte Beschaffung steht, lässt nach Meinung des Verfassers nicht den Umkehrschluss zu, die Branche möchte an der Ölpreisbindung festhalten. Vielmehr scheint der Grund darin zu liegen, dass die Unternehmen noch nicht abschließend geklärt haben, welche Aufgabe sie innerhalb der sich ändernden Rahmenbedingungen selbst übernehmen, bzw. extern vergeben. Als Stichwort sollen in diesem Zusammenhang nur die möglichen Konstellationen im Bilanzkreismanagement erwähnt werden, auf die der Fragenkatalog allerdings nicht abzielt.

Diese Theorie wird auch durch die Antworten auf die nächste Frage gestärkt, in der die meisten Unternehmen angeben, sich bereits in den ersten Prozessphasen der Umsetzung zu befinden, oder zumindest Planungsaufgaben diesbezüglich durchzuführen. Ein zu erwartendes Ergebnis ergibt sich aus der Frage, ob die strukturierte Beschaffung, sofern in Zukunft implementiert, allein der physischen Belieferung der Kunden dienen soll, oder aber ob in diesem Zuge auch reiner Gashandel betrieben wird. Der Fokus liegt dabei bei allen Unternehmen auf einer konservativen, möglichst spekulationsfreien Beschaffung, welche einen Handel mit Gas entweder von vorne herein kategorisch ausschließt, oder ihn aber lediglich in begrenztem Umfang zulässt.

Ein sehr breites Spektrum an Gründen, weshalb man sich für eine strukturierte Beschaffung entschieden hat, bzw. entscheiden wird, liefert die sechste Frage.

Neben den monetären Aspekten, die sich vor allen Dingen aus der Entkopplung der Ölpreise von den Gaspreisen ergeben haben, spielt auch die Unabhängigkeit gegenüber dem Vorlieferanten eine wichtige Rolle, vor allem, wenn aufgrund des bisherigen Gasliefervertrags die Verpflichtung bestand, die kompletten Mengen über diesen einen Lieferanten zu beschaffen. Auch wurde die Liquidität der Börse als Grund angegeben, wohinter sich auch der Sicherheitsaspekt verbirgt, der aus dem praktisch nicht vorhandenen Kontrahentenrisiko aufgrund des zwischengeschalteten Clearinghouse[11] resultiert. Außerdem sorgt in einem liquiden Markt eine einzelne Transaktion nicht für eine hohe Preisvolatilität, was wiederum das Marktpreisänderungsrisiko minimiert. Positive Erfahrungen mit einer bereits initialisierten strukturierten Beschaffung im Strombereich wurden von einem EVU ebenfalls als ausschlaggebenden Grund angeführt.

Mit Blick auf die Antworten der Frage, wie denn die Meinung bezüglich dieses Schrittes bei der Geschäftsführung bzw. im Aufsichtsrat war, zeigt sich, dass die Organe der Gesellschaften diesem Thema sehr offen gegenüberstehen, und die sich daraus ergebenden Chancen die Risiken überwiegen. Bei einigen Unternehmen wurde der Prozess direkt von den Organen angestoßen. Anderen Unternehmen nehmen die bereits gesammelten Erfahrungen im Strombereich die Scheu vor der Umstellung. Lediglich in einem Fragekatalog war die Rede davon, dass eine strukturierte Beschaffung als riskant angesehen wird, man aber gleichzeitig von der Erwartung getrieben wird, den Bürgern niedrigere Preise anbieten zu können.

4.2.2. Prozess

Nachfolgend werden die Antworten auf die im Fragenkatalog unter Punkt acht beginnenden Fragen zur Umsetzung des Prozesses von der VV zur strukturierten Beschaffung im Einzelnen wiedergegeben und teilweise interpretiert.

---

[11] Bei der Abwicklung von Erdgas-Future-Geschäften an der Börse ist das sogenannte Clearinghouse zwischengeschaltet. Verkäufer und Käufer haben dabei einen Vertrag mit einem Clearingmitglied, häufig einer Bank, und nicht direkt mit dem anderen Händler. Tätigt ein Händler ein über die EEX abgewickeltes Future-Geschäft, so hat er eine erforderliche Basissicherheit (Additional Margin) bei seinem Clearing-Partner zu hinterlegen, welche der Kosten für die Glattstellung sämtlicher offenen Positionen des Händlers am nächsten Börsentag in Höhe der ungünstigsten Preisentwicklung entspricht. Der Clearing-Partner hinterlegt diese Sicherheit dann bei der ECC, welche auch die Höhe der Additional Margin festlegt. Des Weiteren erfolgt eine tägliche Einzahlung des Händlers über seinen Clearing-Partner in Höhe der Differenz aus dem vereinbarten Preis und dem Settlementpreis der Börse. Diese Summe ergibt sich somit aus der täglichen MtM-Bewertung. Vgl. Aue, Gerald: Gasbeschaffung, 2011, S. 96 – 99; vgl. Czakainski, Martin/ Lamprecht, Franz/ Rosen, Michael: Energiehandel und Energiemärkte, 2010, S. 89 – 108.

– Der Zeitraum, die Herkunft des Know-hows, die Ziele, sowie das Vorhandensein eines Projektumsetzungszeitplans. –

Nach den Ausprägungen dieser Eckpunkte werden die Teilnehmer des Fragenkatalogs zu Beginn des zweiten Teils befragt. Mindestens sechs Monate und vereinzelt auch mehrere Jahre, so lange dauert es, bis aus den ersten Gedankengängen die Betriebsaufnahme der Beschaffung unter den neuen Bedingungen entsteht. Dabei lässt sich nur bedingt ein Zusammenhang zwischen der benötigten Zeitdauer und der externen Unterstützung durch eine Unternehmensberatung herstellen. Die Tendenz geht allerdings eher in die Richtung, dass die Hinzunahme eines Beraters den Zeitraum des Prozesses verkürzt. Ob diese Tendenz auf fehlendes Know-how, oder aber mangelnde Personalkapazitäten in den Unternehmen zurückzuführen ist, lässt sich aus den Antworten nicht ableiten.

Die Antworten im Hinblick auf die Ziele, die die Unternehmen durch diesen Prozess erreichen möchten, korrelieren stark mit den im Kapitel 4.2.1 „Vollversorgung" erläuterten Antworten auf die Frage nach dem Auslöser. Darüber hinaus verfolgen die EVUs aber auch noch weitere Ziele:

In der Übergangsphase steht vor allen Dingen die Optimierung der bestehenden, ölpreisgebundenen Verträge durch die Mitnahme günstiger Börsenpreise im Fokus. Nach Abschluss des Prozesses erhoffen sich die Unternehmen Preisvorteile durch die sich ergebenden neuen Handlungsoptionen, aufgrund derer sich der Wettbewerbsdruck auf die Vorlieferanten erhöht. Der Inhalt der jeweiligen Projektumsetzungszeitpläne entspricht in großen Teilen dem der Stadtwerke Frankenthal GmbH. So wurden u. a. die Produktauswahl, die Portfoliobildung, sowie die Portfoliobewirtschaftung als Eckpunkte des Projektumsetzungszeitplans genannt. Weitere Bestandteile sind das Risikohandbuch, sowie eine Auswahl an möglichen Lieferanten. Ein Unternehmen hat darüber hinaus auch die Entscheidung, einzelne Abläufe in Zukunft selbst abzubilden, oder aber auch von einem Dienstleister übernehmen zu lassen, als Bestandteil verankert. Einen ganz anderen Weg ging dagegen ein anderes Unternehmen, welches aufgrund von bereits vorhandenem Know-how gänzlich auf die Erstellung eines Projektplanes verzichtete.

Wie risikobehaftet sehen Sie eine strukturierte Beschaffung, bzw. welche Chancen können sich ergeben? Aus den Antworten auf diese Frage lässt sich keine eindeutige Tendenz ableiten, was an der Bandbreite an Antworten liegt, die von einer eher risikoaffinen Unternehmensstrategie bis hin zu einer eher risikoaversen Unternehmensstrategie reicht. Allerdings nicht in dem Maße risikoaffin, dass ein von der physischen Bedarfsabdeckung entkoppelter Handel mit Gas angestrebt wird.

Die sich aus den Antworten ergebende Risikobereitschaft ließe sich graphisch in etwa mit einer Standardnormalverteilung abbilden. Ein Konsens besteht jedoch darin, dass sich mit einer ausgearbeiteten und konsequent angewandten Beschaffungs- und Risikorichtlinie die Risiken reduzieren lassen und damit die Chancen überwiegen. Inhaltlich geregelt sein sollten die Beschaffung in Tranchen und die preisliche Absicherung offener Positionen. Weitere Chancen ergeben sich aus der Preisdifferenz des gasindizierten Marktes zum ölpreisindizierten Markt, sowie aus dem derzeitigen Marktumfeld. Die unmittelbaren Auswirkungen äußerer Rahmenbedingungen auf die Energiemärkte werden hingegen als eher risikobehaftet angesehen. Die Nutzung der Chancen setzt auch einen hohen personellen und informationellen Aufwand voraus, was zu steigenden Fixkosten führt. Ein EVU hat darüber hinaus angegeben, auch in Zukunft Teilmengen auf Grundlage VV-Vertrags beziehen zu wollen.

Die Antworten auf die Frage nach dem Vorhandensein von Preis- und Mengenauslösern, die bei bestimmten Marktsituationen zum Handeln verpflichten zeigen, dass zur Minimierung der erkannten Risiken auch wirklich Strategien entwickelt wurden. Als verwendete Beispiele an Risikokennzahlen und Absicherungsstrategien wurden VaR-Berechnungen, stop-loss-Limits[12] und MACD[13] genannt. Alle befragten Unternehmen, die keine expliziten Verfahren angaben, haben deren Vorhandensein bejaht.

Thematischer Inhalt der Frage 17 ist die Einteilung der Kundenportfolien in verschiedene Kundensubportfolien. Dabei wurde davon ausgegangen, dass die befragten Unternehmen intern eine solche Unterteilung vorgenommen haben, weshalb diesbezüglich fünf detaillierte Fragen folgen. Die Annahme sollte sich als richtig erweisen. Die am häufigsten genannte Einteilung unterscheidet dabei zwischen SLP- und RLM-Kunden. Ein Stadtwerk unterscheidet zwischen Tarifkunden (SLP) und Sondervertragskunden (SLP/RLM), und ein anderes zwischen SLP-, RLM-, Biogas-, Bündelkunden und Weiterverteilern. Die Gründe hierfür liegen in den unterschiedlichen Bedürfnissen der Kunden, oder aber auch in den unterschiedlichen Beschaffungs- und Absatzstrategien und damit in der Verzahnung zwischen Vertrieb und Beschaffung. Daraus erfolgt die Zuordnung zu den einzelnen Beschaffungsbüchern. Daneben dient die Unterteilung bei einem Unternehmen noch der Produktplanung und Vertriebskontrolle der Sondervertragskunden und erhöht die Transparenz.

---

[12] Ein stop-loss-Limit bildet ähnlich einer VaR-Berechnung ein oberes Preislimit, bei dessen erreichen die betreffenden offenen Positionen zur Begrenzung der maximalen Beschaffungskosten geschlossen werden müssen; vgl. Lenz, Konstantin: Strombeschaffung, 2011, S. 179.

[13] Der MACD-Indikator ist ein Modell, welches mit Hilfe zweier exponentiell gleitender Durchschnitte als Trendfolgeindikator dient; vgl. Molzahn, Wolfgang: Charttechnik, 2009, S. 183.

Die Frage, ob es denn unterschiedliche Beschaffungsstrategien für die einzelnen Kundensubportfolien gibt wurde mehrheitlich bejaht. Nur drei Unternehmen machten darüber hinaus konkrete Angaben, welche Beschaffungsstrategien in ihrem Haus angewendet werden. Dabei handelt es sich in allen Fällen um eine Back-to-Back-Strategie, bei einem der Unternehmen gekoppelt mit der Anmerkung, dass sämtliche Externe, also sich nicht im Netzgebiet des Unternehmens befindliche Kunden, Back-to-Back eingedeckt werden. Bei einem anderen Unternehmen sind fernerhin auch noch Mengenlimits verankert.

Die Frage nach dem Zeitraum, bis zu dem die Mengen vor physischer Lieferung eingedeckt werden müssen, schließt Frage 17 ab. Dabei ist zu erkennen, dass die verschiedenen Unternehmen sehr unterschiedliche Vorgaben diesbezüglich festgelegt haben. Während bei einem Unternehmen die Mengen bereits zwei Jahre im Voraus beschafft werden, bietet das Risikohandbuch eines anderen Unternehmens der Beschaffung die Möglichkeit, die Mengen erst unmittelbar vor der Abnahme durch die Letztverbraucher einzudecken. Weitere Angaben wurden von den Unternehmen nicht gemacht, lediglich die Anmerkung, dass die Vorgaben im Risikohandbuch bzw. der Risikorichtlinie niedergeschrieben sind, bzw. bis zum Ende der definierten Beschaffungszeiträume eine Eindeckung zu erfolgen hat.

4.3. Fazit des Fragenkatalogs

Welche Schlussfolgerungen lassen sich letztendlich aus den abgegebenen Antworten im Rahmen der Befragung der verschiedenen EVUs ableiten? Hat die Aktion die an sie gestellten Erwartungen erfüllt? Lassen sich aus den Antworten Erkenntnisse darüber ableiten, ob die Stadtwerke Frankenthal den richtigen Weg eingeschlagen haben? Streben vergleichbare Stadtwerke einen anderen Weg an, welcher mehr Chancen oder weniger Risiken in Aussicht stellt? Für all diese Fragen gilt es zutreffende und ehrliche Antworten zu finden.

Zunächst einmal lässt sich festhalten, dass die Antworten der acht teilgenommenen Unternehmen mindestens in den Punkten als repräsentativ gelten dürfen, in denen sich daraus klare Tendenzen ableiten lassen. Nimmt man diese Annahme als Grundlage, lässt sich aus dem Fragenkatalog schlussfolgern, dass der VV-Vertrag nicht komplett vom Markt verschwinden wird, allerdings seine Vorreiterrolle verliert. In welchem Umfang dies geschieht hängt auch entscheidend davon ab, an welche Commodities der Vertrag gebunden ist, und wie weit sich die daraus resultierenden Preise von den Gasmarktpreisen entfernen. Zur Abdeckung von Teilmengen hat der VV-Vertrag allerdings durchaus die Chance, in den Portfolios einzelner Unternehmen einen Platz einzunehmen.

5. Fazit und Ausblick

„Gasangebot und -nachfrage sind in Europa unübersehbar aus dem Gleichgewicht geraten. Die Stadtwerke täten gut daran, sich auf die neue Situation einzustellen – mit einer angepassten Rollenverteilung zwischen den beteiligten Spielern, einer strukturierten Erdgasbeschaffung und einem neuen Beschaffungsportfolio. Die Bedeutung von Langfristverträgen wird in der Beschaffung zukünftig eine geringere Bedeutung als heute einnehmen."[14]

Decken sich die Erkenntnisse dieser Arbeit mit der zitierten Aussage? Welches Fazit lässt sich aus den vorangegangenen Erläuterungen und Erkenntnissen ziehen? Bieten sich durch die strukturierte Beschaffung der Beschaffung, dem Vertrieb oder aber auch den einzelnen Kunden Möglichkeiten, die die VV in dieser Form nicht darstellen konnte? Ist das PIRS in der Praxis überhaupt anwendbar, oder wird dadurch ein unverhältnismäßig hoher Verwaltungsaufwand betrieben, weswegen womöglich andere Aufgaben vernachlässigt werden? Diese Fragestellungen gilt es unter Hinzunahme der zum aktuellen Zeitpunkt vorliegenden Erkenntnisse zu beantworten. Sofern dies nicht abschließend möglich ist, soll zumindest eine begründete Annahme getroffen werden.

Innerhalb des Ausblickes sollen die Auswirkungen der Implementierung einer strukturierten Beschaffung deshalb aus verschiedenen Blickwinkeln betrachtet werden. Neben den monetären Veränderungen der Beschaffung werden die sich ergebenden Auswirkungen auf die Bereiche Beschaffung, Vertrieb und Kunde betrachtet, sowie abschließend die sich aus dem PIRS ergebenen Veränderungen.

Wie bereits in Kapitel 3 „Beschaffungskostenvergleich: Strukturiert vs. VV" vorgestellt und erläutert, ergibt sich aus der Umstellung des Gasbeschaffungsprozesses ein nicht unerhebliches Einsparpotential. Die sich aus der Vergleichsrechnung ergebenden monetären Einsparungen in der Größenordnung von ca. 4,80 €/MWh wären zwar in der Vergangenheit tatsächlich erzielbar gewesen, dennoch ist ein solcher Preisvorteil dauerhaft nicht realistisch. Der Grund dieses derartig hohen Preisvorteils lag vor allen Dingen auch in den sehr günstigen Gaspreisen Ende 2009 bzw. zu Beginn des Jahres 2010[15]. Aktuell befinden sich die Gaspreise an den Märkten in etwa

---

[14] Alsheimer, Constantin: Herausforderungen für Stadtwerke, 2010, S. 22.

[15] Der Preisrückgang im Gasbereich ist auf mehrere Ereignisse zurückzuführen. Neue Fördertechniken, die es ermöglicht haben, Gas aus sogenannten unkonventionellen Quellen zu fördern, haben dazu geführt, dass die USA als Gasimporteur heute keine Rolle mehr spielt. Diese Änderung der bisherigen Konstellation in Verbindung mit der Tatsache, dass in Europa die Gaspreise aufgrund der Ölpreisbindung noch deutlich über dem Preisniveau der USA lagen, hat dann wiederum dazu geführt, dass für die USA bestimmte und in LNG-Tankern transportierte Mengen nach Europa umgeleitet wurden. Aus diesem Angebotsüberhang resultierten dann die niedrigen Erdgaspreise

9,- bis 10,- €/MWh über dem damaligen Level. Allerdings ergeben sich selbst bei dem aktuellen Preisniveau immer noch Einsparpotentiale von ca. 0,6 €/MWh. Dieser Preisvorteil erscheint zwar sehr niedrig, allerdings resultiert er aus der Annahme, dass das derzeitige Preisniveau an den Gas-Terminmärkten über den kompletten Zeitraum der 36 Beschaffungsfenster für die Quartale Q4 2010, Q1 2011 und Q2 2011 bei unveränderten Ölpreisnotierungen vorgeherrscht hätte. Die Chance, die sich durch eine strukturierte Beschaffung mit mehreren Einkaufszeitpunkten ergeben, sind bei dieser Annahme somit komplett eliminiert worden. Stellt man im umgekehrten Fall, die aktuellen Terminmarktpreise, welche sich auf die Beschaffungspreise der Produkte Q2 2012 bzw. Q3 2012 auswirken würden, den für diesen Zeitraum relevanten Preisen der Referenzcommodities gegenüber, stellt sich wieder ein Preisvorteil in Höhe des ersten Vergleiches ein[16].

Neben diesen rein monetären Vorteilen einer strukturierten Beschaffung, ergeben sich allerdings noch weitere Vorteile im Hinblick auf die Transparenz der Angebote bzw. den Handlungsspielraum seitens des Vertriebs. Mittlere und große Industriekunden, bei denen die Energiebezugskosten einen nicht unerheblichen Teil des Aufwands darstellen, sind mittlerweile auch im Gasbereich sehr sensibel und halten mitunter sogar eigenes Personal vor, um möglichst günstige Gasbezugspreise zu erzielen. Um als Vertrieb überhaupt die Chance zu haben, einen solchen, oftmals für das Vertriebsportfolio relevanten Kunden, längerfristig halten zu können, ohne dabei das Risiko eingehen zu müssen, anderen Kundengruppen keine wettbewerbsfähigen Preise mehr anbieten zu können, bedarf es verschiedener Mechanismen, die ein VV-Vertrag nicht beinhaltet. So zum Beispiel der Möglichkeit, den Lastgang eines Kunden zu aktuellen Marktpreisen bewerten zu können, und somit aktiv auf den Kunden zugehen zu können, wenn die Marktpreise günstig sind. Nimmt der Kunden das Angebot dann an, wird dieser Back-to-Back beschafft, wodurch das Marktpreisänderungsrisiko so gering wie möglich gehalten wird. Des Weiteren ermöglicht eine strukturierte Beschaffung dem Vertrieb einen deutlichen Sprung im Bereich der Planungssicherheit. Sind bei einer VV weder der Arbeitspreis über das nächste Quartal hinaus bekannt, noch der Leistungspreis genau prognostizierbar, bietet die strukturierte Beschaffung dem Vertrieb die Möglichkeit, Produkte oder auch ganze Fahrpläne Jahre im Voraus zu einem bekannten Konditionen zu beschaffen. Diese Pla-

---

im Vergleich zu den Ölpreisen; vgl. Benditkis, Julia/Palm, Regine: Öl- und Gaspreise driften auseinander, 2011, S. 22 f.

[16] Die Preisnotierungen der Referenzcommodities für die Monate Dezember 2011 bis Mai 2012, welche in die Arbeitspreisformel eingesetzt den Preis für den Zeitraum Q3 2012 ergeben, sind zum aktuellen Zeitpunkt noch nicht bekannt. In diesem Beispiel wird deshalb mit Prognosewerten gearbeitet, welche der Verfasser im Rahmen des Gespräches vom 11.02.2011 von Herrn Luzian Weigand erhalten hat.

nungssicherheit kann der Vertrieb dann an die Kunden weitergeben. Vor allem Industriekunden haben ein großes Interesse daran, ihre Energiebezugskosten mittels transparenter und marktnaher Preise im Vorhinein so genau wie möglich prognostizieren zu können. Darunter lässt sich auch der Ziel der Budgetkontinuität subsumieren, welches die Vermeidung von Volatilitäten aufgrund starker Ölpreisschwankungen in Kombination mit einmaligen Beschaffungszeitpunkten beinhaltet.[17] Hintergrund dabei ist das Streben der Unternehmen, eine möglichst geringe Summe liquider Mittel für Energiebezugskosten binden zu müssen. Hinzu kommt auch noch die Tatsache, dass viele Industrieunternehmen sich nicht mit verschiedenen Preisgleitklauseln beschäftigen möchten, wodurch Personalkapazität gebunden wird die somit nicht für den Einsatz im Kerngeschäft verfügbar ist.

Voraussetzung für die Akquise von Kunden in fremden Netzen desselben Marktgebietes ist darüber hinaus ebenfalls die Möglichkeit, transparente, marktnahe und somit konkurrenzfähige Preise anbieten zu können.

Abschließend sollen die sich durch die Einführung des PIRS ergebenden Veränderungen auf das Tagesgeschäft thematisiert werden. Da das PIRS zum aktuellen Zeitpunkt noch keine Rolle im täglichen Geschäft einnimmt, liegt der Schwerpunkt der Betrachtung auf den Anforderungen, die das PIRS zu erfüllen imstande sein muss. Die Benutzerfreundlichkeit sowie die Praxisnähe stehen dabei ganz oben auf der Liste. Sollte sich mit Beginn der strukturierten Beschaffung herausstellen, dass das PIRS den Ansprüchen vor allem im Bezug auf die Benutzerfreundlichkeit nicht erfüllen kann, wird sich das Risikokomitee (RIKO) zusammensetzen müssen, um über mögliche Änderungen zu diskutieren. Dabei gilt es vor allen Dingen die Situation zu vermeiden, dass aufgrund der umfangreichen Tätigkeiten, die das PIRS umfasst, derart viel Personalkapazität gebunden wird, dass das tägliche Geschäft nicht mehr die nötige Aufmerksamkeit erhält. Im Blickpunkt steht dabei vor allem der zeitliche Umfang, den das Berichtswesen einnehmen wird. Zum aktuellen Zeitpunkt lassen sich darüber allerdings noch keine genaueren Angaben machen.

Was den monetären Aspekt, wie auch die Vorteile für die Beschaffung, den Vertrieb und die Kunden anbelangt, lässt sich allerdings festhalten, dass durch die Umstellung auf eine strukturierte Beschaffung die Stadtwerke Frankenthal GmbH in Zukunft deutlich kundenorientierter und handlungsfähiger aufgestellt sein wird, als dies mit einem VV-Vertrag möglich ist.

---

[17] Diermann, Michael et al.: Gasbeschaffung für Industriekunden, 2007, S. 32.

Rechte und Pflichten aus dem Arbeitsverhältnis als gegenseitigem Vertragsverhältnis[1]

Die Gewährleistung und Sicherstellung von Sozialstaatlichkeit ist nach dem GG die Aufgabe des Staates. Er muss so handeln, dass die soziale Gerechtigkeit in der Bundesrepublik nicht zu kurz kommt. Es gilt, auch den Schwächeren in unserem Land einen Standort in der Gesellschaft zu verschaffen, um sie nicht auszugrenzen. Sozialrechte sind keine staatlichen Almosen und Armenfürsorge, der Staat hat nicht nur die Freiheit der Menschen zu wahren, sondern auch sicherzustellen, dass die Menschen die Freiheit auch nutzen können, ohne für ihre Existenz betteln gehen zu müssen. Den Sozialstaat zeichnet aus, dass die Menschen ihre Rechte aufrecht wahren können, schließlich ist die Würde des Menschen unantastbar. Zur Wahrung und ständigen Achtung der Menschenwürde gehört, dass jeder eine Existenzminimum zum Leben hat. Es gehört ferner dazu, dass jedermann ein Dach über dem Kopf und privaten Raum für sich hat, in dem er sich entfalten kann.
(Frei nach Hohmann-Dennhardt, Welt-online vom 15.01.2009)

1. Hauptpflicht zur Arbeitsleistung

Nach § 611 Abs. 1 BGB ist der Arbeitnehmer zur Leistung der versprochenen Dienste verpflichtet. Hinsichtlich dieser **vertraglichen Hauptpflicht** zur Arbeitsleistung gilt:

* **Schuldner/Gläubiger** der Arbeitsleistung
* Art und Inhalt der Arbeitspflicht
* Ort der Arbeitspflicht

---

[1] Prof. Dr. Dr. Siegfried Schwab, Mag. rer. publ., und Diplom-Betriebswirtin Silke Schwab.

- Zeitliche Grenzen der Arbeitspflicht
- Überstunden und Kurzarbeit

Wie in jedem gegenseitigen Vertrag kann auch die Hauptleistungspflicht des Arbeitnehmers suspendiert oder ganz ausgeschlossen sein. Dies ist der Fall, wenn eine **Befreiung von der Arbeitspflicht** eingreift.

1.1. Schuldner/Gläubiger der Arbeitsleistung

Die **Hauptleistungspflicht des Arbeitnehmers**, die vereinbarte Arbeitsleistung zu erbringen, ist nach der (dispositiven) gesetzlichen Regelung in § 613 S. 1 BGB eine **höchstpersönliche Verpflichtung**, die der Arbeitnehmer nicht ohne das Einverständnis des Arbeitgebers auf andere Personen übertragen kann.

Dienstberechtigt ist der Arbeitgeber; auch diese Berechtigung ist nicht übertragbar, § 613 S. 2 BGB, (konkludent) abbedungen wird diese Regelung aber bei Leiharbeitsverhältnissen. Eine weitere Ausnahme besteht bei sog. mittelbaren Arbeitsverhältnissen.[2] Von der Übertragung der Dienstberechtigung ist das Einrücken eines Dritten in die Stellung des Arbeitgebers zu unterscheiden, so z.b. beim Tod des Arbeitgebers oder dem Betriebsübergang, § 613a BGB.

1.2. Art und Inhalt der Arbeitsleistung

Art der geschuldeten Tätigkeit: Die geschuldete Art wird grundsätzlich im Arbeitsvertrag vereinbart (z.B. Tätigkeit als Vorarbeiter, Chefsekretär, Schlosserin). Die Tätigkeitsfelder können auch in höherrangigen, auf das konkrete Arbeitsverhältnis anwendbaren Gestaltungsfaktoren (Gesetz, Tarifvertrag, Betriebsvereinbarung) näher definiert und umgrenzt sein. Innerhalb der sich somit ergebenden Grenzen steht dem Arbeitgeber ein Weisungsrecht (Direktionsrecht)[3/4] zu, das aus § 315 BGB

---

[2]   Ein mittelbares Arbeitsverhältnis liegt vor, wenn ein ArbN von einem Mittelsmann, der seinerseits selbst ArbN eines Dritten ist, beschäftigt wird, wobei die Arbeit jedoch unmittelbar für den Dritten geleistet wird.

[3]   § 106 S. 1 GewO regelt das **Weisungsrecht** des ArbG und dessen Schranken. ArbG und ArbN können Abschluss, Inhalt und Form des Arbeitsverhältnisses frei gestalten, soweit keine zwingenden gesetzlichen oder kollektivrechtlichen Normen (etwa tarifvertragliche Regelungen) entgegenstehen § 105 GewO. Dies ist letztlich die gesetzliche Voraussetzung des Grundsatzes der Vertragsfreiheit im Arbeitsrecht und einfachgesetzliche Umsetzung des Grundsatzes der Privatautonomie und des Art. 2 Abs. 1 GG. Eine weitere einfachgesetzliche Konkretisierung des Grundsatzes der Vertragsfreiheit findet sich in § 241 Abs. 1 i.V. mit § 311 Abs. 1 BGB. Im Arbeitsleben

bedarf es wegen der Machtverhältnisse im Wirtschaftsleben und der strukturellen Gefährdung der Privatautonomie rechtlicher Grenzen. Das Recht hat die Funktion, die gestörte Vertragsparität auszugleichen. § 105 S. 1 GewO regelt die **Abschluss, Auswahl- und Gestaltungsfreiheit.** Im Grundsatz kann das Arbeitsverhältnis formfrei abgeschlossen werden. Im Rahmen der Vertragsfreiheit steht es den Arbeitsvertragsparteien auch zu, die Schriftform (§§ 126, 127 BGB) für andere oder ergänzende Vereinbarungen festzulegen. Bei sog. Doppelten Schriftformklauseln bedarf die **Änderung oder Ergänzung der Schriftform wiederum einer der Schriftform genügenden Aufhebung.** In der Rechtsprechung hat sich die Auffassung durchgesetzt, dass qualifizierte Schriftformklauseln abweichende mündliche Vertragsänderungen verhindern, BAG, Urt. vom 24.06.2003 – 9 AZR 302/02, DB 2003, 2349; a. A. Rollof, Vertragsänderung und Schriftformklausel, NZA 2004, 1194 f. Bei Verwendung vorformulierter Arbeitsverträge ist bei der Inhaltskontrolle der **Vorrang der Individualabrede** nach § 305 b BGB zu beachten. Eine formularmäßige Schriftformklausel kann folglich eine hiervon abweichende individuelle Abrede nicht außer Kraft setzen und ist daher unwirksam, Becker, in HK-Arbeitsrecht, § 105 GewO, RN 6; BGH, NJW – RR 1995, 180. AGB können den Vorrang der Individualabrede auch nicht durch Formerfordernisse beseitigen Diese verstoßen stattdessen gegen § 305 BGB. Trotz der Schriftformklauseln sind schriftliche oder konkludente Abmachungen selbst dann wirksam, wenn in den AGB bestimmt ist, dass die Aufhebung der Schriftformklauseln nur schriftlich erfolgen kann, Däubler/ Dorndorf, § 305 b, RN 12. Die Inhaltsfreiheit kann aus europarechtlichen Vorschriften, arbeitsrechtlichen Schutzgesetzen und tarifvertraglichen Regelungen eingeschränkt sein. Unmittelbar zu beachten sind die primärrechtlichen europarechtlichen Vorschriften aus den EU und EG-Verträgen, sowie das ungeschriebene primäre Europarecht. **Richtlinien** gelten mittelbar in der Form, in der sie der nationale Gesetzgeber umgesetzt hat. Werden sie nicht fristgerecht umgesetzt, gelten sie unmittelbar, aber nach h. M. nicht zwischen Privaten. Dennoch wirken sie über die richtlinienkonforme Auslegung (die Gerichte müssen sie beachten) auf das nationale Recht ein, Boemcke, § 105 GewO, RN 15. Tarifvertraglich können Inhaltsnormen das Arbeitsverhältnis bestimmen und gestalten. Abweichungsregelungen sind nur zulässig, wenn tarifvertragliche Öffnungsregelungen diese Abweichungen gestatten oder wenn sie für den ArbN eine günstigere Rechtslage bewirken. Die **inhaltliche Gestaltungsfreiheit der Arbeitsvertragsfreiheit** ist im Interesse von Mindestarbeitsbedingungen eingeschränkt. Dem ArbG steht zur Konkretisierung der Arbeitsleistungspflicht ein einseitiges Leistungsbestimmungsrecht (Weisungsrecht) zu.
Dieses ist präziser ein **Leistungskonkretisierungsrecht** unter Beachtung der vertraglichen Leistungsvereinbarung. Je konkreter die Leistungspflicht im Arbeitsvertrag festgelegt ist, desto enger sind die rechtlichen Grenzen des Weisungsrechts. Bei **Arbeitnehmerüberlassungen** wird das Recht zur Leistungsbestimmung auf den Entleiher übertragen. Der Entleiher übt das vom Verleiher übertragene Direktionsrecht aus, LAG München, NZA-RR 2003, 279, 280.

4 **Rechtmäßige Weisungen** konkretisieren die Arbeitspflicht. Rechtswidrige Weisungen, die auch nicht dem billigen Ermessen entsprechen, sind unverbindlich und damit folglich unbeachtlich. Dem ArbN steht ein Leistungsverweigerungsrecht, § 273 Abs. 1 BGB zu. Der ArbN kann eine vertragsgemäße Beschäftigung einfordern und einklagen. Das Weisungsrecht bezieht sich auf den Inhalt der Arbeitsleistung: was, wann, wo und wie! Je allgemeiner die Dienstleistungspflicht vertraglich festgelegt ist, desto weiter gehen die Befugnisse des ArbG konkret und im Einzelfall. Die Möglichkeiten des ArbG die Tätigkeitsschwerpunkte des ArbN festzulegen, finden dort ihre Grenzen, wo sie zu einer dauerhaften Absenkung der qualitativen Stufe der Arbeitsleistung führen würden, Becker, a.a.O., § 106 GewO, RN 5. Das Weisungsrecht sich auch auf den Arbeitsort erstrecken, wenn dieser nicht ausdrücklich im Arbeitsvertrag vereinbart ist. Ist dies der Fall, bedarf der Wechsel des Arbeitsorts der einvernehmlichen Regelung oder einer Durchsetzung im Wege der **Änderungskündigung.** Im Zweifel gilt § 269 Abs. 1 BGB – als Arbeitsort der Sitz des Betriebes. Eine Verlegung des Betriebssitzes und Veränderung des Lebensmittelpunktes des ArbN, verbunden mit einer nachhaltigen Veränderung des privaten Lebenskreises führt nicht zwangsläufig zu einer Nachfolgepflicht, Becker, a.a.O., § 106 GewO, RN 10. § 106 Abs. 1 GewO

folgt und daher an die Grenzen des billigen Ermessens gebunden ist. Somit kann der Arbeitgeber gegen den Willen des Arbeitnehmers keine andere Art der Arbeitsleistung als die vereinbarte verlangen. Nur ausnahmsweise ist im **Notfall** eine die Grenzen des vereinbarten Tätigkeitsbereichs überschreitende Weisung des Arbeitgebers nicht treuwidrig, wenn die nicht vereinbarte Arbeit dem Arbeitnehmer zumutbar ist und der Arbeitgeber keine andere Möglichkeit zur Behebung des Notfalls hat. In diesem Fall sind im Rahmen von § 242 BGB die Interessen des Arbeitnehmers und die Fürsorgepflicht des Arbeitgebers gegeneinander abzuwägen.[5] Als Notfall kommen nur ungewöhnliche und unvorhersehbare Ereignisse in Betracht, die auch bei vorausschauender Planung nicht auf andere Weise beseitigt werden können (insbes. Katastrophen, nicht aber bloße Dispositionsschwierigkeiten). Als Rechtsgrund für dieser Pflicht wird die Treuepflicht des Arbeitnehmers herangezogen. **Inhalt der Arbeitsleistung:** Der Arbeitnehmer schuldet das (bloße) Tätigwerden, nicht aber einen Erfolg im Sinne der Erzielung eines quantitativen oder qualitativen Arbeitsergebnisses. Maßstab der Dienstpflicht des Arbeitnehmers ist das individuelle Leistungsvermögen des konkreten Arbeitnehmers und nicht eine objektive Normalleistung. Bleibt die Arbeitsleistung des Arbeitnehmers hinter der objektiven Normalleis-

---

zeigt die Grenzen des arbeitgeberseitigen Weisungsrechts auf. Die Schranken beziehen sich dabei sowohl auf Inhalt, Ort und Zeit der Arbeitsleistung wie auch auf die Ordnung und das konkrete Verhalten des ArbN im Betrieb. Behält sich der ArbG vor, nach Abstimmung der beiderseitigen Interessen, „Art, Ort oder Tätigkeit" des ArbN zu ändern, ist dies eine Erweiterung des Direktionsrechts, die den ArbN entgegen des Gebots von Treu und Glauben unangemessen benachteiligt. Eine konkrete Leistungsbestimmung liegt in der Übertragung von Aufgaben vor, wenn durch eine längere Übung eine konkludente Vertragsänderung zustande gekommen ist. Das Weisungsrecht wird in der Praxis künftig durch Umsetzungs- und Versetzungsklauseln oder durch einen vereinbarten Versetzungsvorbehalt erweitert.

[5]   Hromadka/Maschmann, § 6 RN 30; BAG AP Nr. 4 zu § 615 BGB Böswilligkeit. Die **Ausübung des Direktionsrechts durch den Arbeitgeber** verstößt gegen § 106 S. 3 GewO, wenn er einen Arbeitnehmer an einem anderen Arbeitsplatz zur Vermeidung eines Produktionsausfalls einsetzt und dabei nicht die persönlichen Interessen des Arbeitnehmers, insbesondere seinen gesundheitlichen Zustand, berücksichtigt, LAG Hamm, Urteil vom 01.06.2007 – 10 Sa 249/07. Der ArbG hat regelmäßig einen weiten Raum zur einseitigen Gestaltung der Arbeitsbedingungen. Insbesondere hat der **Arbeitgeber das Recht, die arbeitsvertraglich nur rahmenmäßig umschriebene Leistungspflicht des Arbeitnehmers im Einzelnen festzulegen und dabei Zeit, Art und Ort der Arbeitsleistung zu bestimmen.** Der Arbeitgeber darf **auch einen Wechsel in der Art der Beschäftigung des Arbeitnehmers herbeiführen oder den Arbeitsbereich des Arbeitnehmers verändern, soweit dies arbeitsvertraglich zulässig ist.** Im Übrigen darf das Direktionsrecht aber **nur nach billigem Ermessen gemäß § 315 BGB ausgeübt werden.** Dabei hat der Arbeitgeber auch auf Behinderungen des Arbeitnehmers Rücksicht zu nehmen, § 106 S. 3 GewO. Die Ausübung billigem Ermessens nach § 315 BGB setzt dabei voraus, dass die wesentlichen Umstände des Falles abgewogen und die beiderseitigen Interessen angemessen berücksichtigt werden (BAG, Urteil vom 27.03.1980 – AP BGB § 611 Direktionsrecht Nr. 26; BAG, Urteil vom 23.06.1993 – AP BGB § 611 Direktionsrecht Nr. 42; BAG, Urteil vom 29.10.1997 – AP BGB § 611 Direktionsrecht Nr. 51; ErfK/Preis, a.a.O., § 611 BGB, RN 74 ff., 278.

tung zurück, liegt keine Pflichtverletzung vor. Der Entgeltanspruch des Arbeitnehmers kann aber bei **bewusster Schlecht- oder Langsamarbeit als rechtsmissbräuchlich** (§ 242 BGB) versagt werden. Der Anspruch auf die **höchstpersönliche Arbeitsleistung** des Arbeitnehmers kann nach h. M. nicht vollstreckt bzw. durch Zwangsmaßnahmen erzwungen werden, da es sich um unvertretbare Handlungen handelt (§ 888 Abs. 3 ZPO).[6] Bei einer **Nichtleistung** kann der Arbeitgeber aber aus § 283 BGB Schadensersatz verlangen, insbesondere das Arbeitsentgelt, das an eine Aushilfskraft gezahlt wurde. Aufgrund des Fixschuldcharakters der Arbeitsleistung liegt i.d.R. **Unmöglichkeit und nicht Verzug vor. Der Arbeitgeber kann seinerseits nach dem Grundsatz „ohne Arbeit kein Lohn" die Lohnzahlung verweigern.**

1.3.   Ort der Arbeitsleistung

Der **Leistungsort** der vom Arbeitnehmer zu erbringenden Arbeit ergibt sich regelmäßig schon aus dem Arbeitsvertrag (§ 2 Abs. 1 S. 2 Nr. 4 NachwG, § 269 BGB) sowie den Weisungen des Arbeitgebers. In der Regel wird der Arbeitnehmer für einen bestimmten Betrieb, nicht aber einen bestimmten Ort *im* Betrieb eingestellt, d. h. für eine Tätigkeit innerhalb des Betriebes. Als Folge kann der Arbeitgeber regelmäßig den konkreten Leistungsort im Betrieb (Raum) durch eine Weisung bestimmen. Ein Wechsel in einen anderen Betrieb kommt hingegen nur in Betracht, wenn dies im Arbeitsvertrag vorbehalten wurde.

1.4.   Zeitliche Grenzen der Arbeitspflicht

Der **Zeitraum**, innerhalb dessen der Arbeitnehmer zur Arbeit verpflichtet ist, ergibt sich aus dem Arbeitsvertrag (z.B. Arbeitsbeginn am 01.01.2002) sowie in Bezug auf Feiertage etc. aus Gesetzen (vgl. § 2 Abs. 1 EFZG), Tarifverträgen sowie Betriebsvereinbarungen. Innerhalb dieses Zeitraums ist die **konkrete Arbeitszeit** zu ermitteln, d.h. die tägliche Arbeitszeit, die Wochentage, an denen gearbeitet wird, die einzuhaltenden oder gewährten Pausen. Auch hierbei gilt das Rangverhältnis der Gestaltungsfaktoren:

---

6   Palandt/Putzo, § 611 RN 19; a. A. Lüke, FS Wolf, 1985, S. 459 ff.

- Gesetzliche Regelungen enthält u. a. das ArbZG in Umsetzung der EG-Richtlinie 93/104/EG in den §§ 3, 4 ArbZG hinsichtlich der durchschnittlichen maximalen Tagesarbeitszeit (werktägliche Höchstarbeitszeit) und der vorgeschriebenen Ruhepausen. Diese Regelungen werden durch § 7 ArbZG in Grenzen für Abweichungen in Tarifverträgen und Betriebsvereinbarungen geöffnet. Zudem darf gem. **§ 14 ArbZG in besonderen unverschuldeten Notfällen über die regelmäßig zulässige Arbeitszeit Arbeit angeordnet werden.** Dieser sog. allgemeine Arbeitszeitschutz wird durch weitere Schutzregelungen für bestimmte Arbeitnehmer ergänzt (sog. besonderer Arbeitszeitschutz, vgl. §§ 7, 8 MuSchG, 8 ff. JArbSchG, 124 SGB IX). Verträge oder Weisungen, die gegen diese gesetzlichen Schutznormen verstoßen, sind (nur) insoweit nach § 134 BGB nichtig; bei Verträgen tritt an die Stelle der unzulässig vereinbarten die gesetzlich zulässige Arbeitszeit nach § 3 ArbZG.

- Tarifvertraglich können nach § 7 ArbZG abweichende Regelungen von der gesetzlichen Höchstarbeitszeit des § 3 ArbZG festgelegt und nach § 1 Abs. 1 TVG auch Beginn und Ende der täglichen Arbeitszeit sowie die Pausen geregelt werden (s. hierzu auch das aktuelle Problem des Günstigkeitsvergleichs bei sog. Beschäftigungssicherungsabreden).

- Durch Betriebsvereinbarungen kann – soweit kein Tarifvertrag entgegensteht, § 77 Abs. 3 BetrVG – zwar die Dauer der wöchentlichen Arbeitszeit festgelegt werden. Das Mitbestimmungsrecht des Betriebsrats gem. § 87 Abs. 1 Nr. 2 BetrVG umfasst nicht die Dauer (aber die Lage) der wöchentlichen Arbeitszeit. Für die Dauer verbleibt es daher bei der freiwilligen Mitbestimmung gem. § 88 BetrVG, so dass üblicherweise durch Betriebsvereinbarungen nur die Lage der täglichen Arbeitszeit und der Pausen bestimmt wird. Eine solche Betriebsvereinbarung können sowohl Betriebsrat als auch Arbeitgeber erzwingen, § 87 Abs. 1 Nr. 2, Abs. 2 BetrVG.

- In dem durch diese rechtlichen Gestaltungsfaktoren geschaffenen Rahmen bleibt Raum für eine weitere Konkretisierung durch die arbeitsvertraglichen Regeln sowie Weisungen des Arbeitgebers. Um einen Sonderfall handelt es sich bei der sog. Arbeit auf Abruf.

1.5. Überstunden und Kurzarbeit

Sofern der Arbeitnehmer mehr arbeitet, als er konkret nach seinem Arbeitsverhältnis zu arbeiten verpflichtet ist, liegt eine **Überarbeit (Überstunden)** vor. Fehlt es an einer anwendbaren tarifvertraglichen oder arbeitsvertraglichen Sonderregelung, in der das Entgelt bei Überarbeit geregelt ist, so ist die Mehrarbeit üblicherweise zu vergüten (§ 612 Abs. 1 und 2 BGB).

1.6. Verringerung der Arbeitszeit

Zur Erreichung des Ziels des TzBfG (vgl. § 1 TzBfG: Förderung der Teilzeitarbeit) besteht ein (durch die europäische Richtlinie 97/81/EG nicht geforderter) **Anspruch des Arbeitnehmers auf Verringerung der Arbeitszeit (§ 8 Abs. 1 TzBfG)**. Hierdurch wird dem Arbeitnehmer eine einseitige Möglichkeit zur Inhaltsänderung des Arbeitsvertrags gegeben; die Inhaltsänderung umfasst sowohl die Verkürzung von der Voll- auf Teilzeit als auch die weitere Verkürzung einer Teilzeittätigkeit.

- wenn der Arbeitgeber die Überstunden angeordnet oder geduldet hat oder sie betrieblich notwendig waren.[7] Im Fall der Klage auf den für die Überstunden begehrten zusätzlichen Lohn, hat der Arbeitnehmer konkret vorzutragen, an welchen Tagen und zu welchen Tageszeiten er über die normale Arbeitszeit hinaus tätig war. Möglich ist auch die Vereinbarung eines bezahlten Freizeitausgleichs für die geleisteten Überstunden, d.h. eine zeitweilige Freistellung von der Arbeitspflicht unter Entgeltfortzahlung.

- Das Gegenstück zur Überarbeit ist die **Kurzarbeit**, bei der die Arbeitnehmer weniger als die vereinbarte Arbeitszeit arbeiten. Wird Kurzarbeit lediglich durch einseitige Weisung des Arbeitgebers angeordnet, kommt dieser in **Annahmeverzug**[8/9], so dass der ArbN nach § 615 BGB den Lohn weiter beanspruchen kann.

---

[7] BAG AP Nr. 3 zu § 14 KSchG 1969 = NZA 1994, 837.

[8] Nach **§ 293 BGB kommt der Gläubiger in Verzug**, wenn er die ihm **angebotene Leistung nicht annimmt**. Das Angebot des Arbeitnehmers muss die vertragsgemäße Arbeit betreffen. Das Angebot einer anderen, nicht vertragsgemäßen Arbeit begründet keinen Annahmeverzug; denn die Leistung muss unabhängig davon, ob ein wörtliches Angebot (§ 295 BGB) genügt, **ihrer Art nach so angeboten werden, wie sie zu bewirken ist (§ 294 BGB). Zu berücksichtigen ist**, dass die Konkretisierung der Arbeitspflicht nach § 106 Satz 1 GewO Sache des Arbeitgebers ist BAG, Urteil vom 30. April 2008 – 5 AZR 502/07 – RN 24. Von einer Entbehrlichkeit des Angebots nach § 296 BGB kann im ungekündigt bestehenden Arbeitsverhältnis regelmäßig nicht ausgegangen werden (BAG, Urteil vom 25. April 2007 – 5 AZR 504/06 – RN 19, AP BGB § 615 Nr. 121 = EzA BGB 2002 § 615 Nr. 20). **Nach § 297 BGB kommt der Gläubiger nicht in Verzug, wenn der Schuldner zur Zeit des Angebots außerstande ist, die Leistung zu bewirken.** Ein Arbeitnehmer ist nicht stets schon dann leistungsunfähig i.S.v. § 297 BGB, wenn er aus Gründen, die in einer Person liegen, nicht mehr alle Arbeiten verrichten kann, die zu den vertraglich vereinbarten Tätigkeiten gehören. Sonst bliebe außer Acht, dass der Arbeitgeber sein Weisungsrecht nach billigem Ermessen auszuüben und auch die Interessen des Arbeitnehmers zu berücksichtigen hat. Ist es dem Arbeitgeber möglich und zumutbar, dem krankheitsbedingt nur eingeschränkt leistungsfähigen Arbeitnehmer leidensgerechte Arbeiten zuzuweisen, ist die Zuweisung anderer,

nicht leidensgerechter Arbeiten unbillig. Unterlässt der Arbeitgeber die ihm mögliche und zumutbare Zuweisung leidensgerechter und vertragsgemäßer Arbeit, steht die Einschränkung der Leistungsfähigkeit des Arbeitnehmers dem Annahmeverzug des Arbeitgebers nicht entgegen. Eine Tätigkeit, zu der der ArbN in der Lage war, führt nur dann zu einem Annahmeverzug des ArbG, wenn der ArbG eine solche Arbeit angeboten hat, die Arbeit vertragsgemäß und ihre Zuweisung dem ArbG möglich und zumutbar war.

Darüber hinaus wird **Annahmeverzug** angenommen, wenn der Arbeitgeber auf Grund seiner Fürsorgepflicht gehalten ist, den Arbeitnehmer vorübergehend mit anderen als den vertragsgemäßen Arbeiten zu beschäftigen, vgl. BAG, Urteil vom 18. Dezember 1986 – 2 AZR 34/86 – AP BGB § 297 Nr. 2. Ob dem uneingeschränkt zu folgen ist, kann dahingestellt bleiben. Jedenfalls hätte es eines entsprechenden freien Arbeitsplatzes oder einer entsprechenden freien Arbeitskapazität bedurft. Ein gewünschter Ringtausch zu Lasten der in der Produktion beschäftigten Arbeitnehmer dürfte die Grenze der Fürsorgepflicht des ArbG deutlich überschreiten. Im Übrigen hätte die ArbN eine nicht vertragsgemäße Arbeit wenigstens der Art nach anbieten müssen. Ein allgemeines Arbeitsangebot reicht hier in der Regel nicht (§ 294 BGB), weil der Arbeitgeber wissen muss, zu welchen Änderungen der Arbeitnehmer bereit ist.

Keinesfalls kann der Annahmeverzug darauf gestützt werden, der Arbeitgeber hätte eine bestimmte Arbeit anbieten müssen, obwohl der Arbeitnehmer diese Arbeit bereits abgelehnt hat. Das gilt auch dann, wenn ein Arbeitsgericht den Beendigungskündigung des Arbeitgebers rechtskräftig mit der Begründung für unwirksam erklärt hat, der Arbeitgeber hätte trotz der Ablehnung seitens des Arbeitnehmers die entsprechende Arbeit im Wege der Änderungskündigung anbieten müssen. Der gem. § 297 BGB für den Annahmeverzug vorausgesetzte Leistungswille ist von der Wirksamkeit einer Kündigung unabhängig. Hieraus folgt auch nicht der vom Kläger angeführte Wertungswiderspruch: Der Arbeitnehmer kann sehr wohl den unveränderten Bestand seines Arbeitsverhältnisses gerichtlich geltend machen, ohne die – vorübergehende – vertragswidrige Beschäftigung vorbehaltlos abzulehnen. Im ungekündigt bestehenden Arbeitsverhältnis kann anders als nach Ausspruch einer Kündigung regelmäßig nicht angenommen werden, der Arbeitgeber habe eine vorzunehmende Handlung nicht rechtzeitig vorgenommen, BAG, Urteil vom 07. Dezember 2005 – 5 AZR 19/05 – AP BGB § 615 Nr. 114 = EzA BGB 2002 § 615 Nr. 12. Macht der Arbeitgeber von einem vermeintlichen Recht Gebrauch, die Arbeitszeitdauer flexibel zu bestimmen, kommt § 296 BGB nicht zur Anwendung. Vielmehr muss der Arbeitnehmer die Arbeit anbieten.

Nach § 294 BGB muss die Arbeitsleistung dem Arbeitgeber so, wie sie zu bewirken ist, tatsächlich angeboten werden. Das gilt auch bei Verzug mit der Annahme eines Teils der Arbeitsleistung, BAG, Urteil vom 07. November 2002 – 2 AZR 742/00 – BAGE 103, 265, 269 f. Bestehen Meinungsverschiedenheiten über den zeitlichen Umfang der zu erbringenden Arbeit, braucht der Arbeitnehmer nicht erneut am Arbeitsplatz zu erscheinen. Es genügt, dass er erklärt, er wolle in bestimmtem Umfang über die angeordnete Arbeitszeit hinaus arbeiten. Dagegen stellen das Erscheinen am Arbeitsplatz und die Arbeitsaufnahme als solche nicht ohne Weiteres ein tatsächliches Angebot der Arbeitsleistung im Umfang der vollen vertraglichen Arbeitszeitdauer dar. Unter den Voraussetzungen des § 295 BGB genügt ein wörtliches Angebot. BAG, Urteil vom 18.03.2009, 5 AZR 192/08. Keinen **Annahmeverzug bei fehlendem Leistungsvermögen** sieht auch das LAG Düsseldorf, NZA-RR 2007, 457; den Annahmeverzug wegen des fehlenden Angebots anderweitiger Beschäftigung behandelt die Entscheidung des BAG, NZA 2008, 1410 = NJW 2009, 700 L; mit einer außerordentlichen Kündigung wegen des Verlusts der betrieblichen Fahrerlaubnis beschäftigt sich die Entscheidung des BAG, AP BGB § 626 Nr. 212 = JuS 2008, 1129 mit einer Anmerkung von Boemke. Der **Annahmeverzug des ArbG** ist nach § 297 BGB wegen Leistungsunfähigkeit des Schuldners ausgeschlossen. Nach § 297 BGB kommt der Gläubiger nicht in Verzug, wenn der Schuldner zur Zeit des Angebots außerstande ist, die Leistung zu bewirken. Ein Arbeitnehmer ist nicht stets schon dann leistungsunfähig i.S.v. § 297 BGB, wenn er aus Gründen in seiner Person nicht mehr alle Arbeiten verrichten kann, die zu den vertraglich vereinbarten Tätigkeiten gehören. Sonst bliebe außer acht, dass der Arbeitgeber gemäß § 106 GewO sein Weisungsrecht nach billigem Ermessen auszuüben und auch die Interessen des Arbeitnehmers zu berücksichtigen hat. Ist es dem Arbeitgeber möglich und zumutbar, dem krankheitsbedingt nur eingeschränkt leistungsfähigen Arbeitnehmer leidensgerechte Arbeiten zuzuweisen, ist die Zuweisung anderer nicht leidensgerechter Arbeiten unbillig. Unterlässt der Arbeitgeber die ihm mögliche und zumutbare Zuweisung leidensgerechter und vertragsgemäßer Arbeit, steht die Einschränkung der Leistungsfähigkeit des Arbeitnehmers dem Annahmeverzug des Arbeitgebers nicht entgegen, BAG, Urteil vom 24. September 2003 – 5 AZR 282/02 – AP BGB § 151 Nr. 3 = EzA BGB 2002 § 615 Nr. 3; BAG, Urteil vom 04. Oktober 2005 – 9 AZR 632/04 – EzA SGB IX § 81 Nr. 9; BAG, Urteil vom 08.11.2006, 5 AZR 51/06.

Nach § 615 Satz 2 BGB muss sich der Arbeitnehmer den Wert desjenigen anrechnen lassen, was er zu erwerben böswillig unterlässt. Die Vorschrift ist inhaltsgleich mit § 11 Satz 1 Nr. 2 KSchG, BAG, Urteil vom 11. Oktober 2006 – 5 AZR 754/05; 16. Juni 2004 – 5 AZR 508/03 – BAGE 111, 123, 126. Beide Bestimmungen stellen darauf ab, ob dem Arbeitnehmer nach Treu und Glauben (§ 242 BGB) sowie unter Beachtung des Grundrechts auf freie Arbeitsplatzwahl (Art. 12 GG) die Aufnahme einer anderweitigen Arbeit zumutbar ist. **Eine Anrechnung kommt auch in Betracht, wenn die Beschäftigungsmöglichkeit bei dem Arbeitgeber besteht, der sich mit der Annahme der Dienste des Arbeitnehmers im Verzug befindet.** Maßgebend sind die Umstände des Einzelfalls. Die Unzumutbarkeit der Arbeit kann sich unter verschiedenen Gesichtspunkten ergeben. Sie kann ihren Grund in der Person des Arbeitgebers, der Art der Arbeit oder den sonstigen Arbeitsbedingungen haben. Auch vertragsrechtliche Umstände sind zu berücksichtigen. Demgegenüber kann nicht auf die Zumutbarkeitskriterien des § 121 SGB III abgestellt werden. Böswillig handelt der Arbeitnehmer, dem ein Vorwurf daraus gemacht werden kann, dass er während des Annahmeverzugs trotz Kenntnis aller objektiven Umstände vorsätzlich untätig bleibt oder die Aufnahme der Arbeit bewusst verhindert, BAG, Urteil vom 11. Oktober 2006 – 5 AZR 754/05 – a.a.O; 11. Januar 2006 – 5 AZR 98/05 – AP BGB § 615 Nr. 113 = EzA BGB 2002 § 615 Nr. 11; 16. Juni 2004 – 5 AZR 508/03 – a.a.O., S. 126 ff.

9 **Der ArbG schuldet dem ArbN nach § 615 Satz 1, § 611 Abs. 1 BGB während des Annahmeverzugs die vertraglich vereinbarte Bruttovergütung.** Der ArbN muss sich gem. § 11 Satz 1 Nr. 3 KSchG den Teil des bezogenen Arbeitslosengelds anrechnen lassen, der dem Anteil der Bruttovergütung entspricht, die der ArbG dem klagenden ArbN noch nach Anrechnung des böswillig unterlassenen Erwerbs auf das vertraglich geschuldete Arbeitsentgelt zu zahlen hat. Bezieht der Arbeitnehmer während des Annahmeverzugs Arbeitslosengeld, muss er sich nach § 11 Satz 1 Nr. 3 KSchG diese Leistung der Agentur für Arbeit auf das Arbeitsentgelt, das ihm der Arbeitgeber schuldet, anrechnen lassen. Bis zur Höhe der erbrachten Leistungen geht der Vergütungsanspruch des Arbeitnehmers gegen den Arbeitgeber im Wege des gesetzlichen Forderungsübergangs nach § 115 Abs. 1 SGB X auf die Bundesagentur für Arbeit über. **Wenn sich der Arbeitnehmer zusätzlich zum Arbeitslosengeld noch nach § 11 Satz 1 Nr. 2 KSchG böswillig unterlassenen Erwerb anrechnen lassen muss, ergibt sich der Umfang der Anrechnung aus den Zwecken des § 11 KSchG. Die Regelungen in § 11 Satz 1 Nr. 1 und 3 KSchG sollen gewährleisten, dass der Arbeitnehmer nach einer unwirksamen Kündigung durch den Arbeitgeber finanziell nicht besser, aber auch nicht schlechter steht, als wenn das Arbeitsverhältnis ohne Kündigung durchgeführt worden wäre.** Deshalb sind der tatsächlich erzielte Verdienst und Leistungen der Sozialversicherung auf das vom Arbeitgeber geschuldete Arbeitsentgelt anzurechnen. In § 11 Satz 1 Nr. 2 KSchG wird demgegenüber dem Arbeitnehmer eine Verpflichtung zur angemessenen Rücksichtnahme auf die Belange des Arbeitgebers auferlegt. Der Arbeitnehmer soll seine Annahmeverzugsansprüche nicht ohne Rücksicht auf den Arbeitgeber durchsetzen können. Deshalb ist der Arbeitnehmer gehalten, eine ihm nach Treu und Glauben (§ 242 BGB) sowie unter Beachtung des Grundrechts auf freie Arbeitsplatzwahl (Art. 12 GG) zumutbare anderweitige Arbeit aufzunehmen BAG, Urteil vom 16. Juni 2004 – 5 AZR 508/03 – AP BGB § 615 Böswilligkeit Nr. 11 = EzA BGB 2002 § 615 Nr. 7. Unterlässt er dies, muss er sich anrechnen lassen,

Im Übrigen können Kurzarbeitsklauseln in Tarifverträge aufgenommen werden, durch die der Arbeitgeber auch zur einseitigen Anordnung von Kurzarbeit (mit Lohnkürzung) unter bestimmten Voraussetzungen ermächtigt wird. Zudem kann die Kurzarbeit auch durch Betriebsvereinbarung (§ 87 Abs. 1 Nr. 3 BetrVG) oder behördliche Genehmigung (z.B. 19 KSchG) zugelassen werden. Schließlich können die Voraussetzungen der Kurzarbeit und die Höhe der Kurzarbeitsvergütung auch im Einzelvertrag – z.b. im Wege der Änderungskündigung[10/11] – be-

---

was er dabei hätte verdienen können. Diesen Zwecken des § 11 KSchG wird Rechnung getragen durch eine anteilige Anrechnung des bezogenen Arbeitslosengelds auf das Arbeitsentgelt, das der Arbeitnehmer unter Berücksichtigung der Anrechnung nach § 11 Satz 1 Nr. 2 KSchG noch vom Arbeitgeber verlangen kann. Bis zur Höhe der Beitragsbemessungsgrenze ist das gesamte Arbeitslosengeld Äquivalent des Gesamtbruttoentgelts, so dass eine proportionale Zuordnung zu erfolgen hat. Andererseits wird der Arbeitgeber durch die Leistungen der Agentur für Arbeit nicht vollständig von seiner arbeitsvertraglichen Pflicht zur Nachzahlung eines Teils der Bruttovergütung und des sich daraus ergebenden Nettobetrags entlastet. Fritz, Erren, Der **Zumutbarkeitsbegriff** im Sinne von § 615 S. 2 BGB, § 11 Nr. 2 KSchG und seine Auswirkungen auf die Praxis, NZA 2009, 1242. Bei unzumutbar langer Pendelzeit liegt kein **„böswilliges Unterlassen anderweitigen Erwerbs"** vor. Kann der Arbeitgeber wegen Schließung einer Niederlassung die dort tätige Arbeitnehmerin am bisherigen vertraglichen Einsatzort nicht mehr beschäftigen und erweist sich die ausgesprochene betriebsbedingte Kündigung wegen bestehender Schwangerschaft der Arbeitnehmerin als unwirksam, so überschreitet die (im Arbeitsvertrag vorbehaltene) Versetzung in eine andere Filiale die Grenze billigen Ermessens, wenn die Arbeitnehmerin auf die Benutzung öffentlicher Verkehrsmittel angewiesen ist und je Strecke eine Fahrzeit von mehr als zwei Stunden anfällt. Das gilt auch dann, wenn es sich um die einzige geeignete freie Stelle handelt, LAG Hamm, NZA-RR 2008, 175. In Übereinstimmung mit der Entscheidung des LAG Rheinland-Pfalz, BeckRS 2005, 41214 ist davon auszugehen, dass in den sozialrechtlichen Regeln der Zumutbarkeit von Fahrzeiten zugleich ein brauchbarer Maßstab auch für die arbeitsrechtliche Beurteilung liegt. Soweit dem gegenüber das LAG Köln in seiner Entscheidung vom 21.06.2005, NZA-RR 2006, 14, den Standpunkt einnimmt, die in den sozialrechtlichen Vorschriften aufgestellten Beschränkungen seien allein in sozialrechtlicher Hinsicht von Belang, im Arbeitsverhältnis sei hingegen von einem erweiterten Zumutbarkeitsmaßstab auszugehen, überzeugt dies nicht. Aus welchem Grunde an den arbeitslos gewordenen Arbeitnehmer im Verhältnis zur Versichertengemeinschaft geringere Anforderungen zu stellen sein sollen, unter Einsatz zumutbarer Fahrzeiten einen neuen Arbeitsplatz zu finden, als dies dem Arbeitnehmer im Rahmen eines bestehenden Arbeitsverhältnisses zum Vertragsarbeitgeber zugemutet wird, ist nicht erklärbar. Weist der ArbG einen Einsatzort zu, der nur nach langer Anfahrt (ca. 2,5 Stunden!) erreicht wird, dann hat er sein billiges Ermessen nach § 315 BGB überschritten. Der Anspruch auf Zahlung von Arbeitsvergütung unter dem Gesichtspunkt des Annahmeverzugs ist deshalb nicht nach § 615 S. 2 BGB wegen „böswilligen Unterlassens anderweitigen Erwerbs" ausgeschlossen.

10   BAG-Urteil vom 23.04.2008 – **2 AZR 1012/06**, DB 2008 S. 2091.
11   1. Das Erfordernis eines betrieblichen Eingliederungsmanagements nach § 84 Abs. 2 SGB IX besteht **für alle Arbeitnehmer**, die innerhalb eines Jahres länger als sechs Wochen ununterbrochen oder wiederholt arbeitsunfähig gewesen sind, und **nicht nur für die behinderten Menschen.** Die Pflicht zur Durchführung eines Betrieblichen Eingliederungsmanagements steht nicht nur öffentlich-rechtlicher Natur, sondern auch als „ins Arbeitsrecht transformierte" Nebenpflicht aus dem individuellen Arbeitsvertrag anzusehen. Die **Einstufung als Nebenpflicht** führt dazu, dass der Arbeitnehmer grundsätzlich einen **Anspruch auf Durchführung des Betrieblichen Eingliederungsmanagements hat.** Dieser Anspruch ist durch den Arbeitnehmer gerichtlich durchsetz-

bar, was vermeidet, dass der Arbeitgeber, nicht wie bisher üblich, jedwedes Interesse an dem erkrankten Arbeitnehmer verliert.

2. Die Durchführung des betrieblichen Eingliederungsmanagements nach § 84 Abs. 2 SGB IX ist **keine formelle Wirksamkeitsvoraussetzung für den Ausspruch einer personenbedingten Kündigung** mit der Folge, dass sie unwirksam wäre, wenn das betriebliche Eingliederungsmanagement nicht durchgeführt worden ist.

3. § 84 Abs. 2 SGB IX ist aber auch **keine Vorschrift mit bloß appellativem Charakter**, die in jedem Fall folgenlos bliebe. Durch die dem Arbeitgeber gem. § 84 Abs. 2 SGB IX auferlegten besonderen Verhaltenspflichten soll möglichst frühzeitig einer Gefährdung des Arbeitsverhältnisses eines kranken Menschen begegnet und die dauerhafte Fortsetzung der Beschäftigung erreicht werden, BAG, Urteil vom 12.7.2007 – 2 AZR 716/06, DB 2008, 189 ff; AP H. 9/2008 § 1 KSchG 1969 Personenbedingte Kündigung Nr. 28 Rolfs/de Groot; Müller, BB 2008, 277 ff.; Hergenröder, in MünchKommt, § 1 KSchG, RN 135.

Das Ziel des Betrieblichen Eingliederungsmanagements wird in § 84 Abs. 2 Satz 1 deutlich umrissen: **Überwindung der Arbeitsunfähigkeit, Vorbeugung vor erneuter Arbeitsunfähigkeit und Erhaltung des Arbeitsplatzes.** Die Aufforderung an den Arbeitgeber ist als bindende rechtliche Verpflichtung zu verstehen „auf jeden Fall eine Klärung herbeizuführen". Dass diese Aufforderung als Verpflichtung des Arbeitgebers zur Durchführung eines Betrieblichen Eingliederungsmanagements anzusehen ist, wird auch durch die systematische Auslegung und die Entstehungsgeschichte des § 84 Abs. 2 unterstützt. § 84 Abs. 2 Satz 7 spricht eindeutig von einer dem Arbeitgeber nach dieser Vorschrift obliegenden „Verpflichtung" und auch in der einschlägigen BT-Drucksache 15/1783 heißt es auf Seite 16 „... dass die Akteure unter Mitwirkung des Betroffenen zur Klärung der zu treffenden Maßnahmen verpflichtet werden", so dass hier nicht nur von einem bloßen Programmsatz gesprochen werden kann. Gem. § 84 Abs. 2 SGB IX hat der Arbeitgeber dann, wenn ein Beschäftigter innerhalb eines Jahres länger als sechs Wochen ununterbrochen oder wiederholt arbeitsunfähig war, ein „betriebliches Eingliederungsmanagement" durchzuführen. Dabei hat der Arbeitgeber mit der zuständigen Interessenvertretung i. S. des § 93 SGB IX, bei schwerbehinderten Menschen außerdem mit der Schwerbehindertenvertretung, mit Zustimmung und Beteiligung der betroffenen Personen die Möglichkeiten zu klären, **wie die Arbeitsunfähigkeit möglichst überwunden werden und mit welchen Leistungen oder Hilfen erneute Arbeitsunfähigkeit vorgebeugt und der Arbeitsplatz erhalten werden kann.** Ziel des Eingliederungsverfahrens ist die **Erarbeitung eines Maßnahmepakets,** das medizinische Rehabilitationsmaßnahme, Änderung des Eigenverhaltens (Sport, Lebensgewohnheiten und Konsumverhalten) aber auch Fort- und Weiterbildungsmaßnahmen umfassen kann. Deshalb soll soweit dies zur Beurteilung der Auswirkungen auf die Gesundheit des ArbN erforderlich wird der Werks- oder Betriebsarzt hinzugezogen werden. Eine Unterstützung in arbeitsmedizinischen Fragestellungen kann durch den Betriebsarzt erfolgen, Monheimius: Betriebliches Eingliederungsmanagement – Der Gesetzgeber als Personalmanager?, RDG 2006, 108.

Bei diesem Gespräch sind u. a. folgende Fragen zu klären:

• Ursachenforschung bezogen auf die Fehlzeiten.
• Besteht eine betriebsärztliche Betreuung?
• Erfolgen sonstige ärztliche oder klinische Maßnahmen (Operationen, Kur oder Sonstiges)?
• Besteht eine Schwerbehinderung/Gleichstellung?
• Kommen arbeitsplatzbedingte Faktoren als Krankheitsursache in Betracht?
• Ggf. Begehung des Arbeitsplatzes.
• Ggf. Planung einer Umrüstung des Arbeitsplatzes.
• Prüfung von anderen Einsatzmöglichkeiten.

Das konkrete Vorgehen ergibt sich **einzelfall- und problemorientiert aus dem Gespräch** und berücksichtigt die besonderen Umstände des Einzelfalles. Gemeinsame Servicestellen oder Integrationsämter werden hinzugezogen, wenn es um die Abklärung von Leistungen zur Teilhabe oder

stimmt werden, wobei allerdings die Anordnung der Kurzarbeit selbst weiterhin
der Mitbestimmung des Betriebsrates unterliegt. Einzelvertraglich kann aber
nach h. M. der Arbeitgeber nicht zur einseitigen Anordnung von Kurzarbeit ermächtigt werden. Hierdurch droht eine Umgehung kündigungsschutzrechtlicher
Bestimmungen.

1.7. Teilzeitarbeit

In Umsetzung auch der Richtlinie 97/81/EG über die Förderung der Teilzeitarbeit ist
diese nunmehr im TzBfG umfassend geregelt. **Teilzeitarbeit** liegt vor, wenn ein
Arbeitnehmer nur für eine kürzere Arbeitszeit als ein vergleichbarer Arbeitnehmer
desselben Betriebes beschäftigt wird (§ 2 Abs. 1 TzBfG).[12/13] Üblich ist die Verein-

---

begleitende Hilfen im Arbeitsleben geht. Diese Stellen wirken auch darauf hin, dass die erforderlichen Leistungen oder Hilfen innerhalb der dreiwöchigen Frist nach § 84 Abs. 2 Satz 2 erbracht
werden, Bundestagsdrucksache 15/1783, S. 15. Der Ausbau betrieblicher Prävention im Sinne
von „Rehabilitation statt Entlassung" dient der **Sicherung selbstbestimmter Teilhabe erkrank-
ter/behinderter Menschen am Arbeitsleben.** Das BEM setzt das **generelle präventive Leitbild**
des SGB IX.

§ 3 (2)
**Wer am Arbeitsleben teilnimmt oder teilnehmen will, hat ein Recht auf Beratung bei der
Wahl des Bildungswegs und des Berufs, individuelle Förderung seiner beruflichen Weiterbildung, Hilfe zur Erlangung und Erhaltung eines angemessenen Arbeitsplatzes und wirtschaftliche Sicherung bei Arbeitslosigkeit und bei Zahlungsunfähigkeit des Arbeitgebers**
praxisorientiert und verantwortungsbewusst um, vgl. Nebe, (Re-)Integration von Arbeitnehmern:
Stufenweise Wiedereingliederung und Betriebliches Eingliederungsmanagement – ein neues
Kooperationsverhältnis, DB 2008, 1801 ff – bedeutsam für die Sicherung der (Wieder-)Eingliede-
rung durch BEM ist, dass § 84 Abs. 2 SGB IX **nicht lediglich appellativen Charakter hat, sondern dem Arbeitgeber besondere Pflichten aufgibt**, mittels derer möglichst frühzeitig einer
Gefährdung des Arbeitsverhältnisses eines kranken Menschen begegnet und die dauerhafte Fortsetzung der Beschäftigung erreicht werden kann. Die vom Gesetz formulierten rechtlich verbindlichen Eckpunkte des BEM sind insbesondere durch den Zusammenhang zwischen Kündigungsrecht und betrieblicher Eingliederung stärker in das betriebliche und juristische Bewusstsein
gerückt worden, vgl. Joussen, Verhältnis von Betrieblichem Eingliederungsmanagement und
krankheitsbedingter Kündigung, DB 2009, S. 286 ff.; Kohte, DB 2008, S. 582; ebenso Tschöpe,
NZA 2008, S. 398; sowie Müller, Anmerkung zu BAG vom 12.07.2007 – 2 AZR 716/06, BB
2008, S. 280. In der Diskussion und Rechtsanwendung genießt das vom Arbeitgeber gem. § 84
Abs. 2 SGB IX durchzuführende Betriebliche Eingliederungsmanagement (BEM) zugunsten lang-
zeiterkrankter Arbeitnehmer größere Aufmerksamkeit, Gagel, NZA 2004, S. 1359; Brose, DB
2005 S. 390; Kciuk, DöD 2005, S. 151; Hunold, BB 2005, S. 1684; Trenk-Hinterberger, in: HK-
SGB IX, 2. Aufl., § 84 RN 1 ff. sowie RN 18 ff.

[12] Nach § 16 Satz 2 TzBfG kann ein **ausschließlich aufgrund des Mangels der Schriftform
unwirksam befristeter Arbeitsvertrag vorzeitig ordentlich gekündigt werden.** Das BAG
räumt den Arbeitsvertragsparteien jedoch die Möglichkeit ein, diese ordentliche Kündigungsmöglichkeit auszuschließen. Ist das gewollt, sollte in den Arbeitsvertrag eine Klausel aufgenommen werden, wonach die ordentliche Kündigung des Arbeitsverhältnisses unabhängig von der

Wirksamkeit der Befristung bis zum Befristungsende ausgeschlossen ist, vgl. Arnold, GWR 2009, 288178 = GWR 2009, 307; Krieger, ArbR-Aktuell 2009, 288216 – Zur „Falle" gerät besonders häufig, dass nach der Rechtsprechung des BAG eine **schriftliche Befristungsabrede grundsätzlich vor Aufnahme der Tätigkeit geschlossen werden muss** (BAG, NZA 2005, 924; zu einer Ausnahme vgl. BAG, NZA 2008, 1185) und dass eine Verlängerung des Arbeitsvertrags nicht vorliegen soll, wenn im Zusammenhang mit der Verlängerung der Laufzeit auch einzelne Arbeitsbedingungen geändert werden, selbst wenn die Änderung zu Gunsten des Arbeitnehmers erfolgt, BAG, NZA 2007, 204. Das **Risiko einer Unwirksamkeit der Befristungsabrede trifft** i.d.R. **den Arbeitgeber,** weil Mitarbeiter geltend machen, ihr Arbeitsverhältnis habe nicht zum vereinbarten Befristungszeitpunkt geendet. Fehler bei der Befristung eines Arbeitsverhältnisses können sich aber **im Einzelfall auch zu Lasten des Arbeitnehmers auswirken.** Während nämlich bei **einer wirksamen Befristung das ordentliche Kündigungsrecht des Arbeitgebers grundsätzlich ausgeschlossen ist** (§ 15 Abs. 3 TzBfG), kann ein **unwirksam befristeter Vertrag jederzeit** – insbesondere auch vor dem vereinbarten Befristungsende – **vom Arbeitgeber ordentlich gekündigt werden** (§ 16 Satz 2 TzBfG); Bayreuther, in Beck'scher Online-Kommentar, § 16 TzBfG, RN 6. Der **unmittelbare Regelungsbereich** des § 16 erfasst die in § 14 geregelten Unwirksamkeitsfälle, ebenso Rolfs, RN 1; Müller-Glöge, in ErfK, RN 1. Unwirksam ist die Befristung bei fehlendem Sachgrund, unzulässiger sachgrundloser Befristung, nicht eingehaltener Schriftform, Tillmanns, § 16 RN 9, und Verstoßes gegen tarifliche Regelungen (vgl. § 14 Abs. 2 S. 3 TzBfG; BAG, Urt. vom 23.06.2004 – 7 AZR 440/03). **§ 16 regelt ferner die ordentliche Kündigung durch den ArbG. Befristete Arbeitsverträge** ohne ausdrückliche Vereinbarung der Möglichkeit zur ordentlichen Kündigung sind für den ArbG nicht ordentlich kündbar. Der Arbeitnehmer soll in seinem Vertrauen auf die festgelegte Vertragsdauer, die so zu einer Mindestlaufzeit wird, geschützt werden. Der ArbG kann das ArbVerh. frühestens zum vereinbarten Ende ordentlich kündigen, sofern nicht nach **§ 15 Abs. 3 die ordentliche Kündigungsmöglichkeit ausdrücklich einzelvertraglich** oder im anwendbaren TV vereinbart ist. Eine **Kündigung verstößt nicht gegen Treu und Glauben, wenn der Arbeitgeber nach erfolgreicher Entfristungsklage ordentlich kündigt.** § 16 TzBfG sieht eine solche Kündigungsmöglichkeit vor, BAG, NZA 2006, 429 ff. § 16 S. 1 Halbs. 2 TzBfG sieht ausdrücklich die Kündigungsmöglichkeit für den Arbeitgeber vor. Danach kann der Arbeitgeber im Fall der materiell unwirksamen Befristung frühestens zum vereinbarten Ende des Arbeitsverhältnisses ordentlich kündigen. Das TzBfG ordnet gerade nicht an, dass der Arbeitgeber nach einer durch den Arbeitnehmer erhobenen Entfristungsklage einem **Kündigungsverbot oder etwaigen Sperrfristen unterliegt.** Eine ordentliche Kündigung durch den ArbG ist auch nicht per se sittenwidrig, missbräuchlich oder treuwidrig i.S.d §§ 138, 242 BGB. Ebenso wenig verstößt sie gegen das Maßregelungsverbot des § 612a BGB, BAG, NZA 2006, 429 f. **Unerheblich ist auch, ob die Kündigung lediglich vorsorglich als Reaktion auf eine erhobene Entfristungsklage erfolgt,** BAG, NZA 2006, 429. Die „vorsorgliche" Kündigung nach erhobener Entfristungsklage verstößt nicht gegen das Maßregelungsverbot des § 612a BGB i.V. mit § 134 BGB. Nach § 612a BGB darf der Arbeitgeber einen Arbeitnehmer nicht deshalb bei einer Maßnahme benachteiligen, weil der Arbeitnehmer in zulässiger Weise seine Rechte ausübt. Als „Maßnahmen" i.S. des § 612a BGB kommen auch Kündigungen in Betracht, BAG [20.04.1989], RzK I 8 l Nr. 15. Zwischen der Benachteiligung und der Rechtsausübung muss **ein unmittelbarer Zusammenhang bestehen.** Die zulässige Rechtsausübung muss der tragende Beweggrund, d.h., das wesentliche Motiv für die benachteiligende Maßnahme sein. Es **reicht nicht aus, dass die Rechtsausübung nur den äußeren Anlass für die Maßnahme bietet,** BAGE 101, 312 = NZA 2002, 1389; Bayreuther, in Beck'scher Online-Kommentar, § 16 TzBfG, RN 5. Die Einlassungen des ArbG, der sich trotz Unwirksamkeit der Befristung auf die Beendigung des Arbeitsverhältnisses beruft oder die Unwirksamkeit der Befristungsabrede bestreitet, sind regelmäßig nicht als konkludente Kündigungserklärung auszulegen. Der ArbN kann eine Klärung der rechtlichen Situation durch eine Entfristungsklage herbeiführen.

[13] Die Regelung des § 17 TzBfG findet auf sämtliche Befristungsabreden Anwendung. Nach § 17 S. 1 TzBfG **muss der Arbeitnehmer, der geltend machen will, dass die Befristung des Arbeitsvertrags rechtsunwirksam** ist, innerhalb von drei **Wochen nach dem vereinbarten Ende** des befristeten Arbeitsvertrags Klage beim Arbeitsgericht auf Feststellung erheben, dass das Arbeitsverhältnis auf Grund der Befristung nicht beendet ist. Es ist unerheblich, auf welche Unwirksamkeitsgründe sich der Arbeitnehmer berufen will. Er muss die Klagefrist also auch dann einhalten, wenn er lediglich einen Verstoß gegen das Schriftformerfordernis (§ 14 Abs. 4 TzBfG) rügen will Nach § 7 KSchG i.V. mit § 17 S. 2 TzBfG gilt die Befristung als wirksam, wenn die Rechtsunwirksamkeit der vereinbarten Befristung nicht innerhalb dieser Frist gerichtlich geltend gemacht worden ist. **Das trifft gem. § 21 TzBfG auch für auflösend bedingte Arbeitsverträge zu.** Da § 17 TzBfG **für beide Vertragsparteien zwingendes Recht** enthält, ist ein bereits bei Abschluss des befristeten Vertrages vereinbarter **Klageverzicht** wegen Verstoßes gegen §§ 22, 17 TzBfG unwirksam, BAG AP Nr. 7. Die Wirksamkeitsfiktion gilt grundsätzlich für alle Unwirksamkeitsgründe, also auch für die Geltendmachung des Fehlens der Zustimmung des Integrationsamtes nach § 92 SGB IX.

Das Erfordernis der Entfristungsklage nach § 17 Satz 1 TzBfG betrifft nicht nur den Arbeitnehmer, dessen Status bei Vertragsschluss unstreitig ist, sondern auch denjenigen, der sich darauf beruft, ein von den Vertragsparteien zunächst nicht als Arbeitsverhältnis angesehenes befristetes Vertragsverhältnis sei rechtlich als Arbeitsverhältnis einzuordnen. Denn es ist kein Grund ersichtlich, denjenigen zu privilegieren, der sich erst nach Ablauf eines befristeten Vertragsverhältnisses darauf beruft, dieses sei tatsächlich kein Dienstverhältnis, sondern ein Arbeitsverhältnis gewesen, zumal bei einer unverschuldeten Verkennung des Status die nachträgliche Zulassung der Entfristungsklage nach § 17 Satz 2 TzBfG i. V. m. § 5 KSchG in Betracht kommt. Auch der Zweck des § 17 TzBfG, nämlich die **rasche Klärung** der Frage, **ob ein Arbeitsverhältnis aufgrund Befristung geendet hat oder nicht,** vgl. APS/Backhaus, 3. Aufl., § 17 TzBfG, RN 6, **verbietet eine Differenzierung danach, ob die Vertragsparteien bei Vertragsschluss von einem Arbeitsverhältnis ausgingen** oder sich der aufgrund des Vertrages tätig Gewordene erst später auf ein Arbeitsverhältnis beruft, LAG München, BeckRS 2009 67483.

§ 17 TzBfG erfasst **alle Unwirksamkeitsgründe** einschließlich der Mängel im Mitbestimmungsverfahren und Formmängel. Die Klagefrist ist auch dann einzuhalten, wenn ein Verstoß gegen das Schriftformgebot gerügt wird, Mestwerdt, § 17 TzBfG, RN 18. Die Klagefrist ist dann einzuhalten, wenn der ArbN **die Rechtsunwirksamkeit eines Arbeitsverhältnisses** geltend macht. Nach dem **Wortlaut des § 17 S. 1 TzBfG muss lediglich die Rechtsunwirksamkeit** der Befristung mit einer fristgerechten Klage geltend gemacht werden. Streiten dagegen die Parteien darüber, **ob überhaupt eine Befristungsabrede getroffen wurde oder ob eine vertraglich vereinbarte Voraussetzung für die Beendigung des Arbeitsverhältnisses vorliegt,** findet die Klagefrist des § 17 S. 1 TzBfG keine Anwendung, BAG, Urt. vom 19.01.2005 – 7 AZR 113/04, BeckRS 2005 30349196 – die in § 17 Satz 2, § 21 TzBfG i.V.m. § 7 1. Halbs. KSchG angeordnete **Fiktion bei Versäumung der Klagefrist** bewirkt allein, **dass der Arbeitsvertrag als wirksam befristet oder wirksam auflösend bedingt gilt.** Es wird **nicht** fingiert, dass und gegebenenfalls zu welchem Zeitpunkt die Beendigung des Arbeitsverhältnisses auf Grund der wirksamen Zweckbefristung oder des Eintritts der wirksamen auflösenden Bedingung eingetreten ist, BAG, Urteil vom 23. Juni 2004 – 7 AZR 440/03 – AP TzBfG § 17 Nr. 5. Das ergibt sich aus den weiteren gesetzlichen Tatbeständen, z. B. aus § 15 Abs. 2 TzBfG. Selbst wenn der (wirksam) vereinbarte Zweck bereits mit der Verkündung eines früheren arbeitsgerichtlichen Urteils erreicht worden wäre, hätte dies nach § 15 Abs. 2 TzBfG frühestens zwei Wochen nach Zugang einer schriftlichen Unterrichtung des Klägers durch die Beklagte über den Zeitpunkt der Zweckerreichung zur Beendigung des zweckbefristeten Arbeitsverhältnisses führen können. Die **Klagefrist greift nicht,** wenn die **Rechtsunwirksamkeit einzelner befristeter Arbeitsbedingungen** umstritten ist, Mestwerdt, § 17 RN 17; Pfeiffer, in HK-KSchR, § 2 RN 24; Hesse, a.a.O., RN 2. In § 17 TzBfG ist ausdrücklich **der unwirksame Vertrag genannt.** In diesem Fall ist **eine allgemeine Feststellungsklage** zu erheben, Bayreuther, in Beckscher Online Komment, § 17 TzBfG, RN 2 – der Klageantrag richtet sich dabei auf Feststellung des Fortbestands der bisherigen Arbeitsbedingungen, BAG 4.6.2003 AP TzBfG § 17 Nr. 1. Dies gilt auch wenn streitig ist, ob **überhaupt eine Befristung oder auflösende Bedingung** vereinbart worden ist (Feststellungsklage). Nicht anwendbar ist § 17 auch dann, wenn die Parteien nur über den **Eintritt des Befristungstatbestandes**, insbesondere die vereinbarte Zweckerreichung streiten. Wird die Unwirksamkeit wegen **mangelnder Bestimmtheit** geltend gemacht, ist die Dreiwochenfrist einzuhalten. Dies ergibt sich aus der Fiktionswirkung des § 17 i.V.m. § 7 KSchG, die sämtliche Unwirksamkeitsgründe einer konkreten Befristungsabrede erfasst. Denkbar ist etwa der Klageantrag: „**Es wird festgestellt, dass das Arbeitsverhältnis des/der … mit 35 Wochenstunden unbefristet fortbesteht.**" § 17 TzBfG ist nicht einschlägig, wenn der Arbeitnehmer die Feststellung begehrt, dass auf Grund einer widerspruchslosen Fortsetzung eines befristeten Arbeitsverhältnisses ein unbefristetes Arbeitsverhältnis entstanden ist (§ 15 Abs 5 TzBfG: BAG 18.10.2006 AP TzBfG § 14 Nr. 28). Stellt sich im Prozess herausstellen, dass die **Fiktionswirkung des § 15 Abs. 5 TzBfG nicht eingetreten** ist, steht dem Arbeitnehmer so noch die Möglichkeit offen, gegebenenfalls die Rechtsunwirksamkeit der Befristung geltend zu machen. **Der Arbeitnehmer kann eine Befristung innerhalb von drei Wochen nach ihrem Auslaufen ohne Rücksicht** darauf angreifen, **ob die Parteien das zu Grunde liegende Arbeitsverhältnis mittlerweile fortgesetzt haben oder nicht.** Nach der Rechtsprechung darf der Arbeitnehmer einen im Rahmen einer Mehrfachbeschäftigung vorangehenden Arbeitsvertrag jedenfalls dann noch mit der Entfristungsklage angreifen, wenn die Parteien bei Abschluss des letzten befristeten Arbeitsvertrages dem Arbeitnehmer das Recht ausdrücklich vorbehalten haben, die Wirksamkeit der vorangehenden Befristung prüfen zu lassen, BAG, NZA 2008, 295. Der Arbeitgeber ist hierzu jedoch nicht verpflichtet.

Ein kalendermäßig befristetes Arbeitsverhältnis endet nach § 15 Abs. 1 TzBfG mit dem Ablauf der vereinbarten Zeit. Bei kalendermäßiger Befristung beginnt die Frist an dem Tag, der dem Ereignisdatum (Beendigung) nachfolgt (§ 187 Abs. 2 S. 1 BGB). Sie endet gemäß § 188 Abs. 2 2. Halbs. BGB mit dem Tag des Ereignisses drei Wochen später, Müller-Glöge, a.a.O.., RN 8. War eine **Zweckbefristung** vereinbart, beginnt die Klagefrist gemäß § 187 Abs. 1 BGB am Tage nach Eintritt des Ereignisses und endet gemäß § 188 Abs. 2 1. Halbs. BGB an dem Tag, der nach seiner Benennung dem Tag entspricht, in den das Ereignis fällt, Hesse, a.a.O., RN 18.

Zulässig ist die Klage **bereits vor der vereinbarten Beendigung**, BAG AP § 14 Nr. 18 = NZA 2006, 321; An dieser Auffassung ist wegen der durch § 17 S. 3 bewirkten Unsicherheit über den Beginn der Klagefrist festzuhalten. Der Arbeitnehmer ist berechtigt die Klagefrist im vollen Umfang auszuschöpfen, ohne dass er hierdurch sein Klagerecht **verwirkt**. Es ist nicht rechtsmissbräuchlich, wenn sich der Arbeitnehmer trotz der späteren „Bestätigung" der Befristung darauf beruft, dass er in einem unbefristeten Beschäftigungsverhältnis steht, BAG, NZA 2005, 923, 926, Berufung auf einen Formmangel durch eine Vertragspartei ist nur ausnahmsweise treuwidrig. Das kann wegen des Verbots widersprüchlichen Verhaltens der Fall sein, wenn der Vertragspartner trotz des Formmangels auf die Gültigkeit des Vertrags vertrauen durfte und die den Formmangel geltend machende Vertragspartei sich dadurch zu ihrem vorhergehenden Verhalten in Widerspruch setzt, BAG, NJW 2005, 844. Die Berufung des Arbeitnehmers auf die fehlende Schriftform kann nur in Ausnahmefällen als rechtsmissbräuchlich oder treuwidrig angesehen werden, nämlich dann, wenn der Arbeitnehmer die Nichtbeachtung der gesetzlichen Form regelrecht veranlasst hat, LAG Hamm 16.01.2003, NZA-RR 2003, 468, 470 – ein gegen Treu und Glauben verstoßende und damit gem. §§ 242, 143 BGB unzulässige Rechtsausübung stellt die Berufung auf die Formvorschrift dar, wenn die Nichtbeachtung der gesetzlichen Form durch ein Verhalten der Gegenseite veranlasst ist.

Die Entfristungsklage gemäß § 17 TzBfG betrifft einen **punktuellen Streitgegenstand**, die Überprüfung **einer bestimmten Befristungsabrede.** Dieses Klageziel muss sich aus der Formulierung des Klageantrages oder jedenfalls der Klagebegründung bzw. sonstigen Umständen entnehmen lassen. „**Es wird beantragt festzustellen, dass das Arbeitsverhältnis der Parteien auf Grund**

barung einer bestimmten Wochenarbeitszeit[14], die die allgemeine Wochenarbeitszeit unterschreitet.[15]

der im Vertrag vom ... vereinbarten Befristung nicht zum ... beendet wurde." Das Rechts-schutzinteresse ist im Hinblick auf die Rechtsfolgen aus § 17 S. 2 TzBfG stets zu bejahen. Im Rahmen der objektiven Klagehäufung kann die Entfristungsklage mit einer allgemeinen Fest-stellungsklage nach § 256 ZPO auf Fortbestand des Arbeitsverhältnisses verbunden werden, BAG, Urt. vom 10.10.2002 – 2 AZR 622/01. Streitgegenstand ist neben der Wirksamkeit der letz-ten Befristungsvereinbarung der Fortbestand des Arbeitsverhältnisses bis zur letzten mündlichen Verhandlung, Mestwerdt, a.a.O., § 17 TzBfG, RN 8; BAG, NZA 2004, 283.
Der Auftrag ist als unbegründet abzuweisen, vgl. Gallner, in HK-KSchR, § 4 KSchG, RN 110; APS/ Backhaus, RN17; Vossen, NZA 2000, 704, 707; BAG, Urt. vom 24.06.2004 – 2 AZR 4161/03 – prozessuale Klageerhebungsfrist mit materiell-rechtlichen Wirkungen, Hesse, in Münch-Komm, § 17 TzBfG, RN 1. Etwaige Mängel in der Befristungsabrede gelten als geheilt. Eine Durchbrechung dieser Fiktion bei erheblichen Verstößen gegen die Rechtsordnung (z. B. Ver-stoß gegen die guten Sitten) findet in § 17 S. 2 i. V. mit § 7 KSchG keine Rechtsgrundlage, Mestwerdt, § 17 TzBfG, RN 21; vgl. Hesse, a.a.O., RN 22 – Eine Ausnahme bei besonders schweren Gesetzesverstößen, ist mit dem eindeutigen Wortlaut nicht vereinbar und widersprä-che auch der Systematik.
Die Darlegungs- und Beweislast für die Voraussetzungen einer wirksamen Befristung trägt im vollen Umfang der Arbeitgeber, Dörner, ZTR 2001, 485, 486; Bauer, BB 2001, 2526, 2528; APS/Backhaus, § 14 RN 76; Müller-Glöge, RN 13. Der Arbeitnehmer trägt die Darlegungs- und Beweislast für die tatsächlichen Voraussetzungen des in § 14 Abs. 2 S. 2 enthaltenen Anschluss-verbots, Hesse, a.a.O., RN 35.
Mit Rücknahme der Entfristungsklage entfällt rückwirkend die fristwahrende Wirkung. Falls die Dreiwochenfrist verstrichen ist, greift die Fiktion des § 7 KSchG, BAG, Urt. vom 26.06.2002 – AZR 122/01, BeckRS 2002 30268065 = NZA 2003, 220 – Nach § 269 Abs. 3 Satz 1 1. Halbsatz ZPO ist im Falle einer Klagerücknahme der Rechtsstreit als nicht anhängig geworden anzusehen. Die Parteien werden so behandelt, als ob die Klage nicht erhoben worden wäre. Allerdings regelt § 269 Abs. 3 Satz 1 1. Halbsatz ZPO unmittelbar nur die prozessualen Folgen der Klage-rücknahme. Dagegen ist die mit der Versäumung der Klagefrist verbundene Fiktion der Wirk-samkeit der Befristung dem materiellen Recht zuzuordnen, vgl. zur Fiktion des § 7 KSchG bei der Kündigungsschutzklage BAG 26.06.1986 – 2 AZR 358/85 – BAGE 52, 263 = AP KSchG 1969. Dies bedeutet jedoch nicht, dass bei der Rücknahme einer Entfristungsklage deren materiellrecht-liche Folgen erhalten blieben. Vielmehr entfallen, sofern das Gesetz die materiellrechtlichen Fol-gen einer Klagerücknahme nicht ausdrücklich besonders regelt mit der Klagerücknahme im Zwei-fel auch die durch die Rechtshängigkeit der Klage eingetretenen materiellrechtlichen Wirkungen

[14] Die meisten Sachgründe setzen eine substantiierte, tatsächliche Prognose voraus, Müller-Glöge, in ErfK, § 14 TzBfG, RN 16. Die Wirksamkeit einer Befristungsabrede ist nach den Ver-hältnissen im Zeitpunkt des Vertragsabschlusses zu beurteilen, NZA 2006, 37; NZA 2006, 37; NZA 2009, 27 Dies gilt insbesondere für das Vorliegen des Sachgrunds, BAG, NZA 2002, 443. Spätere Abweichungen können lediglich eine indizielle Bedeutung dafür haben, dass der Sach-grund für die Befristung bei Vertragsschluss in Wahrheit nicht vorlag, sondern lediglich vorge-schoben ist, BAGE 81, 300 = NZA 1996, 1092. Wird die vom Arbeitgeber angestellte Prognose allerdings durch die nachträgliche Entwicklung bestätigt, besteht eine ausreichende Vermutung dafür, dass sie hinreichend fundiert erstellt worden ist. Es ist dann Aufgabe des Arbeitnehmers, Tatsachen vorzubringen, die die Richtigkeit der Prognose im Zeitpunkt des Abschlusses des Arbeitsvertrags in Frage stellen, BAG, NZA 1997, 313. Die gerichtliche Kontrolle erfolgt nach den Verhältnissen im Zeitpunkt des Vertragsschlusses. Während der Vertragslaufzeit eintretende Änderungen berühren die Wirksamkeit der vereinbarten Befristung grundsätzlich nicht, BAG, AP HRG § 57a Nr. 8. Bei mehreren aufeinander folgenden befristeten Arbeitsverträgen unter-

liegt grundsätzlich nur die Befristung des zuletzt abgeschlossenen Arbeitsvertrags der Befristungskontrolle, BAG, NZA 2006, 784.

[15] Die „Kettenbefristung", die theoretisch ein ganzes Arbeitsleben dauern kann, ist durch § 14 TzBfG nicht ausdrücklich ausgeschlossen. Wenn der Arbeitgeber die formalen Hürden diverser sachgrundloser Befristungsmöglichkeiten ausgeschöpft hat (z.B. §§ 14 Abs. 2, 2a und 3 TzBfG), kann ohne jede zeitliche Einschränkung der Abschluss weiterer mit Sachgrund befristeter Arbeitsverträge erfolgen. Maßgeblich ist seit der Entscheidung vom 08.05.1985, AP BGB § 620 Befristeter Arbeitsvertrag Nr. 97 = NZA 1986, 569 nach ständiger Rechtsprechung der zuletzt (vor Klageerhebung) abgeschlossene befristete Arbeitsvertrag, BAG v. 22.04.1998, AP BGB § 611 Rundfunk Nr. 25; BAG v. 05.06.2002, AP BGB § 620 Befristeter Arbeitsvertrag Nr. 236; BAG v. 02.07.2003, AP BGB § 611 Musiker Nr. 39; BAG v. 27.07.2005, AP BGB § 307 Nr. 6 = NZA 2006, 40. Dagegen ist dogmatisch nichts einzuwenden, da diese Rechtsprechung mittelbar durch den Mechanismus und den Wortlaut der Klagefrist (§ 17 TzBfG) bestätigt wurde. Deshalb kann eine formale Befristungskontrolle früherer Befristungen auch nicht durch eine Feststellungsklage nach erfolgen, BAG v. 22.03.2000, AP BeschFG 1996 § 1 Nr. 1. Bei Mehrfachbefristungen muss ein strengerer Maßstab angelegt werden, da sonst das Phänomen des Kettenarbeitsvertrags nicht erfasst wird. Es ist eine strengere Prognoseprüfung bei mehrfachen Befristungen (Verdacht auf Kettenbefristungen), selbst dann erforderlich, wenn die Sachgründe von Vertrag zu Vertrag wechseln. „Jede vom Arbeitgeber darzulegende Prognose wird einer **ex-ante-Beurteilung** unterzogen. Wird erneut befristet beschäftigt, erweist sich die frühere Prognose zumeist als unzutreffend. Die Anforderungen an weitere Prognosen steigen mit jedem neuen Vertrag ... Insbesondere sind an die Prognose, der Vertretungs- oder Arbeitskräftemehrbedarf werde enden, höhere Anforderungen zu stellen", Müller-Glöge, in ErfK § 14 TzBfG, RN 9; Backhaus, in APS § 14 TzBfG, RN 58; Laux/Schlachter, § 14 TzBfG, RN 16; Boecken/Joussen, § 14 TzBfG, RN 15. Eisemann hat festgestellt, dass man es sich bei dem Kausalitätsnachweis des Vertretungsbedarfs zu leicht macht, Befristung und virtuelle Dauervertretung, NZA 2009, 1113. **Der Sachgrund der Vertretung rechtfertigt die Befristung des Arbeitsvertrags mit einer Vertretungskraft nur, wenn der vorübergehende Ausfall des Stammarbeitnehmers kausal für die Einstellung der Ersatzkraft ist.** Alle Befristungen eines Arbeitsvertrags mit dem Sachgrund der Vertretung setzen voraus, dass sie wegen der zeitweisen Abwesenheit des Vertretenen erfolgen, BAG, NZA 2006, 781 – der Sachgrund der Vertretung (§ 14 Abs. 1 S. 2 Nr. 3 TzBfG) liegt auch vor, wenn der befristet beschäftigte Arbeitnehmer Aufgaben wahrnimmt, die der Arbeitgeber einem vorübergehend abwesenden Arbeitnehmer bei dessen unveränderter Weiterarbeit oder nach seiner Rückkehr tatsächlich und rechtlich übertragen könnte. Die Anforderungen an die Darlegung des Kausalzusammenhangs bei einer auf den Sachgrund der Vertretung gestützten Befristungsabrede richten sich nach der Form der Vertretung. Bei der unmittelbaren Vertretung hat der Arbeitgeber darzulegen, dass der Vertreter nach dem Arbeitsvertrag mit Aufgaben betraut worden ist, die der zuvor dem vorübergehend abwesenden Arbeitnehmer übertragen waren. Wird die Tätigkeit des zeitweise ausgefallenen Arbeitnehmers nicht von dem Vertreter, sondern einem anderen Arbeitnehmer oder mehreren anderen Arbeitnehmern ausgeübt (mittelbare Vertretung), hat der Arbeitgeber zum Nachweis des Kausalzusammenhangs grundsätzlich die Vertretungskette zwischen dem Vertretenen und dem Vertreter darzulegen. Überträgt der Arbeitgeber dem Vertreter Aufgaben, die er auch einem vorübergehend abwesenden Arbeitnehmer übertragen könnte, ist es erforderlich, dass der Arbeitgeber eine erkennbare Zuordnung der Tätigkeit des Vertreters zu einem vorübergehend abwesenden Arbeitnehmer vornimmt, dem nach Rückkehr die Aufgaben des Vertreters im Wege des Direktionsrechts übertragen werden könnten, vgl. auch Bruns, Aktuelle Rechtsprechung zu befristeten Arbeitsverhältnissen, NZA-RR 2010, 113 – nimmt der Arbeitgeber den Vertretungsfall zum Anlass für eine befristete Beschäftigung, ist auf Grund der Umstände bei Vertragsabschluss zu beurteilen, ob der Bedarf für die Beschäftigung des Vertreters auf die Abwesenheit des zeitweilig ausgefallenen Arbeitnehmers zurückzuführen ist. In den Fällen der unmittelbaren Vertretung hat der Arbeitgeber darzulegen, dass der Vertreter nach dem Arbeitsver-

Bei dem Unterfall der **Arbeit auf Abruf** (§ 12 TzBfG)[16] wird vereinbart, dass sich der Umfang der Arbeitsleistung nach dem Arbeitsanfall richtet. Zwar sollen auch hier die Wochenarbeitszeit und tägliche Arbeitszeit durch die Parteien vertraglich geregelt werden. Gem. § 12 S. 2, 3 TzBfG gelten beim Fehlen einer anderweitigen Vereinbarung aber mindestens 10 Stunden pro Woche in Blöcken zu mindestens drei Stunden als Arbeitsumfang vereinbart. Dies rechtfertigt sich aus der Gefahr, dass bei einem nur einseitigen Bestimmungsrecht des Arbeitgebers in Bezug auf den tatsächlichen Abruf der Arbeitsleistung, der Arbeitgeber durch das bloße Nichtabrufen der Arbeitsleistung auf Dauer den gesetzlichen Kündigungsschutz umgehen könnte.

Neben dem Diskriminierungsverbot aus § 4 Abs. 1 TzBfG sowie der besonderen Kündigungsschutzvorschrift des § 11 TzBfG sind zu unterscheiden:

Daneben bestehen auch vorrangige **sondergesetzliche Ansprüche auf Teilzeitzeitarbeit** eines schwerbehinderten Menschen[17], wenn die kürzere Arbeitszeit we-

---

trag mit Aufgaben betraut worden ist, die zuvor dem vorübergehend abwesenden Arbeitnehmer übertragen waren.

[16] § 12 TzBfG regelt die Arbeit auf Abruf, auch **kapitalorientierte variable Arbeitszeit** genannt, vgl. Hromadka, Poolsystem und Abrufarbeit als flexible Arbeitszeitmodelle, in Festschrift für Heinze, 2005, 321 ff.: Arendt, in HK-ArbR, § 12 TzBfG, RN 1. Ein Abrufarbeitsverhältnis i.S.d § 12 TzBfG liegt vor, wenn im Arbeitsvertrag die Dauer der Arbeitszeit nur auf einen bestimmten Zeitraum bezogen festgelegt wird und der Arbeitgeber nach **billigem Ermessen** entscheiden kann, wie viel Arbeit er zu welchem Zeitpunkt in Anspruch nehmen will, vgl. Bayreuther, in Beck'scher-Online-Kommt, § 23 TzBfG, RN 1. Arbeit auf Abruf kann mit jedem ArbN, also auch mit Leiharbeitnehmern vereinbart werden. Unerheblich ist, ob sie einen rechtlichen Sonderschutzstatus haben (z. B. stillende Mutter oder Schwerbehinderter) vgl. Boecken, RN 13. Abrufarbeitsverhältnisse sind durch die zeitliche Dispositionsbefugnis des ArbG und die angemessene Verfügbarkeit des ArbN geprägt. **Das Weisungsrecht des ArbG zur Konkretisierung der Arbeitszeit muss der ArbG nach billigem Ermessen ausüben.** Der ArbG kann flexibel und nach Arbeitsanfall die Arbeitsleistung abrufen. Da dieser interessenorientierte Arbeitseinsatz einseitig für den ArbN Belastungen und Einschränkungen zur Folge hat, hat der Gesetzgeber in § 12 TzBfG zum Schutz des ArbN einen gesetzlichen **Rahmen für eine sozial vertretbare und interessenausgewogene Ausgestaltung** solcher Arbeitsverträge errichtet, LAG Düsseldorf, NZA-RR 2003, 407; Preis, in ErfK, § 12 TzBfG, RN 10. Der Rechtsnatur handelt es sich bei der Abrufvereinbarung um einen **rechtsgeschäftlichen Vorgang**, Boecken, in Boecken/Joussen, § 12 TzBfG, RN 6. Die Schutzregelung des § 12 Abs. 1 S. 2 TzBfG verlangt eine **ausdrückliche Vereinbarung**; eine Vereinbarung durch schlüssiges Verhalten reicht nicht. Die Vereinbarung kann auch mündlich getroffen werden. Der ArbG muss aber im Streitfall wegen der Nachweispflicht für die wesentlichen Vertragsbindungen auch den Nachweis über die vereinbarte Lage der Arbeitszeit erbringen. Aus Zweckmäßigkeitserwägungen ist daher zur **Schriftform** zu raten. Mit dem rechtzeitigen und ordnungsgemäßen Abruf ist der ArbN zur vertraglich vereinbarten Leistungserbringung verpflichtet, Boecken, § 12 RN 9. **Der ArbN hat keinen Anspruch gegen den ArbG auf Abruf zu einem bestimmten Zeitpunkt** und auf eine die gesetzliche Mindestdauer überschreitende Beschäftigung.

[17] Der besondere Kündigungsschutz der §§ 85 ff. SGB IX gilt für alle Arten von Kündigungen (Beendigungs-, Änderungskündigung, Kündigung im Insolvenzverfahren etc) durch den Arbeitgeber, Jabben, Beckscher Online-Kommentar, § 85 SGB IX, RN 13, und ist im Verhältnis Arbeitgeber/ Arbeitnehmer **nicht dispositiv**. Bei Selbstkündigung des schwerbehinderten Arbeitnehmers, greift

gen der Art und Schwere der Behinderung erforderlich ist (§ 81 Abs. 5 S. 3 SGB IX) sowie der Anspruch auf Teilzeit während der **Elternzeit**.

1.8. Vertragliche Nebenpflichten des Arbeitgebers bei Teilzeitarbeit

Das TzBfG regelt zahlreiche besondere **Nebenpflichten des Arbeitgebers**. Die wichtigsten sind:

- **Ausschreibung zur Teilzeitarbeit:** Gem. § 7 Abs. 1 TzBfG sind ausgeschriebene Arbeitsplätze, die sich für eine Teilzeitarbeit „eignen", innerbetrieblich wie öffentlich auch als Teilzeitarbeitsplätze auszuschreiben. Die „Eignung" eines

---

die Schutznorm nicht. Das gilt auch für den Fall eines Aufhebungsvertrages, einer Befristung des Arbeitsverhältnisses, Vossen, in A/P/S, SGB IX § 85 RN25a, oder einen unter einer auflösenden Bedingung geschlossenen Arbeitsvertrag. Eine Zustimmung des Integrationsamtes ist nicht erforderlich, wenn der Arbeitsvertrag wegen Irrtums (§ 119 BGB) oder arglistiger Täuschung (§ 123 BGB) angefochten wird, da damit die Rechtswirkungen ex tunc bestritten werden, Neumann, a.a.O., RN 44. Das nur faktische Arbeitsverhältnis kann ebenfalls jederzeit auch ohne Kündigung gelöst werden, BAG vom 07.12.1961, AP Nr. 1 zu § 611 BGB Faktisches Arbeitsverhältnis. § 86 SGB IX garantiert für **alle Arbeitsverhältnisse** eine Mindestkündigungsfrist von vier Wochen. Nicht anwendbar sind die §§ 85 ff. SGB IX auf arbeitnehmerähnliche Beschäftigungsverhältnisse, Rolfs, in ErfK, § 85 SGB IX, RN 3, und für die in § 90 Abs. 1 SGB IX genannten Arbeitnehmergruppen, Neumann, in Neumann/Majerski/Pahlen/Neumann, § 85 RN 3; Jabben, Beckscher Online-Kommentar, § 85 RN 3. Die Geltung des Kündigungsschutzes ist nicht vom Umfang der Arbeitsleistung abhängig, so dass für Vollzeit- und Teilzeitarbeitnehmer die gleichen Schutzbestimmungen gelten. Besonderen Kündigungsschutz genießen auch in Heimarbeit Beschäftigte und Auszubildende (§ 3 Abs. 2 BBiG), Rolfs, in ErfK, SGB IX § 85 RN 3. Der besondere Kündigungsschutz besteht schließlich **unabhängig von der Größe des Betriebes**, auch in Kleinbetrieben nach § 23 KSchG, VGH B-W, NZA-RR 2002, 417, 421 – die Einschränkung des Kündigungsschutzes für Kleinbetriebe findet zwar ihre Rechtfertigung in der engen persönlichen Beziehung im Betrieb. Nicht zuletzt rechtfertigt sich die Beschränkung des Kündigungsschutzes auch durch die eingeschränkte wirtschaftliche Leistungsfähigkeit solcher Betriebe, die nicht durch langwierige Kündigungsschutzverfahren und etwaige Abfindungsleistungen unangemessen belastet werden sollen, vgl. zum Ganzen: Moll, in A/P/S, § 23 KSchG, RN 5 und BAG, NZA 1990, 724 = AP Nr. 8 zu § 23 KSchG 1969 sowie BVerfGE 97, 169 = NZA 1998, 1381; BVerfGE 97, 186 = NZA 1998, 470. Alle diese Erwägungen gelten auch im Hinblick auf schwerbehinderte Beschäftigte. Nach der Rechtsprechung sollen Schwerbehinderte in Ansehung ihrer besonderen Situation einem besonderen Schutz unterliegen, **hinsichtlich des allgemeinen Kündigungsschutzes sollen sie aber mit anderen Arbeitnehmern gleich behandelt werden**. Wird schwerbehinderten Beschäftigten im Gegensatz zu den anderen Beschäftigten zusätzlich ein besonderer Kündigungsschutz zur Verfügung gestellt, stellt schon dies eine erhebliche Belastung für Kleinbetriebe dar. Jedenfalls gibt es keinen rechtfertigenden Grund, in den Fällen, in denen bei Anwendung der besonderen Kündigungsschutzbestimmungen die Zustimmung zur Kündigung zu erteilen wäre, zusätzlich Erwägungen des allgemeinen Kündigungsschutzrechts heranzuziehen, die der Gesetzgeber für Kleinbetriebe bewusst ausgeschlossen hat. Damit würden dem Kleinbetrieb Belastungen auferlegt, die § 23 Abs. 1 S. 1 KSchG gerade verhindern will, und die leicht zur Existenzgefährdung des Betriebes und damit auch der anderen Arbeitsplätze führen können, s. Rolfs, in ErfK, § 85 SGB IX, RN 3.

Arbeitsplatzes ist gesetzlich völlig unbestimmt; die Gesetzesbegründung nimmt Bezug auf die „betrieblichen Möglichkeiten" als Grenze (Beschlussempfehlung, BT-Drucks. 14/4625 S. 20). Der Arbeitgeber kann aber dennoch den Arbeitsplatz mit einer Vollzeitkraft besetzen. Ein **Verstoß** gegen die besondere Ausschreibungspflicht ist regelmäßig individualvertraglich sanktionslos. Zwar handelt es sich um eine Pflichtverletzung der bestehenden Arbeitsverhältnisse bzw. einer c.i.c. (§§ 311 Abs. 2, 280 Abs. 1 BGB) gegenüber Bewerbern; aber der Kausalitätsnachweis, dass bei einer ordnungsgemäßen Ausschreibung eine Teilzeittätigkeit vereinbart worden wäre, wird kaum gelingen.

Ob der Betriebsrat gem. § 99 BetrVG einer Einstellung **widersprechen** kann, wenn er – anders als der Arbeitgeber – den Arbeitsplatz für Teilzeitarbeit geeignet hält, ist umstritten. Hiergegen spricht, dass – anders als z. B. bei § 81 Abs. 1 S. 1 SGB IX (**Einstellung schwerbehinderter Menschen**) – das TzBfG die Teilzeitarbeit vorrangig dadurch fördern will, dass dem Arbeitnehmer eine Möglichkeit zur Teilzeitarbeit gegeben wird. Weiterhin ist allenfalls die Ausschreibung, nicht aber die Einstellung selbst gesetzeswidrig (§ 99 Abs. 2 Nr. 1 BetrVG) und § 93 BetrVG enthält gerade keinen Hinweis mehr auf die Teilzeitbeschäftigung (§ 99 Abs. 2 Nr. 5 BetrVG).

- **Informationspflicht:** Den Arbeitgeber trifft eine Informationspflicht gegenüber Arbeitnehmern, die ihm den Wunsch nach einer Veränderung der Arbeitszeit angezeigt haben, über hierfür geeignete Arbeitsplätze im Unternehmen und Betrieb (§ 7 Abs. 2 TzBfG). Da dem Arbeitnehmer unter bestimmten Voraussetzungen ein Anspruch auf Verlängerung der Arbeitszeit zusteht, § 9 TzBfG, wird in der Lit. ein Schadensersatzanspruch bei einer unterlassenen Information vertreten, jedenfalls wenn der Arbeitnehmer seine Arbeitszeit verlängern wollte.

- **Aus- und Weiterbildung:** Die teilzeitbeschäftigten Arbeitnehmer sind gem. § 10 TzBfG an Aus- und Weiterbildungsmaßnahmen zu beteiligen, sofern nicht dringende betriebliche Gründe oder die Interessen anderer Teilzeitbeschäftigter entgegenstehen.

1.8.1. Anwendungsbereich

- Der Anspruch aus § 8 Abs. 1 TzBfG[18] besteht **neben dem Anspruch des schwerbehinderten Beschäftigten** aus § 81 Abs. 5 SGB IX, da letzterer keinen umfassenden Anspruch auf Verringerung der Arbeitszeit normiert.

- Umstritten ist das Verhältnis zu § 15 BEEG. Teilweise wird in dem Anspruch aus § 15 BEEG eine vorrangige Spezialregelung gesehen. Allerdings ist der Anspruch aus § 15 BEEG für den Arbeitnehmer (Mindestarbeitszeit von 15 h; kein Recht hins. der Verteilung der Arbeitszeit) ungünstiger. Indes ist kein Grund ersichtlich, dem Arbeitnehmer daneben den Anspruch aus § 8 Abs. 1 TzBfG[19]

---

[18] Zwischen dem allgemeinen Teilzeitanspruch nach § 8 Abs. 1 und dem Elternteilzeitanspruch nach § 15 Abs. 7 BEEG **bestehen einige Unterschiede:**
Die Arbeitszeitreduzierung muss nach dem BEEG mindestens sieben Wochen vor ihrem Beginn schriftlich beantragt werden (§ 15 Abs. 7 S. 1 Nr. 5 BEEG), nach dem TzBfG mindestens drei Monate vorher formlos (§ 8 Abs. 2 S. 1).
Nach dem TzBfG wird die Zustimmung des Arbeitgebers fingiert, wenn er den Anspruch nicht fristgerecht schriftlich zurückweist (§ 8 Abs. 5 S. 2 und 3); nach BEEG ist der Arbeitnehmer auf den Rechtsweg verwiesen (§ 15 Abs. 7 S. 5 BEEG).
Der Elternzeitberechtigte muss eine Arbeitzeit zwischen 15 und 30 Wochenstunden wählen (§ 15 Abs. 7 S. 1 Nr. 3 BEEG); eine Reduzierung nach dem TzBfG ist nicht beschränkt.
Während der **Gesamtdauer der Elternzeit kann der Arbeitnehmer zweimal die Reduzierung** seiner Arbeitszeit beanspruchen (§ 15 Abs. 6 BEEG); nach § 8 Abs. 6 muss der Arbeitnehmer vor erneuter Beantragung der Verringerung zwei Jahre warten. Die **Arbeitsreduzierung ist nach dem TzBfG auf Dauer angelegt.** Nur die bevorzugte Berücksichtigung kann bei der Neubesetzung freier Vollarbeitsplätze nach Maßgabe des § 9 beansprucht werden. Die Elternteilzeit ist darauf ausgerichtet, dass der Arbeitnehmer nach Beendigung der Elternzeit zur ursprünglich vereinbarten Arbeitszeit zurückkehrt (§ 15 Abs. 5 S. 4 Alt. 2 BEEG). Die **Elternteilzeit bleibt auch hinsichtlich ihrer Verteilung bis zum Ende der Elternzeit festgelegt,** während der Arbeitgeber die nach § 8 Abs. 3 S. 2 bzw. Abs. 5 S. 3 bestimmte Verteilung der Arbeitszeit ändern darf, wenn ein die Interessen des Arbeitnehmers an der Beibehaltung der Verteilung überwiegendes betriebliches Interesse vorliegt (§ 8 Abs. 5 S. 4). Auf den **Verringerungsantrag muss der Arbeitgeber nach § 15 Abs. 7 S. 4 BEEG innerhalb von vier Wochen reagieren,** während er nach dem TzBfG einen Zeitaufschub bis zu einem Monat vor dem gewünschten Beginn der Arbeitszeitreduzierung hat (§ 8 Abs. 5 S. 1).
Will der Arbeitgeber die Arbeitsreduzierung ablehnen, genügen hierfür **nach § 8 Abs. 4 entgegenstehende betriebliche Gründe,** während die **betrieblichen Gründe nach § 15 Abs. 7 S. 1 Nr. 4 BEEG dringend sein** müssen. Die entgegenstehenden Gründe muss der Arbeitgeber im Ablehnungsschreiben nach § 15 Abs. 7 S. 4 BEEG benennen, nach § 8 Abs. 5 S. 1 nicht.
Verlangt die unternehmerische Aufgabenstellung einen einheitlichen künstlerischen Marktauftritt von Verlagsprodukten und kann dieser nach dem Organisationskonzept des Arbeitgebers nur durch einen Vollzeitarbeitnehmer verwirklicht werden, steht das einer Teilung des Arbeitsplatzes entgegen. Das setzt voraus, dass das betriebliche Organisationskonzept auch tatsächlich durchgeführt und durch die vom Arbeitnehmer gewünschte Abweichung wesentlich beeinträchtigt wird.

[19] Für den Anspruch auf Teilzeit gem. § 8 Abs. 1 gelten **sieben Voraussetzungen,** die kumulativ vorliegen müssen:

- **Arbeitnehmer als Anspruchsberechtigter**
- **Mindestunternehmensgröße**

- **Mindestdauer des Arbeitsverhältnisses**
- **Herabsetzung der Arbeitszeit**

Die Arbeitszeit muss verringert werden (§ 8 Abs. 1). Maßstab ist die Vertragsarbeitszeit, entscheidend die durchschnittliche Arbeitszeit. Der Anspruch des ArbN geht nur auf Senkung der Arbeitszeit, nicht auf Befreiung von Überstunden. Nicht erfasst ist die Änderung weiterer Vertragsbedingungen. Der Antrag ist auch ohne einen bestimmten Mindestumfang für die Reduzierung zulässig. Die Verringerung der Arbeitszeit um 10 % ist nicht zwingend rechtsmissbräuchlich, vgl. BAG v. 21.06.2005 – 9 AZR 409/04 (RN 50), NZA 2006, 319 – Pharmareferent: Kundenbetreuung sei bei einer Reduzierung von 37,5 auf 30 Wochenstunden „zwangsläufig weniger intensiv". Der Arbeitgeber wird freilich kaum eine Ersatzkraft finden können, wenn die Arbeitszeit nur geringfügig reduziert werden soll. Der Arbeitnehmer ist dann auf die Darlegung angewiesen, seine Arbeit lasse sich komprimieren. Der Arbeitnehmer kann sein auf § 8 TzBfG gestütztes Verlangen nach Verringerung der Arbeitszeit in der Weise mit einem konkreten Verteilungswunsch verbinden, dass er **sein Änderungsangebot von der gewünschten Arbeitszeitverteilung abhängig macht** (zu dieser rechtlichen Verknüpfung BAG, Urteil vom 18. Februar 2003 – 9 AZR 164/02, BAGE 105, 107; 18. Februar 2003 – 9 AZR 356/02, BAGE 105, 133*)*. Besteht ein solcher unmittelbarer Zusammenhang i.S.v. § 8 Abs. 3 Satz 1 und 2 sowie Abs. 4 Satz 1 TzBfG, darf der Arbeitnehmer eine isolierte Klage auf Neuverteilung der Arbeitszeit erheben. Der Arbeitgeber kann dem Neuverteilungswunsch nicht erfolgreich entgegenhalten, dass die Parteien im Arbeitsvertrag ein bestimmtes – hier variables – Modell der Arbeitszeitverteilung vereinbart haben. Der Arbeitnehmer ist nicht auf das vertraglich vereinbarte Modell der Arbeitszeitverteilung beschränkt, sondern hat Anspruch auf Vertragsänderung.

- **Festlegung der Teilzeit**

Der Arbeitnehmer muss festgelegt haben, für welchen Umfang er Teilzeit begehrt; anzugeben sind Beginn und Umfang der verringerten Arbeitszeit (§ 8 Abs. 2 S. 1). Der Antrag muss als Angebot auf Abschluss eines Änderungsvertrags so bestimmt formuliert sein, dass der Arbeitgeber ihn nur noch annehmen, also „ja" sagen muss, BAG, Urteil vom 19.04.2005 – 9 AZR 233/04 (RN 17), NJW 2006, 1833 – Diätassistentin; BAG, Urteil vom 15.04.2008 – 9 AZR 380/07 (RN 23), NJW 2008, 2938. Beansprucht der ArbN nur eine Verringerung der Arbeitszeit, überlässt er dem Arbeitgeber die Verteilung der Arbeitszeit, der sie in Ausübung seines Direktionsrechts gem. § 106 Satz 1 GewO nach billigem Ermessen festlegen soll. Das ist etwa in der Formulierung des Arbeitnehmers zu sehen, er sei mit der Einteilung der Stunden „nach Absprache flexibel", weil er damit nur darauf hinweist, dass bei der Ausübung des Direktionsrechts seine berechtigten Interessen zu berücksichtigen sind.

- **Vorlauffrist**

Die Geltendmachung muss mindestens **drei Monate vor Beginn erfolgen** (§ 8 Abs. 2 S. 1). Maßgebend ist der Zugang der Erklärung beim Arbeitgeber (§ 130 BGB). Der Tag der Geltendmachung ist bei der hier vorzunehmenden Rückwärtsberechnung der Frist nicht einzubeziehen (§§ 187 Abs. 1, 188 Abs. 2 Hs. 2 BGB). **Der Arbeitnehmer darf die Reduzierung bereits schon früher als drei Monate vor dem gewünschten Beginn der Reduzierung fordern.** Dies ist auch zweckmäßig, da der Arbeitgeber, der bis zu einem Monat vor der gewünschten Änderung widersprechen muss, wegen § 8 Abs. 5 S. 3 nur zwei Monate Zeit hat, die Arbeitsverringerung zu organisieren. Die Erörterungspflicht und die dafür aufgewandte Zeit führt nicht zur Verlängerung der Ankündigungsfrist nach § 8 Abs. 3 S. 1. Der Arbeitnehmer muss nicht verhandeln oder die Zeit für eine Vertragslösung verstreichen lassen.

- **Keine entgegenstehenden betrieblichen Gründe**

Dem Anspruch dürfen im Hinblick auf die Herabsetzung und/oder Neuverteilung der Arbeitszeit *keine* betrieblichen Gründe entgegenstehen (§ 8 Abs. 4 S. 1).

¹⁹ BAG, Urteil vom 09.12.2003 – 9 AZR 16/03, BAGE 109 S. 81 = DB 2004 S. 1782.

nicht zu gewähren. Denn die Ausgestaltung des § 15 BEEG orientiert sich an den berechtigten Interessen des Arbeitgebers, der den Arbeitnehmer nach Ablauf der Elternzeit wieder auf einem Vollzeitarbeitsplatz beschäftigen muss. Bei § 8 Abs. 1 TzBfG ist die Reduktion der Arbeitszeit hingegen auf Dauer und kann schon aus bloßen betrieblichen Gründen abgelehnt werden.

1.8.2. Arbeitgeberseitiger Anwendungsbereich

Der Arbeitgeber muss regelmäßig mind. ... Arbeitnehmer (§ 8 Abs. 7 TzBfG) beschäftigen (Pro-Kopf-Prinzip), wobei Berufsausbildungsverhältnisse nicht eingeschlossen sind. Dabei stellt das Gesetz, anders als z.B. § 23 KSchG, nicht auf den Betrieb, sondern auf den Arbeitgeber insgesamt ab. Ausreichend sind somit z.B. zwei Betriebe eines Arbeitgebers mit jeweils 10 Beschäftigten. Zudem wird – anders als in § 23 KSchG – auf die Anzahl der Arbeitnehmer ohne Rücksicht auf den Umfang ihrer Beschäftigung abgestellt.

2. Arbeitnehmerseitiger Anwendungsbereich

Das Arbeitsverhältnis des Arbeitnehmers muss **länger als sechs Monate** vor dem Beginn der Verringerung bestanden haben (§ 8 Abs. 1 TzBfG). Auch insoweit kommt es allein auf den Bestand des Arbeitsverhältnisses mit dem Arbeitgeber, nicht aber die Tätigkeit in einem bestimmten Betrieb an.

3. Wartefrist

Der Anspruch besteht erst wieder **zwei Jahre** nach einem durchgesetzten (durch Zustimmung des Arbeitgebers oder gem. § 8 Abs. 5 S. 2 TzBfG) oder vom Arbeitgeber **berechtigt abgelehnten Verlangen** nach einer Teilzeitbeschäftigung (§ 8 Abs. 6 TzBfG). Die Gleichbehandlung dieser beiden Fälle ist vor dem Hintergrund des Art. 3 Abs. 1 GG problematisch. Bei der Anwendung der starren Frist auch auf die berechtigte Ablehnung des arbeitnehmerseitigen Verlangens bleibt ein evtl. zwischenzeitlicher Wegfall des den Arbeitgeber zur Ablehnung berechtigenden Grundes unberücksichtigt. Jedenfalls ist die Gleichstellung sachwidrig.

4. Rechtzeitige Geltendmachung

Der Arbeitnehmer hat **mindestens drei Monate** vor dem Beginn der beabsichtigten Verringerung der Arbeitszeit die Verringerung und deren Umfang gegenüber dem Arbeitgeber **geltend zu machen**, § 8 Abs. 2 TzBfG. Eine besondere Form ist dafür nicht vorgeschrieben. Der Arbeitnehmer „soll" die gewünschte Verteilung angeben (§ 8 Abs. 2 S. 2 TzBfG). Bei der „Geltendmachung" handelt es sich um ein Angebot zum Abschluss eines Änderungsvertrages. An dieses Angebot ist der Arbeitnehmer bis zur Annahme durch den Arbeitgeber bzw. den Ablauf der drei Monate gebunden. Nach der wohl h. M kann der Arbeitnehmer die Verringerung weder vor Ablauf der ersten sechs Monate des Arbeitsverhältnisses noch der zweijährigen Wartefrist geltend machen, was nach der Systematik des § 8 TzBfG sowie dem Zweck des arbeitnehmerseitigen Anwendungsbereichs fraglich ist. Bei der Frist des § 8 Abs. 2 TzBfG handelt es sich um eine **Mindestfrist**, so dass eine nicht rechtzeitige Geltendmachung nur zu einer zeitlichen Verschiebung des Anspruches führt.

5. Kein entgegenstehender betrieblicher Grund

Gem. § 8 Abs. 4 TzBfG besteht der Anspruch auf Teilzeit nicht oder jedenfalls nicht in der vom Arbeitnehmer geltend gemachten Verteilung der Arbeitszeit, soweit ein (vom Arbeitgeber darzulegender und ggf. zu beweisender) **betrieblicher Grund entgegensteht**.

- **Betriebliche Gründe** können u. a. die **wesentliche** Beeinträchtigung der Betriebsorganisation, des Arbeitsablaufes oder der Betriebssicherheit sowie unverhältnismäßige Kosten sein (§ 8 Abs. 4 S. S. 2 TzBfG). Entscheidend ist hier der Prüfungsmaßstab. Danach ist sind die Auswirkungen auf den **konkreten Betrieb** zu untersuchen und es bedarf einer **wesentlichen Beeinträchtigung**, die gravierender als eine leichte (bloße Unannehmlichkeiten) und weniger schwer als eine erhebliche Beeinträchtigung ist. Dringende betriebliche Erfordernisse sind nicht erforderlich, was aus einem Umkehrschluss zu § 15 Abs. 7 Nr. 4 BEEG folgt. Die Verhältnismäßigkeit der Kosten ergibt sich aus einem (schwer durchzuführenden) Vergleich des Vorteils für den Arbeitnehmer, der seine Gründe für den Wunsch, die Arbeitszeit zu verringern, nicht offen legen muss, mit den Kosten und Nachteilen für den Arbeitgeber.
- Neben dem Anspruch auf Teilzeitarbeit insgesamt kann auch nur der Anspruch des Arbeitnehmers auf die von ihm vorgelegte **Verteilung der Arbeitszeit** nicht bestehen. Nach dem Wortlaut der Vorschrift („soweit") ist es möglich, dass der

Anspruch auf die verlangte Aufteilung nur teilweise besteht, sofern die Verteilung sachlich realisierbar ist.

- Die Norm wirft aufgrund ihrer Unbestimmtheit **verfassungsrechtlichen Bedenken** auf. Zudem ist anders als bei § 1 Abs. 2 KSchG hier die unternehmerische Entscheidung selbst gerichtlich zu bewerten, was vor dem Hintergrund des Art. 12 GG fraglich ist. Jedenfalls besteht ein durch eine verfassungskonforme Auslegung aufzulösendes Spannungsverhältnis zwischen dem Anspruch des Arbeitnehmers auf Teilzeitarbeit aus § 8 Abs. 1 TzBfG und der kündigungsrechtlich anzuerkennenden Umstellung von Teilzeit- auf bloße Vollzeitarbeit im Betrieb als unternehmerische Entscheidung. Denkbar ist die Anerkennung des Organisationskonzeptes des Arbeitgebers als entgegenstehenden betrieblichen Grund. Auch eine Änderung der Rspr. zu § 1 Abs. 2 KSchG aufgrund der ausgeübten Einschätzungsprärogative des Gesetzgebers hins. der Reichweite der verfassungsrechtlichen Gewährleistung der unternehmerischen Entscheidung kommt in Betracht.

6. Rechtsfolge

Gem. § 8 Abs. 1 und 4 TzBfG besteht ein **Anspruch auf Verringerung der Arbeitszeit**. Hierunter fällt jede Verringerung der Arbeitszeit (prozentual oder nach Stunden), so dass der Arbeitnehmer nicht etwa eine Halbierung seiner Arbeitszeit verlangen muss. Der Arbeitnehmer hat aber nur einen Anspruch auf Verringerung der Arbeitszeit an seinem Arbeitsplatz, nicht hingegen auf Zuweisung eines anderen Teilzeitarbeitsplatzes. Führt die Verhandlung über die Verringerung und Verteilung der Arbeitszeit, zu der der Arbeitgeber gem. § 8 Abs. 3 TzBfG verpflichtet ist, zu einer **Einigung**, so kommt es zu einer normalen Vertragsänderung (§ 311 Abs. 1 BGB) und die Abrede der Parteien ist zukünftig maßgeblich.

Können sich die Parteien nicht individuell einigen, ist zu unterscheiden:

- Ohne formwirksame Ablehnung der Verringerung der Arbeitszeit durch den Arbeitgeber, die spätestens einen Monat vor dem Zeitpunkt der vom Arbeitnehmer (berechtigt) beantragten Verringerung der Arbeitszeit erfolgen muss, verringert sich die Arbeitszeit in dem vom Arbeitnehmer gewünschten Umfang ab dem **beantragten Zeitpunkt** und mit der **gewünschten Verteilung** (§ 8 Abs. 4 und 5 S. 2 TzBfG). Zur Formwirksamkeit schreibt das Gesetz die Schriftform gem. §§ 8 Abs. 5 S. 1 TzBfG, 126 BGB vor. Eine **Begründung ist nicht erforderlich**, wie der Umkehrschluss zu § 15 Abs. 7 S. 2 BEEG nahelegt. Dabei ist das Verlangen des Arbeitnehmers als Antrag zu werten; der Arbeitnehmer hat einen (auch gerichtlich durchsetzbaren) Anspruch auf dessen Annahme; die Annahme wird allerdings gem. § 8 Abs. 5 TzBfG fingiert.

Konnte nur über die Verteilung kein Einvernehmen erzielt werden, so gilt ohne formwirksame schriftliche Ablehnung binnen Monatsfrist durch den Arbeitgeber die vom Arbeitnehmer **beantragte Verteilung** (§ 8 Abs. 4 und 5 S. 3 TzBfG). Hier schuldet der Arbeitnehmer aufgrund der gesetzlichen Inhaltsänderung des Vertrages nur noch die verringerte und entsprechend verteilte Arbeitsleistung. Eine Änderung durch den Arbeitgeber bedarf dann einer vertraglichen Vereinbarung oder einer Änderungskündigung.

- **Bei formwirksamer und zeitgerechter Ablehnung** der Verringerung der Arbeitszeit und/oder deren Verteilung durch den Arbeitgeber treten die Folgen des § 8 Abs. 5 TzBfG nicht ein. Hier muss der Arbeitnehmer seinen Anspruch aus § 8 Abs. 4 TzBfG durch Klage geltend machen und die Zustimmung des Arbeitgebers zur Vertragsänderung erstreiten (§ 894 ZPO). Ein **Selbstvollzug** durch den Arbeitnehmer, z.b. durch Fernbleiben von der Arbeit, stellt hingegen einen Kündigungsgrund dar.

- Zu beachten ist, dass der Arbeitgeber gem. § 8 Abs. 5 S. 5 TzBfG die vereinbarte (§ Abs. 3 S. 2 TzBfG) oder kraft Gesetzes festgelegte (§ 8 Abs. 5 S. 3 TzBfG) **Verteilung** der Arbeitszeit (nicht aber deren Umfang) **einseitig ändern** kann, wenn betriebliche Interessen die Interessen des Arbeitnehmers erheblich überwiegen und er die Änderung einen Monat zuvor angekündigt hat. Verlängerung der Arbeitszeit

§ 9 TzBfG gewährt dem teilzeitbeschäftigten Arbeitnehmer **einen Anspruch auf bevorzugte Berücksichtigung** bei der Besetzung eines geeigneten Arbeitsplatzes, der eine **längere** Arbeitszeit als seine bisherige umfasst.

Hierzu ist erforderlich, dass der **Arbeitnehmer teilzeitbeschäftigt** ist (§ 2 TzBfG), gleichgültig, ob seit Beginn seines Arbeitsverhältnisses oder aufgrund einer Verringerung der Arbeitszeit gem. § 8 TzBfG,

1. der Arbeitnehmer seinen **Wunsch nach Verlängerung seiner Arbeitszeit** (nicht notwendig auf ein Vollzeitarbeitsverhältnis) dem Arbeitgeber **angezeigt** hat,
2. **kein Bewerber mit besserer Eignung** sich beworben hat, und
3. **keine dringenden betrieblichen Gründe oder Arbeitszeitwünsche** anderer teilzeitbeschäftigter Arbeitnehmer (z.B. aus sozialen Gründen) entgegenstehen.

Als **Rechtsfolge** ist der Teilzeitbeschäftigte bei der Besetzung eines entsprechenden Arbeitsplatzes „bevorzugt zu berücksichtigen" (§ 9 TzBfG). Umstritten ist, ob hieraus tatsächlich ein **Anspruch auf die begehrte Vertragsänderung** besteht. aufgrund des Ausschlusses besser geeigneter Bewerber sowie der Bewerber, die aus sozialen Gründen vorzugswürdig sind, kann der Inhalt der gesetzlich geforderten „Bevorzugung" nur in der Begründung eines Arbeitsverhältnisses zu den geänderten Bedingungen bestehen. Demnach enthält § 9 TzBfG einen (notfalls gerichtlich durchzusetzenden) Anspruch auf eine Vertragsänderung.

7. Teilzeitarbeit während der Elternzeit

Gem. § 15 Abs. 4 BEEG kann der Arbeitnehmer, der Elternzeit (früher Erziehungsurlaub) nimmt, bis zu 30 Stunden pro Woche teilzeitbeschäftigt arbeiten. Die Teilzeitbeschäftigung kann auch als Selbständiger oder bei einem anderen Arbeitgeber erfolgen, wobei die Zustimmung des Hauptarbeitgebers erforderlich ist. Die Zustimmung kann nur binnen vier Wochen aus **dringenden** betrieblichen Gründen schriftlich unter Angabe der Gründe verweigert werden (§ 15 Abs. 4 S. 3 BEEG). Können sich die Parteien nicht auf eine konkrete Ausgestaltung der Teilzeitbeschäftigung einigen, so besteht gem. § 15 Abs. 6 BEEG ein **Anspruch auf Verringerung der Arbeitszeit.** Dieser ist anders als der allgemeine Anspruch auf Teilzeit ausgestaltet und setzt voraus (§ 15 Abs. 6 und 7 BEEG):

1. **Wirksames** (oder auch fehlerhaftes) **Arbeitsverhältnis** zwischen den Parteien.[20]

---

[20] Zulässig ist ein Auflösungsantrag nur bei vorausgegangener ordentlicher Kündigung. Nach einer außerordentlichen Kündigung kann der Arbeitgeber nach §§ 9, 13 KSchG keinen Auflösungsantrag stellen. Der Arbeitgeber wird in erster Linie um Klageabweisung bemüht sein; er stellt seinen Antrag auf Auflösung für den Fall, dass der Arbeitnehmer mit seiner Kündigungsschutzklage obsiegt. Bei diesem Antrag handelt es sich um einen **echten Eventual- bzw. Hilfsantrag,** BAG AP BetrVG 1972 § 102 Nr. 22; BAG AP BGB § 611 Direktionsrecht Nr. 36; ebenso Ascheid, in ErfK, RN 20; v. Hoyningen-Huene/Linck, § 9 KSchG, RN 25; Hergenröder, in MünchKomment, § 9 KSchG, RN 23. Der Arbeitgeber kann allerdings seinen Auflösungsantrag auch als **Hauptantrag** stellen, wenn er die Sozialwidrigkeit der Kündigung (§ 1 Abs. 2 KSchG) nicht bestreitet oder sogar anerkennt und sich nur auf den Auflösungsantrag beschränkt, v. Hoyningen-Huene/Linck, § 9 KSchG, RN 26; Löwisch/Spinner, § 9 KSchG, RN 48. Holthausen/Holthausen, NZA-RR 2007, 450 – das folgt im Umkehrschluss aus § 9 Abs. 1 S. 3 KSchG, der nur für den ArbN die Möglichkeit eines Auflösungsantrags vorsieht. Der Gesetzgeber wollte nicht den schweren vertraglichen Verstoß einer unwirksamen außerordentlichen Kündigung mit der Möglichkeit eines Auflösungsantrags „prämieren". Das gilt auch für die Fälle, in denen das Arbeitsverhältnis nicht mehr mit ordentlicher Frist gekündigt werden kann, etwa bei tariflichem oder einzelvertraglichem Ausschluss der Kündigung. Etwas anderes gilt, wenn der ArbG vorsorglich ordentlich gekündigt hat oder eine Umdeutung zulässig ist. § 9 KSchG **ersetzt die fehlende soziale Rechtfertigung der Kündigung** und erkennt bei berechtigten Interessen ein Lösungsrecht zu, vgl. Fiebig, in HK § 9 KSchG, RN 4. Der ArbG hat bei gerichtlicher Auflösung eine **angemessene Abfindung** an

2. Arbeitgeberseitiger Anwendungsbereich:
   Der Arbeitgeber muss regelmäßig mindestens 15 Arbeitnehmer beschäftigen (§ 15 Abs. 7 Nr. 1 BEEG). Parallel zur Regelung des allgemeinen Anspruchs auf Teilzeitarbeit bleibt auch hier die Zahl der Berufsausbildungsverhältnisse unberücksichtigt. Das Gesetz stellt auch bei § 15 Abs. 6 BEEG, anders als z.b. § 23 KSchG, nicht auf den Betrieb, sondern auf den Arbeitgeber insgesamt ab. Ausreichend sind somit z.b. zwei Betriebe eines Arbeitgebers mit jeweils 10 Beschäftigten. Zudem wird nicht zwischen Teilzeit- und Vollzeitbeschäftigten differenziert (pro-Kopf-Prinzip).

3. Arbeitnehmerseitiger Anwendungsbereich:
   Das Arbeitsverhältnis muss länger als sechs Monate bestanden haben (§ 15 Abs. 7 Nr. 2 BEEG); dabei kommt es nicht auf die Zugehörigkeit zu einem bestimmten Betrieb des Arbeitgebers an.

4. Rechtzeitige Geltendmachung:
   Gem. § 15 Abs. 7 Nr. 5 BEEG hat der Arbeitnehmer dem Arbeitgeber mindestens acht Wochen vor dem Zeitpunkt, ab dem die Herabsetzung der Arbeitszeit beansprucht wird, dieses schriftlich anzuzeigen.

5. Kein entgegenstehender dringender betrieblicher Grund:
   Der Reduktion der Arbeitszeit in der gewünschten Form dürfen **keine dringenden betrieblichen Gründe** entgegenstehen, § 15 Abs. 7 Nr. 4 BEEG. Damit bestehen höhere Anforderungen an den Ausschluss des Anspruchs als beim allgemeinen Anspruch auf Teilzeit (hierzu sowie zum Auslegungsproblem durch das Aufgreifen des Begriffs der betrieblichen Gründe aus dem KSchG hier). Der Arbeitgeber hat die entgegenstehenden Gründe binnen vier Wochen schriftlich dem Arbeitnehmer mitzuteilen (§ 15 Abs. 7 S. 2 BEEG).

Als Rechtsfolge kann der Arbeitnehmer bis zu zweimal während der Elternzeit (§ 15 Abs. 6 BEEG) die **Herabsetzung der Arbeitszeit** verlangen. Dabei muss die neue Arbeitszeit zwischen 15 und 30 Wochenstunden liegen und für mindestens drei Monate gelten (§ 15 Abs. 7 Nr. 3 BEEG). Stimmt der Arbeitgeber der Verringerung

---

den ArbG zu bezahlen. Diese ist ein **vermögensrechtliches Äquivalent** für den Verlust des Arbeitsplatzes. Sie hat primär keinen Entgeltcharakter. Die Abfindung und Abfindungszahlung hat eine nicht zu unterschätzende **Präventivfunktion**. Dadurch soll der ArbG davon abgehalten werden, „leichtfertig" eine Kündigung auszusprechen. Entgeltcharakter hat die Abfindung, soweit das Arbeitsverhältnis durch die gerichtliche Entscheidung früher aufgelöst wurde als es durch eine wirksame Kündigung aufgelöst würde, z.B. bei einer unwirksamen außerordentlichen Kündigung mit dem Zeitpunkt des Zugangs der Kündigung. Bei einer außerordentlichen Kündigung mit Auslauffrist am letzten Tag der Frist, Fiebig, a.a.O., RN 5. **Weitergehende Ansprüche aus § 823 BGB sind ausgeschlossen.**

nicht oder nicht rechtzeitig zu, so hat der Arbeitnehmer auf **Zustimmung zur Herabsetzung der Arbeitszeit** zu klagen (§ 15 Abs. 7 S. 3 BEEG). Hierzu ist der Rechtsweg zu den Arbeitsgerichten eröffnet (s. auch § 15 Abs. 7 S. 3 BEEG). Eine **eigenmächtige Herabsetzung** der Arbeitszeit kann aufgrund der dann vorliegenden unberechtigten Leistungsverweigerung durch den Arbeitnehmer eine außerordentliche Kündigung des Arbeitgebers rechtfertigen. Diese bedarf gem. § 18 Abs. 2 BEEG aber der Zustimmung der obersten Landesbehörde.

8. Lohn ohne Arbeit?

Sofern der Arbeitnehmer seine **Arbeitsleistung** nicht erfüllt hat, so besteht grundsätzlich kein Anspruch auf Arbeitslohn („Ohne Arbeit kein Lohn"). Die Herleitung dieses Grundsatzes ist umstritten. Während z. T. auf die Vorleistungspflicht des Arbeitnehmers abgestellt wird (§ 614 BGB), ist zutreffende Grundlage die synallagmatische Verknüpfung der Arbeits- und Lohnpflicht gem. §§ 320 ff., insbes. § 326 Abs. 1 BGB. Dieses **Synallagma** zwischen Arbeitspflicht und Entgeltzahlungspflicht wird aber in zahlreichen Fällen zugunsten des Arbeitnehmers durchbrochen, so dass dieser Lohn beanspruchen kann, ohne gearbeitet zu haben (sog. **lohnerhaltende Normen**). Anspruchsgrundlage auf das Arbeitsentgelt ist dann der Arbeitsvertrag i.V.m. der lohnerhaltenden Norm.

8.1. *Übersicht über die lohnerhaltenden Normen*

1. Gesetzliche Freistellung von der Arbeitspflicht unter Entgeltfortzahlung
   - Gesetzliche Feiertage (§ 2 EFZG).[21]

---

[21] Nach § 2 EFZG wird der **an sich entstehende Entgeltausfall (ohne Arbeit kein Lohn) kompensiert, gleichzeitig werden anerkannte gesetzliche Feiertage geschützt und die Arbeitsruhe gefördert.** Der Lohnfortzahlungsanspruch ist ein aufrechterhaltender Anspruch (Leistungsanspruch). Der Anspruch auf Lohnzahlung an Feiertagen ist ein konstitutiver Anspruch für den mit der Feiertagsruhe entstehenden Arbeitsausfall. Aus § 2 kann kein Anspruch auf Arbeitsbefreiung abgeleitet werden. Wann Feiertage gegeben sind, folgt aus dem Sonn- und Feiertagsrecht. Das Arbeitsverhältnis dessen Dauer unerheblich ist, muss am Feiertag bestehen. Keinen Anspruch haben ArbN, die kurzzeitig vor oder nach Feiertagen beschäftigt sind, BAG, Urt. vom 14.07.1967 – 3 AZR 436/66. Der Arbeitsausfall ergibt sich aus dem öffentlich-rechtlichen Beschäftigungsverbot des § 9 Abs. 1 ArbZG. Der ArbG ist verpflichtet, für die Arbeitszeit, die wegen Krankheit und gleichzeitig eines gesetzlichen Feiertages ausfällt, Entgeltfortzahlung nach § 3 EFZG zu leisten. Die Höhe bemisst sich nach § 2. Gesetzliche Feiertage werden nicht auf den Urlaub angerechnet § 3 Abs. 2 BUrlG. Insoweit besteht ein Anspruch auf Feiertagsbezahlung nach § 2 Abs. 1 EFZG, Müller, in Feichtinger/Malkmus, § 2 RN 29. Unbezahlter Sonderurlaub löst für gesetzliche Feiertage, die in diesen Zeitraum fallen, keine Lohnfortzahlung aus.

- Erholungsurlaub (§§ 11, 1 BUrlG).
2. Ausschluss der Arbeitspflicht aus Gründen in der Person des Arbeitnehmers
- Krankheit des Arbeitnehmers (§§ 3 ff. EFZG).[22/23/24/25]

---

[22] Das Entgeltfortzahlungsgesetz **konkretisiert das Sozialstaatsprinzip** und ist Ausdruck dessen, was eine **gerechte Sozialordnung** leisten soll. Da die Arbeitskraft für viele Menschen die materielle Lebensgrundlage begründet, kommt dieser Personenkreis in Existenznot, wenn er durch eine unverschuldete Krankheit nicht in der Lage ist, seine Arbeitskraft anzubieten. Nach den allgemeinen Regeln über die Leistungsstörung im gegenseitigen Vertrag würde der ArbG von der Pflicht zur Lohnzahlung frei werden. In einer Kombination sozialrechtlicher Ansprüche des ArbN gegenüber der Krankenversicherung und arbeitsrechtlicher Ansprüche auf Lohnfortzahlung gegenüber dem ArbG,. Vgl. Malkmus, in Feichtinger/Malkmus, Einleitung, RN 3, hat der Gesetzgeber ein soziales Netz geknüpft und eine Ausnahme vom Grundsatz „ohne Arbeit kein Lohn" zugelassen.
§ 3 Abs. 1 regelt den Grundsatz der Entgeltfortzahlung nach einer Wartezeit von vier Wochen § 3 Abs. 3 EFZG, Feichtinger, § 3 RN 179 ff. Erkrankt der ArbN während der Wartezeit erhält er nur dann Entgeltfortzahlung, wenn die in der Wartezeit auftretende Arbeitsunfähigkeit über den Vierwochenzeitraum hinaus andauert. § 3 Abs. 3 stellt ausschließlich auf den rechtlichen Bestand des Arbeitsverhältnisses ab. Besteht zwischen mehreren Arbeitsverhältnissen der Arbeitsvertragsparteien ein enger sachlicher Zusammenhang, wird mit dem neuen Arbeitsverhältnis nicht erneut eine Wartefrist ausgelöst. § 3 EFZG gilt auch für kurzfristig und geringfügig Beschäftigte, d. h. also für Aushilfs- und Teilzeitarbeitnehmer. Der Entgeltfortzahlungsanspruch setzt voraus:
- das Bestehen eines Arbeitsverhältnisses,
- Arbeitsunfähigkeit infolge Krankheit,
- fehlendes Verschulden.

Die Krankheitsursache ist unerheblich. Arbeitsunfähigkeit liegt vor, wenn der ArbN ganz oder teilweise arbeitsunfähig ist. Die Erkrankung erlangt arbeitsrechtliche Bedeutung durch die Aufhebung oder Minderung der Arbeitsfähigkeit des ArbN;
Richtlinien des Bundesausschusses der Ärzte und Krankenkassen über die Beurteilung der Arbeitsunfähigkeit und die Maßnahmen zur stufenweisen Wiedereingliederung (Arbeitsunfähigkeits-Richtlinien) in der Fassung vom 01.12.2003, veröffentlicht im Bundesanzeiger 2004; Nr. 61: S. 6501, zuletzt geändert am 19.09.2006, veröffentlicht im Bundesanzeiger Nr. 241: S. 7356, in Kraft getreten am 23. Dezember 2006:

§ 1 Präambel
(1) Die Feststellung der Arbeitsunfähigkeit und die Bescheinigung über ihre voraussichtliche Dauer erfordern – ebenso wie die ärztliche Beurteilung zur stufenweisen Wiedereingliederung – wegen ihrer Tragweite für den Versicherten und ihrer arbeits- und sozialversicherungsrechtlichen sowie wirtschaftlichen Bedeutung besondere Sorgfalt.
(2) Diese Richtlinien haben zum Ziel, ein qualitativ hochwertiges, bundesweit standardisiertes Verfahren für die Praxis zu etablieren, das den Informationsaustausch und die Zusammenarbeit zwischen Vertragsarzt, Krankenkasse und Medizinischem Dienst verbessert.

§ 2 Definition und Bewertungsmaßstäbe
(1) Arbeitsunfähigkeit liegt vor, wenn der Versicherte auf Grund von Krankheit seine zuletzt vor der Arbeitsunfähigkeit ausgeübte Tätigkeit nicht mehr oder nur unter der Gefahr der Verschlimmerung der Erkrankung ausführen kann. Bei der Beurteilung ist darauf abzustellen, welche Bedingungen die bisherige Tätigkeit konkret geprägt haben. Arbeitsunfähigkeit liegt auch vor, wenn auf Grund eines bestimmten Krankheitszustandes, der für sich allein noch keine Arbeitsunfähigkeit bedingt, absehbar ist, dass aus der Ausübung der Tätigkeit für die Gesundheit oder die Gesundung abträgliche Folgen erwachsen, die Arbeitsunfähigkeit unmittelbar hervorrufen.

(2) Arbeitsunfähigkeit besteht auch während einer stufenweisen Wiederaufnahme der Arbeit fort, durstete Eingliederung eines arbeitsunfähigen Versicherten in eine Werkstatt für behinderte Menschen nicht als Wiederaufnahme der beruflichen Tätigkeit. Arbeitsunfähigkeit kann auch während einer Belastungserprobung und einer Arbeitstherapie bestehen.

(3) Arbeitslose sind arbeitsunfähig, wenn sie krankheitsbedingt nicht mehr in der Lage sind, leichte Arbeiten in einem zeitlichen Umfang zu verrichten, für den sie sich bei der Agentur für Arbeit zur Verfügung gestellt haben. Dabei ist es unerheblich, welcher Tätigkeit der Versicherte vor der Arbeitslosigkeit nachging.

(4) Versicherte, bei denen nach Eintritt der Arbeitsunfähigkeit das Beschäftigungsverhältnis endet und die aktuell keinen anerkannten Ausbildungsberuf ausgeübt haben (An- oder Ungelernte), sind nur dann arbeitsunfähig, wenn sie die letzte oder eine ähnliche Tätigkeit nicht mehr oder nur unter der Gefahr der Verschlimmerung der Erkrankung ausüben können. Die Krankenkasse informiert den Vertragsarzt über das Ende der Beschäftigung und darüber, dass es sich um einen an- oder ungelernten Arbeitnehmer handelt, und nennt ähnlich geartete Tätigkeiten. Beginnt während der Arbeitsunfähigkeit ein neues Beschäftigungsverhältnis, so beurteilt sich die Arbeitsunfähigkeit ab diesem Zeitpunkt nach dem Anforderungsprofil des neuen Arbeitsplatzes.

(5) Die Beurteilung der Arbeitsunfähigkeit setzt die Befragung des Versicherten durch den Arzt zur aktuell ausgeübten Tätigkeit und den damit verbundenen Anforderungen und Belastungen voraus. Das Ergebnis der Befragung ist bei der Beurteilung von Grund und Dauer der Arbeitsunfähigkeit zu berücksichtigen. Zwischen der Krankheit und der dadurch bedingten Unfähigkeit zur Fortsetzung der ausgeübten Tätigkeit muss ein kausaler Zusammenhang erkennbar sein. Bei Arbeitslosen bezieht sich die Befragung des Versicherten auch auf den zeitlichen Umfang, für den der Versicherte sich der Agentur für Arbeit zur Vermittlung zur Verfügung gestellt hat.

(6) Rentner können, wenn sie eine Erwerbstätigkeit ausüben, arbeitsunfähig nach Maßgabe dieser Richtlinien sein.

(7) Für körperlich, geistig oder seelisch behinderte Menschen, die in Werkstätten für behinderte Menschen oder in Blindenwerkstätten beschäftigt werden, gelten diese Richtlinien entsprechend.

(8) Für die Feststellung der Arbeitsunfähigkeit bei Durchführung medizinischer Maßnahmen zur Herbeiführung einer Schwangerschaft gelten diese Richtlinien entsprechend. Sie gelten auch bei einer durch Krankheit erforderlichen Sterilisation oder einem unter den Voraussetzungen des § 218a Abs. 1 des Strafgesetzbuches (StGB) vorgenommenen Abbruch der Schwangerschaft (Beratungsregelung).

(9) Ist eine Dialysebehandlung lediglich während der vereinbarten Arbeitszeit möglich, besteht für deren Dauer, die Zeit der Anfahrt zur Dialyseeinrichtung und für die nach der Dialyse erforderliche Ruhezeit Arbeitsunfähigkeit. Dasselbe gilt für andere extrakorporale Aphereseverfahren. Die Bescheinigung für im voraus feststehende Termine soll in Absprache mit dem Versicherten in einer für dessen Belange zweckmäßigen Form erfolgen.

(10) Ist ein für die Ausübung der Tätigkeit oder das Erreichen des Arbeitsplatzes erforderliches Hilfsmittel (z. B. Körperersatzstück) defekt, besteht Arbeitsunfähigkeit so lange, bis die Reparatur des Hilfsmittels beendet oder ein Ersatz des defekten Hilfsmittels erfolgt ist.

§ 3 Ausnahmetatbestände

(1) Arbeitsunfähigkeit besteht nicht, wenn andere Gründe als eine Krankheit des Versicherten Ursache für eine Arbeitsverhinderung sind.

(2) Arbeitsunfähigkeit liegt nicht vor
bei Beaufsichtigung, Betreuung oder Pflege eines erkrankten Kindes.
Die Bescheinigung hierfür hat auf dem vereinbarten Vordruck (Muster Nummer 21) zu erfolgen, der dem Arbeitgeber vorzulegen ist und zur Vorlage bei der Krankenkasse zum Bezug von Krankengeld ohne Vorliegen einer Arbeitsunfähigkeit des Versicherten berechtigt, – für Zeiten, in denen ärztliche Behandlungen zu diagnostischen oder therapeutischen Zwecken stattfinden, ohne dass diese Maßnahmen selbst zu einer Arbeitsunfähigkeit führen, – bei Inanspruchnahme von Heilmitteln (z.B. physikalisch-medizinische Therapie),

bei Teilnahme an ergänzenden Leistungen zur Rehabilitation oder rehabilitativen Leistungen anderer Art (Koronarsportgruppen u.a.),

bei Durchführung von ambulanten und stationären Vorsorge und Rehabilitationsleistungen, es sei denn, vor Beginn der Leistung bestand bereits Arbeitsunfähigkeit und diese besteht fort oder die Arbeitsunfähigkeit wird durch eine interkurrente Erkrankung ausgelöst,

wenn Beschäftigungsverbote nach dem Infektionsschutzgesetz oder dem Mutterschutzgesetz (MuSchG) (Zeugnis nach § 3 Abs. 1 MuSchG) ausgesprochen wurden,

bei Organspenden für die Zeit, in welcher der Organspender infolge seiner Spende der beruflichen Tätigkeit nicht nachkommen kann,

bei kosmetischen und anderen Operationen ohne krankheitsbedingten Hintergrund und ohne Komplikationen oder

bei einer nicht durch Krankheit bedingten Sterilisation (Verweis auf § 5 Abs. 1 S. 3 dieser Richtlinien).

§ 4 Verfahren zur Feststellung der Arbeitsunfähigkeit

(1) Bei der Feststellung der Arbeitsunfähigkeit sind körperlicher, geistiger und seelischer Gesundheitszustand des Versicherten gleichermaßen zu berücksichtigen. Deshalb dürfen die Feststellung von Arbeitsunfähigkeit und die Empfehlung zur stufenweisen Wiedereingliederung nur auf Grund ärztlicher Untersuchungen erfolgen.

(2) Die ärztlich festgestellte Arbeitsunfähigkeit ist Voraussetzung für den Anspruch auf Entgeltfortzahlung im Krankheitsfall und für den Anspruch auf Krankengeld.

(3) Der Vertragsarzt teilt der Krankenkasse auf Anforderung vollständig und in der Regel innerhalb von drei Werktagen weitere Informationen auf den vereinbarten Vordrucken mit. Derartige Anfragen seitens der Krankenkasse sind in der Regel frühestens nach einer kumulativen Zeitdauer der Arbeitsunfähigkeit eines Erkrankungsfalles von 21 Tagen zulässig. In begründeten Fällen sind auch weitergehende Anfragen der Krankenkasse möglich.

(4) Sofern der Vertragsarzt – abweichend von der Feststellung im Entlassungsbericht der Rehabilitationseinrichtung – weiterhin Arbeitsunfähigkeit attestiert, ist diese von ihm zu begründen.

²³ Das Lohnfortzahlungsgesetz gilt einheitlich für Arbeiter und Angestellten und die zur Berufsausbildung Beschäftigten § 1 Abs. 1 BiBG; kennzeichnend für den Begriff des Arbeitnehmers ist die Pflicht zur persönlichen Leistungserbringung sowie die örtlich-zeitliche und fachliche Weisungsgebundenheit, Malkmus, § 1 RN 42 ff. vgl. Schaub, Entgeltfortzahlungsgesetz in neuem Gewand, NZA 1999, 177; Wank, Die Gesetzesänderung zum Arbeitnehmerbegriff, RdA 1999, 297; Zwanziger, Rechtliche Rahmenbedingungen für „EinEuroJobber", AuR 2005, 8. Das EFZG regelt nicht das Verhältnis zwischen dem arbeitsrechtlichen Entgeltfortzahlungsanspruch und dem sozialrechtlichen Krankend- bzw. Verletztengeld. Insoweit sind die §§ 44 Abs. 3, 49 Abs. 1 SGB V und 52 Nr. 1 SGB VII maßgebend. Nach § 12 EFZG darf abgesehen von § 4 Abs. 4 EFZG **nicht zuungunsten der Arbeitnehmer von den Regelungen des Entgeltfortzahlungsgesetzes abgewichen werden**, Vossen, Die Wartezeit nach § 3 Abs. 3 EFZG, NZA 1998, 356.

²³ Das Entgeltfortzahlungsgesetz regelt die Zahlung des Arbeitsentgelts an gesetzlichen Feiertagen und die Fortzahlung des Arbeitsentgelts im Krankheitsfall an **Arbeitnehmer (Arbeiter und Angestellte** sowie die zu ihrer Berufsbildung Beschäftigten) sowie die wirtschaftliche Sicherung im Bereich der Heimarbeit für gesetzliche Feiertage und im Krankheitsfall. § 1 Abs. 1 und 2 nehmen Bezug auf den allgemeinen Arbeitnehmerbegriff, danach ist Arbeitnehmer, wer aufgrund eines privatrechtlichen Vertrags zur Arbeit im Dienste eines anderen verpflichtet ist, BAGE 93, 310; Fuchs, in Bamberger/Roth, Beck'scher Online-Kommentar, § 611 BGB, RN 31. Mit dem Begriffsmerkmal privatrechtlicher Vertrag oder gleichgestelltes Rechtsverhältnis soll der Begriff des Arbeitnehmers von anderen Personengruppen abgegrenzt werden. **Nach der Rechtsprechung unterscheidet sich das Arbeitsverhältnis von dem Rechtsverhältnis eines selbstständig Tätigen durch den Grad der persönlichen Abhängigkeit und der Weisungsgebundenheit,** des zur Dienstleistung Verpflichteten. Der ArbN erbringt seine Dienstleistung im Rahmen einer von dem Dritten bestimmten Arbeitsorganisation wobei die Eingliederung in die fremde Arbeitsorganisati-

on durch ein umfassendes Weisungsrecht (§ 106 GewO) des ArbG hinsichtlich Zeit, Dauer und Ort der Tätigkeit gekennzeichnet ist.

24 Wird der Arbeitnehmer **nach wiederhergestellter Arbeitsfähigkeit erneut** krankheitsbedingt arbeitsunfähig, ist zu unterscheiden:

Ein **neuer Anspruch** nach § 3 Abs. 1 EFZG auf Entgeltfortzahlung für die **Dauer von sechs Wochen entsteht, wenn die Arbeitsunfähigkeit auf einer anderen Krankheit beruht.** Das Entgeltfortzahlungsgesetz beschränkt in diesem Fall den Entgeltfortzahlungsanspruch nicht auf eine Gesamtdauer von sechs Wochen pro Jahr, vgl. BAG, Urteil vom 2. Dezember 1981 – 5 AZR 89/80 – BAGE 37, 172. Ist dagegen dieselbe Krankheit Ursache für die erneute Arbeitsunfähigkeit, liegt eine Fortsetzungserkrankung vor (vgl. § 3 Abs. 1 Satz 2 EFZG). In diesem Fall entsteht die Leistungspflicht des Arbeitgebers nicht mit jeder einzelnen Erkrankung von neuem. Nach § 3 Abs. 1 Satz 2 EFZG besteht bei Fortsetzungserkrankungen ein neuer Entgeltfortzahlungsanspruch nur, wenn der Arbeitnehmer vor der erneuten Arbeitsunfähigkeit mindestens sechs Monate infolge derselben Krankheit arbeitsunfähig war (Nr. 1) oder seit Beginn der ersten Arbeitsunfähigkeit infolge derselben Krankheit eine Frist von zwölf Monaten abgelaufen ist (Nr. 2). Wiederholte Arbeitsunfähigkeit infolge derselben Krankheit und damit eine Fortsetzungserkrankung liegt vor, wenn die Krankheit, auf der die frühere Arbeitsunfähigkeit beruhte, in der Zeit zwischen dem Ende der vorausgegangenen und dem Beginn der neuen Arbeitsunfähigkeit medizinisch nicht vollständig ausgeheilt war, sondern als Grundleiden latent weiter bestanden hat, so dass die neue Erkrankung nur eine Fortsetzung der früheren Erkrankung darstellt. Die wiederholte Arbeitsunfähigkeit muss auf demselben nicht behobenen Grundleiden beruhen. Dieses kann **verschiedene Krankheitssymptome** zur Folge haben, BAG, Urteil vom 14. November 1984 – 5 AZR 394/82 – BAGE 47, 195. Diese Grundsätze gelten auch, wenn eine Maßnahme der medizinischen Vorsorge oder Rehabilitation nach § 9 Abs. 1 EFZG und eine vorangegangene oder nachfolgende Arbeitsunfähigkeit dieselbe Ursache haben, vgl. BAG, Urteil vom 18. Januar 1995 – 5 AZR 818/93 – BAGE 79, 122; Schmitt Entgeltfortzahlungsgesetz § 9 EFZG RN 50. Der **Anspruch auf Entgeltfortzahlung nach § 3 Abs. 1 Satz 1 EFZG ist auch dann auf die Dauer von sechs Wochen** seit Beginn der Arbeitsunfähigkeit begrenzt, wenn während bestehender Arbeitsunfähigkeit eine **neue Krankheit** auftritt, die ebenfalls zur Arbeitsunfähigkeit führt. In diesem Fall kann der Arbeitnehmer bei entsprechender Dauer der durch beide Erkrankungen verursachten Arbeitsverhinderung die Sechs-Wochen-Frist nur einmal in Anspruch nehmen (Grundsatz der Einheit des Verhinderungsfalls). Ein **weiterer Entgeltfortzahlungsanspruch besteht nur dann, wenn die erste Arbeitsverhinderung bereits in dem Zeitpunkt beendet war**, in dem eine weitere Erkrankung zu einer neuen Arbeitsverhinderung führt, BAG, Urteil vom 2. Dezember 1981 – 5 AZR 89/80 – BAGE 37, 172. Tritt eine Krankheit, die sich später als Fortsetzungserkrankung herausstellt, zu einer bereits bestehenden, zur Arbeitsfähigkeit führenden Krankheit hinzu und dauert sie über deren Ende hinaus an, ist sie für die Zeit, in der sie der alleinige Ursache der Arbeitsunfähigkeit war, als Teil der späteren Fortsetzungserkrankung zu werten, BAG, Urteil vom 2. Februar 1994 – 5 AZR 345/93 – BAGE 75, 340. Führen zwei Krankheiten jeweils für sich betrachtet nicht zur Arbeitsunfähigkeit, sondern nur weil sie zusammen auftreten, liegt eine Fortsetzungserkrankung auch vor, wenn später eine der beiden Krankheiten erneut auftritt und allein zur Arbeitsunfähigkeit führt. Auch in diesem Fall ist die erneut auftretende Krankheit Ursache einer vorausgegangenen Arbeitsunfähigkeit gewesen. Der **Unkenntnis des Arbeitgebers von den Krankheitsursachen ist bei der Verteilung der Darlegungslast zum Bestehen einer Fortsetzungserkrankung** Rechnung zu tragen. Insoweit ist zu berücksichtigen, dass der Arbeitnehmer gem. § 3 Abs. 1 Satz 1 EFZG bei Arbeitsunfähigkeit infolge Krankheit zunächst einen **Entgeltfortzahlungsanspruch von sechs Wochen** hat. Der **Arbeitnehmer hat die anspruchsbegründenden Tatsachen eines Entgeltfortzahlungsanspruchs darzulegen** und ggf. zu beweisen. Ist er innerhalb der Zeiträume des § 3 Abs. 1 Satz 2 EFZG länger als sechs Wochen arbeitsunfähig, muss er darlegen, dass keine Fortsetzungserkrankung vorliegt. Wird dies vom Arbeitgeber bestritten, obliegt dem Arbeitnehmer die Darlegung der Tatsachen, die den Schluss erlauben, es habe keine Fortsetzungserkrankung vorgelegen. Der Arbeitnehmer hat dabei den Arzt von der Schweigepflicht zu entbinden. Die **objektive Beweislast** für das Vorliegen einer Fortsetzungserkrankung hat der Arbeitgeber zu tragen, BAG, Urteil vom 13.07.2005 – 5 AZR 389/04, BB 2005 Heft 48, 2642 = DB 2005, 2359 = AP H. 6/2006 § 3 EntgeltFG Nr. 25 Schmitt. Der **Arbeitnehmer ist verpflichtet**, dem Arbeitgeber die **Arbeitsunfähigkeit und deren voraussichtliche Dauer unverzüglich** mitzuteilen. Die Anzeige- und Nachweispflichten des § 5 EFZG besteht für alle Arbeitnehmer, d. h. auch bei Eintritt der Arbeitsunfähigkeit innerhalb der vierwöchigen Wartezeit des § 3 Abs. 3 EFZG. Die Verpflichtung besteht unabhängig davon, ob der Arbeitnehmer einen konkreten Anspruch auf Entgeltfortzahlung hat. § 5 EFZG wird geprägt durch die beiden Hauptzwecke der Vorschrift, die Beseitigung von Ungleichbehandlungen und die Bekämpfung des Missbrauchs im Entgeltfortzahlungsrecht, Dörner, in ErfK, § 5 RN 1. § 5 EFZG erlegt dem Arbeitnehmer bei **Erkrankungen im Inland Anzeige- und Nachweispflichten** auf, u. a. die Verpflichtung, eine Arbeitsunfähigkeitsbescheinigung vorzulegen, wenn die Arbeitsunfähigkeit länger als drei Kalendertage dauert. Dadurch soll sichergestellt werden, dass der ArbG **frühzeitig organisatorische und personelle Vorsorgemaßnahmen** treffen kann, Vossen, NZA 1998, 356 – möglichst frühzeitige (Anzeigepflicht) und zuverlässige (Nachweispflicht). Der ArbN muss nicht zwingend einen Arzt hinzuziehen, er kann zunächst selbst prognostizieren wie lange die Erkrankung dauern wird, Worzalla, NZA 1996, 62. **Nach einem Arztbesuch muss der ArbN seine Angaben zum Gesundheitszustand so präzisieren**, wie es ihm der Arzt mitgeteilt hat; die Mitteilung, er fühle sich nicht wohl, reicht nicht. Der ArbN ist allerdings nicht verpflichtet, sich zur Art der Erkrankung und deren Ursache zu äußern, es sei denn, es handelt sich um eine Erkrankung, die Schutzmaßnahmen des ArbG für andere ArbN erforderlich machen oder um eine Fortsetzungserkrankung, die Einfluss auf die Entgeltfortzahlungspflicht hat. Die Benachrichtigung des AG hat **unverzüglich**, d. h. ohne schuldhaftes Zögern zu erfolgen, § 5 Abs. 1 S. 1 i.V.m. § 121 BGB. Der ArbN muss den Arbeitgeber so schnell informieren, wie ihm dies nach den Umständen des Einzelfalles möglich ist. Eine **besondere Benachrichtigungsform ist gesetzlich nicht vorgeschrieben**, vgl. aber Dörner, a.a.O., eine briefliche Anzeige genüge regelmäßig nicht, Staudinger/Oetker, § 616 BGB, RN 301; Ricken, in Rolfs/Giesen/Kreikebohm/Udsching, in Beck'scher Online-Kommentar, § 5 EFZG, RN 3; Gieseler, in Däubler/Hjort/Hummel/Wolmerath, Arbeitsrecht, EFZG § 5 RN 6 f. § 5 Abs. 2 EFZG enthält **Sonderregeln für den Fall der Erkrankung im Ausland**. Nach § 5 Abs. 2 S. 1 EFZG ist der Arbeitnehmer „verpflichtet, dem Arbeitgeber die Arbeitsunfähigkeit, deren voraussichtliche Dauer und die Adresse am Aufenthaltsort in der **schnellstmöglichen Art der Übermittlung mitzuteilen**". Nach § 5 Abs. 2 S. 3, 4 hat er die Arbeitsunfähigkeit und deren voraussichtliche Dauer bzw. Fortdauer der deutschen Krankenkasse anzuzeigen; abweichend davon bestimmen Art. 18 der Verordnung (EWG) Nr. 574/72 und zwischenstaatliche Sozialversicherungsabkommen wie das deutsch-türkische Abkommen über soziale Sicherheit nebst Durchführungsverordnung (abgedruckt, in: Plöger/Wortmann, Deutsche Sozialversicherungsabkommen mit ausländischen Staaten, XX, Türkei), dass sich der Arbeitnehmer an den ausländischen Sozialversicherungsträger zu wenden hat. Auch die deutschen Krankenkassen können dies festlegen (§ 5 Abs. 2 S. 5 EFZG). Auch die **Rückkehr aus dem Ausland ist unverzüglich anzuzeigen** (§ 5 Abs. 2 S. 7 EFZG). Zudem ist eine Arbeitsunfähigkeitsbescheinigung des ausländischen Arztes § 5 Abs. 1 EFZG erforderlich, Schaub, § 98 RN 180. Der in einem **Land außerhalb der EU ausgestellten Arbeitsunfähigkeitsbescheinigung** kommt der gleiche Beweiswert zu wie der deutschen Bescheinigung, sofern das Attest erkennen lässt, dass der **ausländische Arzt zwischen der „bloßen" Krankheit und der hieraus (nicht zwingend) resultierenden der Arbeitsunfähigkeit unterschieden hat**, BAG NZA 1997, 652 = NJW 1997, 1942; BAG, AP Nr. 4 zu § 5 EFZG = NZA 1998, 372, jeweils türkisches Attest). Die abgestufte Beweislast findet Anwendung. Die Verletzung der Mitteilungspflichten des § 5 Abs. 2 S. 1 EFZG kann je nach den Umständen des Einzelfalls dazu führen, dass der Beweis für das Vorliegen der krankheitsbedingten Arbeitsunfähigkeit als nicht erbracht anzusehen ist.

§ 8 EFZG[26/27]

• Vorübergehende Verhinderung aus persönlichem Grund (§ 616 BGB).[28]

---

[25] Ein Anspruch nach § 3 EFZG und § 11 MuSchG schließen sich aus. Maßgebend ist, ob es sich um eine zur AU führende Erkrankung („regelwidriger Zustand") handelt, dann ist diese und nicht das Beschäftigungsverbot für das Aussetzen der Erwerbstätigkeit maßgebend. Ist eine schwangerschaftsbedingte Gesundheitsgefährdung zu bejahen, greift § 11 MuSchG.

[26] Grundsätzlich endet der Anspruch auf Fortzahlung des vertraglichen Arbeitsentgeltes mit der Beendigung des Arbeitsverhältnisses §§ 3 Abs. 1 S. 1, 8 Abs. 2 EFZG. § 8 Abs. 1 durchbricht diesen Grundsatz: Kündigt der ArbG das Arbeitsverhältnis zu einem Zeitpunkt vor Ablauf der Arbeitsunfähigkeitsbescheinigung (AU), berührt dies nicht den Entgeltfortzahlungsanspruch. Dieser besteht bzw. läuft maximal sechs Wochen über den Zeitpunkt der Beendigung des Arbeitsverhältnisses hinaus. Die Kündigung aus Anlass der AU ist nicht einer unwirksamen Kündigung gleichgestellt. § 8 Abs. 1 S. 1 ist allerdings keine originäre Anspruchsgrundlage für den Entgeltfortzahlung. Sinn und Zweck der Vorschrift – der ArbG soll sich nicht seiner Entgeltfortzahlungspflicht entziehen können. Gleichzeitig soll der ArbN davor geschützt werden, während der Erkrankung eine neue Beschäftigung suchen zu müssen. Es wäre widersprüchlich, diesen Schutzzweck durch eine „Freistellung von den Pflichten" zu entlasten, BAGE 91, 372. Der ArbG kündigt dann aus Anlass der AU, wenn diese objektiv wesentliche Ursache für die Beendigung war. Auf die subjektiven Motive kommt es nicht an, BAG, 5 AZR 2/01. Die Kündigung erfolgt auch dann aus Anlass der AU, wenn der ArbG eine Störung des Betriebsablaufs durch schnelle Besetzung der Stelle vermeiden möchte, BAG, 1 AZR 40/71. Aus Anlass der AU kündigt der ArbG auch bei mit hinreichender Wahrscheinlichkeit bevorstehender AU. Darlegungs- und Beweislast: Kündigt der ArbG in Zusammenhang mit einer AU, spricht ein Beweis des ersten Anscheins dafür, dass die AU ursächlich war. Dafür spricht die allgemeine Lebenserfahrung, BAG, 2 AZR 270/09.

[27] Der Entgeltfortzahlungsanspruch bleibt auch dann bestehen, wenn der ArbN wegen eines vom ArbG zu vertretenden wichtigen Grundes kündigt § 8 Abs. 1 S. 2. Der Anspruch wird auch dann nicht berührt, wenn das Arbeitsverhältnis aus Anlass der AU durch Aufhebungsvertrag beendet wird. Dies gebietet der Schutzzweck der Entgeltfortzahlungspflicht.

[28] **Entgeltzahlung trotz fehlender Arbeit – kurzzeitige und persönliche Verhinderung** – Nach den Vorstellungen des Gesetzgebers regelt § 616 BGB als Ausdruck der **Fürsorgepflicht** des ArbG die Gefahr, dass er die Gegenleistung (Arbeitsleistung) nicht erhält, aber dennoch den vereinbarten oder tariflichen Lohn bezahlen muss § 611 BGB. Nach anderer Auffassung will der Gesetzgeber die **Rechtsfolgen aus § 326 Abs. 2 BGB bewusst korrigieren.** Nach § 326 Abs. 2 BGB behielte ein Dienstverpflichteter, der infolge einer Unmöglichkeit nach § 275 BGB von seiner Dienstpflicht freigeworden ist, seinen Anspruch auf Gegenleistung, also auf das Entgelt, nur dann, wenn der Dienstberechtigte diese Unmöglichkeit allein oder überwiegend verschuldet hat. In allen anderen Fällen ginge sein Anspruch auf Gegenleistung jedoch unter. Hat der Dienstberechtigte die Unmöglichkeit allein oder doch zumindest weit überwiegend zu vertreten – § 278 BGB, so verbleibt dem zur Dienstleistung Verpflichteten (ArbN) sein Anspruch auf die Gegenleistung bereits nach den allgemeinen Bestimmungen des § 326 Abs. 2 S. 1 BGB erhalten. § 616 BGB begründet **keine eigene Anspruchsgrundlage**; er vermag vielmehr nur für die in ihr besonders angesprochenen Situationen den Vergütungsanspruch des Arbeitnehmers aufrechtzuerhalten, Joussen, in Rolfs/Giesen/Kreikebohm/Udsching, Beck'scher Online-Kommentar, § 616 RN 1. Wenn die Verhinderung unverhältnismäßig lange andauert, entfällt der Lohnfortzahlungsanspruch vollständig; es kommt nicht zu einem Entfallen des Anspruchs nur für den unverhältnismäßigen Teil, Joussen, a.a.O., RN 45. Für die Beurteilung, ob die Leistungsverhinderung noch verhältnismäßig ist und ein Anspruch auf Fortzahlung der Vergütung nach § 616 BGB besteht, sind Art, Dauer und Schwere des Verhinderungsgrundes sowie die persönliche Situation des ArbN und gegebenenfalls zu betreuende Person zu berücksichtigen.

Folgen **mehrere Verhinderungen** aufeinander, so **erfolgt keine Zusammenrechnung**, wenn sie auf einem **jeweils anderen Grund** beruhen. Die Rechtsfolge des § 616 BGB tritt bei jedem Verhinderungsfall neu ein. Zwar kann ein Arbeitnehmer nach § 616 Abs. 1 S. 1 BGB nur dann Lohnfortzahlung verlangen, wenn er durch einen in seiner Person liegenden Grund an der Dienstleistung verhindert ist. Das Gesetz will nur klarstellen, dass sich alle Verhinderungsgründe auf denjenigen Arbeitnehmer beziehen müssen, der Lohnfortzahlung verlangt, nicht auf einen größeren Kreis von Arbeitnehmern.

Sachverhalt: Frau A ist seit 15.02.2009 im Sekretariat eines Dienstleistungsunternehmens tätig. Sie hat zwei Kinder. Der ArbG zieht ihr immer dann, wenn sie wegen Krankheit der Kinder nicht arbeiten kann, die Fehltage vom Lohn ab.

Das Vorgehen des ArbG verstößt gegen § 616 S. 1 BGB. Der zur Dienstleistung Verpflichtete wird des Anspruchs auf die Vergütung **nicht dadurch verlustig**, dass er für eine **verhältnismäßig nicht erhebliche Zeit** durch einen in **seiner Person** liegenden Grund **ohne sein Verschulden** an der Dienstleistung verhindert wird. § 616 BGB regelt die Vergütungsfortzahlung für Dienst- und Arbeitnehmer in den Fällen der Arbeitsverhinderung ohne Krankheit, in denen ein Leistungsverweigerungsrecht nach § 275 Abs. 3 BGB geltend gemacht werden. § 616 BGB enthält aus sozialpolitischen Erwägungen eine Ausnahme vom Grundsatz „ohne Arbeit kein Lohn". Der ArbN behält danach **trotz seiner Leistungsbefreiung**, die im Grundsatz aus §§ 275 Abs. 1 bis 3, 326 Abs. 1 S. 1 folgt, seinen Vergütungsanspruch. Systematisch regelt § 616 BGB die von keiner der beiden Vertragsparteien zu vertretende Leistungshindernisse. Rechtsgrundlage für das negative Verschuldenserfordernis, das weitgehend demjenigen im Entgeltfortzahlungsrecht in § 3 EFZG entspricht und in allen Entgeltfortzahlungsregelungen in gleicher Weise auszulegen ist, BAG, NJW 1984, 1704, ist der in § 254 verankerte Rechtsgedanke des Mitverschuldens und des **„venire contra factum proprium"** (Verbot widersprüchlichen Verhaltens), Hofmann, ZfA 1979, 280; Kühn, Die Anwendbarkeit des Grundsatzes „venire contra factum proprium" im Arbeitsrecht, NZA 2008, 1328 – der Vertrauensschutz gebietet es, die Interessen desjenigen, der zu Recht auf ein früheres Verhalten vertraut hat, höher zu bewerten, als die Interessen dessen, der verantwortlich unzutreffendes Vertrauen verursacht hat. § 616 BGB schließt als Sonderregelung die Anwendbarkeit des § 326 Abs. 1 S. 1 BGB aus. § 616 erfasst nicht nur die Fälle der tatsächlichen Unmöglichkeit, die geschuldete Dienstleistung zu erbringen, sondern auch die Tatbestände, in denen es dem Dienstverpflichteten aus **übergeordneten rechtlichen und sittlichen Gesichtspunkten** nicht **zumutbar** ist, seine Pflichten aus dem Dienstverhältnis zu erfüllen. § 616 ist eine **Anspruchserhaltungsnorm**, BAG, NJW 1984, 1704, die jedoch durch Individual- oder Tarifvertrag **abdingbar** ist. Anspruchsgrundlage für die Entgeltzahlung sind die §§ 611, 614 BGB.

§ 616 BGB setzt ein selbständige oder ein unselbständige Dienstverhältnis tatbestandlich voraus, Der Dienstverpflichtete darf nur für eine verhältnismäßig nicht erhebliche Zeit an der Dienstleistung verhindert sein. Nicht erheblich z. B. 5 Tage für die Pflege eines erkrankten Kindes, BAG NJW 78, 2317; Schulze, in HK-BGB, § 616 RN 5.

Für Heimarbeiter § 10 EFZG und für Auszubildende § 19 Abs. 1 Nr. 2b BBiG sind Sonderregelungen gegenüber § 616 vorrangig.

§ 616 BGB setzt einen **persönlichen Hinderungsgrund** (in der Person des Dienstverpflichteten liegende Gründe sind z. B. Krankheit (für Arbeitnehmer gilt als lex specialis das EFZG), Arztbesuche, Todesfälle v Familienangehörigen, die eigene Hochzeit oder die der Kinder **voraus**. Damit scheiden **objektive Leistungshindernisse** (keine persönlichen Hinderungsgründe sind beispielsweise Glatteis, Hochwasser oder Verkehrsstau. In diesen Fällen liegt ein objektives Leistungshindernis vor) aus. Entscheidend ist, dass der Hinderungsgrund aus der Sphäre des Dienstverpflichteten stammt.

Der Dienstverpflichtete darf nur für eine **verhältnismäßig nicht erhebliche Zeit** an der Dienstleistung verhindert sein. Es kommt auf das Verhältnis der Verhinderungszeit zur Gesamtdauer des Arbeitsverhältnisses unter Berücksichtigung der bereits verflossenen und noch zu erwartenden Verhinderungsdauer an.

- Mutterschutz (§ 11 Abs. 1 i.V.m. § 3 Abs. 1, 4, 6 Abs. 2 und 3 oder 8 MuSchG).[29/30]

Den zur Dienstleistung Verpflichteten darf an der Verhinderung der Dienstleistung kein Verschulden treffen. Das Verschulden muss sich auf den zur Verhinderung führenden Grund beziehen. Es muss ein grober Verstoß gegen das von einem verständigen Menschen im eigenen Interesse zu erwartende Verhalten vorliegen, dessen Folgen dann auf den Arbeitgeber abzuwälzen unbillig wäre. Nicht jede Verhinderung zur Erfüllung der Dienstpflichten begründet einen Anspruch nach § 616. Es müssen vielmehr **Hinderungsgründe in der persönlichen Sphäre** des Betroffenen bestehen. Dazu zählen auch unvorhergesehene Erkrankungen naher Angehöriger, die eine häusliche Pflege durch den ArbN erfordern. Sie gelten als persönliche Leistungshindernisse, bei **deren Eintritt der Vergütungsanspruch nicht untergeht.**[28] Das gilt regelmäßig für Kinder bis zur Altersgrenze des § 45 Abs. 1 SGB V. Sind beide Elternteile berufstätig, hat nur einer den Freistellungs- und Entgeltfortzahlungsanspruch, da die Pflege durch beide i.d.R nicht notwendig ist.

[29] Nach § 11 Abs. 1 MuSchG hat eine schwangere Arbeitnehmerin, soweit sie nicht Mutterschaftsgeld nach den Vorschriften der Reichsversicherungsordnung beziehen kann, Anspruch auf Weitergewährung ihres bisherigen Durchschnittsverdienstes, wenn sie wegen eines Beschäftigungsverbots nach § 3 Abs. 1 MuSchG mit der Arbeit aussetzt.
Die Pflicht der Arbeitnehmerin zur Arbeitsleistung wird durch das Verbot nach § 3 Abs. 1 MuSchG suspendiert.
Entgegen § 326 Abs. 1 BGB entfällt der Anspruch auf die Gegenleistung nicht. Vielmehr besteht für die gesamte Dauer des mutterschutzrechtlichen Beschäftigungsverbots ein Anspruch auf Mutterschutzlohn.
Gemäß § 3 Abs. 1 MuSchG dürfen werdende Mütter nicht beschäftigt werden, soweit nach ärztlichem Zeugnis Leben oder Gesundheit von Mutter oder Kind bei Fortdauer der Beschäftigung gefährdet ist. Für ein Beschäftigungsverbot sind der individuelle Gesundheitszustand und die konkrete Arbeitstätigkeit der schwangeren Arbeitnehmerin maßgebend. Es genügt, dass die Fortsetzung der Arbeit mit einer Gefährdung der Gesundheit von Mutter oder Kind verbunden ist. Unerheblich ist die Ursache der Gefährdung. Die Arbeitstätigkeit der Schwangeren oder ihr räumlicher Arbeitsbereich müssen nicht gesundheitsgefährdend sein. Ein Beschäftigungsverbot ist auch dann auszusprechen, wenn die Beschäftigung für andere Frauen unabhängig von einer Schwangerschaft keinerlei Gefährdung ergibt, aber im Einzelfall auf Grund der individuellen Verhältnisse der schwangeren Frau die Gesundheit von Mutter oder Kind gefährden würde. Unter dieser Voraussetzung können auch psychische Belastungen ein Beschäftigungsverbot begründen. Es greift aber erst ein, wenn der Arzt eine Gefährdung attestiert. Das ärztliche Zeugnis ist für das Beschäftigungsverbot konstitutiv, BAG, Urteil vom 07.11.2007, 5 AZR 883/06.
Der schriftlichen Bescheinigung nach § 3 Abs. 1 MuSchG kommt ein hoher Beweiswert zu. Die Arbeitnehmerin genügt ihrer Darlegungslast zur Suspendierung der Arbeitspflicht und zur Begründung eines Anspruchs aus § 11 Abs. 1 MuSchG zunächst durch Vorlage dieser ärztlichen Bescheinigung über das Beschäftigungsverbot. Der Arbeitgeber, der ein Beschäftigungsverbot nach § 3 Abs. 1 MuSchG anzweifelt, kann allerdings vom ausstellenden Arzt Auskunft über die Gründe verlangen, soweit diese nicht der Schweigepflicht unterliegen. Der Arzt hat dem Arbeitgeber sodann mitzuteilen, von welchen tatsächlichen Arbeitsbedingungen der Arbeitnehmerin er bei Erteilung seines Zeugnisses ausgegangen ist und ob krankheitsbedingte Arbeitsunfähigkeit vorgelegen hat. Legt die Arbeitnehmerin trotz Aufforderung des Arbeitgebers keine entsprechende ärztliche Bescheinigung vor, ist der Beweiswert eines zunächst nicht näher begründeten ärztlichen Beschäftigungsverbots erschüttert. Nur wenn der Arbeitgeber die tatsächlichen Gründe des Beschäftigungsverbots kennt, kann er prüfen, ob der Arbeitnehmerin andere zumutbare Arbeit zuweisen kann, die dem Beschäftigungsverbot nicht entgegensteht. **Das Mutterschutzgesetz hindert den Arbeitgeber auch nicht, Umstände darzulegen, die ungeachtet der medizini-**

- Mitglieder der Personalvertretungen (z.B. Betriebsrat) während deren Tätigkeit für das Organ der Betriebsverfassung (§ 37 Abs. 2, 6 und 7 BetrVG; § 95 Abs. 4 SGB IX).
- Besuch der Sprechstunde des Betriebsrates/einer Betriebsversammlung (§§ 39 Abs. 3, 44 Abs. 1 S. 2 BetrVG).

3. Störungen aus der Arbeitgebersphäre:

- Vom Arbeitgeber zu vertretender Ausschluss der Arbeitspflicht (§ 326 Abs. 2 BGB).
- Annahmeverzug des Arbeitgebers, § 615 S. 1/2 BGB.
- Betriebsrisikolehre, § 615 S. 3 BGB.[31]

---

schen Bewertung den Schluss zulassen, dass ein Beschäftigungsverbot auf unzutreffenden tatsächlichen Voraussetzungen beruht. Ist der Beweiswert des ärztlichen Zeugnisses erschüttert, steht nicht mehr mit der gebotenen Zuverlässigkeit fest, dass die Arbeitnehmerin im Sinne von § 11 Abs. 1 MuSchG „wegen eines Beschäftigungsverbots" mit der Arbeit ausgesetzt hat. Es ist dann ihre Sache, die Tatsachen darzulegen und gegebenenfalls zu beweisen, die das Beschäftigungsverbot rechtfertigen. Zur Beweisführung kann die Arbeitnehmerin ihren behandelnden Arzt von seiner Schweigepflicht entbinden und ihn als sachverständigen Zeugen für die Verbotsgründe benennen. Dann kommt erst der näheren ärztlichen Begründung gegenüber dem Gericht ein ausreichender Beweiswert zu, wobei das Gericht den Arzt mit den festgestellten Tatsachen konfrontieren muss. Wegen der Komplexität und Schwierigkeit der Materie wird vielfach eine schriftliche Auskunft des Arztes (§ 377 Abs. 3 ZPO) nicht genügen, sondern dessen persönliche Befragung durch das Gericht erforderlich sein. Das Gericht wird das nachvollziehbare fachliche Urteil des Arztes weitgehend zu respektieren haben, BAG, EzA MuSchG § 11 nF Nr. 23; Zmarzlik/Zipperer/Viethen/Vieß, MuSchG 9. Aufl. § 3 MuSchG, RN. 15.

[30] Das **zeitliche** § 3 MuSchG bzw. **die weiteren Beschäftigungsverbote** nach § 4 (aus arbeitsmedizinischen bzw. arbeitswissenschaftlichen Gründen ausgesprochene Beschäftigungsverbot) **suspendieren die Arbeitspflicht** der ArbN. Unberührt bleiben deren **Nebenpflichten**, etwa Wettbewerbsverbot. Die ArbN hat **Anspruch auf Fortzahlung des Arbeitsentgeltes** nach § 11 MuSchG. Auszugleichen ist der wegen des Beschäftigungsverbotes ausfallende Verdienst. Das Beschäftigungsverbot muss alleinige Ursache für den Verdienstausfall bzw. das Aussetzen der Arbeit sein, BAG, NZA 2002, 738; BSG, NZA-RR 2000, 44.

[31] § 615 S. 3 verlagert das Risiko einer zufälligen Betriebsstörung und legt dem ArbG das **Risiko des Arbeitsausfalls** auf, BAG, NJW 1981, 937. Daran knüpft sich die Frage, wer das **Entgeltrisiko** trägt, dass die vereinbarte und geschuldete Arbeitsleistung wegen höherer Gewalt oder Eingriffen Dritter nicht erbracht werden kann. Sind die Arbeitsausfälle der Sphäre des ArbG zuzurechnen, muss er die Vergütung fortzahlen, obwohl weder Annahmeverzug noch schuldhaftes Handeln vorliegt. Das vom ArbG zu tragende Betriebsrisiko umfasst alle Umstände, die der ArbG nicht zu vertreten hat, die aber die Entgegennahme der Arbeitsleistung verhindern. Erfasst werden damit die Fälle, in denen der ArbG die ArbN aus betriebstechnischen Gründen nicht beschäftigen kann: Naturkatastrophen, widrige Witterungsverhältnisse, Brand, Stromausfall oder Mangel an Rohstoffen, Schließung des Betriebes durch behördliche Erlaubnis, BAG, NZA 1999, 1166; NZA 1991, 519. Das **Betriebsrisiko** ist vom allgemeinen Lebensrisiko des ArbN abzugrenzen. Er trägt das **Wegerisiko**. Kann er wegen Verkehrsstörungen, Smogalarm oder Flugasche den Arbeitsplatz nicht erreichen, entfällt der Vergütungsanspruch. Dies gilt selbst dann, wenn der ArbG auf freiwilliger Basis einen Werkbus einsetzt, der wegen Eisglätte nicht fahren kann, BAG, 4 AZR 134/80.

Hier stellt sich das Problem der Abgrenzung von Unmöglichkeit und (Annahme-) Verzug beim Arbeitsverhältnis.

8.2. Reichweite und Wirkungen der Klagefrist des § 4 KSchG[32]

Rechtsverluste durch Fristversäumnisse ziehen oftmals haftungsrechtliche Konsequenzen nach sich. Besonders haftungsträchtig sind solche Fehler, die zur Wirksamkeit einer – möglicherweise – angreifbaren Kündigung führen. Die im Kündigungsschutzgesetz geregelte Klagefrist für Kündigungen ist daher in jedem Fall zu wahren, zumal das Bundesarbeitsgericht mit einer neueren Entscheidung die Reichweite der Frist weiter ausgedehnt hat. Die nachfolgenden Ausführungen geben einen Überblick über die praxisrelevanten Konstellationen nebst Hinweisen zum Vorgehen.

8.2.1. Zweck der Klagefrist[33]

Dem arbeitsrechtlichen Verfahrensrecht wohnt der Grundsatz der einverständlichen Einigung inne, um Rechtsfrieden zu schaffen und streitige Entscheidungen zu minimieren. Eine **rechtliche Befriedung** soll auch **durch kurze Klagefristen** erreicht werden, um Unsicherheiten über die Wirksamkeit von Kündigungen zu vermeiden.[34] Nach der in § 4 KSchG normierten Klagefrist[35] müssen **binnen drei Wochen** nach

---

[32] Fuhlrott, ArbRAktuell 2010, 309301 = ArbRAktuell 2010, 518.

[33] Arbeitsgericht Mannheim
In Sachen
A.K. – **Klägerin** –
Prozessbevollmächtigter:
gegen
die Firma Sander – **Beklagte** –
wegen Unwirksamkeit einer Kündigung wird beantragt,
festzustellen, dass das Arbeitsverhältnis durch die Kündigung vom 22.03.2010 zugegangen am 23.03.2010 nicht aufgelöst worden ist
festzustellen, dass das Arbeitsverhältnis auch nicht durch andere Beendigungstatbestände endet, sondern dass es über den 30.04.2010 hinaus fortbesteht;
die Beklagte zu verurteilen, die Klägerin zu den bisherigen Bedingungen als Angestellte für die von ihr betriebene Werksküche im Gebäude der Firma Borg & Warner, in Ketsch, über den Ablauf der Kündigungsfrist hinaus weiterzubeschäftigen;
die Beklagte zur Fortzahlung des Lohns im Krankheitsfall zu verurteilen.

[34] Vgl die Gesetzesbegründung v. 24.06.2003, BT-Drs. 15/1204, S. 9 f. zur Neufassung des § 4 KSchG.

[35] BAG-Urteil vom 26.3.2009 – 2 AZR 403/07, NZA 2009, 1146 ff. mit Anm. Salamon, ArbRAktuell 2009, 287188 – Die Rechtswirksamkeit der außerordentlichen Kündigung folgt nicht aus §§ 7, 13 Abs. 1 S. 2 KSchG. Die Klagefrist des **§ 4 Satz 1 KSchG ist nicht anwendbar, wenn**

Zugang der schriftlichen Kündigung die Sozialwidrigkeit oder etwaige andere Unwirksamkeitsgründe geltend gemacht werden. Versäumt der Arbeitnehmer diese
Frist, wird die Rechtswirksamkeit der Kündigung fingiert, § 7 KSchG. Die Klagefrist des § 4 KSchG stellt damit eine prozessuale Klagerhebungsfrist dar, an deren
Versäumung materiell-rechtliche Folgen geknüpft werden. Eine Kündigungsschutzklage ist damit zwar nicht unzulässig, aufgrund der Wirksamkeitsfiktion gleichwohl
unbegründet.

8.2.2. Geltungsbereich

Die dreiwöchige Klagefrist gilt für **alle Arten von schriftlichen Kündigungen:**
Umfasst werden sowohl **ordentliche** und **außerordentliche** Beendigungskündigungen (§ 13 Abs. 1 S. 2 KSchG), als auch **Änderungskündigungen** in ordentlicher
und außerordentlicher Form sowie **Teilkündigungen.** Ferner kommt es nicht darauf
an, ob die persönlichen (Wartezeit, § 1 Abs. 1 KSchG) und sachlichen Tatbestandsvoraussetzungen (Betriebsgröße, § 23 KSchG) des Kündigungsschutzgesetzes erfüllt
sind, da § 4 KSchG in seiner Fassung seit dem 01.01.2004[36] die Klagefrist
grundsätzlich auf alle Unwirksamkeitsgründe erstreckt. Bei **Berufsausbildungsver-**
hältnissen sind einschränkend die Besonderheiten des § 111 Abs. 2 ArbGG zu
beachten, sofern entsprechende Ausschüsse bestehen. Ebenfalls sieht § 24 Abs. 2

---

der Arbeitnehmer einen Mangel der Vertretungsmacht des Kündigenden geltend macht.
Gem. § 4 Satz 1 KSchG muss der Arbeitnehmer zwar die Rechtsunwirksamkeit einer Kündigung
aus „sonstigen Gründen" innerhalb der Klagefrist geltend machen. § 4 Satz 1 KSchG bezweckt
aber Rechtssicherheit für den Arbeitgeber, der nach Ablauf der Klagefrist darauf vertrauen dürfe,
dass eine von ihm ausgesprochene Kündigung das Arbeitsverhältnis aufgelöst habe. Eine **Kündi-**
gung durch einen Dritten wie einen vollmachtlosen Vertreter oder einen Nichtberechtigten sei
dem Arbeitgeber nicht zurechenbar und in den Schutzzweck des § 4 Satz 1 KSchG nicht einbezogen. Bei der Kündigung eines Nichtberechtigten besteht nicht einmal ein Anschein, dass der
Nichtberechtigte als Vertreter des Arbeitgebers auftritt. Dies gilt insbesondere für die in der Praxis nicht seltenen Kündigungen durch den „falschen Arbeitgeber". Das **BAG stellt jedoch die**
Kündigung jedes vollmachtlosen Vertreters gleich. Dies trifft auch Kündigungen durch Mitarbeiter des Arbeitgebers, deren Vertretungsmacht sich nicht aus der Stellung für den Arbeitgeber
ergibt (Organe, Prokuristen, üblich Kündigungsberechtigte wie Personalleiter). Von der **Nach-**
weisbarkeit der Kündigungsvollmacht hängt der Lauf der Klagefrist und damit die gerichtliche
Überprüfung der Kündigung unter allen rechtlichen Gesichtspunkten ab. Die Beweislast für die
Einhaltung der Klagefrist trägt zwar der Arbeitnehmer. Die **Vertretungsmacht ist jedoch regel-**
mäßig eine Frage der Binnenorganisation des Arbeitgebers, so dass eine **sekundäre Darle-**
gungslast des Arbeitgebers nahe liegt. Die Genehmigung der Kündigung eines vollmachtlosen
Vertreters oder Nichtberechtigten kann gem. §§ 180, 177 BGB gegenüber dem Vertreter oder
dem Arbeitnehmer erklärt werden. Ersteres ist für den Arbeitnehmer nicht erkennbar, so dass der
Fristbeginn mit subjektiven Unsicherheiten behaftet ist. Für den Arbeitnehmer bleibt ggf. der Versuch einer nachträglichen Klagzulassung gem. § 5 KSchG.

[36] BGBl. 2003 I S. 3002 ff.

KSchG eine Fristverlängerung für Besatzungsmitglieder von Schiffen und Luftfahr-zeugunternehmen vor, die sich auf Reise befinden. **Andere Unwirksamkeitsgründe** neben der Sozialwidrigkeit können insbeson-dere Kündigungen sein, die im Widerspruch zum **Maßregelungsverbot** (§ 612a BGB) erfolgen, gegen Treu und Glauben (§ 242 BGB) oder die Beteiligungsrechte des Betriebsrats (§ 102 BetrVG) verstoßen, ferner Kündigungen, die unter Nichtbe-achtung tarifvertraglicher bzw. vertraglicher Kündigungsschutzvorschriften oder sonstiger Arbeitnehmerschutzvorschriften (z. B. § 613a Abs. 4 BGB) ausgesprochen worden sind.[37] Die Klagefrist gilt nur für Kündigungen; auf **Abmahnungen**[38] oder andere arbeitgeberseitige Maßnahmen kann die Klagefrist nicht angewendet werden.

---

[37] Zu weiteren Beispielen und Nachweisen vgl etwa Kiel, in ErfK, 10. Aufl., 2010, § 4 KSchG, RN 4.

[38] Bei der **Abmahnung, die nunmehr in § 314 Abs. 2 BGB gesetzlich verankert wurde, handelt es sich um die Ausübung eines arbeitsvertraglichen Gläubigerrechts** durch den Arbeitgeber. Als Gläubiger der Arbeitsleistung weist er den Arbeitnehmer als seinen Schuldner auf dessen vertragliche Pflichten hin und macht ihn auf die Verletzung dieser Pflichten aufmerksam (**Rüge-funktion**). Zugleich fordert er ihn für die Zukunft zu einem vertragstreuen Verhalten auf und kündigt, wenn ihm dies angebracht erscheint, individualrechtliche Konsequenzen für den Fall ei-ner erneuten Pflichtverletzung an (Warnfunktion), vgl. BAG, NZA 2002, 288 = NJOZ 2002, 603 = EzBAT BAT § 11 Nr. 10; BAG, NZA 1997, 145 = AP BGB § 611 Nebentätigkeit Nr. 2; Staudinger/Preis, § 626 BGB RN 105; Schlachter, NZA 2005, 433, 435. Eine Abmahnung sei im Rahmen der Verhältnismäßigkeitsprüfung nur auf einen Verstoß gegen das Übermaßverbot und auf Rechtsmissbrauch zu überprüfen. Die – wie von Teilen der Literatur und Rechtsprechung ge-fordert – an der **Erforderlichkeit zu messende Verhältnismäßigkeitsprüfung** würde unter an-derem zu einer erheblichen Rechtsunsicherheit führen, LAG Schleswig-Holstein (11.05.2004), NZA-RR 2005, 244. Die Berechtigung einer Abmahnung sei nur insoweit nach dem Verhältnis-mäßigkeitsgrundsatz zu prüfen, als Form und Umstände der Abmahnung gemeint sind. Ob die Abmahnung als solche eine Überreaktion darstellt, unterliegt nicht der gerichtlichen Kontrolle, LAG Schleswig-Holstein (29.11.2005), NZA-RR 2006, 180. Schon danach ließe sich die vom Ar-beitgeber im Fall, den der 2. Senat des BAG am 27.11.2008 entschied, erteilte Abmahnung noch als wirksam ansehen, so Hunold, a.a.O. Eine **Abmahnung, die inhaltlich klar genug bestimmt ist, jedoch formalen Anforderungen an den Ausspruch einer Abmahnung (z.B. Anhörung des Betroffenen vor Aufnahme in die Personalakte) nicht genügt, kann die Warnfunktion erfüllen.** Somit ist die rechtskräftige Verurteilung des Arbeitgebers zur Entfernung einer Abmah-nung aus der Personalakte dann kein Hinderungsgrund zum Ausspruch einer verhaltensbedingten Kündigung, wenn diese Verurteilung auf Grundlage formeller Fehler der Abmahnung erfolgt. Die Frage der inhaltlich ausreichenden Bestimmtheit einer Abmahnung ist folglich unabhängig von weiteren Rechtmäßigkeitsvoraussetzungen der Abmahnung selbst zu prüfen, so Müller, ArbR-Aktuell 2009, 290105. Eine **Abmahnung ist aus der Personalakte zu entfernen**, wenn sie statt eines konkret bezeichneten Fehlverhaltens nur pauschale Vorwürfe enthält. Die Anforderungen an die Konkretisierung der in einer Abmahnung enthaltenen Rüge müssen sich an dem orientieren, was der Arbeitgeber wissen kann. Bei der quantitativen Minderleistung sind dies die Arbeitser-gebnisse und deren erhebliches Zurückbleiben hinter den Leistungen vergleichbarer Arbeitneh-mer, verbunden mit der Rüge des Arbeitgebers, dass aus seiner Sicht der Arbeitnehmer seine Leistungsfähigkeit pflichtwidrig nicht ausschöpft, BAG, Urteil vom 27.11.2008 – 2 AZR 675/07, NZA 2009, 842 ff. mit Anm. Hunold.

Eine analoge Anwendung widerspräche zudem der mit der Neufassung und Erweiterung der Vorschrift bezweckten Rechtssicherheit.[39]

---

[39] Seit der Entscheidung des Großen Senats des BAG im Jahre 1985 (BB 1985, 1978) spielt der auf den **allgemeinen Weiterbeschäftigungsanspuch** gestützte Beschäftigungsantrag in der arbeitsrechtlichen Praxis eine bedeutende Rolle, Bengelsdorf, NZA 2005, 277. Der Arbeitnehmer hat als Ausfluss seines Persönlichkeitsrechts auch nach Ausspruch einer Kündigung und nach Ablauf der Kündigungsfrist Anspruch auf Weiterbeschäftigung, wenn durch ein erstinstanzliches Urteil die Unwirksamkeit der Kündigung (oder sonstigen Beendigung des Arbeitsverhältnisses) festgestellt wurde. Es ist allgemein üblich, die Weiterbeschäftigung während des Prozesses bereits mit dem Kündigungsschutzantrag, im Wege der Klagehäufung, geltend zu machen. Mit der frühen Antragstellung werden **dem Arbeitgeber zuweilen Möglichkeiten eröffnet, mit einem Beschäftigungsangebot für die ungewisse Dauer des Rechtsstreits, dem Verzugslohnrisiko zu entgehen.** Außer im Falle einer offensichtlich unwirksamen Kündigung begründet die Ungewissheit über den Ausgang des Kündigungsprozesses ein schutzwertes Interesse des Arbeitgebers an der Nichtbeschäftigung des gekündigten Arbeitnehmers für die Dauer des Kündigungsprozesses. Dieses überwiegt in der Regel das Beschäftigungsinteresse des Arbeitnehmers **bis zu dem Zeitpunkt, in dem im Kündigungsprozess ein die Unwirksamkeit der Kündigung feststellendes Urteil ergeht.** Solange ein solches Urteil besteht, kann die Ungewissheit des Prozessausgangs für sich allein ein überwiegendes Gegeninteresse des Arbeitgebers nicht mehr begründen. Dann müssen **zusätzliche Umstände hinzu kommen, aus denen sich im Einzelfall ein überwiegendes Interesse des Arbeitgebers ergibt,** den Arbeitnehmer nicht zu beschäftigen. Dies gilt allerdings dann nicht, wenn der Arbeitgeber eine neue, nicht offensichtlich unwirksame Kündigung ausgesprochen hat. Der arbeitsvertragliche Beschäftigungsanspruch kann im Klagewege geltend gemacht werden. Eine **Aussetzung des Verfahrens bis zum rechtskräftigen Abschluss eines anhängigen Rechtsstreits über die Wirksamkeit der Kündigung ist nicht zwingend.** Ist die Wirksamkeit einer Kündigung nach den Vorschriften des Kündigungsschutzgesetzes zu beurteilen, so darf einer Beschäftigungsklage nur stattgegeben werden, wenn ein Gericht für Arbeitssachen auf eine entsprechende Kündigungsschutzklage des Arbeitnehmers hin festgestellt hat oder gleichzeitig feststellt, dass das Arbeitsverhältnis durch die Kündigung nicht aufgelöst worden ist. Hat **die Kündigungsschutzklage allerdings im Laufe des weiteren Verfahrens keinen Erfolg,** besteht ein Vergütungsanspruch nur nach Bereicherungsrecht, insbesondere also nicht für Urlaubszeiten und dergleichen. Widerspricht der Betriebsrat einer ordentlichen Kündigung, hat der Arbeitnehmer gem. **§ 102 BetrVG einen betriebsverfassungsrechtlichen Weiterbeschäftigungsanspruch** bis zur rechtskräftigen Entscheidung über die Wirksamkeit der Kündigung. Das in § 102 Abs. 5 BetrVG geregelte auflösend bedingte Weiterbeschäftigungsverhältnis entsteht gegen den Willen des Arbeitgebers und ohne sein Zutun, d. h. ohne vertragliche Befristungs-/Bedingungsabrede, allein durch die Ausübung des Gestaltungsrechts seitens des Arbeitnehmers. In diesem Fall wird – wenn nicht die Kündigung als unwirksam festgestellt wird – ein **echtes Arbeitsverhältnis mit vollen Rechten des Arbeitnehmers für die Dauer des Prozesses begründet.** Vereinbaren die Parteien nach Ausspruch einer Kündigung die befristete Weiterbeschäftigung des Arbeitnehmers nach Ablauf der Kündigungsfrist bis zum rechtskräftigen Abschluss des Kündigungsschutzprozesses, bedarf die Befristung nach § 14 Abs. 4 TzBfG zu ihrer Wirksamkeit der Schriftform, BAG, Urteil vom 22.10.2003 – 7 AZR 113/03, NJW 2004, 3586 ff. Für die Praxis ist das Urteil aber sehr bedeutend, zumal **auch ein auflösend bedingter Arbeitsvertrag,** etwa bei Bezugnahme auf die rechtskräftige Abweisung einer Kündigungsschutzklage **in einer Weiterbeschäftigungsvereinbarung, der Schriftform bedarf** (§ 21 i.V. mit § 14 Abs. 4 TzBfG). Arbeitgeber müssen also unbedingt eine schriftliche Vereinbarung mit einem gekündigten Arbeitnehmer treffen, wenn sie ihn während des Prozesses weiterbeschäftigen wollen. Sittard/Ulbrich: Die Prozessbeschäftigung und das TzBfG, RDA 2006, 218 ff. – Dem **Gesetzgeber geht es bei dem Schriftformerfordernis primär um ein größtmögliches Maß an Rechtssicherheit.**

8.2.3. Fristberechnung

1. Grundsätzliches

Zur Berechnung der dreiwöchigen Klagefrist gelten die allgemeinen **Vorschriften des BGB** zu Fristen, §§ **187, 193 BGB.** Maßgeblich für den Fristbeginn ist der **Zugang der Kündigung.** Da der Tag des Zugangs der Kündigungserklärung nicht mitzurechnen ist (§ 187 Abs. 1 BGB), ist z. B. für eine am Dienstag, 09.11.2010 zugegangene Kündigung bis spätestens Dienstag, 30.11.2010, 24.00 Uhr, Klage zu erheben. Die Frist endet damit immer mit Ablauf des Wochentags, der in seiner Benennung dem Tag entspricht, an dem die Kündigung zugegangen ist (§ 188 Abs. 2 Bei Fristende an einem Samstag, Sonn- oder Feiertag endet die Frist mit Ablauf des nächsten Werktages (§ 193 BGB).

Für die Frage des Zugangs an sich gelten die allgemeinen Regelungen des BGB, wobei eine Erklärung dann zugegangen ist, wenn diese in den **Machtbereich des Empfängers** gelangt ist und die **Möglichkeit der Kenntnisnahme** besteht. Höchstrichterlich durch das BAG ist bislang allerdings noch nicht entschieden, ob Briefe, die am Nachmittag bei dem Empfänger im Hausbriefkasten eingehen, noch am gleichen Tag als zugegangen gelten. Während die zivilgerichtliche Rechtsprechung auch noch am Nachmittag eingeworfene Schreiben mit Begründung auf die an vielen Orten auch nachmittags noch eingehende Post privater Briefdienstleister hinweist, ist die arbeitsgerichtliche Rechtsprechung strenger und orientiert sich an der **Postausteilungszeit der Deutschen Post AG** im konkreten Zustellbezirk. Um sicherzugehen, sollten Kündigungen, bei denen es auf den Tag des Ausspruchs ankommt und die nicht mit der Deutschen Post AG zugestellt werden, idealerweise am frühen Vormittag in den Hausbriefkasten des Empfängers eingeworfen werden.

Praxishinweis: Da bei der Zustellung einer Kündigung per „Einschreiben mit Rückschein" der Zugang der Kündigung bei Nichtantreffen des Empfängers erst mit Abholung des Einschreibens bei der Post erfolgt, kommt dem Einschreiben mit Rückschein bei der Zustellung von Kündigungen keine wesentliche Bedeutung mehr zu. Sofern allerdings – was der Regelfall sein dürfte – eine Zustellung der Kündigung per Fremdboten eines Kurierdienstes erfolgt, besteht stets die Gefahr, dass aufgrund der tendenziell hohen Fluktuation in Kurierunternehmen ein benötigter Zeuge später nicht mehr zur Verfügung steht. Von daher ist aus Arbeitgebersicht –

Das Ende des Arbeitsverhältnisses soll eindeutig und beweisbar feststehen. Dieser Aspekt greift auch im Rahmen von Prozessbeschäftigungen: es kommen unterschiedliche Beendigungszeitpunkte in Betracht. Die **Beweis- und Klarstellungsfunktion sowie eingeschränkt auch die Warnfunktion** für den Arbeitnehmer und der **bezweckte Schutz vor Übereilung** können durch die schriftliche Abfassung klarstellend aufgezeigt werden.

nach der persönlichen Übergabe gegen Empfangsquittung – die Übergabe durch einen Mitarbeiter der Personalabteilung oder einen firmeneigenen Boten die vorzugswürdigste Möglichkeit.

8.2.4. Klagezustellung nach Fristablauf

Zu beachten ist jedoch, dass die Dreiwochenfrist auf die **Erhebung der Klage** abstellt. Die Klageerhebung erfolgt durch Zustellung der Klage, §§ 46 Abs. 2, 253 Abs. 1 ZPO. Dies wird in den seltensten Fällen binnen drei Wochen geschehen, da oftmals die Klagefrist ausgeschöpft und eine Klage erst gegen Ablauf der Frist vor dem Arbeitsgericht eingereicht wird, so dass die Zustellung an den Arbeitgeber mithin erst nach Ablauf der Klagefrist erfolgt. Die bloße **Einreichung bei Gericht genügt** allerdings gemäß § 167 ZPO, wenn die Klage „demnächst" zugestellt wird. Etwaige Verzögerungen im gerichtlichen Verfahrensgang sind daher dem Kläger nicht anzulasten, wenn diesen hieran kein Verschulden trifft. Wird die Zustellung allerdings z. B. durch unzutreffende Adressangaben oder sonstiges **Fehlverhalten des Klägers** oder des diesem gemäß § 85 Abs. 2 ZPO zuzurechnenden **Prozessbevollmächtigten**[40] verzögert, kann die Frist verstrichen sein und die Rechtmäßigkeit

---

[40] Eine **Vertretung ohne Vertretungsmacht** § 180 S. 1 ist bei einem einseitigen Rechtsgeschäft (ein einseitiges Rechtsgeschäft wird von einem einzigen Rechtssubjekt vorgenommen, z.B. Anfechtung, Kündigung, Vollmachterteilung, Aufrechnung und Auslobung) wie der Kündigung **nicht zulässig**. Hat der Kündigungsberechtigte die vom Kündigenden behauptete, tatsächlich aber fehlende Vertretungsmacht **nicht beanstandet** oder ist er **nach Kenntnis der fehlenden Kündigung nachträglich einverstanden,** dann finden die Vorschriften über Verträge gemäß § 177 BGB Anwendung, Fiebig, a.a.O., Einleitung, RN 77. § 180 S. 1 BGB verhindert den Schwebezustand der eintreten würde, wenn ein einseitiges Rechtsgeschäft von einem Vertreter ohne Vertretungsmacht vorgenommen werden dürfte. Der Empfänger der Willenserklärung würde bis zur Genehmigung oder deren Verweigerung im Ungewissen über den Eintritt der Rechtsfolgen bleiben, Dörner, HK-BGB, § 180 RN 1. Der Empfänger der Kündigung kann **den Kündigungsberechtigten auffordern,** ihm gegenüber die Genehmigung zu erteilen § 177 Abs. 2 BGB. Eine ohne Vollmacht des Arbeitgebers ausgesprochene Kündigung kann vom Arbeitgeber **nachträglich genehmigt werden** und ist dann auch diesem zurechenbar, KR-Friedrich, 9. Aufl., § 13 KSchG RN 358; Henssler/Willemsen/Kalb (HWK) /Quecke, 3. Aufl., § 4 KSchG RN 7; Raab, RdA 2004, 321 (324); Bender/Schmidt, NZA 2004, 358 (362); Hanau, ZIP 2004, 1169 (1175); Ulrici, DB 2004, 250 (251). Die **Genehmigung wirkt ex tunc** § 184 Abs. 1, Fiebig, RN 77; Dörner, § 180 RN 5. Krit. die dogmatischen Schwächen Lorenz, ZRP 2009, 214 ff. – das BGB sehe eine Beendigung des Schwebezustands durch bloßen Zeitablauf nicht vor. Eine Verwirkung der Genehmigungsfähigkeit wegen illoyal verspäteter Rechtsausübung müsste gerichtlich geltend gemacht werden, so dass dies eine längere schwebende Rechtsunsicherheit zur Folge hätte. Die einseitige Beschränkung auf gesetzliche Zustimmungserfordernisse ließe sich nicht rechtfertigen. Ein sachlicher Unterschied zu rechtsgeschäftlich vereinbarten Zustimmungserfordernissen (keine Rückwirkung) sei nicht erkennbar.
Die Genehmigung kann ausdrücklich oder konkludent nur innerhalb von **zwei Wochen nach Zugang der Aufforderung** erfolgen. Durch die Fristbindung soll Klarheit über die Wirksamkeit der

der Kündigung fingiert werden. Nach der Rechtsprechung[41] kann bei einer durch den Kläger verursachten Verzögerung von mehr als 14 Tagen eine Zustellung als verspätet angesehen werden; das LAG Berlin-Brandenburg hat diesen 14-Tages-Zeitraum jüngst bestätigt, eine später erfolgende Zustellung als ungenügend angesehen und die Kündigung bereits wegen Fristversäumung der Klagerhebung als wirksam angesehen.[42] **Praxishinweis:** Verspätet zugestellte Klagen sollten von allen Verfahrensbeteiligten im Hinblick auf den Verspätungsgrund geprüft werden. Liegt ein solcher z. B. in der verschuldeten Falschadressierung, so sollte der Arbeitnehmvertreter vorsorglich die nachträgliche Zulassung der Klage beantragen, der Arbeit-

---

Kündigungserklärung geschaffen werden. Unterbleibt die Genehmigung, gilt sie als verweigert. Bis zur Erteilung der Genehmigung ist die **Kündigungserklärung schwebend unwirksam**. Dennoch sind die Parteien verpflichtet, alles zu unterlassen, was die Genehmigungserteilung gefährden würde. Die Genehmigungserteilung macht das schwebend unwirksame Rechtsgeschäft voll wirksam, Dörner, § 184 RN 6. **Unverzügliche Zurückweisung der Kündigungserklärung wegen fehlender Vollmachtsurkunde,** LAG Mecklenburg-Vorpommern, NZA-RR 2009, 528 ff. – **Unverzüglich ist die Zurückweisung einer Kündigung** nach § 174 BGB wegen fehlender Vorlage einer Vollmachtsurkunde nach der Definition in § 121 Abs. 1 BGB, wenn sie „ohne schuldhaftes Zögern" erfolgt ist. Dabei handelt es sich um einen unbestimmten Rechtsbegriff, der unter Berücksichtigung des Kontextes, in dem er jeweils verwendet wird, ausgelegt werden muss, Singer, in: Staudinger, BGB, § 121 RN 8. „Unverzüglich" bedeutet nicht „sofort". Vielmehr hat der Zurückweisende die Erklärung lediglich so rechtzeitig abzugeben, wie ihm dies unter den gegebenen Umständen und unter Berücksichtigung der Interessen des anderen Teils an alsbaldiger Aufklärung möglich und zumutbar ist, Singer, in: Staudinger, § 121 BGB RN 9. Daraus folgt, dass es **keine absoluten Grenzen gemessen in Kalendertagen gibt**. Vielmehr ist in jedem Einzelfall zu prüfen, ob der Zurückweisungsberechtigte die notwendigen Schritte bis zur Zurückweisung zügig gegangen ist. Mit der Zurückweisung einer Kündigung wegen Nichtvorlage einer Vollmacht beschäftigt sich auch das BAG, NZA 2007, 377 m. Anm. in NJW – Spezial 2007, 181. Ulrici, BB 2009, 2150ff weist kritisch darauf hin dass nicht nachvollziehbar sei, warum das BAG teleologisch den § 4 S. 1 KSchG nicht in Bezug auf § 174 BGB reduziert habe. **Die Beanstandung i. S. von § 180 entspricht der Zurückweisung nach § 174 BGB.** Die Regelung des § 174 trägt gerade dem Umstand Rechnung dass der Erklärungsempfänger nicht sicher weiß, ob der Erklärende vertretungsbefugt sei. Tragender Gedanke der teleologischen Reduktion des § 4 S. 1 KSchG ist, dass die Unwirksamkeitsgründe in den Fällen der §§ 180, 177 BGB nach ihrer Schutzrichtung in Bezug auf eine gegenüber dem ArbN ausgesprochene Kündigung nicht nur vom ArbN, sondern auch vom ArbG geltend gemacht werden können. Gallner, § 4 KSchG, RN 132 a hält es im Hinblick auf die zeitliche Handlungsmöglichkeit bei fehlendem Vollmachtsnachweis und dem erkennbaren Beschleunigungswillen des Gesetzgebers Rechtssicherheit zu schaffen für zumutbar, fristgerecht Klage zu erheben. Dies benachteilige den Empfänger der Kündigung nicht unbillig. Dem kann m. E. nicht gefolgt werden, da bei Nichtvorlage nicht feststellbar ist, ob tatsächlich eine Vollmacht erteilt worden war. Die Nichtvorlage ist dem Nichtbestehen der Vollmacht vergleichbar, a. A. Fornasier/Werner, a.a.O., S. 27333 **Beurteilungsschwierigkeiten des ArbN stellen keine hinreichenden Grund** dar Zurückweisung und Beanstandung gleich zu behandeln, schließlich solle die Präklusionswirkung der §§ 4,7 KSchG **den ArbG und dessen Selbstbestimmungsrecht schützen**.

[41] BAG, NZA 2002, 999.
[42] LAG Berlin-Brandenburg 19.04.2010, 13 Sa 1919/09.

gebervertreter unter Hinweis auf die genannten Urteile den Ablauf der Klagfrist rügen.

8.2.5. Einzelfälle und Fallstricke

Die Klagefrist und die im Falle der Nichterhebung der Klage hieraus resultierende Fiktionswirkung des § 7 KSchG gelangen jedoch nicht in allen Konstellationen zur Anwendung. Nachfolgend werden die für die Praxis wichtigsten Beispiele dargestellt, differenzierend danach, ob die Rechtmäßigkeitsfiktion eintritt oder nicht.

1. Eintritt der Rechtmäßigkeitsfiktion

- Verspätete Stellungnahme des Betriebsrates:
  Gemäß § 4 S. 3 KSchG soll der Arbeitnehmer im Falle der Einspruchseinlegung gegen die Kündigung beim Betriebsrat nach § 3 KSchG der Klage dessen Stellungnahme beifügen. Ein Verstoß gegen diese Verpflichtung ist ohne Auswirkungen auf die Zulässigkeit der Klage. Ebenfalls führt eine etwaige verspätete Stellungnahme des Betriebsrates nicht zu einer Fristverlängerung der Klagefrist für den Arbeitnehmer.
- Verstoß der Kündigung gegen §§ 17 f. KSchG:
  Unterbleibt die vor Ausspruch der Kündigung vorzunehmende Anzeige in Fällen anzeigepflichtiger Entlassungen[43] tritt ebenfalls bei fehlender Klageerhebung die Fiktion ein, da die fehlende Anzeige einen Unwirksamkeitsgrund i.S.v § 4 KSchG darstellt.
- Verstoß der Kündigung gegen § 613a Abs. 4 BGB:
  Auch ein Verstoß gegen § 613a Abs. 4 (Kündigung wegen Betriebsübergangs) hindert nicht die Fiktionswirkung des § 7 KSchG. Nach einer vereinzelten Ansicht soll in Betriebsübergangsfällen allerdings auf den Zeitpunkt des Betriebsübergangs abgestellt werden und erst mit diesem die Dreiwochenfrist zu laufen beginnen.[44] Diese Ansicht ist jedoch abzulehnen, da der Normzweck – Rechtssicherheit – konterkariert würde. Dem Arbeitnehmer ist es auch in solchen Konstellationen zumutbar, binnen drei Wochen nach Zugang der Kündigung Klage zu erheben

---

[43] Sog. Massenentlassung, vgl im Einzelnen Fuhlrott/Fabritius, ArbRAktuell 2009, 154.
[44] Sprenger, AuA 2005, 175.

- Mängel in der Klageerhebung:

Wenn die Klage gegen den **falschen Beklagten** erhoben wird und auch im Wege der Auslegung (z. B. aus einer richtigen Bezeichnung im Text oder durch ausdrücklichen Bezug auf Anlagen) nicht der „richtige" Arbeitgeber erkennbar ist, verstreicht gegenüber diesem die Dreiwochenfrist und tritt die Fiktionswirkung ein. Im Zweifel sind daher ggf. Hilfsanträge angezeigt. Eine **nicht unterschriebene Klage** ist ein bloßer Entwurf, der nicht zur Wahrung der Frist führt, §§ 253 Abs. 4, 130 Nr. 6 ZPO[45] wobei bisweilen eine diesbezügliche Hinweispflicht des Gerichts diskutiert wird.[46] Wird bei einem **örtlich unzuständigen Arbeitsgericht** geklagt, so wahrt auch ein erst nach Ablauf von drei Wochen vorgenommener Verweisungsbeschluss die Klagfrist

- Erfordernis behördlicher Genehmigungen:

Differenziert zu behandeln sind Fälle, in denen eine behördliche Genehmigung[47] (z. B. § 9 MuSchG; § 18 BEEG; §§ 85,[48] 91 SGB IX[49/50]) vor dem Ausspruch

---

[45] Vgl auch BAG, AP KSchG 1969 § 4 Nr. 14.

[46] LAG Berlin 27.08.2004, LAGReport 2005, 62.

[47] Die **Einschaltung eines Vertreters darf nicht zu einer Verschiebung des Prozessrisikos zu Lasten des Verfahrensgegners führen**, BGH, NJW 1976, 1218; Kayser, in HK-ZPO, § 85 RN 1. Der ArbN hat seinen Wirkungskreis durch die Vollmachterteilung erweitert, um sein Klagerecht effektiv durchzusetzen. Der Interessenausgleich zwischen den Beteiligten gebietet deshalb auch, ihm das Risiko eines Fehlverhaltens des von ihm eingeschalteten Dritten zuzurechnen, Gallner, a.a.O., RN 19. Dadurch wird auch dem **Zweck des § 5 KSchG als Ausnahmevorschrift** Rechnung getragen. § 85 Abs. 2 ZPO, das Prinzip der Verschuldenszurechnung, dient der **Rechtssicherheit im Prozess** und der **Verfahrensvereinfachung.** Sie wird insbesondere in vermögensrechtlichen Angelegenheiten, in denen ein Fehlverhalten des Prozessbevollmächtigten finanziell ausgeglichen werden kann, für unbedenklich angesehen, BVerfG, NJW 1990, 1104; 2001, 814 – **Es ist in der Rechtsprechung des BVerfG bereits geklärt, dass § 85 Abs. 2 ZPO mit dem Grundgesetz vereinbar ist; § 85 Abs. 2 ZPO i. V. mit § 173 VwGO schränkt den gerichtlichen Rechtsschutz nicht in verfassungswidriger Weise ein;** die Regelung ist nicht nur geeignet, der Rechtssicherheit zu dienen; ihre für das zivil- und das verwaltungsgerichtliche Verfahren **einheitliche Regelung liegt im rechtsstaatlichen Interesse an der Klarheit, Einfachheit und Sicherheit des Prozessrechts; sie schränkt die Gewährleistung des Art. 19 Abs. 4 S. 1 GG nicht unangemessen oder unzumutbar ein.** Unter diesen Umständen durfte der Gesetzgeber im Interesse der Rechtssicherheit die mit der Regelung verbundene Einbuße an Chancen einer Partei, in jedem Einzelfall die materielle Rechtslage durch eine gerichtliche Entscheidung klären zu lassen, in Kauf nehmen. Diese gesetzgeberische Wertung hält sich im Einklang mit dem Grundgesetz. BGH, NJW-RR 1993, 130. Das in § 85 Abs. 2 ZPO geregelte Vertreterverschulden umfasst **alle Fälle der ZPO, die ein Verschulden der Partei voraussetzen.** Dabei ist der **Grad des Verschuldens unerheblich. Eine Exkulpation ist nicht möglich.** Die Zurechnung des schuldhaften Verhaltens des bestellten Bevollmächtigten reicht von der Annahme des Mandats bis zur Beendigung des Vertragsverhältnisses. **Keine Bevollmächtigte sind unselbständige Hilfskräfte,** insbesondere Büropersonal. Deshalb kann Voraussetzung der Haftungszurechnung sein, dass den Bevollmächtigten ein Auswahl- oder Überwachungsverschulden trifft, BGH, VersR 90, 874. Eine § 278 BGB entsprechende Zurechnungsnorm sieht die ZPO nicht vor. Ein Organisationsverschulden des beauftragten Anwalts ist der Partei hingegen zuzurechnen, vgl. auch Gallner, a.a.O., RN

17. **Bevollmächtigter** i. S. des § 85 Abs. 2 ZPO ist derjenige, dem durch Rechtsgeschäft die Befugnis zur eigenverantwortlichen Vertretung der Partei erteilt wurde. **Voraussetzung ist allein eine Mandatierung. Es bedarf keiner Vollmacht mit dem Umfang der §§ 81 bis 83 ZPO.** Auch wer von der Partei nur mit einzelnen Handlungen beauftragt wurde, ist insoweit Prozessbevollmächtigter i. S. von § 85 Abs. 2 ZPO. St. Rspr. des BGH, vgl. BGH, NJW 2002, 1115 = NZA 2002, 446 = APArbGG 1979 § 11 Prozessvertreter Nr. 17; v. Mettenheim, in: MünchKomment-ZPO, 3. Aufl., § 85 RN 15-16; Musielak/Weth, ZPO, 6. Aufl., § 85 RN 11. Das gilt auch für die von einem Rechtsschutz suchenden Arbeitnehmer beauftragte Einzelgewerkschaft. Diese wird nicht etwa nur als – zu überwachender – Bote tätig. Der Arbeitnehmer will seine Angelegenheit vielmehr mit der Beauftragung seiner Einzelgewerkschaft „in sichere Hände" legen und sich um die Klageerhebung nicht mehr kümmern müssen: Er erweitert seinen rechtlichen Wirkungskreis. Das bildet den entscheidenden Grund für die Verschuldenszurechnung.

48   Durch das Schwerbehindertenrecht werden Schwerbehinderte, d. h. Menschen mit einer Behinderung von mindestens 50 % **und diesen auf Antrag gleichgestellte behinderte Menschen geschützt.** Der Antrag ist formfrei an die örtlich und sachlich zuständige Agentur für Arbeit zu stellen, Dau, HK-SGB IX, § 68 RN 6. Das Verwaltungsverfahren ist dann einfach, zweckmäßig und zügig durchzuführen. Dabei ist die Agentur für Arbeit an die Feststellung des Grades der Behinderung durch das Versorgungsamt gebunden. Die Gleichstellungsentscheidung wirkt nach § 68 Abs. 2 S. 2 auf den Tag des Antragseingangs zurück. Sie begründet konstitutiv nahezu denselben Schutzumfang den Schwerbehinderte genießen, Griebeling, NZA 2005, 496, Neumann, in Neumann/Pahlen/Majerski-Pahlen, SGB IX, 10. Aufl., § 85 RN 24 BAG, NZA 1990, 612. **Eine Gleichstellung erfolgt nur dann, wenn die Betroffen** auf Grund ihrer Behinderung ohne die Gleichstellung einen geeigneten Arbeitsplatz nicht erlangen oder behalten können, Neumann/Pahlen/Majerski-Pahlen, SGB IX, § 68 RN 8; BSGE 89, 119 = AP SchwbG 1986 § 2 Nr. 1 – **Der Arbeitgeber kann die Entscheidung der Arbeitsagentur, die seinen Arbeitnehmer Schwerbehinderten gleichstellt, nicht anfechten,** da die die Gleichstellung regelnde Vorschrift nicht dazu bestimmt ist, zumindest auch den Individualinteressen der von einer Gleichstellung mittelbar betroffenen Arbeitgeber zu dienen. Bei den sich für die Arbeitgeber (aus den arbeitsmarkt- und sozialpolitischen Gesichtspunkten berücksichtigenden Entscheidung) ergebenden Konsequenzen handelt es sich lediglich um Reflexwirkungen, die nach Sinn und Zweck der Norm nicht einer Anfechtung durch Arbeitgeber unterliegen. Entscheidendes Kriterium ist die mangelnde Konkurrenzfähigkeit des Behinderten **auf dem Arbeitsmarkt, und zwar** auf dem Arbeitsmarkt insgesamt, nicht etwa nur bezogen auf einen bestimmten Arbeitsplatz (vgl. BSG 86, 10, 15 = SozR 3-3870 § 2 Nr. 1). Darüber hinaus hat die Gleichstellung die Funktion, Ungerechtigkeiten und Härten zu beseitigen, die bei der starren Grenze des § 69 SGBIX auftreten müssen. Wettbewerbsnachteile auf dem Arbeitsmarkt müssen auf die Behinderung als wesentliche Ursache zurückzuführen sein, BSGE 86, 10 = BeckRS 2000, 40492. Allein allgemeine betriebliche Veränderungen (Produktionsänderungen, Teilstilllegungen, Betriebsstilllegungen, Auftragsmangel, Rationalisierungsmaßnahmen, etc.), von denen nicht behinderte gleichermaßen betroffen sind, können eine Gleichstellung ebenso wenig begründen wie fortgeschrittenes Alter, mangelnde Qualifikation oder eine allgemeine ungünstige oder schwierige Arbeitsmarktsituation, Bihr/Fuchs/Krauskopf/Ritz, SGB IX, § 69 RN 38; Kossens/v. der Heide/Maaß, § 69 RN 5. Als Anhaltspunkte für eine **behinderungsbedingte Gefährdung** eines Arbeitsplatzes können gelten:

- wiederholte oder häufige behinderungsbedingte Fehlzeiten,
- behinderungsbedingt verminderte Arbeitsleistung auch bei behinderungsgerecht ausgestattetem Arbeitsplatz,
- dauernde verminderte Belastbarkeit,
- Abmahnungen oder Abfindungsangebote in Zusammenhang mit behinderungsbedingt
- verminderter Leistungsfähigkeit,
- auf Dauer notwendige Hilfeleistungen anderer Mitarbeiter oder

• eingeschränkte berufliche und/oder regionale Mobilität auf Grund der Behinderung, Schrader/ Klagges, Arbeitsrecht und schwerbehinderte Menschen, NZA-RR 2009, 170.

Die Vorschrift des § 90 Abs. 2a SGB IX gilt **nicht nur für schwerbehinderte Menschen**, sondern auch für ihnen nach § 68 SGB IX gleichgestellte behinderte Menschen. Gemäß § 85 i.V.m. § 68 Abs. 1 und 3, § 2 Abs. 3 SGB IX ist auch bei Kündigung des Arbeitsverhältnisses eines einem **schwerbehinderten Menschen Gleichgestellten** durch den Arbeitgeber die vorherige Zustimmung des Integrationsamtes erforderlich. Trotz fehlenden Nachweises bleibt der Sonderkündigungsschutz nach § 90 Abs. 2a 2. Alt. SGB IX bestehen, wenn das Fehlen des Nachweises nicht auf fehlender Mitwirkung des Arbeitnehmers beruht. Der Wortlaut des § 90 Abs. 2a SGB IX erwähnt zwar nur schwerbehinderte Menschen, nicht aber Gleichgestellte. Dies steht allerdings der Anwendung der Norm auf die Gleichgestellten nicht entgegen, da eine Besserstellung der weniger schutzbedürftigen Gruppe der Gleichgestellten sachlich nicht zu rechtfertigen ist, str. Grimm/ Brock/Windeln, DB 2005, 282, 284; Griebeling, Neues im Sonderkündigungsschutz schwerbehinderter Menschen, NZA 2005, 494, 496 – und LAG Baden-Württemberg 14. Juni 2006 – 10 Sa 43/ 06; a. A. Düwell, BB 2004, 2811, 2813; Bauer/Powietzka, NZA-RR 2004, 505, 507 – unter Hinweis darauf, dass das Gesetz nur von den „Versorgungsämtern" und von schwerbehinderten Menschen spricht. Auf Grund der Generalverweisung des § 68 Abs. 3 SGB IX sind auf gleichgestellte behinderte Menschen (mit Ausnahme des § 125 und des Kapitels 13) die besonderen Regelungen für schwerbehinderte Menschen anzuwenden. Dieser Gesetzesbefehl ist klar und unmissverständlich. Ebenso wie die Kündigung eines Gleichgestellten anerkanntermaßen der Zustimmung des Integrationsamtes bedarf, obwohl auch § 85 SGB IX sich dem Wortlaut nach auf diese nicht bezieht, gilt § 90 Abs. 2a SGB IX auch für Gleichgestellte. Mit § 90 Abs. 2a SGB IX sollte **Rechtssicherheit geschaffen werden**. Das setzt allerdings voraus, dass ein Antrag auf Anerkennung der Schwerbehinderteneigenschaft (bzw. Gleichstellung mit einem schwerbehinderten Menschen) so frühzeitig – d. h. unter Einhaltung der Drei-Wochen-Frist des § 69 Abs. 1 Satz 2, § 14 Abs. 2 SGB IX – und zudem ordnungsgemäß mit allen erforderlichen Angaben gestellt werden muss, dass eine positive Entscheidung vor Ausspruch der Kündigung bei ordnungsgemäßer Bearbeitung möglich gewesen wäre. Dabei ist, da § 90 Abs. 2a SGB IX allein auf „die Frist" des § 69 Abs. 1 Satz 2 SGB IX verweist, nur die dreiwöchige Grundfrist maßgeblich. **Das Fehlen des Nachweises beruht nach dem Gesetz jedenfalls dann auf der fehlenden Mitwirkung des Arbeitnehmers**, wenn er den Antrag auf Anerkennung oder Gleichstellung **nicht mindestens drei Wochen vor der Kündigung gestellt hat.** § 90 Abs. 2a 2. Alt. SGB IX enthält insoweit die Bestimmung einer Vorfrist, BAG, Urt. vom 01.03.2007 – 2 AZR 217/06, DB 2007, 1702.

49   Nach §§ 85, 91 Abs. 1 SGB IX bedarf die außerordentliche Kündigung eines **schwerbehinderten Menschen** durch den Arbeitgeber der vorherigen Zustimmung durch das **Integrationsamt**. Die Zustimmung zur außerordentlichen Kündigung kann nur innerhalb von zwei Wochen beantragt werden. Die **Frist beginnt** mit dem Zeitpunkt, in dem der Arbeitgeber von den für die Kündigung maßgebenden **Tatsachen Kenntnis** erlangt § 91 Abs. 2 Sätze 1 und 2 SGB IX. **Durch die Zustimmung steht aber zugleich fest, dass die 2-Wochen-Frist des § 626 Abs. 2 Satz 1 BGB gewahrt ist.** Nach § 91 Abs. 1 SGB IX gelten die Vorschriften des §§ 85 ff. SGB IX, die auf den Regelfall der ordentlichen Kündigung abgestimmt sind, im Grundsatz auch für die außerordentliche Kündigung § 626 BGB, also bei jeder Kündigung aus wichtigem Grund, gleich ob diese fristlos oder mit Auslauffrist erklärt wird. **Das Integrationsamt trifft die Zustimmungsentscheidung innerhalb einer Frist von zwei Wochen vom Tage des Eingangs des Antrages an** (§ 91 Abs. 3 Satz 1 SGB IX). Wird eine Entscheidung innerhalb dieser Frist nicht getroffen, gilt die Zustimmung als erteilt. Mit Eintritt dieser Zustimmungsfiktion entfällt das Kündigungsverbot des § 85 SGB IX. Für den **Eintritt der Zustimmungsfiktion** ist nur maßgeblich, ob das Integrationsamt innerhalb von zwei Wochen eine Entscheidung getroffen hat, nicht aber, ob und wann sie dem Arbeitgeber zugeht. Die Zustimmungsfiktion tritt nicht ein, wenn die ablehnende Entscheidung innerhalb der Zweiwochenfrist den Machtbereich des Integrationsamtes verlassen hat oder wenn dem Arbeitgeber die Entscheidung formlos oder mündlich innerhalb der Zweiwochenfrist

der Kündigung vorliegen muss. Gemäß § 4 S. 4 KSchG beginnt in solchen Fällen die Frist zur Anrufung des Gerichts erst dann zu laufen, wenn die beantragte Genehmigung dem Arbeitnehmer bekannt gegeben wird. Beantragt der Arbeitgeber in Unkenntnis des **Sonderkündigungsschutzes** keine Genehmigung und spricht er die Kündigung aus, die vom Arbeitnehmer nicht binnen drei Wochen angegriffen wird, so soll die Kündigung als rechtmäßig gelten.[51] Um sich den Sonderkündigungsschutz zu erhalten, muss der Arbeitnehmer neben der fristgerechten Klageerhebung dem Arbeitgeber ebenfalls binnen drei Wochen seine

---

mitgeteilt wird. Die nach § 91 Abs. 3 SGB IX fingierte Zustimmung ist ebenso wie die tatsächlich erteilte Zustimmung als **privatrechtsgestaltender Verwaltungsakt** mit Widerspruch und Anfechtungsklage angreifbar (fingierte Zustimmungen sind – ebenso wie tatsächlich erteilte – mit Widerspruch und Anfechtungsklage angreifbar, BVerwG, NZA 1993, 76 ff. – Die Anfechtbarkeit der fiktiven Zustimmung birgt auch keine unzumutbaren Rechtsunsicherheiten für den Arbeitgeber. Zwar setzt die Fiktion der Erteilung der Zustimmung keine Rechtsbehelfsfrist für den durch sie belasteten Schwerbehinderten in Lauf. Der Eintritt der Bestandskraft bleibt gleichwohl nicht im Ungewissen). § 91 SGB IX (auszugsweise):

Die Zustimmung zur Kündigung durch den Arbeitgeber kann nur innerhalb **von zwei Wochen** beantragt werden; maßgebend ist der **Eingang des Antrages** bei dem Integrationsamt. Die Frist beginnt mit dem Zeitpunkt, in dem der Arbeitgeber von den für die Kündigung maßgebenden Tatsachen Kenntnis erlangt.

Das **Integrationsamt trifft die Entscheidung innerhalb von zwei Wochen vom Tage des Eingangs des Antrages** an. Wird innerhalb dieser Frist eine Entscheidung nicht getroffen, gilt die Zustimmung als erteilt.

Das Integrationsamt soll die Zustimmung erteilen, wenn die Kündigung aus einem Grunde erfolgt, der nicht im Zusammenhang mit der Behinderung steht.

Die Kündigung kann auch nach Ablauf der Frist des § 626 Abs. 2 S. 1 BGB erfolgen, wenn sie unverzüglich nach Erteilung der Zustimmung erklärt wird.

50 Die Vorschriften zum Kündigungsrechtsschutz im 4. Kapitel legen dem ArbG ein **Kündigungsverbot mit Erlaubnisvorbehalt** auf. Dabei dient der öffentlich-rechtliche präventive Kündigungsschutz dem Schutz behinderter ArbN vor Ausgrenzung aus dem Arbeitsleben und der aktiven gleichberechtigten und selbstbestimmten Teilhabe am gesellschaftlichen Leben § 1 S. 1 SGB IX. Die **Förderung und funktionale Einbeziehung in die gleichberechtigte Teilhabe am Arbeitsleben ist der Menschenwürde** behinderter Menschen geschuldet. § 85 SGB IX Erfordernis der Zustimmung – die Kündigung des Arbeitsverhältnisses eines schwerbehinderten Menschen durch den Arbeitgeber bedarf der vorherigen Zustimmung des Integrationsamtes. Jede Kündigung, d. h. sowohl die ordentliche als auch die außerordentliche oder Kündigung bedarf neben der privatrechtlichen Kündigung der vorherigen öffentlich-rechtlichen Zustimmung, um wirksam zu sein.

§ 87 Antragsverfahren: (1) Die Zustimmung zur Kündigung beantragt der Arbeitgeber bei dem für den Sitz des Betriebes oder der Dienststelle zuständigen Integrationsamt schriftlich. § 88 (3) **Erteilt das Integrationsamt die Zustimmung** zur Kündigung, kann der Arbeitgeber die **Kündigung nur innerhalb eines Monats nach Zustellung erklären.** Eingeschränkt wird der Kündigungsschutz durch die Vorschriften der §§ 89, 91 Abs. 4 über die Zustimmungserteilung durch das Integrationsamt Eine sachgemäße Handhabung des Kündigungsschutzes durch das Integrationsamt stellt ein Kernproblem für die Einstellung der Arbeitgeber zur Beschäftigung schwerbehinderter Menschen dar.

51 Kiel, 10. Aufl., 2010, § 4, KSchG RN 23.

Schwerbehinderung anzeigen. Anders zu behandeln sind Fälle, in denen der Arbeitgeber in Kenntnis des Sonderkündigungsschutzes kein Verfahren einleitet: In derartigen Konstellationen kann der Arbeitnehmer außerhalb der Dreiwochenfrist bis zur Grenze der Verwirkung nach § 4 S. 4 KSchG Klage erheben.[52]

8.2.6. Kein Eintritt der Rechtmäßigkeitsfiktion

Mündliche Kündigung

Unstreitig findet § 4 KSchG bei (unwirksamen) mündlichen Kündigungen keine Anwendung. Andernfalls würde das in § 623 BGB statuierte Schriftformerfordernis der Kündigung unterlaufen, dessen Intention die Schaffung von Rechtssicherheit ist. Die mangelnde Schriftform einer Kündigung kann daher auch nach Ablauf der Dreiwochenfrist geltend gemacht werden.[53]

- Kündigung ohne Kündigungsberechtigung.[54]

---

[52] BAG, NZA 2003, 1335.

[53] BAG, NZA 2007, 972.

[54] Soweit die Kündigung der **Zustimmung einer Behörde** bedarf, läuft die **Frist zur Anrufung des Arbeitsgerichts erst von der Bekanntgabe der Entscheidung** der Behörde an den Arbeitnehmer ab. Gelangt ein Kündigungsschreiben in den Hausbriefkasten eines Arbeitnehmers, kann er als Empfänger dieser verkörperten Kündigungserklärung eine nachträgliche Klagezulassung nicht allein darauf stützen, dieses Schreiben sei aus ungeklärten Gründen nicht zu seiner Kenntnis gelangt, LAG Rheinland-Pfalz 23. Mai 2008 – 10 Ta 64/08; BAG, Urteil vom 28.05.2009 – 2 AZR 732/08. Der Inhaber eines Hausbriefkastens muss grundsätzlich dafür Sorge tragen und Vorsorge treffen, dass er von für ihn bestimmte Sendungen Kenntnis nehmen kann. Dies entspricht den Gepflogenheiten des Verkehrs und wird von ihm erwartet (KR/Friedrich § 5 KSchG, RN 79; LAG Hamm 11. April 1974 – 8 Ta 28/74 – DB 1974, 1072; LAG Berlin 4. Januar 1982 – 9 Ta 5/81 – AP KSchG 1969 § 5 Nr. 3 = EzA KSchG § 5 Nr. 13; 4. November 2004 – 6 Ta 1733/04 – LAGE KSchG § 5 Nr. 109. Allerdings hat der Empfänger einer Kündigungserklärung nur die üblichen, für den Zugang von Sendungen nötigen Vorkehrungen zu treffen, BGH 15. Juni 1994 – IV ZB 6/94 – NJW 1994, 2898. Allein eine Unaufklärbarkeit, ob und warum ein Schreiben abhanden gekommen sein kann, indiziert nicht stets eine mangelnde Sorgfalt und ein verschuldetes Fristversäumnis des Empfängers. Es ist nicht gesichert, dass durch den Einwurf eines Schreibens in einen Hausbriefkasten eines Arbeitnehmers er stets von ihm Kenntnis hätte nehmen können, BGH 5. Oktober 2000 – X ZB 13/00 – NJW-RR 2001, 571, 572. Solche Schreiben können auch bei einwandfreier Organisation des Empfangsbereichs – bspw. durch Fremdverschulden – verloren gehen oder zerstört werden, ohne dass der Empfänger davon Kenntnis erhält. Deshalb und im Hinblick auf die Gewährleistung eines effektiven Rechtsschutzes dürfen – auch wenn **der Arbeitnehmer als Empfänger eines solchen Schreibens die Beweislast für eine unverschuldete Fristversäumnis** trägt (vgl. Kiel, in ErfK, 9. Aufl. § 5 KSchG, RN 22; KR/Friedrich § 5 KSchG RN 112) – an die **Darlegungslast des Antragstellers** bei der nachträglichen Klagezulassung zwar strenge (vgl. Hergenröder, in MünchKommBGB, 5. Aufl. § 5 KSchG, RN 3), aber keine unzumutbaren Anforderungen gestellt werden. Allerdings wird es regelmäßig zur **Darlegung einer unverschuldeten Fristversäumnis** nicht ausreichen, wenn sich ein Arbeitnehmer allein und pau-

Wirksam kündigen kann nur **der jeweilige Arbeitgeber**. Wird die Kündigung durch einen „Nicht-Arbeitgeber" ausgesprochen, also durch eine Person, die rechtlich gar nicht Arbeitgeber ist, treten die Folgen des § 7 KSchG nicht ein. Das BAG[55] hat hierzu in einer jüngeren Entscheidung deutlich gemacht, dass im Falle des Fehlens einer Vollmacht (im vorgenannten Fall hatte ein Geschäftsführer einer GmbH, über deren Vermögen das Insolvenzverfahren eröffnet worden war und ein Insolvenzverwalter bestellt wurde) der Kündigung keine rechtliche Existenz zukomme. Eine Präklusion gemäß § 7 KSchG drohe daher nicht.[56] – Geltendmachung einer fehlerhaften Kündigungsfrist[57]

---

schal darauf beruft, ein Kündigungsschreiben sei weder von ihm noch von seiner Ehefrau oder seiner Tochter im Hausbriefkasten vorgefunden worden (LAG Rheinland-Pfalz 27. Juli 2005 – 2 Ta 148/05 –; KR/Friedrich, § 5 KSchG, RN 79). Vielmehr muss, da es nach der gesetzlichen Formulierung auf **die Anwendung „aller" dem Arbeitnehmer zuzumutenden Sorgfalt ankommt**, grundsätzlich durch eine nähere Darstellung und Glaubhaftmachung auch ein naheliegender – und ggf. verschuldeter – Verlust des Kündigungsschreibens in der Sphäre des Kündigungsempfängers ausgeschlossen werden. Versäumt es die Arbeitnehmerin, gegen eine ordentliche Kündigung, auf die das Kündigungsschutzgesetz Anwendung findet, gemäß § 4 KSchG rechtzeitig Kündigungsschutzklage zu erheben, so dass die Kündigung jedenfalls gemäß § 7 KSchG Wirksamkeit erlangt, ist eine spätere Schadensersatzklage wegen Altersdiskriminierung auf Ersatz eines nach Ablauf der Kündigungsfrist eintretenden Minderverdienstes wegen fehlender Kausalität von vornherein unschlüssig, LAG Köln, Urteil vom 01.09.2009 – 7 Ta 184/09.

[55]   BB 2009, 2150.
[56]   Vgl. Berkowsky, BB 2010, 2150; Berkowsky, NZA 2009, 1125.
[57]   § 5 Abs. 1 KSchG regelt die Zulassung verspäteter Klagen und schränkt damit die **Präklusionswirkung des § 4 KSchG** unter Würdigung der subjektiven Umstände bei der Versäumung der Klagefrist ein. Damit wird das Spannungsverhältnis zwischen Rechtssicherheit, Einzelfallgerechtigkeit, Vertrauensschutz und unbilligen Härten sach- und einzelfallgerecht aufgelöst, vgl. Gallner, in HK-KSchR, § 5 RN 1. Die Bemühungen um Berücksichtigung berechtigter Interessen des ArbN wird auch in § 5 Abs. 1 S. 2 KSchG deutlich. Erfährt eine werdende Mutter aus einem von ihr nicht zu vertretenden Grund erst nach Ablauf der dreiwöchigen Klagefrist von ihrer Schwangerschaft, geht das durch Art. 6 Abs. 4 GG geschützte Interesse dem Interesse des ArbG an Rechtssicherheit vor. Unberührt bleibt allerdings die Fristbindung für eine werdende Mutter, die dem ArbG die Schwangerschaft unverzüglich anzeigen muss § 9 Abs. 1 S. 1 letzter HS MuSchG, Schiefer/Wozalla, NZA 2004, 356; Preis, DB 2004, 70. § 5 KSchG erlaubt es die durch **Ablauf der prozessualen Klageerhebungsfrist entstandene materiellrechtlichen Folgen** (sozial ungerechtfertigte Kündigung gilt als wirksam) zu durchbrechen, Molkenbur, in Henssler, u. a. § 4 KSchG, RN 33; Gallner, a.a.O., § 5 RN 2. Demgegenüber werden mit der Wiedereinsetzung gemäß § 233ff ZPO die Rechtsfolgen der Versäumung u. a. von Not- und Rechtsmittelbegründungsfristen aufgefangen. Nach erfolgter Wiedereinsetzung wird der Prozess fortgesetzt. Liegen die Voraussetzungen des § 5 KSchG vor, wird der Zugang zum Arbeitsgericht dagegen erst eröffnet. Die Vertrauenslage bei beiden Prozesshandlungen ist aus Sicht des ArbG unterschiedlich. Während im Wiedereinsetzungsverfahren das Vertrauen durch das laufende Verfahren aufgehoben ist, weiß der ArbG vor Stellung des Antrags auf nachträgliche Zulassung der Kündigungsschutzklage noch nicht, dass der ArbN die Kündigung nicht akzeptieren wird. Der Antragsteller muss **Tatsachen vortragen und glaubhaft machen**, die die nachträgliche Zulassung begründen. Der ArbN muss deshalb Umstände darlegen, aufgrund derer ein schuldhaftes Versäumen der Klagefrist zu verneinen ist. Dabei obliegt ihm, auch glaubhafte Ausführungen zu machen, wenn etwa

Nach bislang herrschender Ansicht tritt die Rechtmäßigkeitsfiktion auch dann nicht ein, wenn die Parteien allein über die zutreffende Kündigungsfrist streiten, da in einem solchen Fall nicht über das „ob" der Kündigung, sondern nur das „wann" gestritten werde. Das BAG hat nunmehr in neuester Rechtsprechung[58] mitgeteilt, dass der Arbeitnehmer bei einer ordentlichen Arbeitgeberkündigung die Nichteinhaltung der objektiv richtigen Kündigungsfrist innerhalb der Klagfrist geltend machen müsse. Dies gelte dann, wenn „sich die mit zu kurzer Frist ausgesprochene Kündigung nicht als eine solche mit der rechtlich gebotenen Frist auslegen" lasse. Sei erst eine Umdeutung der Kündigung in eine solche mit zutreffender Frist erforderlich, werde die mit zu kurzer Frist ausgesprochene Kündigung rechtswirksam und beende das Arbeitsverhältnis zum „falschen" Termin. Vor diesem Hintergrund wird nicht nur aus prozesstaktischen Erwägungen, sondern bereits aus Gründen gebotener Vorsicht auch bei falsch bemessenen Kündigungsfristen zur rechtzeitigen

---

ein Hindernis für sein rechtzeitiges prozessuales Handeln beseitigt war, Gallner, § 5 KSchG, RN 28. Bei Umständen, die in der Persönlichkeitssphäre und den Lebensumständen des Ast. angesiedelt sind, kann das Gericht ohne entsprechenden Vortrag nicht prüfen, ob ein schuldhaftes, vorwerfbares Verhalten vorlag. Die Formulierung in § 5 Abs. 2 S. 2 **„begründete Tatsachen"** enthält nicht nur eine materiell inhaltliche Aussage, sondern legt auch die „Vortragslast" für die Zulässigkeitsvoraussetzungen des Antrags fest. Der Zulassungsgrund ist im Hinblick auf die mit der Dreiwochenklagefrist angestrebte Rechtssicherheit restriktiv zu prüfenden. Bereits **leichte Fahrlässigkeit schadet,** LAG B-W, Urt. vom 05.08.2004 – 4 Ta 6/04. Maßgebend ist ein **subjektivindividueller Sorgfaltsmaßstab.** Abzustellen ist auf die im konkreten Fall von dem betroffen ArbN aufgrund seiner persönlichen Fähigkeiten zu erwartende Sorgfalt in eigenen Angelegenheiten. Besondere Kenntnisse und Fähigkeiten werden damit berücksichtigt. Eine **pauschale eidesstattliche Versicherung,** dass der geschilderte Sachverhalt richtig sei, genügt dazu regelmäßig nicht. Vielmehr erfordert eine Glaubhaftmachung grundsätzlich, dass eidesstattliche Versicherungen mit eigener Sachdarstellung vorgelegt werden, vgl. BGH, NJW 1988, 2045. Wie leicht hier (haftungsträchtige) Fehler unterlaufen können, zeigt der vorliegende Fall: Der Arbeitnehmer hatte es versäumt, in der Antragstellung darauf hinzuweisen, dass ein Fristenkalender geführt wird. Deshalb hatte sein Antrag auf nachträgliche Zulassung der Klage keinen Erfolg. Krieger, ArbRAktuell 2009, 289808.
Das neue Verfahren nach § 5 KSchG stellt Roloff, NZA 2009, 761 dar; mit der nachträglichen Kündigungsschutzklage in der Praxis beschäftigt sich der Beitrag von Schrader, NJW 2009, 1541; die Zurechnung des Vertreterverschuldens bei Erhebung der Kündigungsschutzklage behandelt der Aufsatz von Dresen, NZA 2009, 769; die nachträgliche Zulassung einer Kündigungsschutzklage betreffen die Entscheidungen des LAG Schleswig-Holstein, NZA-RR 2008, 139 und LAG Baden-Württemberg, NZA-RR 2008, 431. Nach § 5 Abs. 1 Satz 1 KSchG ist eine Kündigungsschutzklage nachträglich zuzulassen, wenn der Arbeitnehmer nach erfolger Kündigung trotz Anwendung **aller ihm nach Lage der Umstände zuzumutenden Sorgfalt** verhindert war, die Klage rechtzeitig beim Arbeitsgericht zu erheben. Der Antrag auf nachträgliche Klagezulassung muss die Angabe der die nachträgliche Klagezulassung begründenden Tatsachen und der Mittel für deren Glaubhaftmachung enthalten § 5 Abs. 2 S. 2 KSchG. Mit der Beauftragung eines Prozessvertreters hat der ArbN noch nicht alles getan, um ihn von der Verantwortung für die Fristwahrung zu befreien. § 5 Abs. 1 spricht nämlich von der Sorgfalt für die Klageerhebung, nicht von der Sorgfalt bei der Beauftragung eines Dritten mit dieser Verantwortung, Dresen, NZA 2009, 769.
[58] BAG 01.09.2010, 5 AZR 700/09; Bauer, ArbRAktuell 2010, 498.

Erhebung einer Klage zu raten sein. Ist die Klagefrist erst einmal versäumt, verbleibt nur noch die Möglichkeit der Beantragung der Zulassung der verspäteten Klage gemäß § 5 KSchG. Da ein Rechtsirrtum für den Anwalt aber regelmäßig nicht entschuldbar ist, wird es in der Praxis in den Fällen von Anwaltsverschulden bekanntermaßen um das einmalige Büroversehen des sorgfältig ausgewählten, überwachten und stets zuverlässigen Kanzleipersonals gehen.

8.3. Die Stufenklage im Arbeitsrecht

Im Arbeitsrecht kommt der Stufenklage gemäß § 254 ZPO große Bedeutung zu.

I. Typische arbeitsrechtliche Fälle für die Erhebung einer Stufenklage

1. Vergütungsansprüche des Arbeitnehmers

a) Prämien, Tantieme, Boni etc
Sind **Ansprüche des Arbeitnehmers auf Vergütung** offen, die er nicht ohne Weiteres beziffern kann, etwa auf variable Leistungsprämien, Tantiemen, Boni oder ärztliche Privatliquidationserlöse, empfiehlt sich der Erhebung einer Stufenklage. Ein **Auskunftsanspruch** folgt, wenn nicht schon vertraglich geregelt, aus §§ 157, 242 BGB.[59]

Musterformulierung

1. Die Beklagte wird verurteilt, dem Kläger Auskunft über die ihm für das Jahr 2010 zustehende Tantieme zu erteilen.

2. Die Beklagte wird verurteilt, die Richtigkeit und Vollständigkeit der Auskunft an Eides statt zu versichern.

3. Die Beklagte wird verurteilt, die sich nach der Auskunft ergebende Tantieme an den Kläger nebst 5-%-Punkten Zinsen über dem Basiszinssatz seit Rechtshängigkeit (oder seit dem genauen Fälligkeitszeitpunkt) zu zahlen.

---

[59] Vgl. BAG, NZA 2001, 1093; LAG Hamm, AuA 2005, 240.

Praxistipps

- Eine Stufenklage ist **unzulässig,** wenn es an dem **vorbereitenden Charakter** des Auskunfts- bzw. Abrechnungsantrags fehlt. Kann der Arbeitnehmer etwa direkt tarifvertraglichen Regelungen seine Ansprüche entnehmen, benötigt er keine Auskunft zur Bezifferung.[60] In **Zweifelsfällen** kann es sinnvoll sein, auf Zahlung zu klagen und **hilfsweise** abgestufte Klageanträge zu stellen.
- Der Antrag zu 3 entspricht eigentlich nicht den Vorgaben des § 253 Abs. 2 Nr. 2 ZPO, wird aber einhellig akzeptiert. Er ist u. a. sinnvoll, weil er die **Verjährung** gemäß § 204 Abs. 1 Nr. 1 BGB **hemmt.**[61] Der Antrag erfasst insoweit aber **nicht** bereits bezifferbare Forderungen.
- Mit einem weiteren Antrag kann auch auf **Abrechnung** bzw. die **Erteilung von Abrechnungen** für einen oder mehrere Monate geklagt werden. Wer allerdings nur auf Erteilung von Abrechnungen und Zahlung der sich danach ergebenden Beträge klagt, sollte beachten, dass § 108 GewO **keinen selbständigen Abrechnungsanspruch** zur Vorbereitung eines Zahlungsanspruchs gewährt.[62] Es gibt keinen Abrechnungsanspruch **vor Zahlung.** Eine Abrechnung ist **mit der Zahlung** zu erteilen.

Provisionen im Besonderen:
Hat der Arbeitnehmer Anspruch auf **Provisionen,** kann die 1. Stufe seiner Klage auch auf Erteilung eines **Buchauszuges** gerichtet sein. Darauf hat er gemäß §§ 65, 87c Abs. 2 HGB einen Anspruch. Die Erteilung eines Buchauszuges ist für den Arbeitgeber regelmäßig aufwendig. Sie geht **über den Abrechnungsanspruch** nach § 87c Abs. 1 HGB **hinaus.**

Musterformulierung

1. Die Beklagte wird verurteilt, dem Kläger einen Buchauszug für die in der Zeit vom ... bis zum ... verdienten Provisionen zu erteilen.

---

[60] Vgl. BAG, NZA 2006, 1294.
[61] Z.B. BAG, NZA 2009, 837.
[62] BAG, NZA 2006, 1294.

Abrisskündigung des Investors und Neubau statt Sanierung[1/2]

[1] Mit Hinweisen von Prof. Dr. Dr. Siegfried Schwab, Mag. rer. publ. unter Mitarbeit von Diplom-Betriebswirtin (DH) und Referendarin Heike Schwab.

[2] BGH, Urteil vom 28.01.2009 – VIII ZR 8/08 (LG Heidelberg), NJW 2009, 1200 = NZM 2009, 234 = WuM 2009, 182 mit Anm. Rolfs/Schlüter, LMK 2009, 279105. Wie schon bei der Eigenbedarfskündigung (§ 573 Abs. 2 Nr. 2 BGB, dazu etwa BVerfGE 79, 292 [305] = NJW 1989, 970; BGHZ 103, 91 [96 ff.] = NJW 1988, 904 = LM § 564 b BGB Nr. 5) genügen dem BGH auch bei der Verwertungskündigung mit dem Ziel des Abrisses des Gebäudes vernünftige und nachvollziehbare Gründe des Vermieters. Selbst wenn man eine Minimalsanierung vornähme, welche gleichwohl einen nicht unerheblichen Kostenaufwand erforderlich machen würde, betrüge die Restnutzungsdauer des Gebäudes maximal 20 Jahre. Dies wäre keine Steigerung der Restnutzungsdauer gegenüber der momentanen Situation. Ein neu errichtetes Gebäude wäre bedeutend länger zu nutzen. Auch wird in die Überlegung mit eingestellt, dass durch den Neubau in erheblichem Umfang neuer Wohnraum entsteht. Insgesamt betrachtet sprechen daher gute Gründe dafür, das Gebäude abzureißen. Die Erwägungen sind vernünftig und nachvollziehbar. Die wirtschaftliche Verwertung des Grundstücks wird daher als angemessen befunden. Der Tatbestand des § 573 Abs. 2 Nr. 3 BGB verlangt weiter, dass dem Vermieter erhebliche Nachteile entstünden, falls er an dieser Verwertung gehindert würde. Diesbezüglich ist auch die Sozialbindung des Eigentums (Art. 14 Abs. 2GG) zu berücksichtigen. Die Sozialpflichtigkeit des Eigentums schützt den Mieter vor rücksichtslosen Maßnahmen zur Gewinnmaximierung. Der Vermieter hat gerade keinen Anspruch auf Einräumung derjenigen Nutzungsmöglichkeit, die den größtmöglichen wirtschaftlichen Vorteil verspricht, vgl. BVerfGE 84, 382 = NJW 1992, 362. **Zwar sind das Eigentum und die damit verbundene Gewinnerzielung des Vermieters durch Art. 14 Abs. 1 GG geschützt. Das Gegengewicht hierzu bildet aber das Bestandsinteresse des Mieters, seinen bisherigen Lebensmittelpunkt in der in seinem Besitz befindlichen und damit ebenfalls von Art. 14 Abs. 1 GG geschützten Wohnung beizubehalten,** BVerfGE 89, 1 = NJW 1993, 2035. Diese widerstreitenden Interessen sind in einer Abwägung zum Ausgleich zu bringen. Der BGH wie auch die Literatur betonen ausdrücklich, dass diese Abwägung sich einer generalisierenden Betrachtung entzieht, sie lässt sich nur im Einzelfall unter Berücksichtigung aller persönlichen und wirtschaftlichen Umstände und der konkreten Situation des Vermieters treffen. Der BGH betont, bei dieser Entscheidung das Hauptaugenmerk auf die Einzelfallabwägung zum Ausgleich der geschützten Interessen des Vermieters und des Mieters aus Art. 14 Abs. 1 GG unter Berücksichtigung der **Sozialpflichtigkeit des Eigentums aus Art. 14 Abs. 2 GG** gelegt zu haben. Er korrigiert damit im Ergebnis die in Teilen der Instanzrechtsprechung vorherrschende mieterfreundlichere Auffassung. Diese hatte zwar anerkannt, dass eine Existenzbedrohung des Vermieters nicht erforderlich ist, um das Interesse des Mieters am Erhalt seines Lebensmittelpunktes zu überwiegen, aber vielfach geäußert, dass im Falle einer angemessenen Rendite und selbst im Falle einer unangemessen niedrigen Rendite, die sich durch die geplante Maßnahme aber kaum steigern lässt, kein erheblicher Nachteil vorliege. Für die Rechtmäßigkeit einer Kündigung wurde daher teilweise verlangt, dass der Nachteil für den Vermieter „unerträglich" sein müsse, vgl. LG Berlin, NJW-

1. Eine wirtschaftliche Verwertung ist angemessen im Sinne des § 573 Abs. 2 Nr. 3 BGB[3], wenn sie von vernünftigen, nachvollziehbaren Erwägungen getragen wird.

RR 1988, 527 [528]; LG Berlin, 20.01.2006 – 64 S 427/04, insoweit in GE 2006, 389 nicht abgedr.; AG Hamburg-Blankenese, ZMR 2006, 619 [621]). Dies dürfte nun überholt sein, so Rolfs, a.a.O. Vgl. Bub, FD-MietR 2009, 275985 – der Abbruch stellt den intensivsten Eingriff in den bestimmungsgemäßen Gebrauch des Wohnraums dar, da er den Wohnraum unwiederbringlich beseitigt. Ein Anspruch auf Genehmigung der Zweckentfremdung besteht, wenn sie den Eigentümer zu beträchtlichen Erhaltungsinvestitionen in ein Gebäude nötigen würde, das sich sonst nur noch „auf Abbruch" veräußern lässt (BVerwG, Urteil vom 10.05.1985 – 8 C 35/ 83, ZMR 1985, 423). Es kommt auch nicht darauf an, ob der Verfügungsberechtigte den Abbruch in der Absicht durchführt, auf dem Grundstück anschließend wieder neuen Wohnraum zu errichten, BVerwG, Urteil vom 14.12.1977 – 8 C 28/77, NJW 1978, 1018. Die Frage des Ersatzwohnraums ist vielmehr im Rahmen der Genehmigung bzw. der Nebenbestimmung zur Genehmigung (z.B. Auflagen) von Bedeutung. Der Abbruch bedarf daneben der baurechtlichen Genehmigung, die jedoch nicht von der vorherigen Erteilung der Zweckentfremdungsgenehmigung abhängig gemacht werden darf. Eine Genehmigung zur Zweckentfremdung bedarf es hingegen nicht, wenn abbruchreifer Raum betroffen ist oder der Abbruch sogar von den zuständigen Bundesbehörden angeordnet worden ist. Die Kündigung ist bei Bestehen eines Zweckentfremdungsverbotes nur zulässig, wenn die Zweckentfremdungsgenehmigung erteilt ist, Blank/Börstinghaus, Mietrecht, 3. Auflage 2008, § 573 BGB RN 190.

3   § 573 [1] Ordentliche Kündigung des Vermieters
(1) [1]Der Vermieter kann nur kündigen, wenn er ein berechtigtes Interesse an der Beendigung des Mietverhältnisses hat. [2]Die Kündigung zum Zwecke der Mieterhöhung ist ausgeschlossen.
(2) Ein berechtigtes Interesse des Vermieters an der Beendigung des Mietverhältnisses liegt insbesondere vor, wenn
1. der Mieter seine vertraglichen Pflichten schuldhaft nicht unerheblich verletzt hat,
2. der Vermieter die Räume als Wohnung für sich, seine Familienangehörigen oder Angehörige seines Haushalts benötigt oder
3. der Vermieter durch die Fortsetzung des Mietverhältnisses an einer angemessenen wirtschaftlichen Verwertung des Grundstücks gehindert und dadurch erhebliche Nachteile erleiden würde; die Möglichkeit, durch eine anderweitige Vermietung als Wohnraum eine höhere Miete zu erzielen, bleibt außer Betracht; der Vermieter kann sich auch nicht darauf berufen, dass er die Mieträume im Zusammenhang mit einer beabsichtigten oder nach Überlassung an den Mieter erfolgten Begründung von Wohnungseigentum veräußern will.
Auch die sog. Verwertungskündigung ist Ausdruck des Vorrangs des Eigentums vor dem Besitzrecht des Mieters, Häublein, in MünchKommt, § 573, RN 83. Bei der Beurteilung der Angemessenheit der beabsichtigten Verwertung ist zum einen die wirtschaftliche Dispositionsfreiheit des Vermieters zu beachten und ferner, dass persönliche Härten auf Seiten des Mieters allein durch § 574 berücksichtigt werden. Das Gericht ist insbesondere nicht befugt zu prüfen, ob ein vergleichbarer wirtschaftlicher Erfolg auch durch andere Maßnahmen (z. B. Verwertung anderer Vermögensgüter) möglich wäre oder gar, wie der Vermieter den Verwertungserlös verwenden möchte. Ein berechtigtes Interesse des Vermieters an der ordentlichen Kündigung liegt außerdem dann vor, wenn der Vermieter durch die Fortsetzung des Mietverhältnisses an einer angemessenen wirtschaftlichen Verwertung des Grundstücks gehindert ist und dadurch erhebliche Nachteile erleiden würde. Auch bei dieser sog „Verwertungskündigung", Schönleber, NZM 1998, 601, deren Verfassungsmäßigkeit das BVerfG bestätigt hat, BVerfGE 79, 283 = NJW 1989, 972 = WM 1989, 118, sind die Voraussetzungen wiederum lediglich nach den Interessen des Vermieters zu beurteilen, während die Bestandsinteressen des Mieters über die Sozialklausel Beachtung finden, vgl. OLG Koblenz ZMR 1989, 216, Hannapel, in Bamberger/Roth, Beck'scher Online-Kommentar, § 537 RN 78. Wirtschaftliche Verwertung i. S der Vorschrift ist jeder Einsatz eines Grund-

2. Die Beurteilung der Frage, ob dem Eigentümer durch den Fortbestand eines Mietvertrages erhebliche Nachteile entstehen und er deshalb zur Kündigung des Mietverhältnisses berechtigt ist, ist vor dem Hintergrund der Sozialpflichtigkeit des Eigentums (Art. 14 Abs. 2 GG) und damit des grundsätzlichen Bestandsinteresses des Mieters, in der bisherigen Wohnung als seinem Lebensmittelpunkt zu verbleiben, vorzunehmen. Die hierzu erforderliche Abwägung entzieht sich einer generalisierenden Betrachtung; sie lässt sich nur im Einzelfall unter Berücksichtigung aller Umstände des Einzelfalls und der konkreten Situation des Vermieters treffen.

3. Ist wegen des Alters und schlechten baulichen Zustands eines Gebäudes gemessen an üblichen Wohnverhältnissen eine „Vollsanierung" oder ein Abriss mit anschließender Errichtung eines Neubaus geboten, kann ein erheblicher Nachteil des Vermieters im Sinne des § 573 Abs. 2 Nr. 3 BGB darin liegen, dass er anderenfalls auf notdürftige Maßnahmen („Minimalsanierung") verwiesen ist, die weder zu einer nachhaltigen Verbesserung noch zur Verlängerung einer verhältnismäßig geringen Restlebensdauer des Gebäudes (hier 15 – 20 Jahre) führen.

Der Beklagte ist seit 1981 Mieter einer Wohnung in einem 1914 errichteten Gebäude in H., das nach Vornahme von Umbauten seit Jahrzehnten als Mehrfamilienhaus (sechs Wohneinheiten mit einer Gesamtwohnfläche von 280 qm) genutzt wird und sich auf einem rund 600 qm großen Grundstück in innenstadtnaher Wohnlage befindet. Die Klägerin hat das Objekt Anfang 2005 für 653.500 € erworben und danach sämtlichen Mietern mit Schreiben vom 22. April 2005 zum 31. Januar 2006 gekündigt. Sie plant den Abriss des bestehenden sanierungsbedürftigen Gebäudes und die Neuerrichtung einer Wohnanlage mit sechs Eigentumswohnungen (Gesamt-

---

stücks zu wirtschaftlichen, d. h. auf Gewinnerzielung gerichteten Zwecken, Bub/Treier/Grapentin IV RN 78, wobei wiederum Art 14 GG und die daraus abzuleitende Dispositionsfreiheit des Vermieters zu beachten ist. Diese Verwertung durch den Vermieter – nicht durch den Eigentümer, LG Stuttgart WM 1991, 199; Staudinger/Rolfs § 73 RN102 – kann beispielsweise im, BVerfG WM 1989, 118; OLG Koblenz WM 1989, 164; LG Trier WM 1991, 273, der Belastung mit dinglichen Rechten (Erbbaurecht, Nießbrauch und Dauerwohnrecht), Palandt/Weidenkaff, § 73 RN 35, der entgeltlichen Gebrauchsüberlassung zu anderen als Wohnzwecken sowie der baulichen Veränderung, wie dem Abriss mit Neuaufbau, BGH ZMR 2004, 428; LG Berlin NJW-RR 1997, 585, dem Umbau, BayObLG WM 1984, 16 oder der Sanierung bzw. Modernisierung bestehen. Der bloße **Abriss** leer stehender Wohngebäude ohne Neuaufbau unterfällt nicht Abs. 2 Nr. 3, Hannapel, RN 79, a. A. Hinz, NZM 2005, 321; Taubenek, ZMR 2003, 633, sondern Abs. 1, BGH ZMR 2004, 428. Eine Angemessenheit scheitert daher bei einem Verstoß der beabsichtigten Verwertung gegen öffentlich rechtliche Genehmigungserfordernisse. Eine Abrissgenehmigung muss zwar nicht erteilt, BayObLG NJW-RR 1994, 78; OLG Frankfurt WM 1992, 421; Palandt/Weidenkaff RN34; Staudinger/Rolfs RN 111; a. A LG Berlin ZMR 1991, 346, das Bauvorhaben jedoch öffentlich rechtlich genehmigungsfähig sein, Bub/Treier/Grapentin IV RN 80.

wohnfläche 610 qm). Sowohl der geplante Abriss als auch der Neubau sind baurechtlich genehmigt. Die Klägerin bietet die projektierten Eigentumswohnungen bereits zum Kauf an.

Das Amtsgericht hat die von der Klägerin erhobene Räumungsklage abgewiesen. Auf die Berufung der Klägerin hat das Landgericht den Beklagten unter Abänderung des erstinstanzlichen Urteils zur Räumung verurteilt. Hiergegen richtet sich die vom Berufungsgericht zugelassene Revision des Beklagten, mit der er die Wiederherstellung des erstinstanzlichen Urteils erstrebt.

Das Berufungsgericht hat zur Begründung seiner Entscheidung ausgeführt:

Der Beklagte sei zur Räumung und Herausgabe der Wohnung verpflichtet, weil die Kündigung der Klägerin vom 22. April 2005 das Mietverhältnis der Parteien zum 31. Januar 2006 beendet habe. Die Klägerin sei gemäß § 573 Abs. 2 Nr. 3 BGB zur Kündigung des Mietvertrages berechtigt gewesen, denn sie würde durch den Fortbestand des Mietverhältnisses an einer angemessenen wirtschaftlichen Verwertung des Gebäudes gehindert und dadurch erhebliche Nachteile erleiden. Die Klägerin könne mit dem von ihr beabsichtigten Verkauf der neu zu errichtenden Wohnungen einen Erlös erzielen, der ihre Aufwendungen um 831.000 € übersteige. Wenn dieser Betrag in Relation zu dem von der Sachverständigen errechneten Reinertrag bei einer Vermietung der neu errichteten Wohnungen für die Dauer von 90 Jahren gesetzt werden solle, müsse eine angemessene Verzinsung des Verkaufserlöses über den gleichen Zeitraum angesetzt werden. Bei Zugrundelegung eines Zinssatzes von 4 % errechne sich daraus eine Rendite des eingesetzten Kapitals in Höhe von 16 %.

Der von der Klägerin beabsichtigte Abriss und anschließende Neubau sei angesichts der Sanierungsbedürftigkeit des Gebäudes wirtschaftlich vernünftig und nach den Gesamtumständen angemessen. Der Grundstückseigentümer dürfe nicht darauf verwiesen werden, sich auf Sanierungsmaßnahmen zu beschränken, die nur zu einer Behebung des Instandhaltungsstaus und einer Restnutzungsdauer des Gebäudes von 15 bis 20 Jahren führen würden. Vielmehr stelle sich in einem solchen Fall die Entscheidung des Eigentümers für eine nachhaltige Sanierung oder einen Abriss und anschließenden Neubau als angemessene wirtschaftliche Verwertung dar; auch die Entscheidung für den gegenüber der Vollsanierung wirtschaftlich günstigeren Abriss und anschließenden Neubau sei nicht zu beanstanden.

Die Klägerin würde bei Fortbestand des Mietverhältnisses auch erhebliche Nachteile erleiden. Nicht erforderlich sei, dass der Vermieter bei einer Fortsetzung des Mietverhältnisses keine Rendite mehr erwirtschafte oder gar Verluste erleide. Es genüge vielmehr, dass der Vermieter seine Rendite mit der von ihm beabsichtigten Verwertung erheblich verbessern könne. Dies sei hier der Fall, weil die Klägerin mit der von ihr geplanten Verwertung eine Rendite von 16 % erzielen könne, während sowohl bei einer Minimal- als auch bei einer Vollsanierung nur eine Rendite von 2,5 % erzielbar sei, die deutlich unter der in H. für Mehrfamilienhäuser mit mehr als 4 Wohnungen erzielbaren Rendite von 3,5 % bis 4,5 % liege.

Die Ausübung des Kündigungsrechtes durch die Klägerin sei auch nicht deswegen rechtsmissbräuchlich, weil sie das Grundstück in Kenntnis der Sanierungsbedürftigkeit und Unrentabilität des Gebäudes gekauft habe. Da der Abriss und anschließende Neubau wirtschaftlicher Vernunft entspreche, sei es unerheblich, ob die gebotenen Maßnahmen durch den bisherigen Eigentümer oder einen Erwerber durchgeführt würden.

Diese Beurteilung hält rechtlicher Nachprüfung im Ergebnis stand, so dass die Revision zurückzuweisen ist. Der Beklagte ist gemäß § 546 Abs. 1 BGB zur Räumung und Herausgabe seiner Mietwohnung verpflichtet, denn die Kündigung der Klägerin vom 22. April 2005 hat das Mietverhältnis zu dem in der Kündigungserklärung angegebenen Zeitpunkt (31. Januar 2006) beendet. Die Klägerin war gemäß § 573 Abs. 2 Nr. 3 BGB zur Kündigung berechtigt.

Zutreffend hat das Berufungsgericht angenommen, dass die Klägerin durch die Fortsetzung des Mietverhältnisses an einer angemessenen wirtschaftlichen Verwertung des Grundstücks gehindert würde.

Der von der Klägerin geplante Abriss des vorhandenen Gebäudes und die Ersetzung durch einen Neubau stellt eine wirtschaftliche Verwertung des Grundstücks dar.[4]

Angemessen im Sinne des § 573 Abs. 2 Nr. 3 BGB ist eine wirtschaftliche Verwertung dann, wenn sie von vernünftigen, nachvollziehbaren Erwägungen getragen wird.[5] Dies hat das Berufungsgericht für die von der Klägerin geplanten Baumaßnahmen rechtsfehlerfrei bejaht. Denn gegen Investitionen in das vorhandene sanierungsbedürftige Gebäude sprechen die verhältnismäßig geringe Restnutzungsdauer von 15 bis 20 Jahren und der allein für eine „Minimalsanierung" erforderliche Kostenaufwand von 70.000 €. Da dem Abriss des sanierungsbedürftigen Gebäudes städtebauliche Gründe (Denkmalschutz) nicht entgegenstehen und eine Abrissgenehmigung bereits vorliegt, entspricht die Errichtung des von der Klägerin geplanten und baurechtlich ebenfalls bereits genehmigten Neubaus, mit dem zudem in erheblichem Umfang zusätzlicher Wohnraum geschaffen wird, vernünftigen wirtschaftlichen Überlegungen.

Dem Berufungsgericht ist auch darin beizupflichten, dass der Klägerin erhebliche Nachteile entstehen würden, wenn sie infolge des fortbestehenden Mietverhältnisses

---

[4]   BGH, Urteil vom 24. März 2004 – VIII ZR 188/03, NJW 2004, 1736.
[5]   Häublein, in MünchKommBGB, 5. Aufl., § 573 RN 88; Blank/Börstinghaus, Miete, 3. Aufl., § 573 RN 131; Erman/Jendrek, BGB, 12. Aufl., § 573 RN 24; Schach in: Kinne/Schach/Bieber, Miet- und Mietprozessrecht, 5. Aufl., § 573 RN 44; AnwK/Hinz, BGB, § 573 RN 58.

an der von ihr beabsichtigten wirtschaftlichen Verwertung des Grundstücks gehindert würde.

Die Beurteilung der Frage, ob dem Eigentümer durch den Fortbestand eines Mietvertrages ein erheblicher Nachteil entsteht, ist vor dem Hintergrund der Sozialpflichtigkeit des Eigentums (Art. 14 Abs. 2 GG) und damit des grundsätzlichen Bestandsinteresses des Mieters, in der bisherigen Wohnung als seinem Lebensmittelpunkt zu verbleiben, vorzunehmen. Das Eigentum gewährt dem Vermieter vor diesem Hintergrund keinen Anspruch auf Gewinnoptimierung oder auf Einräumung gerade der Nutzungsmöglichkeiten, die den größtmöglichen wirtschaftlichen Vorteil versprechen.[6] **Auch das Besitzrecht des Mieters an der gemieteten Wohnung ist Eigentum im Sinne von Art. 14 Abs. 1 Satz 1 GG und deshalb grundgesetzlich geschützt.**[7] Auf der anderen Seite dürfen die dem Vermieter entstehenden Nachteile jedoch keinen Umfang annehmen, welcher die Nachteile weit übersteigt, die dem Mieter im Falle des Verlustes der Wohnung erwachsen.[8]

Die im Rahmen des § 573 Abs. 2 Nr. 3 BGB erforderliche Abwägung zwischen dem grundsätzlichen Bestandsinteresse des Mieters und dem Verwertungsinteresse des Eigentümers entzieht sich einer generalisierenden Betrachtung; sie lässt sich nur im Einzelfall unter Berücksichtigung aller Umstände des Einzelfalls und der konkreten Situation des Vermieters treffen.[9] Dabei handelt es sich um eine tatrichterliche Frage, die vom Revisionsgericht nur eingeschränkt dahin überprüft werden kann, ob das Berufungsgericht die Wertungsgrenzen erkannt, die tatsächliche Wertungsgrundlage ausgeschöpft und die Denk- und Erfahrungssätze beachtet hat. Einen dem Berufungsgericht in dieser Hinsicht unterlaufenen Fehler zeigt die Revision nicht auf.

Das Berufungsgericht hat seine Beurteilung, dass der Klägerin im Falle des Fortbestands der Mietverhältnisse erhebliche Nachteile entstünden, nicht isoliert darauf gestützt, dass die Klägerin dann den geplanten Neubau nicht errichten und den damit erstrebten Gewinn nicht erzielen könnte, sondern maßgeblich auch darauf abgestellt, dass der schlechte Zustand des Gebäudes eine umfassende und nachhaltige Sanierung oder einen Abriss mit anschließendem Neubau gebiete und die Klägerin nicht auf eine bloße „Minimalsanierung", mit der eine Verlängerung der Nutzungsdauer des Objektes nicht erzielt werde, verwiesen werden könne.

---

[6]   BVerfGE 84, 385 = NJW 1992, 362.
[7]   BVerfGE 89, 1, 6 ff. = NJW 1993, 2036.
[8]   BVerfGE 79, 290 = NJW 1989, 973.
[9]   LG Berlin, NJW-RR 1988, 527, 528; Staudinger/Rolfs, BGB (2006), § 573 RN 156; Schmidt-Futterer/Blank, Mietrecht, 9. Aufl., § 573 RN 168; MünchKomm/Häublein, a.a.O. RN 90; Bub/Treier/Grapentin, Handbuch der Geschäfts- und Wohnraummiete, 3. Aufl., IV 1 RN 82.

Diese Beurteilung ist angesichts der zum Zustand des Gebäudes vom Berufungsgericht getroffenen Feststellungen aus Rechtsgründen nicht zu beanstanden. Denn
nach dem Gutachten der Sachverständigen B., auf das das Berufungsgericht Bezug
nimmt, sind schon für eine „Minimalsanierung" des Gebäudes, die nur die drin-
gendsten Maßnahmen – vor allem die Beseitigung der Feuchtigkeit im Keller und
eine Hausschwammbehandlung – umfasst und nicht zu einer Verlängerung der mit
15 bis 20 Jahren geschätzten Restlebensdauer des Gebäudes führt, Kosten von rund
70.000 € zu veranschlagen, worin der Aufwand für – inzwischen nach der Energie-
einsparverordnung vorgeschriebene – Nachrüstungsmaßnahmen (Dämmung zugänglicher oberster Geschossdecken beheizter Räume sowie zugänglicher Heizungs- und
Wasserleitungen in unbeheizten Räumen) noch nicht enthalten ist. Um eine Grund-
rissgestaltung nach heutigen Bedürfnissen und eine Ausstattung nach heutigen
Anforderungen zu erreichen, ist nach dem Gutachten eine „Vollsanierung" erforderlich. Dazu müssten das Gebäude mit einem Investitionsaufwand von 580.000 € ent-
kernt sowie Teile des Rohbaus und der gesamte Innenausbau erneuert und die Woh-
nungsgrundrisse neu gestaltet werden.

Bei einer Fortsetzung der Mietverhältnisse könnte die Klägerin weder die von der
Sachverständigen beschriebene, gemessen an üblichen Wohnverhältnissen gebotene
„Vollsanierung" noch den von ihr vorgesehenen Abriss des Gebäudes mit anschließendem (größeren) Neubau verwirklichen; sie wäre stattdessen auf eine „Minimalsanierung" des vorhandenen Gebäudes verwiesen, die nach allgemeiner Lebenserfahrung mit dem – kaum kalkulierbaren – Risiko verbunden wäre, dass alsbald die Notwendigkeit weiterer in keinem angemessenen Verhältnis zur Restnutzungsdauer des
Gebäudes stehender Instandsetzungsmaßnahmen zu Tage tritt. Im Übrigen ist dem
Eigentümer auch allgemein ein anerkennenswertes Interesse daran nicht abzusprechen, eine angesichts des sanierungsbedürftigen Gebäudezustands – wie hier – bereits
gebotene nachhaltige Verbesserung oder dauerhafte Erneuerung seines Eigentums
alsbald und nicht erst bei vollständigem Verbrauch der bisherigen Bausubstanz zu
realisieren. Schließlich wird auch in den Gesetzesmaterialien der Abbruch des Gebäudes zum Zweck der Sanierung mit anschließendem Wiederaufbau ausdrücklich
als Beispielsfall für eine Verwertungskündigung des Vermieters genannt (vgl. BT-
Drs. 6/1549, S. 8 zu Art. 1 § 1 Abs. 2 Nr. 3 des Wohnraumkündigungsschutzgesetzes,
dessen Regelungen durch das Wohnraumkündigungsschutzgesetz im wesentlichen
inhaltsgleich in § 564b BGB aF und später durch das Mietrechtsreformgesetz vom
19. Juni 2001 [BGBl. I S. 1149] in § 573 BGB übernommen wurden).

Das Berufungsgericht hat deshalb ein berechtigtes Interesse der Klägerin an der
Beendigung des Mietverhältnisses mit dem Beklagten rechtsfehlerfrei bejaht. Für
das Vorliegen von Härtegründen in der Person des Beklagten, aus denen er nach

§§ 574, 574a BGB einen Anspruch auf Fortsetzung des Mietverhältnisses herleiten könnte, bieten die tatsächlichen Feststellungen des Berufungsgerichts keinen Anhaltspunkt; übergangenen Sachvortrag hierzu zeigt die Revision nicht auf.

Ohne Erfolg macht die Revision geltend, es handele sich bei dem Vorhaben der Klägerin um ein rein spekulatives, von der Eigentumsgarantie des Art. 14 Abs. 1 GG nicht geschütztes Geschäft. Die der Klägerin bei Fortbestand der Mietverhältnisse entstehenden Nachteile, die sie zur Kündigung des Mietverhältnisses gemäß § 573 Abs. 2 Nr. 3 BGB berechtigen, bestehen – wie oben dargelegt – vor allem darin, dass die in diesem Fall erforderliche weitere Bewirtschaftung des sanierungsbedürftigen Objekts in Form einer „Minimalsanierung" mit schwer kalkulierbaren Risiken verbunden ist und keine nachhaltige Verbesserung der Bausubstanz sicherstellt. Entgegen der Auffassung der Revision handelt es sich bei dem von der Klägerin verfolgten Projekt nicht deshalb um ein von der Rechtsordnung missbilligtes oder außerhalb der Eigentumsgarantie liegendes Geschäft, weil die Klägerin das Grundstück angesichts der objektiv bestehenden Sanierungsbedürftigkeit des vorhandenen Gebäudes von vornherein zum Zweck eines Neubaus erworben und für das Grundstück einen Preis gezahlt hat, der durch die Erwartung beeinflusst worden ist, dass die Klägerin mit dem Neubau und anschließendem Verkauf – auch wegen der besseren Ausnutzung der bebaubaren Fläche – voraussichtlich einen erheblichen Gewinn realisieren kann.

Entgegen der Auffassung der Revision muss sich die Klägerin auch nicht auf einen Anbau an das vorhandene Gebäude verweisen lassen; denn selbst wenn eine solche Maßnahme technisch und bauordnungsrechtlich realisiert werden könnte, ließen sich damit die mit einer weiteren Bewirtschaftung des sanierungsbedürftigen Gebäudes verbundenen Nachteile nicht vermeiden.

Dem Berufungsgericht ist auch darin beizupflichten, dass die Kündigung der Klägerin nicht deshalb als rechtsmissbräuchlich anzusehen ist, weil die Voreigentümer über viele Jahre keine Investitionen in das Grundstück getätigt haben und die Klägerin das Objekt in Kenntnis dieses Umstands erworben hat. Nach den von der Revision nicht angegriffenen Feststellungen des Berufungsgerichts bestehen keine Anhaltspunkte dafür, dass die Voreigentümer das Gebäude bewusst herunter gewirtschaftet hätten, um den Abriss des Gebäudes leichter durchsetzen zu können. Allein der Umstand, dass der jetzige sanierungsbedürftige Zustand des Gebäudes bei nachhaltigen Investitionen der Voreigentümer hätte vermieden werden können, lässt die von der Klägerin wegen der nunmehr erforderlichen baulichen Maßnahmen erklärte Kündigung des Mietverhältnisses mit dem Beklagten noch nicht als treuwidrig erscheinen.

Auch die Regelung des § 573 Abs. 2 Nr. 3 Halbs. 3 BGB steht der Kündigung der Klägerin nicht entgegen. Wie auch die Revision nicht verkennt, ist diese Vorschrift, nach der sich der Vermieter nicht darauf berufen kann, dass er die Mieträume im Zusammenhang mit der beabsichtigten oder nach der Überlassung an den Mieter erfolgten Begründung von Wohnungseigentum veräußern will, auf den vorliegenden Sachverhalt nicht direkt anwendbar. Denn die Klägerin will die Wohnung des Beklagten nicht im Zusammenhang mit der Begründung von Wohnungseigentum veräußern, sondern das Gebäude einschließlich der bisher vom Beklagten bewohnten Räume abreißen.

Eine analoge Anwendung dieser Bestimmung kommt gleichfalls nicht in Betracht, denn eine planwidrige Regelungslücke liegt nicht vor. Der in § 573 BGB geregelte Kündigungsschutz dient dem Bestandsschutz des einzelnen Mietverhältnisses, das heißt dem Interesse des Mieters, die gemietete Wohnung als seinen Lebensmittelpunkt beizubehalten und diese nur bei einem berechtigten Interesse des Vermieters aufgeben zu müssen. Ein solches berechtigtes Interesse der Klägerin liegt hier – wie ausgeführt – darin, dass wegen des sanierungsbedürftigen Zustands des Gebäudes umfassende bauliche Maßnahmen erforderlich sind, die zum Wegfall der bisherigen Mietwohnungen führen. Entgegen der Auffassung der Revision geht der Zweck des in § 573 BGB geregelten Kündigungsschutzes des Mieters nicht – wie etwa das Instrument des Zweckentfremdungsverbots in Gemeinden mit Wohnraummangel – dahin, allgemein einen Bestand von Mietwohnungen oder von Altbauwohnungen mit günstigem Mietzins zu erhalten.

Arbeitnehmer bei karitativen Unternehmen als Tendenzträger, wenn tendenzbezogene Tätigkeit bedeutsam ist[1/2]

1. Bei karitativen Unternehmen oder Betrieben i. S. des § 118 Abs. 1 S. 1 Nr. 1 BetrVG sind Tendenzträger regelmäßig nur solche Arbeitnehmer, die bei tendenzbezogenen Tätigkeitsinhalten im Wesentlichen frei über die Aufgabenerledigung entscheiden können und bei denen diese Tätigkeiten einen bedeutenden Anteil an ihrer Gesamtarbeitszeit ausmachen.

2. Mit dem Tendenzschutz hat der Gesetzgeber das aus dem Demokratie- und Sozialstaatsprinzip folgende Recht der Arbeitnehmer auf Teilhabe an den sie betreffenden Angelegenheiten mit Rücksicht auf die grundrechtlichen Freiheitsrechte der von § 118 Abs. 1 Satz 1 BetrVG erfassten Arbeitgeber begrenzt.

3. Der unterschiedliche Bezug zu den besonderen Freiheitsrechten des Grundgesetzes gebietet es, bei karitativen Unternehmen und Betrieben ein höheres Maß an Einflussnahme auf die geschützte Tendenz zu verlangen, als bei den Arbeitgebern, deren unternehmerische Betätigung einem besonderen Grundrechtsschutz unterliegt.

4. Ob ein Arbeitnehmer Tendenzträger[3] eines karitativen Unternehmens oder Betriebs i.S.d.. § 118 Abs. 1 Satz 1 Nr. 1 BetrVG ist, bestimmt sich nach dem Aus-

---

[1] Mit Erläuterungen von Prof. Dr. Dr. Siegfried Schwab, Mag. rer. publ., unter Mitarbeit von Diplom-Betriebswirtin (DH) Silke und Referendarin Heike Schwab.

[2] BAG, Beschluss vom 14.09.2010 – 1 ABR 29/09 (LAG Berlin-Brandenburg 09.12.2008 – 16 TaBV 1476/08), BeckRS 2011, 65623, mit Anm. von Kern, ArbRAktuell 2011, 313907 – die Anforderungen an die Tendenzträgereigenschaft hängen danach davon ab, ob der Arbeitgeber sich auf grundrechtlich geschützte Freiheitsrechte berufen kann oder nicht. Nur wenn der Arbeitgeber sich nicht auf Grundrechte berufen kann, muss die tendenzbezogene Tätigkeit der Arbeitnehmer bedeutsam sein. Insofern steht die Entscheidung nicht im Widerspruch dazu, dass aufgrund der Pressefreiheit Anzeigenredakteure Tendenzträger sind, auch wenn sie tendenzbezogene Aufgaben nur in geringem Umfang verrichten, BAG, NZA 2010, 902.

[3] Der Begriff des **Tendenzträgers**, Kloppenburg, in Düwell, § 103 BetrVG, RN 1; Fiebig in Däubler/Hjort/Hummel/Wolmerath, Arbeitsrecht, § 15 KSchG, RN 8 f., ist gesetzlich nicht definiert. Kania, in ErfK, 10. Aufl., § 118 BetrVG, RN 1 – Grund der Privilegierung ist es ein ausgewogenes Verhältnis „zwischen den **Freiheitsrechten** der Tendenzträger und dem **Sozialstaatsprinzip**"

maß seiner inhaltlichen Einflussnahme auf die Ausführung tendenzbezogener Arbeitsaufgaben. Darüber hinaus müssen diese Aufgaben auch in zeitlicher Hinsicht bedeutsam sein.

5. Bei der Bewertung des Gestaltungsfreiraums eines im tendenzgeschützten Bereich beschäftigten Arbeitnehmers steht dem Gericht der Tatsacheninstanz ein Beurteilungsspielraum zu.

Die Beteiligten streiten über die Tendenzträgereigenschaft von pädagogischen Mitarbeitern.

Die Arbeitgeberin, die ca. 600 Arbeitnehmer in 25 Betriebsstätten beschäftigt, ist nach einem rechtskräftigen Beschluss des Arbeitsgerichts Berlin vom 2. August 2005[4] ein Tendenzunternehmen i.S.v. § 118 Abs. 1 Satz 1 Nr. 1 BetrVG, welches unmittelbar und überwiegend karitativen und erzieherischen Zwecken dient. Gegenstand ihres Unternehmens ist u. a.. die Einrichtung und der Betrieb von Kindertagesstätten, Tagesförderstätten und Wohnheimen für behinderte Menschen. Ziel der

---

zu schaffen. eine tendenzschutzbedingte Besserstellung ist nur gerechtfertigt, sofern Ziele angestrebt werden, die unter den Schutzbereich des jeweiligen Grundrechts fallen. Nur Unternehmen und Betriebe, in denen die ArbN selbst erzieherisch, wissenschaftlich, künstlerisch, schriftstellerisch, Grund, Der Weiterbeschäftigungsanspruch des Tendenzträgers, Festschrift Pressefreiheit 2008, 181, usw. tätig werden, können Tendenzschutz genießen, BVerfG, NZA 2003, 864. Unternehmen und Betrieb müssen „unmittelbar" und „überwiegend" dem Tendenzzweck dienen. „Unmittelbar" bedeutet, dass der Betriebszweck selbst auf die Tendenz ausgerichtet ist und nicht nur nach seiner wirtschaftlichen Tätigkeit geeignet ist, den eigentlichen Tendenzbetrieb zu unterstützen, Fitting/Auffarth/Kaiser/Heither, § 118 RN 15; BAGE 42, 75 = NJW 1984, 1144. Nach der ständigen Rechtsprechung des BAG ist Tendenzträger jeder in einem Tendenzunternehmen im Arbeitnehmer, der tendenzbezogene Aufgaben wahrnimmt. Nicht zu den sog. Tendenzträgern zählen solche Arbeitnehmer eines Tendenzbetriebes, die keine tendenzbezogenen Aufgaben wahrzunehmen haben, Richardi/Thüsing, BetrVG, 8. Aufl., § 118 RN 123; BAGE 40, 296 = NJW 1983, 1221; BVerfGE 52, 283 = NJW 1980, 1033. Tendenzbetriebe haben ein berechtigtes Interesse daran, dass ihre Arbeitnehmer weder bei der Arbeitsleistung noch im außerdienstlichen Bereich gegen die Tendenz des Arbeitgebers verstoßen. Welche Arbeitnehmer Tendenzträger sind, hängt weitgehend von den Verhältnissen des einzelnen Tendenzbetriebes ab. Der Tendenzträger muss in verantwortlicher Stellung tätig sein und unmittelbar einen maßgeblichen Einfluss auf die Tendenzverwirklichung haben. Daran fehlt es, wenn sein Gestaltungsspielraum stark eingeschränkt ist. Unschädlich ist allerdings, wenn der Tendenzträger im Einzelfall nach vorgegebenen allgemeinen Richtlinien und Weisungen arbeiten muss, BAGE 53, 237 = NJW 1987, 2540; Hess/Schlochauer/Glaubitz, BetrVG, 5. Aufl., § 118 RN 30; Hanau/Kania, in ErfK, BetrVG, 4. Aufl., § 118 RN 20. Nicht zu den Tendenzträgern zählen solche Mitarbeiter, die Tätigkeiten verrichten, die unabhängig von der Eigenart des Tendenzbetriebes in jedem Betrieb anfallen (z.B. Stenotypistinnen, Buchhalter, Bürogehilfen, Registrator, Lagerarbeiter; vgl. Fitting/Kaiser/Heither/Engels/Schmidt, BetrVG, 21. Aufl., § 118 RN 34). Allgemein anerkannt ist, dass die Funktionsinhaber (hauptamtliche Funktionäre) bei den Parteien und Koalitionen Tendenzträger sind, BAGE 32, 214; Hanau/Kania, BetrVG, 4. Aufl., § 118 RN 20; Richardi/Thüsing, § 118 RN 128; Lakies, in: Hako-BetrVG, § 118 RN 27.

4   36 BV 11795/05.

Arbeitgeberin ist die Integration der von ihr betreuten behinderten Menschen in die Gesellschaft. Ihre Tätigkeit ist am Normalisierungsprinzip ausgerichtet. Danach soll den behinderten Menschen ein möglichst normales, selbstbestimmtes Leben sowie die Teilnahme am Leben in der Gesellschaft ermöglicht werden.

Die Wohnheime der Arbeitgeberin sind in drei Wohnheimbereiche gegliedert, die jeweils von einem Abteilungsleiter geführt werden. Dieser ist für die Umsetzung der unternehmerischen Ziele und für die konzeptionelle Fortentwicklung des Leistungsangebots verantwortlich. Die Betreuung der behinderten Menschen erfolgt in Wohnheimen durch pädagogische Mitarbeiter, die über unterschiedliche Ausbildungen verfügen. In fast allen Wohnheimen ist daneben ein Gruppenleiter für die Aufsicht über mehrere Wohngruppen zuständig.

Für jeden Heimbewohner wird auf der Grundlage seines individuellen Hilfebedarfs nach der von der Arbeitgeberin erstellten Prozessbeschreibung „Hilfeplanung Wohnheime" eine Hilfeplanung entwickelt. Zuständig für die Erstellung der Hilfepläne ist ein interdisziplinäres Team, dem neben pädagogischen Mitarbeitern Ärzte, Psychologen, Krankengymnasten sowie Handwerker angehören. Die Hilfepläne werden von dem jeweiligen pädagogischen Mitarbeiter als Bezugsbetreuer, dem Gruppenleiter sowie dem Abteilungsleiter unterzeichnet. Auf der Grundlage der Hilfebedarfspläne werden für den Leistungsträger Entwicklungsberichte erstellt.

Nach der Stellenbeschreibung vom 15. Dezember 2006 gehört zu den Aufgaben der in den Wohnheimen eingesetzten pädagogischen Mitarbeiter u. a.. die Planung und die Erbringung von Assistenz- und Betreuungsleistungen für die Heimbewohner, die Einarbeitung neuer Mitarbeiter, die Zusammenarbeit mit den gesetzlichen Vertretern der behinderten Menschen und deren Angehörigen sowie die Erstellung, Umsetzung und Dokumentation der Hilfeplanung entsprechend dem individuellen Hilfebedarf des Betreuten.[5]

Der Betriebsrat hat die Auffassung vertreten, er habe bei der Einstellung sowie der Versetzung der in den Wohnheimen eingesetzten pädagogischen Mitarbeiter nach

---

[5] Zwischen den Betriebsparteien kam es in der Vergangenheit zu Meinungsverschiedenheiten über die Beteiligungsrechte des Betriebsrats bei der Einstellung und Versetzung von pädagogischen Mitarbeitern, die auf der Grundlage der Stellenbeschreibung vom 15. Dezember 2006 beschäftigt werden. Die Arbeitgeberin sieht diese als Tendenzträger an, bei denen das Mitbestimmungsrecht des Betriebsrats eingeschränkt ist. Sie hat daher den Betriebsrat im November 2007 über die Einstellung bzw. die Verlängerung der Befristung der Heilerziehungspfleger T S, K F und H H lediglich informiert. Ebenso hat die Arbeitgeberin darauf verzichtet, die Zustimmung des Betriebsrats zu der ab dem 1. Januar 2008 erfolgten Fortsetzung der befristeten Beschäftigung der Arbeitnehmerin K W einzuholen, die als Angestellte in der Tätigkeit einer Erzieherin im Wohnheimbereich eingesetzt werden sollte.

§§ 99 ff. BetrVG mitzubestimmen. Dem stehe die Regelung des § 118 Abs. 1 Satz 1 Nr. 1 BetrVG[6] nicht entgegen; die pädagogischen Mitarbeiter seien keine Tendenzträger.

---

[6] Der Tendenzschutz des § 118 Abs. 1 BetrVG sichert die grundrechtlich gewährleistete Betätigung im geistig-ideellen Bereich. Der **Verfassungsbezug des Tendenzschutzes** zeigt sich durch den ausdrücklichen Hinweis auf Art. 5 Abs. 1 Satz 2 GG in Art. 118 Abs. 1 Nr. 2 BetrVG. Die **Grundrechte als objektive Werteordnung erzeugen Schutzpflichten des Staates** für das in ihnen gewährleistete Rechtsgut, Richardi, MünchArbR, § 10 RN 13 f.; Thüsing, in Richardi, Betriebsverfassungsgesetz, § 118 RN 17. Die Kündigung eines als Tendenzträger beschäftigten Betriebsratsmitglieds aus **tendenzbezogenen Gründen** bedarf nicht der Zustimmung des Betriebsrats nach § 103 Abs. 1 BetrVG. Der Betriebsrat ist nur nach § 102 BetrVG anzuhören. Die Kündigung eines Tendenzträgers ist als solche noch keine tendenzbezogene Maßnahme. Es spricht keine tatsächliche Vermutung für die Annahme, die Kündigung eines Tendenzträgers erfolge stets aus tendenzbezogenen Gründen. Bei „Mischtatbeständen", das heißt bei einem **Kündigungsgrund, der sowohl tendenz- als auch nicht tendenzbezogene Aspekte** aufweist, wird regelmäßig das Zustimmungserfordernis des Betriebsrats nicht zu verlangen sein. Ansonsten könnte die Tendenzverwirklichung erheblich beeinträchtigt werden. Nach § 118 Abs. 1 S. 1 BetrVG finden in Tendenzunternehmen und Tendenzbetrieben nach Nr. 1 oder Nr. 2 die **Vorschriften des BetrVG aber keine Anwendung, soweit die Eigenart des Unternehmens oder des Betriebs dem entgegensteht.** Die „Eigenartklausel" begrenzt das Beteiligungsrecht des Betriebsrats. Diese gesetzliche Einschränkung der Beteiligungsrechte erfolgt, weil Tendenzunternehmen und -betriebe nicht ausschließlich erwerbswirtschaftliche Ziele verfolgen. Sie genießen auf Grund **besonderer Grundrechts- oder anderer Verfassungsgarantien regelmäßig einen zusätzlichen Freiheitsschutz, der das Mitbestimmungsrecht des Betriebsrats zurücktreten lässt.** Die verfassungsrechtlich gewährleisteten Freiheiten des Unternehmensträgers eines Tendenzunternehmens oder -betriebs fordern letztlich, dass ihm das Letztentscheidungsrecht in tendenzbezogenen Fragen verbleibt. Mit § 118 Abs. 1 S. 1 BetrVG berücksichtigt der Gesetzgeber, dass die Zuerkennung von Tendenzschutz zur Zurückstellung von Belangen führt, deren Wahrnehmung dem Betriebsrat übertragen ist, BVerfGE 52, 283 = NJW 1980, 1093; BAG, NZA 2003, 864. Die **Beteiligungsrechte des Betriebsrats müssen aber aus verfassungsrechtlichen Gründen nur soweit zurücktreten, als zu besorgen ist, dass die Freiheit, Tendenzentscheidungen unbeeinflusst zu treffen, eingeschränkt wird,** BVerfG, NZA 2003, 864 = NJW 2003, 3189. Würde man deshalb in Tendenzbetrieben gegenüber einem Tendenzträger, der auch Betriebsratsmitglied ist, die außerordentliche fristlose Kündigung generell von der Zustimmung des Betriebsrats (oder des ArbG) abhängig machen, könnte dies zu einem verfassungswidrigen Eingriff in das genannte Letztentscheidungsrecht des Tendenzunternehmers führen. Es spricht keine tatsächliche Vermutung dafür, dass die Kündigung eines Tendenzträgers stets aus tendenzbezogenen Gründen erfolgt und deshalb eine tendenzbezogene Maßnahme ist. Dem widersprechen sowohl der Wortlaut als auch der Sinn und die Entstehungsgeschichte der Ausnahmeregelung des § 118 Abs. 1 BetrVG. Die Tendenzverwirklichung soll vor einer Beeinträchtigung durch die Mitbestimmungsrechte des Betriebsrats abgeschirmt werden. Deshalb muss ein Zustimmungsrecht des Betriebsrats nach § 103 BetrVG nur insoweit zurücktreten, wie durch seine Ausübung die Freiheit des Tendenzunternehmers zur Tendenzbetätigung und -verwirklichung ernsthaft gefährdet werden kann, BAGE 27, 316; BAG, NZA 1990, 901 = AP BetrVG 1972 § 118 Nr. 46 = EzA BetrVG 1972 § 118 Nr. 52. Auch sind **Kündigungen sowohl aus tendenzbedingten als auch aus tendenzneutralen Gründen denkbar.** Deshalb ist bei einem nicht tendenzbedingten Kündigungsgrund, z.B. einem **tendenzneutralen Leistungsmangel,** die Zustimmung des Betriebsrats weiterhin erforderlich, BAGE 40, 296 = NJW 1983, 1221; Müller, in: Festschrift für Hilger/Stumpf, S. 509. Um **nicht tendenzbezogene und damit tendenzneutrale Mängel- und Pflichtstöße** handelt es sich, wenn der **arbeitsvertragliche Pflichtverstoß** keinen unmittelbaren Bezug zum verfolgten

Der Betriebsrat hat nach einer Antragserweiterung in der Beschwerdeinstanz – soweit für die Rechtsbeschwerde noch von Bedeutung – zuletzt beantragt festzustellen, dass dem Betriebsrat bei der Einstellung von Arbeitnehmerinnen und Arbeitnehmern, welche als Heilerziehungspfleger in einem Wohnheim in der Tätigkeit eines pädagogischen Mitarbeiters auf der Grundlage der Stellenbeschreibung „pädagogischer Mitarbeiter Wohnen" tätig werden sollen, ein Mitbestimmungsrecht zusteht, festzustellen, dass dem Betriebsrat bei der Einstellung und Versetzung von Arbeitnehmerinnen und Arbeitnehmern, welche als Angestellte in der Tätigkeit eines Erziehers in einem Wohnheim in der Tätigkeit eines pädagogischen Mitarbeiters auf der Grundlage der Stellenbeschreibung „pädagogischer Mitarbeiter Wohnen" tätig werden sollen, ein Mitbestimmungsrecht zusteht hilfsweise, der Arbeitgeberin aufzugeben, die Einstellung bzw. Verlängerung der Befristung des Herrn T S zum 16. November 2007 aufzuheben, der Arbeitgeberin aufzugeben, die Einstellung der Frau K F zum 15. November 2007 aufzuheben, der Arbeitgeberin aufzugeben, die Einstellung der Frau K W zum 1. Januar 2008 aufzuheben, der Arbeitgeberin aufzugeben, die Einstellung des Herrn H zum 1. Dezember 2007 aufzuheben.[7]

Die Feststellungsanträge sind zulässig.

Der in der ersten Instanz obsiegende Betriebsrat hat die Feststellungsanträge ordnungsgemäß mit einer Anschlussbeschwerde (§ 87 Abs. 2 Satz 1, § 64 Abs. 6 ArbGG, § 524 Abs. 1, 3 ZPO) im Wege der Antragserweiterung (§ 87 Abs. 2 Satz 3 Halbs. 2, § 81 Abs. 3 ArbGG, § 533 ZPO) in das Verfahren eingeführt. Die Anschließung an die Beschwerde der Arbeitgeberin ist innerhalb der dem Betriebsrat bis zum 11. November 2008 gesetzten Frist zur Beschwerdeerwiderung erfolgt und in dem am 6. November 2008 bei Gericht eingegangen Schriftsatz sogleich begründet worden. Das Landesarbeitsgericht hat die Antragserweiterung als sachdienlich angesehen und zugelassen. Im Übrigen hat sich die Arbeitgeberin auf die geänderten Anträge rügelos eingelassen.

Tendenzzweck hat, BAGE 40, 296 = NJW 1983, 1221. Kull, Zur Erosion des Tendenzschutzes, NJW 1982, 2227 – zum Tendenzschutz gehört auch, dass der Betriebsrat nicht Rechenschaft über Tendenzgründe fordern darf. Der Verleger soll nicht Rede und Antwort stehen müssen, warum er sich aus einer Reihe von Bewerbern für einen Redakteur entschieden hat

[7] Die Arbeitgeberin hat beantragt, die Anträge abzuweisen.
Das Arbeitsgericht hat dem ursprünglichen Hauptantrag des Betriebsrats, der auf die Feststellung seines Mitbestimmungsrechts bei einzelnen personellen Maßnahmen gerichtet war, entsprochen. Das Landesarbeitsgericht hat diesen Antrag auf die Beschwerde der Arbeitgeberin ebenso wie einen auf die Verletzung des Mitbestimmungsrechts gerichteten Hilfsantrag als unzulässig abgewiesen. Den in der Beschwerdeinstanz vom Betriebsrat erstmals gestellten Feststellungsanträgen hat es entsprochen. Hiergegen richtet sich die Rechtsbeschwerde der Arbeitgeberin, mit der diese die vollständige Abweisung der Anträge begehrt. Die Rechtsbeschwerde der Arbeitgeberin ist unbegründet. Die Feststellungsanträge des Betriebsrats sind zulässig und begründet.

Mit seinen Anträgen möchte der Betriebsrat das Bestehen seines Mitbestimmungsrechts nach §§ 99 ff. BetrVG bei der Einstellung und – soweit es Erzieher betrifft – auch bei der Versetzung festgestellt wissen, wenn diese Maßnahmen pädagogische Mitarbeiter betreffen, die auf der Grundlage der Stellenbeschreibung vom 15. Dezember 2006 beschäftigt werden. Die so verstandenen Anträge sind hinreichend bestimmt i.S.v. § 253 Abs. 2 Nr. 2 ZPO.

Für die Anträge besteht das nach § 256 Abs. 1 ZPO erforderliche **Feststellungs-interesse**[8]. Der Betriebsrat kann die Frage, ob die im Antrag beschriebenen Maß-

---

[8] Im Gegensatz zur Leistungsklage, die auf Leistungsbefehl und Befriedigung abzielt, dient die Feststellungsklage nur der verbindlichen Feststellung. Die positive Feststellungsklage behauptet ein Rechtsverhältnis oder die Echtheit einer Urkunde, die negative Klage leugnet dies. Sie kann auch Zwischenurteile (§ 303) und Klageabweisung zum Ziel haben. Durch eine Feststellungs-klage sollen die Parteien bei Streit ihre **Rechtsbeziehung frühzeitig klären** können, um dann ohne Risiko disponieren zu können. Das Feststellungsurteil ist dank seiner materiellen Rechtskraft für spätere Prozesse um Erfüllung, Rückgewähr oder Schadensersatz vorgreiflich. Ein positives Feststellungsurteil erleichtert den späteren Prozess auf Leistung, während ein abweisendes Urteil ihn aussichtslos macht, näher Foerste, in Musielak, § 322 RN 57 ff. Auch die Zwischenfeststel-lungsklage ermöglicht die verbindliche Klärung von Rechtsverhältnissen, Foerste, Musielak, ZPO, § 256 ZPO, RN 1. Der Begriff der Feststellungsklage gilt der aus dem vorgetragenen Lebenssachverhalt abgeleiteten Rechtsbeziehung einer Person zu einer anderen oder zu einem Gegenstand, BGH, NJW 2000, 2281 – Eine Klage auf Feststellung des Vorliegens oder Nichtvorlie-gens des Schuldnerverzugs ist unzulässig. Gegenstand einer Feststellungsklage nach § 256 ZPO – abgesehen von der Echtheit einer Urkunde – nur das Bestehen oder Nichtbestehen eines Rechts-verhältnisses sein kann. Richtig ist ferner, dass in Fällen, in denen eine Verurteilung zu einer Zug um Zug zu erbringenden Leistung begehrt wird, der weitere Antrag des Kl., den Annahmeverzug des Schuldners hinsichtlich der ihm gebührenden Leistung festzustellen, seit der Entscheidung RG, JW 1909, 463 Nr. 23, mit Rücksicht auf §§ 756, 765 ZPO aus Gründen der Prozessökonomie allgemein als zulässig angesehen wird, vgl. BGH, WM 1987, 1498; Lüke, in: MünchKommt, § 256 RN 24; NJW-RR 2008, 1499; Zulässiger Gegenstand einer Feststellungsklage können auch einzelne, aus einem Rechtsverhältnis sich ergebende Rechte und Pflichten sein, nicht aber bloße Elemente oder Vorfragen eines Rechtsverhältnisses, reine Tatsachen oder etwa die Wirksamkeit von Willenserklärungen oder die Rechtswidrigkeit eines Verhaltens, vgl. BGHZ 68, 332 = NJW 1977, 1288. Der Schuldnerverzug, § 284 BGB, ist ein Unterfall der Verletzung der Leistungs-pflicht, nämlich die rechtswidrige Verzögerung der geschuldeten Leistung aus einem vom Schuld-ner zu vertretenden Grund, vgl. Larenz, Lehrb. des SchuldR-AT, 14. Aufl., § 23, und zugleich eine gesetzlich definierte Voraussetzung unterschiedlicher Rechtsfolgen, also lediglich "Vorfra-ge" für die Beurteilung dieser Rechtsfolge. Ein gegenüber dem ursprünglichen Schuldverhältnis eigenständiges "Verzugsverhältnis" kennt das Gesetz nicht. Dass der nicht leistende Schuldner "in Verzug" ist, bedeutet nämlich nicht mehr, als dass er (vom Sonderfall des § 284 Abs. 2 BGB abgesehen) erstens gemahnt wurde (nicht feststellungsfähige Tatsache) und zweitens das weitere Unterbleiben der Leistung zu vertreten hat (§ 285 BGB). Letzteres ist bloßes Element eines Rechtsverhältnisses und folglich ebenso wenig feststellungsfähig wie etwa die Rechtswidrigkeit eines Verhaltens, vgl. auch BayObLG, WuM 1988, 91. **Auch einzelne Rechte bzw. Pflichten sind feststellungsfähig**, BAG, NZA 1994, 36 – dass er nicht das gesamte zwischen den Parteien bestehende Rechtsverhältnis zum Gegenstand hat, sondern nur die Verpflichtung der Bekl. zur Gewährung freier Tage. Gegenstand einer Feststellungsklage können nämlich auch einzelne aus einem Rechtsverhältnis sich ergebende Ansprüche und Pflichten sein, BAGE 47, 245 = AP § 4 TVG – Bestimmungsrecht – Nr. 1 = NZA 1985, 810, ggf. zusätzlich zu dem Gesamtverhältnis,

nahmen seinem Mitbestimmungsrecht nach §§ 99 ff. BetrVG unterliegen, durch **einen abstrakten Feststellungsantrag losgelöst vom konkreten Einzelfall zur gerichtlichen Entscheidung stellen.**[9] Das Landesarbeitsgericht hat zutreffend erkannt, dass der Betriebsrat bei der Einstellung und Versetzung der in den Wohnheimen der Arbeitgeberin eingesetzten pädagogischen Mitarbeiter nach §§ 99 ff. BetrVG mitzubestimmen hat. Das Beteiligungsrecht wird nicht durch § 118 Abs. 1 Satz 1 Nr. 1 BetrVG eingeschränkt. Die pädagogischen Mitarbeiter sind keine Tendenzträger.

Gem. § 99 Abs. 1 BetrVG hat der Arbeitgeber in einem Unternehmen mit in der Regel mehr als 20 wahlberechtigten Arbeitnehmern vor der Einstellung und einer Versetzung i.S.d. § 95 Abs. 3 BetrVG eines Arbeitnehmers die Zustimmung des Betriebsrats einzuholen. Die Arbeitgeberin beschäftigt die erforderliche Anzahl von Arbeitnehmern.

Das Mitbestimmungsrecht bei der Einstellung und der Versetzung wird nicht durch § 118 Abs. 1 Satz 1 Nr. 1 BetrVG ausgeschlossen. Nach § 118 Abs. 1 Satz 1 Nr. 1 BetrVG finden die Vorschriften dieses Gesetzes u. a. auf solche Unternehmen und Betriebe, welche unmittelbar und überwiegend karitativen und erzieherischen Bestimmungen dienen, keine Anwendung, soweit die Eigenart des Unternehmens oder des Betriebs dem entgegensteht.

Nach ständiger Rechtsprechung des Bundesarbeitsgerichts **dient ein Unternehmen karitativen Bestimmungen, wenn es den sozialen Dienst am körperlich oder seelisch leidenden Menschen zum Ziel hat und auf Heilung oder Milde-**

BGH, NJW 1999, 3775 = LM § 211 BGB Nr. 31 mit. Anm. Foerste nicht aber abstrakte Rechtsfragen ohne Bezug zum konkreten Rechtsverhältnis, BGH, WM 2001, 380; BAGE 46, 135 = NJW 1985, 220; auch **nicht bloße Elemente eines Rechtsverhältnisses, also rechtliche Vorfragen,** Schuldnerverzug), dazu krit. Schilken, JZ 2001, 199 ff.; BGH FamRZ 1979906; BGHZ 109, 308 = NJW 1990, 911. **Namentlich die „Rechtswidrigkeit" gegnerischen Verhaltens ist nicht feststellungsfähig,** BGHZ 68, 331, 332 ff. = NJW 1977, 1288 – für eine Klage auf Feststellung der Unwahrheit einer Tatsachenbehauptung oder der Rechtswidrigkeit einer Persönlichkeitsverletzung zum Zwecke des (zivilrechtlichen) Ehrenschutzes ist nach geltendem Recht kein Raum. Nach § 256 ZPO kann – von der Besonderheit der Urkundenfeststellungsklage abgesehen – nur auf Feststellung des Bestehens oder Nichtbestehens eines Rechtsverhältnisses geklagt werden, und dies nur unter der Voraussetzung, dass der Kl. ein Feststellungsinteresse darlegt. Damit sind zugleich Inhalt und Grenzen der Rechtskraftwirkung festgelegt, die mit der Feststellungsklage erzielt werden kann: Mit Rechtskraft für und gegen die Parteien kann der Richter nur einen Streit oder rechtliche Zweifel über Rechtsverhältnisse ausräumen. Die rechtskräftige Feststellung von Vorfragen oder Elementen eines Rechtsverhältnisses ist nach allgemeiner Rechtsüberzeugung nicht durchzusetzen BGHZ 22, 48 = NJW 1957, 21; BGHZ 37, 333 = NJW 1962, 1913, Nachw. Für die Zwischenfeststellungsklage nach § 280 ZPO gilt insoweit nichts anderes. Eine Vorfrage für die Rechtsbeziehungen zwischen den Parteien stellt aber auch die Frage nach der Rechtswidrigkeit der Veröffentlichung dar, die hier durch den Tenor eines Feststellungsurteils beantwortet werden soll.

[9] BAG, Beschluss vom 13. Februar, 2007 – 1 ABR 14/06 – RN 10, BAGE 121, 139.

rung innerer oder äußerer Nöte des Einzelnen oder auf deren vorbeugende Abwehr gerichtet ist. Voraussetzung ist, dass die Tätigkeit des Unternehmens ohne Absicht der Gewinnerzielung erfolgt und der Unternehmer nicht ohnehin von Gesetzes wegen zu derartigen Hilfeleistungen verpflichtet ist.[10] **Ein Unternehmen verfolgt eine erzieherische Tendenz i.S.d. § 118 Abs. 1 Satz 1 Nr. 1 BetrVG, wenn durch planmäßige und methodische Unterweisung in einer Mehrzahl allgemein- oder berufsbildender Fächer die Persönlichkeit von Menschen geformt werden soll. Dagegen genügt es nicht, wenn die Tätigkeit des Unternehmens lediglich auf die Vermittlung gewisser Kenntnisse und Fertigkeiten gerichtet ist. Unerheblich ist dagegen, ob die erzieherische Tätigkeit gegenüber Kindern und Jugendlichen oder gegenüber Erwachsenen ausgeübt wird.[11] Die Arbeitgeberin ist ein Tendenzunternehmen i.S.v. § 118 Abs. 1 Satz 1 Nr. 1 BetrVG.** Sie verfolgt in ihrem aus einem Betrieb im betriebsverfassungsrechtlichen Sinn bestehenden Unternehmen unmittelbar und überwiegend karitative und erzieherische Zwecke. Dies ist zwischen den Beteiligten unstreitig und überdies vom Arbeitsgericht Berlin in dem zwischen ihnen geführten Verfahren rechtskräftig festgestellt worden.

Das **Mitbestimmungsrecht** nach § 99 Abs. 1 Satz 1 BetrVG bei der **Einstellung**[12] und der Versetzung der in Wohnheimen beschäftigten pädagogischen

---

[10] BAG, Beschluss vom 12. November 2002 – 1 ABR 60/01,, BAGE 103, 329.

[11] BAG, Beschluss vom 31. Januar 1995 – 1 ABR 35/94, AP BetrVG 1972 § 118 Nr. 56 = EzA BetrVG 1972 § 99 Nr. 126.

[12] Neben dem Bestehen eines konstituierten Betriebsrats erfordert § 99 BetrVG eine regelmäßige Beschäftigtenzahl von mindestens 20 wahlberechtigten Arbeitnehmern im Unternehmen. Durch die Anknüpfung an die im Unternehmen beschäftigten Wahlberechtigten können auch einköpfige Betriebsräte in Kleinstbetrieben dieses Unternehmens die Rechte nach § 99 BetrVG wahrnehmen. Für die Feststellung der Anzahl der wahlberechtigten Arbeitnehmer ist nicht auf deren punktuelle Zahl im Zeitpunkt der geplanten personellen Einzelmaßnahme abzustellen, vielmehr ist die normale Anzahl der Beschäftigten des Unternehmens entscheidend. Darunter versteht man diejenige Personalstärke, die das Unternehmen im Allgemeinen aufweist, Mauer, in Rolfs/ Giesen/Kreikebohm/Udsching, Beck'scher Online-Kommentar § 99 RN 1. **Die aktuelle Rechtsprechung versteht unter einer Einstellung die Aufnahme der tatsächlichen Beschäftigung im Betrieb,** BAG, Urteil vom 28.04.1992 AP BetrVG 1972 § 99 N. 98. Diese ist dann gegeben, wenn Personen in den Betrieb eingegliedert werden, um gemeinsam mit den dort bereits tätigen Arbeitnehmern den arbeitstechnischen Zweck des Betriebes durch weisungsgebundene Tätigkeit zu verwirklichen, BAG, Urteil vom 23.01.2008 ,NZA 2008, 603 Nach dem im Beschlussverfahren entsprechend anwendbaren § 253 Abs. 2 Nr. 2 ZPO muss der Verfahrensgegenstand so genau bezeichnet sein, dass die eigentliche Streitfrage zwischen den Beteiligten mit Rechtskraft entschieden werden kann, BAGE 118, 205 = NZA 2006, 1291 RN 15. Ein Antrag des Arbeitgebers nach § 99 Abs. 4 BetrVG auf Ersetzung der Zustimmung des Betriebsrats zu einer Einstellung setzt voraus, dass es sich bei der Maßnahme, zu der die Zustimmung ersetzt werden soll, um eine Einstellung i. S. von § 99 Abs. 1 und 2 BetrVG handelt. Bei einem Zustimmungsersetzungsantrag nach § 99 Abs. 4 BetrVG muss deshalb klar sein, zu welcher personellen Einzelmaßnahme die

Mitarbeiter ist **nicht eingeschränkt.** Zwar kommt in Tendenzbetrieben die Einschränkung der Beteiligungsrechte des Betriebsrats bei bestimmten personellen Einzelmaßnahmen in Betracht, wenn diese sog. Tendenzträger betreffen. Dies ist vorliegend nicht der Fall. Das Landesarbeitsgericht hat in rechtsbeschwerderechtlich nicht zu beanstandender Weise die Tendenzträgereigenschaft der bei der Arbeitgeberin auf der Grundlage der Tätigkeitsbeschreibung vom 15. Dezember 2006 beschäftigten pädagogischen Mitarbeiter verneint.

Beschäftigte sind Tendenzträger, wenn die **Bestimmungen und Zwecke des jeweiligen in § 118 Abs. 1 BetrVG genannten Unternehmens oder Betriebs für ihre Tätigkeit inhaltlich prägend sind.**[13] Dies setzt voraus, dass sie die Möglichkeit haben, in dieser Weise auf die Tendenzverwirklichung Einfluss zu nehmen.[14] Eine bloße Mitwirkung bei der Tendenzverfolgung genügt dafür nicht.[15] Die Voraussetzungen für die Tendenzträgereigenschaft sind wegen des durch § 118 Abs. 1 BetrVG vermittelten Grundrechtsbezugs in Abhängigkeit von den in der Vorschrift aufgeführten Unternehmens- und Betriebszwecken zu bestimmen. Mit dem Tendenzschutz hat der Gesetzgeber das aus dem Demokratie- und Sozialstaatsprinzip folgende Recht der Arbeitnehmer auf Teilhabe an den sie betreffenden Angelegenheiten mit Rücksicht auf die grundrechtlichen Freiheitsrechte der von § 118 Abs. 1 Satz 1 BetrVG erfassten Arbeitgeber begrenzt.[16] In Bezug auf diese Arbeitgeber erweist sich § 118 Abs. 1 BetrVG als eine **grundrechtsausgestaltende Regelung, bei deren Auslegung und Anwendung es nicht auf das Gewicht der durch die in Frage stehenden Mitbestimmungsrechte geschützten Belange der Arbeit-**

---

vom Betriebsrat verweigerte Zustimmung gerichtlich ersetzt werden soll. Dabei genügt es meist, die Art der personellen Maßnahme – Einstellung, Versetzung, Ein- oder Umgruppierung in eine bestimmte VergGr. – und die davon betroffene Person hinreichend präzise zu bezeichnen. Zwar sind die Begriffe „Einstellung, Versetzung, Ein- und Umgruppierung" Rechtsbegriffe. Häufig kann mit ihnen jedoch – vereinfachend – der tatsächliche Lebensvorgang beschrieben werden, um dessen rechtliche Beurteilung oder Feststellung es geht. In Fällen, in denen allerdings gerade zweifelhaft erscheint, welcher Lebensvorgang die mitbestimmungspflichtige personelle Einzelmaßnahme ausmacht, muss dieser zur Bestimmung des Streitgegenstands konkret bezeichnet sein. Erforderlichenfalls hat hierzu das Gericht einen Antrag unter Berücksichtigung des gesamten Vorbringens des Ast. auszulegen. Nach der ständigen Rechtsprechung des BAG liegt eine **Einstellung** i. S. von § 99 Abs. 1 S. 1 BetrVG vor, wenn Personen in den Betrieb des Arbeitgebers eingegliedert werden, um zusammen mit den dort beschäftigten Arbeitnehmern dessen arbeitstechnischen Zweck durch weisungsgebundene Tätigkeit zu verwirklichen. Auf das Rechtsverhältnis, in dem diese Personen zum Betriebsinhaber stehen, kommt es nicht an, vgl. etwa BAG [25.01.2005 – 1 ABR 59/03], BAGE 113, 206 = NZA 2005, 945.

[13]   BAG, Beschluss vom 13. Februar 2007 – 1 ABR 14/06 -Rn. 16, BAGE 121, 139.
[14]   BAG, Beschluss vom 12. November 2002 – 1 ABR 60/01, BAGE 103, 329.
[15]   BAG, Beschluss vom 18. April 1989 – 1 ABR 2/88, BAGE 61, 305.
[16]   Fitting, BetrVG 25. Aufl. § 118 RN 2.

nehmer ankommt.[17] Die in ihr bestimmte eingeschränkte Geltung der organisatorischen Vorschriften des Betriebsverfassungsgesetzes und seiner Beteiligungsrechte führt zu einer von Verfassungs wegen gebotenen Privilegierung der davon begünstigten Arbeitgeber. Die Verwirklichung ihrer unternehmerischen Ziele darf durch die betriebliche Mitbestimmung nicht ernsthaft beeinträchtigt werden, da ansonsten ihre durch § 118 Abs. 1 BetrVG geschützten Freiheitsrechte verletzt würden. An einer solchen Beeinträchtigung von grundrechtlichen Rechtspositionen fehlt es aber bei Unternehmen und Betrieben, die lediglich karitativen oder erzieherischen Bestimmungen außerhalb des durch Art. 7 Abs. 4, 5 GG geschützten Bereichs dienen.[18] Bei diesen beruht **die eingeschränkte Geltung des Betriebsverfassungsgesetzes auf ihrem besonderen Unternehmenszweck.** Die damit verbundene Privilegierung hält sich zwar im Rahmen des dem Gesetzgeber bei der Ausgestaltung der betrieblichen Mitbestimmung zustehenden Entscheidungsspielraums und ist deshalb mit Art. 3 Abs. 1 GG vereinbar. Der unterschiedliche Bezug zu den besonderen Freiheitsrechten des Grundgesetzes und die durch § 118 Abs. 1 BetrVG vermittelte Begünstigung bei der Geltung des Betriebsverfassungsgesetzes gebietet es aber, bei diesen Arbeitgebern für die Tendenzträgereigenschaft ihrer Beschäftigten ein höheres Maß an Einflussnahme auf die geschützte Tendenz zu verlangen, als bei den anderen von § 118 Abs. 1 BetrVG erfassten Arbeitgebern.

Bei Arbeitgebern, deren unternehmerische Betätigung einem besonderen Grundrechtsschutz unterliegt, können die Voraussetzungen für die Tendenzträgereigenschaft einzelner Arbeitnehmer **schon dann erfüllt sein, wenn jenen in nicht völlig unbedeutendem Umfang Arbeiten übertragen sind, durch die sie Einfluss auf die grundrechtlich geschützte Tendenzverwirklichung des Arbeitgebers nehmen können.**[19] Bei Arbeitgebern hingegen, bei denen der durch § 118 Abs. 1 BetrVG vermittelte Grundrechtsbezug einen so weitgehenden Schutz nicht erfordert, setzt die Tendenzträgereigenschaft der von ihnen beschäftigten Arbeitnehmer voraus, dass diese bei den tendenzbezogenen Tätigkeitsinhalten im Wesentlichen frei über die Aufgabenerledigung entscheiden können. Die Möglichkeit zur unmittelbaren Einflussnahme auf die karitative oder erzieherische Tendenz fehlt hingegen, wenn sie bei diesen Aufgaben über keinen oder nur einen geringfügigen Gestaltungsfreiraum verfügen, etwa weil sie einem umfassenden Weisungsrecht oder

---

[17] BAG, Beschluss 20. April 2010 – 1 ABR 78/08 – Rn. 18, EzA BetrVG 2001 § 118 Nr. 9
[18] BAG, Beschluss vom 5. Oktober 2000 – 1 ABR 14/00, AP BetrVG 1972 § 118 Nr. 67 = EzA BetrVG 1972 § 118 Nr. 72.
[19] BAG, Beschluss vom 20. April 2010 – 1 ABR 78/08 – RN 21, EzA BetrVG 2001 § 118 Nr. 9; 20. November 1990 – 1 ABR 87/89, AP BetrVG 1972 § 118 Nr. 47 = EzA BetrVG 1972 § 118 Nr. 57.

Sachzwängen ausgesetzt sind.[20] Andererseits setzt die Tendenzträgereigenschaft nicht notwendig die alleinige Entscheidungsbefugnis des Arbeitnehmers voraus. Ein **inhaltlich prägender Einfluss auf die karitative oder erzieherische Tendenzverwirklichung** kann auch dann anzunehmen sein, wenn der **Arbeitnehmer in bedeutende planerische, konzeptionelle oder administrative Entscheidungen in dem tendenzgeschützten Bereich einbezogen** ist und **sein Beitrag vom Arbeitgeber aufgrund seiner besonderen Fachkunde nicht übergangen werden kann.** Eine Vorgesetztenstellung allein vermag die Tendenzträgereigenschaft hingegen nicht zu begründen. Der Arbeitnehmer muss vielmehr durch seine Weisungen gerade auf die unmittelbar von dem Arbeitgeber verwirklichte Tendenz Einfluss nehmen. In zeitlicher Hinsicht reicht ein unbedeutender Anteil der tendenzbezogenen Aufgaben an der Arbeitszeit des Arbeitnehmers ebenfalls nicht aus. Für die Annahme einer Tendenzträgereigenschaft ist regelmäßig ein bedeutender Anteil an seiner Gesamtarbeitszeit erforderlich. Nur unter diesen Voraussetzungen ist die durch § 118 Abs. 1 Satz 1 Nr. 1 BetrVG bewirkte Begünstigung der Unternehmen mit einer karitativen oder erzieherischen Zweckbestimmung gerechtfertigt.

Bei der Bewertung des Gestaltungsfreiraums eines im tendenzgeschützten Bereich beschäftigten Arbeitnehmers steht dem Gericht der Tatsacheninstanz ein **Beurteilungsspielraum** zu. Dessen fallbezogene Würdigung ist in der Rechtsbeschwerdeinstanz nur daraufhin überprüfbar, ob der Sachverhalt fehlerfrei festgestellt wurde, die Bewertungsmaßstäbe nicht verkannt sind und die Gesamtwürdigung aller maßgeblichen Punkte vertretbar erscheint. Danach sind die in den Wohnheimen der Arbeitgeberin beschäftigten pädagogischen Mitarbeiter keine Tendenzträger in Bezug auf die von der Arbeitgeberin verfolgte karitative Tendenz.

Das Landesarbeitsgericht ist von einem zutreffenden Beurteilungsmaßstab ausgegangen. Das Beschwerdegericht hat in Übereinstimmung mit der Rechtsprechung des BAG angenommen, dass die **Tendenzträgereigenschaft von einem prägenden Einfluss auf die karitative Tendenzverwirklichung des Arbeitgebers abhängig ist.**[21] Seine Ausführungen, wonach es eines hinreichend weiten eigenverantwortlichen Gestaltungsspielraums bedarf, um einen prägenden Einfluss auf die Tendenzverwirklichung anzunehmen, sind in diesem Sinn zu verstehen.

Entgegen der Auffassung der Arbeitgeberin hat das Landesarbeitsgericht bedacht, dass die pädagogischen Mitarbeiter bei ihrer Tätigkeit das **Normalisierungsprinzip und den Eingliederungsgedanken zu berücksichtigen haben.** Nach den Ausführungen des Beschwerdegerichts haben die pädagogischen Mitarbeiter bei ihrer Ar-

---

[20] BAG, Beschluss vom 12. November 2002 – 1 ABR 60/01, BAGE 103, 329.
[21] BAG, Beschluss vom 12. November 2002 – 1 ABR 60/01, BAGE 103, 329.

beit u. a.. das verfasste Leitbild der Arbeitgeberin zu beachten. In dessen Nr. 2 werden ausdrücklich das Integrationsziel und das Normalisierungsprinzip genannt.

Das Beschwerdegericht hat die Tätigkeit der in den Wohnheimen beschäftigten pädagogischen Mitarbeiter auch nicht mit derjenigen von Reinigungs- und Pflegepersonal gleichgestellt. Es hat berücksichtigt, dass die **pädagogischen Mitarbeiter die Assistenz- und Betreuungstätigkeiten auf der Grundlage des individuellen Bedarfs und der Wünsche der Heimbewohner planen und erbringen.** Nach der Annahme des Landesarbeitsgerichts handelt es sich dabei um ausführende Arbeiten, bei denen für die pädagogischen Mitarbeiter kein inhaltlich gestaltender Spielraum besteht. Diese tatrichterliche Würdigung des Beschwerdegerichts lässt einen Rechtsfehler nicht erkennen. Dass die pädagogischen Mitarbeiter bei ihren Assistenz- und Betreuungstätigkeiten Versorgungs- und Pflegeleistungen erbringen, räumt auch die Arbeitgeberin ein. Das Landesarbeitsgericht konnte aufgrund des von ihm festgestellten Sachverhalts auch das Vorliegen des für die Tendenzträgereigenschaft erforderlichen Gestaltungsspielraums verneinen. Die in den Wohnheimen beschäftigten pädagogischen Mitarbeiter treffen keine für die karitative Tendenzverfolgung der Arbeitgeberin bedeutsamen Entscheidungen. Ihre Tätigkeit wird vielmehr durch die von der Arbeitgeberin vorgesehenen Hilfen bestimmt. Die pädagogischen Mitarbeiter entscheiden nicht über die Art der Hilfeleistung für die von ihnen betreuten behinderten Menschen. Zwar wird ihr Verhältnis zu diesen durch ihre persönliche Zuwendung und ihren Einsatz bestimmt. Dieser Umstand reicht jedoch allein nicht aus, einen maßgeblichen Einfluss auf die Tendenzverwirklichung der Arbeitgeberin zu begründen. Bei der Betreuungsleistung bestehen für die pädagogischen Mitarbeiter aufgrund der vorgegebenen Arbeitsabläufe und der situativ bedingten Anforderungen keine nennenswerten Spielräume.

Das Landesarbeitsgericht durfte auch das Anlernen und die Einarbeitung von neuen Mitarbeitern sowie die Kommunikations- und Kontaktaufgaben gegenüber den gesetzlichen Vertretern der Heimbewohner für die Beurteilung der Tendenzträgerschaft unberücksichtigt lassen. Es ist schon fraglich, ob diese Tätigkeiten überhaupt dem von § 118 Abs. 1 Satz 1 Nr. 1 BetrVG geschützten karitativen Bereich zuzuordnen sind. Dies kann indes dahinstehen. Es ist weder ersichtlich noch von der Arbeitgeberin dargetan, dass die pädagogischen Mitarbeiter bei diesen Tätigkeiten über einen Gestaltungsfreiraum verfügen. Darüber hinaus werden die dabei anfallenden Aufgaben nach den nicht mit einem Tatbestandsberichtigungsantrag oder einer Verfahrensrüge angegriffenen Feststellungen der Vorinstanz nur in geringem zeitlichen Umfang erbracht.

Die **Tendenzträgerschaft der pädagogischen Mitarbeiter folgt schließlich nicht aus ihrer Beteiligung bei der Aufstellung der Hilfepläne.** Diese werden aufgrund der Vorgabe des Leistungsträgers erstellt, so dass weder für die Arbeitgeberin noch für die beteiligten Mitarbeiter insoweit ein Ermessenspielraum besteht. Das Landesarbeitsgericht konnte auch einen eigenverantwortlichen Beitrag der pädagogischen Mitarbeiter bei den Erhebungen über die Hilfebedürftigkeit wegen der dafür bestehenden Vorgaben verneinen. Dies wird auch von der Rechtsbeschwerde nicht in Zweifel gezogen. Die Arbeitgeberin ist lediglich der Auffassung, dass die Einschätzung über die zukünftig zu leistende Hilfe auf der Grundlage eines eigenverantwortlichen Gestaltungsspielraums der pädagogischen Mitarbeiter erfolgt. Das Beschwerdegericht hat dies mit der Begründung verneint, die Einschätzung über die zu erbringende Hilfe werde nicht durch den pädagogischen Mitarbeiter allein, sondern durch ein Team getroffen und liege wie die Änderung des Hilfeplans darüber hinaus in der Verantwortung der Einrichtungsleitung. Mit dieser einzelfallbezogenen Würdigung hat das Landesarbeitsgericht seinen Beurteilungsspielraum nicht überschritten. Zwar steht die Mitwirkung anderer Personen an einer tendenzrelevanten Entscheidung der Tendenzträgereigenschaft grundsätzlich nicht entgegen. Der notwendige Gestaltungsfreiraum kann auch dann vorliegen, wenn diese Entscheidung nicht von einer Person, sondern von mehreren Beteiligten gemeinsam getroffen wird. Voraussetzung ist allerdings, dass diese dabei ihrerseits über nennenswerte Gestaltungsmöglichkeiten in dem tendenzgeschützten Bereich verfügen. Einen solchen hat das Landesarbeitsgericht weder festgestellt noch hat die Arbeitgeberin eine entsprechende Befugnis der pädagogischen Mitarbeiter behauptet. Selbst nach ihrem Vorbringen werden die Entscheidungen über die medizinisch erforderlichen Hilfen nicht von den pädagogischen Mitarbeitern, sondern von den einbezogenen Ärzten und Psychologen getroffen. Darüber hinaus räumt die Arbeitgeberin in der Rechtsbeschwerdebegründung ein, dass die Einrichtungsleitung oder die Heimleitung einzubeziehen sind, wenn bedeutsame Veränderungen im Umfang des Hilfebedarfs oder grundsätzliche Entscheidungen zu Ressourcen und Verhandlungen mit dem Leistungsträger berührt sind. Dass den pädagogischen Mitarbeitern bei der Änderung oder der Fortschreibung eines Hilfeplans ansonsten nennenswerte Gestaltungsfreiräume verbleiben, die einen erheblichen Teil ihrer Arbeitszeit beanspruchen, ist weder von der Arbeitgeberin vorgetragen noch in sonstiger Weise ersichtlich.

Die in den Wohnheimen der Arbeitgeberin beschäftigten pädagogischen Mitarbeiter sind auch keine Tendenzträger in Bezug auf die von der Arbeitgeberin verfolgte erzieherische Tendenz.

Der gesetzliche Mindesturlaub entsteht auch, wenn der arbeitsunfähige Arbeitnehmer eine Erwerbsminderungsrente auf Dauer bezieht[1/2]

[1] Mit Hinweisen von Prof. Dr. Dr. Siegfried Schwab, Mag. rer. publ., unter Mitarbeit von Diplom-Betriebswirtin (DH) Silke und Referendarin Heike Schwab.

Das Motiv des gesamten Gesetzes wird in der Vorschrift mit der Verwendung des Begriffs „Erholungsurlaub" umschrieben, vgl. Holthaus, in Däubler, Arbeitsrecht § 1 BUrlG, RN 7. Der Arbeitgeber ist verpflichtet, den bei ihm beschäftigten AN für eine bestimmte Dauer im Jahr von der Verpflichtung zur Arbeitsleistung freizustellen, um ihm **Gelegenheit** zur **selbstbestimmten Erholung** zu geben. **Hat der Arbeitgeber den Arbeitnehmer zur Erfüllung des Anspruchs auf Erholungsurlaub (§ 1 BUrlG) freigestellt** (nach Hohmeister in HK-BUrlG, § 1 RN 10 eine Nebenpflicht aus dem Arbeitsverhältnis), **kann er den Arbeitnehmer nicht aufgrund einer Vereinbarung aus dem Urlaub zurückrufen. Eine solche Abrede verstößt gegen zwingendes Urlaubsrecht und ist rechtsunwirksam (§ 13 BUrlG).** Der Urlaubsanspruch ist ein gesetzlich bedingter Anspruch (zweckgebundener Anspruch, Lampe, in Rolfs, u. a. Beck'scher Online Kommentar, § 1 RN 1) nämlich an Erholung des Arbeitnehmers gegen den Arbeitgeber, von den durch den Arbeitsvertrag entstehenden Arbeitspflichten befreit zu werden, ohne dass die Pflicht zur Zahlung des Arbeitsentgelts berührt wird, Lampe, in Rolfs, u. a. Beckscher Online Kommentar, § 1 BUrlG, RN 1. Für die Dauer des Urlaubs entsteht mithin kein neuer Entgeltanspruch. Der Arbeitnehmer behält vielmehr seinen vertraglichen Anspruch nach § 611 Abs. 1 BGB. Das Urlaubsentgelt als Arbeitsentgelt, das während des Urlaubs des Arbeitnehmers gezahlt wird, ist daher ebenso wie dieses und im gleichen Umfang pfändbar. Für das Entstehen, den Bestand und die Erteilung des Urlaubs kommt es auf ein **konkretes Erholungsbedürfnis** des AN und die Art der Gestaltung seiner Freizeit jedenfalls im Rahmen der von § 8 gesetzten Grenzen **nicht** an (BAG 18.03.2003 AP BUrlG § 3 Rechtsmissbrauch Nr. 17). **Der Urlaubsanspruch des Arbeitnehmers entsteht nach Erfüllung der gesetzlichen Wartezeit zum 01.01. eines Jahres auch dann, wenn der Arbeitnehmer zu diesem Zeitpunkt arbeitsunfähig ist.** Der Urlaubsanspruch ist **höchstpersönlicher Natur**, Hohmeister, a.a.O., RN 12. Der Urlaubsanspruch, d. h. nach obiger Definition der Anspruch auf Befreiung von der in einem ArbVerh. geschuldeten Arbeitspflicht, ist **nicht vererblich**. Die Arbeitspflicht endet mit dem Tod des AN, und deshalb erlischt mit dem ArbVerh. auch der Urlaubsanspruch, BAG, Urteil vom 18.07.1989 – 8 AZR 44/88. Der volle Urlaubsanspruch entsteht erstmalig **nach einem sechsmonatigen Bestand** des Arbeitsverhältnisses, wie § 4 BUrlG regelt. Abweichende Regelungen zu Gunsten des Arbeitnehmers sind in Tarifverträgen und Arbeitsverträgen möglich. Für die Fristberechnungen gelten die §§ 186 BGB ff. Maßgeblich ist nicht der Zeitpunkt des Vertragsabschlusses, sondern die Arbeitsaufnahme, auch wenn diese erst im Laufe eines Tages erfolgt. Abgeltung eines Urlaubsanspruchs – Erfüllung. Der zum Zeitpunkt der Beendigung des Arbeitsverhältnisses bestehende Urlaubsanspruch ist abzugelten, wenn er wegen der Beendigung nicht mehr gewährt werden kann, BAG, Urteil vom 20.01.2009, 9 AZR 650/07. Das deutsche Arbeitsrecht enthält für die Entstehung des Urlaubs-

Der gesetzliche Mindesturlaubsanspruch entsteht auch, wenn der arbeitsunfähige Arbeitnehmer eine Erwerbsminderungsrente auf Dauer bezieht. Ein Verfall des Urlaubsanspruchs mit dem 31.03. des Folgejahres tritt nicht ein. (amtlicher Leitsatz)

... Die Berufung ist unbegründet. Das Arbeitsgericht hat zutreffend und mit überzeugender Begründung erkannt, dass der Klägerin gemäß § 7 Abs. 4 BUrlG ein Urlaubsabgeltungsanspruch in der geltend gemachten Höhe zusteht.

Der gesetzliche Urlaubsanspruch der Klägerin ist gemäß §§ 1, 3 Abs. 1, 5 Abs. 1 c) BUrlG entstanden. Die Klägerin hat nach Ablauf der sechsmonatigen Wartezeit des § 4 BUrlG in der Fünf-Tage-Woche Anspruch auf jeweils 20 Urlaubstage für die Jahre 2007 bis 2009 und Anspruch auf einen Teilurlaub von 10 Arbeitstagen für das Jahr 2010, da sie in der ersten Hälfte des Kalenderjahres, hier am 30.06.2010, aus dem Arbeitsverhältnis ausgeschieden ist.

Nach der gesetzlichen Regelung ist Voraussetzung für das Entstehen des Urlaubsanspruches lediglich das Bestehen des Arbeitsverhältnisses. Der Urlaubsanspruch entsteht grundsätzlich auch, wenn der Arbeitnehmer – aus welchen Gründen auch immer – nicht arbeitet.[3]

Dem Entstehen des Urlaubsanspruchs steht im vorliegenden Fall nicht entgegen, dass die Klägerin während des gesamten hier streitgegenständlichen Zeitraums arbeitsunfähig erkrankt war. Der gesetzliche Mindesturlaubsanspruch entsteht nach ständiger Rechtsprechung auch, wenn der Arbeitnehmer im gesamten Bezugszeit-

---

anspruchs keine Fälligkeitsregelung. Deshalb kommt **§ 271 Abs. 1 BGB** zur Anwendung. Danach kann der Gläubiger die Leistung sofort verlangen, der Schuldner sie sofort bewirken, wenn eine Leistungszeit weder bestimmt noch aus den Umständen zu entnehmen ist. Dörner, a.a.O. RN 21, folgert daraus, er nach Ablauf der Wartezeit und, wenn diese bereits in der Vergangenheit erfüllt worden ist, mit Beginn der Arbeitspflicht im neuen Kalenderjahr mit seiner Entstehung fällig ist. Seit dem 01.01.1995 beträgt der ges. Urlaub 24 Werktage = 4 Wochen, wie es die EWG-Richtlinie 93/104, jetzt RL 2003/88/EG verlangt. Die Tarifvertragsparteien können Urlaubs- und Urlaubsabgeltungsansprüche, die den von Art. 7 Abs. 1 der Arbeitszeitrichtlinie gewährleisteten und von §§ 1, 3 Abs. 1 BUrlG begründeten Mindestjahresurlaubsanspruch von vier Wochen übersteigen, frei regeln. Ihre Regelungsmacht ist nicht durch die für gesetzliche Urlaubsansprüche erforderliche richtlinienkonforme Fortbildung des § 7 Abs. 3 und 4 BUrlG beschränkt. Für einen Regelungswillen, der zwischen gesetzlichen und übergesetzlichen tariflichen Ansprüchen unterscheidet, müssen deutliche Anhaltspunkte bestehen. Lösen sich die Tarifvertragsparteien in weiten Teilen durch eigenständige Regelungen vom gesetzlichen Urlaubsregime, **ist i.d.R davon auszugehen, dass sie Ansprüche nur begründen und fortbestehen lassen wollen, soweit eine gesetzliche Verpflichtung besteht. Der schwerbehindertenrechtliche Zusatzurlaubsanspruch aus § 125 Abs. 1 Satz 1 SGB IX bestimmt sich nach den Regeln des Mindesturlaubs der §§ 1, 3 Abs. 1 BUrlG.** Der Zusatzurlaub ist nach dem Ende des Arbeitsverhältnisses auch dann abzugelten, wenn er nicht gewährt werden konnte, weil der Arbeitnehmer über die Übertragungsfrist des § 7 Abs. 3 Satz 3 BUrlG hinaus arbeitsunfähig erkrankt war.

2   LAG Düsseldorf, Urteil vom 08.02.2011 – 16 Sa 1574/10, BeckRS 2011, 70517.
3   BAG v. 15.12.2009 – 9 AZR 795/08 – n. v., juris; BAG v. 30.07.1986 – 8 AZR 475/84 – BAGE 52, 305.

raum oder in Teilen davon arbeitsunfähig erkrankt ist.[4] Dem Entstehen des Urlaubsanspruches steht ebenfalls nicht entgegen, dass die Klägerin seit dem 01.04.2007 eine befristete Rente wegen voller Erwerbsminderung und seit dem 06.08.2009 eine unbefristete Rente wegen voller Erwerbsminderung bezieht. Die gesetzlichen Voraussetzungen, unter denen der Urlaubsanspruch entsteht, sind auch in diesem Fall erfüllt.

Es kann dahinstehen, ob eine andere Wertung angebracht wäre, wenn das Arbeitsverhältnis während des Bezuges der Erwerbsminderungsrente geruht hätte.

Insoweit ist es umstritten, ob Urlaubsansprüche in einem ruhenden Arbeitsverhältnis überhaupt entstehen können. Ein Arbeitsverhältnis ruht, wenn die wechselseitigen Hauptpflichten, nämlich die Pflicht des Arbeitnehmers zur Arbeitsleistung und die Pflicht des Arbeitgebers zur Zahlung der vereinbarten Vergütung, suspendiert sind und somit der jeweilige Gläubiger von seinem Schuldner die Erbringung der Leistungen nicht mehr verlangen und durchsetzen kann.[5] Nach der einen Auffassung entstehen in einem ruhenden Arbeitsverhältnis keine Urlaubsansprüche, denn während des Ruhens bestünden von vorneherein nicht die wechselseitigen arbeitsvertraglichen Hauptpflichten. Während die krankheitsbedingte Arbeitsunfähigkeit eine Leistungsstörung des Arbeitsverhältnisses darstelle, sei beim ruhenden Arbeitsverhältnis der Arbeitsvertrag aufgrund einer Vereinbarung, die auf einem willensgesteuerten Verhalten des Arbeitnehmers beruhe, im Kern seines Inhalts umgestaltet. Bei einem ruhenden Arbeitsverhältnis sei der Arbeitnehmer nicht aufgrund der krankheitsbedingten Arbeitsunfähigkeit an der Erbringung der Arbeitsleistung gehindert.[6] Die Gegenauffassung geht demgegenüber davon aus, dass das Ruhen des Arbeitsverhältnisses wegen des Bezuges einer Erwerbsminderungsrente das Entstehen von Urlaubsansprüchen nicht hindere, soweit keine gesetzliche Vorschrift eingreife, die ähnlich § 4 Abs. 1 ArbPlSchG oder § 17 Abs. 1 Satz 1 BEEG anordne, dass der Arbeitgeber für den Zeitraum des Ruhens des Arbeitsverhältnisses den Erholungsurlaub für jeden vollen Kalendermonat um 1/12 kürzen könne.[7] Etwas anderes ergebe sich nicht daraus, dass beim ruhenden Arbeitsverhältnis die wechselseitigen Hauptleistungspflichten entfielen, denn es handele sich bei der Pflicht des Ar-

---

[4] Vgl. nur BAG v. 24.03.2009 – 9 AZR 983/07 – BAGE 130, 119; BAG v. 21.06.2005 – 9 AZR 200/04 – AP Nr. 11 zu § 55 InsO; BAG v. 13.05.1982 – 6 AZR 360/80 – BAGE 39, 53.

[5] BAG v. 14.03.2006 – 9 AZR 312/05 – BAGE 117, 231; BAG v. 09.08.1995 – 10 AZR 539/94 – BAGE 80, 308.

[6] LAG Düsseldorf v. 01.10.2010 – 9 Sa 1541/09 – juris; LAG Düsseldorf v. 05.05.2010 – 7 Sa 1571/09 – NZA-RR 2010, 568; LAG Köln v. 29.04.2010 – 6 Sa 103/10 – juris.

[7] Vgl. BAG v. 15.12.2009 – 9 AZR 795/08 – n. v., juris.

beitgebers zur Urlaubsgewährung nicht um eine synallagmatische Hauptpflicht.[8] Einer Entscheidung dieser Streitfrage bedarf es im vorliegenden Fall nicht, da ein Ruhenstatbestand nicht vorliegt.

Die **Bewilligung der Erwerbsminderungsrente**[9] hat im vorliegenden Fall nicht zu einem Ruhen des Arbeitsverhältnisses geführt. Weder eine Arbeitsunfähigkeit

---

[8]   vgl. BAG v. 15.12.2009 – 9 AZR 795/08 – n. v., juris; vgl. BAG v. 15.12.2009 – 9 AZR 795/08 – n. v., juris.

[9]   **Schwerbehinderte Menschen haben Anspruch auf einen bezahlten zusätzlichen Urlaub von fünf Arbeitstagen im Urlaubsjahr;** verteilt sich die regelmäßige Arbeitszeit des schwerbehinderten Menschen auf mehr oder weniger als fünf Arbeitstage in der Kalenderwoche, erhöht oder vermindert sich der Zusatzurlaub entsprechend. Soweit tarifliche, betriebliche oder sonstige Urlaubsregelungen für schwerbehinderte Menschen einen längeren Zusatzurlaub vorsehen, bleiben sie unberührt. **Der Anspruch auf Zusatzurlaub entsteht mit dem Eintritt der Schwerbehinderteneigenschaft** (§ 2 Abs. 2 SGB IX -Menschen sind im Sinne des Teils 2 schwerbehindert, wenn bei ihnen ein Grad der Behinderung von wenigstens 50 vorliegt). Anspruch auf den gesetzlichen Zusatzurlaub haben vielmehr alle schwerbehinderten Menschen, die als Beschäftigte Anspruch auf Erholungsurlaub haben. Der Anspruch auf Zusatzurlaub nach § 125 Abs. 1 Satz 1 1. Halbs. SGB IX tritt dem Urlaubsanspruch hinzu, den der Beschäftigte ohne Berücksichtigung seiner Schwerbehinderung beanspruchen kann, AP SGB IX § 125 Nr. 1. Er erlischt mit dem Wegfall der Rechtsstellung als Schwerbehinderter (§ 116 Abs. 1). Der Zusatzurlaub folgt „akzessorisch" den für den gesetzlichen Mindesturlaub geltenden – gesetzlichen, tarifvertraglichen oder einzelvertraglichen – Regeln. Der Anspruch auf Zusatzurlaub besteht auch, wenn durch den Arbeitgeber bereits ein übertariflicher Urlaubsanspruch gewährt wird, BAG, BeckRS 2007 40276; NZA 2007, 330. Der Anspruch auf Zusatzurlaub setzt die Schwerbehinderung voraus, nicht deren behördliche Feststellung. Der ArbN kann bereits vor Durchführung des Feststellungsverfahrens gegenüber dem Arbeitgeber seine Behinderung geltend machen und verlangen, dass ihm der Zusatzurlaub für das laufende Urlaubsjahr gewährt wird. Eine nur vorsorgliche Geltendmachung unter Hinweis auf eine zur Feststellung beantragte Schwerbehinderteneigenschaft reicht nicht, BAG, NZA 1986, 558. Die Dauer des gesetzlichen Zusatzurlaubs ist auf fünf Arbeitstage beschränkt. Der Zusatzurlaub ist ein bezahlter zusätzlicher Urlaub, so dass auch für die Zeit des Zusatzurlaubs das vertraglich geschuldete Arbeitsentgelt weiterzuzahlen ist. Ein Anspruch auf ein zusätzliches Urlaubsgeld besteht nur bei ausdrücklicher Regelung. Der Zusatzurlaub nach § 125 Abs. 1 S. 1 SGB IX folgt bundesurlaubsgesetzlichen Bedingungen. Er verfällt somit nicht, wenn er krankheitsbedingt nicht genommen werden kann und ist somit abzugelten, LAG Düsseldorf: Abgeltung wegen Krankheit nicht genommenen Jahresurlaubs, NZA-RR 2009, 247. Der Urlaubsanspruch wird nicht nur für Zeiten erworben, in denen der Arbeitnehmer seine Arbeitskraft zur Verfügung gestellt hat, sondern auch für Zeiten, in denen er ordnungsgemäß krankgeschrieben war. Dies gilt auch für den Zusatzurlaub, a. A. ArbG Berlin, Urlaubsabgeltung bei über den Übertragungszeitraum hinaus fortdauernder Arbeitsunfähigkeit – Verfall von Zusatzurlaub, NZA-RR 2009, 411 – § 125 SGB IX dient nicht der Umsetzung sonstigen EU-Rechts. Dies ist nicht ersichtlich und wird auch nicht diskutiert, vgl. Rolfs, in ErfK, 9. Aufl. [2009], SGB IX § 125 RN 1; Pahlen, in: Neumann/Pahlen/Majerski-Pahlen, SGB IX, 11. Aufl. [2005], § 125 RN 1ff. Die Entscheidung des ArbG Berlin überzeugt nicht, da das anerkannte Ziel, das besondere Erholungsbedürfnis zu befriedigen und die ohnehin durch die Behinderung gefährdete Arbeitskraft zu erhalten erst recht nach einer längeren Erkrankung bei Schwerbehinderten gegeben ist. **Ein behinderter Arbeitnehmer muss seine Behinderung mit erhöhtem Einsatz und erhöhtem Kraftaufwand ausgleichen. Er verbraucht daher seine physischen und psychischen Kraftreserven schneller** als ein anderer, gesunder Arbeitnehmer und muss sich dementsprechend länger erholen, Pahlen, Neumann/Pahlen/Majerski-

allein[10] noch die bloße Bewilligung einer Erwerbsminderungsrente hat Auswirkungen auf die zivilrechtlichen Beziehungen zwischen Arbeitgeber und Arbeitnehmer.[11] Die Parteien haben auch nicht ausdrücklich ein Ruhen des Arbeitsverhältnisses vereinbart. Ebenso wenig ergibt sich aus den Regelungen des MTV Chemie, dass ein Arbeitsverhältnis nach der Bewilligung einer Erwerbsminderungsrente ruht. Eine konkludente Ruhensvereinbarung liegt ebenfalls nicht vor.

Um einen Ruhenstatbestand zu erreichen, bedarf es regelmäßig der Vereinbarung der Arbeitsvertragsparteien, das Arbeitsverhältnis nicht zu kündigen, sondern in seinem Rahmen unter gleichzeitiger Suspendierung der wechselseitigen Hauptpflichten fortbestehen zu lassen. Eine solche Vereinbarung kann auch konkludent geschlossen werden.

Aus der tatsächlichen Einstellung der wechselseitigen Hauptpflichten auf ein vereinbartes Ruhen des Arbeitsverhältnisses zu schließen, ist aber dann nicht ohne weiteres statthaft, wenn der Arbeitnehmer nicht nur erwerbsunfähig, sondern auch arbeitsunfähig krank ist. Die Einstellung der Arbeit einerseits und der Zahlung des Entgelts andererseits kann in diesem Fall auch darauf beruhen, dass sich der Arbeitnehmer stets krank gemeldet und Arbeitsunfähigkeitsbescheinigungen vorgelegt hat und der gesetzliche Fortzahlungszeitraum abgelaufen war. Ist das Verhalten der Parteien oder auch nur einer Partei auf die Einhaltung dieses rechtlichen Rahmens zu deuten, so fehlt es an einer Ruhensvereinbarung.[12] Nach der Rechtsprechung kann eine – stillschweigende – Vereinbarung des Ruhens des Arbeitsverhältnisses jedoch dann angenommen werden, wenn der Arbeitnehmer bei fortbestehender Arbeitsunfähigkeit auf seinen Antrag hin nach Aussteuerung durch die Krankenkasse Arbeitslosengeld bezieht.[13]

Im vorliegenden Fall sind keinerlei Anhaltspunkte dafür erkennbar, dass die Parteien das Arbeitsverhältnis konkludent zum Ruhen gebracht haben. Die Klägerin

---

Pahlen, Sozialgesetzbuch IX, § 125 SGB IX, RN 6. Der Zusatzurlaub dient dem Schwerbehinderten dazu, die verbliebene Arbeitsfähigkeit und Gesundheit zu erhalten, Jabben, in Rolfs/ Giesen/Kreikebohm/Udsching, Beck'scher Online-Kommentar, § 125 SGB IX, RN 2 – gesteigertes Erholungsbedürfnis bzw. eine längere Regenerationsphase. Eine zusätzliche Erholungsbedürftigkeit muss nicht konkret nachgewiesen werden, sie wird unwiderleglich vermutet, Rolfs, in ErfK, § 125 SGB IX, RN 1. Düwell stellt deshalb eindeutig klar, dass der schwerbehinderte Beschäftigte, der erst nach Ablauf des Übertragungszeitraums seine Arbeitsfähigkeit wieder erlangt, den nicht gewährten Erholungs- und Zusatzurlaub verlangen kann. Endet das Arbeitsverhältnis, so kann der dauerhaft arbeitsunfähige und aus dem Arbeitsverhältnis ausscheidende schwerbehinderte Beschäftigte die Abgeltung seines Erholungs- und Zusatzurlaubs nach § 7 Abs. 4 BUrlG fordern, Düwell, in Dau, u. a., § 125 SGB IX, RN 34.

[10] BAG v. 25.02.1998 – 10 AZR 298/97 – n. v., juris.
[11] BAG v. 07.06.1990 – 6 AZR 52/89 – BAGE 65, 187.
[12] BAG v. 07.06.1990 – 6 AZR 52/89 – a.a.O.
[13] BAG v. 25.02.1998 – 10 AZR 298/97 – n. v., juris; BAG v. 09.08.1995 – 10 AZR 539/94 – a.a.O.

war bis zur Beendigung des Arbeitsverhältnisses arbeitsunfähig erkrankt. Es ist nicht vorgetragen worden, dass sie zwischenzeitlich Arbeitslosengeld bezogen hat, stattdessen wurde ihr bereits während des Krankengeldbezuges Erwerbsminderungsrente ab dem 01.04.2007 bewilligt.

Der Urlaubsanspruch der Klägerin ist nicht verfallen.

Der Teilurlaubsanspruch für das Jahr 2010 ist bereits deswegen nicht verfallen, da das Urlaubsjahr 2010 zum Zeitpunkt der Beendigung des Arbeitsverhältnisses noch nicht abgelaufen war. Die Klägerin hätte im – theoretischen – Fall ihrer Wiedergenesung bei fortbestehendem Arbeitsverhältnis den Urlaub noch nehmen können.

Dagegen spricht nicht, dass sie während des gesamten Jahres eine Erwerbsminderungsrente auf Dauer bezog, denn bei veränderten Rahmenbedingungen hätte der Rentenbescheid abgeändert werden können. Dies ergibt sich bereits aus den Formulierungen der Rentenbescheide. Der Rentenbescheid vom 14.03.2007 enthält den Hinweis, dass die Rente wegen voller Erwerbsminderung „bei Aufnahme bzw. Ausübung einer Beschäftigung ... nicht oder nur in verminderter Höhe geleistet" wird, „sofern durch das erzielte Einkommen die für diese Rente maßgebende Hinzuverdienstgrenze überschritten wird." Damit korrespondierend enthält der Bescheid die Verpflichtung, die Aufnahme einer Tätigkeit, die die Hinzuverdienstgrenze überschreitet, zu melden. Der Rentenbescheid vom 06.08.2009 bezieht sich ausdrücklich auf die im ersten Bescheid genannten Mitteilungs- und Mitwirkungspflichten mit dem Zusatz: „Deshalb sind uns Umstände, die den Leistungsanspruch oder die Höhe der Leistung beeinflussen können, umgehend mitzuteilen."

Die Urlaubsansprüche der Klägerin für die Jahre 2007 bis 2009 sind nicht jeweils gemäß § 7 Abs. 3 Satz 3 BUrlG mit Ablauf des 31.03. des Folgejahres erloschen.

§ 7 Abs. 3 BUrlG ist so zu verstehen, dass gesetzliche Urlaubsansprüche nicht erlöschen, wenn Arbeitnehmer bis zum Ende des Urlaubsjahres und/oder des Übertragungszeitraums erkranken und deswegen arbeitsunfähig sind.[14] Das Erfordernis

---

[14] BAG v. 24.03.2009 – 9 AZR 983/07 – BAGE 130, 119 unter Aufgabe der bis dahin ständigen Rechtsprechung, vgl. hierzu nur BAG v. 21.06.2005 – 9 AZR 200/04 – AP Nr. 11 zu § 55 InsO; BAG v. 13.05.1982 – 6 AZR 360/80 – BAGE 39, 53). Dies entspricht der Regelung in Art. 7 Abs. 1 und 2 der Richtlinie 2003/88/EG (vgl. hierzu EuGH v. 20.01.2009 – C – 350/06 [Schulz-Hoff], AP Nr. 1 zu Richtlinie 2003/88/EG). § 7 Abs. 3 Satz 3 BUrlG ist insoweit richtlinienkonform auszulegen (BAG v. 04.05.2010 – 9 AZR 183/09 – NZA 2010, 1011; BAG v. 24.03.2009 – 9 AZR 983/07 – a.a.O.; LAG Düsseldorf v. 02.02.2009 – 12 Sa 486/06 – NZA-RR 2009, 242 ff.; Abele RdA 2009, 312; Gaul/Josten/Strauf BB 2009, 497; Dornbusch/Ahner NZA 2009, 180); es entspricht Wortlaut, Systematik und Zweck der innerstaatlichen Regelungen, wenn die Ziele des Art. 7 Abs. 1 und 2 der Richtlinie 2003/88/EG und der regelmäßig anzunehmende Wille des

der Erfüllbarkeit der Freistellung und der Verfall des Urlaubsanspruchs sind im Gesetzeswortlaut nicht ausdrücklich angelegt und dem Gesetzeszusammenhang nicht in einer Weise zu entnehmen, die jede andere Auslegung ausschließt (BAG v. 24.03.2009 – 9 AZR 983/07 – a.a.O.). Da der Grundsatz der richtlinienkonformen Auslegung lediglich seine Grenze findet, soweit eine eindeutige Entscheidung des Gesetzgebers aufgrund eigener rechtspolitischen Vorstellungen geändert würde (unzulässige Auslegung „contra legem", vgl. BAG v. 18.02.2003 – 1 ABR 2/02 – BAGE 105, 32), folgt hier das Gebot einer richtlinienkonformen Rechtsfortbildung durch eine teleologische Reduktion: Die zeitlichen Beschränkungen des Urlaubsanspruchs in § 7 Abs. 3 Sätze 1, 3 und 4 BUrlG bestehen im Fall der krankheitsbedingten Arbeitsunfähigkeit bis zum Ende des Bezugs und/oder Übertragungszeitraums nicht (BAG v. 24.03.2009 – 9 AZR 983/07 – a.a.O.).

Auch für den Verfall der Urlaubsansprüche ist es entgegen der Auffassung der Beklagten unerheblich, dass die Klägerin eine Rente wegen Erwerbsminderung bezieht.

Soweit die Beklagte argumentiert, mit der Bewilligung der Erwerbsminderungsrente stehe endgültig fest, dass die Klägerin niemals wieder hätte Arbeitsleistungen erbringen und dementsprechend niemals den Urlaub in natura hätte nehmen können, so führt das nicht zu einem Verfall der Urlaubsansprüche jeweils mit dem 31.03. des Folgejahres. Dies gilt selbst dann, wenn man außer Acht lässt, dass auch ein Rentenbescheid bei veränderten Rahmenbedingungen wieder aufgehoben werden kann (siehe dazu oben unter II. 2. a.).

Im vorliegenden Fall war die Klägerin unstreitig bis zum Ende des Arbeitsverhältnisses arbeitsunfähig erkrankt und konnte deswegen den Urlaub nicht nehmen. Die Erwerbsminderungsrente als sozialrechtlicher Anspruch trat nur neben die Arbeitsunfähigkeit, löste sie jedoch nicht ab. Insoweit hat bereits das Arbeitsgericht zutreffend festgestellt, dass die Erwerbsminderung eine von der Arbeitsunfähigkeit zu trennende sozialrechtliche Kategorie ist, die für den etwaigen Verfall entstandener Urlaubsansprüche bedeutungslos ist. Ob die Klägerin bei einem unterstellten Fortbestand des Arbeitsverhältnisses wieder genesen und damit in der Lage gewesen wäre, tatsächlich Urlaub zu nehmen, ist unerheblich. Auf die Frage der Erfüllbarkeit des Urlaubsanspruchs bei einem fortbestehenden Arbeitsverhältnis kommt es nicht an (BAG 04.05.2010 – 9 AZR 183/09 – a.a.O., BAG v. 23.03.2010 – 9 AZR 128/09 – AP Nr. 3 zu § 125 SGB IX).

---

nationalen Gesetzgebers zur ordnungsgemäßen Umsetzung von Richtlinien berücksichtigt werden (BAG v. 04.05.2010 – 9 AZR 183/09 – a.a.O.).

Insoweit besteht kein Unterschied zwischen der Dauerarbeitsunfähigkeit und dem mehrjährigen Bezug einer Erwerbsminderungsrente (so auch LAG Schleswig-Holstein v. 16.12.2010 – 4 Sa 209/10 – a.a.O. und LAG Baden-Württemberg v. 29.04.2010 – 11 Sa 64/09 – a.a.O., jeweils zum Fall der Bewilligung einer befristeten Erwerbsminderungsrente). Nach der Rechtsprechung des europäischen Gerichtshofes kommt es für den Verfall des Mindesturlaubsanspruchs entscheidend darauf an, ob der Arbeitnehmer tatsächlich die Möglichkeit hatte, den ihm mit der Richtlinie verliehenen Anspruch auszuüben. Danach kann ein Verfall des Urlaubsanspruchs nur dann eintreten, wenn das Fernbleiben von der Arbeit in den Verantwortungsbereich des Arbeitnehmers fällt, weil er grundsätzlich die Möglichkeit hatte, der Arbeit nachzugehen und von der Arbeitsleistung zum Zwecke der Urlaubserfüllung freigestellt zu werden.

Damit ist das Argument der Beklagten, der Urlaubsanspruch sei verfallen, denn es stehe aufgrund der Bewilligung der Erwerbsminderungsrente fest, dass die Klägerin in keinem Arbeitsverhältnis mehr hätte Urlaub nehmen können, hinfällig, denn Grund für die mangelnde Möglichkeit der tatsächlichen Urlaubsnahme bleibt die Arbeitsunfähigkeit, nicht die hinzutretende Erwerbsminderungsrente.

Der Urlaubsanspruch ist – zumindest für die Jahre 2007 und 2008 – nicht nach Art. 9 Abs. 1 des IAO-Übereinkommens Nr. 132 vom 24. Juni 1970 verfallen.

Nach Auffassung des LAG Hamm[15] erfordert der mit Art. 7 der Richtlinie 2003/88/EG verfolgte Zweck keine Ansammlung von Urlaubsansprüchen für mehrere Jahre, vielmehr ist danach Art. 7 der Richtlinie 2003/88/EG einer Auslegung zugänglich, wonach der Anspruch auf einen bezahlten Mindestjahresurlaub von vier Wochen zeitlich befristet ist. Nach dieser Auffassung kann insoweit zur Bestimmung einer Höchstfrist auf Art. 9 Abs. 1 des Übereinkommens Nr. 132 der internationalen Arbeitsorganisation vom 24.06.1970 über den bezahlten Jahresurlaub mit einer zeitlichen Begrenzung von 18 Monaten zurückgegriffen werden.

Dieser Auffassung folgt die erkennende Kammer nicht. Die Fristen des IAO-Abkommens Nr. 132 können im vorliegenden Fall nicht angewendet werden.

Nach Art. 9 Abs. 1 des IAO-Übereinkommens Nr. 132 ist der in Art. 8 Abs. 2 des Übereinkommens erwähnte ununterbrochene Teil des bezahlten Jahresurlaubs spätestens ein Jahr und der übrige Teil des bezahlten Jahresurlaubs spätestens 18 Monate nach Ablauf des Jahres, für das der Urlaubsanspruch erworben wurde, zu gewähren und zu nehmen. Die Bundesrepublik hat dem IAO-Übereinkommen zwar durch Gesetz vom 30. April 1975 zugestimmt. Hierdurch ist das IAO-Übereinkommen

---

[15]   Vorabentscheidungsersuchen an den EuGH v. 15.04.2010 – 16 Sa 1176/09 – LAGE § 7 BUrlG Abgeltung Nr. 27.

Nr. 132 aber nicht innerstaatliches Recht in dem Sinne geworden, dass seine Vorschriften normativ auf alle Arbeitsverhältnisse in der Bundesrepublik einwirken. Nur ein die Vorgaben des IAO-Übereinkommens ausführendes innerstaatliches Gesetz bindet die nationalen Gerichte bei der Rechtsanwendung. Allein durch ein derartiges Gesetz können subjektive Rechte und Pflichten Einzelner begründet werden.[16] Der Urlaubsanspruch für die Jahre 2007 bis 2009 ist auch nicht gemäß § 12 I. Ziffer 11 MTV Chemie verfallen. Nach Satz 1 ist der Urlaub bis zum 31.03. des Folgejahres zu gewähren und erlischt nach Satz 2, wenn er nicht bis dahin geltend gemacht worden ist.

Diese Tarifnorm umfasst nicht die gesetzlichen Mindesturlaubsansprüche, die wegen einer Arbeitsunfähigkeit innerhalb der genannten Fristen nicht genommen werden können.

Tarifvorschriften verstoßen hinsichtlich des gesetzlichen Mindesturlaubs gegen § 13 Abs. 1 Satz 3 BUrlG und sind insoweit unwirksam, als sie den Verfall solcher Urlaubsansprüche regeln, die wegen einer fortbestehenden Arbeitsunfähigkeit nicht genommen werden konnten.[17] Die Tarifvertragsparteien sind zwar grundsätzlich berechtigt, Urlaubs- und Urlaubsabgeltungsansprüche, die den von Art. 7 Abs. 1 der Arbeitszeitrichtlinie gewährleisteten und von §§ 1, 3 Abs. 1 BUrlG begründeten Anspruch auf Mindestjahresurlaub von vier Wochen übersteigen, frei zu regeln.[18] Insoweit ist die Regelungsmacht der Tarifpartner nicht durch die für gesetzliche Urlaubsansprüche gegenüber öffentlichen Arbeitgebern eintretende unmittelbare Wirkung von Art. 7 der Arbeitszeitrichtlinie oder die im Privatrechtsverkehr erforderliche richtlinienkonforme Fortbildung des § 7 Abs. 3 und 4 BUrlG beschränkt. Einem tariflich angeordneten Verfall des übergesetzlichen Urlaubsanspruchs und seiner Abgeltung steht nach dem klaren Richtlinienrecht und der gesicherten Rechtsprechung des EuGH kein Unionsrecht entgegen (BAG v. 04.05.2010 – 9 AZR 183/09 – a.a.O.; BAG v. 23.03.2010 – 9 AZR 128/09 – a.a.O., m. w. N.). Die richtlinienkonforme Fortbildung des § 7 Abs. 3 BUrlG verhindert jedoch einen Verfall des jeweiligen Mindesturlaubsanspruchs.

Zudem liegen die in § 12 I. Ziffer 11 Satz 2 MTV Chemie genannten Tatbestandsvoraussetzungen nicht vor, denn die Klägerin war gehindert, den Urlaub im Sinne dieser Tarifvorschrift geltend zu machen.

---

[16] BAG v. 07.12.1993 – 9 AZR 683/02 – BAGE 75, 171; Hessisches LAG v. 07.12.2010 – 19 Sa 939/10 –, juris.

[17] vgl. Erf.Komm.-Dörner 10. Auflage 2010 § 7 BUrlG Rn. 39 e.

[18] BAG v. 23.03.2010 – 9 AZR 128/09 – a.a.O., m. w. N.; vgl. zum vertraglichen Mehrurlaub BAG v. 04.05.2010 – 9 AZR 183/09 – a.a.O. sowie BAG v. 24.03.2009 – 9 AZR 983/07 – a.a.O.

Nach der Rechtsprechung des Bundesarbeitsgerichts setzt eine Geltendmachung voraus, dass der Arbeitnehmer den Arbeitgeber hinsichtlich des Urlaubsanspruchs in Verzug gesetzt hat. Dies erfordert eine bestimmte und eindeutige Aufforderung an den Schuldner, die geschuldete Leistung zu bewirken (BAG v. 19.04.1994 – 9 AZR 671/92 – n. v., juris; BAG v. 26.06.1986 – 8 AZR 266/84 – AP Nr. 6 zu § 44 SchwbG). Der Arbeitnehmer muss den Arbeitgeber auffordern, den Urlaub zeitlich festzulegen (BAG v. 18.09.2001 – 9 AZR 571/00 n. v., juris; BAG v. 21.09.1999 – 9 AZR 705/98 – BAGE 92, 299). Eine solche Aufforderung macht keinen Sinn, wenn der Arbeitgeber mangels Erfüllbarkeit des Anspruchs nicht zur Leistung verpflichtet ist (vgl. BAG v. 21.06.2005 – 9 AZR 200/04 – a.a.O.; Erf.Komm.-Dörner 10. Auflage 2010 § 7 BUrlG Rn. 39 g). Die Geltendmachung des Urlaubsverlangens würde sich im Falle der Arbeitsunfähigkeit darauf beschränken, den Arbeitgeber darauf hinzuweisen, dass der Arbeitnehmer erkannt hat, dass Urlaubsansprüche noch bestehen und er dies dem Arbeitgeber mitteilt. Dies liefe auf eine bloße Förmelei hinaus.

Auch Sinn und Zweck der tarifvertraglichen Vorschriften gebieten keine Geltendmachung. Ist der Arbeitnehmer dauerhaft erkrankt, ist für den Arbeitnehmer unschwer erkennbar, in welchem Umfang die Urlaubsansprüche entstanden sind (wie hier Hessisches LAG v. 07.12.2010 – 19 Sa 939/10 – n. v., juris).

Der Urlaubsanspruch für die Jahre 2007 bis 2009 ist auch nicht nach § 17 Ziffer 2 MTV Chemie verfallen. Hiernach müssen Ansprüche aus dem Arbeitsverhältnis innerhalb einer Ausschlussfrist von drei Monaten nach Fälligkeit schriftlich geltend gemacht werden. Nach Ablauf dieser Frist ist die Geltendmachung grundsätzlich – bis auf den Fall der unzulässigen Rechtsausübung – ausgeschlossen.

Auch diese Regelung umfasst keine Urlaubsansprüche im bestehenden Arbeitsverhältnis während der Dauer einer Arbeitsunfähigkeit. Ausschlussfristen greifen insoweit nicht ein, da der Fortbestand des gesetzlichen Mindesturlaubs im Falle eine Arbeitsunfähigkeit gewährleistet sein muss. Im Übrigen liegen auch hier die tatbestandlichen Voraussetzungen der Ausschlussfrist nicht vor, da der Urlaubsanspruch während der Arbeitsunfähigkeit nicht „geltend" gemacht werden kann.

Für die zum Zeitpunkt der Beendigung des Arbeitsverhältnis bestehenden Urlaubsansprüche hat die Klägerin einen Anspruch auf Urlaubsabgeltung nach § 7 Abs. 4 BUrlG, denn sie ist aufgrund der Beendigung des Arbeitsverhältnisses gehindert, den Urlaub in natura zu nehmen.

Dabei kommt es für die Frage des Urlaubsabgeltungsanspruchs nicht darauf an, ob die Klägerin im fortbestehenden Arbeitsverhältnis den Urlaub hätte nehmen können.

Nach der neueren Rechtsprechung des Bundesarbeitsgerichts [19] handelt es sich bei dem Urlaubsabgeltungsanspruch um einen reinen Geldanspruch, der von der Erfüllbarkeit der noch bestehenden Urlaubsansprüche zu trennen ist. Diese auf eine finanzielle Vergütung i. S. v. Art. 7 Abs. 2 der Arbeitszeitrichtlinie gerichtete Forderung bleibt in ihrem Bestand davon unberührt, dass die Arbeitsunfähigkeit der Klägerin fortdauerte.

Der Urlaubsabgeltungsanspruch ist nicht verfallen.

Nach § 17 Ziffer 3 MTV Chemie sind Ansprüche im Fall des Ausscheidens binnen eines Monats schriftlich geltend zu machen. Diese Frist hat die Klägerin gewahrt. Der Urlaubsabgeltungsanspruch war mit Beendigung des Arbeitsverhältnisses am 30.06.2010 fällig. Die Klägerin hat diesen mit Anwaltsschreiben vom 12.07.2010 – und damit innerhalb der einmonatigen Ausschlussfrist – gegenüber der Beklagten geltend gemacht.

Der nach deutschem Recht für Arbeitgeber aus Art. 12, Art. 20 Abs. 3 GG abgeleitete Grundsatz des Vertrauensschutzes steht den Ansprüchen der Klägerin auf Abgeltung des gesetzlichen Mindesturlaubs nicht entgegen. Dies gilt auch unter Berücksichtigung der am 30.03.2010 in Kraft getretenen Charta der Grundrechte der Europäischen Union.

Die Kammer schließt sich hinsichtlich des Vertrauensschutzes der Auffassung des Bundesarbeitsgerichts an.[20], wonach es sich für die Arbeitgeber bereits seit dem Ende der Umsetzungsfrist für die Richtlinie am 23.11.1996 im Rahmen einer vorhersehbaren Entwicklung hielt, dass die Rechtsprechung zum Verfall von Urlaubsabgeltungsansprüchen bei Arbeitsunfähigkeit im Lichte der Arbeitszeitrichtlinie zu überprüfen sein würde.

Das Vertrauen der Beklagten[21] darauf, dass § 7 Abs. 3 und 4 BUrlG bei krankheitsbedingter Arbeitsunfähigkeit bis zum Ende des Übertragungszeitraums nicht

---

[19] BAG v. 04.05.2010 – 9 AZR 183/09 – a.a.O.

[20] Vgl. BAG v. 04.05.2010 – 9 AZR 193/09 – a.a.O.; BAG v. 23.03.2010 – 9 AZR 128/09 – a.a.O.

[21] Die an der Rechtsprechung des BAG geäußerte Kritik unternimmt den Versuch, im Bereich (tarif-) vertraglichen Mehrurlaubs eine Art Vertrauensschutz durch eine nach Alt- und Neuverträgen differenzierende Vertrags- oder Tarifvertragsauslegung zu begründen. Sie will nicht an die objektive Rechtslage, sondern an den „irrtumsanfälligen Akt der Rechtserkenntnis" durch die höchstrichterliche Rechtsprechung anknüpfen. Gegen einen solchen Auslegungsansatz spricht, dass **eine Rechtsprechungsänderung als solche nicht gegen Art. 20 Abs. 3 GG verstößt. Höchstrichterliche Urteile sind kein Gesetzesrecht und erzeugen keine vergleichbare Rechtsbindung**, vgl. für die st. Rspr. des Bundesverfassungsgerichts 15. Januar 2009 – 2 BvR 2044/07 – RN 85, BVerfGE 122, 248; 26. Juni 1991 1 BvR 779/85, BVerfGE 84, 212; siehe auch BAG, Urteil vom 23. März 2006 – 2 AZR 343/05 – RN 33, BAGE 117, 281. Den Vertrags- oder Tarifvertragsparteien kann daher weder regelmäßig noch ohne konkrete Anhaltspunkte der Wille unterstellt werden, sie legten ihren Vereinbarungen nicht die objektive Rechtslage, sondern die höchstrichterliche Rechtsanwendung zugrunde. Das von den Kritikern der Senatsrechtsprechung geforderte

richtlinienkonform auszulegen oder fortzubilden sein würde, ist nicht schutzwürdig. Der Beklagten ist es zumutbar, die fortbestehenden Ansprüche der Klägerin auf Abgeltung des Mindesturlaubs für die Jahre 2007 bis 2010 zu erfüllen.

---

umgekehrte Regel-Ausnahme-Verhältnis für Altverträge ist zudem nicht erforderlich, um die Interessen beider Seiten im Rahmen der Auslegung angemessen zu berücksichtigen. Deutliche Anhaltspunkte für einen Regelungswillen der Vertrags- oder Tarifvertragsparteien, der zwischen gesetzlichen und übergesetzlichen Urlaubs(-abgeltungs)ansprüchen unterscheidet, sind schon dann anzunehmen, wenn sich die (Tarif-)Vertragsparteien in weiten Teilen vom gesetzlichen Urlaubsregime lösen und stattdessen eigene Regeln aufstellen. Im Fall einer solchen eigenständigen, zusammenhängenden und in sich konsistenten Regelung ist ohne entgegenstehende Anhaltspunkte i.d.r. davon auszugehen, dass die (Tarif-)Vertragsparteien Ansprüche nur begründen und fortbestehen lassen wollen, soweit eine gesetzliche Verpflichtung besteht, für eine Unterscheidung zwischen konstitutiven und deklaratorischen Regelungen Rehwald AiB 2010, 60. Eine ausdrückliche Differenzierung zwischen gesetzlichen und übergesetzlichen Ansprüchen ist dann nicht notwendig.

Wirksamkeit einer Versetzungsklausel hinsichtlich des Arbeitsorts[1/2]

1. Bei der Prüfung der Wirksamkeit einer Versetzung an einen anderen Tätigkeitsort, die auf Regelungen in Allgemeinen Geschäftsbedingungen gem. §§ 305 ff. BGB beruht, ist zunächst durch Auslegung der Bestimmungen festzustellen, ob ein Tätigkeitsort vertraglich festgelegt ist und welchen Inhalt ein ggf. vereinbarter Versetzungsvorbehalt hat.
2. Im Rahmen der Auslegung ist zu beachten, dass die Bestimmung eines bestimmten Orts der Tätigkeit in Kombination mit einer durch Vertragsvorbehalt geregelten Einsatzmöglichkeit im gesamten Unternehmen regelmäßig die vertragliche Beschränkung auf den im Vertrag genannten Ort der Arbeitsleistung verhindert.

Die Parteien streiten noch über die Versetzung der Klägerin in einen anderen Außendienstbezirk.

Die Beklagte stellt Arzneimittel her und vertreibt diese. Die verheiratete und zwei Kindern unterhaltspflichtige Klägerin ist seit dem 1. April 2000 für die Beklagte als Pharmaberaterin im Verordnungs-Außendienst – Ansprechpartner: Ärzte (VO-Außendienst) tätig. Ihr Bruttomonatseinkommen betrug zuletzt 3.059,45 Euro.

---

[1] Mit Erläuterungen von Prof. Dr. Dr. Siegfried Schwab, Mag. rer. publ., unter Mitarbeit von Diplom-Betriebswirtin und Assessorin Heike Schwab.

[2] BAG, Urteil vom 19.01.2011 – 10 AZR 738/09 (LAG Baden-Württemberg 15.04.2009 – 16 Sa 102/08), BeckRS 2011, 71146 mit Anm. von Diller, ArbRAktuell 2011, 317766 – macht deutlich, dass der Arbeitgeber bei der Formulierung eines Versetzungsvorbehalts große Vorsicht walten lassen muss. Es kann nur dringend empfohlen werden, den Versetzungsvorbehalt, wenn er auch für den Arbeitsort gelten soll,
- ausdrücklich auf die Versetzung „an einen anderen Ort" zu erstrecken, und
- den Vorbehalt gleich vorne im Vertrag bei der Beschreibung von Art und Ort der Tätigkeit anzubringen, und ihn nicht in Schlussvorschriften des Vertrages zu verstecken.
Eine ganz andere Frage ist, welche Hürden der Arbeitgeber bei der Ausübung des Weisungsrechts zu beachten hat.

[3] Der Arbeitsvertrag der Parteien vom 9. März 2000 regelt u. a. wie folgt:

„§ 1 ...

3. Das Arbeitsgebiet umfasst

AB 926

4. Für das Arbeitsverhältnis gelten die jeweils gültige Fassung der Personalrichtlinien, Betriebsvereinbarungen, Arbeitsordnung, Organisations-, Verwaltungs- und Dienstanweisung sowie des Aktionsplans.
...

6. Ein Wechsel des Domizils ist nur mit vorheriger schriftlicher Zustimmung der Firma möglich.

§ 16 Dienstversetzung

Die Firma behält sich Gebietsänderungen oder Zuweisung eines anderen Gebietes vor, wenn sich dies aus der weiteren Entwicklung des Außendienstes ergibt.
Die Firma ist berechtigt, bei Arbeitsunterbrechungen jeder Art (Urlaub/Krankheit) in dem vom Mitarbeiter besetzten Gebiet weitere Mitarbeiter einzusetzen."

Das Arbeitsgebiet AB 926 liegt im Osten von Sachsen und wird nun- mehr als Gebiet Nr. 423 bezeichnet. Die Klägerin wohnt dort. An die Geburt ihres ersten Kindes im April 2005 schloss sich eine einjährige Elternzeit an. Nach Wiederaufnahme ihrer Tätigkeit und nach mehreren Abmahnungen im Februar 2007 kündigte die Beklagte das Arbeitsverhältnis im April 2007 fristlos. Diese Kündigung ist rechtsunwirksam (ArbG Dresden 9. Oktober 2007 – 4 Ca 1714/07 –).

Mit Schreiben vom 12. Dezember 2007 wies die Beklagte der Klägerin zum 1. Januar 2008 das zwischen Göttingen und Magdeburg gelegene Gebiet Nr. 314 zu und sprach vorsorglich eine entsprechende außerordentliche Änderungskündigung aus. Zu diesem Zeitpunkt war die Klägerin erneut schwanger. Die Änderungskündigung ist nach der Entscheidung der Vorinstanz rechtsunwirksam; die Beklagte hat insoweit keine Revision eingelegt. Die Klägerin hat die Auffassung vertreten, die Versetzung sei rechtsunwirksam. Der Versetzungsvorbehalt in § 16 des Arbeitsvertrags sei als überraschende Klausel nicht Vertragsbestandteil geworden. Die Versetzung widerspreche auch billigem Ermessen. Die Mitarbeiterin, der die Beklagte ihr bisheriges Gebiet zugewiesen habe, sei sozial weniger schutzwürdig.[3]

Nach dem Arbeitsvertrag der Parteien ist die Beklagte entgegen der Auffassung der Vorinstanzen berechtigt, der Klägerin nach Maßgabe von § 106 Satz 1 GewO ein anderes Gebiet zuzuweisen.

Bei der Prüfung der Wirksamkeit einer Versetzung, die auf Regelungen in Allgemeinen Geschäftsbedingungen gem. §§ 305 ff. BGB beruht, ist zunächst durch Auslegung der Inhalt der vertraglichen Regelungen unter Berücksichtigung aller Umstände des Einzelfalls zu ermitteln.[4] Festzustellen ist, ob ein bestimmter Tätigkeitsinhalt und Tätigkeitsort vertraglich festgelegt sind und welchen Inhalt ein ggf. vereinbarter Versetzungsvorbehalt hat.

Allgemeine Geschäftsbedingungen[5] sind dabei nach ihrem objektiven Inhalt und typischen Sinn einheitlich so auszulegen, wie sie von verständigen und red-

---

[3] Die Klägerin hat zuletzt beantragt, festzustellen, dass die von der Beklagten mit Wirkung ab 1. Januar 2008 vorgenommene Versetzung der Klägerin als Pharmaberaterin VO-Außendienst vom Gebiet 423 in das Gebiet 314 unwirksam ist. Die Beklagte hat beantragt, die Klage abzuweisen. Die Versetzung sei auf Grund der Zusammenlegung der Außendienste für Apotheken und Ärzte erforderlich gewesen. Die Gebietsinhaber müssten nunmehr im Schwerpunkt Apotheken besuchen. Die im bisherigen Gebiet der Klägerin im Apothekenaußendienst tätige Mitarbeiterin verfüge über besondere Erfahrungen und sehr gute langjährige Kontakte, so dass sie dieser Mitarbeiterin das Gebiet Nr. 423 übertragen und die Klägerin in das nächste freie Gebiet versetzt habe.

[4] Im Einzelnen Senat 25. August 2010 – 10 AZR 275/09 – Rn. 17 bis 31, NZA 2010, 1355.

[5] **Allgemeine Geschäftsbedingungen sind für eine Vielzahl von Verträgen vorformulierte Vertragsbedingungen, die eine Vertragspartei (Verwender) der anderen Vertragspartei bei Abschluss eines Vertrages stellt (§ 305 BGB).** Vertragsbedingungen sind für eine Vielzahl von Verträgen bereits dann vorformuliert, wenn ihre dreimalige Verwendung beabsichtigt ist. Die Absicht der dreimaligen Verwendung ist auch dann belegt, wenn der Verwender die Klausel dreimal mit demselben Vertragspartner vereinbart, BAG, Urteil v. 01.03.2006 – 5 AZR 363/05 – DB 2006, 1377. Von dieser Definition werden auch **Musterarbeitsverträge** erfasst. Diese unterliegen der Kontrolle nach §§ 307–309 BGB. Nach § 310 Abs. 4 Satz 2 BGB findet eine Inhaltskontrolle ausdrücklich. Zur Inhaltskontrolle allgemein vgl. aus neuerer Zeit Thüsing/Leder, BB 2004, 42 ff. sowie dies. BB 2005, 938 ff.; Herbert/Oberrath, NJW 2005, 3745 f, auch bei Arbeitsverträgen statt. **Ausgenommen sind ausdrücklich Tarifverträge und Betriebsvereinbarungen.** Allerdings unterliegen die in einer Betriebsvereinbarung geregelten Rechte (beispielsweise Widerrufsvorbehalte) einer **gerichtlichen Ausübungskontrolle nach § 315 Abs. 3 BGB.** Ist beispielsweise in einer Betriebsvereinbarung geregelt, dass Zusatzfunktionen widerrufen werden dürfen, unterliegt zunächst grundsätzlich der Widerrufsvorbehalt nicht einer Inhaltskontrolle, allerdings die Ausübung des Widerrufes, also vereinfachend gesagt der Grund, der den Arbeitgeber zum Widerruf veranlasst hat, BAG, Urteil v. 01.02.2006 – 5 AZR 187/05 – NZA 2006, 563. Die im Arbeitsrecht geltenden Besonderheiten bei der Inhaltskontrolle sind angemessen zu berücksichtigen. § 305 Abs. 2, 3 BGB, über die Einbeziehung von allgemeinen Geschäftsbedingungen in den Vertrag regeln, sind auf Arbeitsverträge nicht anwendbar (§ 310 Abs. 4 Satz 2 2. HS BGB). Insoweit gelten arbeitsrechtliche Besonderheiten; gemeint ist das NachwG, BAG, Urteil v. 01.02.2006 – 5 AZR 187/05 – NZA 2006, 563. Die Einhaltung des NachwG führt damit aber nicht zur Wirk-

lichen Vertragspartnern unter Abwägung der Interessen der normalerweise beteiligten Verkehrskreise verstanden werden, wobei nicht die Verständnismög-

samkeitsvoraussetzung für die dort genannten Vertragsbedingungen, Gotthardt, Arbeitsrecht nach der Schuldrechtsreform, 2. Aufl., 2003, RN 223; Hromadka, NJW 2002, 2523 ff. (2525). Das Bundesarbeitsgericht, Urteil v. 04.03.2004 – 8 AZR 196/03 – NZA 2004, 727 ff., und die herrschende Meinung, Herbert/Oberrath, NJW 2005, 3745 ff. (3745) gehen auf der Basis des Wortlautes des § 310 Abs. 4 Satz 2 BGB und der gesetzgeberischen Intentionen davon aus, dass der gesamte Abschnitt der §§ 305 ff. BGB einschließlich der Klauselverbote des § 309 BGB auf Arbeitsverträge grundsätzlich anwendbar ist, der Vorbehalt aber in begründeten Einzelfällen eine Korrektur des gefundenen Ergebnisses zulässt. Dem ist aufgrund des eindeutigen Wortlautes und dem vom Gesetzgeber zum Ausdruck gebrachten Willen zuzustimmen, Herbert/Oberrath, NJW 2005, 3745. Als **arbeitsrechtliche Besonderheiten werden solche Normen verstanden, die sich im Arbeitsrecht besonders auswirken** (wie etwa die Üblichkeit einer Vertragsgestaltung, die besonderen Positionen der Vertragsparteien etc.), BAG, Urteil v. 04.03.2004 – 8 AZR 196/03 – NZA 2004, 727 ff. Vor der Unterzeichnung eines Formulararbeitsvertrages getroffene, **mündliche, individuelle Abreden der Arbeitsvertragsparteien über einzelne Arbeitsbedingungen haben nach § 305 b BGB Vorrang** vor den vom Arbeitgeber vorformulierten Vertragsbedingungen im schriftlichen Arbeitsvertrag, BAG, Urteil v. 01.03.2006 – 5 AZR 363/05 – DB 2006, 1377. Anwendung findet weiter § 305 c BGB. Hiernach werden **Überraschungs- und mehrdeutige Klauseln** in vorformulierten Vertragsbedingungen, die nach den Umständen, insbesondere nach dem äußeren Erscheinungsbild des Verwenders so ungewöhnlich sind, dass der Vertragspartner des Verwenders mit ihnen nicht zu rechnen braucht, nicht Vertragsbestandteil. **Zweifel bei der Auslegung** der vorformulierten Vertragsbedingungen gehen zu Lasten des Verwenders. Die **Rechtsfolgen** sind in § 306 BGB geregelt. Sind vorformulierte Vertragsbedingungen ganz oder teilweise nicht Vertragsbestandteil geworden oder unwirksam, so bleibt der Vertrag im Übrigen wirksam. Es ist also § 139 BGB, wie nach der Rechtsprechung des BAG, abbedungen. Soweit die Bestimmungen nicht Vertragsbestandteil geworden sind, richtet sich der Inhalt des Vertrages nach den gesetzlichen Vorschriften. Der Vertrag ist unwirksam, wenn das Festhalten an ihm auch unter Berücksichtigung der möglichen Änderungen eine unzumutbare Härte für eine Vertragspartei darstellen würde.

Bei § 305b BGB handelt es sich nicht um einen zur Unwirksamkeit abweichender Klauseln führenden Maßstab der Inhaltskontrolle, wie er sich in den §§ 307 ff. BGB findet, sondern um eine Konkurrenzregel, die auf der Rechtsfolgenseite zu einer Verdrängung der AGB durch die Individualabrede führt (Bieder SAE 2007, 379). Insoweit ist § 305b BGB nichts anderes als der Ausdruck des funktionellen Rangverhältnisses zwischen Individualvereinbarungen und AGB. Die Vorschrift beruht auf der Überlegung, dass Allgemeine Geschäftsbedingungen als generelle Richtlinien für eine Vielzahl von Verträgen abstrakt vorformuliert und daher von vornherein auf Ergänzung durch die individuelle Einigung der Parteien ausgelegt sind. Sie können und sollen nur insoweit Geltung beanspruchen, als die von den Parteien getroffene Individualabrede dafür Raum lässt, BGH, Urteil vom 21. September 2005 – XII ZR 312/02 – BGHZ 164, 133; vgl. auch Basedow, in MünchKomm, 5. Aufl., Bd. 2 § 305b BGB, RN 1; BAG 25. April 2007 – 5 AZR 504/06 – RN 17, AP BGB § 615 Nr. 121 = EzA BGB 2002 § 615 Nr. 20.Der Widerspruch zwischen Individualabrede und AGB führt deshalb nur dazu, dass die AGB zurücktreten, ohne zwingend unwirksam zu sein. Den **Vorrang gegenüber Allgemeinen Geschäftsbedingungen haben individuelle Vertragsabreden auch dann,** wenn durch eine AGB-Schriftformklausel bestimmt wird, dass mündliche Abreden unwirksam sind (BGH 21. September 2005 – XII ZR 312/02 – BGHZ 164, 133). Dabei kommt es nicht darauf an, ob die Parteien eine Änderung der Allgemeinen Geschäftsbedingungen beabsichtigt haben oder sich der Kollision mit den Allgemeinen Geschäftsbedingungen bewusst geworden sind (BGH 21. September 2005 – XII ZR 312/02 – BGHZ 164, 133).

lichkeiten des konkreten, sondern die des durchschnittlichen Vertragspartners des Verwenders zugrunde zu legen sind. Ansatzpunkt für die nicht am Willen der konkreten Vertragspartner zu orientierende Auslegung Allgemeiner Geschäftsbedingungen ist in erster Linie der Vertragswortlaut. Ist der Wortlaut eines Formularvertrags nicht eindeutig, kommt es für die Auslegung entscheidend darauf an, wie der Vertragstext aus der Sicht der typischerweise an Geschäften dieser Art beteiligten Verkehrskreise zu verstehen ist, wobei der Vertragswille verständiger und redlicher Vertragspartner beachtet werden muss.[6] Von Bedeutung für das Auslegungsergebnis sind ferner der von den Vertragsparteien verfolgte Regelungszweck sowie die der jeweils anderen Seite erkennbare Interessenlage der Beteiligten.[7] Ungewöhnliche, insbesondere überraschende Klauseln i.S.v.. § 305c Abs. 1 BGB (z.B. „versteckte" Versetzungsvorbehalte) werden nicht Vertragsbestandteil und bleiben deshalb im Rahmen der Auslegung der vertraglichen Vereinbarungen unberücksichtigt.

Bleibt nach Ausschöpfung der Auslegungsmethoden ein nicht behebbarer Zweifel, geht dies gem. § 305c Abs. 2 BGB zulasten des Verwenders. Die Anwendung der Unklarheitenregel des § 305c Abs. 2 BGB setzt voraus, dass die Auslegung einer einzelnen AGB-Bestimmung mindestens zwei Ergebnisse als vertretbar erscheinen lässt und von diesen keines den klaren Vorzug verdient. Es müssen „erhebliche Zweifel" an der richtigen Auslegung bestehen. Die entfernte Möglichkeit, zu einem anderen Ergebnis zu kommen, genügt für die Anwendung der Bestimmung nicht.[8] Der die Allgemeinen Geschäftsbedingungen verwendende Arbeitgeber muss bei Unklarheiten die ihm ungünstigste Auslegungsmöglichkeit gegen sich gelten lassen.[9] Bei der Auslegung der vertraglichen Bestimmungen kann in Betracht kommen, dass eine wie ein Versetzungsvorbehalt erscheinende Klausel tatsächlich lediglich den Umfang der geschuldeten Leistung bestimmen soll, insbesondere wenn alternative Tätigkeitsinhalte oder Tätigkeitsorte konkret benannt sind.[10] Ferner ist zu beachten, dass die Bestimmung eines Orts der Arbeitsleistung in Kombination mit einer im Arbeitsvertrag durch Versetzungsvorbehalt geregelten Einsatzmöglichkeit im gesamten Unternehmen regelmäßig die vertragliche Beschränkung auf den im

---

[6] Z. B BAG, Urteil vom10. Dezember 2008 – 10 AZR 1/08 – RN 14, AP BGB § 307 Nr. 40 = EzA BGB 2002 § 307 Nr. 40.

[7] BAG, Urteil vom 9. Juni 2010 – 5 AZR 332/09 – RN 36, NZA 2010, 877.

[8] Z.B. BAG, Urteil vom10. Dezember 2008 – 10 AZR 1/08 – RN15, AP BGB § 307 Nr. 40 = EzA BGB 2002 § 307 Nr. 40.

[9] BAG, Urteil vom 25. August 2010 – 10 AZR 275/09 – RN20, NZA 2010, 1355; st. Rspr. BGH 14. Juli 2010 – VIII ZR 246/08 – Rn. 41, BGHZ 186, 180.

[10] BAG, Urteil vom 25. August 2010 – 10 AZR 275/09 – RN 18, NZA 2010, 1355.

Vertrag genannten Ort der Arbeitsleistung verhindert.[11] Es macht keinen Unterschied, ob im Arbeitsvertrag auf eine Festlegung des Orts der Arbeitsleistung verzichtet und diese dem Arbeitgeber im Rahmen von § 106 GewO vorbehalten bleibt oder ob der Ort der Arbeitsleistung bestimmt, aber die Möglichkeit der Zuweisung eines anderen Orts vereinbart wird. In diesem Fall wird lediglich klargestellt, dass § 106 Satz 1 GewO gelten und eine Versetzungsbefugnis an andere Arbeitsorte bestehen soll.

Ergibt die Auslegung, dass der Vertrag eine nähere Festlegung hin- sichtlich Art und/oder Ort der Tätigkeit enthält, so unterliegt diese keiner Angemessenheitskontrolle i.S.v. § 307 Abs. 1 Satz 1 BGB. Vielmehr handelt es sich um die Bestimmung des Inhalts der Hauptpflicht.[12] Dabei ist es unerheblich, wie eng oder weit die Leistungsbestimmung gefasst ist. Vorzunehmen ist lediglich eine Transparenzkontrolle nach § 307 Abs. 1 Satz 2 BGB.

Fehlt es an einer Festlegung des Inhalts oder des Orts der Leistungspflicht im Arbeitsvertrag, ergibt sich der Umfang der Weisungsrechte des Arbeitgebers aus § 106 GewO. Je allgemeiner die vom Arbeitnehmer zu leistenden Dienste oder der Ort der Arbeitsleistung im Arbeitsvertrag festgelegt sind, desto weiter geht die Befugnis des Arbeitgebers, dem Arbeitnehmer unterschiedliche Aufgaben oder einen anderen Ort im Wege des Direktionsrechts zuzuweisen.[13] Auf die Zulässigkeit eines darüber hinaus vereinbarten Versetzungsvorbehalts kommt es dann nicht an. Bei einer engen Bestimmung der Tätigkeit oder Festlegung des Orts der Leistungspflicht wird das Direktionsrecht hingegen eingeschränkt; der Arbeitgeber kann dem Arbeitnehmer nur die betreffenden Aufgaben zuweisen. Eine Veränderung des Tätigkeitsbereichs oder des Orts der Arbeitsleistung kann er nur einvernehmlich oder durch eine Änderungskündigung herbeiführen.[14]

Fehlt es an einer Festlegung und weist der Arbeitgeber dem Arbeitnehmer einen anderen Arbeitsort zu, so unterliegt dies der Ausübungskontrolle gem. § 106 Satz 1 GewO, § 315 Abs. 3 BGB. Eine Leistungsbestimmung entspricht billigem Ermes-

---

[11] BAG 13. April 2010 – 9 AZR 36/09 – RN 27, EzA BGB 2002 § 307 Nr. 47; Preis/Genenger NZA 2008, 970.

[12] BAG, Urteil vom 25. August 2010 – 10 AZR 275/09 – RN 21, NZA 2010, 1355; BAG 13. Juni 2007 – 5 AZR 564/06 – RN 30, BAGE 123, 98.

[13] Vgl. BAG, Urteil vom 2. März 2006 – 2 AZR 23/05 – RN 16, AP KSchG 1969 § 1 Soziale Auswahl Nr. 81 = EzA KSchG § 1 Soziale Auswahl Nr. 67.

[14] BAG, Urteil vom 25. August 2010 – 10 AZR 275/09 -RN 22, NZA 2010, 1355.

sen, wenn die wesentlichen Umstände des Falls abgewogen und die beiderseitigen Interessen angemessen berücksichtigt worden sind.[15]

Nach den Feststellungen des Landesarbeitsgerichts haben die Parteien einen Formularvertrag geschlossen, auf den die Vorschriften über Allgemeine Geschäftsbedingungen nach §§ 305 ff. BGB zur Anwendung kommen. Die Auslegung Allgemeiner Geschäftsbedingungen durch das Berufungsgericht unterliegt der vollen revisionsrechtlichen Nachprüfung.[16] Das Landesarbeitsgericht hat ohne hinreichende Auslegung des Arbeitsvertrags angenommen, das Außendienstgebiet sei in § 1 Nr. 3 des Arbeitsvertrags vertraglich festgelegt. Dies hält einer Überprüfung nicht stand. Da insoweit alle wesentlichen Umstände festgestellt sind und weiterer Vortrag nicht zu erwarten ist, kann der Senat die Auslegung selbst vornehmen.

Der Wortlaut von § 1 Nr. 3 des Arbeitsvertrags, wonach das Arbeitsgebiet einen bestimmten Außendienstbezirk umfasst, kann für eine vertragliche Festlegung sprechen. Auch die Vereinbarung der Domizilklausel in § 1 Nr. 6 kann im Verständnis einer Branche, die ihren Vertrieb über einen Außendienst organisiert, ein Indiz für eine gewollte vertragliche Festlegung des Arbeitsorts sein. Die Parteien haben aber in § 16 Nr. 1 des Arbeitsvertrags vereinbart, dass die Firma sich die Zuweisung eines anderen Gebiets vorbehält. Damit haben die Parteien klargestellt, dass § 106 Satz 1 GewO[17] gelten und eine Versetzungsbefugnis in einen anderen Außendienstbezirk bestehen soll.

---

[15] BAG, Urteil vom 25. August 2010 – 10 AZR 275/09 – RN 31, NZA 2010, 1355; BAG 13. April 2010 – 9 AZR 36/09 – Rn. 40, EzA BGB 2002 § 307 Nr. 47; 23. September 2004 – 6 AZR 567/03 – zu IV 2 a der Gründe, BAGE 112, 80.

[16] BAG, Urteil vom 24. Oktober 2007 – 10 AZR 825/06 – RN 15, BAGE 124, 259.

[17] Bei der Ausübung des Weisungsrechts ist der Arbeitgeber an die rechtlichen Schranken in Arbeitsvertrag, Betriebsvereinbarung, Tarifvertrag und Gesetz gebunden. § 106 GewO lässt offen, inwieweit das allgemeine Weisungsrecht durch eine ausdrückliche arbeitsvertragliche Regelung erweitert werden kann. Die vom allgemeinen Weisungsrecht nicht erfasste, über die vertraglich an sich geschuldete Leistung hinaus gehende Befugnis, dem Arbeitnehmer Leistungspflichten aufzugeben, ist dem ArbG schon im Vertrag eingeräumt. Er kann später durch die Ausübung des Weisungsrechts den Inhalt des Arbeitsvertrages einseitig ändern, Tillmanns, in Beckscher Online Kommt ArbR, § 106 GewO, RN 35. Das Weisungsrecht erstreckt sich **nicht** auf die beiderseitigen **Hauptleistungspflichten**, also die Höhe des Entgelts oder den Umfang der geschuldeten Arbeitszeit, Lakies, BB 2003, 364. Ist der Arbeitgeber in der Lage, eine beabsichtigte **Änderung von Arbeitsbedingungen** kraft seiner **Direktionsbefugnis** herbeizuführen, ist eine diesbezügliche **Änderungskündigung** i.d.R unwirksam, Hoffmann/Schulte, Beckscher Online Kommt GewO, § 106, RN 19f. Der Arbeitgeber kann aufgrund des Direktionsrechts die wöchentliche Arbeitszeit auf die einzelnen Wochentage **verteilen**. Die Befugnis, kraft Direktionsrecht Ort und Zeit der Arbeitsleistung festzulegen, wird **nicht** dadurch **eingeschränkt**, dass der Arbeitgeber im Arbeitsvertrag auf die für den Arbeitsbereich des Arbeitnehmers geltenden betrieblichen Regelungen über Zeit und Ort des Beginns und Endes der täglichen Arbeit **hingewiesen** hat. Dies gilt **auch dann**, wenn der Arbeitgeber danach über **längere Zeit** von seinem dahingehenden Direktionsrecht **keinen Gebrauch** macht, BAG, NZA 2001, 780 – rahmenmäßig umschriebene Arbeitspflichten können sich

Die Klausel ist Vertragsbestandteil[18] geworden. Sie ist nicht überraschend i.S.v.. § 305c Abs. 1 Nach § 305c Abs. 1 BGB werden Bestimmungen in Allgemeinen

---

im Laufe der Zeit auf bestimmte Arbeitsbedingungen konkretisieren. Dazu genügt jedoch nicht schon der bloße Zeitablauf. Vielmehr müssen besondere Umstände hinzutreten, aus denen sich ergibt, dass der Arbeitnehmer nicht in anderer Weise eingesetzt werden soll. **Allein aus der Beibehaltung einer betrieblichen Regelung hinsichtlich Ort und Zeit der Arbeitsleistung über einen längeren Zeitraum hinweg kann ein Arbeitnehmer nach Treu und Glauben nicht auf den Willen des Arbeitgebers schließen, diese Regelung auch künftig unverändert beizubehalten**, BAG, AP BGB § 611 Arbeitszeit Nr. 1. Der ArbG kann den Übergang von Nacht- zu Tagarbeit oder statt fester Arbeitszeiten an allen Tagen Wechselschichten anordnen, LAG Rheinland-Pfalz, BeckRS 2005, 41072; LAG Düsseldorf, BB 1992, 997. Der Arbeitnehmer hat auch grundsätzlich keinen Anspruch darauf, nur noch in einer bestimmten Schicht eingesetzt zu werden, LAG Rheinland-Pfalz, BeckRS 2007, 40259. Allerdings muss die Bestimmung der Lage der Arbeitszeit **billigem Ermessen** entsprechen. Die **Grenzen** billigen Ermessens sind nur dann gewahrt, wenn die wesentlichen Umstände des Einzelfalles abgewogen und die beiderseitigen Interessen angemessen berücksichtigt werden, BAG, AP BGB § 611 Direktionsrecht Nr. 48. die Partei, der das Recht zur Leistungsbestimmung zusteht, zu **beweisen**, dass ihre Bestimmung gem. § 315 Abs. 3 S. 1 BGB der Billigkeit entspricht, BAG, AP BGB § 611 Nr. 52; BAG AP BGB § 611 Direktionsrecht Nr. 45; LAG München, NZA-RR 2003, 269, 270 – der **allgemeine Beschäftigungsanspruch** des Arbeitnehmers ist zum Schutze seiner Persönlichkeit nicht auf irgendeine, sondern auf die vertragsgemäße Beschäftigung gerichtet, vgl. BAG, NZA 1985, 702 = AP Nr. 14 zu § 611 BGB Beschäftigungspflicht. Deswegen ist der allgemeine Beschäftigungsanspruch des Arbeitnehmers auf vertragsgemäße Beschäftigung in allen Fällen gegeben, in denen die vertragsgemäße und die tatsächliche Beschäftigung nicht übereinstimmen Die Voraussetzungen für die Wirksamkeit der Änderung des Inhalts der vom Arbeitgeber beanspruchten Arbeitsleistung durch Ausübung des Direktionsrechts oder eines sonstigen Leistungsbestimmungsrechts muss nach den **allgemeinen Grundsätzen der Arbeitgeber darlegen und beweisen bzw. glaubhaft machen**, vgl. BAG, AP Nr. 52 zu § 611 BGB Direktionsrecht. Wird die Arbeitszeit gegenüber einer aus der **Elternzeit** zurückkehrenden Mutter derart geändert, dass es ihr deshalb nicht mehr möglich ist, ihr Kind in den Kindergarten zu bringen, entspricht dies nicht mehr billigem Ermessen, LAG Nürnberg, NZA 2000, 263. Rechtswidrige Weisungen oder Weisungen, die nicht dem billigen Ermessen entsprechen, sind für den ArbN unverbindlich und unbeachtlich. Er hat insoweit ein Zurückbehaltungsrecht aus § 273 BGB, da die Arbeitspflicht nicht durch eine einseitige Weisung konkretisiert wurde, Becker, in HK-ArbeitsR, RN 3.

[18] Zur Versetzungsklausel vgl. auch **Lingemann, in Bauer/Lingemann/Diller/Haußmann Anwalts-Formularbuch Arbeitsrecht, Einführung, AGB-Klauselkontrolle von A-Z, „Versetzungsklausel"**, RN 129; **§ 308 Nr. 4 BGB** ist nicht auf Versetzungsklauseln in Arbeitsverträgen anzuwenden (BAG v. 11.04.2006, NZA 2006, 1149; v. 13.03.2007, DB 2007, 1985), da diese Vorschrift nur ein einseitiges Bestimmungsrecht hinsichtlich der Leistung des Verwenders – also des Arbeitgebers – erfasst, nicht dagegen hinsichtlich der ihm geschuldeten Gegenleistung, der Arbeitsleistung. Ist die Versetzungsklausel **§ 106 Satz 1 GewO** nachgebildet, stellt sie auch keine unangemessene Benachteiligung des Arbeitnehmers gem. § 307 Abs. 1 Satz 1 BGB dar, sofern sie sicherstellt, dass der Arbeitgeber die Interessen des Arbeitnehmers angemessen berücksichtigt („billiges Ermessen"; BAG v. 11.04.2006, NZA 2006, 1149). Auch ein Verstoß gegen das Transparenzgebot gem. § 307 Abs. 1 Satz 2 BGB liegt i.d.R. nicht vor; denn im Zeitpunkt des Vertragsschlusses kann die Klausel kaum konkretisiert werden, dies geschieht vielmehr erst durch das Weisungsrecht des Arbeitgebers. Als Besonderheit des Arbeitsrechts gem. § 310 Abs. 4 Satz 2 BGB unterliegt die Zulässigkeit der Versetzung damit in erster Linie einer **Ausübungskontrolle** (BAG v. 11.04.2006, NZA 2006, 1149).

Geschäftsbedingungen, die nach den Umständen, insbesondere nach dem äußeren Erscheinungsbild des Vertrags, so ungewöhnlich sind, dass der Vertragspartner des Verwenders mit ihnen nicht zu rechnen braucht, nicht Vertragsbestandteil. Eine Bestimmung in Allgemeinen Geschäftsbedingungen hat überraschenden Charakter im Sinne dieser Vorschrift, wenn sie von den Erwartungen des Vertragspartners deutlich abweicht und dieser den Umständen nach mit ihr vernünftigerweise nicht zu rechnen braucht. Überraschenden Klauseln muss ein „Überrumpelungs- und Übertölpelungseffekt" innewohnen. Zwischen den durch die Umstände bei Vertragsschluss begründeten Erwartungen und dem tatsächlichen Vertragsinhalt muss ein deutlicher Widerspruch bestehen. Die berechtigten Erwartungen des Vertragspartners bestimmen sich nach den konkreten Umständen bei Vertragsschluss ebenso wie nach der Gestaltung des Arbeitsvertrags, insbesondere dessen äußerem Erscheinungsbild. So kann der ungewöhnliche äußere Zuschnitt einer Klausel oder ihre

---

[18] Die Klausel hat das BAG gebilligt (11.04.2006, BB 2006, 2195), da sie materiell § 106 Satz 1 GewO nachgebildet ist. Vorsicht ist jedoch geboten, wenn auch eine **Änderung der Art der Tätigkeit** vorbehalten bleiben soll. Dann würde es sich um eine Änderungsklausel handeln, in die auch aufgenommen werden muss, dass nur **gleichwertige Tätigkeiten** zugewiesen werden können (BAG v. 09.05.2006, NZA 2007, 145). Zu Einzelheiten s. Lingemann, Einf. RN 82 ff., 129 ff., AGB-Klauselkontrolle von A-Z, FN 2, „Versetzungsklausel" und „Änderungsklausel". Die vorformulierte Versetzungsklausel im Arbeitsvertrag eines Unternehmens eines international tätigen Konzerns ist nach § 307 Abs. 1 BGB wegen unangemessener Benachteiligung der Arbeitnehmerin dann unwirksam, wenn sich der Arbeitgeber einen Einsatz der Arbeitnehmerin in einem anderen Betrieb oder einem anderen Unternehmen des Konzerns im In- und Ausland vorbehält, ohne eine vom Arbeitgeber zwingend einzuhaltende angemessene Ankündigungsfrist für eine Versetzung an einen weit entfernten Arbeitsort im In- oder Ausland festzulegen. Der Zusatz, bei der Versetzung würden die persönlichen Belange der Arbeitnehmerin angemessen berücksichtigt, ist intransparent (§ 307 Abs. 1 S. 2 BGB) und deshalb unzureichend, LAG Hamm, Urteil vom 11.12.2008 – 11 Sa 817/08. eine Versetzung in einen anderen Betrieb an einem anderen nur schwer erreichbaren Ort, eine Versetzung in ein anderes konzernangehöriges Unternehmen sowie eine Versetzung ins Ausland nicht vom allgemeinen Direktionsrecht nach § 106 GewO umfasst sind (Preis, Der Arbeitsvertrag, 2. Aufl. 2005, II D 30 RN 110, 242 [Preis] = S. 824, 858; Däubler/Dorndorf, AGB-Kontrolle im Arbeitsrecht, 2. Aufl. 2008, § 307 BGB RN 193 [Dorndorf/Bonin]; – anders aber offenbar Preis/Genenger NZA 2008, 969 ff., 970/971). Von der Beklagten kann die formularmäßige Vereinbarung einer derart erweiterten Versetzungsbefugnis eine weitergehende Rücksichtnahme auf die Belange der Klägerin verlangt werden, als dies im Regelfall für die Ausübung des Direktionsrechts nach § 106 GewO zu fordern ist. Für eine einseitige örtliche Versetzungsbefugnis ist in einem solchen F ist zu fordern, dass die vorformulierten Vertragsbedingungen für eine einseitig verfügte Versetzung an einen weit entfernten Ort eine vom Arbeitgeber zwingend zu beachtende Ankündigungsfrist zumindest von der Länge der für den Arbeitnehmer maßgeblichen Kündigungsfrist festlegen (eine Ankündigungsfrist empfehlend: Hunold, AGB-Kontrolle einer Versetzungsklausel, NZA 2007, 19, 21/22 – für eine Unwirksamkeit bei Erforderlichwerden eines Umzugs: Ebeling, AGB-Kontrolle von Arbeitsverträgen: Gegenstand und Maßstab, 2006, S. 141, 142 unter bb) i. V. m. aa); für Zulässigkeit eines bundesweiten Versetzungsvorbehaltes innerhalb des Unternehmens: Fliss, Die örtliche Versetzung, NZA-RR 2008, 228.

Unterbringung an unerwarteter Stelle die Bestimmung zu einer ungewöhnlichen und damit überraschenden Klausel machen.[19] Der Arbeitsvertrag enthält in § 1 Regelungen zur Arbeitspflicht und regelt an seinem Ende in § 16 die Möglichkeit einer Versetzung. Da die Vereinbarung von Änderungsmodalitäten am Ende eines Vertrags nicht unüblich ist, kann ein gewissenhafter Arbeitnehmer durch einen Versetzungsvorbehalt an dieser Stelle nicht überrascht werden. Die Überschrift „Dienstversetzung" entspricht insoweit zwar nicht gängiger Begrifflichkeit, lässt aber keinen Zweifel aufkommen, dass nachfolgend ein Versetzungsvorbehalt geregelt wird. Drucktechnisch ist der Arbeitsvertrag übersichtlich aufgebaut. Der Versetzungsvorbehalt in § 16 ist deshalb nicht überraschend i.S.v. § 305c Abs. 1 BGB.

Nach § 16 Nr. 1 des Arbeitsvertrags hat sich die Beklagte die Zuweisung eines anderen Gebiets vorbehalten; die Zuweisung einer inhaltlich anderen Tätigkeit ist ausgeschlossen. Nach dem objektiven Inhalt und typischen Sinn einer Klausel, welche die Zuweisung eines anderen Gebiets gestattet, ergibt sich, dass eine änderungsfeste Festlegung des Arbeitsorts im Arbeitsvertrag gerade nicht erfolgen soll; im Hinblick auf das vereinbarte Festgehalt ist darüber hinaus ausgeschlossen, dass die vereinbarte Vergütung durch die Zuweisung eines anderen Gebiets verändert werden kann. Im Lichte dieses Versetzungsvorbehalts ergibt die Auslegung der vertraglichen Regelungen deshalb, dass in § 1 Nr. 3 eine Festlegung des Orts der Arbeitsleistung tatsächlich nicht vereinbart ist. Der Versetzungsvorbehalt verhindert die Beschränkung auf einen bestimmten Ort.[20]

---

[19] BAG, Urteil vom 16. April 2008 – 7 AZR 132/07 – RN 16, BAGE 126, 295; 31. August 2005 – 5 AZR 545/04 – RN 24, BAGE 115, 372. Im Einzelfall kann der Verwender gehalten sein, auf die Klausel besonders hinzuweisen oder sie drucktechnisch hervorzuheben, BAG 16. April 2008 – 7 AZR 132/07 – a.a.O.

[20] BAG Urteil vom 13. April 2010 – 9 AZR 36/09 – RN 27, EzA BGB 2002 § 307 Nr. 47.

Änderungskündigung zur Entgeltreduzierung – Bestimmtheit einer Änderungskündigung[1/2]

1. Erklärt der Arbeitgeber gegenüber einem Arbeitnehmer zur selben Zeit mehrere Änderungskündigungen, die je für sich das Angebot zur Fortsetzung des Arbeitsverhältnisses unter Änderung lediglich einer bestimmten – jeweils anderen – Vertragsbedingung und den Hinweis enthalten, der Arbeitnehmer erhalte zugleich weitere Änderungskündigungen, sind die Angebote nicht hinreichend bestimmt i. S. von § 2 Satz 1 KSchG, § 145 BGB.

2. Eine Änderungskündigung ist gemäß § 2 Satz 1 KSchG ein aus zwei Willenserklärungen zusammengesetztes Rechtsgeschäft. Zur Kündigung kommt als zweites Element das Angebot zur Fortsetzung des Arbeitsverhältnisses zu geänderten Bedingungen hinzu. Dieses Angebot muss, wie jedes Angebot i.S.v. § 145 BGB, bestimmt oder bestimmbar sein.[3] Der Arbeitnehmer muss zweifelsfrei erkennen können, welche Arbeitsbedingungen künftig gelten sollen. Unklarheiten gehen zulasten des Arbeitgebers.

3. Will der Arbeitgeber eine Änderung der Arbeitsbedingungen in mehreren Punkten erreichen und erklärt er zur Durchsetzung einer jeden Änderung eine gesonderte Kündigung, muss jede der Kündigungen das Änderungsangebot deutlich und zweifelsfrei abbilden. Ein Angebot, mit dem der Arbeitgeber erklärt, die „sonstigen Arbeitsbedingungen" blieben unverändert, und zugleich darauf ver-

---

[1] Mit Hinweisen von Prof. Dr. Dr. Siegfried Schwab, Mag. rer. publ., unter Mitarbeit von Diplom-Betriebswirtin (DH) Silke und Referendarin Heike Schwab.

[2] BAG, Urt. v. 10.09.2009, 2 AZR 822/07.

[3] **Änderungsangebot muss so konkret gefasst sein,** dass es der Arbeitnehmer ohne weiteres annehmen kann. Dies muss bereits im Zeitpunkt des Zugangs der Kündigung der Fall sein. Eine spätere Klarstellung durch den Arbeitgeber reicht nicht aus, BAG, Urteil vom 15. Januar 2009 – 2 AZR 641/07 – RN 16, 20, AP KSchG 1969 § 2 Nr. 141. Das Schriftformerfordernis des § 623 BGB erstreckt sich auch auf das Änderungsangebot. Dieses ist Bestandteil der Kündigung. Der Inhalt des Änderungsangebots muss im Kündigungsschreiben zumindest hinreichenden Anklang finden (sog. Andeutungstheorie). Dabei sind ggf. auch außerhalb des Schreibens liegende Umstände zur Auslegung der Erklärung heranzuziehen und zu berücksichtigen, BAG, Urteil vom 16. September 2004 – 2 AZR 628/03, BAGE 112, 58.

weist, der Arbeitnehmer werde zeitgleich noch weitere Änderungskündigungen erhalten, ist widersprüchlich und führt zur Unwirksamkeit der Kündigung.

4. Beruft sich der Arbeitgeber für eine Änderungskündigung zur Entgeltreduzierung auf einen Sanierungsplan, muss er die dem Sanierungskonzept zugrunde gelegten wirtschaftlichen Daten so weit konkretisieren, dass dem Arbeitnehmer eine sachliche Stellungnahme und den Gerichten ggf. eine Nachprüfung ermöglicht wird.[4]

5. Die Änderungskündigung bezweckt nicht in erster Linie die Beendigung des Arbeitsverhältnisses. Im Vordergrund steht vielmehr die Änderung der Arbeitsbedingungen. Die Änderungskündigung unterliegt dem Verhältnismäßigkeitsgrundsaz.[5] sie nur dann zulässig, wenn sie zur Durchsetzung der neuen Arbeits-

---

[4] Für den Empfänger einer Änderungskündigung muss bereits im Zeitpunkt des Zugangs der Kündigung das Änderungsangebot hinreichend klar bestimmt sein bzw. sich dessen Inhalt eindeutig bestimmen lassen, BAG-Urteil vom 15.01.2009 – 2 AZR 641/07, DB 2009, 1299 ff. = NZA 2009, 957. Bei einer Änderungskündigung muss mit dem Änderungsangebot zweifelsfrei klargestellt sein, zu welchen neuen Arbeitsbedingungen das Arbeitsverhältnis nach dem Willen des Arbeitgebers fortbestehen soll

[5] Der **Verhältnismäßigkeitsgrundsatz** hat seine historischen Wurzeln in § 10 Abs. 2 17 ALR für das Polizeirecht. Herausgearbeitet durch die prägende Rechtsprechung des BVerfG, E 7, 377, 405; ist es zwischenzeitlich als verfassungsrechtliches Prinzip anerkannt, vgl. etwa Wahl, Die Verwaltung 1980, 270; Sachs, Art. 20 GG, RN 145 ff.; Jarass, Art. 20 GG, RN 80. Er gilt auch im Europarecht, vgl. Art. 52 Abs. 1 S. 2 Grundrechtscharta, vgl. Emmrich-Fritsche, Der Grundsatz der Verhältnismäßigkeit als Direktive und Schranke der EU Rechtssetzung, 2000; Schwab, Der Europäische Gerichtshof und der Verhältnismäßigkeitsgrundsatz, 2002. Zurückgeführt wird der Verhältnismäßigkeitsgrundsatz auf das Rechtsstaatsprinzip, BVerfGE 76, 359; 108, 136; Greszick, in Maunz/Dürig, Art. 20 GG, RN 108. Er kann aber auch auf die grundrechtlichen Freiheitsansprüche des Bürgers gestützt werden, die nur soweit eingeschränkt werden dürfen, wie dies zum Schutz höherwertiger öffentlicher Interessen unerlässlich ist, BVerfGE 19, 348 f.: Jarass, a.a.O., RN 80. Der Grundsatz der Verhältnismäßigkeit gebietet ein staatliches Handeln das in Bezug auf den damit verfolgten Zweck **geeignet, erforderlich und angemessen** ist, BVerfGE 67, 173. Der Zweck darf nicht von vornherein illegitim, d. h. offenkundig verfassungswidrig sein, ähnlich Jarass, RN 83a. Die **Eignung des gewählten Mittels** ist nur zu bejahen, wenn mit hinreichender Wahrscheinlichkeit zu erwarten ist, dass der angestrebte Erfolg gefördert und erreicht wird, vgl. BVerfGE 96, 23; Greszick, Maunz/Dürig, Art. 20 GG, RN 112. Es besteht **kein verfassungsrechtliches Optimierungsgebot**, so dass nicht das optimalste oder wirkungsvollste Mittel eingesetzt werden muss, BVerfG 113, 234; Jarass, Art. 20 GG, RN 84; Jakobs, Der Grundsatz der Verhältnismäßigkeit, 1985, S. 60. Es reicht, dass der angestrebte Erfolg gefördert werden kann, BVerfGE 103, 293, 307. Damit **scheiden (nur) evident ungeeignete Mittel von vornherein aus**, BVerfGE 65, 126; Jakobs, Der Grundsatz der Verhältnismäßigkeit, S. 62. Das Gebot der Erforderlichkeit begrenzt die einzusetzenden Mittel auf das mildeste Mittel gleicher Wirksamkeit, das sicherstellt, dass die Maßnahme nicht über das zwecknotwendige Maß hinaus in die rechtlich geschützten Interessen eingreift, BVerfGE 79, 198; 100, 241; vgl. Dechsling, Das Verhältnismäßigkeitsverbot, 1989, 54 ff. Sachs will die Wirksamkeit und die Beeinträchtigungsintensität zusammenfassend bewerten, Art. 20 GG, RN 153. Mittel mit großer Intensität und geringer Wirkung sind unzulässig, wenn es Mittel mit geringerer Intensität und größerer Wirkung gibt. Die Beeinträchtigung muss nach **Abwägung der beteiligten und berührten Interessen angemessen, proportional und zumutbar** sein, Sachs, Art. 20 GG, RN 154; BVerfGE 104, 349 ff.; 115, 192;

bedingungen erforderlich ist, insbesondere dem Arbeitgeber das Direktionsrecht als milderes Mittel zur Erreichung des Zwecks nicht zur Verfügung steht. Die Änderungskündigung besteht aus zwei Elementen: der Kündigung des bisherigen Arbeitsverhältnisses aus personen-, verhaltens- oder betriebsbedingten Gründen und dem Angebot, es zu geänderten Bedingungen fortzusetzen. Sie ist eine echte Kündigung. Das bedeutet zum einen, dass der Vertragsauflösungswille des Arbeitgebers klar zum Ausdruck kommen muss, zum anderen, dass alle weiteren Voraussetzungen wie z. B. die Anhörung des Betriebsrats (§ 102 BetrVG) oder die behördliche Zustimmung in den Fällen der § 9 MuSchG, § 18 BEEG, § 85 SGB IX erfüllt sein müssen.

Die Parteien streiten über die Wirksamkeit von fünf **ordentlichen Änderungskündigungen**, die die Beklagte gegenüber dem Kläger mit getrennten Schreiben ausgesprochen hat. Als „Personalmaßnahme Nr. 1" ist die Vereinheitlichung der Arbeitszeit sämtlicher gewerblicher Arbeitnehmer auf künftig 37,5 Wochenstunden vorgesehen. Dazu soll eine Arbeitszeit von 35 Wochenstunden ohne Lohnausgleich entsprechend angehoben und im Gegenzug eine Arbeitszeit von 40 Stunden entsprechend abgesenkt werden. Die „Personalmaßnahme Nr. 2" sieht die ersatzlose Streichung einer 15 %igen Spätzulage sowie Kürzungen der Feiertags- und Sonntagszulage von 150 % auf 100 % bzw. 75 % auf 35 % vor. Gemäß „Personalmaßnahme Nr. 3" soll das Urlaubsgeld von 2,3 % eines regelmäßigen Bruttomonatslohns pro Urlaubstag auf maximal 50 % eines regelmäßigen Bruttomonatslohns begrenzt und künftig nur noch bei Erreichen eines positiven operativen Ergebnisses gezahlt werden. Jede Änderungskündigung hatte eine der in einem Sanierungsplan insgesamt vorgesehenen fünf Personalmaßnahmen zum Gegenstand. In allen Kündigungsschreiben heißt es am Ende: „Ihre sonstigen Arbeitsvertragsbedingungen bleiben unverändert. Wir weisen an dieser Stelle allerdings darauf hin, dass Sie unter heutigem Datum weitere vier Änderungskündigungen erhalten." Die Beklagte will das Arbeitsverhältnis nur bei Annahme sämtlicher Änderungsangebote fortsetzen.[6] Der klagende ArbN hat die ihm unterbreiteten Änderungsangebote unter dem Vorbehalt des § 2 KSchG angenommen und geltend gemacht, die Kündigungen seien

---

Greszick, a.a.O., RN 117. Zu berücksichtigen sind neben der Schwere des Eingriffs das Gewicht und die Dringlichkeit der Gründe, BVerfGE 120, 241, so dass letztlich die mit dem Eingriff verbundene Belastung in einem vernünftigen Zweck zu den für die Allgemeinheit erwachsenden Vorteile stehen.

[6] Nach der Rechtsprechung des BAG wird eine Änderungskündigung nur insgesamt für unwirksam angesehen, wenn sich auch nur eine von mehreren angebotenen Änderungen als sozial ungerechtfertigt erweist. Deshalb hat die ArbG (Beklagte) getrennte Änderungskündigungen ausgesprochen, um auf diese Weise die größtmögliche Wirksamkeitsgewähr zu erlangen.

sozial ungerechtfertigt. Die Änderungsangebote seien unklar und unbestimmt. Aus ihnen gehe nicht hervor, was gelten solle, wenn einige der Änderungen vorbehaltlos angenommen, andere unter Vorbehalt angenommen und die übrigen abgelehnt würden. Außerdem fehle es an einem dringenden betrieblichen Erfordernis zu einer Änderung der Arbeitsbedingungen. Das dem Sanierungsplan zugrunde gelegte Zahlenwerk sei nicht nachvollziehbar.

Die Kündigungen sind schon deshalb unwirksam, weil die Beklagte dem Kläger in den Kündigungsschreiben kein hinreichend bestimmtes oder bestimmbares Änderungsangebot unterbreitet hat. Eine Änderungskündigung ist gemäß § 2 Satz 1 KSchG ein aus zwei Willenserklärungen zusammengesetztes Rechtsgeschäft. Zur Kündigungserklärung muss als zweites Element das Angebot zur Fortsetzung des Arbeitsverhältnisses zu geänderten Arbeitsbedingungen hinzukommen. Dieses Angebot muss, wie jedes Angebot i.S.v. § 145 BGB, eindeutig bestimmt oder doch bestimmbar sein.[7] Es muss nach allgemeiner Rechtsgeschäftslehre so konkret gefasst sein, dass es einer Annahme durch den Arbeitnehmer ohne Weiteres zugänglich ist. Für diesen muss zweifelsfrei deutlich werden, welche Arbeitsbedingungen zukünftig gelten sollen. Nur so kann er eine fundierte Entscheidung über die Annahme oder Ablehnung des Angebots treffen. Da der Arbeitnehmer von Gesetzes wegen innerhalb einer kurzen Frist auf das Änderungsangebot reagieren muss, ist schon im Interesse der Rechtssicherheit zu fordern, dass in dem Änderungsangebot zum Ausdruck kommt, zu welchen neuen Bedingungen das Arbeitsverhältnis nach dem Willen des Arbeitgebers fortbestehen soll. Unklarheiten gehen zulasten des Arbeitgebers. Sie führen zur Unwirksamkeit der Änderungskündigung.[8] Bei der Würdigung, ob das Änderungsangebot diesen Anforderungen genügt, ist dessen Inhalt durch Auslegung (§§ 133, 157 BGB) zu ermitteln. Dabei können und müssen auch außerhalb des Kündigungsschreibens liegende, zur Erforschung seines Inhalts geeignete Umstände herangezogen und berücksichtigt werden. Da sich das Schriftformerfordernis des § 623 BGB bei der Änderungskündigung nicht nur auf die Kündigungserklärung, sondern auch auf das Änderungsangebot erstreckt, ist nach der Ermittlung des einschlägigen rechtsgeschäftlichen Willens weiter zu prüfen, ob dieser in der Urkunde Ausdruck gefunden hat.[9] Bei formbedürftigen Erklärungen ist nur der Wille beachtlich, der unter Wahrung der vorgeschriebenen Form erklärt worden ist.[10] Der Kläger konnte unter Berücksichtigung aller ihm im Kündigungszeitpunkt bekannten

---

[7]   Vgl. BAG, Urteil vom 16. September 2004 – 2 AZR 628/03, BAGE 112, 58; BAG, Urteil vom 17. Mai 2001 – 2 AZR 460/00, EzA BGB § 620 Kündigung Nr. 3.

[8]   BAG, Urteil vom 15. Januar 2009 – 2 AZR 641/07 – RN 16, AP KSchG 1969 § 2 Nr. 141.

[9]   BAG, Urteil vom 16. September 2004 – 2 AZR 628/03, BAGE 112, 58.

[10]   Palandt/Ellenberger, BGB 68. Aufl., § 133 RN 19.

Umstände den Kündigungsschreiben nicht hinreichend deutlich entnehmen, mit welchem Inhalt das Arbeitsverhältnis nach Ablauf der Kündigungsfrist fortbestehen solle. Bei isolierter Betrachtung der einzelnen Kündigungen vom 26. Juli 2006 bleibt das mit ihnen jeweils unterbreitete Änderungsangebot unklar. Zwar hat die Beklagte die jeweilige Änderung der Arbeitsbedingungen als einzelne konkret und nachvollziehbar beschrieben. Die betreffenden Kündigungsschreiben geben aber jedes für sich genommen keine hinreichende Auskunft darüber, mit welchem weiteren Inhalt das Arbeitsverhältnis fortbestehen soll. Sie sind in dieser Hinsicht widersprüchlich. Während die Erklärung, die „sonstigen Arbeitsvertragsbedingungen" bzw. „sonstigen Arbeitsvertragsregelungen" des Klägers blieben „unverändert", auf ein abschließendes Änderungsangebot mit der Folge hindeutet, der übrige Inhalt des Arbeitsverhältnisses solle unangetastet bleiben, wird dieser Erklärungsgehalt anschließend durch den Hinweis auf zu erwartende weitere Änderungskündigungen wieder in Frage gestellt. Dabei ist den jeweiligen Schreiben – für sich genommen – weder zu entnehmen, um welche weiteren Änderungen es gehen soll, noch geben sie zu erkennen, in welcher Beziehung die einzelnen Kündigungen und die mit ihnen verbundenen Änderungsangebote zueinander stehen sollen.

Bei einer Änderungskündigung[11], mit der der Arbeitgeber eine Änderung der Arbeitsbedingungen in mehreren Punkten erreichen will, führt bereits die Unverhält-

---

[11] Das **Gebot der ausreichenden Berücksichtigung sozialer Gesichtspunkte** bei der Auswahl des zu kündigenden Arbeitnehmers gilt auch für **betriebsbedingte Änderungskündigungen**, Herbert/Oberrath, Die soziale Rechtfertigung der betriebsbedingten Änderungskündigung, NJW 2008, 3177 – eine Änderungskündigung im Anwendungsbereich des KSchG ebenso der sozialen Rechtfertigung gem. § 1 Abs. 2 KSchG wie eine Beendigungskündigung, vgl. BAG, NZA 1990, 734 (735); NJOZ 2002, 1487 (§ 2 S. 1 KSchG). Die Änderungskündigung muss also durch einen personen-, verhaltens- oder betriebsbedingten Kündigungsgrund veranlasst sein und es muss im Falle der betriebsbedingten Kündigung eine Sozialauswahl stattfinden. Maßgeblicher Zeitpunkt für die Beurteilung der Sozialwidrigkeit der Änderungskündigung ist dabei der Zeitpunkt des Zugangs der Kündigungserklärung, vgl. BAG, NJW 1982, 2839. Eine **betriebsbedingte Änderungskündigung ist wirksam**, wenn sich der Arbeitgeber bei einem an sich anerkennenswerten Anlass darauf beschränkt hat, lediglich solche Änderungen vorzuschlagen, die der Arbeitnehmer billigerweise hinnehmen muss. Im Rahmen der §§ 1, 2 KSchG ist dabei zu prüfen, ob das Beschäftigungsbedürfnis für den betreffenden Arbeitnehmer zu den bisherigen Vertragsbedingungen entfallen ist, BAGE 118, 190 = NJW 2006, 3373. Da bei einer betriebsbedingten Änderungskündigung die **soziale Rechtfertigung des Änderungsangebots** im Vordergrund steht, ist anders als bei einer Beendigungskündigung bei der Sozialauswahl primär darauf abzustellen, wie sich die **vorgeschlagene Vertragsänderung auf den sozialen Status vergleichbarer Arbeitnehmer auswirkt**, BAG, NJOZ 2008, 4233 f.
Deshalb ist vor allem zu prüfen, ob der Arbeitgeber, **statt die Arbeitsbedingungen des gekündigten Arbeitnehmers zu ändern, diese Änderung einem anderen Arbeitnehmer hätte anbieten können**, dem sie in sozialer Hinsicht eher zumutbar gewesen wäre. Für eine Vergleichbarkeit der Arbeitnehmer im Rahmen einer Änderungskündigung müssen die Arbeitnehmer auch für die Tätigkeit, die Gegenstand des Änderungsangebots ist, wenigstens annähernd gleich geeignet sein.

Die Austauschbarkeit bezieht sich auch auf den mit der Änderungskündigung angebotenen, BAG, NJOZ 2008, 4233. Außerhalb des Geltungsbereichs des KSchG muss eine Änderungskündigung nicht i.s. von § 1 KSchG sozial gerechtfertigt sein, ihre Unwirksamkeit kann allerdings aus einem Verstoß gegen die guten Sitten (§ 138 BGB) oder den Grundsatz von Treu und Glauben (§ 242 BGB) resultieren. Die teilweise vertretene analoge Anwendung des § 2 KSchG, Künzl, in APS, § 2 RN 351 ist abzulehnen, weil der Weg über §§ 138, 242 BGB ausreichend ist. Anwendbar ist allerdings § 4 KSchG, wonach der Arbeitnehmer die dreiwöchige Klagefrist beachten muss. Zunächst ist zu prüfen, ob ein Grund die Kündigung sozial rechtfertigt, § 2 S. 1 i.V. mit § 1 Abs. 2 KSchG (das „Ob" der Änderungskündigung). Auf der **zweiten** Stufe muss das Änderungsangebot einer Verhältnismäßigkeitsprüfung Stand halten. Geprüft wird, ob der Arbeitgeber nur solche Änderungen vorgeschlagen hat, die der Arbeitnehmer billigerweise hinnehmen muss. Die Überprüfung der sozialen **Rechtfertigung einer Änderungskündigung auf Grund einer Betriebsänderung (§ 111 BetrVG)** gegenüber Arbeitnehmern, die in einem Interessenausgleich mit Namensliste erfasst sind, sind die Vermutungsregeln des § 1 Abs. 5 KSchG zu prüfen. Die Vermutung umfasst den Wegfall der Beschäftigungsmöglichkeit im Betrieb und das Fehlen einer anderweitigen Weiterbeschäftigungsmöglichkeit im Betrieb.. Die Sozialauswahl ist zudem nur auf grobe Fehlerhaftigkeit zu überprüfen (§ 1 Abs. 5 S. 2 KSchG). § 2 S. 1 KSchG verweist allerdings nicht auf § 1 Abs. 5 KSchG, so dass sich die Frage stellt, ob die Vorschrift auf Änderungskündigungen anwendbar ist. Dies hat das BAG ausdrücklich bejaht, BAG, NZA 2008, 105. Die instanzgerichtliche Rechtsprechung bejahte überwiegend die Anwendbarkeit von § 1 Abs. 5 KSchG auf Änderungskündigungen, wobei die **Reichweite der Vermutung unterschiedlich beurteilt wird,** LAG Sachsen, Urt. v. 06.12.2005 – 7 Sa 584/05 und 7 Sa 585/05; ArbG Frankfurt a. M., Urt. v. 23.11.2005 – 22 Ca 2556/05; LAG Rheinland-Pfalz, Urt. v. 25.10.2005 – 2 Sa 425/ 05 RN 27, welches die Verhältnismäßigkeit des Änderungsangebots prüft und damit zum Ausdruck bringt, dass diese Prüfung von § 1 Abs. 5 KSchG nicht beschränkt wird; LAG Hamm, Urt. v. 18.01.2006 – 14 Sa 1126/05 RN 37; ebenso Gallner, in HK-KSchR, 2. Aufl., § 1 RN 646; Pfeiffer, in HK-KSchR, § 2 RN 4; Löwisch, NZA 2003, 692; ders., BB 2004, 157; Richardi, DB 2004, 488. In § 2 KSchG ist kein eigener Begriff der sozialen Rechtfertigung enthalten. Die Vorschrift verweist vielmehr ohne weiteres auf § 1 Abs. 2 S. 1 bis 3 und Abs. 3 S. 1 und 2 KSchG. Zu den Tatbestandsmerkmalen einer sozial gerechtfertigten Kündigung gehört bei einer betriebsbedingten Kündigung das Vorliegen dringender betrieblicher Erfordernisse, die einer Weiterbeschäftigung des Arbeitnehmers in diesem Betrieb entgegenstehen. § 1 Abs. 5 KSchG verändert die Darlegungs- und Beweislastregelung des § 1 Abs. 2 S. 4 KSchG, indem diese Norm eine gesetzliche Vermutung zu Gunsten des Vorliegens dringender betrieblicher Erfordernisse aufstellt. Da allgemein von der Anwendbarkeit des § 1 Abs. 2 S. 4 KSchG auch auf Änderungskündigungen ausgegangen wird, ist es folgerichtig, auch die Regelung des § 1 Abs. 5 S. 1 und 2 KSchG im Falle einer Änderungskündigung zur Anwendung zu bringen. Die Reichweite der Vermutungen nach § 1 Abs. 5 S. 1 KSchG erstreckt sich auf den Wegfall der Beschäftigungsbedürfnisses zu den bisherigen Bedingungen einschließlich des Fehlens einer anderweitigen Beschäftigungsmöglichkeit im Betrieb. Die Vermutungswirkung des § 1 Abs. 5 S. 1 KSchG ist **zumindest dann auf die fehlende Weiterbeschäftigungsmöglichkeit in einem anderen Betrieb des Unternehmens zu erstrecken,** BAG, NZA 2008, 105 = BB 2008, 224 ff.; NZA 2008, 634, wenn der Interessenausgleich vom hierfür zuständigen Gesamtbetriebsrat abgeschlossen wird. Der Gesamtbetriebsrat ist als Gremium auf Ebene des Unternehmens gebildet (vgl. § 47 Abs. BetrVG) und damit grundsätzlich legitimiert, die Frage der fehlenden Weiterbeschäftigungsmöglichkeit in anderen Betrieben des Unternehmens verbindlich i. S. des § 1 Abs. 5 S. 1 KSchG zu beurteilen. Der Gesamtbetriebsrat setzt sich gem. § 47 Abs. 2 BetrVG aus Mitgliedern jedes Betriebsrats des Unternehmens zusammen. Die Vermutung des § 1 Abs. 5 KSchG bei der Prüfung des Vorliegens dringender betrieblicher Erfordernisse besagt allerdings noch nichts darüber, ob die vorgeschlagene Änderung vom Arbeitnehmer auch billigerweise hingenommen werden muss (vgl. Kübler/ Prütting/Moll, InsO, Stand: November 2006, § 125 RN 30; HWK/Quecke, 2. Aufl., § 1 KSchG

nismäßigkeit einer der angestrebten Vertragsänderungen zur Unwirksamkeit der Kündigung insgesamt. Das Gericht kann in einem solchen Fall die Kündigung nicht in Teilen für wirksam erklären.[12] Gleichwohl bilden Kündigung und Änderungsangebot im Fall der Änderungskündigung eine innere Einheit.[13] Nach den Grundprinzipien des Kündigungsschutzrechts ist jede Kündigung mit dem in ihr enthaltenen Änderungsangebot eigenständig und unabhängig von der Wirksamkeit weiterer Kündigungen und deren Inhalt auf ihre soziale Rechtfertigung hin zu überprüfen. Das verlangt, dass sich der Änderungswille des Arbeitgebers in der jeweiligen

RN 422; Quecke, RdA 2004, 90 f. die jedoch bei Änderungskündigung generell diese Angaben im Interessenausgleich voraussetzen, Krieger/Löwisch/Röder, Punkteschemata für die Sozialauswahl, BB 2008, S. 610. Mit der Klarstellung, dass **sowohl der Wegfall des Beschäftigungsbedürfnisses** zu den bisherigen Bedingungen **als auch das Fehlen einer anderweitigen Beschäftigungsmöglichkeit** im Betrieb **Gegenstand der Vermutung** ist wird die „Privilegierung" des Arbeitgebers im Falle der Beendigungskündigung durch § 1 Abs. 5 KSchG auch im **Falle der Änderungskündigung fortgesetzt**, Peter, BB 2008, 228. Das BAG stellt andererseits klar, dass **die Zumutbarkeit der vom Arbeitgeber begehrten Änderung** nicht ohne Weiteres in den Anwendungsbereich des § 1 Abs. 5 KSchG fällt. Entsprechendes sei nur denkbar, wenn die vorgesehenen **Änderungen im Einzelnen Gegenstand des Interessenausgleichs geworden seien** und sich in ihm wiederfinden. In diesem Fall sei sichergestellt, dass die Änderungen durch den Betriebsrat mitbeurteilt worden seien. Nur wenn eine entsprechende Mitbeurteilung stattgefunden habe, rechtfertige dies die weit reichenden prozessualen Konsequenzen, die die gesetzliche Vermutung des § 1 Abs. 5 KSchG für den Arbeitnehmer habe.
Nach § 2 S. 2 KSchG kann der Arbeitnehmer, dem gegenüber eine Änderungskündigung ausgesprochen wurde, das **Änderungsangebot unter dem Vorbehalt der sozialen Rechtfertigung annehmen**. Der Arbeitgeber ist grundsätzlich frei, sein Änderungsangebot zu befristen (BAGE 104, 315 = NZA 2003, 659). Dabei bildet jedoch die **gesetzliche Mindestfrist des § 2 S. 2 KSchG** die Untergrenze. Ein vernünftigerweise berücksichtigungsfähiges Interesse, diese Frist, deren Geltung für die Vorbehaltsannahme das Gesetz ausdrücklich und zwingend vorschreibt, für den Fall der vorbehaltlosen Annahme abzukürzen, besteht nicht. Den **Vorbehalt muss der Arbeitnehmer, wenn die Kündigungsfrist weniger als drei Wochen beträgt,** innerhalb der Kündigungsfrist, ansonsten innerhalb von drei Wochen erklären. **Diese gesetzliche Frist ist zwingend.** Für den Arbeitnehmer nachteilige Abweichungen von den Vorschriften des Kündigungsschutzgesetzes können nicht vereinbart, erst recht nicht einseitig durch den Arbeitgeber festgelegt werden (allg. Auffassung, vgl. nur BAG, NJOZ 2003, 1211. Die **zu kurze Bestimmung der Annahmefrist** durch den Arbeitgeber im Änderungsangebot führt **nicht zur Unwirksamkeit der Kündigung**. Sie setzt vielmehr die gesetzliche Annahmefrist des § 2 S. 2 KSchG in Lauf. Die **Vorbehaltserklärung stellt eine bedingte Annahme dar**. Sie setzt deshalb ein annahmefähiges Angebot voraus. Ein befristetes Angebot erlischt jedoch mit Ablauf der Frist. Ein **erloschenes Angebot ist kein Angebot** und kann nicht, auch nicht unter Vorbehalt angenommen werden. Dies hat das BAG bereits im Fall einer fristlosen Änderungskündigung entschieden, BAG, NZA 1988, 737 = AP KSchG 1969 § 2 Nr. 20 = EzA KSchG § 2 Nr. 10. In dieser Entscheidung wurde die Bestimmung einer zu kurz bemessenen Annahmefrist nicht als Grund für die Unwirksamkeit der gesamten Änderungskündigung angesehen, sondern angenommen, es werde lediglich die dem Gesetz entsprechende Frist („unverzüglich") in Gang gesetzt; der Arbeitgeber könne die Annahmefrist nicht einseitig verkürzen.

[12] BAG, Urteil vom 21. September 2006 – 2 AZR 120/06 – RN 26, BAGE 119, 332; BAG, Urt. vom 23. Juni 2005 – 2 AZR 642/04 – RN 28, BAGE 115, 149.

[13] BAG, Urt. vom 16. September 2004 – 2 AZR 628/03, BAGE 112, 58.

Änderungskündigung vollständig abbildet. Das Risiko des Arbeitgebers, die von ihm angestrebten Änderungen im Fall der Unverhältnismäßigkeit einer von ihnen insgesamt nicht durchsetzen zu können, vermag ihn nicht von der Verpflichtung zu entbinden, dem Arbeitnehmer mit jeder Kündigung ein in sich klares und annahmefähiges Änderungsangebot zu unterbreiten. Die Änderungskündigungen sind auch deshalb sozial ungerechtfertigt, weil es an einem dringenden betrieblichen Erfordernis zur Änderung der Arbeitsbedingungen i.S.d. § 2, § 1 Abs. 2 Satz 1 KSchG fehlt.

Eine **betriebsbedingte Änderungskündigung ist nur wirksam,** wenn sich der Arbeitgeber bei einem anerkennenswerten Anlass darauf beschränkt hat, **lediglich solche Änderungen vorzuschlagen, die der Arbeitnehmer billigerweise hinnehmen muss.**[14] Im Rahmen von § 1, § 2 KSchG ist dabei zu prüfen, ob das Beschäftigungsbedürfnis für den Arbeitnehmer zu den bisherigen Vertragsbedingungen entfallen ist. Dieser Maßstab gilt unabhängig davon, ob der Arbeitnehmer das Änderungsangebot abgelehnt oder unter Vorbehalt angenommen hat. Ob der Arbeitnehmer eine ihm vorgeschlagene Änderung billigerweise hinnehmen muss, ist nach dem Verhältnismäßigkeitsgrundsatz zu ermitteln. Die Änderungen müssen geeignet und erforderlich sein, um den Inhalt des Arbeitsvertrags den geänderten Beschäftigungsmöglichkeiten anzupassen. Diese Voraussetzungen müssen für alle Vertragsänderungen vorliegen. **Ausgangspunkt ist die bisherige vertragliche Regelung.** Die angebotenen Änderungen dürfen sich **nicht weiter vom Inhalt des bisherigen Arbeitsverhältnisses entfernen, als zur Erreichung des angestrebten Ziels erforderlich ist.**[15]

Die Unrentabilität des Betriebs kann einer Weiterbeschäftigung des Arbeitnehmers zu unveränderten Arbeitsbedingungen entgegenstehen und ein dringendes betriebliches Erfordernis zur Änderung der Arbeitsbedingungen sein. Voraussetzung ist, dass durch die Senkung der Personalkosten die Stilllegung des Betriebs oder eine deutliche Reduzierung der Belegschaft verhindert werden kann und die Kosten durch andere Maßnahmen nicht zu senken sind.[16] Regelmäßig bedarf es deshalb

---

[14] BAG, Urteil vom 26. Juni 2008 – 2 AZR 139/07 – RN 16, AP KSchG 1969 § 2 Nr. 138 = EzA KSchG § 2 Nr. 71.

[15] BAG, Urteil vom 15. Januar 2009 – 2 AZR 641/07 – RN 15, AP KSchG 1969 § 2 Nr. 141; 26. Juni 2008 – 2 AZR 139/07 – RN 17.

[16] BAG, Urteil vom 26. Juni 2008 – 2 AZR 139/07 – RN 19, AP KSchG 1969 § 2 Nr. 138 = EzA KSchG § 2 Nr. 71 mit Anm. Winzer, FD-ArbR 2008, 266882 – Dem Urteil ist zuzustimmen. Das Argument, der individuelle Beitrag sei nach einer Zustimmung der großen Mehrheit der Belegschaft nicht mehr erforderlich, trägt nicht. Es wird regelmäßig von einzelnen Arbeitnehmern vorgetragen, die sich bis zum Schluss einer einvernehmlichen Umsetzung des Sanierungskonzepts widersetzen. Wäre dieses Argument richtig, müssten die Arbeitgeber auf die einvernehmliche Umsetzung eines Sanierungskonzepts verzichten, weil sie damit den Kündigungsgrund gefährdeten. Stattdessen wäre ein sofortiger Ausspruch von Änderungskündigungen gegenüber allen Ar-

eines **umfassenden Sanierungsplans**, der alle gegenüber der beabsichtigten Änderungskündigung milderen Mittel ausschöpft.[17] Der Arbeitgeber hat die Finanzlage des Betriebs, den Anteil der Personalkosten, die Auswirkung der erstrebten Kostensenkungen für den Betrieb und für die Arbeitnehmer darzustellen und darzulegen, weshalb andere Maßnahmen nicht in Betracht kommen.

Außerordentliche Änderungskündigung mit notwendiger Auslauffrist[18]

Eine **außerordentliche Änderungskündigung mit notwendiger Auslauffrist** ist auch dann unwirksam, wenn das Änderungsangebot unverhältnismäßig und damit unzumutbar ist (hier: Änderungsangebot an den bisher als Hausmeister einer Kirchen-

---

beitnehmern zu empfehlen. Das ist widersinnig. Eine erfolgreiche Sanierung setzt voraus, dass eine breite Mehrheit der Belegschaft das Konzept mitträgt.

[17] BAG, Urteil vom 1. Juli 1999 – 2 AZR 826/98, AP KSchG 1969 § 2 Nr. 53 = EzA KSchG § 2 Nr. 35.

[18] BAG, Urteil vom 26.06.2008 – 2 AZR 147/07, NJOZ 2008, 5173; Zur sozialen Rechtfertigung einer betriebsbedingten Änderungskündigung s. BAG, NZA 2006, 92. Zur zitierten Entscheidung des BAG, NZA 2006, 985, s. die Anm. von Grobys/Steinau-Steinrück, in NJW-Spezial 2006, 421 und zur zitierten Entscheidung BAG, NZA 2007, 552, die Anm. von Grobys/Steinau-Steinrück, in NJW-Spezial 2007, 228. Ist eine ordentliche Kündigung aus tariflichen oder anderen Gründen ausgeschlossen, ist der Arbeitgeber vor Ausspruch einer außerordentlichen Kündigung mit notwendiger Auslauffrist in besonderem Maße verpflichtet, die Kündigung durch geeignete andere Maßnahmen zu vermeiden, BAG, Urteil vom 18. 3. 2010 – 2 AZR 337/08 (LAG München Urteil 16.01.2008 5 Sa 604/07), ArbRAktuell 2010, 480, Günther, ArbRAktuell 2010, 308352 = ArbRAktuell 2010, 480 – Unwirksamkeit einer betrieblichen Unkündbarkeitsklausel wegen Verstoß gegen Tarifvorrang, Unkündbarkeitsklauseln knüpfen oft an Lebensalter und Betriebszugehörigkeit an. Nach hM führen sie dazu, dass die altersgesicherten Arbeitnehmer mangels Vergleichbarkeit nicht der Sozialauswahl unterfallen. Inwieweit diese Benachteiligung jüngerer Beschäftigter mit den Vorgaben des AGG vereinbar ist, ist offen. Viel spricht dafür, dass solche Unkündbarkeitsklauseln nur wirksam und zu beachten sind, soweit durch ihre Anwendung der Kündigungsschutz anderer Arbeitnehmer nicht grob fehlerhaft gemindert wird = BeckRS 2010, 72013 = FD-ArbR 2010, 308354. Eine außerordentliche und zugleich fristlose Kündigung aus betriebsbedingten Gründen ist selbst gegenüber einem ordentlich unkündbaren Arbeitnehmer regelmäßig unzulässig. Zu prüfen ist, ob dem Arbeitgeber im Fall ordentlicher Kündbarkeit eine Weiterbeschäftigung bis zum Ablauf der Kündigungsfrist unzumutbar wäre. Das ist bei einer betriebsbedingten Kündigung regelmäßig nicht der Fall. Dem Arbeitgeber ist, wenn aus betrieblichen Gründen eine Weiterbeschäftigungsmöglichkeit für den Arbeitnehmer entfällt, selbst im Insolvenzfall zumutbar, die Kündigungsfrist einzuhalten, BAG NZA 2003, 856 = AP BGB § 626 Nr. 181 = EzA BGB 2002 § 626 Unkündbarkeit Nr. 2. Eine auf betriebliche Gründe gestützte außerordentliche Kündigung mit einer – notwendig einzuhaltenden – Auslauffrist kommt in Betracht, wenn andernfalls der Ausschluss der ordentlichen Kündigung dazu führt, dass der Arbeitgeber den Arbeitnehmer trotz Wegfalls der Beschäftigungsmöglichkeit gegebenenfalls noch über Jahre weiterbeschäftigen müsste und ihm dies unzumutbar ist (vgl. Senat, NZA 2003, 856 = AP BGB § 626 Nr. 181 = EzA BGB 2002 § 626 Unkündbarkeit Nr. 2 [zu II 3 b bb]; BAGE 122,

gemeinde beschäftigten, tariflich unkündbaren Arbeitnehmer nach Schließung einer Gemeindeeinrichtung als Küster weiter zu arbeiten und Unterkunft in der Dienstwohnung zu nehmen.

Die Parteien streiten über die Wirksamkeit von zwei Änderungskündigungen. Der am 18.03.1950 geborene Kl. ist seit dem 01.02.1990 bei der bekl. Kirchengemeinde als Hausmeister beschäftigt. bot dem Kl. die Stelle eines Hausmeisters und Küsters in der *K*-Kirche in D.-M. unter der Voraussetzung an, dass er die dortige Küsterwohnung beziehe. Die Küsterwohnung befindet sich neben der vom Pfarrer bewohnten Dienstwohnung. Die Entfernung zwischen der *K*-Kirche und dem derzeitigen Wohnort des Kl. in D.-N. beträgt 8 Kilometer. Der Kl. kann die *K*-Kirche mit seinem Pkw in ca. 15 Minuten erreichen. Während der krankheits- oder urlaubsbedingten Abwesenheit des bisherigen Hausmeisters und Küsters hatte er bereits die Hausmeisterfunktion vertretungsweise wahrgenommen. Der Kl. lehnte den Umzug in die Küsterwohnung, nicht aber die angebotene Tätigkeit als Hausmeister und Küster ab. Die Bekl. kündigte nach Zustimmung der Mitarbeitervertretung mit Schreiben vom 07.04.2006 das Arbeitsverhältnis zum 31.12.2006 unter Hinweis auf

---

264 = NZA 2007, 1278. Das kann ausnahmsweise der Fall sein, wenn der Arbeitgeber gezwungen wäre, ein sinnentleertes Arbeitsverhältnis über Jahre hinweg allein durch Gehaltszahlungen, denen keine entsprechende Arbeitsleistung gegenübersteht, aufrechtzuerhalten. Allerdings ist der Arbeitgeber wegen des Ausschlusses der ordentlichen Kündbarkeit in einem besonderen Maß verpflichtet, die Kündigung durch geeignete andere Maßnahmen zu vermeiden, BAGE 122, 264 = NZA 2007, 1278. Besteht noch irgendeine Möglichkeit, das Arbeitsverhältnis sinnvoll fortzusetzen, wird es ihm regelmäßig zumutbar sein, den Arbeitnehmer entsprechend einzusetzen. Erst wenn alle denkbaren Lösungsversuche ausscheiden, kann – ausnahmsweise – ein wichtiger Grund zur außerordentlichen Kündigung mit Auslauffrist vorliegen, BAG, NZA 2003, 856.
1. Im Falle der außerordentlichen betriebsbedingten Änderungskündigung eines ordentlich unkündbaren Arbeitnehmers muss der Arbeitgeber bereits bei der Erstellung des unternehmerischen Konzepts die in Form von vereinbarten Kündigungsausschlüssen bestehenden arbeitsvertraglich übernommenen Garantien ebenso wie andere schuldrechtliche Bindungen berücksichtigen. Nicht jede mit dem Festhalten am Vertragsinhalt verbundene Last bildet einen wichtigen Grund zur außerordentlichen Änderungskündigung (BAG [02.3.2006], NZA 2006, 985).
2. Im Prozess wirkt sich die übernommene Verpflichtung auch bei der Darlegungslast aus. Aus dem Vorbringen des Arbeitgebers muss erkennbar sein, dass er auch unter Berücksichtigung der vertraglich eingegangenen besonderen Verpflichtungen alles Zumutbare unternommen hat, die durch die unternehmerische Entscheidung notwendig gewordenen Anpassungen auf das unbedingt erforderliche Maß zu beschränken.
3. Diese Grundsätze gelten auch für Beendigungskündigungen. Es genügt zur Begründung einer außerordentlichen betriebsbedingten (Beendigungs-) Kündigung eines ordentlich unkündbaren Arbeitnehmers nicht, darauf zu verweisen, der Arbeitsplatz werde „wegrationalisiert". Der Arbeitgeber muss in einer solchen Situation auch solche Umstände darlegen, die es als billigenswert erscheinen lassen, dass er der eingegangenen Vertragspflicht entgegen eine unternehmerische Umstrukturierung vornimmt, LAG Berlin-Brandenburg, Urteil vom 05.07.2007 – 2 Sa 578/07, NZA-RR 2008, 238 ff.

§ 55 III BAT-KF a.f.[19] und bot dem Kl. eine Fortsetzung des Arbeitsverhältnisses als Küster und Hausmeister der K-Kirche verbunden mit dem Bezug der Dienstwohnung an. Nach erneuter Beteiligung der Mitarbeitervertretung sprach die Bekl. mit Schreiben vom 07.06.2006 vorsorglich eine weitere Änderungskündigung zum 31.12.2006 mit einem identischen Änderungsangebot aus.[20]

Tarifrechtlich ist verschiedentlich geregelt, dass einem ordentlich unkündbaren Angestellten aus einem in seiner Person oder in seinem Verhalten liegenden wichtigen Grund fristlos gekündigt werden kann. Unter bestimmten Voraussetzungen eine außerordentliche Kündigung mit Auslauffrist zulässt, nicht aber ausnahmsweise die Möglichkeit einer ordentlichen Kündigung eröffnet. Die Vorinstanz verweist insoweit zutreffend auf den Wortlaut und die Systematik der Regelung: Abs. 3 knüpft an Abs. 2 („außer in den in Abs. 2 geregelten Fällen ...") an. Abs. 2 wiederum enthält Regelungen zur (Änderungs-)Kündigung aus wichtigem Grund. Mit dem Begriff des „wichtigen Grundes" in Abs. 2 Unterabs. 1 wird ein Begriff verwandt, den der Gesetzgeber im Zusammenhang mit der Regelung der außerordentlichen Kündigung in § 626 Abs. 1 BGB benutzt.

Ob die Änderungen zumutbar und deshalb hinzunehmen sind, ist – wie auch sonst bei einer Änderungskündigung unter Berücksichtigung des Verhältnismäßigkeitsgrundsatzes zu ermitteln.[21] Die Änderungskündigung unterliegt dem das gesamte Kündigungsschutzrecht beherrschenden Grundsatz der Verhältnismäßigkeit.[22] Die Änderungen müssen um zumutbar zu sein, zumindest geeignet und erforderlich sein, um den Inhalt des Arbeitsvertrags den geänderten Beschäftigungsmöglichkeiten anzupassen.[23] Diese Voraussetzungen müssen für alle Vertragsänderungen vorliegen. Ausgangspunkt ist die bisherige vertragliche Regelung, d.h., die angebotenen Ände-

---

[19] Bundes-Angestelltentarifvertrages in der für die Angestellten im Bereich der Evangelischen Kirche im Rheinland jeweils geltenden Fassung (BAT-KF)

[20] Soweit § 55 Abs. 3 S. 2 BAT-KF die Kündigung zulässt, wenn dem Angestellten eine zumutbare, im Wesentlichen gleichwertige und entsprechend gesicherte Beschäftigungsmöglichkeit nachgewiesen wird, ist auch der für das gesamte Kündigungsrecht maßgebliche Verhältnismäßigkeitsgrundsatz zu beachten. Dieser fordert, dass der Arbeitgeber dem Arbeitnehmer diejenige auch ihm zumutbare Änderung anbietet, die den Gekündigten am wenigsten belastet, wenn mehrere Möglichkeiten zur Änderung der Arbeitsbedingungen zur Verfügung stehen (im Anschluss an BAG, Urteil vom 17.03.2005, AP Nr. 58 zu § 15 KSchG 1969).

[21] BAGE 121, 347 = NZA 2007, 1445 = AP BGB § 626 Nr. 207 = EzA BGB 2002 § 626 Unkündbarkeit Nr. 13; BAG, NZA 2006, 985 = AP KSchG 1969 § 2 Nr. 84 = EzA KSchG § 2 Nr. 58.

[22] Rost, in: KR, 8. Aufl., § 2 KSchG RN 106a m.w. Nachw.; Ascheid/Preis/Schmidt/Künzl, KündigungsR, 3. Aufl., § 2 KSchG RN 115.

[23] BAGE 121, 347 = NZA 2007, 1445 = AP BGB § 626 Nr. 207 = EzA BGB 2002 § 626 Unkündbarkeit Nr. 13; BAG, NZA-RR 2007, 272 = AP BAT § 55 Nr. 5 = EzA KSchG § 2 Nr. 60; NZA 2006, 985 = AP KSchG 1969 § 2 Nr. 84 = EzA KSchG § 2 Nr. 58.

rungen dürfen sich nicht weiter vom Inhalt des bisherigen Arbeitsverhältnisses entfernen, als es zur Erreichung des angestrebten Zieles erforderlich ist.[24] Dabei gilt es zu beachten, dass für außerordentliche betriebsbedingte Änderungskündigungen von ordentlich unkündbaren Arbeitnehmern ein verschärfter Prüfungsmaßstab gilt.[25] Entscheidend für die Prüfung ist, ob die Auflösung der Einrichtung die vorgeschlagenen Änderungen erzwingt oder ob sie auch mit weniger einschneidenden Änderungen im Arbeitsvertrag des Gekündigten durchsetzbar sind.[26] Der Arbeitgeber muss insoweit darlegen, dass er alles Zumutbare unternommen hat, die durch die unternehmerische Entscheidung notwendig gewordenen Anpassungen auf das unbedingt erforderliche Maß zu beschränken.[27]

---

[24] BAGE 121, 347 = NZA 2007, 1445 = AP BGB § 626 Nr. 207 = EzA BGB 2002 § 626 Unkündbarkeit Nr. 13; BAG, NZA-RR 2007, 272 = AP BAT § 55 Nr. 5 = EzA KSchG § 2 Nr. 60; NZA 2006, 985 = AP KSchG 1969 § 2 Nr. 84 = EzA KSchG § 2 Nr. 58.

[25] BAG, NZA 2006, 985 = AP KSchG 1969 § 2 Nr. 84 .

[26] BAG, NZA-RR 2007, 272 = AP BAT § 55 Nr. 5 = EzA KSchG § 2 Nr. 60; BAG, NZA 2006, 985 = AP KSchG 1969 § 2 Nr. 84 = EzA KSchG § 2 Nr. 58.

[27] BAG, NZA-RR 2007, 272.

Auflösungsantrag und spätere Kündigung[1/2]

1. Es ist regelmäßig ausgeschlossen, über einen Kündigungsschutzantrag gegen eine spätere Kündigung eher zu entscheiden, als über einen zeitlich vorgehenden Auflösungsantrag.
2. Bei der Gewichtung der Auflösungsgründe und der Bestimmung der Abfindungshöhe ist zum einen die voraussichtliche Dauer des Arbeitsverhältnisses und zum anderen der wahrscheinliche Ausgang des Rechtsstreits über den nachgehenden Beendigungstatbestand vorausschauend zu würdigen.

Die Parteien streiten noch über die Beendigung des Arbeitsverhältnisses auf Grund eines von der Bekl. zum 31.08.2004 gestellten Auflösungsantrags[3] und einer Kündi-

---

[1] Siegfried Schwab, Prof. Dr. Dr., Mag. rer. publ.
[2] BAG, Urteil vom 28.05.2009 – 2 AZR 282/08; Die Rechtsprechung zum Auflösungsantrag des Arbeitgebers in den Jahren 2003-2008 fasst Müller, NZA-RR 2009, 289 zusammen; mit dem unzulässigen Auflösungsantrag des Arbeitnehmers in den Anschlussberufung befasst sich die Entscheidung des BAG, NJW 2008, 2605 = NZA 2008, 1258; die Anforderungen an die Antragstellung beim Auflösungsantrag des Arbeitgebers werden im Urteil des BAG, NZA 2009, 275 dargestellt; die Zulässigkeit des Auflösungsantrags des Arbeitgebers behandelt die Entscheidung des BAG, NZA 2009, 679.
[3] § 9 KSchG **ersetzt die fehlende soziale Rechtfertigung der Kündigung und** erkennt bei berechtigten Interessen ein Lösungsrecht zu, vgl. Fiebig, in HK § 9 KSchG, RN 4. Der ArbG hat bei gerichtlicher Auflösung eine **angemessene Abfindung** an den ArbG zu bezahlen. Diese ist ein **vermögensrechtliches Äquivalent** für den Verlust des Arbeitsplatzes. Sie hat primär keinen Entgeltcharakter. Die Abfindung und Abfindungszahlung hat eine nicht zu unterschätzende **Präventivfunktion**. Dadurch soll der ArbG davon abgehalten werden, „leichtfertig" eine Kündigung auszusprechen. Entgeltcharakter hat die Abfindung, soweit das Arbeitsverhältnis durch die gerichtliche Entscheidung früher aufgelöst wurde als es durch eine wirksame Kündigung aufgelöst würde, z.B. bei einer unwirksamen außerordentlichen Kündigung mit dem Zeitpunkt des Zugangs der Kündigung. Bei einer außerordentlichen Kündigung mit Auslauffrist am letzten Tag der Frist, Fiebig, a.a.O., RN 5. **Weitergehende Ansprüche aus § 823 BGB sind ausgeschlossen.** Als Prozesshandlung ist die Stellung des Auflösungsantrags grundsätzlich bedingungsfeindlich. Sie kann aber von innerprozessualen Bedingungen abhängig gemacht werden, z. B. der ArbN stellt den Auflösungsantrag für den Fall, dass er mit seiner Kündigungsklage obsiegt, d. h. die Kündigung sozialwidrig ist, Fiebig, a.a.O., RN 13. Der Auflösungsantrag kann mit der Kündigungsschutzklage verbunden werden. Der Antrag kann auch noch in einem fortgeschrittenen Verfahrensstadium **bis zum Ende der mündlichen Verhandlung in der Berufungsinstanz gestellt werden, da die Gestaltungswirkung des Urteils erst mit Rechtskraft eintritt.** Eine Zustim-

gung der Bekl. vom 13.10.2004. Der Kl. war seit dem 01.10.2003 bei der Bekl. – einer Gesellschaft bürgerlichen Rechts – als Rechtsanwalt und Steuerberater tätig. Die ursprünglichen Bekl. zu 2 und zu 3, die Rechtsanwälte *K* und *S*, sind die Gesellschafter der Bekl. Die Parteien haben unter anderem darüber gestritten, ob der Kl. als freier Mitarbeiter oder als Arbeitnehmer bei der bekl. Sozietät beschäftigt war. Das LAG hat festgestellt, dass ein Arbeitsverhältnis zwischen den Parteien bestand.[4]

---

mung der anderen Partei ist nicht erforderlich, da es sich nicht um eine Klagerücknahme handelt, vgl. BAG, Urt. vom 26.10.1979 – 7 AZR 752/77. Unerheblich ist, dass der ArbG die Kündigung zurückgenommen hat, Fiebig, HK-KSchR, § 9 RN 19. Fiebig, a.a.O., RN 14. Der Antrag ist auslegungsfähig. Im Antrag auf Gewährung einer Abfindung ist notwendigerweise der Antrag auf Auflösung des Arbeitsverhältnisses bzw. der Antrag auf Feststellung der Unwirksamkeit der Kündigung enthalten.

[4] Der ArbN kann den Auflösungsantrag frühestens mit der Erhebung der Kündigungsschutzklage stellen, da es zuvor an den Voraussetzungen eines anhängigen Kündigungsschutzprozesses fehlt. Die **nachträgliche Stellung des Auflösungsantrags** ist keine von der Einwilligung des Prozessgegners oder der Sachdienlichkeit abhängige Klageänderung nach §§ 263, 533 ZPO, so dass sie nicht nach §§ 296, 53 ZPO, 61a Abs. 5, 67 ArbGG als verspätet zurückgewiesen werden kann, Fiebig, a.a.O., RN 17. Die in **erster Instanz obsiegende Partei** kann **keine Berufung** mit dem Ziel einlegen, in der Berufungsinstanz erstmals einen Auflösungsantrag nach § 9 Abs. 1 KSchG zu stellen, BAG, Urt. Vom 23.06.1993 – 2 AZR 56/93. Die Berufung ist **mangels Beschwer unzulässig**. Der ArbN kann allerdings im Rahmen einer Anschlussberufung auch noch in der Berufungsinstanz den Auflösungsantrag stellen, wenn der ArbG gegen ein der Kündigungsklage stattgebendes Urteil Berufung einlegt, Fiebig, a.a.O., RN 18. Der ArbN kann den Antrag selbst dann noch stellen, wenn der ArbG während des Kündigungsschutzprozesses die Kündigung zurücknimmt. Im Rahmen der Auslegung ist dies **als Angebot an den ArbN anzusehen, das Arbeitsverhältnis fortzusetzen** und nicht durch die Kündigung als beendet anzusehen, Fiebig, a.a.O., RN 19. Das BAG hat die nachträgliche Antragstellung unter § 264 Nr. 2 ZPO subsumiert, gleichzeitig den Antrag jedoch als unselbstständigen Teil des Streitgegenstandes definiert. Der Auflösungsantrag kann bis zum Schluss der letzten mündlichen Verhandlung in der Berufungsinstanz zurückgenommen werden, BAG AP Nr. 5 und BAG AP Nr. 30. Aus § 9 Abs. 1 S. 3 KSchG folgt im Umkehrschluss, dass der Auflösungsantrag bis zum Schluss der mündlichen Verhandlung in der Berufungsinstanz zurückgenommen werden kann. Dies gilt selbst dann, wenn das Arbeitsgericht in 1. Instanz dem Auflösungsantrag entsprochen hat. Die Gestaltungswirkung tritt erst mit Rechtskraft ein. In der Antragsrücknahme ist kein Klageverzicht nach § 306 ZPO zu sehen. Der Antrag könnte deshalb bis zum Schluss der mündlichen Verhandlung in der Berufungsinstanz erneut gestellt werden. Die Zerrüttung des Arbeitsverhältnisses kann ihre Gründe im Verhalten des ArbN oder dessen prozessualen oder außerprozessualen Verhalten haben, Holthausen/Holthausen, a.a.O., S. 449. BAG, Urteil vom 23. Juni 2005 – 2 AZR 256/04 – AP KSchG 1969 § 9 Nr. 52 = EzA KSchG § 9 nF Nr. 52; 25. November 1982 – 2 AZR 21/81 – AP KSchG 1969 § 9 Nr. 10 = EzA KSchG § 9 nF Nr. 15; 14. Mai 1987 – 2 AZR 294/86 – AP KSchG 1969 § 9 Nr. 18 = EzA KSchG § 9 nF Nr. 20.

[4] BAG, Urteil vom 23. Juni 2005 – 2 AZR 256/04 – AP KSchG 1969 § 9 Nr. 52 = EzA KSchG § 9 nF Nr. 52; BAG, Urteil vom 30. September 1976 – 2 AZR 402/75 – BAGE 28, 196, 200. BAG, Urteil vom 23. Juni 2005 – 2 AZR 256/04 – a.a.O. unter Hinweis auf die Begründung Regierungsentwurf vom 23. Januar 1951 zu § 7 KSchG in: RdA 1951, 58, 64; KR/Spilger, 8. Aufl., § 9 KSchG, RN 9. Tatbestandliche Voraussetzung für die gerichtliche Auflösung nach § 9 KSchG ist im Regelfall die **Sozialwidrigkeit der Kündigung**. Bei außerordentlichen Kündigungen ist die Sozialwidrigkeit der Kündigung zu prüfen. Ist die ordentliche Kündigung sozial gerechtfertigt, § 1

Mit Schreiben vom 10.09.2004 teilte die Bekl. dem Kl. mit, die nachträgliche Änderung der dokumentierten Zeiten erfülle ihrer Auffassung nach den Straftatbestand des Betrugs; bevor sie den Sachverhalt den berufsständischen Kammern sowie der zuständigen Strafverfolgungsbehörde mitteilen werde, erhalte der Kl. Gelegenheit zur Stellungnahme. Der Kl. antwortete mit Schreiben vom 27.09.2004. Seine Stellungnahme enthält keine Angaben zu der nachträglichen Zeiterfassung. Stattdessen führt er in dem Schreiben mehrere Vorkommnisse an, für die seiner Ansicht nach die Strafverfolgungsbehörden und die Berufskammern „ein offeneres Ohr haben dürften". Weiter heißt es in dem Schreiben: „Dies sind nur einige Sachverhalte, die mir spontan eingefallen sind. Sicherlich können andere (Ex-)Mitarbeiter Ihrer Sozietät noch weitere Anekdoten erzählen, von denen es ja reichlich gibt. Herr *K* und Herr *S*, wenn Sie mit dem Feuer spielen wollen, dann machen Sie es doch! Sie sind alt genug, die Konsequenzen Ihres Verhaltens zu erkennen. Machen Sie mich oder andere aber nicht dafür verantwortlich, wenn Sie sich am Ende selbst die Finger verbrannt haben. ..."

Das ArbG hat die Klage insgesamt abgewiesen. Das LAG Hessen[5] hat mit Teilurteil vom 26.09.2007 festgestellt, dass zwischen dem Kl. und der Bekl. seit dem 01.10.2003 bis mindestens 31.08.2004 ein Arbeitsverhältnis bestand und dieses Arbeitsverhältnis nicht durch die Kündigung der Bekl. vom 30.07.2004 aufgelöst worden ist, sondern bis zum 15.11.2004 bestand; die weitergehenden Feststellungsanträge gegen die früheren Bekl. zu 2 und 3, die Sozien S und K, sowie gegen die Bekl. hat das LAG abgewiesen. Über den Auflösungsantrag hat das LAG nicht entschieden. Die Entscheidung über die weiter geltend gemachten Vergütungsansprü-

---

Abs. 1 KSchG, dann ist die **Kündigungsschutzklage unbegründet**. Sie wird abgewiesen, eine **rechtsgestaltende Auflösung** gegen Zahlung einer Abfindung scheidet aus. Das gilt auch dann, wenn der ArbN die **dreiwöchige Klagefrist** gem. § 7 KSchG versäumt hat, so dass die Kündigung als von Anfang an als rechtswirksam behandelt wird, Fiebig, a.a.O., RN 24. Der **unbestimmte Rechtsbegriff der sozialwidrigen Kündigung wird in § 1 Abs. 2 S. 1 KSchG näher konkretisiert**. Nur bei einer unwirksamen oder gar sittenwidrigen Kündigung kann das Arbeitsverhältnis auch ohne Feststellung der Sozialwidrigkeit der Kündigung aufgelöst werden. Die dreiwöchige Klagefrist §§ 4 S. 1, 13 Abs. 1 und Abs. 2 ist einzuhalten, Fiebig, a.a.O., RN 27. Sonstige die Unwirksamkeit des Arbeitsverhältnisses begründenden Umstände räumen dem ArbG nur dann die Möglichkeit eines zulässigen Auflösungsantrages ein, wenn die Unwirksamkeitsgründe nicht auf Schutznormen des ArbN zurückgeführt werden können, BAG, Urt. vom 10.11.1994 – 2 AZR 207/94; krit. Fiebig, a.a.O., RN 31, – der Sinn und Zweck des § 9 Abs. 1 S. 2 KSchG bestehe nur darin, die fehlende soziale Berechtigung der Kündigung zu rechtfertigen, nicht aber sonstige Unwirksamkeitsgründe. Die gegenteilige Auffassung des BAG führt zu Wertungswidersprüchen, etwa bei ArbG/ArbN, die nicht unter das KSchG fallen. Sie können keine Kündigungsschutzklage erheben.

5 BeckRS 2009, 68951

che hat das LAG dem Schlussurteil vorbehalten. Die Revision der Bekl. hatte Erfolg
und führte zur Aufhebung und Zurückverweisung. ...

Das LAG durfte den Antrag, das Arbeitsverhältnis nur hilfsweise gegen Zahlung
einer Abfindung aufzulösen, nicht dahin verstehen, eine Auflösung werde von der
Bekl. nur für den Fall begehrt, dass keine Kündigung der Bekl. zum Erfolg führt.

Die Auslegung von prozessualen Willenserklärungen ist vom Revisionsgericht
selbst vorzunehmen.[6] Sie unterliegt einer vollumfänglichen revisionsrechtlichen
Überprüfung. Die Auslegung von prozessualen Willenserklärungen erfolgt aus der
Sicht eines objektiven Erklärungsempfängers. Im Zweifel ist das gewollt, was nach
den Maßstäben der Rechtsordnung vernünftig ist und der recht verstandenen Interessenlage entspricht.[7]

Unter Berücksichtigung dieses Maßstabs muss der **hilfsweise gestellte Auflösungsantrag dahin verstanden werden, dass er für den Fall des Unterliegens** mit
dem jeweiligen Kündigungsschutzantrag und somit nicht nur für den einer Nieder-
lage mit sämtlichen Kündigungsschutzanträgen eine entsprechende Auflösung des
Arbeitsverhältnisses begehrt wird. Hierfür spricht schon der Wortlaut des Antrags,
in dem mehrere Beendigungszeitpunkte in ein Hilfsverhältnis gestellt worden sind.
Dies lässt erkennen, dass die Bekl. das Arbeitsverhältnis mit dem Kl. zum frühestmöglichen Zeitpunkt beendet wissen wollte. Anhaltspunkte dafür, dass Auflösungs-
anträge wegen der damit verbundenen Verpflichtung zur Zahlung einer Abfindung
nur für den Fall gestellt werden sollten, dass auch eine zeitlich spätere Kündigung
unwirksam ist, sind nicht erkennbar. Eine solche Einschränkung kann weder dem
Wortlaut des erklärten Antrags noch aus dem sonstigen prozessualen Verhalten der
Bekl. entnommen werden. Diese Auslegung entspricht auch der objektiven Interessenlage der Bekl. Auf Grund der kurzen Dauer des Arbeitsverhältnisses und des
zeitlichen Abstands zwischen dem ersten in Betracht kommenden Auflösungszeit-
punkt (31.08.2004) und der ersten zeitlich nachfolgenden Kündigung (13.10.2004)
konnte die Bekl. davon ausgehen, eine vorzeitige Beendigung des Arbeitsverhältnisses stelle trotz einer damit verbundenen Verpflichtung zur Zahlung einer Abfindung
aus ihrer Sicht die finanziell kostengünstigere Variante dar.

---

[6]   BAG, NJW 2009, 1293 = NZA 2009, 221 = AP KSchG 1969 § 4 Nr. 67 = EzA KSchG § 4 n.F.
      Nr. 86 RN16; BAG, NJW 2007, 2877 = NZA 2007, 1013 = AP KSchG 1969 § 4 Nr. 60 = EzA
      KSchG § 4 n.F. Nr. 76 RN 16).
[7]   BGH, NJW 2000, 3287 = BGHR ZPO § 253 Abs. 2 Nr. 2 Auslegung 3; Musielak, ZPO, 6. Aufl.,
      § 253 RN 29.

Da das Arbeitsverhältnis auf Grund des Auflösungsantrags[8] bereits zu einem früheren Zeitpunkt beendet sein kann, durfte das LAG dem Kündigungsschutzantrag wegen der Kündigung vom 13.10.2004 nicht stattgeben.

Es ist regelmäßig ausgeschlossen, über einen Kündigungsschutzantrag, der eine spätere Kündigung betrifft, eher zu entscheiden als über einen zeitlich vorgehenden Auflösungsantrag.[9] Mit Rechtskraft eines der Kündigungsschutzklage stattgebenden Urteils steht regelmäßig fest, dass das Arbeitsverhältnis durch die angegriffene Kündigung zu dem bestimmten Termin nicht aufgelöst worden ist und im Zeitpunkt des Zugangs der Kündigung zwischen den Parteien ein Arbeitsverhältnis noch bestanden hat.[10] Besteht aber zum Kündigungszeitpunkt – gleich aus welchem Grund – kein Arbeitsverhältnis mehr, ist die Klage – ohne dass es auf die Prüfung der Wirksamkeit der Kündigung noch ankäme – als unbegründet abzuweisen.[11]

Dementsprechend hätte das LAG zunächst über den Auflösungsantrag zum 31.08.2004 und erst im Anschluss über die Wirksamkeit der zeitlich nachgelagerten Kündigung vom 13.10.2004 und den diesbezüglichen Kündigungsschutzantrag entscheiden dürfen. Ohne die vorherige Klärung, ob zum Zeitpunkt des Zugangs zwischen den Parteien überhaupt noch ein Arbeitsverhältnis bestand, ist die dem Kündigungsschutzantrag stattgebende Entscheidung des LAG insoweit rechtsfehlerhaft.

Da die Bewertung, ob die vom Arbeitgeber vorgebrachten Auflösungsgründe eine den Betriebszwecken dienliche weitere Zusammenarbeit der Parteien nicht erwarten lassen, in erster Linie dem Tatsachengericht obliegt, war der Rechtsstreit gem. § 563 Abs. 1 ZPO zur erneuten Verhandlung und Entscheidung an das LAG zurückzuverweisen. Das RevGer. kann die Auflösungsgründe und Bewertungen nicht erstmalig

---

[8] **Unwahre ehrverletzende Kündigungsgründe können zu Auflösung des Arbeitsverhältnisses und Abfindung führen** – klagt der Arbeitnehmer erfolgreich gegen eine sozialwidrige Kündigung, kann er die gerichtliche Auflösung seines Arbeitsverhältnisses gegen Zahlung einer Abfindung verlangen, wenn das Verhalten des Arbeitgebers im Zusammenhang mit dem Ausspruch der Kündigung je nach den Umständen geeignet ist, die Unzumutbarkeit der Fortsetzung des Arbeitsverhältnisses zu begründen. Dies kann nach einem Urteil des Landesarbeitsgerichts Schleswig-Holstein dann der Fall sein, wenn der Arbeitgeber durch Aufstellung völlig haltloser Kündigungsgründe einer Pflegekraft jegliches Verantwortungsbewusstsein abspricht (LAG Schleswig Holstein, Urteil vom 15.09.2009, Az.: 2 Sa 105/09).

[9] BAGE 118, 95 = NZA 2007, 229 RN 21.

[10] Vgl. BAGE 118, 95 = NZA 2007, 229 RN 17; BAG, NZA 2006, 491 = AP BGB § 626 Nr. 196 = EzA BGB 2002 § 626 Nr. 11 BAG, NZA 2004, 1216 = AP BMT-G II § 54 Nr. 5 = EzA BGB 2002 § 626 Unkündbarkeit Nr. 4; BAG; NZA 2005, 1109 = EzA KSchG § 17 Nr. 15; BAGE 95, 324 = NZA 2001, 210.

[11] BAGE 95, 324 = NZA 2001, 210.

selbst vornehmen.[12] Dies gilt auch für die Festsetzung der Abfindungshöhe, die in das Ermessen des Gerichts der Tatsacheninstanz gestellt und vom RevGer. nur dahingehend überprüft werden kann, ob die Voraussetzungen und die Grenzen des Ermessens beachtet worden sind.[13] Insoweit wird das LAG gegebenenfalls bei der Gewichtung der Auflösungsgründe und bei der Bestimmung der Höhe der festzusetzenden Abfindung zum einen die voraussichtliche Dauer des Arbeitsverhältnisses und zum anderen den wahrscheinlichen Ausgang des Rechtsstreits über den nachgehenden Beendigungstatbestand im Rahmen einer vorausschauenden Würdigung zu berücksichtigen haben.[14]

---

[12] BAG, NJW 2009, 1766 = NZA 2009, 312 = EzA KSchG § 1 Betriebsbedingte Kündigung Nr. 163 RN 50; BAG, NZA 2006, 917 = AP KSchG 1969 § 1 Verhaltensbedingte Kündigung Nr. 53 = EzA KSchG § 1 Verhaltensbedingte Kündigung Nr. 67 RN 63.
[13] BAG,, AP BGB § 626 Nr. 68.
[14] BAGE 118, 95 = NZA 2007, 229 RN 29.

Kündigungsfristen – Beschäftigungszeiten vor Vollendung des 25. Lebensjahres sind zu berücksichtigen[1/2]

1. § 622 Abs. 2 S. 2 BGB ist mit Unionsrecht unvereinbar und für Kündigungen, die nach dem 2. Dezember 2006 erklärt wurden, wegen des Anwendungsvorrangs des Unionsrechts nicht mehr anzuwenden.

2. Der Arbeitnehmer kann die Nichteinhaltung der Kündigungsfrist in den Grenzen der Verwirkung (§ 242 BGB) auch außerhalb der Dreiwochenfrist des § 4 Satz 1 KSchG geltend machen, sofern sich – ggf. im Wege der Auslegung – aus dem Kündigungsschreiben ergibt, dass der Arbeitgeber die objektiv einzuhaltende Kündigungsfrist wahren wollte. Der Arbeitnehmer greift insoweit die Wirksamkeit der Kündigung nicht an. Sein Klageziel ist nicht i.S.v.. § 4 Satz 1 KSchG auf die Feststellung gerichtet, dass das Arbeitsverhältnis nicht aufgelöst ist.

3. § 622 Abs. 2 Satz 2 BGB ist mit Unionsrecht unvereinbar.[3] Wegen des Anwendungsvorrangs des Unionsrechts ist die Vorschrift für nach dem 2. Dezember

---

[1] Siegfried Schwab, Prof. Dr. Dr., Mag. rer. publ.

[2] BAG, Urteil vom 09.09.2010 – 2 AZR 714/08 (LAG Rheinland-Pfalz), BeckRS 2011, 68566, mit Anm. Chwalisz, GWR 2011, 315281 – der 2. Senat folgt mit dem Urteil der Grundsatzentscheidung des EuGH vom 19.01.2010 in Sachen „Kücükdeveci" (NZA 2010, 85). Diese fußt auf dem ungeschriebenen primär-rechtlichen Verbot der Altersdiskriminierung, das der EuGH in der „Mangold"-Entscheidung (NZA 2005, 1345) entwickelt hat. Dem Rechtsanwender verwehren EuGH und BAG Vertrauensschutz. Die Entscheidungen verdeutlichen einmal mehr, welchen rechtlichen Risiken sich die Parteien und ihre Rechtsberater aussetzen, sofern sie das geltende Unionsrecht im Vertrauen auf die bestehende nationale Rechtslage außer Betracht lassen. Der gekündigte Arbeitnehmer konnte auch außerhalb der Frist des § 4 S. 1 KSchG Annahmeverzugslohn geltend machen, wenn die Kündigung erst zu einem späteren Termin griff. Dies kann künftig nur dann gelten, wenn die Kündigungserklärung Anhaltspunkte für eine Auslegung enthält, dass diese nicht zum angegebenen, sondern zum korrekten Termin wirken soll. Fehlt der Kündigungserklärung indes ein solcher Anhaltspunkt, muss der Arbeitnehmer binnen drei Wochen Kündigungsschutzklage erheben. Andernfalls greift die Wirksamkeitsfiktion des § 7 KSchG. Bei rechtzeitiger Klageerhebung will zumindest der 5. Senat die Umdeutung der Kündigung in eine Erklärung mit Wirkung zum korrekten Beendigungszeitpunkt gemäß § 140 BGB zulassen (NZA 2010, 1409). Manske, ArbRAktuell 2011, 315077 = ArbRAktuell 2011, 119 weist darauf hin, jede Kündigung innerhalb der 3-Wochen-Frist des § 4 S. 1 KSchG anzugreifen.

2006 erklärte Kündigungen nicht anzuwenden. In die Berechnung der Beschäftigungsdauer i.S.v.. § 622 Abs. 2 Satz 1 BGB sind damit auch Zeiten einzubeziehen, die vor der Vollendung des 25. Lebensjahrs des Arbeitnehmers liegen.

4. Für die Berücksichtigung der Beschäftigungszeiten im Rahmen von § 622 Abs.
2 Satz 1 BGB macht es keinen Unterschied, ob die Zeiten in einem Arbeitsverhältnis oder (teilweise) in einem Ausbildungsverhältnis verbracht wurden.

Die Parteien streiten noch über den Zeitpunkt der Beendigung ihres Arbeitsverhältnisses aufgrund ordentlicher arbeitgeberseitiger Kündigung vom 28. November
2007. Die Klägerin hat gegen beide Kündigungen Klage erhoben. Hinsichtlich der
Kündigung vom 28. November 2007 hat sie im Verlauf des erstinstanzlichen Verfahrens nur noch geltend gemacht, die Beklagte habe die maßgebende Kündigungs-

---

3   **Der EuGH hat in der Entscheidung Kücükdeveci** nur die Unanwendbarkeit, nicht aber die
    Nichtigkeit des § 622 Abs. 2 S. 2 BGB festgestellt, denn dafür fehlt ihm auch die Zuständigkeit,
    vgl. Kreße, ZGS 2007, 215. **Wenn eine richtlinienkonforme Auslegung der vom EuGH
    verworfenen Vorschrift nicht möglich ist, ist die Vorschrift des § 622 Abs. 2 BGB** insgesamt
    dem BVerfG vorab zur Entscheidung vorzulegen, **denn die Entscheidung nationaler Fachgerichte nach § 622 Abs. 2 BGB ohne den vom EuGH verworfenen Teil der Regelung wäre
    eine Gesetzesanwendung, die der Gesetzgeber so nicht entschieden hat** (Art. 74 ff., 78 GG).
    Art. 100 [Verfassungswidrigkeit von Gesetzen]
    (1) Hält ein Gericht ein Gesetz, auf dessen Gültigkeit es bei der Entscheidung ankommt, für
    verfassungswidrig, so ist das Verfahren auszusetzen und, wenn es sich um die Verletzung der
    Verfassung eines Landes handelt, die Entscheidung des für Verfassungsstreitigkeiten zuständigen
    Gerichtes des Landes, wenn es sich um die Verletzung dieses Grundgesetzes handelt, die Entscheidung des Bundesverfassungsgerichtes einzuholen.
    Danach ist **§ 622 Abs. 2 S. 1 BGB im Lichte der Europarechtswidrigkeit und daher
    Unanwendbarkeit des § 622 Abs. 2 S. 2 BGB dem BVerfG vorab zur Entscheidung vorzulegen.** Art. 100 GG soll verhüten, dass jedes einzelne Gericht sich über den Willen des Bundes-
    oder Landesgesetzgebers hinwegsetzt, indem es die von ihnen beschlossenen Gesetze nicht anwendet. Art. 100 Abs. 1 GG hat damit die Zielrichtung, den parlamentarischen Gesetzgeber vor
    der Missachtung seiner Rechtssätze durch jeden Richter zu schützen. Art 100 Abs. 1 S. 1 GG begründet nur ein Monopol des Bundesverfassungsgerichts für die Nichtigerklärung eines Gesetzes
    (Verwerfungsmonopol), nicht aber ein Monopol für die Auslegung und Anwendung der Verfassung, BVerfGE 78, 24. Nach dem Wortlaut des Art. 100 Abs. 1 GG ist eine **Vorlage nur dann
    zulässig, wenn das Fachgericht die einschlägige Norm für verfassungswidrig „hält",** so dass
    grundsätzlich dessen positive Überzeugung von der Verfassungswidrigkeit notwendig ist. **Es
    kommt nicht darauf an, ob das BVerfG die Norm dann vermutlich auch für nichtig erklären wird oder ob es sich auf den Ausspruch der Unvereinbarkeit der Norm beschränken
    wird.** Das vorlegende Gericht muss seiner Vorlage seine eigene Auffassung von der Verfassungswidrigkeit der Norm, unabhängig von bereits bestehender obergerichtliche Rechtsprechung
    zugrunde legen. Bloße Zweifel an der Verfassungsmäßigkeit genügen nicht, BVerfGE 22, 373,
    377 = NJW 1968, 99 – nach der ständigen Rechtsprechung des BVerfG ist eine Vorlage schon
    dann unzulässig, wenn das Gericht lediglich Zweifel an der Verfassungsmäßigkeit einer Norm
    hat, BVerfGE 1, 189 = NJW 52, 497. Das Vorlageverfahren nach Art. 100 Abs. 1 GG dient nicht
    dazu, eine Meinungsverschiedenheit zwischen einem Gericht und dem ihm im Instanzenzug übergeordneten Gericht über die verfassungsmäßige Auslegung einer Norm zu entscheiden.

frist nicht eingehalten. Diese betrage drei Monate zum Monatsende. Bei der Berechnung der Beschäftigungsdauer sei auch die Zeit vor Vollendung ihres 25. Lebensjahrs zu berücksichtigen.

Bei der Berechnung der Beschäftigungsdauer i.S.v.. § 622 Abs. 2 Satz 1 BGB sind auch die Zeiten zu berücksichtigen, die vor der Vollendung des 25. Lebensjahrs der Klägerin liegen.

Der Arbeitnehmer kann auch nach der zum 1. Januar 2004 in Kraft getretenen Neufassung des § 4 KSchG durch das Gesetz zu Reformen am Arbeitsmarkt vom 24. Dezember 2003 (BGBl. I S. 3002) die Nichteinhaltung der Kündigungsfrist außerhalb der fristgebundenen Klage gemäß § 4 Satz 1 KSchG geltend machen. Das gilt zumindest in solchen Fällen, in denen dem Kündigungsschreiben – ggf. im Wege der Auslegung – zu entnehmen ist, dass der Kündigende eine ordentliche Kündigung unter Wahrung der objektiv einzuhaltenden Kündigungsfrist erklären wollte. Liegt diese Voraussetzung vor und rügt der Arbeitnehmer lediglich (noch) die Nichteinhaltung der Kündigungsfrist, greift er damit die Wirksamkeit der Kündigung nicht an. Sein Klageziel ist dann nicht (mehr) auf eine „Nichtauflösung" des Arbeitsverhältnisses i.S.v.. § 4 Satz 1 KSchG gerichtet.[4]

Im Streitfall entsprach es dem erklärten Willen der Beklagten, die Kündigung vom 28. November 2007 unter Wahrung der objektiv zutreffenden Kündigungsfrist auszusprechen. Das ergibt sich eindeutig aus der Formulierung, wonach die Erklärung „hilfsweise zum nächstmöglichen Zeitpunkt" wirken solle.

Konnte die Klägerin danach die Nichteinhaltung der Kündigungsfrist außerhalb der Frist des § 4 KSchG geltend machen, war es ihr mit Blick auf § 7 KSchG nicht verwehrt, ihr Feststellungsbegehren noch im Berufungsverfahren auf die Zeit bis zum 31. März 2008 auszudehnen. Das gilt umso mehr, als sie im Rahmen ihrer binnen Dreiwochenfrist erhobenen Klage von Anfang an die **Nichteinhaltung der gesetzlichen Kündigungsfrist von drei Monaten zum Monatsende gerügt hat.** Unter diesen Umständen kommt auch eine Verwirkung des Rechts, sich auf einen späteren Beendigungstermin als den 29. Februar 2008 zu berufen,[5] nicht in Betracht.

---

[4]   BAG, Urteil vom 6. Juli 2006 – 2 AZR 215/05 – RN 15, AP KSchG 1969 § 4 Nr. 57; 15. Dezember 2005 – 2 AZR 148/05 – RN 14 ff., BAGE 116, 336; so im Grundsatz auch BAG 1. September 2010 – 5 AZR 700/09 – RN 20, NZA 2010, 1409.

[5]   Vgl. dazu BAG, Urteil vom 15. Dezember 2005 – 2 AZR 148/05 – RN 32, BAGE 116, 336.

Der Gerichtshof der Europäischen Union[6] hat erkannt, dass das Unionsrecht, insbesondere das Verbot der Diskriminierung wegen des Alters in seiner Konkretisierung durch die Richtlinie 2000/78/EG des Rates vom 27. November 2000 zur Festlegung eines allgemeinen Rahmens für die Verwirklichung der Gleichbehandlung[7] in Beschäftigung und Beruf dahin auszulegen ist, dass es einer Regelung wie

---

[6] EuGH, Urteil vom 19.01.2010 – C-555/07, NZA 2010, 85 = DB 2010, 228 mit Anm. Schiefer = BB 2010, 507 mit Anm. Wellhöne/Höveler, BB 2010, 507; Thüsing, ZIP 2010, 196. Der EuGH nimmt – wie bereits in der Mangold-Entscheidung, EuZW 2006, 17 – Mangold; dazu Kreße, ZGS 2007, 215; Preis/Temming, Der EuGH, das BVerfG und der Gesetzgeber – Lehren aus Mangold II, NZA 2010, 185 – an, die Gerichte dürften die diskriminierende Regel auch tatsächlich nicht mehr anwenden. Fast alle schließen nun daraus, dass es auf Grund der EuGH-Entscheidung – sozusagen automatisch – zu einer Anwendung nur der Fristen kommt, die sich aus § 622 Abs. 2 S. 1 BGB ergeben. Möller, Das Verhältnis zwischen Bundesverfassungsgericht und Europäischem Gerichtshof unter den Präsidenten Papier und Skouris, NVwZ 2010, 225 – das BVerfG nimmt die Letztentscheidungsbefugnis selbst und gerade dann für sich in Anspruch, wenn der EuGH die Kompetenzgemäßheit des Rechtsakts – aus Sicht des BVerfG: unzutreffenderweise – bestätigt hat. **In der Sache respektiert das BVerfG die Gemeinschaftsordnung als eine autonome, das heißt von ihren völker- und nationalverfassungsrechtlichen Grundlagen losgelöste Rechtsordnung.** Beide Gerichte verfolgen kooperativ das Ziel, eines effektiven mehrschichtigen Grundrechtsschutzes gerade im Interesse des Einzelnen. Dies setzt voraus, dass die nationalen Fachgerichte ihre Vorlagepflichten und -rechte beachten. Dennoch werden nationale und die Gemeinschaftsrechtsordnung nicht völlig spannungsfrei koexistieren können. Wackerbarth/Kresse, Das Verwerfungsmonopol des BVerfG – Überlegungen nach der Kücükdeveci-Entscheidung des EuGH, EuZW 2010, 252 – das aktuelle EuGH-Urteil in der Sache Kücükdeveci macht Schlagzeilen, Anm. v. Schubert, EuZW 2010, 180, s. dazu etwa Willemsen/Sagan, FAZ v. 27.01.2010, S. 23: „Europarichter stellen das BGB ins Belieben deutscher Gerichte". Die Arbeitgeber müssten die „Folgen der europarechtlichen Ignoranz des deutschen Gesetzgebers" ausbaden und würden von der deutschen und europäischen Rechtsordnung im Stich gelassen, Mörsdorf, Diskriminierung jüngerer Arbeitnehmer – Unanwendbarkeit von § 622 Abs. 2 S. 2 BGB wegen Verstoßes gegen das Unionsrecht, NJW 2010, 1046; Rombach, „Age Concern Germany": Zur gemeinschaftsrechtlichen (Un-)Zulässigkeit von Altershöchstgrenzen im öffentlichen Dienst, NVwZ 2010, 102 – Prüfungsmaßstab für die Rechtmäßigkeit der Altersgrenze ist die Richtlinie 2000/78/EG zur Festlegung eines allgemeinen Rahmens für die Verwirklichung der Gleichbehandlung in Beschäftigung und Beruf.

[7] Mit der **Europarechtswidrigkeit von § 622 Abs. 2 S. 2 BGB** und den Schlussanträgen zu diesem Urteil beschäftigt sich der Beitrag von v. Medem, NZA 2009, 1072; die Schlussanträge des Generalanwalts Bot zu diesem Urteil sind abrufbar unter BeckRS 2009, 70777; einen Verstoß des § 622 Abs. 2 S. 2 BGB gegen den allgemeinen Gleichbehandlungsgrundsatz und gegen Europarecht nahm schon das LAG Berlin-Brandenburg, NZA-RR 2008, 17, an. **Der Wortlaut des § 622 Abs. 2 S. 2 BGB ist unmissverständlich und eindeutig.** Danach werden für die Berechnung der jeweils maßgeblichen Kündigungsfrist nur die Betriebszugehörigkeitszeiten ab Vollendung des 25. Lebensjahres berücksichtigt. **Mit dieser Vorschrift erfahren demnach jüngere Arbeitnehmer ausschließlich aufgrund ihres Lebensalters eine weniger günstige Behandlung als ältere Arbeitnehmer,** LAG Schleswig-Holstein, Beschl. vom 30.5.2008, 1 Ta 80/08. Ihre vor dem 25. Lebensjahr liegende Betriebszugehörigkeit führt grundsätzlich zu keiner Verlängerung der Kündigungsfrist. Bei der Berechnung der Kündigungsfrist werden sie so behandelt, als seien sie erst mit Erreichen des 25. Lebensalters in den Betrieb eingetreten. Davor liegende Jahre der Betriebszugehörigkeit bleiben unbeachtet, „verfallen" quasi für sie. Demgegenüber wird bei Arbeitnehmern, die ihr Arbeitsverhältnis erst nach dem 25. Lebensjahr begonnen haben, deren

§ 622 Abs. 2 Satz 2 BGB entgegensteht, nach der vor Vollendung des 25. Lebensjahrs liegende Beschäftigungszeiten des Arbeitnehmers bei der Berechnung der Kündigungsfrist nicht berücksichtigt werden.[8] Dabei obliegt es dem nationalen Gericht, bei dem ein Rechtsstreit über das Verbot der Diskriminierung wegen des Alters[9] in seiner Konkretisierung durch die Richtlinie 2000/78/EG anhängig ist, im

---

Betriebszugehörigkeit in vollem Umfang für die Berechnung der Kündigungsfristen anerkannt. Darin liegt eine **Ungleichbehandlung**, die an das Alter anknüpft und somit objektiv die Voraussetzungen der Artikel 1 und 2 der RL 2000/78/EG erfüllt. Diese Ungleichbehandlung ist nach Ansicht des erkennenden Gerichts unter keinem rechtlichen oder tatsächlichen Gesichtspunkt nach Artikel 6 Abs. 1 der RL 2000/78/EG gerechtfertigt, so auch LAG Berlin-Brandenburg vom 24.07.2007 – 7 Sa 561/07. Sie ist weder objektiv noch angemessen noch durch ein legitimes Ziel gerechtfertigt, auch nicht durch ein Ziel aus den Bereichen Beschäftigungspolitik, Arbeitsmarkt und berufliche Bildung. Zweifelsfrei dienen verlängerte Kündigungsfristen vorrangig dem Ziel, dem Arbeitnehmer **mit verlängerten Kündigungsfristen die Suche nach einem neuen Arbeitsplatz während des fortbestehenden Arbeitsverhältnisses zu erleichtern und einen möglichst nahtlosen Übergang in ein neues Beschäftigungsverhältnis ohne wirtschaftliche Nachteile zu ermöglichen,** Tavakoli/Westhauser, Vorlegen oder Durchentscheiden? DB 2008, 706. **Ebenso ist Sinn und Zweck verlängerter Kündigungsfristen bei Langzeitbeschäftigten, dass diesen in der Regel älteren Arbeitnehmern nicht oder doch nur in zweiter Linie gekündigt wird,** LAG Berlin-Brandenburg v. 24.07.2007 – 7 Sa 561/07. Hieraus ergibt sich jedoch noch keine rechtmäßige arbeitsmarkt- und beschäftigungspolitische Zielsetzung im Sinne des Artikel 6 Abs. 2 der RL 2000/78/EG für die nur jüngere Arbeitnehmer treffende Regelung des § 622 Abs. 2 S. 2 BGB. **Insofern beschränkt sich der Zweck dieser Regelung darauf, jüngeren Arbeitnehmern den Vorteil der verlängerten Kündigungsfrist vorzuenthalten,** Löwisch, in Festschrift für Schwerdtner, 769, 771. Das ist von vornherein kein legitimes Ziel aus den Bereichen der Beschäftigungspolitik oder des Arbeitsmarktes.

Wellhöner/Höveler, „EuGH erklärt deutsche Kündigungsfristen für unanwendbar", BB 2010, 507 – die Verzögerung der Verlängerung der Kündigungsfrist trete selbst dann ein, wenn der Arbeitnehmer bei seiner Entlassung eine lange Betriebszugehörigkeit aufweist so dass die gesetzliche Regelung für alle Arbeitnehmer gilt, die vor Vollendung des 25. Lebensjahres in den Betrieb eingetreten sind, unabhängig davon, wie alt sie zum Zeitpunkt ihrer Entlassung sind. Dies sei nicht angemessen. Der EuGH bekräftigt das kraft Rechtsfortbildung geschaffene, ungeschriebene primärrechtliche Verbot der Altersdiskriminierung und setzt auf die Nichtanwendung diskriminierender innerstaatlicher Regelungen, obgleich verfassungsrechtlich ausschließlich dem BVerfG die Normverwerfungskompetenz zukommt. Gaul/Koehler, BB 2010, 503, Kücükdeveci: Der Beginn der Jagd auf Entschädigung? Als Folge der Entscheidung des EuGH können damit in der Praxis neben § 622 Abs. 2 S. 2 BGB auch vergleichbare Regelungen durch Arbeitgeber und Gerichte nicht mehr angewendet werden.

[8] EuGH, E. vom 19. Januar 2010 – C-555/07 – [Kücükdeveci] RN 43, AP Richtlinie 2000/78/EG Nr. 14 = EzA EG-Vertrag 1999 Richtlinie 2000/78 Nr. 14.

[9] Die Vereinbarung längerer Kündigungsfristen im Arbeitsvertrag trägt auch dem Interesse des Arbeitgebers an der Fortsetzung des Arbeitsverhältnisses und dem Schutz der Betriebsabläufe vor **Störungen durch eine häufige Mitarbeiterfluktuation Rechnung.** Sie sichern die langfristige Bindung von Leistungsträgern an das Unternehmen. Die in § 622 Abs. 1 BGB geregelten gesetzlichen Kündigungsfristen stehen gem. § 622 Abs. 4 S. 1 BGB ohne weitere Einschränkungen zur Disposition der Tarifparteien, soweit es sich um konstitutive Abweichungen handelt. Dies gilt aber nicht für deklaratorische Wiederholungen des gesetzlichen Rechts, Palandt/Weidenkaff, § 622 BGB, RN 20, vgl. Wensing/Hesse, Die Vereinbarung längerer Kündigungsfristen im Arbeitsvertrag, NZA 2009, 1309. In § 622 Abs. 5 BGB ist die **Zulässigkeit individualrechtlicher**

Rahmen seiner Zuständigkeiten den rechtlichen Schutz, der sich für den Einzelnen aus dem Unionsrecht ergibt, sicherzustellen und die volle Wirksamkeit des Unionsrechts zu gewährleisten, indem es erforderlichenfalls jede diesem Verbot entgegenstehende Bestimmung des nationalen Rechts unangewendet lässt.[10] Daran ist das BAG gebunden.[11] Die Entscheidung des Gerichtshofs beruht auf der ihm zukommenden Auslegung des Unionsrechts (Art. 19 Abs. 1 EUV, Art. 267 AEUV) und hält sich im Rahmen der ihm zugewiesenen Kompetenzen. Das betrifft sowohl die Herleitung eines allgemeinen Grundsatzes des Verbots der Altersdiskriminierung als auch die Bestimmung des Anwendungsbereichs des Verbots durch die Richtlinie, zu deren effektiver Umsetzung die Mitgliedstaaten mit Ablauf der Umsetzungsfrist gemäß Art. 288 Abs. 3 AEUV iVm. Art. 4 Abs. 3 EUV verpflichtet waren.[12] Dass § 622 Abs. 2 Satz 2 BGB vom deutschen Gesetzgeber nicht zur Umsetzung der Richtlinie, sondern weit früher erlassen wurde, ist angesichts der durch die Richtlinie vermittelten Geltung des unionsrechtlichen Verbots der Altersdiskriminierung unbeachtlich.

Veränderungen der gesetzlichen Kündigungsfrist abschließend geregelt. Satz 1 normiert ein grundsätzliches Verbot der Verkürzung und Satz 3 enthält die Klarstellung, dass die Verlängerung durch dieses Verbot nicht berührt wird. Die für den Arbeitnehmer geltende Kündigungsfrist darf nicht länger sein, als die des Arbeitgebers, BAG, NZA 2002, 1347; Däubler/Schiek, TVG, 2. Aufl. (2006), Einl. RN 261. Das Günstigkeitsprinzip findet hinsichtlich einer beiderseitigen längeren vertraglichen Kündigungsfrist keine Anwendung, wenn eine tarifliche Regelung lediglich die Grundkündigungsfrist des § 622 Abs. 1 BGB abändert und es im Übrigen bei der gesetzlichen Regelung belässt. **Mit § 622 Abs. 5 S. 1 BGB soll lediglich sichergestellt werden, dass diese längeren Kündigungsfristen (und gesetzlichen Kündigungstermine) auch für die Kündigung durch den Arbeitnehmer gelten sollen.** Durch eine solche Abrede können die verlängerten Fristen auf die Kündigung des Arbeitsverhältnisses durch den Arbeitnehmer erstreckt werden. Längere Kündigungsfristen können vertraglich auf die Kündigung des Arbeitsverhältnisses durch den Arbeitnehmer erstreckt werden. Eine solche Abrede ist mit § 622 Abs. 6 BGB vereinbar, weil § 622 Abs. 6 BGB den Arbeitnehmer vor einer Schlechterstellung, nicht aber vor einer Gleichstellung mit den für den Arbeitgeber geltenden Kündigungsfristen schützt. Wurde vertraglich eine Kündigungsfrist von sechs Wochen zum Quartalsende vereinbart, beträgt aber die gesetzliche Kündigungsfrist sieben Monate zum Monatsende, ist ein Günstigkeitsvergleich vorzunehmen. Da sieben Monate zum Monatsende günstiger sind als sechs Wochen zum Quartalschluss, gilt allein die gesetzliche Frist, LAG Nürnberg: Günstigkeitsvergleich zwischen vertraglicher und gesetzlicher Kündigungsfrist, NZA-RR 2000, 80 = BB 1999, 1983.

[10] EuGH, Urteil vom 19. Januar 2010 – C-555/07 – [Kücükdeveci] RN 51, a.a.O; 22. November 2005 – C-144/04 – [Mangold] RN 77, Slg. 2005, I-9981.

[11] BAG, 5 AZR 700/09 – RN 18, NZA 2010, 1409.

[12] BVerfG, Urteil vom 6. Juli 2010 – 2 BvR 2661/06 – RN 71, 78, EzA TzBfG § 14 Nr. 66; BAG 26. April 2006 – 7 AZR 500/04 -RN 19, 24, BAGE 118, 76; Krois Anm. EzA EG-Vertrag 1999 Richtlinie 2000/78/EG Nr. 14 S. 17, 28; Preis/Temming NZA 2010, 187; Pötters/Traut ZESAR 2010, 274.

Der Anwendungsvorrang des Unionsrechts[13] führt dazu, dass sich die Kündigungsfrist allein nach § 622 Abs. 2 Satz 1 BGB berechnet. § 622 Abs. 2 Satz 2 BGB ist unanwendbar.

Der Streitfall liegt im Anwendungsbereich des Unionsrechts. Die in Rede stehende Kündigung ging der Klägerin am 1. Dezember 2007 zu. Zu diesem Zeitpunkt war die für die Bundesrepublik Deutschland u.a. hinsichtlich des Diskriminierungsmerkmals „Alter" bis zum 2. Dezember 2006 verlängerte Frist zur Umsetzung der Richtlinie 2000/78/EG abgelaufen.

§ 622 Abs. 2 Satz 2 BGB ist einer **unionsrechtskonformen Auslegung, die grundsätzlich den nationalen Gerichten vorbehalten ist.**[14] Der Wortlaut der Vorschrift ist, was die ausnahmslos angeordnete Nichtberücksichtigung vor Vollendung des 25. Lebensjahrs liegender Beschäftigungszeiten anbelangt, eindeutig. Eine dem entgegenstehende Auslegung wäre nicht zulässig.[15] Die Nichtanwendung des § 622 Abs. 2 Satz 2 BGB beseitigt die mit der Regelung verbundene Altersdiskriminierung. Die Kündigungsfristenregelung des § 622 Abs. 2 BGB ist nicht insgesamt unanwendbar. Es entfällt lediglich die in § 622 Abs. 2 Satz 2 BGB enthaltene Einschränkung ihres Anwendungsbereichs, die Arbeitnehmer benachteiligt, die vor Vollendung des 25. Lebensjahrs in den Betrieb eingetreten sind. Dies führt mittelbar zu einer „Anpassung nach oben", nämlich zur ausschließlichen Anwendung von § 622 Abs. 2 Satz 1 BGB.[16] Eine Aussetzung des Rechtsstreits wegen der Nichtanwendbarkeit von § 622 Abs. 2 Satz 2 BGB bis zu einer etwaigen Neuregelung durch den Gesetzgeber kommt nicht in Betracht. Die gegenteilige Auffassung[17] überzeugt schon deshalb nicht, weil sie mit der Bindung der Mitgliedstaaten an das Unionsrecht und der Verpflichtung zu dessen effektiver Umsetzung in Widerspruch stünde. Im Übrigen bestehen angesichts der Gesetzessystematik keine Zweifel an einem mit § 622 Abs. 2 Satz 1 BGB verbundenen eigenständigen gesetzgeberischen „Anwendungsbefehl".

---

[13] BVerfG, Urteil vom 6. Juli 2010 – 2 BvR 2661/06 – RN 53, EzA TzBfG § 14 Nr. 66; 18. November 2008 – 1 BvL 4/08 – RN 12, EzA BGB 2002 § 622 Nr. 6.

[14] EuGH 19. Januar 2010 – C-555/07 – [Kücükdeveci] R48, AP Richtlinie 2000/78/EG Nr. 14 = EzA EG-Vertrag 1999 Richtlinie 2000/78 Nr. 14), nicht zugänglich (so schon LAG Düsseldorf in seinem Vorlagebeschluss vom 21. November 2007 – 12 Sa 1311/07 – LAGE BGB 2002 § 622 Nr. 3.

[15] Vgl. BVerfG 24. Mai 1995 2 BvF 1/92, BVerfGE 93, 37; BAG 18. Februar 2003 1 ABR 2/02, BAGE 105, 32.

[16] Vgl. Bauer/v.Medem ZIP 2010, 453; Krois Anm. EzA EG-Vertrag 1999 Richtlinie 2000/78/EG Nr. 14 S. 17, 40; Preis/Temming NZA 2010, 188; Thüsing ZIP 2010, 201 f.

[17] Wackerbarth/Kreße EuZW 2010, 252.

Dieses Ergebnis widerspricht nicht Art. 20 Abs. 3 GG. Der Anwendungsvorrang des Unionsrechts ist verfassungsrechtlich durch Art. 23 Abs. 1 GG legitimiert und Teil des vom Grundgesetz gewollten Integrationsauftrags.[18]

Der Nichtanwendung von § 622 Abs. 2 Satz 2 BGB steht kein der Beklagten zu gewährender Vertrauensschutz entgegen.[19]

---

[18] BVerfG 30. Juni 2009 – 2 BvE 2/08 u. a. – RN 331 ff., BVerfGE 123, 267; 18. November 2008 – 1 BvL 4/08 – EzA BGB 2002 § 622 Nr. 6.

[19] **Art. 100 Abs. 1 GG sieht zur Vermeidung von Rechtsunsicherheit und Rechtszersplitterung ein Normverwerfungsmonopol der Verfassungsgerichte vor.** Bei förmlichen Gesetzen kommt der Fachgerichtsbarkeit zur Wahrung der Autorität des parlamentarischen Gesetzgebers, Sodan/Haratsch, GG Art. 100 RN 3, lediglich eine Prüfungskompetenz statt einer abschließenden eigenen Entscheidung zu, Morgenthaler, in Epping/Hillgruber, Beck'scher Online-Kommentar, Art. 100 GG, RN 2. Art. 100 Abs. 1 GG hat das Verwerfungsrecht dem einzelnen Richter durch **Monopolisierung bei Verfassungsgerichten** entzogen, Maunz, in Maunz/Dürig, Art. 100 GG, RN 4.

Pflicht des Verkäufers zu Aus- und Einbau bei Nacherfüllung[1/2/3]

[1]   Mit Hinweisen von Prof. Dr. Dr. Siegfried Schwab, Mag. rer. publ., unter Mitarbeit von Diplom-Betriebswirtin (DH) Silke und Heike Schwab.

[2]   **Der Zugang zum Gericht ist ein grundlegendes rechtsstaatliches Gebot,** Schwarze, 20 Jahre Gericht erster Instanz in Luxemburg – Der Zugang zur Justiz, EuR 2009720. Rechtssachen müssen „in angemessener Frist", wie dies jetzt Art. 47 Abs. 2 Grundrechtecharta garantiert, verhandelt und dann einer Entscheidung zugeführt werden, wenn der Rechtsschutz effektiv sein soll, Zur übermäßigen Verfahrensdauer vgl. EuGH Rs. C-385/07 (Der Grüne Punkt), Slg. 2009, 6155, RN 167 ff. Effektiver Rechtsschutz in diesem Sinne umfasst dabei nicht nur das Recht auf Zugang zu den Gerichten sowie auf eine verbindliche Entscheidung durch den Richter auf Grund einer grundsätzlich umfassenden tatsächlichen und rechtlichen Prüfung des Streitgegenstands. Das Gebot effektiven Rechtsschutzes beeinflusst auch die Auslegung und Anwendung der Bestimmungen, die für die Eröffnung eines Rechtswegs und die Beschreitung eines Instanzenzugs von Bedeutung sind. EGMR III. Sektion, Urteil vom 11.01.2007 – 20027/02, NVwZ 2008, 289 ff. In Deutschland existiert keine wirksame Rechtsschutzmöglichkeit gegen überlange Verfahrensdauer. Gleichwohl hat der Bürger einen Anspruch auf ein Verfahren in angemessener Frist, Art. 6 Abs. 1 S. 1 EMRK und 19 Abs. 4 S. 1 GG. Zur effektiven Durchsetzung dieses Anspruchs ist die kurzfristige Einführung einer gesetzlich geregelten Untätigkeitsbeschwerde dringend geboten, vgl. Steger, Überlange Verfahrensdauer bei öffentlich-rechtlichen Streitigkeiten vor deutschen und europäischen Gerichten, 2008. Zur überlangen Dauer eines Strafverfahrens s. auch EGMR, NJW 2002, 2856 – Metzger/Deutschland und EGMR, NJW 2001, 2691 – Gonzales Marcu/Spanien. Das **Rechtsstaatsprinzip** ist eine der zentralen verfassungsrechtlichen Grundlagen des gesamten Verfahrensrechts. Es ist in Art. 20 Abs. 3, 28 Abs. 1 GG verankert und dient dem BVerfG, freilich häufig in Zusammenhang mit anderen verfassungsrechtlichen Grundlagen wie insbesondere Art. 3 Abs. 1, Art. 19 Abs. 4, Art. 92, Art. 97 GG sowie Art. 6 MRK, zur Entwicklung einer größeren Zahl einzelner verfahrensrechtlicher Grundsätze mit Verfassungsrang, bei deren Verletzung die Verfassungsbeschwerde gegeben ist. Ein wesentlicher Gesichtspunkt des Rechtsstaatsprinzips in verfahrensmäßiger Hinsicht ist ferner das **Gebot der Rechtssicherheit und der Berechenbarkeit des Verfahrens**, teilweise in dem Gedanken der „Justizförmigkeit" zum Ausdruck gebracht. Aus dem Rechtsstaatsprinzip ergibt sich zunächst die Gesetzesbindung der Gerichte, Art. 20 Abs. 3 GG, auch wenn das BVerfG die Möglichkeit einer Rechtsfortbildung durch Richterrecht immer bestätigt hat. Auch der Anspruch auf **Rechtssicherheit und Berechenbarkeit des Verfahrens** („Justizförmigkeit" oder „Bestimmtheitsgrundsatz", Art. 103 Abs. 2 GG) gehört hierher, BVerfGE 2, 403; 49, 164; BVerfG, NJW 1998, 3703; BVerfG, NZA 2001, 118. Das aus dem **Rechtsstaatsprinzip entwickelte Gebot des effektiven Rechtsschutzes** verlangt eine **möglichst wirksame Kontrolle** durch die Gerichtsbarkeit, BVerfGE 40, 275. Im Zusammenspiel von materiellen Grundrechten und dem Rechtsstaatsprinzip hat das BVerfG den **Anspruch auf ein faires Verfahren** entwickelt. Dieser Grundsatz soll z. B. sicherstellen, dass das **Beweisrecht fair gehandhabt** wird, BVerfGE 52, 131; BVerfG, IP 1998, 881. Auch ein widersprüchliches Verhalten

1. Art. 3 Abs. 2 und 3 der Richtlinie 1999/44/EG des Europäischen Parlaments und des Rates vom 25.05.1999 zu bestimmten Aspekten des Verbrauchsgüterkaufs und der Garantien für Verbrauchsgüter ist dahin auszulegen, dass, wenn der vertragsgemäße Zustand eines vertragswidrigen Verbrauchsguts, das vor Auftreten des Mangels vom Verbraucher gutgläubig gemäß seiner Art und seinem Verwendungszweck eingebaut wurde, durch Ersatzlieferung hergestellt wird, der Verkäufer verpflichtet ist, entweder selbst den Ausbau dieses Verbrauchsguts aus der Sache, in die es eingebaut wurde, vorzunehmen und das als Ersatz gelieferte Verbrauchsgut in diese Sache einzubauen, oder die Kosten zu tragen, die

---

des Gerichts verbietet dieser Grundsatz, BVerfGE 69, 387. Der Grundsatz der prozessualen Waffengleichheit ist im Zusammenhang von Rechtsstaatsprinzip und Art. 3 Abs. 1 GG entwickelt worden. Er fordert insbesondere eine gleichmäßige Belastung der Parteien mit dem Prozessrisiko und den Prozesskosten, BVerfG 25.07.1979, 3. 12. 1986 BVerfGE 52, 131, 144; 74, 92 und 94. Die prozessuale Waffengleichheit ist auch durch Art. 6 Abs. 1 EMRK abgesichert und kann durch einseitige Auslegung des Rechts des Zeugenbeweises verletzt sein, EGMR, NJW 1995, 1413; dazu Schlosser, NJW 1995, 1404.

3   EuGH (1. Kammer), Urt. v. 16.06.2011 – C-65/09, C-87/09 (Gebr. Weber GmbH/Jürgen Wittmer; Ingrid Putz/Medianess Electronics GmbH), NJW 2011, 2269. Lorenz, Ein- und Ausbauverpflichtung des Verkäufers bei der kaufrechtlichen Nacherfüllung, NJW 2011, 2241 – eine Verpflichtung des Verkäufers zu nicht nur relativ, sondern auch absolut unverhältnismäßigen Nacherfüllungsmaßnahmen würde dem Ziel der Richtlinie widersprechen, einen **angemessenen** Interessenausgleich zwischen Verkäufer und Käufer herbeizuführen, Schlussantrag des Generalanwalts Mazák v. 18.05.2010 in der Rs. C-65/09, BeckRS 2010, 90583 RN 85 – Weber; s. dazu auch Lorenz, in: MünchKomm-BGB, 5. Aufl. (2008), Vorb. zu §§ 474 ff. RN 18. Neben einer pseudodogmatischen Wortlautargumentation, bei welcher der EuGH auch den Wortlaut der Richtlinie in anderen Sprachfassungen heranzieht, stützt sich der EuGH letztlich allein darauf, dass der Austausch der vertragswidrigen Sache für den Käufer zu zusätzlichen finanziellen Belastungen führen würde, wenn der Verkäufer nicht verpflichtet wäre, Ausbau und Wiedereinbau zu besorgen oder die entsprechenden Kosten zu tragen. Der EuGH argumentiert damit mit der (nicht nur im deutschen Recht) klassischen Differenzhypothese des Schadensersatzrechts (vgl. § 249 Abs. 1 BGB), ohne auch nur ein Wort über die entscheidende, auch vom Generalanwalt als solche erkannte Frage der Abgrenzung von Erfüllungsansprüchen und (von der Richtlinie gerade nicht geregelten) Schadensersatzansprüchen des Käufers zu verlieren. Letztlich führt der EuGH damit – begrenzt auf die Ausbau- und Einbaukosten – einen **verschuldensunabhängigen Anspruch auf Ersatz von (näheren) Mangelfolgeschäden** ein. Da der EuGH es offen gelassen hat, ob das mitgliedstaatliche Recht eine Verpflichtung des Verkäufers vorsieht, den Einbau selbst vorzunehmen oder die entsprechenden Kosten zu tragen, lassen sich diesen Vorgaben entweder in einer **richtlinienkonformen Auslegung des Begriffs der „Lieferung einer mangelfreien Sache" in § 439 Abs. 1 BGB oder aber durch eine richtlinienkonforme Auslegung der Kostentragungsregelung in § 439 Abs. 2 BGB umsetzen,** die der BGH als Anspruchsgrundlage qualifiziert, BGH, NJW 2011, 2278 37 sowie bereits BGH, NJW 2008, 2837 RN 9. Angesichts des nicht unwesentlichen Gerechtigkeitsgehalts des im deutschen Recht bestehenden Vorrangs der Nacherfüllung und dem daraus resultierenden „Recht" des Verkäufers zur „zweiten Andienung" spricht de lege lata viel dafür, zunächst dem Verkäufer selbst die Möglichkeit von Aus- und Wiedereinbau zu geben, den er (ggf. durch Einschaltung Dritter) unter Umständen günstiger bewerkstelligen kann als der Verbraucher. Andernfalls müsste man dem Problem, dass der Käufer einer ihm gestatteten Selbstvornahme von Aus- und Wiedereinbau übermäßige Kosten verursacht, über eine analoge Anwendung von § 254 Abs. 2 BGB begegnen, Unberath/Cziupka, JZ 2009, 315 Fußn. 26.

für diesen Ausbau und den Einbau des als Ersatz gelieferten Verbrauchsguts notwendig sind. Diese Verpflichtung des Verkäufers besteht unabhängig davon, ob er sich im Kaufvertrag verpflichtet hatte, das ursprünglich gekaufte Verbrauchsgut einzubauen.

2. Art. 3 Abs. 3 der Richtlinie 1999/44/EG ist dahin auszulegen, dass er ausschließt, dass eine nationale gesetzliche Regelung dem Verkäufer das Recht gewährt, die Ersatzlieferung für ein vertragswidriges Verbrauchsgut als einzig mögliche Art der Abhilfe zu verweigern, weil sie ihm wegen der Verpflichtung, den Ausbau dieses Verbrauchsguts aus der Sache, in die es eingebaut wurde, und den Einbau des als Ersatz gelieferten Verbrauchsguts in diese Sache vorzunehmen, Kosten verursachen würde, die verglichen mit dem Wert, den das Verbrauchsgut hätte, wenn es vertragsgemäß wäre, und der Bedeutung der Vertragswidrigkeit unverhältnismäßig wären. Art. 3 Abs. 3 schließt jedoch nicht aus, dass der Anspruch des Verbrauchers auf Erstattung der Kosten für den Ausbau des mangelhaften Verbrauchsguts und den Einbau des als Ersatz gelieferten Verbrauchsguts in einem solchen Fall auf die Übernahme eines angemessenen Betrags durch den Verkäufer beschränkt wird.

Zum Sachverhalt

Die Vorabentscheidungsersuchen betreffen die Auslegung von Art. 3 Abs. 2 und Abs. 3 Unterabs. 3 der Richtlinie 1999/44/EG des Europäischen Parlaments und des Rates vom 25.05.1999 zu bestimmten Aspekten des Verbrauchsgüterkaufs und der Garantien für Verbrauchsgüter (ABlEG Nr. L 171, S. 12, im Folgenden: Richtlinie). Diese Ersuchen ergehen im Rahmen von zwei Rechtsstreitigkeiten, zum einen – in der Rs. C-65/09 – zwischen der Gebr. Weber-GmbH (im Folgenden: Gebr. Weber) und Herrn Wittmer über die Lieferung vertragsgemäßer Fliesen sowie Kostenerstattung und zum anderen – in der Rs. C-87/09 – zwischen Frau Putz und der Medianess Electronics-GmbH (im Folgenden: Medianess Electronics) über die Rückerstattung des Kaufpreises einer Spülmaschine Zug um Zug gegen deren Übergabe.

Herr Wittmer und Gebr. Weber schlossen einen Kaufvertrag über polierte Bodenfliesen zum Preis von 1382,27 Euro. Nachdem Herr Wittmer rund zwei Drittel der **Fliesen in seinem Haus hatte verlegen lassen, stellte er auf der Oberfläche Schattierungen** fest, die mit **bloßem Auge zu erkennen waren.** Daraufhin erhob Herr Wittmer eine Mängelrüge, die Gebr. Weber nach Rücksprache mit dem Hersteller der Fliesen zurückwies. In einem von Herrn Wittmer eingeleiteten selbstständigen Beweisverfahren kam der Sachverständige zu dem Ergebnis, dass es sich bei den Schattierungen um **feine Mikroschleifspuren** handele, die nicht beseitigt werden könnten, so dass Abhilfe nur durch einen kompletten Austausch der Fliesen möglich sei. Die Kosten dafür bezifferte der Sachverständige mit 5830,57 Euro. Nachdem Herr Wittmer Gebr. Weber vergeblich zur Leistung aufgefordert hatte, erhob er gegen sie beim LG Kassel Klage auf **Lieferung mangelfreier Fliesen und Zahlung von 5830,57 Euro**. Das *LG Kassel* verurteilte Gebr. Weber aus dem Gesichtspunkt der Minderung zur Zahlung von 273,10 Euro und wies die Klage im Übrigen ab. Auf die Berufung von Herrn Wittmer gegen die Entscheidung des LG Kassel verurteilte das OLG Frankfurt a.M. Gebr. Weber zur Lieferung neuer, mangelfreier Fliesen und zur Zahlung von 2122,37 Euro für **Ausbau und Entsorgung der mangelhaften Fliesen** und wies die Klage im Übrigen ab. ...

Der BGH (NJW 2009, 1660) führte aus, dass aus der Verwendung des Begriffs „Ersatzlieferung" in Art. 3 Abs. 2 der Richtlinie gefolgert werden könnte, **dass nicht nur ein vertragsgemäßes Verbrauchsgut zu liefern, sondern darüber hinaus das mangelhafte Verbrauchsgut zu ersetzen und damit zu entfernen sei.** Zudem könnte die nach Art. 3 Abs. 3 gebotene Berücksichtigung der Art und des Verwendungszwecks des Verbrauchsguts im Zusammenhang mit der Pflicht zur Herstellung des vertragsgemäßen Zustands dafür sprechen, dass der **Verkäufer im Zuge der Ersatzlieferung mehr als nur die Lieferung des vertragsgemäßen Verbrauchsguts, nämlich auch die Beseitigung des mangelhaften Verbrauchsguts schulde, um die art- und zweckentsprechende Verwendung des Ersatzes zu ermöglichen.** Diese Frage brauchte allerdings nach Ansicht des BGH nicht geprüft zu werden, wenn Gebr. Weber die Erstattung der Kosten des Ausbaus der vertragswidrigen Fliesen unter Berufung auf ihre Unverhältnismäßigkeit habe verweigern können. Nach § 439 Abs. 3 BGB könne der Verkäufer die vom Käufer gewählte Art der Nacherfüllung nicht nur dann verweigern, wenn ihm diese Art der Nacherfüllung im Vergleich zu der anderen Art der Nacherfüllung unverhältnismäßige Kosten verursache („relative Unverhältnismäßigkeit"), sondern auch dann, wenn die vom Käufer gewählte Art der Nacherfüllung, selbst wenn sie die einzig mögliche sei, schon für sich allein unverhältnismäßige Kosten verursache („absolute Unverhältnismäßigkeit"). In der vorliegenden Rechtssache sei die begehrte Nacherfüllung durch Lieferung vertragsgemäßer Fliesen ein solcher Fall der absoluten Unverhältnismäßigkeit, da Gebr. Weber dadurch neben den Kosten für die Lieferung in Höhe von rund 1.200 Euro Kosten für den Ausbau der vertragswidrigen Fliesen in Höhe von rund 2.100 Euro und damit insgesamt Kosten von rund 3300 Euro entstünden, was über der Schwelle von 150% des Wertes des mangelfreien Verbrauchsguts liege, anhand deren die Verhältnismäßigkeit eines solchen Begehrens im Voraus beurteilt werde. Die dem Verkäufer durch das nationale Recht gewährte Möglichkeit, die Nacherfüllung wegen einer solchen absoluten Unverhältnismäßigkeit ihrer Kosten zu verweigern, könnte jedoch im Widerspruch zu Art. 3 Abs. 3 der Richtlinie stehen, der sich nach seinem Wortlaut nur auf die relative Unverhältnismäßigkeit zu beziehen scheine. Es sei aber nicht ausgeschlossen, dass eine auf absolute Unverhältnismäßigkeit gestützte Verweigerung in den Geltungsbereich des Begriffs „Unmöglichkeit" in Art. 3 Abs. 3 falle, da nicht davon ausgegangen werden könne, dass die Richtlinie ausschließlich Fälle physischer Unmöglichkeit erfassen und den Verkäufer auch zu einer wirtschaftlich unsinnigen Nacherfüllung verpflichten wolle.[4]

Rechtssache C-87/09

Frau Putz und Medianess Electronics schlossen über das Internet einen Kaufvertrag über eine **neue Spülmaschine** zum Preis von 367 Euro zuzüglich Nachnahmekosten von 9,52 Euro. Die Parteien vereinbarten eine Lieferung bis vor die Haustür von Frau Putz. Die Lieferung der Spülmaschine und die Kaufpreiszahlung erfolgten vereinbarungsgemäß. Nachdem Frau Putz die Spülmaschine bei sich in der Wohnung hatte montieren lassen, stellte sich heraus, dass die **Maschine einen nicht beseitigbaren Mangel aufwies**, der **nicht durch die Montage** entstanden sein konnte. Die Parteien einigten sich daher auf den Austausch der Spülmaschine. In diesem Rahmen verlangte Frau Putz von Medianess Electronics, dass sie nicht nur die neue Spülmaschine anliefert, sondern auch die mangelhafte Maschine ausbaut und die Ersatzmaschine einbaut, oder dass sie die Aus- und Einbaukosten trägt, was Medianess Electronics ablehnte. Da Medianess Electronics auf die Aufforderung, die Frau Putz an sie gerichtet hatte, nicht reagierte, **trat Letztere vom Kaufvertrag zurück. Frau Putz erhob gegen Medianess Electronics beim AG Schorndorf Klage auf Rückerstattung des Kaufpreises Zug um Zug gegen Übergabe der mangelhaften Spülmaschine.**

Zum Ausbau der mangelhaften Sache stellt das vorlegende Gericht fest, dass der **vertragsgemäße Zustand nicht nur umfasse, dass ein mangelfreies Vertragsgut geliefert werde, sondern ebenso, dass kein mangelhaftes Vertragsgut in der Wohnung des Käufers verbleibe**, was für eine Auslegung spreche, wonach der Verkäufer zum Ausbau einer solchen Sache verpflichtet sei. Zudem könnte darin, dass eine mangelhafte Sache in der Wohnung des Verbrauchers verbleibe, eine erhebliche Unannehmlichkeit für diesen liegen. Schließlich scheine der in Art. 3 der Richtlinie verwendete Begriff „Ersatzlieferung" darauf hinzuweisen, dass sich die Verpflichtung des Verkäufers nicht auf die bloße Lieferung einer mangelfreien Ersatzsache beschränke, sondern auch auf den Austausch der mangelhaften durch die

---

[4] Der BGH hat daher das Verfahren ausgesetzt und dem Gerichtshof seine Fragen zur Vorabentscheidung vorgelegt.

mangelfreie Sache erstrecke.[5] Da die Rechtssachen C-65/09 und C-87/09 miteinander in Zusammenhang stehen, sind sie nach Art. 43 i. V. mit Art. 103 der Verfahrensordnung zu gemeinsamer Entscheidung zu verbinden. Der EuGH hat wie aus den Leitsätzen ersichtlich entschieden.[6]

---

[5] Das AG Schorndorf (Beschl. v. 25.02.2009 – 2 C 818/08, BeckRS 2009, 88603) hat daher das Verfahren ausgesetzt und dem Gerichtshof seine Fragen zur Vorabentscheidung vorgelegt.

[6] Die **Überlagerung des deutschen Rechts durch das europäische Gemeinschaftsrecht** und die Rechtsprechungspraxis des EuGH machen es notwendig, über die jeweiligen Kompetenzen und die Rechtsanwendung im Einzelfall kritisch nachzudenken. Ziel der Auslegung von Rechtsvorschriften ist dabei der historische Normzweck. Auslegungskriterien sind der Wortlaut und die historische Entstehungsgeschichte. Der EuGH darf dabei nicht die **Souveränität der Mitgliedstaaten** verletzen. Nationale Gesetze, die gegen unmittelbares Gemeinschaftsrecht verstoßen, dürfen nicht angewendet werden, Höpfner/Rüthers, AcP 209, 1. Nationales Recht ist **richtlinienkonform auszulegen**. Die Mitgliedstaaten müssen **Vorschriften des nationalen Rechts so anwenden, dass die Ziele des Gemeinschaftsrechts nicht gefährdet werden** und dieses größtmögliche Wirkung entfalten kann, vgl. Grosche/Höft, NJOZ 2009, 2297 f. Diese Pflicht haben die Gerichte unabhängig davon, ob die Auslegung eine Belastung des Einzelnen begründet, EuGH, NJW 2004, 3547. Dabei müssen die Besonderheiten der Richtlinie berücksichtigt werden. Diese sind nur hinsichtlich ihrer Ziele, nicht jedoch im Hinblick auf die Wahl der Mittel verbindlich, Schürnbrand, JZ 2007, 912. Primär ist **der nationale Gesetzgeber zur Umsetzung der Richtlinie verpflichtet.** Ihn trifft aufgrund der zugewiesenen Umsetzungspflicht auch das damit verbundene Irrtumsrisiko. Die Pflicht zur richtlinienkonformen Auslegung **beginnt mit Ablauf der Umsetzungsfrist**, vgl. Ruffert, in Callies/Ruffert, Art. 249 EGV, RN 119 – der **Rechtsklarheit** ist eher gedient, wenn die Umsetzungsbemühungen von Judikatur und Exekutive qua richtlinienkonformer Auslegung nicht vor denen der Legislative beginnen. Auch die Rechtsprechung des EuGH unterstreicht, dass die Mitgliedstaaten vor Fristablauf verpflichtet sind, den mit der Richtlinie verfolgten Zweck nicht zu vereiteln. Sie ist auf das effektive Wirksamwerden der Richtlinie nach Fristablauf bezogen und enthält keine Pflicht zur richtlinienkonformen Auslegung vor Fristablauf. Richtlinien sind gemeinschaftsrechtskonform auszulegen, gleich ob die nationalen Rechtsvorschriften vor oder nach Erlass der Richtlinie in Kraft getreten sind. Die aus dem EG-Vertrag herzuleitende Verpflichtung der Mitgliedstaaten, ihr nationales Recht **nach Möglichkeit den Vorgaben der Richtlinie anzupassen** und hierdurch Umsetzungsdefizite abzumildern, bleibt hiervon indes unberührt, EuGH Slg. 1994, I-3347, 3357, RN 26 – Dori; s. ferner EuGH Slg. 1990, I-4135, 41458 f., RN 8 ff. – Marleasing; EuGH ZIP 2004, 2344, RN 116, Pflicht, Reichweite einer richtlinienwidrigen Bestimmung durch Anwendung nationaler Auslegungsmethoden ggf. einzuschränken; s. ferner EuGH Slg. 2002, I-6325, 6358, wonach sich der Einzelne auch dann auf richtlinienkonforme Auslegung berufen kann, wenn die Richtlinie zwar ordnungsgemäß umgesetzt, das der Umsetzung dienende Gesetz aber nicht richtlinienkonform ausgelegt wurde. Die Verpflichtung, nationale Vorschriften europarechtskonform auszulegen, ist **keine Berechtigung für eine Auslegung contra legem**, EuGH, NJW 2006, 265 = EuZW 2006, 730; Faust, JuS 2009, 275. Die **Grenze des „contra legem" Judizierens** ist in einem **funktionellen Sinn** zu verstehen. Die Frage der Reichweite richtlinienkonformer Auslegung steht unter dem Vorbehalt des nach nationalem Recht Möglichen. Die **Schranke für nationale Rechtsfortbildung** stellt eine Schranke für die richtlinienkonforme Rechtsfortbildung dar, Grosche/Höft, NJOZ 2009, 2301. Pammler, JurisPK-BGB, § 439 RN 101.1 – die in § 439 in Bezug genommenen Vorschriften der §§ 346 ff gelten in Fällen des Verbrauchsgüterkaufs nur für die Rückgewähr der Sache selbst, begründen aber keinen Anspruch auf Wertersatz für die Nutzung. Die Geltung des Gebots **richtlinienkonformer Auslegung** beschränkt sich auf den Anwendungsbereich der jeweiligen RL. Die in das allgemeine Leistungsstörungsrecht bzw. Kaufrecht integrierten Transformationsnormen des BGB unterfallen

In einem Verfahren nach Art. 267 AEUV[7/8/9/10], das auf einer klaren **Aufgabentrennung zwischen den nationalen Gerichten**[11] **und dem Gerichtshof beruht**[12], hat

damit dem Gebot richtlinienkonformer Auslegung unmittelbar nur für den Verkauf einer beweglichen Sache durch einen Unternehmer an einen Verbraucher. Der Grundsatz der richtlinienkonformen Auslegung verlangt mehr von den Gerichten als eine Auslegung im engeren Sinne, nämlich das nationale Recht soweit nötig und möglich, richtlinienkonform fortzubilden, Faust, JuS 2009, 275. **Mittelbar** wirkt das Gebot freilich im Rahmen einer teleologischen und historischen Auslegung auch über diesen Bereich hinaus, da der nationale Gesetzgeber im Zweifel **keine gespaltene Auslegung** des nationalen Rechts danach beabsichtigt, ob der konkrete Fall nur von einer Transformationsnorm, nicht aber von der RL selbst erfasst wird, BGH NJW 2002, 1884 – Heininger. Man kann insoweit von einem (allein im autonomen innerstaatlichen Recht wurzelnden) Gebot zu **richtlinienorientierter Auslegung, „quasi-richtlinienkonformer Auslegung"**. So die Terminologie von Hommelhoff, FG 50 Jahre BGH, 2000, S. 889, 915 f.; dem folgend AnwK-BGB/ Pfeiffer Art. 11 Kauf-RL RN 7, oder von einer **„Ausstrahlungswirkung der RL auf das richtlinienfreie Recht"**, so Canaris, FS Bydlinski, 2002, S. 47, 74; s. auch Bärenz, DB 2003, 357 f., sprechen.

[7]   Um Gefahr divergierender Entscheidungen durch die mitgliedstaatlichen Gerichte, die das Unionsrecht als vorrangig geltendes Recht anwenden, zu begegnen und eine einheitliche Interpretation des Unionsrechts zu gewährleisten, etabliert Art. 267 AEUV in Konkretisierung der allgemeinen Zuständigkeitsanordnung des Art. 19 Abs. 3 lit. b EUV ein der Parteiherrschaft entzogenes, EuGH, Rs. 2/06, Slg. 2008, I-411, RN41 in den Rechtsstreit vor einem nationalen Gericht integriertes (Zwischen-)Verfahren der Vorabentscheidung durch den EuGH, Dauses, Hb.EUWirtR, P. II, RN 25; Thomy, Individualrechtsschutz durch das Vorabentscheidungsverfahren, S. 51; Wegener, in Callies/Ruffert, Art. 267 AEUV, RN 1. Neben der Wahrung der Rechtseinheit, EuGH, Rs. 166/73, Slg. 1974, 33, RN 2kommt dem Vorabentscheidungsverfahren überragende Bedeutung auch für den Individualrechtsschutz zu. Es sichert die praktische Wirkung der dem einzelnen durch das Unionsrecht verliehenen Rechte. Die grundlegenden **Strukturprinzipien des Vorrangs und der unmittelbaren Wirkung des Unionsrechts** sowie die unionsrechtliche Staatshaftung wurden anlässlich von Vorlagen nationaler Gerichte entwickelt, Wägenbaur, EuZW 2000, 37; Skouris, in: FS Starck 2007, S. 992.

[8]   Das Vorabentscheidungsverfahren soll die unionale Rechtseinheit sichern. Es ist ein **konstitutionelles Bindeglied im europäischen Verfassungsverbund**, Kotzur, in Geiger, u. a., Art. 267 AEUV, RN 1. Art. 267 will die einheitliche Auslegung und Anwendung des für die innerstaatliche Rechtsanwendung vorrangigen Unionsrechts durch eine **funktional-kooperative Zusammenarbeit** des EuGH mit den mitgliedstaatlichen Gerichten sicherstellen. Ziel des Vorabentscheidungsverfahrens ist die Ermittlung des rechtlichen Inhalts einer Rechtsvorschrift, nicht die Anwendung des Unionsrechts auf den konkreten Fall; die Feststellung und tatsächliche Bewertung der dem Ausgangsrechtsstreit zugrundeliegenden Tatsachen ist allein Sache des nationalen Gerichts. vgl. Schima, Das Vorabentscheidungsverfahren, 2005; Sellmann/Augsberg, Entwicklungstendenzen des Vorlageverfahrens, DÖV 2006, 533; Skouris, Stellung und Bedeutung des Vorabentscheidungsverfahrens, EuR 2009, 254; vgl. Piekenbrock, Vorlagen an den EuGH nach Art. 267 AEUV im Privatrecht, EuR 2011, 317 – möglicher Vorlagegegenstand ist zunächst die Auslegung der Verträge (Art. 267 Abs. 1 S. 1 lit. a AEUV). Nicht unmittelbar erfasst sind jedoch die Normen, deren Anwendung primär der Kommission obliegt, also etwa die Zulässigkeit einer staatlichen Beihilfe (Art. 108 AEUV), Die Kognitionsbefugnis erstreckt sich darüber hinaus auf die Gültigkeit und die Auslegung der Handlungen der Organe, Einrichtungen oder sonstigen Stellen der Union, also das bisherige und das künftige Sekundärrecht sowie die unverbindlichen Empfehlungen und Stellungnahmen (Art. 288 Abs. 5 AEUV), EuGH, Rs. C-322/88 (Grimaldi), Slg. 1989, 4407 RN 7 ff. Bei der Frage, wer vorlegen kann oder muss, ist zunächst zu klären, wann es sich überhaupt um ein Gericht im Sinne von Art. 267 AEUV handelt. Bei der **autonomen Auslegung**

des Begriffs Gericht, EuGH, Rs. C-24/92 *(*Corbiau), Slg. 1993, I-EUGH-SLG Jahr 1993 I Seite 1277 RN 15; Nr. 9 greift der EuGH auf einen Katalog von Kriterien zurück: die gesetzliche Grundlage der Einrichtung, den ständige Charakter, die obligatorische Gerichtsbarkeit, ein streitiges Verfahren, die Anwendung von Rechtsnormen durch diese Einrichtung sowie deren Unabhängigkeit, EuGH, Rs. EUGH Aktenzeichen C-54/96 (Dorsch Consult), Slg. 1997, 4961 RN 23; Rs. C-9/97 (Jokela), Slg. 1998, 6267 RN 18; Rs. C-416/96 (El-Yassini), Slg. 1999, 1209 RN 17.

[9]   Die Vorlagepflicht nach Art. 267 AEUV zur Klärung der Auslegung gemeinschaftsrechtlicher Vorschriften wird in verfassungswidriger Weise gehandhabt, wenn ein **letztinstanzliches Gericht** eine Vorlage trotz der – seiner Auffassung nach bestehenden – Entscheidungserheblichkeit der gemeinschaftsrechtlichen Frage überhaupt nicht in Erwägung zieht, obwohl es selbst Zweifel hinsichtlich der richtigen Beantwortung der Frage hat, grundsätzliche Verkennung der Vorlagepflicht; vgl. BVerfGE 82, 195. Gleiches gilt in den Fällen, in denen das letztinstanzliche Gericht in seiner Entscheidung bewusst von der Rechtsprechung des Gerichtshofs zu entscheidungserheblichen Fragen abweicht und gleichwohl nicht oder nicht neuerlich vorlegt, **bewusstes Abweichen von der Rechtsprechung des Gerichtshofs ohne Vorlagebereitschaft**; vgl. BVerfGE 75, 245; 82, 195. Der Beurteilungsrahmen wird überschritten, wenn das nationale Gericht eine eigene Lösung entwickelt, die nicht auf die bestehende Rechtsprechung des EuGH zurückgeführt werden kann. Liegt zu einer entscheidungserheblichen Frage des Gemeinschaftsrechts einschlägige Rechtsprechung des Gerichtshofs der Europäischen Gemeinschaften noch nicht vor oder hat er die entscheidungserhebliche Frage möglicherweise noch nicht erschöpfend beantwortet oder erscheint eine Fortentwicklung der Rechtsprechung des Gerichtshofs nicht nur als entfernte Möglichkeit (Unvollständigkeit der Rechtsprechung), so wird Art. 101 Abs. 1 Satz 2 GG verletzt, wenn das letztinstanzliche Hauptsachegericht den ihm in solchen Fällen notwendig zukommenden Beurteilungsrahmen in unvertretbarer Weise überschritten hat. Dies kann insbesondere dann der Fall sein, wenn mögliche Gegenauffassungen zu der entscheidungserheblichen Frage des Gemeinschaftsrechts gegenüber der vom Gericht vertretenen Meinung eindeutig vorzuziehen sind, vgl. BVerfGE 82, 159 <195 f; BVerfGK 10, 29.

[10]   Zum auszulegenden Unionsrecht zählen zunächst die in Art. 267 Abs. 1 lit. a AEUV ausdrücklich genannten Verträge, vgl. die Legaldefinition in Art. 1 Abs. 2 AEUV, zu denen gemäß Art. 51 EUV Anhänge und Protokolle gehören, sowie die Verträge zu deren Änderung oder Ergänzung und die Verträge über den Beitritt neuer Mitgliedstaaten. Zulässig sind auch Fragen nach Inhalt und Tragweite der durch den EuGH entwickelten allgemeinen Rechtsgrundsätze und der in diesem Rahmen gewährleisteten Unionsgrundrechte. Eine hervorgehobene Stellung nehmen insoweit die Chartagrundrechte ein, die nunmehr als eigenständiger Teil des unionalen Rechtsgefüges gemäß Art. 6 Abs. 1 UA 1 EUV rechtlich mit den Verträgen gleichrangig sind, Wegener, a.a.O., RN 9.

[11]   Der EuGH ist gesetzlicher Richter im Sinne des Art. 101 Abs. 1 S. 2 GG. das BVerfG in seinem Lissabon-Urteil die verfassungsrechtlichen Grenzen der Integration akzentuiert und dementsprechend seine Kontrollbefugnisse in Bezug auf den Identitätskern des Grundgesetzes sowie namentlich im Hinblick auf Rechtsakte hervorgehoben, welche den Rahmen der Befugnisse überschreiten, die der EU übertragen worden sind. Damit verfolgt das Gericht eine Rechtsprechungslinie, die es im Kloppenburg-Beschluss, BVerfGE 75, 223 = NJW 1988, 1459, begonnen und im Maastricht-Urteil fortgesetzt hat, um seine Prüfungsbefugnis gegenüber so genannten ausbrechenden Rechtsakten zu begründen. Sein Bekenntnis zum „effet utile" als im Unionsrecht anerkanntem Auslegungsgrundsatz, BVerfG, NJW 2009, 2267 RN 237 und allgemein zum Leitmotiv der Europarechtsfreundlichkeit dieser Kontrolle des BVerfG, BVerfG, NJW 2009, 2267 RN 225, 240, 241 sind konstruktive Elemente dieser Entscheidung.

[12]   von Danwitz: Kooperation der Gerichtsbarkeit in Europa, ZRP 2010, 143 – das Verhältnis des mitgliedstaatlichen Rechts zum Unionsrecht und der nationalen Gerichte zum Gerichtshof beruht auf der grundlegenden Erkenntnis, dass das Unionsrecht kein „fremdes" Recht ist, das auf Grund eines entsprechenden Souveränitätsverzichts achselzuckend hinzunehmen und anzuwenden wäre, sondern unser eigenes Recht ist, das mit eigenständiger Geltungskraft und gleichwertiger, wenn-

nur das nationale Gericht, das mit dem Rechtsstreit befasst ist und in dessen Verantwortungsbereich die zu erlassende Entscheidung fällt, im Hinblick auf die Besonderheiten der Rechtssache sowohl die Erforderlichkeit einer Vorabentscheidung für den Erlass seines Urteils als auch die Erheblichkeit der dem Gerichtshof vorzulegenden Fragen zu beurteilen. Daher ist der Gerichtshof grundsätzlich gehalten, über ihm vorgelegte Fragen zu befinden, wenn diese die Auslegung des Unionsrechts betreffen.[13]

Der Gerichtshof kann die Entscheidung über eine Vorlagefrage eines nationalen Gerichts nur ablehnen, wenn die erbetene Auslegung des Unionsrechts offensichtlich in keinem Zusammenhang mit der Realität oder dem Gegenstand des Ausgangsrechtsstreits steht, wenn das Problem hypothetischer Natur ist oder wenn er nicht über die tatsächlichen und rechtlichen Angaben verfügt, die für eine sachdienliche Beantwortung der ihm vorgelegten Fragen erforderlich sind.[14]

Der BGH ersucht nämlich mit seinen Fragen um eine Auslegung der Richtlinie gerade zu dem Zweck, feststellen zu können, ob das nationale Recht mit der Richtlinie vereinbar ist, da der Verkäufer nach diesem Recht zum einen nicht verpflichtet ist, die Kosten für den Ausbau des vertragswidrigen Verbrauchsguts zu übernehmen, und zum anderen die Möglichkeit hat, eine Ersatzlieferung zu verweigern, wenn diese Lieferung insbesondere wegen der genannten Kosten zu einem unverhältnismäßigen Kostenaufwand führt. Außerdem geht aus der Vorlageentscheidung hervor, dass die Antwort auf diese Fragen für die Entscheidung des Ausgangsrechtsstreits ausschlaggebend ist, denn der BGH weist darauf hin, dass er das betreffende nationale Recht gegebenenfalls richtlinienkonform auslegen könne. In welcher Reihenfolge die Fragen gestellt worden sind, ist in diesem Zusammenhang unbeachtlich. Zum letztgenannten Punkt ist überdies zu bemerken, dass Gebr. Weber selbst in ihren Ausführungen zur Sache geltend macht, die Beantwortung der ersten Frage setze die Kenntnis des Umfangs der Verpflichtung aus Art. 3 Abs. 3 der Richtlinie zur Ersatz-

---

gleich anders gearteter Legitimation versehen ist als das nationale Recht. Das Unionsrecht bildet daher einen wesentlichen Bestandteil unseres Rechts, das den gleichen Befolgungsanspruch erhebt, wie er für das mitgliedstaatliche Recht unabhängig davon allgemein anerkannt ist, ob Bundes- oder Landesrecht anzuwenden ist. Angesichts der ungeteilten Entscheidungsverantwortung der mitgliedstaatlichen Gerichte für den Ausgang der bei ihnen anhängigen Verfahren, die ihnen auch nach einer Vorabentscheidung des Gerichtshofs verbleibt, haben diese die Anwendung des Unionsrechts mit den qualitativen Ansprüchen des mitgliedstaatlichen Rechts zu sinnvollen Lösungen zu verbinden, die Rechtsfrieden verbürgen.

[13] Vgl. u. a. EuGH, Slg. 2006, I-5645 = BeckRS 2006, 70490 RN 19 – Conseil général de la Vienne; Slg. 2007, I6199 = EuZW 2007, 511 RN 43 – Lucchini, und EuZW 2011, 339 RN 15 – TeliaSonera.

[14] Vgl. u. a. EuGH, Slg. 2006, 5645 = BeckRS 2006, 70490 RN 20 – Conseil général de la Vienne; Slg. 2007, 6199 = EuZW 2007, 511 RN 44 – Lucchini, und EuZW 2011, 339 RN 16 – TeliaSonera.

lieferung für das vertragswidrige Verbrauchsgut und damit die Beantwortung der zweiten Frage voraus, und vorgeschlagen hat, diese Frage als Erstes zu prüfen. Die von Gebr. Weber erhobene Einrede der Unzulässigkeit ist demnach zurückzuweisen.

Zur Verpflichtung des Verkäufers, den Ausbau des vertragswidrigen Verbrauchsguts und den Einbau des als Ersatz gelieferten Verbrauchsguts oder die entsprechenden Kosten zu übernehmen.

Mit der zweiten Frage in der Rechtssache C-65/09 sowie der ersten und der zweiten Frage in der Rechtssache C-87/09, die zusammen zu prüfen sind, möchten die vorlegenden Gerichte wissen, ob Art. 3 Abs. 2 und Abs. 3 Unterabs. 3 der Richtlinie dahin auszulegen ist, dass, wenn der vertragsgemäße Zustand eines vertragswidrigen Verbrauchsguts, das vor Auftreten des Mangels vom Verbraucher gemäß seiner Art und seinem Verwendungszweck eingebaut wurde, durch Ersatzlieferung hergestellt wird, **der Verkäufer verpflichtet ist, entweder selbst den Ausbau dieses Verbrauchsguts aus der Sache, in die es eingebaut wurde, vorzunehmen und das als Ersatz gelieferte Verbrauchsgut in diese Sache einzubauen, oder die Kosten dieses Ausbaus und des Einbaus des als Ersatz gelieferten Verbrauchsguts zu tragen,** obwohl der Kaufvertrag keine Verpflichtung des Verkäufers vorsah, das ursprünglich gekaufte Verbrauchsgut einzubauen.[15]

Die spanische und die polnische Regierung sowie die Kommission vertreten die gegenteilige Ansicht. Nach Auffassung der spanischen Regierung muss der Verkäufer alle Kosten im Zusammenhang mit der Ersatzlieferung für das mangelhafte Verbrauchsgut übernehmen, einschließlich der Kosten für dessen Ausbau und der Kosten für den Einbau des als Ersatz gelieferten Verbrauchsguts, da andernfalls der Verbraucher diese Kosten zweimal tragen müsste, was mit dem durch die Richtlinie angestrebten hohen Schutzniveau unvereinbar wäre. Die polnische Regierung unter-

---

[15]   Gebr. Weber sowie die deutsche, die belgische und die österreichische Regierung vertreten die Auffassung, dass diese Fragen zu verneinen sind. Der in Art. 3 Abs. 2 Unterabs. 1 der Richtlinie verwendete Begriff „Ersatzlieferung" bezeichne ausschließlich die Lieferung eines dem Kaufvertrag gemäßen Verbrauchsguts, und dieser Artikel könne dem Verkäufer daher keine in diesem Vertrag nicht vorgesehenen Verpflichtungen auferlegen. Derartige Verpflichtungen zum Ausbau des mangelhaften Verbrauchsguts und zum Einbau eines als Ersatz gelieferten Verbrauchsguts folgten auch nicht aus Art. 3 Abs. 3 und 3 Abs. 4, wonach die Ersatzlieferung „unentgeltlich" und „ohne erhebliche Unannehmlichkeiten für den Verbraucher" zu erfolgen habe. Diese Bedingungen bezögen sich nämlich allein auf die Ersatzlieferung und sollten weder dem Verkäufer über den Vertrag hinausgehende Verpflichtungen auferlegen noch den Verbraucher vor den Kosten und den Unannehmlichkeiten schützen, die sich daraus ergäben, dass er das vertragswidrige Verbrauchsgut eigenverantwortlich verwendet habe. Der dem Verbraucher infolge des Einbaus des mangelhaften Verbrauchsguts entstandene Schaden falle nicht in den Geltungsbereich der Richtlinie; vielmehr müsse sein Ersatz gegebenenfalls nach dem im Bereich der vertraglichen Haftung geltenden nationalen Recht verlangt werden.

streicht, dass mit Art. 3 Abs. 3 und 3 Abs. 4 der Richtlinie das Ziel verfolgt werde, zu gewährleisten, dass der Verbraucher keinerlei Kosten für die Verwirklichung der in der Richtlinie zunächst vorgesehenen Abhilfemöglichkeiten, d.h. Nachbesserung des vertragswidrigen Verbrauchsguts oder Ersatzlieferung, trage. Nach Ansicht der Kommission lässt der durch Art. 3 Abs. 2 und 3 der Richtlinie eingeführte Parallelismus zwischen den beiden Arten der Herstellung des vertragsgemäßen Zustands des mangelhaften Verbrauchsguts den Schluss zu, dass die Ersatzlieferung genauso wie die Nachbesserung das Verbrauchsgut in der Situation zum Gegenstand habe, in der es sich zum Zeitpunkt des Auftretens der Vertragswidrigkeit befinde. Sei das vertragswidrige Verbrauchsgut bereits gemäß seiner Art und seinem Verwendungszweck eingebaut worden, bilde es in dieser Situation den Gegenstand der Herstellung des vertragsgemäßen Zustands. Die Ersatzlieferung müsse folglich so vorgenommen werden, dass sich das neue Verbrauchsgut in der gleichen Situation befinde, in der sich das mangelhafte Verbrauchsgut befunden habe. Zudem bedeute der Umstand, dass der Verbraucher das vertragswidrige Verbrauchsgut, wenn es nicht vom Verkäufer ausgebaut werde, behalten müsse und das als Ersatz gelieferte Verbrauchsgut mangels Einbaus nicht verwenden könne, eine „erhebliche Unannehmlichkeit für den Verbraucher" i. S. von Art. 3 Abs. 3.

Vorab ist darauf hinzuweisen, dass nach Art. 3 Abs. 1 der Richtlinie der Verkäufer dem Verbraucher **für jede Vertragswidrigkeit haftet**, die zum Zeitpunkt der Lieferung des Verbrauchsguts besteht.

Art. 3 Abs. 2 der Richtlinie nennt die **Ansprüche, die der Verbraucher bei Vertragswidrigkeit des gelieferten Verbrauchsguts gegen den Verkäufer hat.** Zunächst kann der Verbraucher die Herstellung des vertragsgemäßen Zustands des Verbrauchsguts verlangen. Kann er die Herstellung des vertragsgemäßen Zustands nicht erlangen, so kann er in einem zweiten Schritt eine Minderung des Kaufpreises oder die Vertragsauflösung verlangen. Zur Herstellung des vertragsgemäßen Zustands des Verbrauchsguts bestimmt Art. 3 Abs. 3 der Richtlinie, dass der Verbraucher vom Verkäufer **die unentgeltliche Nachbesserung des Verbrauchsguts oder eine unentgeltliche Ersatzlieferung verlangen kann,** sofern nicht die Erfüllung seiner Forderung unmöglich oder die Forderung unverhältnismäßig ist.

Wie der Gerichtshof bereits festgestellt hat, geht demnach aus dem Wortlaut von Art. 3 der Richtlinie wie auch im Übrigen aus den einschlägigen Vorarbeiten der Richtlinie hervor, dass der Unionsgesetzgeber die **Unentgeltlichkeit der Herstellung des vertragsgemäßen Zustands des Verbrauchsguts durch den Verkäufer zu einem wesentlichen Bestandteil des durch die Richtlinie gewährleisteten Verbraucherschutzes** machen wollte. Diese dem Verkäufer auferlegte Verpflichtung, die Herstellung des vertragsgemäßen Zustands des Verbrauchsguts unentgeltlich zu bewirken, sei es durch Nachbesserung, sei es durch Austausch des vertragswidrigen Verbrauchsguts, soll den Verbraucher vor drohenden finanziellen Belastungen schützen, die ihn in Ermangelung eines solchen Schutzes davon abhalten könnten, seine Ansprüche geltend zu machen.[16] Wenn aber der Verbraucher im Fall der Ersatzlieferung für ein vertragswidriges Verbrauchsgut vom Verkäufer nicht verlangen könnte, dass er den Ausbau des Verbrauchsguts aus der Sache, in die es gemäß seiner Art und seinem Verwendungszweck eingebaut wurde, und den Einbau des als Ersatz gelieferten Verbrauchsguts in dieselbe Sache oder die entsprechenden Kosten übernimmt, würde diese **Ersatzlieferung für ihn zu zusätzlichen finanziellen Lasten führen, die er nicht hätte tragen müssen, wenn der Verkäufer den Kaufvertrag ordnungsgemäß erfüllt hätte.** Wenn dieser nämlich von vornherein ein vertragsgemäßes Verbrauchsgut geliefert hätte, hätte der Verbraucher die Einbaukosten nur einmal getragen und hätte keine Kosten für den Ausbau des mangelhaften Verbrauchsguts tragen müssen.

Würde Art. 3 der Richtlinie dahin ausgelegt[17], dass er den Verkäufer nicht verpflichtet, den Ausbau des vertragswidrigen Verbrauchsguts und den Einbau des als Ersatz gelieferten Verbrauchsguts oder die entsprechenden Kosten zu übernehmen, hätte dies somit zur Folge, dass der Verbraucher, um die ihm durch den genannten Artikel verliehenen Rechte ausüben zu können, diese zusätzlichen Kosten tragen müsste, die sich aus der Lieferung eines vertragswidrigen Verbrauchsguts durch den Verkäufer ergeben. In diesem Fall würde die Ersatzlieferung für das Verbrauchsgut entgegen Art. 3 Abs. 2 und 3 Abs. 3 der Richtlinie nicht unentgeltlich für den Verbraucher vorgenommen.

Zwar gehören **die Kosten für den Ausbau des vertragswidrigen Verbrauchsguts** und den Einbau des als Ersatz gelieferten Verbrauchsguts nicht zu den Kosten,

---

[16] EuGH, Slg. 2008, 2685 = NJW 2008, 1433 = EuZW 2008, 310 RN 33, 34 – Quelle.

[17] Das Gebot gemeinschaftsrechtskonformer Auslegung des nationalen Rechts ist dem EG-Vertrag immanent, da den nationalen Gerichten dadurch ermöglicht wird, im Rahmen ihrer Zuständigkeit die volle Wirksamkeit des Gemeinschaftsrechts zu gewährleisten, wenn sie über die bei ihnen anhängigen Rechtsstreitigkeiten entscheiden, vgl. u. a. EuGH, Slg. 2004, I- 8835 = NZA 2004, 1145 = NJW 2004, 3547 = EuZW 2004, 691 RN 114 – Pfeiffer u. a. und EuGH, Slg. 2006, I-6057 = NZA 2006, 909. Die Verpflichtung des nationalen Richters, bei der Auslegung der einschlägigen Vorschriften des innerstaatlichen Rechts den Inhalt einer Richtlinie heranzuziehen, wird jedoch durch die allgemeinen Rechtsgrundsätze und insbesondere durch den Grundsatz der Rechtssicherheit und das Rückwirkungsverbot begrenzt und darf auch nicht als Grundlage für eine Auslegung contra legem des nationalen Rechts dienen, vgl. EuGH [8. 10. 1987], Slg. 1987, 3969 = BeckRS 2004, 73753 RN 13 – Kolpinghuis. Der Grundsatz der gemeinschaftsrechtskonformen Auslegung verlangt aber, dass die nationalen Gerichte unter Berücksichtigung des gesamten nationalen Rechts und unter Anwendung ihrer Auslegungsmethoden alles tun, was in ihrer Zuständigkeit liegt, um die volle Wirksamkeit der fraglichen Richtlinie zu gewährleisten und zu einem Ergebnis zu gelangen, das mit dem von der Richtlinie verfolgten Ziel übereinstimmt

die ausdrücklich in Art. 3 Abs. 4 der Richtlinie genannt sind, wonach der Begriff „unentgeltlich" „die für die Herstellung des vertragsgemäßen Zustands des Verbrauchsgutes notwendigen Kosten, insbesondere Versand-, Arbeits- und Materialkosten", umfasst. Der Gerichtshof hat jedoch bereits entschieden, dass sich aus der Verwendung des Adverbs „insbesondere" durch den Unionsgesetzgeber ergibt, dass diese Aufzählung nur Beispiele enthält und nicht abschließend ist.[18] Außerdem sind diese Kosten nunmehr notwendig, damit das vertragswidrige Verbrauchsgut ersetzt werden kann, und stellen folglich „für die Herstellung des vertragsgemäßen Zustands des Verbrauchsgutes notwendige Kosten" i. S. von Art. 3 Abs. 4 dar.

Im Übrigen ergibt sich entsprechend dem Vorbringen der Kommission aus der Systematik von Art. 3 Abs. 2 und 3 der Richtlinie, dass die beiden in diesem Artikel genannten Arten der Herstellung des vertragsgemäßen Zustands dasselbe Verbraucherschutzniveau gewährleisten sollen. Es steht aber fest, dass die Nachbesserung eines vertragswidrigen Verbrauchsguts im Allgemeinen an diesem Verbrauchsgut in der Situation erfolgt, in der es sich zum Zeitpunkt des Auftretens des Mangels befand, so dass der Verbraucher in diesem Fall nicht die Kosten für den Ausbau und den Neueinbau trägt.

Ferner ist darauf hinzuweisen, dass nach Art. 3 Abs. 3 der Richtlinie die **Nachbesserung eines vertragswidrigen Verbrauchsguts und die Ersatzlieferung nicht nur unentgeltlich, sondern auch innerhalb einer angemessenen Frist und ohne erhebliche Unannehmlichkeiten für den Verbraucher zu erfolgen haben.** Dieses dreifache Erfordernis ist Ausdruck des offenkundigen Willens des Unionsgesetzgebers, einen wirksamen Verbraucherschutz zu gewährleisten.[19] Angesichts dieses Willens des Gesetzgebers kann der Begriff „ohne erhebliche Unannehmlichkeiten für den Verbraucher" in Art. 3 Abs. 3 Unterabs. 3 der Richtlinie nicht die von der deutschen, der belgischen und der österreichischen Regierung vorgeschlagene enge Auslegung erfahren. So kann der Umstand, dass der Verkäufer das vertragswidrige Verbrauchsgut nicht ausbaut und das als Ersatz gelieferte Verbrauchsgut nicht einbaut, zweifellos eine erhebliche Unannehmlichkeit für den Verbraucher darstellen, insbesondere in Fällen wie denen der Ausgangsverfahren, in denen das als Ersatz gelieferte Verbrauchsgut, um seiner üblichen Bestimmung entsprechend verwendet werden zu können, zunächst eingebaut werden muss, was den vorherigen Ausbau des vertragswidrigen Verbrauchsguts erforderlich macht. Darüber hinaus ist in Art. 3 Abs. 3 Unterabs. 3 ausdrücklich bestimmt, dass „die Art des Verbrauchs-

---

[18] EuGH, Slg. 2008, 2685 = NJW 2008, 1433 = EuZW 2008, 310 RN 31 – Quelle.
[19] Vgl. EuGH, Slg. 2008, 2685 = NJW 2008, 1433 = EuZW 2008, 310 RN 35 – Quelle.

gutes sowie der Zweck, für den der Verbraucher das Verbrauchsgut benötigte", zu berücksichtigen sind.

Zum Begriff „**Ersatzlieferung**" ist festzustellen, dass dessen genaue Bedeutung in den einzelnen Sprachfassungen unterschiedlich ist. Während sich dieser Begriff in einer Reihe von Sprachfassungen, etwa der spanischen („sustitución"), der englischen („replacement"), der französischen („remplacement"), der italienischen („sostituzione"), der niederländischen („vervanging") und der portugiesischen („substituição") auf den Vorgang in seiner Gesamtheit bezieht, bei dessen Abschluss das vertragswidrige Verbrauchsgut tatsächlich „ersetzt" worden sein muss, und damit den Verkäufer verpflichtet, alles zu unternehmen, was notwendig ist, um dieses Ergebnis zu erreichen, könnten andere Sprachfassungen, wie insbesondere die deutsche („Ersatzlieferung"), für eine etwas engere Lesart sprechen. Wie aber die vorlegenden Gerichte betonen, beschränkt sich der Begriff auch in dieser Sprachfassung nicht auf die bloße Lieferung eines Ersatzes, sondern könnte im Gegenteil darauf hinweisen, dass eine Verpflichtung besteht, das vertragswidrige Verbrauchsgut durch das als Ersatz gelieferte Gut auszutauschen.

Eine Auslegung von Art 3 Abs. 2 und 3 der Richtlinie in dem Sinne, dass diese Bestimmung den Verkäufer im Fall der Ersatzlieferung für ein vertragswidriges Verbrauchsgut verpflichtet, den Ausbau dieses Gutes aus der Sache, in die es der Verbraucher vor dem Auftreten des Mangels gemäß seiner Art und seinem Verwendungszweck eingebaut hatte, und den Einbau des als Ersatz gelieferten Verbrauchsguts oder die entsprechenden Kosten zu übernehmen, entspricht überdies dem Zweck der Richtlinie, mit der, wie aus ihrem ersten Erwägungsgrund hervorgeht, ein hohes Verbraucherschutzniveau gewährleistet werden soll.

In diesem Zusammenhang ist zu betonen, dass eine solche Auslegung auch nicht zu einem ungerechten Ergebnis führt. **Selbst wenn nämlich die Vertragswidrigkeit des Verbrauchsguts nicht auf einem Verschulden des Verkäufers beruht, hat dieser doch auf Grund der Lieferung eines vertragswidrigen Verbrauchsguts die Verpflichtung, die er im Kaufvertrag eingegangen ist, nicht ordnungsgemäß erfüllt** und muss daher die Folgen der Schlechterfüllung tragen. Dagegen hat der Verbraucher seinerseits den Kaufpreis gezahlt und damit seine vertragliche Verpflichtung ordnungsgemäß erfüllt.[20] Zudem kann der Umstand, dass der Verbraucher im Vertrauen auf die Vertragsmäßigkeit des gelieferten Verbrauchsguts das mangelhafte Verbrauchsgut vor Auftreten des Mangels gutgläubig gemäß seiner Art und seinem Verwendungszweck eingebaut hat, kein Verschulden darstellen, das dem betreffenden Verbraucher zur Last gelegt werden könnte.

---

[20]   Vgl. EuGH, Slg. 2008, 2685 = NJW 2008, 1433 = EuZW 2008, 310 RN 41– Quelle.

In einem Fall, in dem keine der beiden Vertragsparteien schuldhaft gehandelt hat, ist es demnach gerechtfertigt, dem Verkäufer die Kosten für den Ausbau des vertragswidrigen Verbrauchsguts und den Einbau des als Ersatz gelieferten Verbrauchsguts aufzuerlegen, da diese Zusatzkosten zum einen vermieden worden wären, wenn der Verkäufer von vornherein seine vertraglichen Verpflichtungen ordnungsgemäß erfüllt hätte, und zum anderen nunmehr notwendig sind, um den vertragsgemäßen Zustand des Verbrauchsguts herzustellen.

Im Übrigen werden die finanziellen Interessen des Verkäufers nicht nur durch die Verjährungsfrist von zwei Jahren nach Art. 5 Abs. 1 der Richtlinie und durch die ihm in Art. 3 Abs. 3 Unterabs. 2 der Richtlinie eröffnete Möglichkeit geschützt, die **Ersatzlieferung zu verweigern, wenn sich diese Abhilfe als unverhältnismäßig erweist,** weil sie ihm unzumutbare Kosten verursachen würde[21], sondern auch durch das in Art. 4 der Richtlinie bestätigte Recht, Rückgriff gegen die Haftenden innerhalb derselben Vertragskette zu nehmen. **Der Umstand, dass nach der Richtlinie der Verkäufer dem Verbraucher für jede Vertragswidrigkeit haftet, die zum Zeitpunkt der Lieferung des Verbrauchsguts besteht,**[22] wird folglich dadurch kompensiert, dass der Verkäufer nach den anwendbaren Bestimmungen des nationalen Rechts den Hersteller, einen früheren Verkäufer innerhalb derselben Vertragskette oder eine andere Zwischenperson in Regress nehmen kann.

Diese Auslegung von Art. 3 Abs. 2 und 3 der Richtlinie ist unabhängig davon, ob der Verkäufer nach dem Kaufvertrag zum Einbau des gelieferten Verbrauchsguts verpflichtet war. Zwar wird nämlich nach Art. 2 der Richtlinie durch den Kaufvertrag der vertragsgemäße Zustand des Verbrauchsguts festgelegt und damit insbesondere bestimmt, was eine Vertragswidrigkeit darstellt, doch ergeben sich im Fall einer solchen Vertragswidrigkeit die Verpflichtungen des Verkäufers, die aus der Schlechterfüllung des Vertrags folgen, nicht nur aus diesem, sondern vor allem aus den Vorschriften über den Verbraucherschutz und insbesondere aus Art. 3 der Richtlinie, die Verpflichtungen auferlegt, deren Umfang unabhängig von den Bestimmungen des genannten Vertrags ist und die gegebenenfalls über die dort vorgesehenen Verpflichtungen hinausgehen können.

Die den Verbrauchern damit in Art. 3 der Richtlinie verliehenen Rechte, die nicht bezwecken, die Verbraucher in eine Lage zu versetzen, die vorteilhafter ist als diejenige, auf die sie nach dem Kaufvertrag Anspruch erheben könnten, sondern **lediglich die Situation herstellen sollen, die vorgelegen hätte, wenn der Verkäufer von vornherein ein vertragsgemäßes Verbrauchsgut geliefert hätte,** sind nach

---

[21] EuGH, Slg. 2008, I- 2685 = NJW 2008, 1433 = EuZW 2008, 310 RN 42 – Quelle.

[22] Vgl. EuGH, Slg. 2008, I- 2685 = NJW 2008, 1433 = EuZW 2008, 310 RN 40 – Quelle.

Art. 7 der Richtlinie für den Verkäufer **unabdingbar**. Zudem ergibt sich aus Art. 8 Abs. 2 der Richtlinie, dass die **Richtlinie einen Mindestschutz vorsieht** und dass die Mitgliedstaaten zwar strengere Bestimmungen erlassen können, aber nicht die vom Unionsgesetzgeber vorgesehenen Garantien beeinträchtigen dürfen.[23] Nimmt der Verkäufer den Ausbau des vertragswidrigen Verbrauchsguts und den Einbau des als Ersatz gelieferten Gutes nicht selbst vor, ist es Sache des nationalen Gerichts, die für den Ausbau und den Einbau notwendigen Kosten zu ermitteln, deren Erstattung der Verbraucher verlangen kann.

Nach alldem ist Art. 3 Abs. 2 und 3 der Richtlinie dahin auszulegen, dass, wenn der vertragsgemäße Zustand eines vertragswidrigen Verbrauchsguts, das vor Auftreten des Mangels vom Verbraucher gutgläubig gemäß seiner Art und seinem Verwendungszweck eingebaut wurde, durch Ersatzlieferung hergestellt wird, der Verkäufer verpflichtet ist, entweder selbst den Ausbau dieses Verbrauchsguts aus der Sache, in die es eingebaut wurde, vorzunehmen und das als Ersatz gelieferte Verbrauchsgut in diese Sache einzubauen, oder die Kosten zu tragen, die für diesen Ausbau und den Einbau des als Ersatz gelieferten Verbrauchsguts notwendig sind. Diese Verpflichtung des Verkäufers besteht unabhängig davon, ob er sich im Kaufvertrag verpflichtet hatte, das ursprünglich gekaufte Verbrauchsgut einzubauen.

Zur Möglichkeit für den Verkäufer, die Übernahme unverhältnismäßiger Kosten für den Ausbau des mangelhaften Verbrauchsguts und den Einbau des als Ersatz gelieferten Verbrauchsguts abzulehnen

Mit seiner ersten Frage in der Rechtssache C-65/09 möchte das vorlegende Gericht wissen, ob Art. 3 Abs. 3 Unterabs. 1 und 2 der Richtlinie dahin auszulegen ist, dass er ausschließt, dass der Verkäufer nach nationalem Recht eine Ersatzlieferung für das vertragswidrige Verbrauchsgut verweigern kann, weil sie ihm wegen der Verpflichtung, den Ausbau dieses Verbrauchsguts aus der Sache, in die es eingebaut wurde, und den Einbau des als Ersatz gelieferten Verbrauchsguts in diese Sache vorzunehmen, Kosten verursachen würde, die verglichen mit dem Wert, den das Verbrauchsgut hätte, wenn es vertragsgemäß wäre, und der Bedeutung der Vertragswidrigkeit unverhältnismäßig wären.[24]

---

[23]   Vgl. EuGH, 2685 = NJW 2008, 1433 = EuZW 2008, 310 RN 36 – Quelle.

[24]   Gebr. Weber sowie die deutsche und die österreichische Regierung schlagen vor, diese Frage zu verneinen. Die Richtlinie könne nicht zum Zweck haben, dem Verkäufer die Übernahme wirtschaftlich unsinniger Kosten aufzuerlegen, wenn nur eine einzige Abhilfemöglichkeit bestehe. Zudem enthalte der Wortlaut von Art. 3 Abs. 3 der Richtlinie keinen Hinweis zu diesem Fall. Darüber hinaus müssten in einem solchen Fall nach der Systematik dieses Artikels die in seinem Abs. 3 Unterabs. 2 genannten Kriterien, deren Aufzählung nicht abschließend sei, erst recht beachtlich sein. Zwar sei ein Vergleich mit den Kosten der alternativen Abhilfemöglichkeit nicht möglich, doch könne eine etwaige Unverhältnismäßigkeit anhand der übrigen Kriterien dieses

Nach Art. 3 Abs. 3 Unterabs. 1 der Richtlinie der Verbraucher ist zunächst vom Verkäufer die unentgeltliche Nachbesserung des Verbrauchsguts oder eine unentgeltliche Ersatzlieferung verlangen kann, sofern dies nicht unmöglich oder unverhältnismäßig. Nach Art. 3 Abs. 3 Unterabs. 2 der Richtlinie gilt eine **Abhilfe als unverhältnismäßig**, wenn sie dem Verkäufer Kosten verursachen würde, die angesichts des Wertes, den das Verbrauchsgut ohne die Vertragswidrigkeit hätte, unter Berücksichtigung der Bedeutung der Vertragswidrigkeit und nach Erwägung der Frage, ob auf die alternative Abhilfemöglichkeit ohne erhebliche Unannehmlichkeiten für den Verbraucher zurückgegriffen werden könnte, verglichen mit der alternativen Abhilfemöglichkeit unzumutbar wären.

Daher ist festzustellen, dass zwar Art. 3 Abs. 3 Unterabs. 1 der Richtlinie an sich so offen gefasst ist, dass er auch Fälle der **absoluten Unverhältnismäßigkeit** erfassen kann, dass aber Art. 3 Abs. 3 Unterabs. 2 den Begriff „unverhältnismäßig" ausschließlich in Beziehung zur anderen Abhilfemöglichkeit definiert und damit **auf Fälle der relativen Unverhältnismäßigkeit eingrenzt**. Im Übrigen geht aus dem Wortlaut und der Systematik von Art. 3 Abs. 3 der Richtlinie eindeutig hervor, dass sich dieser auf die beiden Arten der in erster Linie vorgesehenen Abhilfe bezieht, das heißt die Nachbesserung des vertragswidrigen Verbrauchsguts und die Ersatzlieferung.[25]

Wenngleich, wie Gebr. Weber und die deutsche Regierung geltend machen, einige Sprachfassungen dieses elften Erwägungsgrundes, darunter insbesondere die deutsche, nicht ganz eindeutig sind, da sie sich auf andere Abhilfen („anderen") im Plural beziehen, lässt doch eine große Zahl von Sprachfassungen, etwa die englische, die französische, die italienische, die niederländische und die portugiesische, keinen Zweifel daran, dass sich der Gesetzgeber in diesem Erwägungsgrund genauso wie in Art. 3 Abs. 3 der Richtlinie, der in allen Sprachfassungen einschließlich der deutschen den Singular verwendet, nur auf die in dieser Bestimmung in erster Linie vorgesehene andere Abhilfemöglichkeit beziehen wollte, das heißt auf die Nachbesserung des vertragswidrigen Verbrauchsguts oder die Ersatzlieferung.

Folglich zeigt sich, dass der Unionsgesetzgeber dem Verkäufer das Recht zur Verweigerung der Nachbesserung des mangelhaften Verbrauchsguts oder der Ersatzlieferung nur im Fall der Unmöglichkeit oder einer relativen Unverhältnismäßigkeit gewähren wollte. Erweist sich nur eine dieser beiden Abhilfen als möglich,

---

Unterabsatzes ermittelt werden. Im Übrigen sei diese Bestimmung angesichts ihres Zwecks, den Verkäufer vor unangemessenen wirtschaftlichen Nachteilen zu schützen, so auszulegen, dass ein solcher Schutz auch gewährleistet sei, wenn keine alternative Abhilfemöglichkeit bestehe.

[25] Diese Feststellungen werden durch den elften Erwägungsgrund der Richtlinie gestützt, wonach unverhältnismäßig Abhilfen sind, die im Vergleich zu anderen unzumutbare Kosten verursachen, und bei der Beantwortung der Frage, ob es sich um unzumutbare Kosten handelt, entscheidend sein sollte, ob die Kosten der einen Abhilfe deutlich höher sind als die Kosten der anderen Abhilfe.

kann der Verkäufer die einzige Abhilfe, durch die sich der vertragsgemäße Zustand des Verbrauchsguts herstellen lässt, somit nicht verweigern.

Diese vom Unionsgesetzgeber in Art. 3 Abs. 3 Unterabs. 2 der Richtlinie getroffene Entscheidung beruht, wie die belgische und die polnische Regierung sowie die Kommission vorgetragen haben, auf dem Umstand, dass die Richtlinie im Interesse der beiden Vertragsparteien der Erfüllung des Vertrags mittels einer der beiden zunächst vorgesehenen Abhilfen den Vorzug vor einer Auflösung des Vertrags oder der Minderung des Kaufpreises gibt. Diese Entscheidung erklärt sich zudem dadurch, dass sich durch die beiden letztgenannten subsidiären Mittel nicht dasselbe Verbraucherschutzniveau gewährleisten lässt wie durch die Herstellung des vertragsgemäßen Zustands.

Art. 3 Abs. 3 Unterabs. 2 der Richtlinie **schließt folglich aus, dass eine nationale gesetzliche Regelung dem Verkäufer das Recht gewährt, die einzig mögliche Art der Abhilfe wegen ihrer absoluten Unverhältnismäßigkeit zu verweigern,** doch erlaubt dieser Artikel einen wirksamen Schutz der berechtigten finanziellen Interessen des Verkäufers, der zu dem in den Art. 4 und 5 der Richtlinie vorgesehenen hinzukommt.

In diesem Zusammenhang ist im Hinblick auf die besondere Situation, die das vorlegende Gericht prüft, in der die Ersatzlieferung für das vertragswidrige Verbrauchsgut als einzig mögliche Art der Abhilfe deswegen zu unverhältnismäßigen Kosten führen würde, weil das vertragswidrige Verbrauchsgut aus der Sache, in die es eingebaut wurde, ausgebaut und das als Ersatz gelieferte Verbrauchsgut eingebaut werden muss, darauf hinzuweisen, dass Art. 3 Abs. 3 der Richtlinie nicht ausschließt, dass der Anspruch des Verbrauchers auf Erstattung der Kosten für den Ausbau des vertragswidrigen Verbrauchsguts und den Einbau des als Ersatz gelieferten Verbrauchsguts, falls erforderlich, auf einen Betrag beschränkt wird, der dem Wert, den das Verbrauchsgut hätte, wenn es vertragsgemäß wäre, und der Bedeutung der Vertragswidrigkeit angemessen ist. Eine solche Beschränkung lässt das Recht des Verbrauchers, Ersatzlieferung für das vertragswidrige Verbrauchsgut zu verlangen, nämlich unberührt.

In diesem Rahmen ist zu unterstreichen, dass Art. 3 Abs. 3 einen **gerechten Ausgleich zwischen den Interessen des Verbrauchers und denen des Verkäufers herstellen soll**[26], indem er dem **Verbraucher** als schwächerer Vertragspartei einen

---

[26] **Erfüllungsort der Nacherfüllung im Kaufrecht**
   1. Der Erfüllungsort der Nacherfüllung hat im Kaufrecht des Bürgerlichen Gesetzbuches keine eigenständige Regelung erfahren. Für seine Bestimmung gilt daher die allgemeine Vorschrift des § 269 Abs. 1 BGB.

2. Danach sind in erster Linie die von den Parteien getroffenen Vereinbarungen entscheidend. Fehlen vertragliche Abreden über den Erfüllungsort, ist auf die jeweiligen Umstände, insbesondere die Natur des Schuldverhältnisses, abzustellen. Lassen sich auch hieraus keine abschließenden Erkenntnisse gewinnen, ist der Erfüllungsort letztlich an dem Ort anzusiedeln, an welchem der Verkäufer zum Zeitpunkt der Entstehung des Schuldverhältnisses seinen Wohnsitz oder seine gewerbliche Niederlassung (§ 269 Abs. 2 BGB) hatte, BGH, BB 2011, 1679 = NJW 2011, 2278.

Da die Frage des Erfüllungsorts bei der Nacherfüllung im Kaufrecht keine eigenständige Regelung erfahren hat, ist für dessen Bestimmung die allgemeine Vorschrift des § 269 Abs. 1 BGB maßgebend, OLG Köln, Schaden-Praxis 2007, 302 f; vgl. im Ansatz auch OLG München, NJW 2006, 449, 450; Skamel, DAR 2004, 568; für das Werkvertragsrecht vgl. BGH, Urteil vom 8. Januar 2008 – X ZR 97/95, NJW-RR 2008, 724 RN 11. Danach sind in erster Linie die von den Parteien getroffenen Vereinbarungen entscheidend. Fehlen – wie hier – vertragliche Abreden über den Erfüllungsort, ist auf die jeweiligen Umstände, insbesondere auf die Natur des Schuldverhältnisses abzustellen. Lassen sich auch hieraus keine abschließenden Erkenntnisse gewinnen, ist der Erfüllungsort letztlich an dem Ort anzusiedeln, an welchem der Schuldner zur Zeit der Entstehung des Schuldverhältnisses seinen Wohnsitz beziehungsweise seine gewerbliche Niederlassung (§ 269 Abs. 2 BGB) hatte.

Zu den beim Fehlen vertraglicher Vereinbarungen maßgebenden Umständen zählen anerkanntermaßen die Ortsgebundenheit und Art der vorzunehmenden Leistung, Jauernig/Stadler, § 269 RN 8; MünchKommBGB/Krüger, § 269 RN 18; jurisPK-BGB/Kerwer, § 269 RN 16; BeckOKBGB/Unberath, 18. Edition, Stand 1. Februar 2009, § 269 RN 13; vgl. hierzu auch BGH, Urteil vom 22. Oktober 1987 – I ZR 224/85, NJW 1988, 966 zum Erfüllungsort eines Anspruchs auf Erteilung eines Buchauszugs), die Verkehrssitte, örtliche Gepflogenheiten und eventuelle Handelsbräuche (Erman/Ebert, § 269 RN 12; Palandt/Grüneberg, § 269 BGB, RN 12; Staudinger/Bittner, BGB, Neubearb. 2009, § 269 RN 18).

Diese Maßstäbe finden auch beim Nacherfüllungsanspruch Anwendung. **Sein Erfüllungsort entzieht sich einer allgemeinen Festlegung.** Insbesondere kann nicht mit dem Argument, er sei im Hinblick auf die dogmatische Verwandtschaft von Erfüllungs- und Nacherfüllungsanspruch (§ 433 Abs. 1 Satz 1, § 439 BGB) stets mit dem Erfüllungsort des Anspruchs aus § 433 Abs. 1 Satz 1 BGB identisch, auf eine an den jeweiligen Umständen ausgerichtete Prüfung verzichtet werden. Umgekehrt kann der Erfüllungsort der Nacherfüllung beim Kauf – anders als der Bundesgerichtshof dies für das Werkvertragsrecht entschieden hat, BGH, Urteil vom 8. Januar 2008 – X ZR 97/05, RN 13 – nicht generell mit dem Belegenheitsort der beweglichen Sache gleichgesetzt werden. Entgegen einer teilweise vertretenen Auffassung, OLG München, NJW 2006, 450; vgl. auch OLG Celle, a.a.O. RN 27 für den Fahrzeugkauf, ist für die Ermittlung des Erfüllungsorts nicht allein der Umstand entscheidend, dass die Kaufsache nach Abschluss des Kaufvertrags dem Käufer übergeben wurde und sich daher – für beide Vertragsparteien vorhersehbar – bestimmungsgemäß nicht mehr beim Verkäufer befindet. Eine solche Anknüpfung ist schon deswegen nicht tragfähig, weil damit nur ein einzelner Gesichtspunkt und nicht – wie von § 269 Abs. 1 BGB gefordert – alle prägenden Umstände des betroffenen Schuldverhältnisses als Beurteilungsgrundlage herangezogen werden.

Die Bestimmung des § 269 Abs. 1 BGB ermöglicht eine an den konkreten Umständen ausgerichtete Festlegung des Erfüllungsorts der jeweils geschuldeten Leistung und führt damit auch im Rahmen der Nacherfüllung (§ 439 BGB) zu sachgerechten Ergebnissen. Dagegen lassen sich – wie noch näher auszuführen sein wird – weder bei einer generellen Gleichsetzung des Erfüllungsorts der Nacherfüllung mit dem jeweiligen Belegenheitsort der Kaufsache noch bei einer automatischen Übertragung des Erfüllungsorts der ursprünglichen Primärleistungspflicht auf die Nacherfüllung für alle typischen Nacherfüllungssituationen überzeugende Lösungen finden.

In vielen Fällen wird der Erfüllungsort nach den Umständen des Falles am Sitz des Verkäufers anzusiedeln sein. Bei Geschäften des täglichen Lebens, etwa beim Kauf im Ladengeschäft, entspricht es der Verkehrsauffassung, dass die Kunden ihre Reklamationen regelmäßig unter Vorlage der mangelhaften Ware am Sitz des Verkäufers vorbringen, vgl. OLG München, NJW 2007, 3215; Reinking, NJW 2008, 3610; Unberath/Cziupka, S. 874; vgl. auch Faust, JuS 2008, 85. Beim Fahrzeugkauf vom Händler erfordern Nachbesserungsarbeiten in der Regel technisch aufwändige Diagnose- oder Reparaturarbeiten des Verkäufers, die wegen der dort vorhandenen materiellen und personellen Möglichkeiten sinnvoll nur am Betriebsort des Händlers vorgenommen werden können, OLG München, NJW 2007, 3215; 358; Reinking, NJW 2008, 3610; ders., ZfS 2003, 60; Skamel, DAR 2004, 568; ders., ZGS 2006, 228. Hinzu kommt, dass der Belegenheitsort **gerade bei verkauften Fahrzeugen variabel ist.** Fahrzeuge befinden sich typischerweise und bestimmungsgemäß nicht nur am Wohnsitz des Käufers, sondern unterwegs zu den verschiedensten Zielen, wie etwa der Arbeitsstätte, dem Urlaubsort oder sonstigen Reisezielen, vgl. zum ursprüngliche Erfüllungsort der Primärleistungspflicht auch für den Nachbesserungsanspruch aus § 439 Abs. 1 BGB als Erfüllungsort, Jauernig/Berger, BGB, 13. Aufl., § 439 RN 11; MünchKomm-BGB/Krüger, § 269 RN 37; Lorenz, NJW 2009, 1635; Muthorst, ZGS 2007, 370 ff.; Unberath/ Cziupka, JZ 2008, 867 ff.; Haas, in Haas/Medicus/Rolland/Schäfer/Wendtland, Das neue Schuldrecht, 2002, Kap. 5 RN 154; Kandler, Kauf und Nacherfüllung, 2004, S. 442 ff.; Leible in Gebauer/Wiedmann, Zivilrecht unter europäischem Einfluss, 2010, Kap. 10 RN 90; Oechsler, Vertragliche Schuldverhältnisse, 2007, § 2 Rn. 139; Reinking/Eggert, Der Autokauf, 10. Aufl., RN 353 ff.; Schürholz, Die Nacherfüllung im neuen Kaufrecht, 2005, S. 54 ff.

Dagegen erweist sich eine **Gleichsetzung des Erfüllungsorts der Nacherfüllung mit dem Sitz des Verkäufers** insbesondere in den Fällen als **unangemessen**, in denen es um die Nachbesserung von Gegenständen geht, die der Käufer an ihrem Bestimmungsort auf- oder eingebaut hat, oder in denen ein Rücktransport aus anderen Gründen nicht oder nur unter erschwerten Bedingungen zu bewerkstelligen wäre.

Die **Bestimmung des Erfüllungsorts** nach § 269 Abs. 1 BGB unter Berücksichtigung der Umstände des Einzelfalls steht auch mit Art. 3 der Verbrauchsgüterkaufrichtlinie in Einklang. Die Richtlinie erfordert es nicht, als Erfüllungsort der Nacherfüllung stets den Belegenheitsort der Sache anzusehen. Die nach der Richtlinie eröffneten Wertungsspielräume werden im Rahmen der nach § 269 Abs. 1 BGB zu berücksichtigenden Umstände bei richtlinienkonformer Auslegung gewahrt und sachgerecht ausgeschöpft. **Art. 3 Abs. 2 der Verbrauchsgüterkaufrichtlinie räumt einem Verbraucher bei Vertragswidrigkeit der Kaufsache einen Anspruch auf unentgeltliche Herstellung des vertragsgemäßen Zustands des Verbrauchsguts durch Nachbesserung oder Ersatzlieferung nach Maßgabe von Art. 3 Abs. 3 der Richtlinie ein.** Nach Art. 3 Abs. 3 der Richtlinie kann der Verbraucher vom Verkäufer die unentgeltliche Nachbesserung des Verbrauchsgutes oder eine unentgeltliche Ersatzlieferung verlangen, sofern dies nicht unmöglich oder unverhältnismäßig ist. Die Nachbesserung oder die Ersatzlieferung muss innerhalb einer angemessenen Frist und ohne erhebliche Unannehmlichkeiten für den Verbraucher erfolgen, wobei die Art des Verbrauchsgutes sowie der Zweck, für den der Verbraucher das Verbrauchsgut benötigte, zu berücksichtigen sind. Art. 3 Abs. 4 der Richtlinie stellt klar, dass sich der Begriff der Unentgeltlichkeit auf alle für die Herstellung des vertragsgemäßen Zustands des Verbrauchsguts notwendigen Kosten erstreckt, insbesondere auf Versand-, Arbeits- und Materialkosten. Aus der in der Richtlinie geforderten und durch § 439 Abs. 2 BGB im deutschen Recht umgesetzten **Unentgeltlichkeit der Nacherfüllung** ergeben sich **keine Einschränkungen für eine Bestimmung des Erfüllungsorts der Nacherfüllung nach den in § 269 Abs. 1 BGB niedergelegten Grundsätzen.** Zwar schließt die von der Richtlinie verlangte Unentgeltlichkeit jede finanzielle Forderung des Verkäufers gegen den Käufer im Rahmen der Erfüllung seiner Verpflichtung zur Herstellung des vertragsgemäßen Zustands des Verbrauchsguts aus, EuGH, NJW 2008, 1433 RN 34 – Quelle AG/Bundesverband der Verbraucherzentralen und Verbraucherverbände). Die Regelungen über die Kostentragungspflicht sagen jedoch – wie bereits in anderem Zusammenhang ausgeführt – nichts darüber aus, an welchem Ort der Erfüllungsort für Nacherfüllungsansprüche anzusiedeln ist. Die Kostentragungspflicht des Verkäufers wird durch die Lage des Erfül-

umfassenden und wirksamen Schutz dagegen gewährt, dass der Verkäufer seine vertraglichen Verpflichtungen schlecht erfüllt, und zugleich erlaubt, vom Verkäufer angeführte wirtschaftliche Überlegungen zu berücksichtigen.

---

lungsorts nicht berührt. In den Fällen, in denen sich die Nacherfüllung als Bringschuld des Verkäufers darstellt, entstehen die Kosten direkt beim Verkäufer, der diese nach der Kostenverteilungsregel des § 439 Abs. 2 BGB nicht auf den Käufer abwälzen darf. Erfordert die Nacherfüllung, dass der Käufer die Kaufsache zum Verkäufer bringt oder versendet, fallen die Transportoder Versandkosten zwar beim Käufer an. Er kann jedoch gestützt auf § 439 Abs. 2 BGB vom Verkäufer deren Erstattung verlangen (zum Anspruchscharakter des § 439 Abs. 2 BGB vgl. BGH, Urteil vom 15. Juli 2008 – VIII ZR 211/07, RN 9; ausführlich Hellwege, AcP 206 (2006), 136 ff. Ferner kommt angesichts des Schutzzwecks des Unentgeltlichkeitsgebots auch ein Vorschussanspruch des Verbrauchers aus § 439 Abs. 2 BGB in Betracht. Die dem Verkäufer auferlegte Verpflichtung, die Herstellung des vertragsgemäßen Zustands des Verbrauchsguts unentgeltlich zu bewirken, soll den Verbraucher vor drohenden finanziellen Belastungen schützen, die ihn in Ermangelung eines solchen Schutzes davon abhalten könnten, seine Ansprüche geltend zu machen. Ein solcher Hinderungsgrund kann sich für den Verbraucher auch daraus ergeben, dass er mit entstehenden Transportkosten in Vorlage treten muss. Die weitere Vorgabe der Verbrauchsgüterkaufrichtlinie, dass die Nacherfüllung ohne erhebliche Unannehmlichkeiten für den Verbraucher erfolgen muss, eröffnet gewisse Wertungsspielräume, die auch bei der Bestimmung des Erfüllungsorts zu beachten sind.

Urlaubsanspruch erlischt mit Tod des Arbeitnehmers[1]

Mit dem Tod des Arbeitnehmers erlischt sein Urlaubsanspruch gegen den Arbeitgeber. Er wandelt sich nicht nach § 7 Abs. 4 BUrlG in einen Abgeltungsanspruch um, den die Erben nach § 1922 BGB geltend machen könnten. Das hat das Bundesarbeitsgericht mit Urteil vom 20.09.2011 entschieden.[2]

---

[1] Mit Erläuterungen von Prof. Dr. Dr. Siegfried Schwab, Mag. rer. publ., unter Mitarbeit von Diplom-Betriebswirtin (DH) Silke und Referendarin Heike Schwab.

[2] BAG, Urteil vom 20.09.2011 (Az.: 9 AZR 416/10), mit Anm. Bauer, ArbRAktuell 2011, 323508 = ArbRAktuell 2011, 534 – Der Entscheidung, die allerdings bislang nur als Pressemitteilung vorliegt, ist zuzustimmen. Sie bestätigt die bisherige Rechtsprechung, vgl. BAG, NZA 1992, 1088 – Endet das Arbeitsverhältnis mit dem Tod des Arbeitnehmers, so erlischt der gesetzliche Urlaubsanspruch. Es entsteht kein Urlaubsabgeltungsanspruch, der auf den Erben übergehen könnte. Der Anspruch nach § 7 Abs. 4 BUrlG setzt voraus, dass der Arbeitnehmer bei Beendigung des Arbeitsverhältnisses lebt, BAG, Urteil vom 23.06.1992 – 9 AZR 111/91 Nach § 7 Abs. 4 BUrlG ist der Urlaub abzugelten, wenn er wegen Beendigung des Arbeitsverhältnisses ganz oder teilweise nicht mehr gewährt werden kann. Diese Abgeltungsvorschrift ist dahin zu verstehen, dass der Arbeitnehmer bei der Beendigung des Arbeitsverhältnisses noch leben muss. Alles andere würde Sinn und Zweck des Urlaubsanspruchs widersprechen. Einem Toten kann kein Erholungsurlaub mehr gewährt werden. Daher erlischt mit dem Tod der Urlaubsanspruch wegen Unmöglichkeit. Das steht auch nicht im Widerspruch zur Schultz-Hoff-Entscheidung des EuGH, NZA 2009, 135.Anders ist die Rechtslage dagegen, wenn das Arbeitsverhältnis auf Grund Kündigung oder Aufhebungsvertrags endet und der Arbeitnehmer danach stirbt. Dann entsteht mit dem Ende des Arbeitsverhältnisses der Urlaubsabgeltungsanspruch, der vererbbar ist. Dabei kommt es auch nicht darauf an, dass der Arbeitnehmer nach Beendigung des Arbeitsverhältnisses jedenfalls für die Dauer des ihm nicht gewährten Urlaubs noch gelebt hat, arbeitsfähig und arbeitsbereit war und er den Urlaubsabgeltungsanspruch erfolglos gegenüber dem Arbeitgeber geltend gemacht hat. Diese Ansicht, die früher vom BAG, NZA 1997, 879, vertreten worden ist, ist in der Tat wegen der Schultz-Hoff-Entscheidung des EuGH, NZA 2009, 135, und der daraufhin obsoleten Surrogationstheorie nicht mehr einschlägig. So hat das BAG mit seiner Entscheidung vom 09.08.2011, ArbRAktuell 2011, 458, festgestellt, dass der Anspruch auf Abgeltung bestehenden Urlaubs auch bei andauernder Arbeitsunfähigkeit gem. § 7 Abs. 4 BUrlG mit Beendigung des Arbeitsverhältnisses entsteht und sofort fällig wird.

Sachverhalt

Die Klägerin und ihr Sohn sind gemeinschaftliche Erben des im April 2009 verstorbenen Ehemanns der Klägerin (Erblasser). Dieser war seit April 2001 als Kraftfahrer bei der Beklagten beschäftigt. Seit April 2008 bis zu seinem Tod war er durchgehend arbeitsunfähig erkrankt. Urlaub konnte ihm 2008 und 2009 nicht gewährt werden. Das Arbeitsverhältnis der Parteien endete mit dem Tod des Erblassers.

Kein vererbbarer Urlaubsabgeltungsanspruch nach Tod des Arbeitnehmers

Die Klägerin verlangt die Abgeltung des in 2008 und 2009 nicht gewährten Urlaubs. Das Arbeitsgericht hat die Klage abgewiesen. Das Landesarbeitsgericht hat ihr eine Abgeltung von 35 Urlaubstagen in Höhe von 3.230,50 EUR brutto zugesprochen (LAG Hamm, Urteil vom 22.04.2010 – 16 Sa 1502/09).[3] **Die Revision der Beklagten war vor dem Neunten Senat erfolgreich. Der Urlaubsanspruch wandele sich nach dem Tod des Arbeitnehmers nicht nach § 7 Abs. 4 BUrlG in einen vererbbaren Abgeltungsanspruch um.**

Das LAG Hamm führte demgegenüber aus: Die Kl. ist Miterbin ihres 2009 verstorbenen Ehemannes (E). Dieser war seit 2001 bei der Bekl. als Kraftfahrer zu einem durchschnittlichen Monatsgehalt von 2 000 € brutto beschäftigt. Ein schriftlicher Arbeitsvertrag wurde nicht abgeschlossen. 2008 erkrankte E und war durchgängig bis zum Tag seines Todes arbeitsunfähig. Ihm war weder der Urlaub des Jahres 2008 noch der des Jahres 2009 gewährt worden.

Die Kl. forderte die Bekl. auf, den Urlaub des E für die Jahre 2008 und 2009 abzugelten. Diese Forderung wies die Bekl. zurück.

Das ArbGer. hat die Klage der Kl. abgewiesen. Zur Begründung hat es ausgeführt, der dem E zustehende Urlaubsanspruch sei mit dessen Tod erloschen. Nach ständiger Rechtsprechung des BAG bestehe der Inhalt des Urlaubsanspruchs nach §§ 1, 3 BUrlG in der Beseitigung der Arbeitspflicht für die Dauer der Urlaubszeit. Die Arbeitspflicht sei regelmäßig an die Person des Arbeitnehmers gebunden, so dass sie nach seinem Tod nicht mehr entstehe, der Arbeitgeber den Urlaubsanspruch also auch nicht mehr erfüllen könne. Hieraus ergebe sich zugleich, dass E auch keinen Abgeltungsanspruch erworben habe. Ein solcher setze voraus, dass der Arbeitnehmer bei der Beendigung des Arbeitsverhältnisses lebe. Schließlich habe E auch

---

[3] ZEV 2010, 592 = NZA 2011, 106, mit Anm. Bissels, BB 2010, S. 3160.

kein Schadensersatzanspruch zugestanden. Die Bekl. habe die Unmöglichkeit der Abgeltung nicht schuldhaft verursacht. Diese folge allein aus der Beendigung des Arbeitsverhältnisses durch den Tod des E.

Die Klage ist dem Grunde nach gerechtfertigt. Ein Anspruch besteht jedoch nicht in der geltend gemachten Höhe.

E hatte bei seinem Tod Urlaubsansprüche für 35 Urlaubstage. Dieser Anspruch ist nicht mit seinem Tod erloschen. Vielmehr besteht ein Urlaubsabgeltungsanspruch, der als Geldforderung nach § 1922 Abs. 1 BGB ohne weiteres auf die Erben übergegangen ist.

Freilich entspricht es bisheriger ständiger Rechtsprechung des BAG, dass ein Urlaubsabgeltungsanspruch nach § 7 Abs. 4 BUrlG die Erfüllbarkeit des Urlaubsanspruchs voraussetzt. Danach wäre auch für diesen Anspruch maßgeblich, dass der Arbeitnehmer, in dessen Person der Urlaubsabgeltungsanspruch entstanden ist, ihn verwirklichen kann, wenn er bei Fortdauer des Arbeitsverhältnisses jedenfalls für die Dauer seines Urlaubs seine vertraglich geschuldete Arbeitsleistung hätte erbringen können. Hieran fehlt es, wenn der Arbeitnehmer gestorben ist. Auf der Grundlage dieser Rechtsprechung schied die Vererblichkeit von gesetzlichen Urlaubs- und Urlaubsabgeltungsansprüchen schon deshalb aus, weil mit dem Tod des Arbeitnehmers das ausschlaggebende Merkmal der Erfüllbarkeit der Ansprüche endgültig entfallen ist.[4] An dieser Rechtsprechung ist nicht festzuhalten. Ihr Anspruch ist durch europarechtliche Vorgaben geprägt. Das BAG hat in seinem Urteil vom 24.03.2009[5] der Entscheidung des EuGH vom 20. 1. 2009 in der Rs. S6-H5[6] folgend, seine Rechtsprechung aufgegeben, wonach gesetzliche Urlaubsabgeltungsansprüche erlöschen, wenn Arbeitnehmer bis zum Ende des Urlaubsjahres und/oder des Übertragungszeitraums erkrankt, deswegen arbeitsunfähig sind und ihren Urlaubsanspruch nicht haben realisieren können. In diesem Zusammenhang hat es ausgeführt, dass viel dafür spreche, das Ergebnis einer möglichen und gebotenen richtlinienkonformen Auslegung bereits aus einer einschränkenden Gesetzesauslegung i. e. S. zu gewinnen und darauf hingewiesen, dass **das Erfordernis der Erfüllbarkeit der Freistellung, der Verfall des Urlaubsanspruchs und der Surrogationscharakter des Abgeltungsanspruchs im Gesetzeswortlaut nicht ausdrücklich angelegt und dem Gesetzeszusammenhang nicht in einer Weise zu entnehmen sei,** die jede andere Auslegung ausschließe. Der Verfall sei in § 7 Abs. 3 und 4 BUrlG nicht ausdrücklich angeordnet. **Die Abgeltung sei im Wortlaut des § 7 Abs. 4 BUrlG nicht**

---

4 BAG, Urteil vom 18.07.1989, NZA 1990, 238, DB 1989, 2490; v. 26.04.1990, NZA 1990, 940, DB 1990,1925.
5 9 AZR 983/07, NZA 2009, 538.
6 C-350/06, NZA 2009, 135.

davon abhängig gemacht, dass der Urlaubsanspruch erfüllbar sei. Deshalb habe auch der für das Urlaubsrecht zuständige 5. Senat vor 1982 angenommen, dass **Urlaubsabgeltungsansprüche bei krankheitsbedingter Arbeitsunfähigkeit bis zum Ende des Urlaubsjahres und des Übertragungszeitraums nicht verfielen.** Allerdings hat das BAG eine einschränkende Auslegung innerhalb der Grenzen des Wortlauts des nationalen Rechts offen gelassen und jedenfalls eine richtlinienkonforme Rechtsfortbildung durch teleologische Reduktion der zeitlichen Grenzen des §§ 7 Abs. 3 Satz 1, 3 und 4 BUrlG in Fällen krankheitsbedingter Arbeitsunfähigkeit bis zum Ende des Urlaubsjahres und/oder des jeweiligen Übertragungszeitraums für geboten und vorzunehmen gehalten. Die für eine solche Reduktion notwendige verdeckte Regelungslücke i. S. einer planwidrigen Unvollständigkeit des Gesetzes ergebe sich daraus, dass die Gesetzesmaterialien den Fall der krankheitsbedingten Arbeitsunfähigkeit nicht behandelten und dass gerade bei der letzten Modifikation des § 7 BUrlG 1994 das gesundheitspolitische Anliegen des Gesetzgebers unterstrichen worden sei, das sich mit den Zielen der Richtlinie decke. **Auch im vorliegenden Fall hat der verstorbene E seinen Urlaubsanspruch wegen einer lang andauernden Arbeitsunfähigkeit nicht realisieren können. Er hat den Anspruch 2008 damit auf der Grundlage der geänderten Rechtsprechung des BAG über den Übertragungszeitraum hinaus behalten.** Diesen und seinen anteiligen Urlaubsanspruch des Jahres 2009 hat er wegen seiner Arbeitsunfähigkeit bis zum Ende des Arbeitsverhältnisses nicht nehmen können. Damit bestand grundsätzlich ein Urlaubsabgeltungsanspruch.

Ob dieser Anspruch vererblich ist, ist freilich unklar. Soweit hierzu Stellungnahmen vorliegen, wird vertreten, dass das Urteil des EuGH jedenfalls keinen Anlass gebe, die Rechtslage anders zu beurteilen als bisher[7]. Dem ist jedoch deshalb nicht zu folgen, weil die bisherige Rechtsprechung des BAG auf die Erfüllbarkeit des Urlaubsanspruchs durch die Befreiung des Arbeitnehmers von der Arbeitspflicht als Merkmal des Abgeltungsanspruchs angeknüpft hat. Dieses Merkmal ist für Fälle der vorliegenden Art nicht mehr von Bedeutung.

Mit Verweis darauf, dass nach der Vorabentscheidung des EuGH die Abgeltung nicht mehr als Surrogat zu verstehen sei, wird dementsprechend **auch die Konsequenz gezogen, dass mit dem Tod des Arbeitnehmers den Erben ein Abgeltungsanspruch einzuräumen sei.**[8] Dieses Ergebnis dürfte auch für die Ansicht folgerichtig sein, die vertritt, dass nach dem Urteil des BAG vom 24.03.2009 der

---

[7] Bauer/Arnold, NJW 2009, 631.
[8] Düwell, in: MüKo-ArbR, 3. Aufl. 2009, § 78 RN 18.

Abgeltungsanspruch eine Geldleistung ohne strikte Zweckbindung sei.[9] Freilich hat der EuGH das **Bestehen eines Abgeltungsanspruchs gerade damit begründet, dass Art. 7 Abs. 1 der RL 2009/88/EG dem Gesundheitsschutz des Arbeitnehmers dient** und deshalb seine Bedeutung nicht verliert, weil die positive Wirkung des bezahlten Jahresurlaubs durch eine Ruhezeit verwirklicht werden kann, die zu einem späteren Zeitpunkt genommen wird.[10] Dieser Zweck ist mit dem Tod des Arbeitnehmers nicht mehr zu verwirklichen. Wäre bei der durch das BAG vorgenommenen richtlinienkonformen Rechtsfortbildung durch teleologische Reduktion dieser Zweck zu beachten, so ergäben sich Zweifel daran, dass im Falle der Beendigung des Arbeitsverhältnisses durch den Tod des Arbeitnehmers ein Abgeltungsanspruch besteht. Jedoch sind auch andere Fälle denkbar, bei denen mit Beendigung des Arbeitsverhältnisses der Zweck des Gesundheitsschutzes seine Bedeutung verliert, z. B. bei Eintritt in den Ruhestand. Die Gebote der Rechtssicherheit und Rechtsklarheit verbieten es, für jede einzelne Fallgestaltung eine erneute Auslegung des § 7 Abs. 4 BUrlG unter Beachtung der europäischen Vorgaben vorzunehmen. Insoweit ist der Ansicht zu folgen, die im Abgeltungsanspruch eine Geldleistung ohne strikte Zweckbindung sieht.[11]

Wie bereits ausgeführt ist der **Urlaubsabgeltungsanspruch jedoch nicht durch das Merkmal „höchstpersönlich" gekennzeichnet. Höchstpersönlich ist nach § 613 BGB die Verpflichtung zur Arbeitsleistung.** Hieraus hat das BAG in der Vergangenheit geschlossen, dass bei Ende des Arbeitsverhältnisses eines dauerhaft erkrankten Arbeitnehmers der Urlaubsanspruch nicht mehr erfüllt werden könne, weil dieser nicht von seiner Arbeitspflicht befreit werden könne. Ist daran aber aus europarechtlichen Gründen nicht festzuhalten, entsteht vielmehr ein Geldleistungsanspruch, so ist dieser nicht durch die höchstpersönliche Verpflichtung zur Erbringung der Arbeitsleistung charakterisiert. Deutlich wird dies daran, dass bei vollendetem Rechtserwerb des Erblassers – wäre er z. B. einen Tag nach aus anderen Gründen beendeten Arbeitsverhältnis verstorben – der noch nicht erfüllte Urlaubsabgeltungsanspruch ohne Bedenken Bestandteil der Erbmasse wäre. Im Übrigen gilt

---

9   Vgl. Kothe/Beetz, Anm. zu BAG v. 24. 3. 2009, Juris PR-ArbR 25, 2009.
10   EuGH v. 20. 1. 2009, a. a. O., RN 30.
11   Schließlich steht auch die weitere Besonderheit, dass der verstorbene Arbeitnehmer zum Zeitpunkt seines Todes einen Geldleistungsanspruch nicht besessen hat, der Vererblichkeit des Urlaubsabgeltungsanspruchs nicht entgegen. Dieser entsteht, da die Urlaubsabgeltung das Ende des Arbeitsverhältnisses voraussetzt, erst mit dem Tod des Arbeitnehmers. Es handelt sich um einen noch nicht fertigen, im Werden begriffenen Anspruch. Für solche Ansprüche ist indes grundsätzlich anerkannt, dass sie vererbbar sind, Palandt, BGB, 69. Aufl., § 1922 RN 26; Marotzke, in: Staudinger, BGB, § 1922 RN 303 ff., wobei eine Ausnahme bei höchstpersönlichen Angelegenheiten besteht.

auch für den über das Ende des Arbeitsverhältnisses hinaus arbeitsunfähigen Arbeitnehmer, dass die Erbringung der Arbeitsleistung, die höchstpersönlicher Natur ist, nicht mehr möglich ist. Dieser behält nach der geänderten Rechtsprechung des BAG gerade seinen Urlaubsabgeltungsanspruch.

Das BAG hat sich der Rechtsauffassung des LAG Hamm nicht angeschlossen.

Zurückweisung einer Kündigung wegen fehlender Vollmachtsvorlegung[1/2/3]

Für ein Inkenntnissetzen i. S. des § 174 Satz 2 BGB reicht die bloße Mitteilung im Arbeitsvertrag, dass der jeweilige Inhaber einer bestimmten Funktion kündigen dürfe, nicht aus. Erforderlich ist vielmehr ein zusätzliches Handeln des Vollmachtgebers, aufgrund dessen es dem Empfänger der Kündigungserklärung möglich ist, der ihm genannten Funktion, mit der das Kündigungsrecht verbunden ist, die Person des jeweiligen Stelleninhabers zuzuordnen.

Die Parteien streiten noch über den Zeitpunkt der Beendigung des Arbeitsverhältnisses sowie über hiervon abhängige Vergütungsansprüche.

Die Klägerin war bei der Beklagten seit dem 01.04.2008 aufgrund eines bis zum 31.03.2009 befristeten Arbeitsvertrags als Reinigungskraft im Rahmen einer geringfügigen Beschäftigung gegen ein Monatsentgelt von 350 € tätig. Die tägliche Arbeitszeit betrug zwei Stunden bei einer Sechs-Tage-Woche.

---

[1] Mit Anmerkungen von Prof. Dr. Dr. Siegfried Schwab, Mag. rer. publ., unter Mitarbeit von Diplom-Betriebswirtin (DH) Silke und Referendarin Heike Schwab.

[2] Erfordernis des Inkenntnissetzens über Kündigungsvollmacht als gleichwertiger Ersatz zur Vorlage der Vollmacht – Alleinige Mitteilung zur Kündigungsbefugnis des Stelleninhabers im Arbeitsvertrag nicht ausreichend – Erfordernis der Kenntnis der tatsächlichen Inhaberschaft der Stelle; **Inkenntnissetzen über eine Kündigungsberechtigung gem. § 174 Satz 2 BGB muss gleichwertiger Ersatz für die fehlende Vorlage einer Vollmachtsurkunde sein, daher reicht die bloße Mitteilung im Arbeitsvertrag, der jeweilige Inhaber einer bestimmten Stelle sei kündigungsbevollmächtigt, nicht aus.** Der Kündigungsempfänger muss in Kenntnis gesetzt sein, dass der die Kündigung Erklärende auch tatsächlich diese Stelle inne hat, vgl. Arnold, ArbR-Aktuell 2011, 319326 – im vorliegenden Fall meinte der Arbeitgeber, er habe die Kündigungsvollmacht bereits ausreichend durch die Regelung im Arbeitsvertrag bekannt gemacht. Das BAG hat dies zwar im konkreten Fall abgelehnt, jedoch nicht generell ausgeschlossen. Die Besonderheit des Falls lag darin, dass die Arbeitnehmerin erst sehr kurz im Arbeitverhältnis stand und sie auf Grund der Betriebsorganisation mit Erfolg behaupten konnte, den für sie zuständigen Niederlassungsleiter nicht zu kennen. Bei langjährigen Arbeitsverhältnissen werden Arbeitnehmer mit dieser Behauptung wohl kaum Erfolg haben können. Im Übrigen legen die Entscheidungsgründe nahe, dass das BAG den Fall auch dann anders entschieden hätte, wenn dem Arbeitsvertrag ein Hinweis zu entnehmen gewesen wäre, wie der Arbeitnehmer die Person des Niederlassungsleiters hätte in Erfahrung bringen können. Zu denken ist z. B. an einen Hinweis auf einen Aushang im Betrieb, eine Bekanntmachung im Intranet oder sonstige Mitteilungen des Arbeitgebers.

[3] BAG-Urteil vom 14.04.2011 – 6 AZR 727/09, DB 2011, 1334.

Der Arbeitsvertrag der Parteien, in dem unter Ziff. 13 ein Kündigungs- recht vereinbart ist, sieht vor, dass eine Kündigung des Arbeitsverhältnisses auch durch den Objektleiter/Niederlassungsleiter ausgesprochen werden kann.

Mit einem der Klägerin am selben Tag zugegangenen Schreiben vom 25.08.2008 kündigte die Beklagte das Arbeitsverhältnis ordentlich zum 08.09.2008. Das Kündigungsschreiben war unterzeichnet mit:

„i. V. [Unterschrift] D C, Niederlassungsleiter"

Herr C ist seit 01.04.2000 der für die Klägerin zuständige Niederlassungsleiter. Die Klägerin hatte vor der Kündigungserklärung zu ihm keinerlei beruflichen Kontakt und kannte ihn nicht. Sie wusste bis zu diesem Zeitpunkt auch nicht, dass er die Stellung eines Niederlassungsleiters innehatte.

Mit einem der Beklagten am Folgetag zugegangenen Schreiben vom 28.08.2008 wies die Klägerin die Kündigung u. a. wegen der Nichtvorlegung einer Vollmachtsurkunde zurück.

Das ArbG hat die Klage abgewiesen. Auf die Berufung der Klägerin hat das LAG (Hessen – 16 Sa 2254/08) der Zahlungsklage stattgegeben. Die von der Beklagten eingelegte Revision war erfolglos.

Die Kündigung der Beklagten vom 25.08.2008 ist gem. § 174 Satz 1 BGB unwirksam, weil ihr keine Vollmachtsurkunde beigefügt war und die Klägerin die Kündigung deswegen unverzüglich zurückgewiesen hat. Das Zurückweisungsrecht war nicht nach § 174 Satz 2 BGB ausgeschlossen. Die Beklagte hat die Klägerin über das Kündigungsrecht des Niederlassungsleiters C nicht ausreichend in Kenntnis gesetzt.

Das Zurückweisungsrecht war nicht gem. § 174 Satz 2 BGB ausgeschlossen. Die bloße Kundgabe der dem jeweiligen Niederlassungsleiter zur Erklärung von Kündigungen erteilten Innenvollmacht in den Schlussbestimmungen des Arbeitsvertrags reichte nicht aus, um die Klägerin von dessen Bevollmächtigung in Kenntnis zu setzen. Dafür hätte es eines weiteren Handelns der Beklagten bedurft, durch das der Klägerin zumindest aufgezeigt worden wäre, auf welche Weise sie den Namen des aktuellen Niederlassungsleiters erfahren könne. Das ergibt sich aus dem Zweck des § 174 BGB.

§ 174 BGB steht im Zusammenhang mit dem Verbot vollmachtlosen Handelns bei einseitigen Rechtsgeschäften (§ 180 Satz 1 BGB). Hat der Vertreter wie im vorliegenden Fall Vertretungsmacht, ist die Vertretung zwar zulässig. Ohne Nachweis dieser Vollmacht weiß der Empfänger aber nicht, ob das ihm gegenüber vorgenommene einseitige Rechtsgeschäft wirksam ist. § 174 BGB dient dazu, klare Verhältnisse zu schaffen[4]. Der Erklärungsempfänger ist zur Zurückweisung der Kündigung berechtigt, wenn er keine Gewissheit hat, dass der Erklärende wirklich bevollmächtigt ist und sich der Arbeitgeber dessen Erklärung tatsächlich zurechnen lassen muss[5]. Der Empfänger einer einseitigen Willenserklärung soll nicht nachforschen müssen, welche Stellung der Erklärende hat und ob damit das Recht zur Kündigung verbunden ist oder üblicherweise verbunden zu sein pflegt. Er soll vor der Ungewissheit geschützt werden, ob eine bestimmte Person bevollmächtigt ist, das Rechtsgeschäft vorzunehmen. Das Inkenntnissetzen nach § 174 Satz 2 BGB muss darum ein gleichwertiger Ersatz für die fehlende Vorlage der Vollmachtsurkunde sein.

Ausgehend von diesem Zweck des § 174 BGB reicht für ein Inkenntnissetzen i. S. des § 174 Satz 2 BGB die bloße Mitteilung im Arbeitsvertrag, dass der jeweilige Inhaber einer bestimmten Stelle kündigen dürfe, nicht aus. Erforderlich ist vielmehr ein zusätzliches Handeln des Vollmachtgebers, aufgrund dessen es dem Empfänger der Kündigungserklärung möglich ist, der ihm genannten Funktion, mit der das Kündigungsrecht verbunden ist, die Person des jeweiligen Stelleninhabers zuzuordnen.

Nach st. Rspr. des BAG liegt ein Inkenntnissetzen i. S. des § 174 Satz 2 BGB vor, wenn der Arbeitgeber bestimmte Mitarbeiter – z. B. durch die Bestellung zum Prokuristen, Generalbevollmächtigten oder Leiter der Personalabteilung – in eine Stelle berufen hat, die üblicherweise mit dem Kündigungsrecht verbunden ist[6]. Dabei reicht allerdings die bloße Übertragung einer solchen Funktion nicht aus, wenn diese Funktionsübertragung aufgrund der Stellung des Bevollmächtigten im Betrieb nicht ersichtlich ist und auch keine sonstige Bekanntmachung erfolgt. Vielmehr ist es erforderlich, dass der Erklärungsempfänger davon in Kenntnis gesetzt wird, dass der Erklärende diese Stellung tatsächlich innehat.[7] Diese Notwendigkeit ergibt sich daraus, dass die Berufung eines Mitarbeiters auf die Stelle eines Personalleiters oder eine ähnliche Stelle zunächst ein rein interner Vorgang ist. Ein Inkenntnissetzen i. S. des § 174 Satz 2 BGB verlangt aber begriffsnotwendig auch einen äußeren Vorgang,[8] der diesen inneren Vorgang öffentlich macht und auch die

---

[4]   BAG, Urteil vom 20.09.2006 – 6 AZR 82/06, RN 46, 52, BAGE 119 S. 311 = DB 2007 S. 919.
[5]   Vgl. BAG, Urteil vom 20.08.1997 – 2 AZR 518/96, DB 1998 S. 1624.
[6]   BAG, Urteil vom 30.05.1972 – 2 AZR 298/71, BAGE 24 S. 273.
[7]   BAG, Urteil vom 20.09.2006, RN 49; vgl. auch BAG, Urteil vom 09.05.1985 – 2 AZR 355/84; BGH vom 20.10.2008 – II ZR 107/07, RN 11, 14, DB 2008 S. 2641 = NJW 2009, 293.
[8]   § 174 ist direkt auf einseitige empfangsbedürftige, RGRK/Steffen, RN1; Palandt/Ellenberger, RN 2; Soergel/Leptien, RN 7; Rechtsgeschäfte, wie Kündigung, Rücktritt und Anfechtung anwendbar. Nach ganz h. M. unterfallen aber auch **rechtsgeschäftsähnliche Handlungen** der analogen Anwendung des § 174, BGH NJW 2001, 290; Soergel/Leptien, RN7; Erman/Palm, RN 9; Schramm, in MünchKommBGB, RN 3. Dazu zählen insbesondere die Mahnung, BGH, NJW

Arbeitnehmer erfasst, die erst nach einer eventuell im Betrieb bekannt gemachten Berufung des kündigenden Mitarbeiters in eine mit dem Kündigungsrecht verbundene Funktion eingestellt worden sind.[9]

Nicht ausreichend, dass Inhaberschaft einer kündigungsberechtigten Stelle sich aus öffentlich zugänglichen Quellen ergibt, vielmehr muss der Vertretene zusätzlich handeln.

Ist nach einer öffentlich bekannt gemachten Satzung oder einem öffentlich bekannt gemachten Erlass mit dem Bekleiden einer bestimmten Funktion die Kündigungsbefugnis verbunden, muss sich der Erklärungsempfänger zwar die Kenntnis der Satzung oder des Erlasses, aus dem sich das Bestehen der Vertretungsmacht als

---

1983, 1542; Soergel/Leptien, RN 7 und die Fristsetzung, Deggau JZ 1982, 796. Das Zurückweisungsrecht besteht in entsprechender Anwendung des § 174 auch für den Erklärungsempfänger, dem das einseitige Rechtsgeschäft von einem **Boten** übermittelt wird. Er kann von dem Boten die Vorlage der Urkunde über die Botenmacht verlangen, Erman/Palm, RN9; Schramm, in Münch-KommBGB, RN 2; Staudinger/Schilken, RN 4; Soergel/Leptien, RN 7. Sind zur Vertretung mehrere Personen berechtigt **(Gesamtvertretung)** und haben diese eine Person aus ihrem Kreis zur Vornahme eines einseitigen Rechtsgeschäfts ermächtigt, so kann der Erklärungsempfänger entsprechend § 174 bei Nichtvorlage der Ermächtigungsurkunde das Rechtsgeschäft zurückweisen, BAG, NJW 1981, 2374 – Ermächtigung im Sinne von Leitsatz 1 ist eine Erweiterung der gesetzlichen Vertretungsmacht, auf die die Vorschriften über die rechtsgeschäftliche Stellvertretung entsprechend anzuwenden sind. Das gilt auch für die §§ 174, 180 BGB, so dass ein Arbeitnehmer, dem einer von mehreren Gesamtvertretern einer GmbH kündigt, die Kündigung unverzüglich mit der Begründung zurückweisen kann, eine Ermächtigungsurkunde sei nicht vorgelegt worden. Die Zurückweisung der Kündigung aus diesem Grunde braucht zwar nicht ausdrücklich zu erfolgen. Sie muss sich aber aus der Begründung oder aus anderen Umständen eindeutig und für den Kündigenden zweifelsfrei erkennbar ergeben. Das Gleiche gilt, wenn der **Gerichtsvollzieher** bei Zustellung einer einseitigen empfangsbedürftigen Willenserklärung nach §§ 132 Abs. 1, 167 Abs. 2 ZPO die Bevollmächtigung des Auftraggebers nicht nachweist, BGH, NJW 1981, 1210; Schramm RN 4 – Ein einseitiges Rechtsgeschäft, das ein Bevollmächtigter einem anderen gegenüber vornimmt, kann zurückgewiesen werden, falls der Bevollmächtigte eine Vollmachtsurkunde nur in beglaubigter Abschrift vorlegt. Das gilt auch dann, wenn die Willenserklärung durch Vermittlung eines Gerichtsvollziehers zugestellt wird. Die in § 174 BGB enthaltene materielle Regelung, die bei einer Kündigung durch einen Bevollmächtigten die Vorlage von dessen Vollmacht erfordert, wird durch § 167 Abs. 2 ZPO nicht berührt. Nach den Motiven zu dem Entwurf eines BGB ist Zweck des § 174 BGB, demjenigen zu helfen, demgegenüber ein Bevollmächtigter im Namen eines anderen ein einseitiges empfangsbedürftiges Rechtsgeschäft vornimmt. Denn der andere gerät insofern in eine ungünstige Lage, als er, wenn der Bevollmächtigte sich nicht durch eine Vollmacht ausweist, keine Gewissheit darüber hat, ob der Vertretene das Rechtsgeschäft gegen sich bzw. für sich gelten lassen muss, weil bei einseitigen Rechtsgeschäften gem. § 180 S. 1 BGB eine Vertretung ohne Vertretungsmacht unzulässig ist. Deshalb wird dem Empfänger das Recht gegeben, ein ohne Vorlage einer Vollmachtsurkunde vorgenommenes einseitiges empfangsbedürftiges Rechtsgeschäft eines Bevollmächtigten unverzüglich zurückzuweisen. Dem Schutzzweck des § 174 BGB ist aber nicht Genüge getan, wenn die Vollmacht nur in beglaubigter Abschrift vorgelegt wird. Denn aus deren Zustellung ergibt sich lediglich, dass die Vollmacht einmal erteilt war, dagegen nicht, dass sie bei Absendung des Kündigungsschreibens noch bestand, und nicht etwa unter Zurückforderung der Vollmachtsurkunde entzogen worden ist.

[9] Lux, NZA-RR 2008 S. 393 (395 f.).

solcher, d. h. das Kündigungsrecht des jeweiligen Inhabers der in der Satzung oder im Erlass genannten Stelle, zurechnen lassen.[10] Den Anforderungen des § 174 Satz 2 BGB ist aber auch in dieser Konstellation erst dann genügt, wenn der Erklärungsempfänger von der Person des Stelleninhabers in Kenntnis gesetzt ist. Dabei genügt es nicht, dass sich die Zuordnung der Person zur Funktion aus öffentlich zugänglichen Quellen ergibt. Erforderlich ist vielmehr ein zusätzliches Handeln des Vertretenen zur Information des Arbeitnehmers. Dafür reicht es aus, den Arbeitnehmer aufzufordern, sich über die Organisationsstruktur aus den ihm übergebenen Unterlagen oder dem ihm zugänglichen Intranet zu informieren, sofern sich aus diesen Quellen ergibt, wer die mit der Vertretungsmacht verbundene Funktion konkret bekleidet.

Teilt der Arbeitgeber dem Arbeitnehmer bereits im Arbeitsvertrag mit, dass der (jeweilige) Inhaber einer bestimmten Funktion kündigungsbefugt ist, liegt darin die Kundgabe der Erteilung einer Innenvollmacht. Diese Kundgabe bedarf keiner Form und unterliegt auch keiner Inhaltskontrolle nach Maßgabe der §§ 305 ff. BGB, insbes. keiner Kontrolle auf Transparenz und Einhaltung des Überraschungsverbots. Anders als vom Verwender vorformulierte einseitige Erklärungen des Arbeitnehmers sind einseitige Rechtsgeschäfte und rechtsgeschäftsähnliche Handlungen des Verwenders selbst keine AGB i. S. des § 305 BGB.[11]

Die bloße Kundgabe der Erteilung der Innenvollmacht genügt aber den Anforderungen an ein Inkenntnissetzen i. S. des § 174 Satz 2 BGB allein noch nicht. Auch der Hinweis des Kündigenden auf seine Vertreterstellung im Kündigungsschreiben schließt das Zurückweisungsrecht des Arbeitnehmers nicht aus[12]. Erforderlich ist vielmehr ein zusätzliches Handeln des Vollmachtgebers selbst, das es vor Zugang der Kündigungserklärung dem Erklärungsempfänger ermöglicht, die Person des Kündigenden der kündigungsberechtigten Funktion zuzuordnen. Dabei muss nicht zwingend der Kündigungsberechtigte im Arbeitsvertrag namentlich bezeichnet werden. Ausreichend für ein Inkenntnissetzen ist es auch, wenn der Arbeitgeber im Vertrag oder während des Arbeitsverhältnisses dem Arbeitnehmer einen Weg aufzeigt, auf dem dieser vor Zugang der Kündigung immer unschwer erfahren kann, welche Person die Position innehat, mit der nach dem Arbeitsvertrag das Kündigungsrecht verbunden ist. Dabei muss der aufgezeigte Weg dem Arbeitnehmer nach den konkreten Umständen des Arbeitsverhältnisses zumutbar sein und den Zugang zu der Information über die bevollmächtigte Person auch tatsächlich gewährleisten,

---

[10] BAG, Urteil vom 20.09.2006, RN 50; BAG, Urteil vom 18.10.2000 – 2 AZR 627/99, BAGE 96 S. 65 (69) = DB 2001 S. 338.
[11] Däubler/Bonin/Deinert, AGB-Kontrolle im ArbeitsR, 3. Aufl., § 305 RN 7.
[12] Vgl. BAG, Urteil vom 20.09.2006, RN 50; vom 12.01.2006 – 2 AZR 179/05, RN 38, DB 2006 S. 1566.

etwa durch einen Aushang an der Arbeitsstelle, durch das dem Arbeitnehmer zugängliche Intranet oder durch die Möglichkeit der Auskunftseinholung bei einem anwesenden oder zumindest jederzeit leicht erreichbaren Vorgesetzten. Nicht erforderlich ist, dass der Arbeitnehmer von der ihm aufgezeigten Möglichkeit zur Information vor Zugang der Kündigung tatsächlich Gebrauch macht. Den Anforderungen des § 174 Satz 2 BGB ist auch dann genügt, wenn dies nicht oder erst nach Erhalt des Kündigungsschreibens geschieht.

Nacherfüllungspflicht bei unverhältnismäßigen Kosten im Rahmen des Verbrauchsgüterkaufs[1/2/3]

[1] Mit Anmerkungen von Prof. Dr. Dr. Siegfried Schwab, Mag. rer. publ., unter Mitarbeit von Diplom-Betriebswirtin (DH) Silke Schwab und Referendarin Heike Schwab.

[2] BB 2009, 685 = EuZW 2009, 270 = JA 2009, 384 = JuS 2009, 470 = JZ 2009, 310 = NJW 2009, 1660. Der Kl. kaufte im Baustoffhandel der Bekl. Bodenfliesen zum Preis von 1382,27 Euro und ließ sie in seinem Privathaus verlegen. Danach zeigten sich auf der Oberfläche Schattierungen, die auf nicht fachgerechtem Polieren bei der Herstellung beruhten und nicht beseitigt werden konnten. Die Bekl. wies die Mängelrüge des Kl. zurück. Der Kl. forderte Lieferung mangelfreier Fliesen und Zahlung von 5830,57 Euro, was den von einem Sachverständigen veranschlagten Kosten für den Austausch der Fliesen entsprach. Das OLG Frankfurt a. M. als BerGer. verurteilte die Bekl. zur Lieferung mangelfreier Fliesen und zur Zahlung von 2122,37 Euro als den veranschlagten Kosten für den Ausbau und die Entsorgung der mangelhaften Fliesen, BGH, Beschluss vom 14.01.2009 – VIII ZR 70/08, BeckRS 2009, 5318 = EuZW 2009, 270. Der Anspruch des Kl. auf Ersatzlieferung folgt unproblematisch aus §§ 439 Abs. 1 Alt. 2, 437 Nr. 1 BGB. Zum Ersatz der Kosten für den Ausbau der mangelhaften und den Einbau der ersatzweise gelieferten Fliesen konnte die Bekl. nur im Rahmen eines Schadensersatzanspruchs verpflichtet sein. Dieser konnte zum einen darauf gestützt werden, dass die Bekl. zunächst mangelhafte Fliesen geliefert hatte, denn hätte sie von vornherein mangelfrei (oder jedenfalls nicht mangelhaft) geleistet, wären die Kosten für den Ausbau der alten und den Einbau der neuen Fliesen nicht entstanden. Ob es sich insofern um einfachen Schadensersatz nach §§ 280 Abs. 1, 437 Nr. 3 BGB oder um Schadensersatz statt der Leistung nach §§ 280 Abs. 1, 280 Abs. 3, 281 Abs. 1 S. 1 Alt. 2, BGB § 437 Nr. 3 BGB handelt, hängt davon ab, ob Aus- und Einbau von der Nacherfüllung umfasst sind. Falsch deshalb BGH, NJW 2008, 2837 (RN 31), m. Anm. Skamel, NJW 2008, 2820, u. Pfeiffer, LMK 2008, 266216) = JuS 2008, 933 (Faust). Ein solcher Schadensersatzanspruch scheiterte jedoch daran, dass die Bekl. als bloße Händlerin nicht zur Untersuchung der Fliesen verpflichtet war und deshalb den schwer erkennbaren Mangel nicht vor der Lieferung entdecken musste; es fehlte daher am Vertretenmüssen (§ 280 Abs. 1 S. 2 BGB). Aus diesem Grund kam im Übrigen auch ein Anspruch aus § 284 BGB auf Ersatz der Kosten für den Einbau der mangelhaften Fliesen nicht in Betracht. Nach § 439 Abs. 1 BGB kann der Käufer bei der hier betroffenen Art der Nacherfüllung die Lieferung einer mangelfreien Sache verlangen. Dies ist – entsprechend der ursprünglichen Verpflichtung des Verkäufers zur Erfüllung des Kaufvertrages aus § 433 Abs. 1 BGB – allein die Übergabe der mangelfreien Sache und die Verschaffung des Eigentums hieran. Der Ausbau der zuerst gelieferten mangelhaften Sache gehört schon deswegen nicht dazu, weil er sich auf eine andere Sache bezieht als die Lieferung".

Den Unterschied zum Dachziegel-Fall hat er darin gesehen, dass die mangelhaften Fliesen – anders als die nur provisorisch auf dem Dach verlegten Dachziegel im Dachziegel-Fall – durch ihre Verlegung im Haus des Kl. gem. §§ 946, 93, 94 Abs. 2 BGB wesentlicher Bestandteil des Gebäudes geworden sind, der Bekl. deswegen ein Anspruch auf Rückgewähr oder auch nur Wertersatz nach §§ 439, 346 Abs. 1, 346 Abs. 2, Nr. 2, 346 Abs. 3 Nr. 1 Rücknahmeanspruch des Kl. ausgeschlossen ist".

Sind die Bestimmungen des Art. 3 Abs. 3 Unterabs. 1 und 2 der Richtlinie 1999/44/EG des Europäischen Parlaments und des Rates vom 25.05.1999 zu bestimmten Aspekten des Verbrauchsgüterkaufs und der Garantien für Verbrauchsgüter dahin auszulegen, dass sie einer nationalen gesetzlichen Regelung entgegenstehen, wonach der Verkäufer im Falle der Vertragswidrigkeit des gelieferten Verbrauchsgutes die vom Verbraucher verlangte Art der Abhilfe auch dann verweigern kann, wenn sie ihm Kosten verursachen würde, die verglichen mit dem Wert, den das Verbrauchsgut ohne die Vertragswidrigkeit hätte, und der Bedeutung der Vertragswidrigkeit unzumutbar (absolut unverhältnismäßig) wären? Falls die erste Frage zu bejahen ist: Sind die Bestimmungen des Art. 3 Abs. 2 u. Abs. 3 Unterabs. 3 der vorbezeichneten Richtlinie dahin auszulegen, dass der Verkäufer im Falle der Herstellung des vertragsgemäßen Zustands des Verbrauchsgutes durch Ersatzlieferung die Kosten des Ausbaus des vertragswidrigen Verbrauchsgutes aus einer Sache, in die der Verbraucher das Verbrauchsgut gemäß dessen Art und Verwendungszweck eingebaut hat, tragen muss? (Vorlagebeschluss).

Der Kläger kaufte bei der Beklagten, die einen Baustoffhandel betreibt, am 24. Januar 2005 45,36 m² polierte Bodenfliesen eines italienischen Herstellers zum Preis von 1.191,61 € ohne und 1.382,27 € mit 16% Mehrwertsteuer. Er ließ rund 33 m² der Fliesen im Flur, im Bad, in der Küche und auf dem Treppenpodest seines Hauses verlegen. Danach zeigten sich auf der Oberfläche Schattierungen, die mit bloßem Auge zu erkennen sind. Der Kläger erhob deswegen Mängelrüge, die die Beklagte nach Rücksprache mit dem Hersteller am 26. Juli 2005 zurückwies. In

---

3 Der Anspruch des Kl. auf Ersatzlieferung folgt unproblematisch aus §§ 439 Abs. 1 Alt. 2, 437 Nr. 1 BGB. Zum Ersatz der Kosten für den Ausbau der mangelhaften und den Einbau der ersatzweise gelieferten Fliesen konnte die Bekl. nur im Rahmen eines Schadensersatzanspruchs verpflichtet sein. Dieser konnte zum einen darauf gestützt werden, dass die Bekl. zunächst mangelhafte Fliesen geliefert hatte, denn hätte sie von vornherein mangelfrei (oder jedenfalls nicht mangelhaft) geleistet, wären die Kosten für den Ausbau der alten und den Einbau der neuen Fliesen nicht entstanden, ob es sich insofern um einfachen Schadensersatz nach 280 Abs. 1, 437 Nr. 3 BGB oder um Schadensersatz statt der Leistung nach §§ 280 Abs. 1 und Abs.3, 281 Abs. 1 S. 1 Alt. 2, 437 Nr. 3 BGB handelt, hängt davon ab, ob Aus- und Einbau von der Nacherfüllung umfasst sind. Falsch deshalb BGH, 2837 RN 31, m. Anm. Skamel, Nacherfüllung und Schadensersatz beim Einbau mangelhafter Sachen, NJW 2008, 2820, u. Pfeiffer, LMK 2008, 266216 = JuS 2008, 933 (Faust). Ein solcher Schadensersatzanspruch scheiterte jedoch daran, dass die Bekl. als bloße Händlerin nicht zur Untersuchung der Fliesen verpflichtet war und deshalb den schwer erkennbaren Mangel nicht vor der Lieferung entdecken musste; es fehlte daher am Vertretenmüssen (§ 280 Abs. 1 S. 2 BGB). Aus diesem Grund kam im Übrigen auch ein Anspruch aus § 284 BGB auf Ersatz der Kosten für den Einbau der mangelhaften Fliesen nicht in Betracht. Eine Schadensersatzpflicht der Bekl. konnte deswegen nur daraus folgen, dass sie die Nacherfüllung verweigert hatte §§ 280 Abs. 1, 280 Abs. 3, 281 Abs. 1 S. 1 Alt. 1, 437 Nr. 3 BGB. Die entscheidende Frage war daher, ob die Bekl. im Rahmen der Ersatzlieferung auch den Ausbau der mangelhaften und den Einbau der ersatzweise gelieferten Fliesen schuldete.

einem vom Kläger eingeleiteten selbständigen Beweisverfahren kam der Sachverständige zu dem Ergebnis, dass es sich bei den bemängelten Schattierungen um feine Mikroschleifspuren handele, die nicht beseitigt werden könnten, so dass Abhilfe nur durch einen kompletten Austausch der Fliesen möglich sei. Die Kosten dafür bezifferte der Sachverständige mit 5.026,35 € ohne und 5.830,57 € einschließlich 16% Mehrwertsteuer.

Nach vergeblicher Leistungsaufforderung mit Fristsetzung hat der Kläger die Beklagte in dem vorliegenden Rechtsstreit auf Lieferung mangelfreier Fliesen und auf Zahlung von 5.830,57 € nebst Zinsen in Anspruch genommen. Das Landgericht hat die Beklagte aus dem – vom Kläger nicht geltend gemachten – Gesichtspunkt der Minderung zur Zahlung von 273,10 € nebst Zinsen verurteilt und die Klage im Übrigen abgewiesen. Auf die Berufung des Klägers hat das Oberlandesgericht die Beklagte unter teilweiser Abänderung des erstinstanzlichen Urteils zur Lieferung von 45,36 m² mangelfreier Fliesen und zur Zahlung von 2.122,37 € nebst Zinsen verurteilt. Mit ihrer vom Berufungsgericht zugelassenen Revision wendet sich die Beklagte gegen ihre Verurteilung zur Zahlung von 2.122,37 € nebst Zinsen.

Das Berufungsgericht[4] hat im Wesentlichen ausgeführt:

Der Kläger habe gegen die Beklagte einen Anspruch auf Lieferung mangelfreier Fliesen aus § 434, § 437 Nr. 1, § 439 Abs. 1 Fall 2 BGB. Die ihm von der Beklagten verkauften und gelieferten Fliesen seien mangelhaft (§ 434 Abs. 1 Satz 2 Nr. 2 BGB). Gemäß dem Gutachten des gerichtlichen Sachverständigen wiesen sie einen herstellungsbedingten Polierfehler auf, der insbesondere bei Tageslichteinfall in der Fläche sichtbar sei, wie eine Inaugenscheinnahme des Gerichts bestätigt habe. Eine Beseitigung des Mangels (§ 439 Abs. 1 Fall 1 BGB) sei technisch nicht möglich. Die von der Beklagten erhobene Einrede nach § 439 Abs. 3 BGB, dass die vom Kläger verlangte Lieferung mangelfreier Fliesen unverhältnismäßige Kosten verursache, sei unbegründet. Es komme nur eine absolute Unverhältnismäßigkeit (§ 439 Abs. 3 Satz 3 Halbs. 2 BGB) in Betracht. Dabei sei das Interesse des Klägers an der Durchführung der Nacherfüllung gegen das Interesse der Beklagten, nicht mit den dafür anfallenden Kosten belastet zu werden, abzuwägen. Zu diesen Kosten gehörten nicht die des Einbaus der neuen Fliesen, sondern lediglich die für deren Lieferung (rund 1.200 € einschließlich Transport) sowie die für die Beseitigung, also Ausbau und Entsorgung, der mangelhaften Fliesen (rund 2.100 €).

Der Wortlaut des § 439 Abs. 1 Fall 2 BGB, in dem von der „Lieferung einer mangelfreien Sache" die Rede sei, spreche zwar dagegen, die Aus- und Einbaukosten zu den Nacherfüllungskosten zu zählen. Da der Nacherfüllungsanspruch nur ein modi-

---

[4] OLG Frankfurt am Main, OLGR 2008, 325 = ZGS 2008, 315.

fizierter Erfüllungsanspruch sei, sei auch die Annahme fernliegend, dass zu den ursprünglichen kaufvertraglichen Pflichten der Übergabe und Übereignung der Kaufsache zusätzlich bisher nicht geschuldete Handlungspflichten hinzukommen sollten. Andererseits ergebe sich aber aus der Pflicht des Verkäufers, dem Käufer Eigentum und Besitz – nur – an der mangelfreien Kaufsache zu verschaffen, im Umkehrschluss, dass der Käufer nicht verpflichtet sei, neben der mangelfreien Sache auch noch die mangelhafte zu behalten. Daraus folge eine vertragliche Rücknahmeverpflichtung des Verkäufers hinsichtlich der mangelhaften Sache. Damit falle neben der Pflicht zur Mitnahme auch das dieser notwendigerweise vorgelagerte Herausreißen der mangelhaften Fliesen in den Bereich der Nacherfüllungspflicht. Den Gesetzesmaterialien lasse sich zudem entnehmen, dass § 439 BGB der Umsetzung von Art. 3 der Richtlinie 1999/44/EG des Europäischen Parlaments und des Rates vom 25. Mai 1999 zu bestimmten Aspekten des Verbrauchsgüterkaufs und der Garantien für Gebrauchsgüter[5] diene. Bei der gebotenen richtlinienkonformen Auslegung sei zu beachten, dass in Art. 3 Abs. 2 Satz 1 der Richtlinie nicht wie in § 439 Abs. 1 BGB von „Nacherfüllung", sondern von „Herstellung des vertragsgemäßen Zustands des Verbrauchsgutes" die Rede sei und dass die Nacherfüllungsvariante „Lieferung einer mangelfreien Sache" noch mit den Worten „Ersatzlieferung nach Maßgabe des Absatzes 3" umschrieben sei. Danach treffe den Verkäufer mehr als nur die Pflicht zur Übergabe und Übereignung einer mangelfreien Kaufsache. Vielmehr schulde er die „Herstellung" eines vertragsgemäßen „Zustands". Dieser sei dadurch gekennzeichnet, dass die Kaufsache inzwischen bestimmungsgemäß verarbeitet worden sei. Auch der Begriff „Ersatzlieferung" spreche dafür, dass der Verkäufer mehr schulde als nur „Lieferung". Wer eine Sache „ersetze", müsse nicht nur die neue Sache übergeben, sondern auch die alte wegnehmen, weil er sonst „hinzusetze". Das ergebe sich auch aus Art. 3 Abs. 3 Unterabs. 3 der Richtlinie, wonach die Ersatzlieferung „ohne erhebliche Unannehmlichkeiten für den Verbraucher" erfolgen müsse, wobei „die Art des Verbrauchsgutes sowie der Zweck, für den der Verbraucher das Verbrauchsgut benötigte", zu berücksichtigen seien.

Im Rahmen der Abwägung des Interesses des Klägers an der Durchführung der Nacherfüllung einerseits mit dem Interesse der Beklagten daran, **nicht mit unverhältnismäßig hohen Nacherfüllungskosten belastet zu werden**, andererseits könne angesichts des Umstandes, dass die Beeinträchtigung durch die fehlerhaften Fliesen erheblich sei und die Nacherfüllung neben der Lieferung mangelfreier Fliesen nach der nicht angegriffenen Berechnung des gerichtlichen Sachverständigen Kosten von 2.122,37 € einschließlich 19% Mehrwertsteuer verursache, nicht festgestellt

---

[5] ABl. EG Nr. L 171 S. 12.

werden, dass die Nacherfüllung mit unverhältnismäßig hohen Kosten verbunden wäre.

Aus dem Vorstehenden folge, dass der Kläger gegen die Beklagte einen Anspruch auf Zahlung von 2.122,37 € aus § 434, § 437 Nr. 1, § 439 Abs. 1 und 2 BGB in Verbindung mit § 280 Abs. 3, § 281 Abs. 1 und 2 BGB habe. Zwar sehe § 439 Abs. 1 und 2 BGB selbst keinen Zahlungsanspruch vor, sondern verpflichte den Verkäufer nur zur Durchführung der Nacherfüllung auf eigene Kosten. Indem die Beklagte jedoch vorgerichtlich jegliche Ansprüche des Klägers zurückgewiesen habe, habe sie ihre Pflicht zur Nacherfüllung schuldhaft verletzt (§ 281 Abs. 1 BGB) und die Leistung ernsthaft und endgültig verweigert (§ 281 Abs. 2 BGB), so dass es einer Fristsetzung zur Nacherfüllung nicht bedurft habe.

Weitergehende Schadensersatzansprüche wegen schuldhafter Lieferung mangelhafter Fliesen (§ 434, § 437 Nr. 3, § 440, § 280 Abs. 1, § 281 Abs. 1 BGB) stünden dem Kläger mangels Verschuldens der Beklagten nicht zu.

Die Revision ist unzulässig, soweit sie sich gegen die Verurteilung der Beklagten zur Zahlung von 273,10 € nebst Zinsen richtet. In dieser Höhe ist die Beklagte durch das Berufungsurteil nicht beschwert, da sie bereits in erster Instanz zur Zahlung von 273,10 € nebst Zinsen verurteilt worden ist und dagegen keine (Anschluss-)Berufung eingelegt hat.

Soweit die Beklagte zur Zahlung von mehr als 273,10 €, nämlich von weiteren 1.849,27 € nebst Zinsen verurteilt worden ist, hängt die Entscheidung über die – insoweit zulässige – Revision davon ab, ob das Berufungsgericht zu Recht angenommen hat, dass der Kläger von der Beklagten die Kosten des Ausbaus der Fliesen ersetzt verlangen kann. Die Beantwortung dieser Frage ist wiederum von der Auslegung der oben bezeichneten Richtlinie (im Folgenden nur: Richtlinie) abhängig, die hier Anwendung findet, da es sich bei dem **Kaufvertrag der Parteien, wie das Berufungsgericht unwidersprochen unterstellt hat, um einen Verbrauchsgüterkauf** im Sinne von Art. 1 der Richtlinie (und dementsprechend von § 474 Abs. 1 Satz 1 BGB) handelt, bei dem der nicht zu beruflichen oder gewerblichen Zwecken handelnde Kläger als Verbraucher von der gewerblich tätigen Beklagten als Verkäuferin mit den Fliesen ein Verbrauchsgut gekauft hat.

Nach dem nationalen deutschen Recht steht dem Kläger ein Anspruch auf Ersatz der Kosten für den Ausbau der mangelhaften Fliesen nicht zu. Zu Recht und unangegriffen hat das Berufungsgericht insoweit einen Schadensersatzanspruch des Klägers aus § 434 Abs. 1 Satz 2 Nr. 2, § 437 Nr. 3, § 280 Abs. 1 und 3, § 281 Abs. 1 BGB wegen schuldhafter Lieferung mangelhafter Fliesen verneint, weil die Beklagte weder die Lieferung der mangelhaften Fliesen selbst verschuldet noch nach § 278

BGB für ein Verschulden der Herstellerin der Fliesen einzutreten hat.[6] Entgegen der Ansicht des Berufungsgerichts hat der Kläger gegen die Beklagte aber auch keinen Schadensersatzanspruch aus § 434 Abs. 1 Satz 2 Nr. 2, § 437 Nr. 1, 439 Abs. 1 Fall 2, § 280 Abs. 1 und 3, § 281 Abs. 1 und 2 BGB wegen der unterbliebenen Nachlieferung mangelfreier Fliesen. Dabei ist nach dem unstreitigen Sachverhalt und den nicht angegriffenen Feststellungen des Berufungsgerichts davon auszugehen, dass die Fliesen wegen eines nicht zu beseitigenden Polierfehlers mangelhaft sind, Abhilfe nur durch einen kompletten Austausch der Fliesen möglich ist, den die Beklagte ernsthaft und endgültig verweigert hat, und für den Ausbau der mangelhaften Fliesen Kosten in Höhe von 2.122,37 € (einschließlich 19% Mehrwertsteuer) anfallen.

Nach der ganz herrschenden Meinung in der Rechtsprechung[7] kann der Käufer in dem hier in Rede stehenden Fall der Nacherfüllung durch Lieferung einer mangelfreien Sache (§ 439 Abs. 1 Fall 2 BGB) von dem Verkäufer allerdings grundsätzlich den Ausbau der mangelhaften Kaufsache aus einer anderen Sache, in die sie bestimmungsgemäß eingebaut worden ist, und dementsprechend auch – im Wege des Schadensersatzes nach §§ 280, 281 BGB – die Erstattung der Kosten hierfür verlangen. Nach einer anderen Ansicht in der Literatur steht dem Käufer ein solcher Anspruch dagegen nicht zu.[8]

bb) Selbst wenn der erstgenannten Meinung zu folgen sein sollte, kann der Kläger von der Beklagten nach dem nationalen deutschen Recht nicht die Kosten für den Ausbau der mangelhaften Fliesen erstattet verlangen. Entgegen der Auffassung des Berufungsgerichts hat die Beklagte die von dem Kläger begehrte Nacherfüllung durch Lieferung mangelfreier Fliesen und damit auch den Ausbau der mangelhaften Fliesen zu Recht gemäß § 439 Abs. 3 BGB verweigert.

Nach dieser Vorschrift **kann der Verkäufer die vom Käufer gewählte Art der Nacherfüllung verweigern, wenn sie nur mit unverhältnismäßigen Kosten möglich ist** (Satz 1). Das gilt nicht nur dann, wenn die vom Käufer gewählte Art der

---

6   BGH, Urteil vom 15. Juli 2008 – VIII ZR 211/07, zur Veröffentlichung in BGHZ bestimmt, WM 2008, 1890 = NJW 2008, 2837, RN29.

7   Außer dem Berufungsgericht OLG Karlsruhe, ZGS 2004, 432; OLG Köln, NJW-RR 2006, 677; OLG Stuttgart, Urteil vom 8. November 2007 – 19 U 52/07, n.v.; LG Itzehoe, Urteil vom 27. April 2007 – 9 S 85/06, n.v.) und einer verbreiteten Auffassung im Schrifttum (Bamberger/Roth/Faust, BGB, 2. Aufl., § 439 RN 32; Lorenz, ZGS 2004, 408, 410 f.; ders., NJW 2005, 1889, 1895; ders., NJW 2007, 1, 5 (zweifelnd); Pammler in: jurisPK-BGB, 4. Aufl., § 439 RN 51 f.; Schnei-der/Katerndahl, NJW 2007, 2215, 2216; Schneider, ZGS 2008, 177 f.; Terrahe, VersR 2004, 680, 682; MünchKommBGB/Westermann, 5. Aufl., § 439 RN 13; Witt, ZGS 2008, 370.

8   Ayad/Hesse, BB 2008, 1926; AnwK-BGB/Büdenbender, § 439 RN 27 FN 23; Erman/Grunewald, BGB, 12. Aufl., § 439 RN 5; Katzenstein, ZGS 2009, 31 ff.; Staudinger/Matusche-Beckmann, BGB (2004), § 439 RN 21; Oetker/Maultzsch, Vertragliche Schuldverhältnisse, 3. Aufl., § 2 RN 189; Otte, in: FS Schwerdtner, 2003, S. 599, 608; Skamel, NJW 2008, 2820, 2822; Thürmann, NJW 2006, 3457, 3460 f.

Nacherfüllung im Vergleich zu der anderen Art der Nacherfüllung unverhältnismäßige Kosten verursacht (Satz 2 Fall 3; sog. relative Unverhältnismäßigkeit), **sondern auch dann, wenn die vom Käufer gewählte oder die einzig mögliche Art der Nacherfüllung schon für sich allein unverhältnismäßige Kosten verursacht** (sog. **absolute Unverhältnismäßigkeit**), wobei Bezugspunkte der Prüfung in diesem Fall der Wert der Sache in mangelfreiem Zustand (Satz 2 Fall 1) und die Bedeutung des Mangels (Satz 2 Fall 2) sind. Das folgt aus § 439 Abs. 3 Satz 3 Halbs. 2 sowie § 440 Satz 1 Fall 1 BGB, wonach der Käufer beide Arten der Nacherfüllung gemäß § 439 Abs. 3 BGB verweigern kann.

Nach den nicht angegriffenen Feststellungen des Berufungsgerichts ist hier **Nacherfüllung nur durch Lieferung mangelfreier Fliesen möglich, während eine Beseitigung des Mangels der eingebauten Fliesen (§ 439 Abs. 1 Fall 1 BGB) technisch ausgeschlossen ist.** In dem somit gegebenen Fall, dass sich die Nacherfüllung auf eine der beiden Arten des § 439 Abs. 1 BGB beschränkt, kommt im Hinblick auf das Recht des Verkäufers aus § 439 Abs. 3 BGB, die verbleibende Art der Nacherfüllung zu verweigern, naturgemäß nur eine absolute Unverhältnismäßigkeit in Betracht, da der Vergleich mit den Kosten der ausgeschlossenen Art der Nacherfüllung keinen Sinn ergibt. Darüber, wann eine absolute Unverhältnismäßigkeit anzunehmen ist, besteht im Schrifttum keine Einigkeit. Es werden **unterschiedliche Prozentsätze namentlich des Werts der mangelfreien Sache genannt, bei deren Überschreitung die Kosten der Nacherfüllung absolut unverhältnismäßig sein sollen.**[9] Nach der weitestgehenden Ansicht ist in dem – hier gegebenen – Fall, dass der Verkäufer den Mangel nicht zu vertreten hat, absolute Unverhältnismäßigkeit anzunehmen, wenn die Kosten der Nacherfüllung 150% des Werts der Sache im mangelfreien Zustand oder 200% des mangelbedingten Minderwerts übersteigen.[10] Derartige Grenzwerte vermögen zwar eine Bewertung aller Umstände des Einzelfalls nicht zu ersetzen, geben jedoch in Form einer Faustregel einen ersten Anhaltspunkt und wirken damit mangels einer eindeutigen Regelung und einer gefestigten Rechtsprechung der Rechtsunsicherheit entgegen.

Danach ist hier von der absoluten Unverhältnismäßigkeit der vom Kläger begehrten Nacherfüllung durch Lieferung mangelfreier Fliesen auszugehen. Gemäß den nicht angegriffenen Feststellungen des Berufungsgerichts entstehen der Beklagten neben den eigentlichen (Selbst-)Kosten für die Lieferung der mangelfreien Fliesen in Höhe von rund 1.200 € einschließlich Transport die in Rede stehenden Kosten für den Ausbau der mangelhaften Fliesen in Höhe von rund 2.100 € (ein-

---

[9]   Nachweise etwa bei Bamberger/Roth/Faust, a.a.O., § 439 RN 52; Staudinger/Matusche-Beckmann, a.a.O., § 439 RN 43.
[10] Bitter/Meidt, ZIP 2001, 2114, 2121.

schließlich 19% Mehrwertsteuer), mithin insgesamt Kosten von rund 3.300 €. Das sind erheblich mehr als 150% des Werts der mangelfreien Fliesen, der zwar nicht festgestellt ist, jedoch nicht mehr als den für den Erwerb erforderlichen Kaufpreis von 1.418,02 € (einschließlich jetzt 19% Mehrwertsteuer) betragen dürfte, und ebenfalls deutlich mehr als 200% des mangelbedingten Minderwerts der mangelhaften Fliesen, der keinesfalls mehr als den für sie gezahlten Kaufpreis von 1.382,27 € (einschließlich 16% Mehrwertsteuer) beträgt.

b) Der mithin hier entscheidungserhebliche Umstand, dass das nationale deutsche Recht in § 439 Abs. 3 BGB das Recht des Verkäufers, die Nacherfüllung zu verweigern, nicht nur wegen relativer, sondern auch wegen absoluter Unverhältnismäßigkeit der Kosten der Nacherfüllung vorsieht, könnte im Widerspruch zu der Richtlinie stehen. Nach deren Art. 3 Abs. 3 kann der Verbraucher vom Verkäufer im Falle der Vertragswidrigkeit des gelieferten Vertragsgutes die unentgeltliche Nachbesserung des Verbrauchsgutes oder eine unentgeltliche Ersatzlieferung zwar nur verlangen, sofern dies nicht unmöglich oder unverhältnismäßig ist (Unterabs. 1). Eine Abhilfe gilt aber nur dann als unverhältnismäßig, wenn sie „Kosten verursachen würde, die ... verglichen mit der alternativen Abhilfemöglichkeit unzumutbar wären" (Unterabs. 2). Art. 3 Abs. 3 der Richtlinie sieht damit seinem Wortlaut nach – im Gegensatz zu § 439 Abs. 3 BGB – nur die relative Unverhältnismäßigkeit vor. Die Vorschrift des § 439 Abs. 3 BGB wäre daher in Bezug auf die dort geregelte absolute Unverhältnismäßigkeit nur dann richtlinienkonform, wenn sich diese unter den Begriff der Unmöglichkeit in Art. 3 Abs. 3 Unterabs. 1 der Richtlinie subsumieren ließe. Das erscheint angesichts dessen, dass die Richtlinie den Begriff der Unmöglichkeit nicht definiert und damit möglicherweise der Ausfüllung durch das nationale Recht überlässt,[11] nicht von vornherein ausgeschlossen. Hinzu kommt, dass nicht davon ausgegangen werden kann, dass die Richtlinie ausschließlich Fälle physischer Unmöglichkeit gelten lassen und den Verkäufer auch zu einer wirtschaftlich unsinnigen Nacherfüllung verpflichten will.[12] Ansonsten bliebe wohl allenfalls die Möglichkeit, § 439 Abs. 3 BGB im Wege der gebotenen richtlinienkonformen Auslegung[13] oder Rechtsfortbildung[14] dahin einschränkend anzuwenden, dass mit der dort geregelten absoluten Unverhältnismäßigkeit lediglich die Fälle der Unmöglichkeit

---

[11] Vgl. Kirsten, ZGS 2005, 66, 67 f.; Lorenz, in MünchKommBGB, Vor § 474 RN 18; Oetker/Maultzsch, a.a.O., § 2 RN. 216; AnwK-BGB/Pfeiffer, Art. 3 Kauf-RL RN 12.
[12] Faust, in Bamberger/Roth, a.a.O., § 439 RN 53.
[13] EuGH, Urteil vom 10. April 1984 – Rs. 14/83, Slg. 1984, 1891, RN 26, 28 – von Colson und Kamann/Nordrhein-Westfalen; Urteil vom 5. Oktober 2004 – Rs. C-397/01 bis C-403/01, Slg. 2004, I S. 8835, RN 113 – Pfeiffer u. a./Deutsches Rotes Kreuz, Kreisverband Waldshut e.V.
[14] Vgl. dazu BGH, Urteil vom 26. November 2008 – VIII ZR 200/05, RN 21.

nach § 275 Abs. 1 bis 3 BGB erfasst werden.[15] Danach könnte die Beklagte allerdings die Nacherfüllung durch Lieferung mangelfreier Fliesen nicht verweigern. Ein – allein in Betracht zu ziehender – Fall der sogenannten faktischen Unmöglichkeit nach § 275 Abs. 2 BGB liegt angesichts der Beträge, die nach den nicht angegriffenen Feststellungen des Berufungsgerichts zugrunde zu legen sind nicht vor. Bei § 275 Abs. 2 BGB handelt es sich nach allgemeiner Meinung um eine eng auszulegende, nur selten anwendbare Ausnahmevorschrift, die ein grobes Missverhältnis zwischen dem für die Leistung erforderlichen Aufwand des Schuldners und dem Leistungsinteresse des Gläubigers erfordert und damit deutlich strengere Anforderungen stellt als etwa § 439 Abs. 3 BGB für die absolute Unverhältnismäßigkeit.[16]

Angesichts dessen käme es nunmehr auf die Entscheidung der oben offen gebliebenen Frage an, ob der Käufer nach dem nationalen deutschen Recht in dem hier in Rede stehenden Fall der Nacherfüllung durch Lieferung einer mangelfreien Sache (§ 439 Abs. 1 Fall 2 BGB) von dem Verkäufer den Ausbau der mangelhaften Kaufsache aus einer anderen Sache, in die sie bestimmungsgemäß eingebaut worden ist, und dementsprechend auch im Wege des Schadensersatzes die Erstattung der Kosten hierfür verlangen kann.

Das ergibt sich, wie auch das Berufungsgericht erkannt hat, nicht schon aus dem Gesetzeswortlaut. **Nach § 439 Abs. 1 BGB kann der Käufer bei der hier betroffenen Art der Nacherfüllung die Lieferung einer mangelfreien Sache verlangen.** Dies ist – entsprechend der ursprünglichen Verpflichtung des Verkäufers zur Erfüllung des Kaufvertrages aus § 433 Abs. 1 BGB – allein die Übergabe der mangelfreien Sache und die Verschaffung des Eigentums hieran. **Der Ausbau der zuerst gelieferten mangelhaften Sache gehört schon deswegen nicht dazu, weil er sich auf eine andere Sache bezieht als die Lieferung. Aus § 439 Abs. 2 BGB, wonach der Verkäufer die zum Zwecke der Nacherfüllung erforderlichen Aufwendungen, insbesondere Transport-, Wege-, Arbeits- und Materialkosten zu tragen hat,** ergibt sich nichts anderes. Zum Zwecke der Nacherfüllung sind bei ihrer hier in Rede stehenden Art dem Wortlaut nach nur die Aufwendungen für die Lieferung einer mangelfreien Sache erforderlich. Zu dieser gehört, wie ausgeführt, nicht der Ausbau der zuerst gelieferten mangelhaften Sache.

Die Verpflichtung des Verkäufers, dem Käufer die Kosten für den Ausbau der mangelhaften Sache zu erstatten, kann – jedenfalls unter den hier gegebenen Umständen – auch nicht mit den Erwägungen des Senatsurteils in dem sogenannten

---

[15] Staudinger/Matusche-Beckmann, a.a.O., § 439 RN 41; vgl. auch Leible in: Gebauer/Wiedmann, Zivilrecht unter europäischem Einfluss, Kapitel 9 RN 78; dagegen Faust, in Bamberger/Roth.

[16] Palandt/Heinrichs, BGB, 68. Aufl., § 275 RN 27.

Dachziegelfall[17] begründet werden. In dieser Entscheidung aus der Zeit vor der – insbesondere auch der Umsetzung der Richtlinie in das nationale deutsche Recht dienenden – Neuregelung des Kaufrechts durch das Gesetz zur Modernisierung des Schuldrechts vom 26. November 2001 (BGBl. I S. 3138) hat der BGH dem Käufer nach Wandelung des Kaufvertrages (§ 462 BGB a.f.) einen Verzugsschadensersatzanspruch aus § 284 Abs. 1, § 286 Abs. 1 BGB a.F. (jetzt § 280 Abs. 2, § 286 Abs. 1 BGB) gegen den Verkäufer auf Ersatz der Kosten für den Ausbau mangelhafter Dachziegel zuerkannt. Die versäumte Verpflichtung des Verkäufers, die – nur provisorisch auf dem Dach verlegten – Dachziegel abzudecken, hat der Senat dabei aus einem – mit dem Rückgabeanspruch des Verkäufers aus §§ 467, 346 BGB a.F. korrespondierenden – auf dem Dach als „Leistungsstelle" zu erfüllenden Rücknahmeanspruch des Käufers aus besonderem Interesse hergeleitet. Das kommt hier schon deswegen nicht in Betracht, weil die mangelhaften Fliesen – anders als die nur provisorisch auf dem Dach verlegten Dachziegel im Dachziegelfall – **durch ihre Verlegung im Haus des Klägers gemäß §§ 946, 93, 94 Abs. 2 BGB wesentlicher Bestandteil des Gebäudes geworden sind,** der Beklagten deswegen ein Anspruch auf Rückgewähr oder auch nur Wertersatz nach § 439 Abs. 4, § 346 Abs. 1, Abs. 2 Nr. 2, Abs. 3 Nr. 1 BGB nicht zusteht und dementsprechend auch ein damit korrespondierender Rücknahmeanspruch des Klägers ausgeschlossen ist.[18] Der streitige Anspruch des Käufers, im Falle der Nacherfüllung durch Lieferung einer mangelfreien Sache (§ 439 Abs. 1 Fall 2 BGB) von dem Verkäufer den Ausbau der mangelhaften Kaufsache und dementsprechend auch die Erstattung der Kosten hierfür zu verlangen, könnte sich jedoch gemäß der Annahme des Berufungsgerichts[19] aus Art. 3 Abs. 2, Abs. 3 Unterabs. 3 der Richtlinie ergeben, was bei der gebotenen richtlinienkonformen Auslegung von § 439 BGB zu berücksichtigen wäre. Nach Art. 3 Abs. 2 der Richtlinie hat der Verbraucher bei Vertragswidrigkeit des gelieferten Verbrauchgutes in der hier maßgeblichen Alternative Anspruch auf die unentgeltliche Herstellung des vertragsgemäßen Zustands des Verbrauchsgutes durch Ersatzlieferung nach Maßgabe des Absatzes 3. Bereits die Verwendung des Begriffs der Ersatzlieferung könnte darauf hindeuten, dass nicht nur ein vertragsgemäßes Verbrauchsgut zu liefern, sondern darüber hinaus das gelieferte vertragswidrige Verbrauchsgut zu ersetzen und damit zu entfernen ist. Hinzu kommt die Verweisung auf Art. 3 Abs. 3 der Richtlinie. Dort heißt es im Unterabsatz 3 unter anderem, dass die Ersatzlieferung ohne erhebliche Unannehmlichkeiten für den Verbraucher erfolgen

---

[17] BGHZ 87, 104.

[18] Vgl. Schneider/Katerndahl, a.a.O, 2216; Thürmann, a.a.O., 3461.

[19] Vgl. auch Maifeld, BGHRep. 2008, 940, 941; Pammler, a.a.O., RN 53; Witt, a.a.O., 373 f.; a. A. Katzenstein, a.a.O., 35 f.; Thürmann, a.a.O., 3460 f.

muss, wobei die Art des Verbrauchsgutes sowie der Zweck, für den der Verbraucher das Verbrauchsgut benötigte, zu berücksichtigen sind. Die danach gebotene Berücksichtigung der Art und des Verwendungszwecks des Verbrauchsgutes könnte im Zusammenhang mit der nach Absatz 2 erforderlichen Herstellung des vertragsgemäßen Zustands dafür sprechen, dass der Verkäufer im Zuge der Ersatzlieferung mehr als nur die Lieferung des vertragsgemäßen Verbrauchsgutes, nämlich auch die Beseitigung des zunächst gelieferten vertragswidrigen Verbrauchsgutes schuldet, um den nötigen Platz für die art- und zweckentsprechende Verwendung des Ersatzes zu schaffen. Der Ausbau der mangelhaften Fliesen könnte deswegen von der Verpflichtung des Verkäufers zur Ersatzlieferung umfasst werden. Dadurch würde er sich von dem Einbau der als Ersatz zu liefernden neuen Fliesen unterscheiden, der schon deswegen nicht von der **Verpflichtung des Verkäufers zur Ersatzlieferung umfasst wird, weil diese nicht weitergehen kann als die Lieferverpflichtung des Verkäufers aus dem zugrunde liegenden Kaufvertrag und dazu der Einbau der verkauften Fliesen – anders als bei einem Werkvertrag – nicht gehört.**

Kein Aussonderungsrecht in Käuferinsolvenz bei Übertragung des Vorbehaltseigentums durch Vorbehaltsverkäufer[1/2]

[1] Prof. Dr. jur. Dr. rer. publ. Siegfried Schwab, Mag. rer. publ., unter Mitarbeit von Diplom-Betriebswirtin (DH) Silke Schwab und Referendarin Heike Schwab.
In den AGBs der F.AG behielt diese sich bis zur Bezahlung aller gegenwärtigen und künftigen Ansprüche aus den Geschäftsverbindungen der Schuldnerin mit ihr und der Klägerin das Eigentum an den gelieferten Fahrzeugen und sonstigen Erzeugnissen vor. Die F.AG belieferte die Schuldnerin mit Neuwagen. Die Klägerin bezahlte im Auftrag und für Rechnung der Schuldnerin den jeweiligen Rechnungsbetrag an die Lieferantin. Diese trat nach Eingang der Zahlung ihre Ansprüche und Rechte an die Klägerin ab. Siebert, Die Verwertung der unter Eigentumsvorbehalt gelieferten Gegenstände im Umsatzsteuerrecht, NZI 2008, 529 – Gemäß § 449 Abs. 1 BGB ist bei der Auslegung der dinglichen Einigung davon auszugehen, dass der Verkäufer sein Eigentum gem. § 929 S. 1 BGB unter der aufschiebenden Bedingung der vollständigen Zahlung des Kaufpreises übertragen will. Wenn der Käufer den Kaufpreis nicht vollständig zahlt, kann der Verkäufer gem. § 346 Abs. 1 BGB vom Kaufvertrag zurücktreten und die dingliche Einigung widerrufen, Bülow, Recht der Kreditsicherheiten, 7. Aufl. (2007), RN 746 f. Der Verkäufer erlangt durch die Rückgewähr wieder den unmittelbaren Besitz an seinem Gegenstand. In der Insolvenz des Käufers kann der Insolvenzverwalter gem. §§ 103 Abs. 2, 107 Abs. 2 die Erfüllung des Kaufvertrags ablehnen. Bei einem einfachen Eigentumsvorbehalt kann der Verkäufer nach der Ablehnung durch den Insolvenzverwalter sein Eigentum gem. § 47 InsO **aussondern**. Der Verkäufer ist besser gestellt als der Sicherungseigentümer, der gem. § 50 Nr. 1 InsO nur ein Absonderungsrecht hat. Wurde ein verlängerter Eigentumsvorbehalt vereinbart, ist eine Aussonderung des Gegenstands gem. § 47 InsO nur so lange möglich, wie keine Verarbeitung erfolgt ist, Braun/ Bäuerle, InsO, 2. Aufl. (2004), § 47 RN 32; Gogger, Insolvenzgläubiger-Hdb., 3. Aufl. (2007), S. 311. Bei der tatsächlichen Verarbeitung gem. § 950 BGB ist umstritten, ob die Herstellereigenschaft des Verkäufers vereinbart werden kann. Nach herrschender Meinung erwirbt **der Verkäufer nur Sicherungseigentum am neu hergestellten Gegenstand**, Jaeger/Henckel, InsO, 2004, § 47 RN 50; Soergel/Henssler, BGB, 13. Aufl. (2002), Anh. § 929 RN 26.

[2] BGH, Urteil vom 27.03.2008 – IX ZR 220/05, NJW 2008, 1806; BB 2008, S. 1080 = IBRRS 64901 = BeckRS 2008, 06881 – der Bundesgerichtshof geht in seiner Entscheidung zwar im Ausgangspunkt davon aus, dass die F.AG die Neufahrzeuge unter Eigentumsvorbehalt an die Schuldnerin geliefert hat. Der ursprünglich vereinbarte Konzernvorbehalt – das von der Lieferantin vorbehaltene Eigentum sollte auch die Darlehensrückzahlungsansprüche der Klägerin sichern – war bereits in der Entscheidung vom 18.01.2005 (XI ZR340/04, BeckRS 2005, 02248) für nichtig erklärt worden. Wirksam war jedoch der verbleibende **einfache Eigentumsvorbehalt** zu Gunsten der Lieferantin, Kießner, FD-InsR 2008, 259529. Der Bundesgerichtshof geht weiterhin davon aus, dass die ursprüngliche Kaufpreisforderung nach wie vor offen stehe, da die zur Kaufpreisfinanzierung eingeschaltete Klägerin nicht auf diese Forderung gezahlt und sie zur Erlöschung gebracht habe, sondern sie vielmehr durch Ablösung habe erwerben wollen. Auch gegen eine Über-

Überträgt der Vorbehaltsverkäufer[3/4] das Eigentum an der Kaufsache auf eine Bank, die für den Käufer den Erwerb finanziert, kann die Bank das vorbehaltene Eigentum in der Insolvenz des Käufers nicht aussondern; sie ist vielmehr wie ein Sicherungseigentümer lediglich zur abgesonderten Befriedigung berechtigt.

Die M-GmbH (fortan: Händlerin oder Schuldnerin) schloss im Jahr 1999 mit der F-AG (fortan: F-AG oder Lieferantin) einen formularmäßigen Händlervertrag über den Vertrieb von F-Kraftfahrzeugen und den damit verbundenen Kundendienst. Die Händlerin finanzierte ihre Einkäufe (Neuwagen bei der Lieferantin und Gebrauchtwagen bei ihren Kunden) über die Kl., eine zum F-Konzern gehörende Bank. Darüber verhält sich ein zwischen der Händlerin und der Kl. abgeschlossener „Rahmenvertrag für Händler-Einkaufsfinanzierungen …". Zwischen der F-AG und der Kl. bestand schon seit dem Jahr 1992 eine „Generalvereinbarung" über die Einkaufsfinanzierung.

---

tragung des Vorbehaltseigentums von der Lieferantin auf die Klägerin hatte der Bundesgerichtshof nichts einzuwenden. Einen derartigen Übergang des vorbehaltenen Eigentums hatte das oberste Gericht bereits für den Fall anerkannt, dass ein Bürge die verbürgte Schuld des Vorbehaltskäufers ablöst. Auch dann, wenn die Kaufpreisforderung von einem Dritten bezahlt wird, der für diese Forderung die Delkrederehaftung mit der Abrede übernommen hat, dass das Vorbehaltseigentum auf ihn übergeleitet werde, war dies bereits anerkannt. Der Eigentumsvorbehalt hat durch diese Art der Übertragung einen Bedeutungswandel erfahren und steht nunmehr einem Sicherungseigentum gleich. BGH, Urteil vom 15.06.1964 – VIII ZR 305/62, NJW 1964, 1788. BGH, NJW 1985, 2528, die Anm. von Haase, JR 1986, 105, und Nörr, JZ 1985, 1093. Zu BGHZ 132, 6 = NJW 1996, 924 s. Pfeiffer, LM H. 6/1996 § 765 BGB Nr. 105; Wenzel, WiB 1996, 447, und Aden, DZWir 1996, 381.

[3] Der **Eigentumsvorbehalt** (EV) ist das in der Praxis häufigste Sicherungsmittel zur Absicherung offener Kaufpreisforderungen. Der EV gibt dem Verkäufer eine dingliche Sicherheit, wenn der Käufer nicht bereits im Voraus oder Zug um Zug bei der Übergabe des Kaufgegenstandes zahlt, vgl. Eckert in HK-BGB, § 929 RN 37. Der EV beruht auf einer vertraglichen Vereinbarung, dass das Eigentum erst dann auf den Käufer übergehen soll, wenn der gesamte Kaufpreis bezahlt ist. Die für das Verfügungsgeschäft (Abstraktionsprinzip) erforderliche Einigung steht damit unter der aufschiebenden Bedingung (§ 158 Abs. 1 BGB) der vollständigen Bezahlung des Kaufpreises. Bis zum Eintritt der Bedingung bleibt der Verkäufer Eigentümer der Kaufsache. Die Vereinbarung kann ausdrücklich oder stillschweigend getroffen werden, vgl. Saenger, in HK-BGB, § 449 RN 2. Die nachträgliche Begründung eines EV ist durch Abänderungsvertrag möglich; nach h. M. kann der Verkäufer auch bei rechtzeitigem und deutlichem Hinweis mit einem Eigentumsvorbehalt den Eigentumsübergang hindern. Beim verlängerten EV wird der Eigentumsvorbehaltsverkäufer auch dann noch gesichert, wenn sein vorbehaltenes Eigentum an den gelieferten Gegenständen durch Verarbeitung § 950 BGB, Vermischung § 951 BGB oder Weiterveräußerung untergeht. Der **verlängerte EV** erstreckt sich auf die Sourrogate der vertragsmäßigen Verwendung.

[4] Bis zum **Bedingungseintritt** bleibt der Eigentumsvorbehaltsverkäufer Eigentümer der verkauften Sache, ist allerdings in seiner Verfügungsbefugnis zugunsten des Käufers beschränkt § 161 Abs. 1 BGB. Einer möglichen Zwangsvollstreckung in die Kaufsache durch Gläubiger des Vorhaltskäufers kann er mit Drittwiderspruchsklage widersprechen. Bei Insolvenz des Käufers kann der Eigentümer vom Kauf zurück treten, so dass die Bedingung nicht erfüllt ist und er endgültig Eigentümer bleibt. Er kann damit die Aussonderung nach § 47 InSO verlangen.

Gemäß den im Händlervertrag in Bezug genommenen und ihm beigefügten „Allgemeinen Verkaufs- und Lieferbedingungen" behielt sich die F-AG bis zur Bezahlung aller gegenwärtigen und künftigen Ansprüche aus den Geschäftsverbindungen der Händlerin mit der Lieferantin und der Kl. das Eigentum an den gelieferten Fahrzeugen und sonstigen Erzeugnissen vor. Die F-AG belieferte mit dieser Maßgabe die Händlerin mit Neuwagen.

Die Kl. bezahlte im Auftrag und für Rechnung der Händlerin den jeweiligen Rechnungsbetrag an die Lieferantin. Diese trat nach Eingang der Zahlung ihre Ansprüche und Rechte an die Kl. ab. Nachdem über das Vermögen der Schuldnerin im Jahr 2000 ein Insolvenzverfahren eröffnet worden war, machte die Kl. geltend, sie könne die von ihr finanzierten Neuwagen aussondern; an den von ihr finanzierten Gebrauchtwagen stünden ihr Absonderungsrechte zu. Die Parteien vereinbarten, die Fahrzeuge zu verwerten und den auf zwei Sicherheitserlöskonten vereinnahmten Erlös nach Klärung der unter ihnen streitigen Rechtslage an den Berechtigten auszuzahlen. Die Verwertung wurde spätestens Ende 2001 abgeschlossen. Im August 2002 wiesen die beiden Erlöskonten Guthaben von insgesamt 2 124 911,45 Euro auf. Mit der vorliegenden Klage und Widerklage nahmen die Parteien sich wechselseitig auf Zustimmung zur Auszahlung der Kontoguthaben in Anspruch.

Das LG hat der Klage stattgegeben; die weitergehende, durch das Teilanerkenntnisurteil nicht erledigte Widerklage hat es abgewiesen.

Auf die Berufung des Bekl. hat das OLG zunächst der Klage nur noch in Höhe von 50 058,04 Euro stattgegeben und die Kl. im Übrigen verurteilt, der Auszahlung an den Bekl. zuzustimmen.

Der BGH hat durch Beschluss vom 18.01.2005[5] dieses Urteil, soweit es die Kl. beschwert hat, aufgehoben und die Sache an das BerGer. zurückverwiesen. Daraufhin hat dieses den dem Bekl. zustehenden Betrag auf 89 278,41 Euro festgelegt und im Übrigen der Klage unter Abweisung der weitergehenden Widerklage stattgegeben. Der BGH hat die Revision des Bekl. teilweise zugelassen.

---

[5] BGH-Report 2005, 939 = BeckRS 2005, 02248 – Nach § 455 Abs. 2 BGB a.F. ist die Vereinbarung eines Eigentumsvorbehalts zwar nichtig, soweit der Eigentumsübergang davon abhängig gemacht wird, dass der Käufer Forderungen eines Dritten, insbesondere eines mit dem Verkäufer verbundenen Unternehmens erfüllt. Gemäß § 139 BGB ist aber davon auszugehen, dass die Teilnichtigkeit der Vereinbarung den Eigentumsvorbehalt zugunsten der Lieferantin unberührt lässt. Diesem Ergebnis steht auch das für Allgemeine Geschäftsbedingungen maßgebliche Verbot der geltungserhaltenden Reduktion nicht entgegen. Die Eigentumsvorbehaltsklausel ist nach ihrem Wortlaut ohne weiteres sinnvoll trennbar in den inhaltlich zulässigen Eigentumsvorbehalt zugunsten der Lieferantin und in den unzulässigen Konzernvorbehalt.

Aus den Gründen:

Dem verklagten Insolvenzverwalter steht auch die auf den Erlös aus der Verwertung der Neufahrzeuge bezogene 4%ige Feststellungskostenpauschale – also weitere 59402,02 Euro zu. Die Klägerin war hinsichtlich der von der Verwertungsvereinbarung betroffenen Neufahrzeuge nicht zur Aussonderung (§ 47 InsO), sondern lediglich zur abgesonderten Befriedigung (§ 51 InsO) berechtigt.

Allerdings hat die F-AG die Neufahrzeuge unter Eigentumsvorbehalt an die Schuldnerin geliefert. Es war ein erweiterter Eigentumsvorbehalt in der Form eines Konzernvorbehalts vereinbart, weil das von der Lieferantin vorbehaltene Eigentum auch die Ansprüche aus der Geschäftsbeziehung der Händlerin mit der Klägerin sichern sollte. Mit diesem Konzernvorbehalt wollte die Lieferantin Darlehensrückzahlungsansprüche der Kl. mit unter die Deckung durch das vorbehaltene Eigentum nehmen. Dieses sollte auch nach Bezahlung des Kaufpreises durch die Händlerin nicht auf diese übergehen, solange Kreditforderungen der Kl. (etwa Zinsen) noch offen waren. Dieser Konzernvorbehalt war nichtig.[6] Wirksam war jedoch der verbleibende einfache Eigentumsvorbehalt zu Gunsten der Lieferantin.

Das BerGer. hat ausgeführt, die Kaufpreisforderungen seien noch offen. Die im Rahmen der Kaufpreisfinanzierung eingeschaltete Kl. habe nicht auf diese Forderungen gezahlt und sie zum Erlöschen gebracht. Sie habe sie vielmehr durch Ablösung erwerben wollen. Zu diesem Zweck habe sie die der Händlerin versprochenen Kreditbeträge an die F-AG entrichtet. Dagegen könnte Teil B § 4 der Generalvereinbarung sprechen, auf die sich das BerGer. hauptsächlich gestützt hat. Dort heißt es in Nr. 1, die Kl. bezahle „im Auftrag und für Rechnung des Händlers den jeweiligen Rechnungsbetrag" an die Lieferantin (F-AG). Die Nr. 3 lautet, „mit der Bezahlung der Kaufpreisforderung" würden alle Sicherungsrechte, insbesondere der Eigentumsvorbehalt, an die Kl. abgetreten. Auch in Nr. 12a des Rahmenvertrags ist bestimmt, dass „der Lieferant Zug um Zug gegen Zahlung des Kaufpreises durch die Bank alle Sicherungsansprüche (Eigentumsvorbehalte, Bürgschaften und dergleichen) an die Bank abtritt". Da es sich bei dem Rahmenvertrag um einen Formularvertrag handelt, konnte der Händler dies möglicherweise dahin verstehen (§ 305c Abs. 2 BGB), dass er von der Kaufpreisschuld befreit wird, wenn die Bank den entsprechenden Kreditbetrag an die Lieferantin zahlt.

Bedenken könnte auch wecken, dass die Händlerin ihr Anwartschaftsrecht an die Kl. abgetreten hat (Nr. 6 lit. b Rahmenvertrag). In deren Person vereinigen sich nunmehr das vorbehaltene Eigentum und das Anwartschaftsrecht. Insofern liegt eine

---

[6]   § 455 Abs. 2 BGB i.d.F. vom 01.01.1999; vgl. nunmehr § 449 Abs. 3 BGB.

Konfusion[7] vor. Dies hat möglicherweise zur Folge, dass die Auslegungsregel des § 455 Abs. 1 BGB a.f. außer Kraft gesetzt wird. Das vorbehaltene Eigentum wäre dann zu einem (wenngleich schuldrechtlich gebundenen) Volleigentum geworden. Die Händlerin hätte nur noch ihren kaufrechtlichen Übereignungsanspruch gegen die Lieferantin. Sie würde nicht mit der vollständigen Bezahlung des Kaufpreises durch Bedingungseintritt Eigentümerin.

Diese Bedenken haben jedoch zurückzustehen. Der XI. Zivilsenat hat in seinem Beschluss vom 18.01.2005 das erste Berufungsurteil wegen Verletzung des Art. 103 Abs. 1 GG[8] aufgehoben und die Sache zurückverwiesen, weil die Kl. unter Beweisantritt behauptet hatte, es sei mit der Lieferantin vereinbart gewesen, dass diese ihr jeweils bei Eingang des von der Kl. aufgenommenen Darlehensbetrags das Vorbehaltseigentum und den Kaufpreisanspruch gegen die Händlerin übertrage. Den (Zeugen-)Beweis hatte das BerGer. nicht erhoben. Der XI. Zivilsenat hat mithin den Vortrag der Kl., sie habe die Kaufpreisforderung nicht zum Erlöschen gebracht, sondern sie durch Ablösung erworben, als schlüssig betrachtet. An diese Beurteilung, auf der die Aufhebung beruhte, war das BerGer. gebunden (§ 563 Abs. 2 ZPO).[9]

Im Übrigen wird zu zeigen sein, dass selbst dann, wenn der Kaufpreisanspruch und der Eigentumsvorbehalt noch bestehen, die Position der Kl. insolvenzrechtlich nicht stärker ist als die einer Sicherungseigentümerin.

Besteht der Eigentumsvorbehalt fort, ist auch die Ansicht, die Lieferantin habe das vorbehaltene Eigentum auf die Kl. übertragen, nicht zu beanstanden.

Grundsätzlich ist der Vorbehaltsverkäufer nicht gehindert, das vorbehaltene Eigentum zu übertragen.[10]

Die Abtretung der Kaufpreisforderung bewirkt allerdings diesen Rechtsübergang noch nicht. Der Eigentumsvorbehalt ist kein Sicherungsrecht i. S. des § 401 BGB.[11] Vielmehr bedarf es einer besonderen Übertragung durch dingliche Einigung und Abtretung des Herausgabeanspruchs, der gem. § 346 BGB auf Grund des nach § 455 Abs. 1 BGB a.F., § 449 Abs. 1 BGB n.F. ausgeübten Rücktrittsrechts entsteht. Der neue Eigentümer hat das Eigentum vom Berechtigten erworben. Er kann die Sache

---

[7] **Konfusion** [lateinisch] die, Zivilrecht: Vereinigung von Gläubiger und Schuldner in einer Person, z. B. wenn ein Schuldner seinen Gläubiger beerbt.

[8] Art. 103 Abs. 1 GG.

[9] Und genauso verhält es sich – nachdem die Sache erneut in die Revisionsinstanz gelangt ist – mit dem erkennenden Senat, vgl. GmS-OGB, BGHZ 60, 392 [395] = NJW 1973, 1273; BGHZ 132, 6 [10] = NJW 1996, 924; BGH, NJW 1992, 2831 [2832]).

[10] Bülow, Recht der Kreditsicherheiten, 7. Aufl., RN 770; Staudinger/Beckmann, BGB, Neubearb. 2004, § 449 RN 83; H. P. Westermann, in: MünchKomm, 5. Aufl., § 449 RN 23.

[11] BGHZ 42, 53 [56] = NJW 1964, 1788.

aber nicht vom Vorbehaltskäufer herausverlangen, solange es nicht zum Rücktritt gekommen ist. Der Vorbehaltskäufer hat ein Recht zum Besitz gegenüber dem Verkäufer und kann diese Einwendung gem. § 986 Abs. 2 BGB gegenüber dem Rechtsnachfolger des Verkäufers geltend machen. Vom Kaufvertrag zurücktreten kann nur der Verkäufer, es sei denn, der Erwerber des vorbehaltenen Eigentums hat mit dem Verkäufer eine Vertragsübernahme vereinbart, wozu es entweder einer dreiseitigen Vereinbarung oder einer solchen zwischen der ausscheidenden und der neuen Partei mit Zustimmung der verbleibenden bedarf.[12] Mit vollständiger Zahlung des Kaufpreises erwirbt der Vorbehaltskäufer das Eigentum, der Erwerber verliert es.

Der Vorbehaltsverkäufer kann das vorbehaltene Eigentum auch auf jemanden übertragen, der den Kaufpreis finanziert, ohne die betreffende Forderung gem. § 267 BGB zum Erlöschen zu bringen, dem diese Forderung abgetreten wird und der des Eigentums als Sicherungsmittel bedarf, solange der Vorbehaltskäufer die Kaufpreisschuld und die – um die Darlehenszinsen höhere – Kreditschuld nicht tilgt. Das Eigentum bleibt auch nach der Übertragung auf den Kreditgeber Vorbehaltseigentum, weil dem Vorbehaltskäufer die Einwendung gem. § 986 Abs. 2 BGB auch gegenüber dem Kreditgeber zusteht.

Der BGH hat einen derartigen Übergang des vorbehaltenen Eigentums für den Fall anerkannt, dass ein Bürge die verbürgte Schuld des Vorhaltskäufers ablöst, und in gleichem Sinne entschieden, falls die Kaufpreisforderung von einem Dritten bezahlt wird, der für diese Forderung die Delkrederehaftung[13] mit der Abrede über-

---

[12]   BGH, NJW 1985, 2528 [2530]; Palandt/Grüneberg, BGB, 67. Aufl., § 398 RN 38.

[13]   Das Delkredere (von ital. del credere „des Glaubens") ist eine **Garantie** für die Zahlungsfähigkeit eines **Schuldners**. Dabei übernimmt der Delkrederegeber gegenüber dem **Gläubiger (Kreditgeber)** die **Haftung** für den Fall der **Zahlungsunfähigkeit** des Schuldners. Es handelt sich um ein Einstehen für fremde Schuld, das der **Bürgschaft** nahe steht, vgl. Wikipedia. Nach § 394 Abs. 1 HGB setzt die Delkrederehaftung eine vertragliche Vereinbarung oder einen Handelsbrauch am Ort seiner Niederlassung voraus, vgl. Häuser, in **Münchener Kommentar um Handelsgesetzbuch**, § 394 HGB, RN 5. § 394 [Delkrederehaftung des Kommissionärs]
(1) Der Kommissionär hat für die Erfüllung der Verbindlichkeit des Dritten, mit dem er das Geschäft für Rechnung des Kommittenten abschließt, einzustehen, wenn dies von ihm übernommen oder an seinem Orte seiner Niederlassung Handelsgebrauch ist.
(2) ¹Der Kommissionär, der für den Dritten einzustehen hat, ist dem Kommittenten für die Erfüllung im Zeitpunkte des Verfalls unmittelbar insoweit verhaftet, als die Erfüllung aus dem Vertragsverhältnisse gefordert werden kann. ²Er kann eine besondere Vergütung (Delkredereprovision) beanspruchen.
Im Unterschied zum Delkredere des Handelvertreters (im Zweifel eine einfache Bürgschaft) entsteht die Haftung hier nicht nur aus Übernahme, sie entsteht unmittelbar kraft Gesetzes (§ 394 Abs. 2) und ist nicht zwingend ausgestaltet. Anders als die normale Garantie setzt sie das Bestehen der Verbindlichkeit des Dritten voraus. Auf ein Eigeninteresse des Kommissionärs an der Erfüllung kommt es nicht an, Hopt, in Baumbach/Hopt, Handelsgesetzbuch, § 394 RN 2. Der Kommittent trägt nach dem gesetzlichen Leitbild das wirtschaftliche Risiko des Ausführungsgeschäfts, weil der Kommissionär für seine Rechnung handelt und ihm also grundsätzlich nicht für

nommen hat, dass das Vorbehaltseigentum auf ihn übergeleitet werde.[14] Der nunmehr zu entscheidende Fall unterscheidet sich hiervon dadurch, dass der Dritte – die Kl. – für die Kaufpreisforderung nicht gehaftet, sondern seinem Kunden – der Schuldnerin – dafür Kredit gegeben hat. Dieser Unterschied erscheint jedoch unwesentlich.

Die Kl. Hat mit der Zahlung jeweils den Antrag auf Abschluss der Abtretungsvereinbarung und Übereignung nach § 931 BGB verbunden. Diesen Antrag hat die F-AG spätestens mit Übersendung des Kfz-Briefs an die Kl. angenommen.

Diese Art der Abwicklung war bereits in Teil B § 4 der zwischen der F-AG und der Kl. getroffenen „Generalvereinbarung" aus dem Jahr 1992 vorgesehen. Darin heißt es:

„1. Die von F ... gelieferten Fahrzeuge ... werden dem Händler von F in Rechnung gestellt. Der Händler beantragt mit Abschluss des Rahmenvertrags für Händler-Einkaufsfinanzierungen vorab für alle bei F ... bestellten Fahrzeuge ab dem Zeitpunkt der Rechnungsstellung eine Finanzierung in Höhe des Rechnungsbetrags bei der ... [Kl.]. [Diese] ... bezahlt sodann im Auftrag und für Rechnung des Händlers den jeweiligen Rechnungsbetrag an F ..., sofern im Rahmen des Kreditlimits liegend. ... Mit der Zahlung der ... [Kl.] an F ... tritt F ... an die ... [Kl.] alle Ansprüche aus den jeweiligen Lieferungen gegen den Händler ab. Mit der Bezahlung der Kaufpreisforderung werden zugleich alle zu Gunsten der F ... bestehenden Sicherungsrechte (Eigentumsvorbehalt, Bürgschaft und dergleichen) an die ... [Kl.] abgetreten ..."

Damit in Einklang steht der zwischen der Kl. und der Schuldnerin abgeschlossene Rahmenvertrag.[15] Danach ist jede Kfz-Finanzierung ein Einzeldarlehen (Nr. 1). Der Händler beantragt vorab für alle Fahrzeuge, die er bei der Lieferantin bestellt, ab dem Zeitpunkt der Rechnungsstellung eine Finanzierung jeweils in Höhe des Rechnungsbetrags. Der Darlehensantrag des Händlers gilt mit der Zahlung der Kl. an die Lieferantin, die für Rechnung des Händlers erfolgt, als angenommen (Nr. 4). Unter der Nr. 6 ist vereinbart (mit der „Bank" ist dabei die Kl. gemeint):

„Bank und Händler sind sich hiermit einig, dass der Händler der Bank zur Sicherung aller Ansprüche der Bank gegen den Händler folgende Sicherheiten, gegebenenfalls im Voraus, abtritt und dass die Bank die Abtretung annimmt:

---

die Erfüllung der Verbindlichkeiten des Dritten aus dem Ausführungsgeschäft haftet, sondern nur für die Ausführung des Kommissionsauftrags mit der Sorgfalt eines ordentlichen Kaufmannes einzustehen (§ 384 Abs. 1) und das aus dem Ausführungsgeschäft Erlangte herauszugeben hat, so Häuser, a.a.O., RN 1.

[14] BGHZ 42, 53 [56] = NJW 1964, 1788.
[15] Weil es sich um ein bundesweit benutztes Formular handelt.

a) Alle gegenwärtigen und zukünftigen Ansprüche gegen Dritte auf Zahlung des Kaufpreises aus abgeschlossenen und noch abzuschließenden Fahrzeugverkäufen;

b) Rechte an den jeweils zu finanzierenden Fahrzeugen:

bei Darlehen zur Finanzierung von neuen Fahrzeugen erfolgt der Übergang des (Vorbehalts-)Eigentums durch Abtretung des Herausgabeanspruchs des Lieferanten direkt – ohne Zwischenerwerb des Händlers – vom Lieferanten auf die Bank. ...

Die Einigung über den Übergang des Eigentums bzw. des Anwartschaftsrechts liegt in der Stellung des Darlehensantrags durch den Händler, die Annahme des Antrags durch Zahlung des Rechnungsbetrags seitens der Bank. Eigentum und Eigentumsanwartschaftsrecht gehen mit Verbringung der Gegenstände zum Händler auf die Bank über."

Der Eigentumsvorbehalt hat durch diese Art der Übertragung einen Bedeutungswandel erfahren. Er steht nunmehr einem Sicherungseigentum gleich und berechtigt infolgedessen nur noch zur abgesonderten Befriedigung.

[Grundsätzlich kann eine Sache, die unter einfachem Eigentumsvorbehalt veräußert worden ist, in der Insolvenz des Vorbehaltskäufers, der den Kaufpreis noch nicht vollständig bezahlt hat, vom Verkäufer ausgesondert werden.[16] Im Zuge der Diskussion über die Reform des Insolvenzrechts ist vorgeschlagen worden, den Vorbehaltsverkäufer aus dem Kreis der Aussonderungsberechtigten herauszunehmen und ihm nur noch ein Absonderungsrecht zu gewähren. Bis heute wird die Ansicht vertreten, auch der einfache Eigentumsvorbehalt sei der Sache nach nur ein besitzloses Pfandrecht an eigener Sache.[17] Der Gesetzgeber der Insolvenzordnung hat sich dem nicht angeschlossen, weil der Warenkreditgeber, der die ihm gehörende Kaufsache dem Schuldner übergeben hat, ohne die vollständige Gegenleistung zu erhalten, schutzwürdiger erschien als ein Geldkreditgeber, dem eine Sache als Sicherheit überlassen worden ist.[18] Die Verlängerungs- und Erweiterungsformen des Eigentumsvorbehalts werden – wie bereits unter dem Recht der Konkursordnung – als Sicherungsübertragungen angesehen; sie berechtigen demgemäß in der Insolvenz des Vorbehaltskäufers – nach Eintritt des Verlängerungs- bzw. Erweiterungsfalls –

---

[16] Ganter, in: MünchKomm-InsO, 2. Aufl., § 47 RN 62; Jaeger/Henckel, InsO, § 47 RN.

[17] Bülow, WM 2007, 429 [432]; ebenso bereits Berger, Eigentumsvorbehalt u. AnwartschaftsR – besitzloses Pfandrecht und Eigentum, 1984, S. 121; Serick, Eigentumsvorbehalt u. Sicherungsübereignung – neue Rechtsentwicklungen, 1993, S. 216.

[18] Marotzke, in: Leipold, InsolvenzR im Umbruch, S. 187 f.; Hilgers, Besitzlose Mobiliarsicherheiten im Absonderungsverfahren unter besonderer Berücksichtigung der Verwertungsprobleme, 1994, S. 77.

nur zur abgesonderten Befriedigung.[19] Der Grund hierfür liegt darin, dass diese Sicherungsformen, obgleich ihnen ein Warenkredit vorausgegangen ist, auch wirtschaftlich nur noch die Funktion eines Pfandrechts haben. Der nunmehr verfolgte Sicherungszweck könnte genauso gut mit einer Sicherungsübertragung erreicht werden.

Wäre der zwischen der F-AG und der Händlerin in der Form eines Konzernvorbehalts vereinbarte erweiterte Eigentumsvorbehalt wirksam gewesen, hätte die Kl. fraglos nur die Stellung als Absonderungsberechtigte gehabt. Die Bezahlung eines der Kaufpreissumme entsprechenden Betrags durch die Kl. an die Lieferantin und die dadurch ausgelöste Abtretung des Kaufpreisanspruchs an die Kl. hätte – auf den Eigentumsvorbehalt bezogen – den Eintritt des Erweiterungsfalls bedeutet. Denn die Verkäuferin (F-AG) hätte keine Ansprüche mehr gehabt. Es wäre nur noch um die Sicherung von Ansprüchen der Kl. gegangen.

Dass die F-AG und die durch den Konzernvorbehalt begünstigte Kl. es nicht bei dieser Sicherung belassen, sondern eine weitere Sicherung – nämlich die Abtretung des vorbehaltenen Eigentums an die Kl. – vereinbart haben, hätte daran nichts Wesentliches geändert. Da der erweiterte Eigentumsvorbehalt der Kl. nur ein Absonderungsrecht verschaffte, konnte sie ihre Stellung nicht dadurch verbessern, dass sie sich das vorbehaltene Eigentum abtreten ließ.

Die Kl. kann auch nicht daraus Vorteile herleiten, dass der erweiterte Eigentumsvorbehalt lediglich als einfacher Eigentumsvorbehalt wirksam ist. Auch wenn von Anfang an nur ein solcher vereinbart worden wäre, hätte er jetzt – nach Überleitung auf die Kl. – in der Insolvenz der Händlerin wegen Funktionsgleichheit mit einem Sicherungseigentum keine Aussonderungskraft, sondern berechtigte nur zur abgesonderten Befriedigung.

Das – zur Aussonderung berechtigende – vorbehaltene Eigentum[20] n.F. ist originäres Eigentum des Vorbehaltsverkäufers; das Eigentum der Kl. ist – wie bei der Sicherungsübereignung – abgeleitetes Eigentum.

Das originäre Eigentum der F-AG und das abgeleitete Eigentum der Kl. dienen unterschiedlichen Sicherungszwecken. Jenes sicherte einen Warenkredit, dieses sichert – wie bei der Sicherungsübereignung – einen Geldkredit.

Solange das vorbehaltene Eigentum noch der Verkäuferin (F-AG) gehörte, sicherte es ausschließlich deren durch den Rücktritt vom Kfz-Kaufvertrag aufschie-

---

[19] Vgl. BGHZ 55, 20 = NJW 1971, 799 [betr. den erweiterten Eigentumsvorbehalt]; Ganter, in: MünchKomm-InsO, § 47 RN 93, 114; Jaeger/Henckel, § 47 RN 51; Gottwald, InsolvenzR-Hdb., 3. Aufl., § 43 RN 26, 30.

[20] Nach § 455 BGB a. F., § 449 BGB.

bend bedingten Herausgabeanspruch, also den Warenkredit.[21] (Diesen Anspruch sichert es – seit es auf die Kl. übergegangen ist – nicht mehr. Denn zum Rücktritt vom Kaufvertrag kann es nicht mehr kommen. Die Verkäuferin (F-AG) kann nicht mehr zurücktreten, weil sie keine offene Forderung mehr hat, deren Nichterfüllung als Leistungsstörung i.S. von §§ 323ff. BGB angesehen werden könnte. Die Kl. kann nicht zurücktreten, weil sie zwar Gläubigerin des Kaufpreisanspruchs, jedoch nicht in den Kaufvertrag zwischen der F-AG und der Händlerin eingetreten ist.

Dennoch hat auch die Abtretung des Eigentumsvorbehalts Sicherungscharakter. Dies kommt in Nr. 6 lit. b des Rahmenvertrags zum Ausdruck. Danach tritt der Käufer „zur Sicherung aller Ansprüche der Bank gegen den Händler" an die Kl. seine „Rechte an den jeweils zu finanzierenden Fahrzeugen" ab. Rechtsgrund des Abtretungsvertrags ist somit ein Sicherungsvertrag. Als abzutretendes Recht wird ausdrücklich der Eigentumsvorbehalt aufgeführt. Diesen konnte die Händlerin der Kl. nicht verschaffen, weil er nicht ihr, sondern der F-AG zustand. Deshalb ist weiter vorgesehen, dass die Kl. sich den Eigentumsvorbehalt – ohne Zwischenerwerb der Händlerin – direkt von der F-AG übertragen lässt.

Durch die oben dargestellte Konfusion ist der Sicherungscharakter des vorbehaltenen Eigentums nicht entfallen. Die Kl. hat sich sicherungshalber von der Lieferantin deren vorbehaltenes Eigentum verschafft. Ebenfalls sicherungshalber hat sie sich von der Händlerin deren Anwartschaftsrecht abtreten lassen. Das Ergebnis dieser Kombination zweier Sicherheiten kann seinerseits auch nur Sicherungscharakter haben.

Bereits aus dem Vorstehenden wird deutlich, dass sich der Sicherungszweck im Laufe der Abwicklung des finanzierten Kaufvertrags geändert hat. Der Eigentumsvorbehalt sichert nunmehr ausschließlich den Darlehensrückzahlungsanspruch der Kl. gegen die Händlerin, also einen Geldkredit. Nur dieser Anspruch kam vor der Abtretung als zu sichernder Anspruch i. S. von Nr. 6 lit. b des Rahmenvertrags in Betracht. Einen anderen Anspruch hatte die Bank nicht.

Dass zwischen der Kl. und der Händlerin eine Kreditbeziehung besteht, steht fest. Der Kredit ist verzinslich. Die Kaufpreisforderung aus dem Kfz-Kauf besteht fort und ist ebenfalls an die Bank abgetreten worden. Der Eigentumsvorbehalt hat diese Forderung aber nicht gesichert, bevor es zur Abtretung von der F-AG an die Kl. kam, und deshalb sichert er die Kaufpreisforderung auch nicht bei der Zessionarin. Der Kaufpreisanspruch ist für die Kl. selbst nur ein Sicherungsmittel oder die vermeintlich notwendige Grundlage eines Sicherungsmittels (nämlich des vorbehalte-

---

[21] Vgl. BGHZ 54, 214 [219] = NJW 1970, 1733; Ganter, in: MünchKomm-InsO, § 47 RN 55; Jaeger/Henckel, § 47 RN 43; Gaul, ZInsO 2000, 256 [258]; a. A. Bülow, WM 2007, 432.

nen Eigentums). Die Kl. wollte für ihr Darlehen an die Händlerin eine Sicherheit haben. Dazu wollte sie das vorbehaltene Eigentum der F-AG erwerben, und das konnte sie – wie sie meinte – nur, wenn deren Kaufpreisanspruch nicht durch Erfüllung erlosch und damit das vorbehaltene Eigentum durch Eintritt der aufschiebenden Bedingung an die Schuldnerin fiel. Die F-AG war nicht daran interessiert, den Kaufpreisanspruch zu behalten, hatte sie doch einen entsprechenden Betrag von der Kl. erhalten. Deshalb lag es nicht fern, das vorbehaltene Eigentum mitsamt dem Kaufpreisanspruch an die Kl. abzutreten. Da der Kaufpreisanspruch letztlich nur eine Sicherungsfunktion für den Darlehensrückzahlungsanspruch hat, muss die Sicherungsnehmerin (Kl.) zunächst versuchen, den gesicherten Anspruch (also den Darlehensrückzahlungsanspruch) zu realisieren, bevor sie dies hinsichtlich des Kaufpreisanspruchs darf. Erst wenn feststeht, dass der Sicherungsnehmer aus dem gesicherten Anspruch keine vollständige Befriedigung erlangt hat oder erlangen wird, ist der Sicherungsfall gegeben. Da der Darlehensrückzahlungsanspruch der Kl. verzinslich ist, der Kaufpreisanspruch jedoch nicht, hat jener für die Kl. auch wirtschaftlich eine wesentlich größere Bedeutung als der Kaufpreisanspruch.

Verschafft sich ein Geldkreditgeber zur Sicherung seiner Forderung das Sicherungsmittel eines Warenkreditgebers, kann er seine insolvenzrechtliche Stellung dadurch nicht verbessern. Der Vorbehaltsverkäufer hat, falls der Käufer nicht sogleich zahlen kann, regelmäßig nur das vorbehaltene Eigentum als Sicherungsmittel. Aus diesem Grunde gilt er als besonders schutzbedürftig, und im Wesentlichen deshalb wird ihm ein Aussonderungsrecht und nicht bloß ein Absonderungsrecht zugebilligt. Demgegenüber hat der Geldkreditgeber ungleich mehr Sicherungsmöglichkeiten. So hätte sich die Kl. beispielsweise auch durch ein Pfandrecht bzw. das Sicherungseigentum an den finanzierten Pkws sichern können. Auch will der Geldkreditgeber durch die Finanzierung des Erwerbs für den Händler regelmäßig nicht in den Warenkreislauf eingebunden werden.[22] Er hat dem Schuldner keine Ware, sondern einen Kredit „verkauft". In ihrem Interesse zur Absicherung des Darlehensrückzahlungsanspruchs unterscheidet sich die Kl. in nichts von solchen Finanzierungsbanken, die den Erwerb einer Sache für den Käufer finanzieren und sich von diesem dessen Anwartschaft auf Erwerb des Eigentums sicherungshalber übertragen lassen.[23] In diesem Fall erhält der Geldkreditgeber mit der Befriedigung des Lieferanten Sicherungseigentum. Der Geldkreditgeber hat wegen seiner noch offenen Kreditforderung nur ein Absonderungsrecht.

---

[22] Das ist etwa beim Herstellerleasing anders, vgl. Ganter, in: MünchKomm-InsO, § 47 RN 221, 230.
[23] Vgl. dazu Ganter, in: Schimansky/Bunte/Lwowski, BankR-Hdb., 3. Aufl., § 95 RN 72.

Die Schuldnerin hat ihre Darlehensverbindlichkeit gegenüber der Kl. durch eine Drittsicherheit.[24] nämlich durch das der Lieferantin zustehende Eigentum, besichert. Dazu bedurfte es zwangsläufig der Mitwirkung der Lieferantin. Hätte die Schuldnerin das Eigentum als eigene Sicherheit übertragen können, wäre dies eine Sicherungsübereignung gewesen, die in der Insolvenz der Schuldnerin nur zur Absonderung berechtigt hätte. Der Umstand, dass das Eigentum als Drittsicherheit zur Verfügung gestellt wird, rechtfertigt insolvenzrechtlich keine andere Bewertung.

Gemäß der zwischen den Parteien getroffenen Verwertungsvereinbarung steht dem Bekl. somit aus dem Verwertungserlös – über den vom BerGer. zugesprochenen Betrag hinaus – noch ein weiterer Betrag in Höhe der Feststellungskostenpauschale für die Neufahrzeuge zu. Da die Kl. insoweit lediglich absonderungsberechtigte Gläubigerin war und die betreffenden Fahrzeuge sich im Besitz des Bekl. befanden, war dieser zur Verwertung berechtigt (§ 166 Abs. 1 S. 1 InsO) und durfte aus dem Verwertungserlös die Kosten der Feststellung und der Verwertung vorweg für die Insolvenzmasse entnehmen (§ 170 Abs. 1 S. 1 InsO).[25]

---

[24] Vgl. Ganter, in: Schimansky/Bunte/Lwowski, § 90 RN 270.

[25] Exkurs: **Man unterscheidet folgende Arten des Eigentumsvorbehalts:**
Der **einfache** Eigentumsvorbehalt besteht an der Kaufsache bis zur Zahlung des Kaufpreises (aufschiebende Bedingung). Mit deren Eintritt wird der Vorbehaltskäufer Eigentümer, und der Eigentumsvorbehalt erlischt.
Beim **verlängerten Eigentumsvorbehalt** soll der Eigentumsvorbehaltsverkäufer auch dann noch gesichert werden, wenn sein vorbehaltenes Eigentum an den von ihm gelieferten Gegenständen durch deren Verarbeitung oder Weiterveräußerung untergeht. Der verlängerte Eigentumsvorbehalt erstreckt den Eigentumsvorbehalt auch auf die Surrogate aus der Verarbeitung oder Weiterveräußerung.
Im Falle der Verarbeitung von unter Eigentumsvorbehalt gelieferten Stoffen zu einer neuen Sache würde der Eigentumsvorbehalt wegen des gesetzlichen Eigentumserwerbs des weiterverarbeitenden Käufers nach § 950 BGB untergehen. Um diese Gefahr zu vermeiden, lässt die Rechtsprechung eine vertragliche Bestimmung des Herstellers i.S.v § 950 Abs. 1 S. 1 zu, BGHZ 14, 117; 20, 159; 46, 118f. Damit kann ein am Produktionsvorgang völlig unbeteiligte Stofflieferant „Hersteller" sein, also unmittelbar durch die Verarbeitung Eigentümer der neuen Sache werden. Dies bedeutet, dass bei einer Lieferung des Stoffes unter **Eigentumsvorbehalt mit Verarbeitungsklausel** der Lieferant, nicht aber der Verarbeiter gemäß § 950 Hersteller und Eigentümer der neuen Sache wird.
Gestattet der Verkäufer dem Käufer die **Weiterveräußerung der unter Eigentumsvorbehalt gelieferten Waren** (§ 185 Abs. 1 BGB), so geht der Eigentumsvorbehalt durch die Weiterveräußerung unter, weil dritte Abkäufer das Eigentum vom Verfügungsbefugten erwerben. Der Eigentumsvorbehaltsverkäufer wird gegen dieses Risiko in der Weise gesichert, dass der Käufer seine künftigen Kaufpreisforderungen aus dem Weiterverkauf der Waren dem Verkäufer zur Sicherung abtritt (verlängerter Eigentumsvorbehalt mit Vorausabtretungsklausel). Die Gestattung der Weiterveräußerung hängt in diesem Fall von der Wirksamkeit der Vorausabtretung ab, Jauernig, 929 RN 28. Dabei wird dem Käufer i.d.R. die Weiterveräußerung im ordentlichen Geschäftsverkehr gestattet.
Die Vorausabtretung künftiger Forderungen setzt voraus, dass diese bestimmbar sind, also im Zeitpunkt ihrer Entstehung nach Höhe und Person des Schuldners bestimmt werden können,

BGHZ 26, 183. Die Vorausabtretung ist dann unwirksam, wenn der Vorbehaltskäufer mit Dritten ein Abtretungsverbot (§ 399 HS. 2 BGB) vereinbart hat, BGH, NJW 88, 1210; krit: Wagner JZ 88, 698. Die **Vorausabtretung künftiger Forderungen** im Hinblick darauf, dass sie sich auch auf die Verdienstspanne des Vorbehaltkäufers erstreckt, kann zu einer **Übersicherung des Eigentumsvorbehaltsverkäufers** führen. Die Vorausabtretungsklausel ist an § 138 Abs. 1 BGB (Sittenwidrigkeit) bzw. § 307 Abs. 1 BGB (unangemessene Benachteiligung des Eigentumsvorbehaltskäufers) zu messen. Entscheidend ist, ob sie individuell oder in AGB vereinbart wurde. Die Frage, wann eine Übersicherung vorliegt, beurteilt sich nach denselben Maßstäben wie bei der Sicherungsübereignung.

Probleme entstehen häufig dann, wenn die Sicherungsinteressen verschiedener Beteiligter einander widersprechen. Dazu kommt es insbesondere, wenn einerseits ein **verlängerter Eigentumsvorbehalt vereinbart** wird, zum anderen aber die gleichen Forderungen auch im Wege der so genannten Globalzession abgetreten wurden (Kollision zwischen verlängertem Eigentumsvorbehalt und Globalzession). In diesen Fällen gilt im Regelfall das Prioritätsprinzip, d. h. **die vorausgehende Abtretung macht spätere Abtretungen derselben Forderungen gegenstandslos.** Danach ist im Regelfall die Globalzession vorrangig. Die Vorausabtretung aufgrund des verlängerten Eigentumsvorbehalts geht regelmäßig ins Leere, da sie zeitlich später erfolgt.

Die Globalzession ist aber insoweit nichtig gemäß § 138 Abs. 1, als sie auch künftige Forderungen erfassen soll, die der Zedent seinem künftigen Warenlieferanten aufgrund eines **verlängerten Eigentumsvorbehalts branchenüblich abtreten muss und abtritt.** Hier stützt sich das Unwerturteil objektiv auf den vorprogrammierten Vertragsbruch des Zedenten, subjektiv auf die Kenntnis der Vertragsparteien, für die bei Branchenüblichkeit der Lieferung unter verlängertem Eigentumsvorbehalt eine tatsächliche Vermutung spricht, BGHZ 55, 35; 98, 315.

Ein **weitergeleiteter Eigentumsvorbehalt** liegt vor, wenn ein Eigentumsvorbehaltskäufer unter **Aufdeckung des Eigentumsvorbehalts** seines Verkäufers Sachen an einen Abkäufer weiterveräußert. **Bedingung für den Eigentumserwerb des Abkäufers ist die Bezahlung der Kaufpreisforderung** des Eigentumsvorbehaltsverkäufers, nicht des Eigentumsvorbehaltskäufers. Der Abkäufer wird erst dann Eigentümer, wenn er den Eigentumsvorbehaltsverkäufer befriedigt hat, nicht bereits dann, wenn er an den Käufer zahlt, BGH NJW 91, 2285.

Beim **nachgeschalteten Eigentumsvorbehalt** deckt der Eigentumsvorbehaltskäufer den Eigentumsvorbehalt **nicht** auf. Er verkauft unter Vorbehalt des „eigenen Eigentums", mit der Folge, dass zwei Eigentumsvorbehaltsverkäufe mit unterschiedlichen Bedingungen i.S.d § 449 **hintereinander geschaltet** sind, BGH NJW 82, 2371. Hier erwirbt der **Abkäufer zunächst ein Anwartschaftsrecht**, und zwar entweder nach §§ 929, 185 Abs. 1, wenn der **Vorbehaltskäufer zur Verfügung in eigenem Namen berechtigt** war, oder nach §§ 929, 932, wenn eine Ermächtigung nicht vorlag und der Abkäufer gutgläubig war. Der **Eigentumsvorbehaltsverkäufer verliert sein Eigentum erst, wenn eine der beiden Kaufpreisforderungen getilgt wird,** BGH NJW 71, 1038.

Der **erweiterte** Eigentumsvorbehalt sichert nicht nur die Kaufpreisforderung der verkauften Sache, sondern noch **weitere Forderungen.** Bedingung und Eigentumserwerb sind erst dann erfüllt, wenn **alle gesicherten Forderungen getilgt sind.** Dabei werden **zwei Hauptformen** unterschieden: Der Kontokorrentvorbehalt sichert auch alle weiteren, insbesondere künftigen Forderungen des Eigentumsvorbehaltsverkäufers aus der Geschäftsverbindung mit dem Eigentumsvorbehaltskäufer. Dagegen sichert der Konzernvorbehalt **Forderungen anderer Gläubiger** des Eigentumsvorbehaltsverkäufers, die demselben „Konzern" wie der Eigentumsvorbehaltsverkäufer angehören. Die Vereinbarung eines Konzernvorbehalts ist unwirksam § 449 Abs. 3 BGB.

Umdeutung einer außerordentlichen Kündigung[1/2]

1. Ein wichtiger Grund zur Kündigung kann nicht nur in einer erheblichen Verletzung der vertraglichen Hauptleistungspflichten liegen. Auch die schuldhafte Verletzung von Nebenpflichten kann eine außerordentliche Kündigung rechtfertigen.
2. Da die ordentliche Kündigung die übliche und regelmäßig ausreichende Reaktion auf die Verletzung einer Nebenpflicht ist, kommt eine außerordentliche Kündigung nur in Betracht, wenn das Gewicht einer solchen Pflichtverletzung durch erschwerende Gründe verstärkt wird.
3. Ein vorsätzlicher und nachhaltiger Verstoß des Arbeitnehmers gegen berechtigte Weisungen des Arbeitgebers ist „an sich" als wichtiger Grund zur außerordentlichen Kündigung geeignet.
4. Eine nach § 626 Abs. 1 BGB unwirksame außerordentliche Kündigung[3] kann nach § 140 BGB in eine ordentliche Kündigung umgedeutet werden, wenn

---

[1] Mit Erläuterungen von Prof. Dr. Dr. Siegfried Schwab, Mag. rer. publ., unter Mitarbeit von Diplom-Betriebswirtin (DH) Silke und Referendarin Heike Schwab. **Eine unwirksame außerordentliche Kündigung kann nach § 140 BGB in eine ordentliche Kündigung umgedeutet werden, wenn dies dem mutmaßlichen Willen des Kündigenden entspricht** und dieser Wille dem Kündigungsempfänger im Zeitpunkt des Kündigungszugangs erkennbar ist. Die Voraussetzungen für eine Umdeutung richten sich nur nach § 140 BGB. Die Umdeutung einer außerordentlichen Kündigung in eine ordentliche Kündigung setzt hiernach voraus, dass eine ordentliche Kündigung dem mutmaßlichen Willen des Kündigenden entspricht und dass dieser Wille dem Kündigungsempfänger im Zeitpunkt des Zugangs der Kündigung erkennbar geworden ist, BAG, NJW 1988, 581 = NZA 1988, 129. beruht auf dem Gedanken, dass es den am Privatrechtsverkehr teilnehmenden Rechtssubjekten weniger auf die Rechtsform ihres Rechtsgeschäfts als auf dessen wirtschaftlichen Erfolg ankommt. Im Zweifel wird ihnen jedes rechtlich zulässige Mittel recht sein, das ihnen diesen Erfolg, wenn schon nicht in vollem Umfang, so doch wenigstens annähernd vermittelt, BGH, NJW 1963, 340.

[2] BAG, Urteil vom 12.05.2010 – 2 AZR 845/08, NZA 2010, 1348 = BeckRS 2010, 74394, mit Anm. Günther, ArbRAktuell 2010, 310449 = ArbRAktuell 2010, 604 – **Nebenpflichtverletzungen, die einen wichtigen Grund i.S.v. § 626 BGB darstellen können, sind z. B. Beleidigungen, üble Nachrede oder Verleumdungen zum Nachteil des Arbeitgebers, eine bewusste und gewollte Geschäftsschädigung des Arbeitgebers oder auch unerlaubte private Telefongespräche**, die auf Kosten des Arbeitgebers geführt werden, Müller-Glöge, § 626 BGB RN 60 ff. Ebenso können unzulässige Raucherpausen oder private Internetnutzung während der Arbeitszeit zur außerordentlichen Kündigung berechtigen, vgl. Günther/Vietze, ArbRAktuell 2010, 492. Es ist jedoch in jedem Einzelfall eine Interessenabwägung vorzunehmen und zu prüfen, ob vor dem Ausspruch einer fristlosen Kündigung zunächst eine Abmahnung erteilt werden muss.

dies – für den Empfänger erkennbar – dem mutmaßlichen Willen des Kündigenden entspricht.[4]

Der Kläger hat – soweit noch von Bedeutung – beantragt

1. festzustellen, dass das Arbeitsverhältnis der Parteien durch die Kündigung vom 31. Januar 2007 nicht aufgelöst worden ist;
2. festzustellen, dass das Arbeitsverhältnis durch die Kündigung vom 23. Februar 2007 weder fristlos noch ordentlich aufgelöst worden ist.

Der Beklagte hat beantragt, die Klage abzuweisen. Er hat die Auffassung vertreten, schon die fristlose Kündigung sei gerechtfertigt. Der Kläger habe das Schulexemplar der Jahresarbeit von S. unbefugt entwendet, rechtswidrig zurückgehalten und gefälscht. Dies wiege angesichts bestehender Differenzen über die Bewertung der Ar-

---

[3] Die Ausschlussfrist des § 626 Abs. 2 BGB beginnt, wenn der Kündigungsberechtigte eine zuverlässige und möglichst vollständige positive Kenntnis der für die Kündigung maßgebenden Tatsachen hat, die ihm die Entscheidung ermöglichen, ob die Fortsetzung des Arbeitsverhältnisses zumutbar ist oder nicht. Nur der Arbeitgeber ist nach den genannten gesetzlichen und tariflichen Regelungen zur Kündigung berechtigt. Neben den Mitgliedern der Organe von juristischen Personen und Körperschaften gehören zu den Kündigungsberechtigten auch die Mitarbeiter, denen der Arbeitgeber das Recht zur außerordentlichen Kündigung übertragen hat. Die Kenntnis anderer Personen ist für die Zwei-Wochen-Frist grundsätzlich unbeachtlich. Dies gilt auch dann, wenn den Mitarbeitern Aufsichtsfunktionen übertragen worden sind, BAG, Urteil vom 28. 10. 1971 – 2 AZR 32/71 – BAGE 23, 475, 480 = AP BGB § 626 Ausschlussfrist Nr. 1; 26.11.1987 – 2 AZR 312/87 – RzK I 6 g Nr. 13. Nur ausnahmsweise muss nach der Rechtsprechung des Senats der Arbeitgeber sich die Kenntnis auch anderer Personen nach Treu und Glauben zurechnen lassen. Diese Personen müssen allerdings eine herausgehobene Position und Funktion im Betrieb oder der Verwaltung haben und tatsächlich sowie rechtlich in der Lage sein, einen Sachverhalt – der Anhaltspunkte für eine außerordentliche Kündigung bietet – so umfassend klären zu können, dass mit ihrer Meldung der Kündigungsberechtigte ohne weitere Erhebungen und Ermittlungen seine (Kündigungs-)Entscheidung treffen kann. Dementsprechend muss der Mitarbeiter in einer ähnlich selbständigen Stellung sein, wie ein gesetzlicher oder rechtsgeschäftlicher Stellvertreter des Arbeitgebers, BAG, Urteil vom 05.05.1977 – 2 AZR 297/76 – BAGE 29, 158, 164 = AP BGB § 626 Ausschlussfrist Nr. 11; 26.11.1987 – 2 AZR 312/87 – RzK I 6 g Nr. 13; 18.05.1994 – 2 AZR 930/93 – AP BGB § 626Ausschlussfrist Nr. ; zusammenfassend: KR/Fischermeier 8. Aufl. § 626 BGB RN 355; Stahlhacke/Preis Kündigung und Kündigungsschutz im Arbeitsverhältnis 9. Aufl. RN 852. Hinzu kommen muss nach der Senatsrechtsprechung weiter, dass die verspätet erlangte Kenntnis des Kündigungsberechtigten in diesen Fällen auf einer unsachgemäßen Organisation des Betriebs oder der Verwaltung beruht, obwohl eine andere betriebliche Organisation sachgemäß und zumutbar gewesen wäre. Beide Voraussetzungen – ähnlich selbständige Stellung und schuldhafter Organisationsmangel – müssen kumulativ vorliegen, BAG, Urteil 18.05.1994 – 2 AZR 930/93; KR/Fischermeier 8. Aufl. § 626 BGB, RN 355.

[4] **Eine Umdeutung einer außerordentlichen in eine ordentliche Kündigung ist grundsätzlich nur insoweit möglich, als die Beteiligung der Personalvertretung den Voraussetzungen entspricht,** die für eine ordentliche Kündigung in den einzelnen Personalvertretungsgesetzen der Länder oder des Bundes vorgesehen sind. Hat allerdings der Personalrat einer außerordentlichen Kündigung, zu der er nur anzuhören ist, ausdrücklich zugestimmt, deckt dies regelmäßig auch eine Beteiligung zur ordentlichen Kündigung ab, Urteil vom 23.10.2008 – 2 AZR 388/07, BeckRS 2009, 54457

beit besonders schwer. Außerdem habe sich der Kläger über das erteilte Hausverbot hinweggesetzt und die gesetzlichen Vorschriften für Abiturprüfungen für Waldorfschulen missachtet. Die Ausschlussfrist des § 626 Abs. 2 BGB sei gewahrt. Jedenfalls habe das Arbeitsverhältnis mit Ablauf der Kündigungsfrist geendet. Einer Abmahnung habe es nicht bedurft. Die Durchführung des in der Schulordnung vorgesehenen Schlichtungsverfahrens sei keine Wirksamkeitsvoraussetzung für eine Kündigung. Die Ausübung des Kündigungsrechts sei kein „Konfliktfall" im Sinne der dortigen Regelungen. Außerdem sei das Verfahren auch durchgeführt worden, es sei nur gescheitert.

Die außerordentliche Kündigung vom 23. Februar 2007 ist unwirksam. Es fehlt an einem wichtigen Grund zur Kündigung i.S.v.. § 626 Abs. 1 BGB. Ob die Zweiwochenfrist des § 626 Abs. 2 BGB gewahrt ist, kann dahinstehen.

Nach § 626 Abs. 1 BGB kann das Arbeitsverhältnis aus **wichtigem Grund ohne Einhaltung einer Kündigungsfrist** gekündigt werden, wenn Tatsachen vorliegen, aufgrund derer dem Kündigenden unter Berücksichtigung aller Umstände des Einzelfalls und unter Abwägung der Interessen beider Vertragsteile die Fortsetzung des Arbeitsverhältnisses bis zum Ablauf der Kündigungsfrist nicht zugemutet werden kann. .Das Berufungsurteil hält einer revisionsrechtlichen Nachprüfung nicht in jeder Hinsicht stand. Zwar liegt eine erhebliche Vertragspflichtverletzung des Klägers und damit „an sich" ein wichtiger Grund zur Kündigung vor.[5]

Ein wichtiger Grund zur Kündigung kann nicht nur in **einer erheblichen Verletzung der vertraglichen Hauptleistungspflichten** liegen. Auch die schuldhafte Verletzung von Nebenpflichten kann ein wichtiger Grund zur außerordentlichen Kündigung sein.[6] Da die ordentliche Kündigung die übliche und grundsätzlich ausreichende Reaktion auf die Verletzung einer Nebenpflicht ist, kommt eine außerordentliche Kündigung nur in Betracht, wenn das Gewicht dieser Pflichtverletzung durch erschwerende Umstände verstärkt wird.[7]

Als Vertragspflichtverletzung, die grundsätzlich eine außerordentliche Kündigung zu rechtfertigen vermag, ist ein **nachhaltiger Verstoß des Arbeitnehmers**

---

[5]   Auch geht das Berufungsgericht zutreffend davon aus, dass es vor Ausspruch der Kündigung keiner Abmahnung bedurfte. Dennoch erweist sich die fristlose Kündigung als unverhältnismäßig. Aufgrund der besonderen, vom Landesarbeitsgericht nicht hinreichend beachteten Umstände des Einzelfalls war es dem Beklagten zumutbar, das Arbeitsverhältnis bis zum Ablauf der ordentlichen Kündigungsfrist fortzusetzen.

[6]   BAG, Urteil vom 2. März 2006 – 2 AZR 53/05 – RN 21, AP BGB § 626 Krankheit Nr. 14 = EzA BGB 2002 § 626 Nr. 16; BAG 15. Januar 19867 AZR 128/83, AP BGB § 626 Nr. 93 = EzA BGB § 626 nF Nr. 100.

[7]   BAG 15. Januar 1986 7 AZR 128/83 – a.a.O.; SPV/Preis 10. Aufl. RN 603; KR/Fischermeier 9. Aufl. § 626 BGB RN146.

gegen berechtigte Weisungen des Arbeitgebers anzusehen.[8] Ebenso kann die erhebliche Verletzung der den Arbeitnehmer gemäß § 241 Abs. 2 BGB treffenden Pflicht zur Rücksichtnahme auf die Interessen des Arbeitgebers einen wichtigen Grund i.S.v.. § 626 Abs. 1 BGB bilden. Der konkrete Inhalt dieser Pflicht ergibt sich aus dem jeweiligen Arbeitsverhältnis und seinen spezifischen Anforderungen.[9] Einer besonderen Vereinbarung bedarf es insoweit nicht.

Im Streitfall kann offen bleiben, ob der Kläger seine Vertragspflichten bereits dadurch erheblich verletzt hat, dass er das Schulexemplar der Jahresarbeit nach dem Auswertungsgespräch ohne Einverständnis des Beklagten in seine Wohnung verbrachte und dem Zugriff des Beklagten entzog. Eine erhebliche Pflichtverletzung des Klägers liegt, wie die Vorinstanzen zutreffend ausgeführt haben, jedenfalls darin, dass er das Schulexemplar entgegen wiederholter, ausdrücklicher Weisung des Beklagten nicht termingerecht, sondern erst nach anwaltlicher Aufforderung zurückgab und außerdem zuvor die Seite 17 der Jahresarbeit entfernt hatte.

Der Beklagte war berechtigt, die sofortige Rückgabe des Schulexemplars zu verlangen. Ein Besitzrecht des Klägers bestand nicht. Die eingeräumte Herausgabefrist war ausreichend, um der Aufforderung nachzukommen. Der rechtmäßigen Weisung des Beklagten hat sich der Kläger auch nach seinem eigenen Vorbringen zumindest zeitweise vorsätzlich und nachhaltig widersetzt. Zudem hat er mit dem Schreiben vom 7. Februar 2007 gegenüber dem Beklagten bewusst den Eindruck erwecken wollen, gar nicht im Besitz des Schulexemplars zu sein. Anders lässt sich seine Erklärung, der Beklagte möge sich wegen des Schulexemplars an Frau G. wenden, nicht verstehen. Darüber hinaus war sein Verhalten, wie er selbst einräumt, darauf angelegt, die Bewertung der Arbeit durch die mitbeurteilende Klassenbetreuerin zu erschweren und vorübergehend unmöglich zu machen. Ein solches Vorgehen ist geeignet, das Vertrauen des Beklagten in die zuverlässige und pflichtgemäße Erfüllung der Arbeitsaufgaben des Klägers erheblich zu erschüttern.

Eine weitere erhebliche Pflichtverletzung des Klägers liegt darin, dass er eine Seite aus der Jahresarbeit entfernte und diese damit verfälschte. Die schriftliche Arbeit eines Schülers ist nach ihrer förmlichen Abgabe zur Bewertung grundsätzlich keiner inhaltlichen Änderung mehr zugänglich. Das zeigt auch das beim Beklagten praktizierte Beurteilungsverfahren. Grundlage der mündlichen Verteidigung der Arbeit, des Auswertungsgesprächs und der abschließenden Beurteilung durch den Mentor kann nur ein und dieselbe Leistung des Schülers sein, zumal die Präsentation der Arbeit, die auf der schriftlichen Ausarbeitung beruht, in die abschließende Be-

---

8 KR/Fischermeier 9. Aufl. § 626 BGB RN 459.
9 BAG, Urteil vom 26. März 2009 – 2 AZR 953/07 – RN 24, APBGB § 626 Nr. 220.

wertung einzufließen hat. Dementsprechend dient die Vorgabe, der Schule neben dem für den Mentor bestimmten Korrekturexemplar mindestens ein weiteres – gebundenes – Exemplar der Arbeit zu übergeben, erkennbar auch dazu, die Vollständigkeit der Arbeit zu gewährleisten und nachträgliche Veränderungen auszuschließen. Unterdrückt ein Lehrer in Kenntnis dieser Umstände Teile des Schulexemplars, verletzt er seine arbeitsvertraglichen Pflichten erheblich. Ein solches Fehlverhalten betrifft den Kernbereich seiner Arbeitsaufgaben und berührt unmittelbar das Vertrauen in deren zuverlässige Ausführung.

Sein Fehlverhalten ist dem **Kläger vorwerfbar**. Seine Einlassung, er sei davon ausgegangen, die Jahresarbeit in Absprache mit dem Schüler auch noch nach ihrer Abgabe inhaltlich verändern zu dürfen, hat das Landesarbeitsgericht – unter Bezugnahme auf die Ausführungen des Arbeitsgerichts – als Schutzbehauptung gewertet. Dies hält sich im Bewertungsspielraum der Tatsacheninstanz. Ein Verbotsirrtum des Klägers wäre jedenfalls vermeidbar gewesen. Es kommt nicht darauf an, ob die entfernte Seite für das behandelte Thema inhaltlich von Bedeutung war oder nicht. Der Schüler hatte die dort enthaltenen „Gedächtnisprotokolle zu Kommentaren der Lehrer" zum Gegenstand der Arbeit gemacht und im Inhaltsverzeichnis ausdrücklich erwähnt. Hinzu kommt, dass die aufgeführten Zitate bereits Anstoß bei Lehrkräften erregt hatten. Für den Kläger war erkennbar, dass mit der Herausnahme der Seite auch die Nachprüfung einer Berechtigung dieser Beanstandungen wesentlich erschwert würde.

Darauf, ob das Verhalten des Klägers strafrechtlich als Urkundenfälschung (§ 267 Abs. StGB) und/oder Urkundenunterdrückung (§ 274 Abs. 1 Nr. 1 StGB) zu bewerten ist, kommt es, wie die Vorinstanzen richtig gesehen haben, nicht an. Für die kündigungsrechtliche Bewertung ist nicht die strafrechtliche Beurteilung maßgeblich, sondern die **Schwere der Vertragspflichtverletzung**.[10] Liegt, wie hier, ein wichtiger Grund zur außerordentlichen Kündigung „an sich" vor, bedarf es der weiteren Prüfung, ob dem Kündigenden die Fortsetzung des Arbeitsverhältnisses unter Berücksichtigung der konkreten Umstände des Einzelfalls und der Abwägung der Interessen beider Vertragsteile jedenfalls bis zum Ablauf der Kündigungsfrist zumutbar ist oder nicht. Eine außerordentliche Kündigung kommt nur in Betracht, wenn mildere Mittel als Reaktion auf die eingetretene Vertragsstörung ausscheiden.[11] Mildere Mittel sind insbesondere die Abmahnung und die ordentliche Kündigung. Im Hinblick darauf ist die ausgesprochene außerordentliche Kündigung unverhältnismäßig.

---

[10] St. Rspr., bspw. Senat 24. November 2005 – 2 AZR 39/05 – RN 18, AP BGB § 626 Nr. 197 = EzA BGB 2002 § 626 Nr. 12; 12. August 1999 – 2 AZR 832/98, AP BGB § 123 Nr. 51 = EzA BGB § 123 Nr. 53.

[11] BAG, Urteil vom 19. April 2007 – 2 AZR 180/06 – RN 45, AP BGB § 174 Nr. 20.

Dies ist sie nicht deshalb, weil es vorrangig einer Abmahnung bedurft hätte. Zwar gilt das durch § 314 Abs. 2 BGB konkretisierte Erfordernis einer Abmahnung grundsätzlich auch bei Störungen im Vertrauensbereich.[12] Die Abmahnung ist aber, wie § 314 Abs. 2 Satz 2 BGB i.V.m. § 323 Abs. 2 BGB zeigt, unter besonderen Umständen entbehrlich. Das ist der Fall, wenn eine Verhaltensänderung in Zukunft trotz Abmahnung nicht erwartet werden kann oder es sich um eine so schwere Pflichtverletzung handelt, dass die Hinnahme durch den Arbeitgeber offensichtlich – für den Arbeitnehmer erkennbar – ausgeschlossen ist.[13] Danach war eine Abmahnung entbehrlich.

Der Kläger hat seine Arbeitsaufgaben im Kernbereich seiner Tätigkeit als Lehrkraft **vorsätzlich und nachhaltig verletzt. Das gilt auch in Anbetracht der vorausgegangenen Auseinandersetzungen mit der Klassenbetreuerin über die Anerkennungsfähigkeit der Arbeit und der Bedenken von Kollegen gegen den Inhalt der entfernten Seite.** Diese Umstände sind nicht geeignet, den mit der Pflichtverletzung verbundenen Vertrauensverlust abzuschwächen. Im Gegenteil: Gerade wegen dieser Konflikte musste der Kläger dem Beklagten möglichst zügig eine eigene Beurteilung der Arbeit und der umstrittenen Zitate ermöglichen. Stattdessen zeigt sein Bestreben, durch ein Zurückhalten der Arbeit die Klassenbetreuerin als nicht kompetent darzustellen, dass es ihm nicht um ein objektives und gerechtes Urteil über die Qualität der Arbeit ging, sondern um die Verfolgung sachfremder Motive. Dies zeigt ein Verständnis vom Inhalt seiner Arbeitsaufgaben und der eigenen Kompetenzen, das durch den Ausspruch einer Abmahnung den gesamten Umständen nach nicht zu beeinflussen ist. Eine Verhaltensänderung des Klägers stand deshalb auch nach einer Abmahnung nicht zu erwarten.

Dennoch erweist sich die fristlose Kündigung als unwirksam. Dem Beklagten war es unter Beachtung der Besonderheiten des Einzelfalls und der gebotenen Abwägung der Interessen beider Vertragsteile **zuzumuten, das Arbeitsverhältnis noch bis zum Ablauf der maßgebenden Kündigungsfrist fortzusetzen.** Die gegenteilige Auffassung des Landesarbeitsgerichts, das sich die Erwägungen des Arbeitsgerichts zur Interessenabwägung nach § 69 Abs. 2 ArbGG zu eigen gemacht hat, berücksichtigt nicht alle wesentlichen Gesichtspunkte.

Zwar spricht zulasten des Klägers der Umstand, dass das Arbeitsverhältnis auch aus anderen Gründen nicht beanstandungsfrei verlaufen ist. Das Arbeitsgericht hat auf Pflichtwidrigkeiten bezüglich der Teilnahme an Konferenzen hingewiesen. Dies

---

[12] Vgl. Senat 19. April 2007 – 2 AZR 180/06 – RN 48, AP BGB § 174 Nr. 20.
[13] BAG, Urteil vom 23. Juni 2009 – 2 AZR 103/08 – RN 32, 33, AP KSchG 1969 § 1 Verhaltensbedingte Kündigung Nr. 59; 19. April 2007 – 2 AZR 180/06; 15. November 2001 – 2 AZR 605/00, BAGE 99, 331.

wird, zumal der Kläger ein Fehlverhalten insoweit teilweise eingeräumt hatte, von der Revision nicht angegriffen. Auch konnte im Rahmen der Abwägung nicht unberücksichtigt bleiben, dass der Kläger im Schlichtungsgespräch vom 19. Februar 2007 keine Einsicht in die Vertragswidrigkeit seines Verhaltens gezeigt hat. Dies muss als Indiz für eine Wiederholungsgefahr angesehen werden.

Zum einen ist jedoch zu bedenken, dass die zur außerordentlichen Kündigung führende Pflichtwidrigkeit im Zusammenhang mit schriftlichen Prüfungsleistungen der Schüler stand, die in den Monaten nach Kündigungsanspruch nicht mehr anfielen. Zum anderen ist das Landesarbeitsgericht von einer unzutreffenden Frist ausgegangen, die der Beklagte bei Ausspruch einer ordentlichen Kündigung einzuhalten hätte. Dies ist nicht die Frist von sechs Monaten jeweils zum 31. Juli des Jahres nach Nr. 5 Satz 1 des Arbeitsvertrages, sondern die gesetzliche Frist von zwei Monaten zum Monatsende nach Nr. 5 Satz 6 des Vertrags. Zumindest für die Dauer dieses Zeitraums war dem Beklagten die Fortsetzung des Arbeitsverhältnisses zuzumuten.

Das Landesarbeitsgericht hat die arbeitsvertraglichen Vereinbarungen zu den Kündigungsfristen nicht ausgelegt. Es hat auch nicht festgestellt, ob es sich dabei um typische oder untypische Klauseln handelt. Selbst wenn unterstellt wird, dass sie untypisch sind, kann der Senat sie eigenständig auslegen. Es geht um die Auslegung von Urkunden, ohne dass besondere Umstände des Einzelfalls, die der Auslegung eine bestimmte, der Beurteilung des Revisionsgerichts entzogene Richtung geben könnten, vorlägen.[14]

Der Arbeitsvertrag differenziert in Nr. 5 zwischen einer regulären Kündigungsfrist von sechs Monaten zum 31. Juli (Nr. 5 Satz 1) und einer für den Fall mangelnden Vertrauens in die Erziehungsarbeit oder in die Mitwirkung bei der Selbstverwaltung vorgesehenen „Kündbarkeit entsprechend den gesetzlichen Kündigungsfristen" (Nr. 5 Satz 6). Dabei ist davon auszugehen, dass die beiden Regelungen jeweils abschließend und vollständig sind. So ist das Arbeitsverhältnis im Fall von Nr. 5 Satz 6 nicht nur zum 31. Juli kündbar. Die Festlegung dieses Termins in Nr. 5 Satz 1 beruht, ebenso wie die – lange -Dauer der dort bestimmten Kündigungsfrist von sechs Monaten erkennbar auf dem Bedürfnis nach personeller Kontinuität in der Lehrerschaft während eines laufenden Schuljahrs. Soweit es in den Fällen von Nr. 5 Satz 6 des Vertrags stattdessen bei den gesetzlichen Kündigungsfristen verbleiben soll, betrifft dies Sachverhalte, die das pädagogische Selbstverständnis und die Tendenz des Beklagten als freier Schulträger berühren. Der offensichtliche Zweck der Regelung, Pflichtverletzungen in diesem Bereich mit einer möglichst kurzfristigen Been-

---

[14] Vgl. dazu BAG, Urteil vom 5. Februar 2009 – 6 AZR 151/08 – Rn. 33, AP KSchG 1969 § 4 Nr. 69 = EzA KSchG § 4 nF Nr. 87; 28. Februar 1990 – 7 AZR 143/89, BAGE 64, 220.

digung des Arbeitsverhältnisses begegnen zu können, liefe weitgehend leer, wäre eine Kündigung auch dann – wenn auch mit kürzerer Frist – nur zum 31. Juli möglich. Die in Rede stehende Pflichtverletzung ist aufgrund ihres Bezugs zur Erziehungsarbeit ein Anwendungsfall von Nr. 5 Satz 6 des Vertrags. Bei einer Betriebszugehörigkeit des Klägers von etwas mehr als fünf Jahren gilt für ihn gemäß § 622 Abs. 2 Nr. 2 BGB eine Kündigungsfrist von zwei Monaten zum Monatsende. ...

Ist das Arbeitsverhältnis aufgrund der Kündigung vom 23. Februar 2007 nicht mit sofortiger Wirkung aufgelöst worden, kommt es darauf an, ob es – wie vom Beklagten geltend gemacht – durch ordentliche Kündigung beendet worden ist. Hierüber kann der Senat selbst entscheiden. Die Kündigung vom 23. Februar 2007 ist als ordentliche Kündigung sozial gerechtfertigt i.S.v.. § 1 Abs. 1, Abs. 2 KSchG und damit wirksam. ...

Eine nach § 626 Abs. 1 BGB unwirksame außerordentliche Kündigung kann in eine ordentliche Kündigung nach § 140 BGB umgedeutet[15/16] werden, wenn dies dem **mutmaßlichen Willen des Kündigenden entspricht und dieser Wille**

---

[15] Die Umdeutung verlangt weder einen besonderen Antrag des Kündigenden, Müller-Glöge, in ErfK, 2. Aufl., § 626 BGB, RN 293; Friedrich, in: KR, § 13 KSchG, RN 83; Stahlhacke/Preis/ Vossen, Kündigung und Kündigungsschutz im Arbeitsverhältnis, 7. Aufl., RN. 338; Corts, in: RGRK, § 626 RN. 242; BAG, RzK I 6h Nr. 2, noch muss er sich ausdrücklich auf die Umdeutung berufen, APS/Biebl, § 13 KSchG, RN. 40; Molkenbur/Krasshöfer-Pidde, RdA 1989, 340. **Die Umdeutung ist materiell-rechtlich weder als Einwendung noch als Einrede ausgestaltet,** Erman/Palm, BGB, 10. Aufl., § 140 RN.18; Krüger-Nieland/Zöller, in: RGRK, § 140 RN. 3; BGH, NJW 1963, 340. Im Zivil- und Arbeitsgerichtsprozess ist es auch nicht die Aufgabe der Parteien, rechtliche Aspekte vorzutragen. Sie haben dem Gericht lediglich die Tatsachen beizubringen, die für die rechtliche Würdigung erforderlich sind, Vollkommer, Anm. zu BAG, AP KSchG § 13 Nr. 3; Staudinger/Neumann, BGB, 13. Bearb., Vorb. § 620 RN. 94. **Das Gericht muss von sich aus prüfen, ob auf Grund der feststehenden Tatsachen eine Umdeutung des Rechtsgeschäfts in Betracht kommt oder nicht,** BAG, NJW 1988, 581 = NZA 1988, 129; BGH, NJW 1963, 340; ErfK/Müller-Glöge, § 626 BGB RN 293; Corts, in: RGRK, § 626 RN 242; Stahlhacke/ Preis/ Vossen, RN. 335; Molkenbur/Krasshöfer-Pidde, RdA 1989, 340. **Der unstreitige Tatbestand und der Sachvortrag der Parteien müssen deshalb nur genügend Tatsachen enthalten, aus denen auf den mutmaßlichen Willen des Kündigenden geschlossen werden kann.** Die Subsumtion eines vorgetragenen und feststehenden Sachverhalts unter die anzuwendende Rechtsnorm hat das Gericht ohne weiteres vorzunehmen, BGH, NJW 1963, 340; APS/Biebl, § 13 KSchG RN. 40; Haubrock, Kündigungskonversion im Arbeitsverhältnis, Teil 1, S. 272 und 275; Friedrich, in: KR, § 13 KSchG RN. 83; Fischermeier, in: KR, § 626 BGB RN. 366; Stahlhacke/Preis/Vossen, RN. 335. Liegen die Voraussetzungen des § BGB § 140 BGB vor, tritt die **Umdeutung kraft Gesetzes ein und bedarf keines richterlichen Gestaltungsakts,** Palandt/Heinrichs, § 140 RN. 1.

[16] **Die Umdeutung eines Rechtsgeschäfts ist Bestandteil der richterlichen Rechtsfindung.** Nur wenn keine Tatsachen vorliegen, aus denen auf eine Umdeutung geschlossen werden kann, hat sie zu unterbleiben, APS/Biebl, § 13 KSchG RN. 40; Stahlhacke/Preis/Vossen, RN. 335. Wegen des Beibringungsgrundsatzes dürfen die Arbeitsgerichte allerdings nicht die die Umdeutungslage begründenden Tatsachen von Amts wegen ermitteln, Friedrich, in: KR, § 13 RN. 83; Stahlhacke/ Preis/Vossen, RN. 335.

dem Kündigungsempfänger im Zeitpunkt des Kündigungszugangs erkennbar ist.[17]

Die Prüfung, ob diese Voraussetzungen vorliegen, obliegt zwar grundsätzlich der Tatsacheninstanz.[18] Sie kann bei feststehendem Sachverhalt aber auch in der Revisionsinstanz erfolgen. Im Streitfall ist von einer derartigen Sachlage auszugehen. Auch hat sich der Beklagte ausdrücklich auf eine Umdeutung der fristlosen in eine ordentliche Kündigung berufen.

Besondere Umstände, die den Schluss zuließen, der Beklagte habe mit der Kündigung vom 23. Februar 2007 ausschließlich die außerordentliche fristlose Beendigung des Arbeitsverhältnisses herbeiführen wollen, und die deshalb einer Umdeutung entgegenstünden[19] hat der Kläger nicht aufgezeigt.

Die Pflichtverletzung des Klägers im Zusammenhang mit der Jahresarbeit von S. rechtfertigt aus den angeführten Gründen die ordentliche Kündigung des Arbeitsverhältnisses i.S.v.. § 1 Abs. 2 Satz 1 KSchG. Eine Abmahnung war, wie ausgeführt, entbehrlich. Besondere Umstände des Einzelfalls, die ein anderes Ergebnis rechtfertigten, sind nicht ersichtlich.

---

[17] BAG, Urteil vom 23. Oktober 2008 – 2 AZR 388/07 – RN 33, AP BGB § 626 Nr. 217 = EzA BGB 2002 § 626 Nr. 23; 15. November 2001 – 2 AZR 310/00, AP BGB § 140 Nr. 13 = EzA BGB § 140 Nr. 24.

[18] BGH, Urteil vom 24. September 1980 – VIII ZR 299/79, NJW 1981, 43.

[19] BAG, Urteil vom 15. November 2001- AZR 310/00, AP BGB § 140 Nr. 13 = EzA BGB § 140 Nr. 24.

Bestimmheitsgrundsatz und Analogieverbot[1]

Nach der so genannten Zweite-Reihe-Rechtsprechung des Bundesgerichtshofs zum Gewaltbegriff im Nötigungstatbestand kann ein Demonstrant wegen einer Sitzblockade auf einer öffentlichen Straße nach § 240 StGB strafbar sein, weil er den ersten aufgrund von psychischem Zwang anhaltenden Autofahrer und sein Fahrzeug bewusst als Werkzeug benutzt, um ein physisches Hindernis für die nachfolgenden Autofahrer zu errichten.[2]

---

[1] Mit Anmerkungen von Prof. Dr. Dr. Siegfried Schwab, Mag. rer. publ., unter Mitarbeit von Diplom-Betriebswirtin (DH) Silke und Referendarin Heike Schwab.
Der **Grundsatz der Bestimmtheit und der Beständigkeit** verwirklicht die im Rechtsstaatsprinzip verankerte Forderung nach **Rechtssicherheit** und bewirkt für den Einzelnen einen nachhaltigen **Schutz des schützenswerten Vertrauens**. Der Bestimmtheitsgrundsatz ist damit Verwirklichungsmodus grundrechtlicher, individueller **Erwartungssicherheit**, vgl. Schwarz, Vertrauensschutz als Verfassungsprinzip 2000; Blanke, Vertrauensschutz im deutschen und europäischen Recht, 2003. **Der Schutz berechtigten und schützenswerten Vertrauens begrenzt die Rückwirkung normativer oder behördlicher Regelungen.** In der Rechtsprechung wird dabei zwischen echter und unechter Rückwirkung unterschieden. Eine **echte Rückwirkung** liegt vor, wenn ein Gesetz Maßnahmen, die bereits vor seiner Verkündung abgeschlossen waren, nachträglich veränderten und nachteiligen Regelungen unterwirft, BVerfGE 114, 300. Ausnahmen sind nur bei fehlender Vertrauensgrundlage, bei fehlender Betätigung des Vertrauens (Umsetzung getroffener Regelungen) und bei verworrener bzw. unklarer Rechtslage denkbar, vgl. BVerfGE 108, 403. **Der Schutz berechtigten Vertrauens tritt nur zurück, wenn dies nach einer Interessenabwägung angemessen und zumutbar ist.** Dem Betroffenen dürfen keine unverhältnismäßigen Nachteile entstehen. Eine **unechte Rückwirkung** liegt dann vor, wenn ein Gesetz für aktuell noch andauernde Ereignisse, insbesondere entstandene Rechtsverhältnisse, Rechtswirkungen erstmalig oder mit (erheblich) veränderten Rechtsfolgen ausschließlich für die Zukunft vorsieht, vgl. etwa BVerfGE 103, 403; BVerwG, NVwZ 1991, 166 f. Unter Beachtung des Verhältnismäßigkeitsgrundsatzes und folgenmindernder Übergangsregelungen bzw. der Intensität der Nachteile und des Maßes an berechtigtem Vertrauen ist eine dem Einzelfall Rechnung tragende **Rückanknüpfung** im Gegensatz zur **Rückbewirkung** bei der echten Rückwirkung zulässig.

[2] BVerfG, Beschluss vom 07. März 2011 – 1 BvR 388/05. Laut BVerfG liegt die von ihm in früheren Entscheidungen für die Annahme von Gewalt im Sinne von § 240 Abs. 1 StGB geforderte körperliche Zwangswirkung vor. Dies gelte zwar nicht für das Verhältnis der Demonstranten zu dem ersten Fahrzeugführer, der aus Rücksicht auf die Rechtsgüter der Demonstranten und damit allein aus psychischem Zwang anhalte. Eine körperliche Zwangswirkung könne jedoch im Verhältnis des ersten Fahrzeugführers zu den nachfolgenden Fahrzeugführern angenommen werden. Die Tatbestandsmäßigkeit des Verhaltens der Demonstranten folgt für das BVerfG daraus, dass

Mit seiner Verfassungsbeschwerde wendet sich der Beschwerdeführer gegen eine strafgerichtliche Verurteilung wegen Nötigung gemäß § 240 StGB aufgrund der Teilnahme an einer Sitzblockade auf einer öffentlichen Straße.

1. Am 15. März 2004 gegen 15.25 Uhr ließ sich der Beschwerdeführer zusammen mit circa 40 anderen Personen aus Protest gegen die sich abzeichnende militärische Intervention der USA im Irak auf der zu der Rhein Main Military Air Base, dem Luftwaffenstützpunkt der US-amerikanischen Streitkräfte bei Frankfurt am Main, führenden Ellis Road nieder.

2. Mit Urteil vom 30. August 2004 verurteilte das Amtsgericht – unter anderem – den Beschwerdeführer wegen gemeinschaftlicher Nötigung gemäß § 240, § 25 Abs. 2 StGB zu einer Geldstrafe von 15 Tagessätzen zu je 30 €.

Der Beschwerdeführer und seine Mitangeklagten hätten die Fahrzeugführer, die auf der Ellis Road zu der US-Wohnsiedlung Gateway Gardens unterwegs gewesen seien, für eine nicht unerhebliche Wartezeit an der Weiterfahrt gehindert. Die Fahrzeuge hätten sich in mehreren Reihen hintereinander gestaut. Auf die nach Auflösungsverfügung hin ergangene Aufforderung der Polizei, sich zu entfernen, hätten die Demonstranten nicht reagiert, so dass sie von Polizeikräften zwangsweise hätten weggetragen werden müssen.

Damit hätten sich der Beschwerdeführer und die Mitangeklagten der gemeinschaftlichen vorsätzlichen Nötigung strafbar gemacht.

Das Verhalten des Beschwerdeführers und der Mitangeklagten sei als Gewalt zu qualifizieren. Zwar hätten sie auf die Fahrzeugführer in der ersten Reihe rein psychischen Zwang ausgeübt. Jedoch seien die Fahrzeugführer ab der zweiten Reihe physisch an der Weiterfahrt gehindert worden, da ihnen die Kraftfahrzeuge der ersten Reihe den Weg versperrt hätten.

---

diese den anhaltenden ersten Fahrzeugführer und sein Fahrzeug **bewusst als Werkzeug zur Errichtung eines körperlichen Hindernisses** für die nachfolgenden Fahrzeugführer benutzen. Psychische Zwangseinwirkung auf ersten Autofahrer bei mittelbarer Täterschaft unschädlich – Dass die Demonstranten auf den ersten Fahrzeugführer nur mit psychischem Zwang einwirkten, sei für § 25 Abs. 1 Alt. 2 StGB ohne Belang. Denn **die Einflussnahme eines mittelbaren Täters auf den Tatmittler dürfe allein psychischer Natur sein.** Auch gegen die Annahme, dass die Demonstranten über eine hinreichende Tatherrschaft beziehungsweise einen Willen zur Tatherrschaft verfügten, hat das BVerfG keine verfassungsrechtlichen Bedenken. Die Demonstranten versetzten den ersten Fahrzeugführer durch ihre Sitzblockade gezielt in ein Dilemma, das dieser rechtlich nur durch dadurch auflösen könne, dass er anhält und damit die nachfolgenden Fahrzeugführer behindert. Auch für einen Laien sei es hinreichend nachvollziehbar, dass eine Sitzblockade für die im Stau eingeschlossenen Fahrer eine **körperliche Zwangswirkung herbeiführe** und damit als Nötigung tatbestandsmäßig sein könne.

Das Verhalten der Demonstranten sei auch rechtswidrig gewesen. Zwar seien die Motive für die Sitzblockade von Friedenswillen geprägt und in der Sache nachvollziehbar gewesen, doch könnten politische Fernziele bei der Prüfung der Rechtswidrigkeit im Rahmen des § 240 Abs. 2 StGB nicht berücksichtigt werden. Niemand habe das Recht auf gezielte Verkehrsbehinderung durch Sitzblockaden. Ferner sei die Verkehrsbehinderung keineswegs notwendig gewesen, um das Grundrecht der Versammlungsfreiheit durchzusetzen. Der Beschwerdeführer und die Mitangeklagten hätten ihre Versammlungsfreiheit auch neben der Fahrbahn ausüben können. Die gezielte Provokation zur Schaffung von Stimmungslagen oder zur Erregung von Aufmerksamkeit werde von der Rechtsordnung nicht geschützt, so dass der Beschwerdeführer und die Mitangeklagten sozial inadäquat und verwerflich im Sinne von § 240 Abs. 2 StGB gehandelt hätten. Dass der Beschwerdeführer und die Mitangeklagten aus achtenswerten Motiven gehandelt hätten, sei bei der Strafzumessung zu berücksichtigen.

Mit angegriffenem Beschluss vom 18. November 2004 verwarf das Landgericht – unter anderem – die Berufung des Beschwerdeführers nach § 313 Abs. 2 Satz 2 StPO wegen offensichtlicher Unbegründetheit als unzulässig.

Die Demonstranten hätten durch die Sitzblockade gegenüber denjenigen Fahrzeugführern Gewalt ausgeübt, die durch vor ihnen anhaltende Fahrzeuge an der Weiterfahrt gehindert worden seien. Dass die durch die Sitzblockaden ausgelöste Verkehrsbehinderung sich möglicherweise über einen nur kurzen Zeitraum erstreckt habe, beseitige nicht die Tatbestandsmäßigkeit der Nötigung. Auch die Anzahl der durch die Blockade an der Weiterfahrt gehinderten Fahrzeuge sei im Rahmen der Tatbestandsmäßigkeit unerheblich. Dass der Polizeieinsatz unter Umständen zur Verkehrsbehinderung beigetragen habe, sei ebenfalls nicht maßgeblich, weil dieser durch die Sitzblockade ausgelöst worden sei.

Ferner hätten die Demonstranten rechtswidrig im Sinne des § 240 Abs. 2 StGB gehandelt. Die Ausübung der Gewalt habe sich nicht im schlichten Blockieren des Straßenverkehrs erschöpft, sondern sei Mittel zum Zweck der Erregung von Aufmerksamkeit für bestimmte politische Zwecke gewesen. Das Grundrecht der Versammlungsfreiheit erlaube Behinderungen Dritter nur als sozialadäquate Nebenwirkungen rechtmäßiger Demonstrationen. Zwangseinwirkungen, die darüber hinausgingen und allein darauf abzielten, durch gewaltsamen Eingriff in Rechte Dritter gesteigertes Aufsehen in der Öffentlichkeit zu erregen, seien durch Art. 5 und Art. 8 GG nicht gedeckt. Demonstrative Blockaden seien daher in der Regel im Sinne von § 240 Abs. 2 StGB verwerflich. Dies gelte im vorliegenden Fall umso mehr, als die Beeinträchtigung fremder Freiheit ein völlig ungeeignetes Mittel zur Erreichung des angestrebten Zweckes gewesen sei: Die blockierten Fahrzeugführer, auch soweit es sich dabei um US-amerikanische Staatsbürger und Soldaten der US-Streitkräfte gehandelt habe, hätten die Irakpolitik der US-amerikanischen Regierung nicht beeinflussen können. Die gesellschaftspolitischen Motive beseitigten nicht die Rechtswidrigkeit des Eingriffs in Rechte Dritter, sondern seien in der Strafzumessung zu berücksichtigen. Dies habe das Amtsgericht mit der Verhängung einer am denkbar untersten Rand liegenden Geldstrafe getan.

Mit seiner Verfassungsbeschwerde wendet sich der Beschwerdeführer bei sachgerechter Auslegung allein gegen die Entscheidung des Landgerichts. Er rügt – unter anderem – eine Verletzung des aus Art. 103 Abs. 2 GG folgenden Analogieverbots sowie der Versammlungsfreiheit gemäß Art. 8 Abs. 1 GG.

Die von dem Landgericht herangezogene so genannte Zweite-Reihe-Rechtsprechung des Bundesgerichtshofs zum Gewaltbegriff in § 240 Abs. 1 StGB sei mit Art. 103 Abs. 2 GG nicht vereinbar. Außerdem habe das Landgericht im Rahmen der Verwerflichkeitsprüfung der wertsetzenden Bedeutung des Art. 8 GG nicht hinreichend Rechnung getragen. Der Schutzbereich des Art. 8 GG werde nicht schon dadurch verlassen, dass es zu Behinderungen Dritter komme, seien diese auch gewollt und nicht nur in Kauf genommen. Maßgebend sei das mit der Sitzblockade verfolgte Anliegen, für den Protest gegen den deutschen Beitrag zur US-amerikanischen Kriegsführung öffentliche Aufmerksamkeit zu erregen. Das Landgericht habe die Erwägungen des Amtsgerichts zum örtlichen Selbstbestimmungsrecht der Demonstranten nicht korrigiert, obwohl das Betreten der Fahrbahn wesentliches Kennzeichen einer Sitzblockade sei und grundsätzlich auch Sitzblockaden von der Versammlungsfreiheit geschützt seien. Das Landgericht habe überdies den Sachbezug der Aktion verkannt. Die Aktion selbst sei zudem nicht besonders belastend gewesen. Sie sei im Voraus bekannt gegeben worden und habe nur wenige Minuten gedauert. Feststellungen zu der Dauer der Aktion, der Verantwortlichkeit der Polizeikräfte und zu den Ausweich- und Umleitungsmöglichkeiten der Fahrzeugführer fehlten.

Die Verfassungsbeschwerde wird gemäß § 93a Abs. 2 Buchstabe b BVerfGG in dem aus dem Tenor ersichtlichen Umfang zur Entscheidung angenommen, weil dies zur Durchsetzung der Grundrechte des Beschwerdeführers angezeigt ist.

Das Bundesverfassungsgericht hat die maßgeblichen Fragen zur Reichweite der Gewährleistung der Versammlungsfreiheit aus Art. 8 Abs. 1 GG bereits entschieden und dabei auch die zu berücksichtigenden Grundsätze entwickelt, insbesondere für den Einfluss des Grundrechts bei der strafrechtlichen Bewertung von Sitzblockaden anhand des Nötigungstatbestandes.[3]

---

[3] Vgl. BVerfGE 73, 206 <247 ff.>; 104, 92 <103 ff.>. Dies gilt gleichermaßen für die Reichweite der Gewährleistung des Art. 103 Abs. 2 GG, vgl. BVerfGE 73, 206 <233 ff.>; 92, 1 <11 ff.>; 104, 92 <101 ff.>.

Die Verfassungsbeschwerde ist zulässig, soweit der Beschwerdeführer eine Verletzung des aus Art. 103 Abs. 2 GG folgenden Analogieverbots[4] und eine Verletzung der Versammlungsfreiheit gemäß Art. 8 Abs. 1 GG rügt.

---

[4] Mit der **strengen Bindung der strafenden Staatsgewalt an das Gesetz** gewährt das Bestimmtheitsgebot Rechtssicherheit und schützt zur Wahrung ihrer Freiheitsrechte das Vertrauen der Bürger, dass der Staat nur **dasjenige Verhalten als strafbare Handlung verfolgt und bestraft, das zum Zeitpunkt der Tat gesetzlich bestimmt war**, BVerfGE 95, 96 [130 ff.] = NJW 1997, 929. Art. 103 Abs. 2 GG sorgt zugleich dafür, dass im Bereich des Strafrechts mit seinen weit reichenden Folgen für den Einzelnen der Gesetzgeber **abstrakt-generell über die Strafbarkeit entscheidet**, BVerfGE 75, 329 [341] = NJW 1987, 3175. Als Bestrafung i.S.d. Art 103 Abs 2 GG ist jede staatliche Maßnahme anzusehen, die eine „missbilligende hoheitliche Reaktion auf ein schuldhaftes Verhalten" darstellt, BVerfGE 26, 186, 204. **Strafe als missbilligende hoheitliche Reaktion auf schuldhaftes kriminelles Unrecht** muss in Art und Maß durch den parlamentarischen Gesetzgeber normativ bestimmt werden, die für **eine Zuwiderhandlung gegen eine Strafnorm drohende Sanktion muss für den Normadressaten vorhersehbar sein.** Hinsichtlich des Maßes der in Frage kommenden Strafe hat der Gesetzgeber einen Strafrahmen zu bestimmen, dem sich grundsätzlich das Mindestmaß einer Strafe ebenso wie eine Sanktionsobergrenze entnehmen lassen, BVerfG, Urteil vom 20.03.2002 – 2 BvR 794/95, NJW 2002, 1779. Keine Strafe in diesem Sinne sind Maßregeln der Besserung und Sicherung nach den §§ 61 StGB ff. Dies folgt aus der Zweigliedrigkeit des deutschen Sanktionssystems, das zwischen Strafen einerseits und Maßregeln andererseits, Radtke, in Epping, u. a. Beckscher Online Kommentar, Art 103 RN 20 unterscheidet. Art 103 Abs. 2 GG enthält mehrere Rechtsgrundsätze, namentlich das Bestimmtheitsgebot, welches die Tatbestandsbestimmtheit (nullum crimen sine lege) und die Strafandrohungsbestimmtheit (nulla poena sine lege) umfasst, sowie das **Analogieverbot,** das Verbot von Gewohnheitsrecht und das Rückwirkungsverbot; diese Verbote sind aus dem Rechtsstaatsprinzip und dem Bestimmtheitsgrundsatz abzuleiten. Art. 103 Abs. 2 GG stellt – als **Abwehrrecht des Bürgers** ausgestaltet – sicher, dass eine Tat, BVerfG, NJW 1994, 2412 f. und 1995, 248 f., nach deutschem Recht durch den Staat nur dann bestraft werden darf, wenn die Strafbarkeit gesetzlich bestimmt war, bevor die Tat begangen wurde. Abs. 2 enthält **ein grundrechtsgleiches Recht,** das bedeutet, **dass die Rechtsverletzung mit der Verfassungsbeschwerde geltend gemacht werden kann,** Pieroth in Jarass/Pieroth, Art. 103 RN 40. Der Gesetzgeber ist dabei verpflichtet, die Voraussetzungen der Strafbarkeit so konkret zu umschreiben, dass sich Anwendungsbereich und Tragweite des Straftatbestandes aus dem Wortlaut ergeben oder durch zulässige Auslegung ermitteln lassen, vgl. Hömig, Art 103 GG, RN 12. Das Gebot der Gesetzesbestimmtheit soll sicherstellen, dass jedermann vorher erkennen kann, welches Verhalten verboten ist. Abs. 2 ist eine Ausprägung des **Rechtsstaatsprinzips,** BVerfGE 95, 96, 130, und der **Menschenwürde,** BVerfGE 109, 133, 171.

[4] Die Gesetzesauslegung erfolgt nach dem Wortlaut der Norm (**grammatische Auslegung**), aus ihrem Zusammenhang (**systematische Auslegung**), aus ihrem Zweck (**teleologische Auslegung**) und aus der Entstehungsgeschichte und den Gesetzesmaterialien (**historische Auslegung**). Die Auslegungsmethoden schließen sich nicht gegenseitig aus, sondern ergänzen sich. Dabei kommt allerdings der Entstehungsgeschichte nur insoweit Bedeutung zu, soweit sie die Richtigkeit einer nach anderen Methoden ermittelten Auslegung bestätigt bzw. Zweifel beklärt werden, die durch andere Auslegungsmethoden nicht ausgeräumt werden können. Die Gesetzesmaterialien sind nur insoweit von Bedeutung, als sie einen Rückschluss auf den objektiven Gesetzesinhalt zulassen. Maßgebend für die Auslegung einfacher gesetzlicher Regelungen ist der in der jeweiligen Norm zum Ausdruck kommende objektivierte Gesetzeswille, Jarass, In Jarass/Pieroth, Einleitung RN 5.

Die Verfassungsbeschwerde ist teilweise offensichtlich begründet im Sinne des § 93c Abs. 1 Satz 1 BVerfGG. Der angegriffene Beschluss des Landgerichts verstößt nicht gegen das aus Art. 103 Abs. 2 GG folgende Analogieverbot.
Die Norm des § 240 StGB selbst ist hinsichtlich der hier allein einschlägigen Gewaltalternative mit Art. 103 Abs. 2 GG vereinbar.[5]

Auslegung und Anwendung der einschlägigen Strafvorschriften durch das Landgericht anhand der vom Bundesgerichtshof entwickelten so genannten Zweite-Reihe-Rechtsprechung[6] verstoßen nicht gegen das Analogieverbot des Art. 103 Abs. 2 GG.

Nach Art. 103 Abs. 2 GG darf eine Tat nur bestraft werden, wenn die **Strafbarkeit gesetzlich bestimmt war, bevor die Tat begangen wurde.**[7] Für die Rechtsprechung folgt aus dem Erfordernis gesetzlicher Bestimmtheit ein Verbot analoger oder gewohnheitsrechtlicher Strafbegründung. Dabei ist „Analogie" nicht im engeren technischen Sinne zu verstehen. Ausgeschlossen ist jede Auslegung einer Strafbestimmung, die den Inhalt der gesetzlichen Sanktionsnorm erweitert und damit Verhaltensweisen in die Strafbarkeit einbezieht, die die Tatbestandsmerkmale der Norm nach deren möglichem Wortsinn nicht erfüllen. Der mögliche Wortsinn[8] des Geset-

---

[5] Vgl. BVerfGE 73, 206 <233 f.>; 92, 1 <12>; 104, 92 <101>.

[6] Vgl. BGHSt 41, 182 <185 f.>; 41, 231 <241>.

[7] Die objektiven Tatbestandsmerkmale des bei Strafe verbotenen Verhaltens sind so genau zu bezeichnen, dass der Anwendungsbereich des Tatbestandes zu erkennen ist. der Vorhersehbarkeit möglicher Bestrafung für den Betroffenen, BK/Rüping, Art. 103 Abs. 2 (1990) RN 44. Ausgeschlossen ist jede Anwendung von Strafrecht, die über den Inhalt einer gesetzlichen Sanktionsnorm hinausgeht, BVerfG, NJW 1995, 3050, 3051.
Bei der **Analogie** handelt es sich daher um eine Methode richterlicher Rechtsfortbildung zur Auffindung und Ausfüllung von (planwidrigen und nicht schon durch Auslegung schließbaren) Regelungslücken, Engisch, Einführung in das juristische Denken, 142ff.
Soweit **täterbelastende** Auswirkungen in Frage stehen, stellt sich das Problem des Anwendungsbereichs des Analogieverbots bzw. der Grenzziehung zwischen zulässiger (belastender) Auslegung und verbotener Analogie. Letzteren steht eine objektiv willkürliche Auslegung des materiellen Strafrechts zuungunsten des Täters gleich, da auch eine solche gegen den in Art. 103 Abs. 2 GG enthaltenen Grundgedanken der Vorausberechenbarkeit des Rechts verstößt. Auf Seiten der **Strafbarkeitsvoraussetzungen** umfasst das Analogieverbot zunächst alle **unrechts- und schuld begründenden Merkmale**, Eser, in Schönke/Schröder, § 1 RN 26. Über die eigentlichen Unrechts- und Schuldvoraussetzungen hinaus gilt das Analogieverbot jedoch auch für **sonstige straf begründende bzw. straferhöhende Umstände**, wie sie das Gesetz bei bestimmten Tatbeständen für eine Ahndung voraussetzt: so z. B. für sog. **objektive Bedingungen der Strafbarkeit**, Eser, a.a.O., RN 27. Auf Seiten der **Tatfolgen** ist es unzulässig, Strafen in analoger Anwendung zu schärfen oder eine nicht vorgesehene Strafe zusätzlich zu verhängen. Ob es sich dabei um Hauptstrafen (§§ 38, 40), Nebenstrafen (§ 44), Nebenfolgen (§ 45) oder sonstige strafvertretende Sanktionen (Verwarnung mit Strafvorbehalt, Absehen von Strafe: §§ 59 ff.) handelt, ist gleichgültig.

[8] **Art. 103 Abs. 2 GG verbietet der rechtsprechenden Gewalt Straftatbestände oder Strafen durch Gewohnheitsrecht oder Analogie zu begründen oder zu verschärfen.** Ausgeschlossen ist jede Rechts„anwendung", die über den Inhalt der gesetzlichen Norm hinausgeht. Maßgebend

zes zieht der richterlichen Auslegung eine Grenze, die unübersteigbar ist.[9] **Da Art. 103 Abs. 2 GG Erkennbarkeit und Vorhersehbarkeit der Strafandrohung für den Normadressaten verlangt,** ist dieser Wortsinn aus der Sicht des Bürgers zu bestimmen.[10]

Das Bundesverfassungsgericht hatte in der Vergangenheit mehrfach Gelegenheit, die Auslegung des in § 240 Abs. 1 StGB geregelten Gewaltbegriffs durch die Strafgerichte anhand von Art. 103 Abs. 2 GG zu überprüfen.

Während das Bundesverfassungsgericht in seinem Urteil vom 11. November 1986 infolge Stimmengleichheit den sogenannten „vergeistigten Gewaltbegriff" im Ergebnis noch unbeanstandet ließ,[11] gelangte es nach erneuter Überprüfung in seinem Beschluss vom 10. Januar 1995 zu der Auffassung, dass eine auf jegliche physische Zwangswirkung verzichtende Auslegung des § 240 Abs. 1 StGB mit Art. 103 Abs. 2 GG unvereinbar ist.[12] Für die Konstellation einer Sitzblockade auf einer öffentlichen Straße mit Demonstranten auf der einen und einem einzigen Fahrzeugführer auf der anderen Seite stellte es fest, dass eine das Tatbestandsmerkmal der Gewalt bejahende Auslegung die Wortlautgrenze des § 240 Abs. 1 StGB überschreitet, wenn das inkriminierte Verhalten des Demonstranten lediglich in körperlicher Anwesenheit besteht und die Zwangswirkung auf den Genötigten nur psychischer Natur ist.[13]

In der Folge entwickelte der Bundesgerichtshof anlässlich von Sitzblockaden auf öffentlichen Straßen mit Demonstranten auf der einen und einem ersten Fahrzeugführer sowie einer Mehrzahl von sukzessive hinzukommenden Fahrzeugführern auf der anderen Seite die sogenannte Zweite-Reihe-Rechtsprechung.[14] Nach Auffassung des Bundesgerichtshofs benutzt ein Demonstrant bei einer Sitzblockade auf einer öffentlichen Straße den ersten aufgrund von psychischem Zwang anhaltenden Fahrzeugführer und sein Fahrzeug bewusst als Werkzeug zur Errichtung eines physischen Hindernisses für die nachfolgenden Fahrzeugführer.[15] Diese vom zuerst ange-

---

[9] ist der Wortsinn aus Sicht des Bürgers, Pieroth, in Jarass/Pieroth, Art. 103 GG, RN 47 f. Eine Verurteilung aufgrund einer die zulässige Auslegung überschreitenden Analogie ist unzulässig, Hömig, a.a.O., RN 13.

[9] Vgl. BVerfGE 85, 69 <73>; 92, 1 <12>; 105, 135 <157>.

[10] BVerfGE 47, 109 <120>; 64, 389 <393>; 73, 206 <235 f.>; 92, 1 <12>.

[11] Vgl. BVerfGE 73, 206 <206, 239 f.>

[12] Vgl. BVerfGE 92, 1 <14 ff.>.

[13] Vgl. BVerfGE 92, 1 <17>.

[14] Vgl. BGHSt 41, 182 <187>; 41, 231 <241>; nachfolgend bestätigt durch: BGH, Beschlüsse vom 27. Juli 1995 – 1 StR 327/95 –, NJW 1995, S. 2862; vom 23. April 2002 – 1 StR 100/02 –, NStZ-RR 2002, S. 236.

[15] Vgl. BGHSt 41, 182 <187>.

haltenen Fahrzeug ausgehende physische Sperrwirkung für die nachfolgenden Fahrzeugführer sei den Demonstranten zurechenbar.[16]

In seinem Beschluss vom 24. Oktober 2001 bekräftigte das Bundesverfassungsgericht seine in dem Beschluss vom 10. Januar 1995 angenommene Rechtsauffassung zu der **Wortlautgrenze des Gewaltbegriffs**.[17] Dabei erkannte es eine Auslegung des Gewaltbegriffs in § 240 Abs. 1 StGB als mit Art. 103 Abs. 2 GG für vereinbar an, derzufolge das Abstellen von Fahrzeugen auf einer Bundesautobahn als Gewalt zu qualifizieren ist, weil dadurch aufgrund körperlicher Kraftentfaltung ein unüberwindliches Hindernis errichtet wird, das Zwangswirkung entfaltet. Auf die Zweite-Reihe-Rechtsprechung des Bundesgerichtshofs kam es in jenem Verfahren nicht an.[18]

Gemessen an diesen zu Art. 103 Abs. 2 GG entwickelten Maßstäben, hält sich die von dem Landgericht herangezogene Zweite-Reihe-Rechtsprechung des Bundesgerichtshofs im fachgerichtlichen Wertungsrahmen und ist verfassungsrechtlich nicht zu beanstanden.

Insbesondere steht die Zweite-Reihe-Rechtsprechung nicht im Widerspruch zu den in dem Beschluss des Bundesverfassungsgerichts vom 10. Januar 1995 aufgestellten Vorgaben. Dieser Beschluss und die nachfolgende Zweite-Reihe-Rechtsprechung des Bundesgerichtshofs basieren auf unterschiedlichen Sachverhalten, die jeweils eine differenzierende einfachrechtliche Betrachtung erlauben und dementsprechend auch eine spezifische verfassungsrechtliche Beurteilung nach sich ziehen können. Während dem Beschluss des Bundesverfassungsgerichts ein zweiseitiges Personenverhältnis (Demonstranten – Insassen eines einzigen Kraftfahrzeugs) zugrunde lag[19] hatte der Bundesgerichtshof ein mehrseitiges Personenverhältnis (Demonstranten – Insassen des ersten Kraftfahrzeugs – Insassen der nachfolgenden Kraftfahrzeuge) zu beurteilen.[20] Dies macht rechtlich wie auch von den tatsächlichen Folgen her einen Unterschied.

Die Zweite-Reihe-Rechtsprechung begegnet unter dem Aspekt des Art. 103 Abs. 2 GG jedenfalls mit Rücksicht auf § 25 Abs. 1 Alt. 2 StGB keinen Bedenken. Danach ergibt sich die Tatbestandsmäßigkeit des Verhaltens der Demonstranten gemäß § 240 Abs. 1 StGB im Ergebnis nicht aus deren unmittelbarer Täterschaft durch eigenhändige Gewaltanwendung, sondern aus mittelbarer Täterschaft durch die ihnen zurechenbare Gewaltanwendung des ersten Fahrzeugführers als Tatmittler

---

[16] Vgl. BGHSt 41, 182 <185>.
[17] Vgl. BVerfGE 104, 92 <101 f.>.
[18] Vgl. BVerfGE 104, 92 <102 f.>.
[19] Vgl. BVerfGE 92, 1 <2, 17>.
[20] Vgl. BGHSt 41, 182 <182>.

gegenüber den nachfolgenden Fahrzeugführern.[21] Diese Auslegung der **strafbarkeitsbegründenden Tatbestandsmerkmale** „Gewalt durch einen anderen" sprengt nicht die Wortsinngrenze des **Analogieverbots**.

Die vom Bundesverfassungsgericht in dem Beschluss vom 10. Januar 1995 für die Annahme von Gewalt im Sinne von § 240 Abs. 1 StGB geforderte physische Zwangswirkung liegt in dieser Konstellation vor. Dies gilt zwar nicht für das Verhältnis von den Demonstranten zu dem ersten Fahrzeugführer, wohl aber für das Verhältnis von dem ersten Fahrzeugführer zu den nachfolgenden Fahrzeugführern. Indem der erste Fahrzeugführer aus Rücksicht auf die Rechtsgüter der Demonstranten abbremst, zwingt er den nachfolgenden Fahrzeugführer zur Vermeidung eines Aufpralls und damit zur Schonung eigener Rechtsgüter anzuhalten. **Das erste Fahrzeug in der Reihe bedeutet für den nachfolgenden Fahrzeugführer ein unüberwindbares physisches Hindernis** im Sinne des Beschlusses des Bundesverfassungsgerichts vom 10. Januar 1995[22] Dass im Verhältnis von Demonstranten zu dem ersten Fahrzeugführer keine physische, sondern allein eine psychische Zwangswirkung vorliegt, ist in diesem Zusammenhang ohne Belang, da die Einflussnahme eines mittelbaren Täters auf den Tatmittler durchaus allein psychischer Natur sein darf. Für die Fahrzeugführer der zweiten und nachfolgenden Reihen begründet es keinen Unterschied, ob die das Hindernis bildende erste Reihe dort von den Fahrzeugführern selbst abgestellt wurde[23] oder aufgrund von psychischer Einflussnahme Dritter entstand. Auch die der strafbarkeitsbegründenden Zurechnung zugrunde liegende Annahme, dass die Demonstranten über hinreichende Tatherrschaft beziehungsweise Willen zur Tatherrschaft verfügen, begegnet keinen verfassungsrechtlichen Bedenken. **Die Demonstranten versetzen den ersten Fahrzeugführer mit dem Betreten der Fahrbahn, ohne dass es weiterer (Inter-)Aktion bedarf, gezielt in ein rechtliches Dilemma, das dieser aufgrund der von der Rechtsordnung auferlegten strafbewehrten Pflichten etwa nach §§ 212, 224, 226 StGB zum Schutz von Leib und Leben nicht anders als nach dem Willen der Demonstranten durch einen Eingriff in die Willensbetätigungsfreiheit der nachfolgenden Fahrzeugführer auflösen kann.** Sie sind damit unmittelbar für das Strafbarkeitsdefizit des ersten Fahrzeugführers im Verhältnis zu den nachfolgenden

---

[21] Vgl. BGHSt 41, 182 <185, 186, 187>; vgl. ebenfalls in diesem Sinne: Fischer, StGB, 57. Aufl. 2010, § 240 RN 21; Gropp/Sinn, in: Münchener Kommentar, StGB, 1. Aufl. 2003, § 240 RN 48; Hoyer, JuS 1996, S. 200 <202>; Hruschka, NJW 1996, S. 160 <161>; Priester, in: Festschrift für Günter Bemmann, 1997, S. 362 <383>; Rössner/Putz, in: Dölling/Duttge/Rössner, Gesamtes Strafrecht, 2008, § 240 RN 11.

[22] Vgl. BVerfGE 104, 92 <102>.

[23] So in BVerfGE 104, 92 <102 f.>.

Fahrzeugführern in Form des rechtfertigenden Notstandes nach § 34 StGB verantwortlich. Die Figur der mittelbaren Täterschaft durch einen **gerechtfertigt handeln-
den Tatmittler ist in Rechtsprechung und Schrifttum allgemein anerkannt**.[24]
Dass die Auslegung, wonach derjenige, der eine Situation herbeiführt, die ein ge-
rechtfertigtes Verhalten ermöglicht, auch für dieses Verhalten als mittelbarer Täter
haftet[25] die Grenze des Wortsinns überschreitet, ist nicht ersichtlich. Auch nach der
Parallelwertung in der Laiensphäre ist es durchaus nachvollziehbar, dass ein Verhalten wie das der Demonstranten, welches dazu führt, dass sich Fahrzeuginsassen
zwischen den Fahrzeugen von Vorder-, Hinter- und Nebenmann sowie unter Umständen Leitplanke, Seitenstreifen (vgl. § 18 Abs. 7 bis 9, § 49 Abs. 1 Nr. 18 StVO)
oder anderen parkenden Fahrzeugen eingekeilt wiederfinden, wegen des durch die
physische Zwangswirkung herbeigeführten Nötigungserfolgs im Sinne von § 240
Abs. 1 StGB in Verbindung mit § 25 Abs. 1 Alt. 2 StGB tatbestandsmäßig sein
kann. Sofern sich Bedenken gegen die Auslegung und Anwendung der Verwerflichkeitsklausel in § 240 Abs. 2 StGB durch die Fachgerichte ergeben, ist diese anhand
des materiellen Grundrechts der Versammlungsfreiheit zu überprüfen.[26]

Dagegen ist die Verfassungsbeschwerde im Hinblick auf die Rüge der Verletzung
des Art. 8 Abs. 1 GG offensichtlich begründet. Die angegriffene Entscheidung des
Landgerichts verletzt den Beschwerdeführer in seinem Grundrecht der Versammlungsfreiheit aus Art. 8 Abs. 1 GG. Der Schutzbereich der Versammlungsfreiheit ist
eröffnet.

**Eine Versammlung ist eine örtliche Zusammenkunft mehrerer Personen zur
gemeinschaftlichen, auf die Teilhabe an der öffentlichen Meinungsbildung gerichteten Erörterung oder Kundgebung.**[27] Dazu gehören **auch solche Zusam-
menkünfte, bei denen die Versammlungsfreiheit zum Zwecke plakativer oder
aufsehenerregender Meinungskundgabe in Anspruch genommen wird**.[28] Der
Schutz ist nicht auf Veranstaltungen beschränkt, auf denen argumentiert und gestritten wird, sondern umfasst vielfältige Formen gemeinsamen Verhaltens bis hin zu
nicht verbalen Ausdrucksformen, darunter auch **Sitzblockaden**.[29] Bei einer Ver-

---

[24] Vgl. BGHSt 3, 4 <5 f.>; 10, 306 <307>; vgl. nur Cramer/ Heine, in: Schönke/Schröder, StGB,
28. Aufl. 2010, § 25 RN 26; Fischer, StGB, 58. Aufl. 2011, § 25 RN 5a; Lackner/Kühl, StGB,
27. Aufl. 2011, § 25 RN 4; Randt, Mittelbare Täterschaft durch Schaffung von Rechtfertigungsla-
gen, 1997, S. 47 ff.; Roxin, Täterschaft und Tatherrschaft, 2000, S. 163 ff.

[25] Vgl. Jakobs, Strafrecht Allgemeiner Teil, 2. Aufl. 1991, 21. Abschnitt Rn. 81; Kindhäuser, StGB,
LPK, 4. Aufl. 2010, § 25 RN 27.

[26] Vgl. BVerfGE 104, 92 <103>.

[27] Vgl. BVerfGE 104, 92 <104>; BVerfGK 11, 102 <108>.

[28] BVerfGE 69, 315 <342 f.>; 87, 399 <406>.

[29] BVerfGE 73, 206 <248>; 87, 399 <406>; 104, 92 <103 f.>.

sammlung geht es darum, dass die Teilnehmer nach außen – schon durch die bloße Anwesenheit, die Art des Auftretens und des Umgangs miteinander oder die Wahl des Ortes – im eigentlichen Sinne des Wortes Stellung nehmen und ihren Standpunkt bezeugen.[30]

Eine Versammlung verliert den Schutz des Art. 8 GG grundsätzlich bei kollektiver Unfriedlichkeit. Unfriedlich ist danach eine Versammlung, wenn Handlungen von einiger Gefährlichkeit wie etwa aggressive Ausschreitungen gegen Personen oder Sachen oder sonstige Gewalttätigkeiten stattfinden, nicht aber schon, wenn es zu Behinderungen Dritter kommt, seien diese auch gewollt und nicht nur in Kauf genommen.[31] **Der Schutz des Art. 8 GG besteht zudem unabhängig davon, ob eine Versammlung anmeldepflichtig und dementsprechend angemeldet ist.[32] Er endet mit der rechtmäßigen Auflösung der Versammlung.[33]**

Das Landgericht hat den Versammlungscharakter der Zusammenkunft, an welcher der Beschwerdeführer teilgenommen hat, mit verfassungsrechtlich nicht tragfähigen Gründen verneint.

Soweit das Landgericht darauf abstellt, dass die Demonstranten sich nicht auf die Versammlungsfreiheit berufen könnten, weil ihre Aktion der Erregung von Aufmerksamkeit gedient habe, hat es den Schutzbereich der Versammlungsfreiheit verkannt. Der Umstand, dass die gemeinsame Sitzblockade der öffentlichen Meinungsbildung galt – hier: dem Protest gegen die militärische Intervention der US-amerikanischen Streitkräfte im Irak und deren Unterstützung durch die Bundesrepublik Deutschland –, macht diese erst zu einer Versammlung im Sinne des Art. 8 Abs. 1 GG. Versteht man die Ausführungen des Landgerichts dahin, dass es zum Ausdruck habe bringen wollen, die Demonstranten hätten mithilfe der Aktion zu einer selbsthilfeähnlichen Durchsetzung eigener konkreter Forderungen angesetzt, erweisen sich diese Erwägungen ebenfalls verfassungsrechtlich als nicht tragfähig. Den der Entscheidung des Landgerichts zugrunde liegenden tatsächlichen Feststellungen des Amtsgerichts sowie den eigenen rechtlichen Erwägungen des Landgerichts lassen sich keine Anhaltspunkte entnehmen, die auf das Vorliegen einer solchen konkreten, vor Ort durchsetzbaren Forderung auf Seiten der Demonstranten deuten. Begreift man die Ausführungen des Landgerichts dahin, dass der Aktion der Schutz des Art. 8 Abs. 1 GG deshalb abzusprechen sei, weil die Demonstranten sich unfriedlicher Mittel im Sinne des Art. 8 Abs. 1 GG bedient hätten, halten sie einer verfas-

---

[30] Vgl. BVerfGE 69, 315 <345>.
[31] BVerfGE 73, 206 <248>; 87, 399 <406>; 104, 92 <106>.
[32] BVerfGE 69, 315 <351>; BVerfGK 4, 154 <158>; 11, 102 <108>.
[33] BVerfGE 73, 206 <250>.

sungsrechtlichen Prüfung ebenfalls nicht stand. Der Entscheidung des Landgerichts sowie den zugrunde liegenden tatsächlichen Feststellungen des Amtsgerichts ist nicht zu entnehmen, dass es bei der Aktion zu Ausschreitungen gegen Personen oder Sachen gekommen ist und die Versammlung hierüber insgesamt einen durch Aggressionen geprägten unfriedlichen Charakter gewonnen hat. Dass die Aktion von Einsatzkräften der Polizei aufgelöst wurde, schadet nicht, da das Landgericht seine Entscheidung jedenfalls auch auf ein Verhalten des Beschwerdeführers gestützt hat, das in dem Zeitraum vor der Auflösung lag.[34] In dem angegriffenen Beschluss des Landgerichts liegt ein Eingriff in die Versammlungsfreiheit des Beschwerdeführers. Dieser Eingriff ist nicht gerechtfertigt.

Auslegung und Anwendung der Strafvorschriften sind grundsätzlich Sache der Strafgerichte. Allerdings haben die **staatlichen Organe die grundrechtsbeschränkenden Gesetze im Lichte der grundlegenden Bedeutung von Art. 8 Abs. 1 GG auszulegen und sich bei Maßnahmen auf das zu beschränken, was zum Schutz gleichwertiger anderer Rechtsgüter notwendig ist.**[35] Das Bundesverfassungsgericht hat zum Schutz der Versammlungsfreiheit vor übermäßigen Sanktionen für die Anwendung und Auslegung der Verwerflichkeitsklausel nach § 240 Abs. 2 StGB besondere Anforderungen aufgestellt.[36] Bei dieser am Grundsatz der **Verhältnismäßigkeit**[37] orientierten Zweck-Mittel-Relation sind insbesondere die

---

[34] BVerfGE 104, 92 <106>.
[35] Vgl. BVerfGE 69, 315 <349>; 87, 399 <407>.
[36] Vgl. BVerfGE 104, 92 <109 ff.>.
[37] Der **Verhältnismäßigkeitsgrundsatz** hat seine historischen Wurzeln in § 10 Abs. 2 17 ALR für das Polizeirecht. Herausgearbeitet durch die prägende Rechtsprechung des BVerfG, E 7, 377, 405; ist es zwischenzeitlich als verfassungsrechtliches Prinzip anerkannt, vgl. etwa Wahl, Die Verwaltung 1980, 270; Sachs, Art. 20 GG, RN 145 ff.; Jarass, Art. 20 GG, RN 80. Er gilt auch im Europarecht, vgl. Art. 52 Abs. 1 S. 2 Grundrechtscharta, vgl. Emmrich-Fritsche, Der Grundsatz der Verhältnismäßigkeit als Direktive und Schranke der EU Rechtssetzung, 2000; Schwab, Der Europäische Gerichtshof und der Verhältnismäßigkeitsgrundsatz, 2002. **Zurückgeführt wird der Verhältnismäßigkeitsgrundsatz auf das Rechtsstaatsprinzip,** BVerfGE 76, 359; 108, 136; Greszick, in Maunz/Dürig, Art. 20 GG, RN 108. Er kann aber auch auf die grundrechtlichen Freiheitsansprüche des Bürgers gestützt werden, die nur soweit eingeschränkt werden dürfen, wie dies zum Schutz höherwertiger öffentlicher Interessen unerlässlich ist, BVerfGE 19, 348f. Jarass, a.a.O., RN 80. Der Grundsatz der Verhältnismäßigkeit gebietet ein staatliches Handeln das in Bezug auf den damit verfolgten Zweck **geeignet, erforderlich und angemessen** ist, BVerfGE 67, 173. Der Zweck darf nicht von vornherein illegitim, d. h. offenkundig verfassungswidrig sein, ähnlich Jarass, RN 83a. Die **Eignung des gewählten Mittels** ist nur zu bejahen, wenn mit hinreichender Wahrscheinlichkeit zu erwarten ist, dass der angestrebte Erfolg gefördert und erreicht wird, vgl. BVerfGE 96, 23; Greszick, Maunz/Dürig, Art. 20 GG, RN 112. Es besteht **kein verfassungsrechtliches Optimierungsgebot,** so dass nicht das optimalste oder wirkungsstärkste Mittel eingesetzt werden muss, BVerfG 113, 234; Jarass, Art. 20 GG, RN 84; Jakobs, Der Grundsatz der Verhältnismäßigkeit, 1985, S. 60. Es reicht, dass der angestrebte Erfolg gefördert werden kann, BVerfGE 103, 293, 307. Damit **scheiden (nur) evident ungeeignete Mittel von vornherein aus,**

Art und das Maß der Auswirkungen auf betroffene Dritte und deren Grundrechte zu berücksichtigen. Wichtige Abwägungselemente sind hierbei die Dauer und die Intensität der Aktion, deren vorherige Bekanntgabe, Ausweichmöglichkeiten über andere Zufahrten, die Dringlichkeit des blockierten Transports, aber auch der Sachbezug zwischen den in ihrer Fortbewegungsfreiheit beeinträchtigten Personen und dem Protestgegenstand. Das Gewicht solcher demonstrationsspezifischer Umstände ist mit Blick auf das kommunikative Anliegen der Versammlung zu bestimmen, ohne dass dem Strafgericht eine Bewertung zusteht, ob es dieses Anliegen als nützlich und wertvoll einschätzt oder es missbilligt. Stehen die äußere Gestaltung und die durch sie ausgelösten Behinderungen in einem Zusammenhang mit dem Versammlungsthema oder betrifft das Anliegen auch die von der Demonstration nachteilig Betroffenen, kann die Beeinträchtigung ihrer Freiheitsrechte unter Berücksichtigung der jeweiligen Umstände möglicherweise eher sozial erträglich und dann in größerem Maße hinzunehmen sein, als wenn dies nicht der Fall ist. Demgemäß ist im Rahmen der Abwägung zu berücksichtigen, ob und wie weit die Wahl des Versammlungsortes und die konkrete Ausgestaltung der Versammlung sowie die von ihr betroffenen Personen einen auf die Feststellung der Verwerflichkeit einwirkenden Bezug zum Versammlungsthema haben.[38] Das Bundesverfassungsgericht prüft, ob der Abwägungsvorgang der Fachgerichte Fehler enthält, die auf einer grundsätzlich unrichtigen Auffassung von der Bedeutung und Tragweite des betroffenen Grundrechts beruhen und auch im konkreten Fall von einigem Gewicht sind.[39]

Diesen sich aus Art. 8 Abs. 1 GG ergebenden verfassungsrechtlichen Anforderungen wird der angegriffene Beschluss des Landgerichts nicht gerecht. Zum einen hat es nicht sämtliche zu berücksichtigenden Gesichtspunkte in die Abwägung eingestellt, zum anderen die zugunsten des Beschwerdeführers streitenden Umstände

---

BVerfGE 65, 126; Jakobs, Der Grundsatz der Verhältnismäßigkeit, S. 62. Das Gebot der Erforderlichkeit begrenzt die einzusetzenden Mittel auf das mildeste Mittel gleicher Wirksamkeit, das sicherstellt, dass die Maßnahme nicht über das zwecknotwendige Maß hinaus in die rechtlich geschützten Interessen eingreift, BVerfGE 79, 198; 100, 241; vgl. Dechsling, Das Verhältnismäßigkeitsverbot, 1989, 54 ff. Sachs will die Wirksamkeit und die Beeinträchtigungsintensität zusammenfassend bewerten, Art. 20 GG, RN 153. Mittel mit großer Intensität und geringer Wirkung sind unzulässig, wenn es Mittel mit geringerer Intensität und größerer Wirkung gibt. Die Beeinträchtigung muss nach **Abwägung der beteiligten und berührten Interessen angemessen, proportional und zumutbar** sein, Sachs, Art. 20 GG, RN 154; BVerfGE 104, 349 ff.; 115, 192; Greszick, a.a.O., RN 117. Zu berücksichtigen sind neben der Schwere des Eingriffs das Gewicht und die Dringlichkeit der Gründe, BVerfGE 120, 241, so dass letztlich die mit dem Eingriff verbundene Belastung in einem vernünftigen Zweck zu den für die Allgemeinheit erwachsenden Vorteile stehen.

[38] Vgl. BVerfGE 104, 92 <112>.
[39] Vgl. BVerfGE 104, 92 <113>.

unter Überschreitung des den Fachgerichten zukommenden Abwägungsspielraums fehlerhaft gewichtet.

Die Ausführungen des Landgerichts unterliegen bereits im Ausgangspunkt verfassungsrechtlichen Bedenken. Das Landgericht hat bei der Abwägung den Zweck der Sitzblockade, Aufmerksamkeit zu erregen und so einen Beitrag zur öffentlichen Meinungsbildung zu leisten, als einen für die Verwerflichkeit der Tat sprechenden Gesichtspunkt zulasten des Beschwerdeführers gewertet, obwohl dieses sogar den sachlichen Schutzbereich des Art. 8 Abs. 1 GG eröffnet und damit eine Abwägung zwischen der Versammlungsfreiheit und den hierdurch betroffenen Rechtsgütern Dritter überhaupt erst erforderlich macht. Des Weiteren hat das Landgericht verkannt, dass der Kommunikationszweck nicht erst bei der Strafzumessung, sondern **im Rahmen der Verwerflichkeitsklausel gemäß § 240 Abs. 2 StGB, mithin bereits bei der Prüfung der Rechtswidrigkeit, zu berücksichtigen ist.**

Verfassungsrechtlich zu beanstanden ist des Weiteren, dass das Landgericht bei der Abwägung die Dauer der Aktion, deren vorherige Bekanntgabe, die Ausweichmöglichkeiten über andere Zufahrten, die Dringlichkeit des blockierten Transports sowie die Anzahl der von ihr betroffenen Fahrzeugführer gänzlich außer Betracht gelassen hat.

Schließlich hat das Landgericht mit verfassungsrechtlich nicht tragfähiger Begründung[40] den Sachbezug zwischen dem Protestgegenstand und den in ihrer Fort-

---

[40] Es gibt keine Freiheit ohne Recht und es gibt kein Recht ohne Staat. **Der Rechtsstaat gehört zur Wirklichkeit der allgemeinen Freiheit.** Seine Prinzipien sind das Gerüst einer Republik, eines Gemeinwesens freier Menschen, das freilich auch demokratisch und sozial sein muss. Politik und Recht wirken vielfältig aufeinander. Politisches Handeln führt zu Rechtsnormen. Rechtsnormen regeln politisches Handeln. Politische Gemeinschaften geben sich eine Verfassung. Die Verfassung enthält dann die grundlegende „Geschäftsordnung" für das Zusammenleben in der Gemeinschaft. Diese tatsächlichen und normativen Wechselwirkungen zwischen Politik und Recht sind in ihrer historischen Dimension Gegenstand der Rechtsgeschichte, in ihrer empirischen Dimension Gegenstand der beschreibenden Politikwissenschaft und Rechtssoziologie, in ihrer positivrechtlich-normativen Dimension schließlich Gegenstand der Rechtsdogmatik, insbesondere der Dogmatik des Öffentlichen Rechts. **Recht ist die Grundlage für eine friedliche Lösung von Konflikten.** Es ist ein **Garant für die individuelle und staatliche Freiheit und Demokratie.** Rechtsvorschriften schaffen im Wirtschaftsleben die notwendige Sicherheit für einen Wohlstand, an dem alle teilhaben können. **Der Rechtsstaat mit seinen institutionellen Sicherungen ist Garant für die Freiheit,** Voraussetzung für die Demokratie. Er schafft Sicherheit und Vertrauen im Wirtschaftsleben und somit die Vorbedingung für einen Wohlstand für alle. **Rudolf Gneist: Rechtsstaat als Kontrolle der Exekutive** durch Verwaltungsgerichte und die Dezentralisierung der Verwaltung Die Idee des Rechtsstaats ist die Herrschaft des Rechts anstelle der Herrschaft der Macht. **Das Recht geht der Macht vor, und die Macht ist nur legitim im Dienste des Rechts.** Kernelement der Idee eines verrechtlichten Staatswesens ist die Konzeption einer Trennung und Aufteilung der staatlichen Gewalt. Durch diese Teilung in die klassische Trias der rechtsetzenden, vollziehenden und rechtsprechenden Gewalt soll eine gegenseitige Kontrolle und dadurch Mäßigung der Staatsgewalt erreicht werden. Die Entwicklung eines Mo-

bewegungsfreiheit beeinträchtigten Personen verneint. Der Argumentation des Landgerichts, dass die unter Umständen betroffenen US-amerikanischen Staatsbürger und Soldaten die Irakpolitik der US-amerikanischen Regierung nicht beeinflussen könnten, so dass die Aktion von ihrem Kommunikationszweck her betrachtet ungeeignet gewesen sei, scheint die Annahme zugrunde zu liegen, dass ein derartiger Sachbezug nur dann besteht, wenn die Versammlung an Orten abgehalten wird, an denen sich die verantwortlichen Entscheidungsträger und Repräsentanten für die den Protest auslösenden Zustände oder Ereignisse aktuell aufhalten oder zumindest institutionell ihren Sitz haben. Eine derartige Begrenzung auf Versammlungen im näheren Umfeld von Entscheidungsträgern und Repräsentanten würde jedoch die Inanspruchnahme des Grundrechts der Versammlungsfreiheit mit unzumutbar hohen Hürden versehen und dem Recht der Veranstalter, grundsätzlich selbst über die ihm als symbolträchtig geeignet erscheinenden Orte zu bestimmen, nicht hinreichend Rechnung tragen. Überdies besteht vorliegend umso weniger Anlass an dem Sachbezug zwischen dem Protestgegenstand der Aktion und den in ihrer Fortbewegungsfreiheit beeinträchtigten Personen zu zweifeln, als sich unter den betroffenen Fahrzeugführern nicht nur US-amerikanische Staatsbürger, sondern auch Mitglieder der US-amerikanischen Streitkräfte befanden, die, wenn nicht in die unmittelbare Durchführung, so doch jedenfalls in die Organisation der kritisierten militärischen Intervention im Irak eingebunden waren.

Die angegriffene Entscheidung beruht auch auf dem aufgezeigten Grundrechtsverstoß. Es ist nicht auszuschließen, dass das Landgericht bei der erforderlichen erneuten Befassung unter Beachtung der grundrechtlichen Anforderungen aus Art. 8 Abs. 1 GG[41] zu einem anderen Ergebnis kommt. So wird bei der Entscheidung über

---

dells zur Lösung von Konflikten zwischen Gerichten unterschiedlicher Ebenen in vernetzten Rechtsordnungen, 2008. „**Das Recht und die Rechtsordnung bedürfen eines ethisch-sittlichen Mindestgehalts, weil andernfalls die überwiegend freiwillige Befolgung der Rechtsgebote nicht mehr erwartet oder vorausgesetzt werden kann.** Maßgebend für diesen Mindestgehalt ist allerdings nicht ein objektives normatives Sittengesetz, sondern das präsente ethisch-sittliche Bewusstsein bei den Menschen und in der Gesellschaft", Böckenförde.
Durch Art. 19 Abs. 4 GG wird nicht nur das formelle Recht, die Gerichte anzurufen, sondern auch die **Effektivität des Rechtsschutzes gewährleistet.**

[41] **Die Möglichkeit freier Versammlungen dient der individuellen Persönlichkeitsentfaltung. Sie sichert die persönliche, sozial-kommunikative Freiheit und bildet ein wesentliches Element demokratischer Offenheit,** BverfGE 69, 34 f.; Jarass, RN 1. Das GG verwirklicht damit auch ein kleines Stück unmittelbarer, d. h. direkter Demokratie. Art. 11 EMRK enthält eine vergleichbare Regelung. Neben der verfassungsrechtlichen Grundentscheidung garantiert Art. 8 GG ein subjektives Abwehrrecht. Die Versammlungsfreiheit ist die kollektive Ergänzung individueller Meinungsfreiheit; vgl. Bredt, Gemietete Demonstranten, NVwZ 2007, 1358; Wege, Präventive Versammlungsverbote, NVwZ 2005, 9005; Hoffmann-Riem, Neuere Rechtsprechung des BVerfG zur Versammlungsfreiheit, NVwZ 2002, 257; Kniesel, Versammlungs- und Demonstrationsfrei-

die Annahme der Berufung des Beschwerdeführers zu berücksichtigen sein, dass die von dem Amtsgericht getroffenen tatsächlichen Feststellungen zu den für die Abwägung bedeutsamen Faktoren der Dauer der Aktion („nicht unerhebliche Wartezeit", „möglicherweise über einen nur kurzen Zeitraum") und der Anzahl („in mehreren Reihen hintereinander aufgestaut") der von ihr betroffenen Fahrzeugführer nicht hinreichend aussagekräftig sind und dass tatsächliche Feststellungen zu den übrigen Faktoren der Abwägung gänzlich fehlen

---

heit, NJW 2000, 2857; Burgi, Art. 8 GG, DÖV 1995, 653; v. Mutius, Die Versammlungsfreiheit, JURA 1988, 30; Enders, Der Schutz der Versammlungsfreiheit, JURA 2003, 103 ff.

[41] Vgl. VG Minden, Beschluss vom 27. Februar 2002 – 11 L 185/02 –, juris; OVG für das Land Nordrhein-Westfalen, Beschluss vom 1. März 2002 – 5 B 388/02 –, juris. Förster, Die Friedlichkeit der Demonstrationsfreiheit, 1985; Schwertfeger, Die Grenzen des Demonstrationsrechts, 1988; Seidel, Das Versammlungsrecht auf dem Prüfstand, DÖV 2002, 283; Wiefelpütz, Aktuelle Probleme des Versammlungsrechts, DÖV 2001, 21; ders. Ist die Love Parade eine Versammlung?, NJW 2002, 274; Hoffmann-Riem, Demonstrationsfreiheit auch für Rechtsextremisten?, NJW 2004, 2777.

[41] Mit Beschluss vom 1. März 2002 stellte die 1. Kammer des Ersten Senats des Bundesverfassungsgerichts im Wege der einstweiligen Anordnung die aufschiebende Wirkung des Widerspruchs des Beschwerdeführers gegen eine Verbotsverfügung wieder her, vgl. BVerfG, Beschluss der 1. Kammer des Ersten Senats vom 1. März 2002 – 1 BvQ 5/02 –, NVwZ 2002, S. 982.

[41] Eine Versammlung i. S. von Art. 8 GG ist **ein gemeinsames, willensgetragenes und kommunikatives Verhalten**, BVerwGE 82, 38; Depenheuer, in Maunz/Dürig, Art. 8 GG, RN 44. Keine Versammlungen sind deshalb **bloß zufällige Ansammlungen** von Menschen, Menschenaufläufe oder größere zufällige Personenansammlungen vor Informationsständen. Allerdings können sich zufällige Ansammlungen dann zu Versammlungen i. S. des Versammlungsrechts entwickeln, wenn eine gemeinsame innere Verbindung entsteht. **Demonstrationen** werden von Art. 8 GG erfasst, sodass keine Notwendigkeit besteht, ein eigenständiges **Recht auf Demonstrationsfreiheit** als Kombinationsgrundrecht aus Art. 5 GG i. V. mit Art. 8 GG zu entwickeln, a. A. Kniesel, NJW 1992, 858f. **Spontanveranstaltungen** fallen unter den Schutzzweck des Art. 8 GG. Versammlungen, die sich aus einem aktuellen Anlass unorganisiert und ungeplant und ohne Veranstalter entwickeln bedürfen in verfassungskonkretisierender Auslegung des § 14 VersG keiner vorherigen Anmeldung.

Wohnungsdurchsuchung in steuerstrafrechtlichem Ermittlungsverfahren[1/2]

[1] Mit vertiefenden Hinweisen von Prof. Dr. Dr. Siegfried Schwab, Mag. rer. publ., unter Mitarbeit von Diplom-Betriebswirtin (DH) Silke Schwab und Referendarin Heike Schwab.
Bei der Frage, ob die aus Liechtenstein stammenden Daten für die Annahme eines Anfangsverdachts für eine strafprozessuale Durchsuchung zugrunde gelegt werden dürfen, geht es nicht um die unmittelbare Geltung eines Beweisverwertungsverbotes, denn dieses betrifft grundsätzlich lediglich die unmittelbare Verwertung von rechtswidrig erlangten Beweismitteln im Strafverfahren zur Feststellung der Schuldfrage. Trüg/Habetha, Beweisverwertung trotz rechtswidriger Beweisgewinnung – insbesondere mit Blick auf die „Liechtensteiner Steueraffäre", NStZ 2008, 481 – die in § 244 Abs. 2 StPO normierte Pflicht des Gerichts zur Erforschung der Wahrheit, die Beweisaufnahme von Amts wegen auf **alle** Tatsachen und Beweismittel zu erstrecken, die für die Entscheidung von Bedeutung sind, kollidiert mit Beweisverwertungsverboten zwangsläufig. Auch wenn es „keinen Grundsatz der stopp" gibt, „dass die Wahrheit um jeden Preis erforscht werden müsste", BGHSt 14, 365; 38, 219 ff.; 38, 374. Verwertungsverbote betonen eine im Wesentlichen **formale Position** des Beschuldigten. Mit materiellen (Ergebnis-)Gerechtigkeitsvorstellungen sind sie in Fällen schwerer Kriminalität kaum in Einklang zu bringen. In diesen Fällen besteht eine erhebliche kriminalpolitische Drucksituation, materiell Schuldige zu verurteilen, die sich bei Strafrichtern und Staatsanwälten in sozialpsychologischer Weise äußert. Die Befürwortung eines Beweisverwertungsverbotes – trotz Kenntnis des realen Sachverhalts – mit der Folge eines Freispruchs trotz materiell-rechtlich bestehender gravierender Schuld ist ein Problem für die Akteure, aber auch für den Rechtsstaat. Die Aufklärung von Straftaten ist in einem Rechtsstaat an normative Grenzen gebunden. Es stellt sich deshalb die Frage, ob ein Beweiserhebungsverbot ein Beweisverwertungsverbot automatisch bedingt (unselbständiges Verwertungsverbot). Die **Frage der Beweisverwertungsverbote** ist für den Umfang und die Reichweite von Verwertungsverboten. schwierig generell festzulegen. **Fest steht allerdings, dass in einem Rechtsstaat Beweismittel, die zielgerichtet, durch auf Beweismittelgewinnung ausgerichtete Straftaten staatlicher Stellen beschafft werden, im Strafverfahren nicht verwertbar sind.** Die h. M. Meinung, geprägt durch die Rechtsprechung, geht davon aus, dass nicht jede Verletzung einer Beweiserhebungsvorschrift zu einem Verwertungsverbot führt. Vielmehr ist die Frage der Verwertbarkeit eines „kontaminierten" Beweismittels in einem zweiten Schritt zu prüfen. Der Gesetzgeber hat nur vereinzelt Beweisverwertungsverbote normiert, insbesondere die §§ 136a (ggf. i.V.m. 69 Abs. 3, 72), 81a Abs. 3, 81c Abs. 5 98 Abs. 3 S. 3, 100 Abs. 5, 110 Abs. 6 S. 2, 100d Abs. 5, StPO sowie Art. 13 Abs. 5 S. 2 GG, § 51 Abs. 1 BZRG. **Nach der sog. Schutzzwecklehre soll im Einzelfall bei der Frage des Verwertungsverbotes auf den Schutzzweck bzw. die ratio der jeweiligen Beweiserhebungsvorschrift abgestellt werden. Bei einer Verletzung von Vorschriften gerade zum Schutze des Beschuldigten besteht ein Verwertungsverbot.**

[2] BVerfG, Beschluss vom 09.11.2010 – 2 BvR 2101/09, DStR 2010, 2512 = DStRE 2011, 60 = EuGRZ 2010, 780 = NStZ 2011, 103, mit Anm. Zimmermann, FD-StrafR 2010, 311378 – Die durch den Ankauf von Daten aus möglicherweise rechtswidrigen Quellen erlangten Beweismittel

1. Der erforderliche Anfangsverdacht für eine Wohnungsdurchsuchung kann ohne
   Verfassungsverstoß auf Daten gestützt werden, die ein Informant aus Liechtenstein auf einem Datenträger an die Bundesrepublik Deutschland verkauft hat.
2. Ein Beweisverwertungsverbot besteht selbst dann nicht, wenn bei der Datenbe-
   schaffung nach innerstaatlichem Recht rechtswidrig oder gar strafbar gehandelt
   worden ist.

Die Verfassungsbeschwerde richtet sich gegen die Anordnung einer Wohnungsdurchsuchung in einem steuerstrafrechtlichen Ermittlungsverfahren. Die Beschwerdeführer wenden sich dagegen, dass der Anfangsverdacht auf Daten gestützt worden
ist, die die Bundesrepublik Deutschland von einer Privatperson aus Liechtenstein
erworben hat. Gegen die Beschwerdeführer wird wegen des Verdachts der Einkom-
mensteuerhinterziehung in den Veranlagungszeiträumen 2002 bis 2006 ermittelt.

Das Amtsgericht Bochum ordnete mit Beschluss vom 10. April 2008 die Durchsuchung der Wohnung der Beschwerdeführer an. Im Rahmen der Ermittlungen gegen
einen Liechtensteiner Treuhänder sei bekannt geworden, dass die Beschwerdeführer
bei der L. AG in Liechtenstein am 17. Januar 2000 die K. Stiftung und am 14. Juni
2000 die T. S.A. gegründet hätten. Vermögensanlagen über diese Gesellschaften bei
der L. AG in Liechtenstein seien den Beschwerdeführern zuzurechnen. Der Beschwerdeführer zu 1. habe zudem ein Konto bei der B. Bank in den Steuererklärungen nicht
angegeben. Es seien Kapitalerträge aus den Vermögen der Stiftung und der S.A. in
Höhe von etwa 2.000.000 DM nicht erklärt und dadurch voraussichtlich Steuern in
den Jahren 2002 bis 2006 zwischen 16.390 € und 24.270 € verkürzt worden. Bei der
am 23. September 2008 vollzogenen Durchsuchung wurden ein Umschlag mit
Unterlagen der L. AG sichergestellt und fünf Computerdateien ausgedruckt.

Die Beschwerdeführer legten gegen die Durchsuchungsanordnung Beschwerde
ein und beantragten umfassende Akteneinsicht. Sie seien daran interessiert, die
Daten einzusehen, die die Grundlage der Durchsuchungsanordnung bildeten. Die
Staatsanwaltschaft gewährte Akteneinsicht in die Ermittlungsakte und teilte den Beschwerdeführern mit, dass eine Akteneinsicht in alle Akten über die Gewinnung,
den Weg und den Inhalt von Daten der L. AG nicht gewährt werden könne, weil

---

können zur Begründung eines strafprozessualen Anfangsverdachts verwertet werden. Nach der
Auffassung des BVerfG kommt es im Ergebnis nicht auf die Streitfrage an, ob durch den Ankauf
der Daten gegen innerstaatliches Recht oder gegen Völkerrecht verstoßen wurde oder welche
möglichen Straftaten der Informant begangen haben könnte. Das BVerfG löst diesen Konflikt, indem es darauf abstellt, dass es keinen feststehenden Rechtssatz gebe, wonach aus einem Beweiserhebungsverbot zwingend ein Beweisverwertungsverbot folge. Insoweit wird an der durch das
BVerfG entwickelten Sphären-Rechtsprechung festgehalten, vgl. Urteil vom 30.01.1973 – 2 BvH
1/72, BVerfGE 34, 238 ff.

darin Daten einer Vielzahl von Beschuldigten enthalten seien, die durch das Steuergeheimnis geschützt würden. Es könne jedoch mitgeteilt werden, dass es sich um Daten handele, die der Steuerfahndung im Wege der Amtshilfe durch den Bundesnachrichtendienst zur Verfügung gestellt worden seien.

Der Beschwerdeführer beantragte daraufhin Einsicht in das Sicherstellungsverzeichnis bezüglich des Datenträgers und in Protokolle über die Vernehmung der Person, die die Daten geliefert habe. Auf diesen Antrag teilte die Staatsanwaltschaft mit, dass diese Unterlagen bei den Ermittlungsbehörden nicht vorhanden seien. Den Beschwerdeführern wurde Einsicht in die bei der Staatsanwaltschaft vorhandenen Ermittlungsakten gegeben.

Mit der Beschwerde machten die Beschwerdeführer geltend, die der Durchsuchung zugrundeliegenden Erkenntnisse seien unverwertbar. Die Erhebung der verfahrensgegenständlichen Daten verstoße gegen das Völkerrecht, weil die Bundesrepublik die Daten außerhalb des Europäischen Übereinkommens vom 20. April 1959 über die Rechtshilfe in Strafsachen und des Übereinkommens über Geldwäsche sowie Ermittlung, Beschlagnahme und Einziehung von Erträgen aus Straftaten vom 8. November 1990 erlangt habe. Die Verwendung der Daten verstoße auch gegen innerstaatliches Recht. Die Entgegennahme der Daten durch den Bundesnachrichtendienst sei rechtswidrig und strafbar gewesen. Der Bundesnachrichtendienst sei zur Entgegennahme der Daten nicht ermächtigt gewesen; die Weitergabe an die Staatsanwaltschaft verstoße darüber hinaus gegen das Trennungsgebot. Der Ankauf der Daten sei auch strafbar gewesen, denn hierdurch sei gegen § 17 Abs. 2 des Gesetzes gegen den unlauteren Wettbewerb (UWG) verstoßen worden.

Aufgrund der zahlreichen Rechtsverstöße seien die von der L. AG erlangten **Daten unverwertbar**; die Aufnahme und Fortführung des Ermittlungsverfahrens sei bereits deshalb unzulässig, weil die L. AG-Daten die einzigen Erkenntnisquellen seien, auf die sich die Strafverfolgungsbehörden berufen könnten. **Wenn sich ein Strafverfahren allein auf rechtswidrig erlangte Beweismittel stütze, werde gegen das in Art. 6 Abs. 1 EMRK garantierte Recht auf ein faires Verfahren verstoßen.**[3]

---

[3] Die Staatsanwaltschaft beantragte, den Beschwerden nicht abzuhelfen. Der Verwertung der von privaten Personen überlassenen Beweismittel könne ein ausländischer Staat nicht widersprechen; völkerrechtliche Verträge seien insoweit nicht berührt. Aus dem innerstaatlichen Recht lasse sich ebenfalls kein Beweisverwertungsverbot ableiten; insbesondere beruhe die Verschaffung des Datenträgers nicht auf rechtswidrigen Handlungen. Es existiere keine Norm, die den Erwerb von steuerlich und steuerstrafrechtlich relevantem Informationsmaterial gegen Entgelt verbiete. Die Zahlung von Geld für Informationen sei dem Strafverfahren auch nicht fremd (z.B. Auslobung und Belohnung für Zeugen und V-Leute). Die Beschaffung des Datenträgers verstoße auch nicht gegen § 17 UWG. **Selbst wenn von einer rechtswidrigen Beweiserhebung ausgegangen würde,** ergäbe sich nach der nach herrschender Meinung relevanten Abwägungslehre **kein Beweis-**

Das Amtsgericht half den Beschwerden nicht ab.[4]

Das Landgericht Bochum verwarf die Beschwerden mit Beschluss vom 7. August 2009 als unbegründet. Der für die Durchsuchung erforderliche Tatverdacht dürfe auf die strittigen Daten gestützt werden. Es bestehe kein Beweisverwertungsverbot. Das gelte selbst dann, wenn dabei nach innerstaatlichem Recht rechtswidrig oder gar strafbar gehandelt worden sein sollte.[5]

Mit der Verfassungsbeschwerde rügen die Beschwerdeführer die Verletzung ihrer Rechte auf ein faires, rechtsstaatliches Verfahren (Art. 2 Abs. 1 GG i.V.m. Art. 20 Abs. 3 GG, Art. 25 GG), die Verletzung von Art. 13 Abs. 1 GG in Verbindung mit dem Rechtsstaatsprinzip und der Rechtsschutzgarantie und die Verletzung von Art. 103 Abs. 1 GG.

Die Beschwerdeführer seien in ihren Grundrechten aus Art. 2 Abs. 1 GG in Verbindung mit Art. 25 GG und dem Rechtsstaatsprinzip verletzt, weil die Daten als Grund-

---

verwertungsverbot. Insoweit bezieht sich die Staatsanwaltschaft auf den Beschluss des Landgerichts Bochum vom 22. April 2008[3] – der eine Unverwertbarkeit der angekauften Daten selbst dann ablehnt, wenn zugunsten der Beschuldigten davon auszugehen wäre, dass deutsches Strafrecht über § 7 StGB anwendbar sei, der Ankauf als Begünstigung im Sinne des § 257 StGB und als Beihilfe zum Geheimnisverrat nach § 17 Abs. 2 Nr. 2 UWG darstelle und die Vortat den Tatbestand der Betriebsspionage nach § 17 Abs. 2 Nr. 1 UWG erfülle. Es gehe in der vorliegenden Konstellation nicht um ein zunächst rechtswidriges Verhalten staatlicher Ermittlungsbehörden, sondern um strafrechtlich relevantes Verhalten einer Privatperson. Die Regelungen der Strafprozessordnung über die Beweisgewinnung würden sich an die Strafverfolgungsorgane, nicht jedoch an Privatpersonen richten. Daraus folge, dass durch Private in rechtswidriger Art und Weise gewonnene Beweismittel grundsätzlich verwertbar seien. Im Rahmen der erforderlichen Abwägung sei zu berücksichtigen, dass die Verwertung der durch die Daten eröffneten Erkenntnisse nicht den unantastbaren Bereich privater Lebensgestaltung, sondern den geschäftlichen Bereich berühre. Die eventuelle Straftat richte sich auch nicht primär gegen den Beschuldigten. Zudem diene die Verwertung der Kenntnisse der Aufklärung einer Straftat, deren Aufklärung im besonderen Allgemeininteresse liege.

[4] Ergänzend zur Stellungnahme der Staatsanwaltschaft stellte das Gericht darauf ab, dass weder ein direkter Verstoß gegen das Völkerrecht vorliege noch multi- oder bilaterale Völkerrechtsbestimmungen umgangen worden seien. Die Daten seien weder auf Ersuchen an den Staat Liechtenstein noch auf Ersuchen an eine dritte Person zur Verfügung gestellt worden. Die Daten seien in keinem Fall auf Geheiß des Bundesnachrichtendienstes oder anderer Strafverfolgungsbehörden hergestellt, beschafft oder in sonstiger Weise erfasst, sondern lediglich passiv entgegengenommen worden. Hierzu sei der Bundesnachrichtendienst befugt gewesen, weil die DVD über 9.600 Datensätze über internationale Geldflüsse enthalte und lediglich auch die Daten der Beschwerdeführer.

[5] Es sei bereits zweifelhaft, ob – wie die Beschwerdeführer behaupteten – das Europäische Übereinkommen über Rechtshilfe und das Übereinkommen über Geldwäsche umgangen worden sei. Der „Datendiebstahl" sei der Bundesrepublik Deutschland nicht zuzurechnen. Selbst wenn völkerrechtliche Übereinkommen umgangen worden sein sollten, sei dies unschädlich, weil sich aus der Verletzung eines völkerrechtlichen Vertrages, der keine persönlichen Rechte gewähre, kein Verwertungsverbot ergebe. Im Übrigen sei das möglicherweise völkerrechtswidrige Geschehen („Datendiebstahl" und Ankauf der „gestohlenen" Daten) abgeschlossen gewesen; durch die Benutzung der Daten in dem Ermittlungsverfahren gegen die Beschwerdeführer würden die Übereinkommen nicht erneut beeinträchtigt.

lage für den Erlass eines Durchsuchungsbeschlusses verwendet worden seien. Die Nutzung der Daten aus Liechtenstein gegen dessen Widerspruch in einem Strafverfahren in Deutschland verstoße gegen das Völkerrecht und verletze zudem die Souveränität Liechtensteins, weil dessen territoriale Integrität nicht beachtet worden sei.

Die Bedeutung des Europäischen Rechtshilfeübereinkommens, der Resolution der Generalversammlung der Vereinten Nationen über die Verantwortlichkeit der Staaten für völkerrechtswidrige Handlungen und der Regeln des Völkerrechts über die Souveränität von Staaten sei nicht hinreichend berücksichtigt worden. Die Daten seien mit Blick auf die Grundrechte der Beschwerdeführer unverwertbar. Jedenfalls hätten die Gerichte die Verstöße gegen das Völkerrecht bei der Prüfung des Beweisverwertungsverbotes in die Abwägung einstellen müssen.

Die angegriffenen Entscheidungen **verletzten die Beschwerdeführer in ihren Grundrechten aus Art. 13 Abs. 1 GG in Verbindung mit dem Rechtsstaatsprinzip** und der Rechtsschutzgarantie, **weil die Anforderungen an die Übermittlung von Daten durch Nachrichtendienste an andere Behörden nicht eingehalten worden seien und weil die mehrfachen Rechtsverstöße zu einem Beweisverwertungsverbot der Daten führten.**[6]

Mit dem Ankauf der Daten hätten sich die deutschen Behörden nach § 17 Abs. 2 Nr. 2 UWG und wegen Begünstigung nach § 257 StGB strafbar gemacht. § 34 StGB scheide als Rechtfertigungsnorm aus. Für eine Begünstigung reiche die Hilfestellung beim Verkauf aus. Für die Daten bestehe ein Verwertungsverbot. Die vorliegenden Verfahrensverstöße (Verstoß gegen das Völkerrecht und das Trennungsgebot, Beteiligung an der unbefugten Offenbarung von Geschäftsgeheimnissen) seien so schwerwiegend, dass das gesamte Ermittlungsverfahren dem Rechtsstaatsprinzip nicht mehr gerecht werden könne. Es gehe auch um rechtswidriges und strafbares

---

[6] Der Bundesnachrichtendienst habe die Daten unter Verstoß gegen strafrechtliche Normen erlangt, denn der Datendiebstahl sei in Liechtenstein strafbar. Daher habe die Erhebung der Daten von vornherein nicht in Einklang mit ausländischen Verfahrensvorschriften stehen können. Darüber hinaus gebe es keine Rechtsgrundlage für die Entgegennahme der Daten durch den Bundesnachrichtendienst. Dies gelte auch für die Weitergabe der Daten vom Bundesnachrichtendienst an die Staatsanwaltschaften. Es habe dafür weder eine Befugnis nach § 9 BNDG noch nach § 116 AO bestanden. Der Bundesnachrichtendienst habe auch keine Amtshilfe leisten dürfen, weil diese hier nach § 112 Abs. 2 AO ausgeschlossen gewesen sei. Art. 103 Abs. 1 GG sei verletzt, weil den Beschwerdeführern nicht offengelegt worden sei, wie die Daten der L. AG zu den Strafverfolgungsbehörden gelangt seien und welche Rolle der Bundesnachrichtendienst beim Ankauf der Daten im Einzelnen gespielt habe. Die Staatsanwaltschaft habe das Akteneinsichtsgesuch zu Unrecht unter Hinweis auf das Steuergeheimnis nach § 30 AO verweigert. Mangels ausreichender Informationen und aufgrund von Widersprüchen zwischen Mitteilungen der Strafverfolgungsbehörden und Presseberichten sei es den Beschwerdeführern nicht möglich gewesen, den Sachverhalt vollständig zu würdigen und alle entlastenden Argumente vorzubringen. Es sei nicht ausgeschlossen, dass die Gerichte bei Vorbringen weiterer Argumente anders entschieden hätten.

Verhalten der Ermittlungsbehörden und nicht allein um strafrechtlich relevantes Verhalten einer Privatperson. Die großzügige Rechtsprechung zur rechtswidrigen Erlangung eines Beweismittels durch eine Privatperson könne daher nicht als Gewichtung der Verfahrensverstöße herangezogen werden.

Die Verfassungsbeschwerde wird nicht zur Entscheidung angenommen. Die Annahmevoraussetzungen des § 93a Abs. 2 BVerfGG liegen nicht vor. Der Verfassungsbeschwerde kommt grundsätzliche verfassungsrechtliche Bedeutung nicht zu.[7] Die mit der Verfassungsbeschwerde aufgeworfenen Fragen sind hinreichend geklärt; sie lassen sich mit Hilfe der in der Rechtsprechung des Bundesverfassungsgerichts entwickelten Maßstäbe ohne weiteres entscheiden. Die Annahme der Verfassungsbeschwerde ist auch nicht zur Durchsetzung der in § 90 Abs. 1 BVerfGG genannten Rechte angezeigt, weil sie keine hinreichende Aussicht auf Erfolg hat. Die Verfassungsbeschwerde ist zum Teil unzulässig und im Übrigen unbegründet.

Die Beschwerdeführer haben den Rechtsweg nach § 90 Abs. 2 Satz 1 BVerfGG erschöpft. Gegen die angegriffene Entscheidung des Landgerichts ist ein weiteres Rechtsmittel nicht gegeben (vgl. § 310 Abs. 2 StPO). Die Beschwerdeführer können auch nicht auf die vorherige Erhebung einer Anhörungsrüge nach § 33a StPO verwiesen werden.

Wird mit der Verfassungsbeschwerde eine Verletzung des Anspruchs auf rechtliches Gehör (Art. 103 Abs. 1 GG) geltend gemacht, so zählt eine Anhörungsrüge an das Fachgericht zum Rechtsweg, von dessen Erschöpfung die Zulässigkeit einer Verfassungsbeschwerde gemäß § 90 Abs. 2 Satz 1 BVerfGG im Regelfall abhängig ist.[8] Das gilt jedoch nicht, wenn die Anhörungsrüge offensichtlich aussichtslos wäre.[9] Auf einen offensichtlich aussichtslosen Rechtsbehelf kann ein Beschwerdeführer als Voraussetzung der Zulässigkeit seiner Verfassungsbeschwerde nicht verwiesen werden.[10]

Rechtliches Gehör sichert den Beteiligten ein Recht auf Information, Äußerung und Berücksichtigung mit der Folge, dass sie ihr Verhalten im Prozess selbstbestimmt und situationsspezifisch gestalten können. Art. 103 Abs. 1 GG steht in einem funktionalen Zusammenhang mit der Rechtsschutzgarantie des Grundgesetzes.[11] Dem kommt besondere Bedeutung zu, wenn im strafprozessualen Ermittlungsverfahren Eingriffsmaßnahmen ohne vorherige Anhörung des Betroffenen gerichtlich angeordnet werden (§ 33 Abs. 4 StPO). Dann ist das rechtliche Ge-

---

[7]   Vgl. BVerfGE 90, 22 <24>; 96, 245 <248>.
[8]   Vgl. BVerfGE 42, 243 <245>; 74, 358 <380>; 122, 190 <198>.
[9]   Vgl. BVerfGK 7, 403 <407>.
[10] Vgl. BVerfGE 51, 395 f.; 52, 387; 78, 68 f.
[11] Vgl. BVerfGE 81, 129.

hör jedenfalls im Beschwerdeverfahren nachträglich zu gewähren.[12] Eine dem Betroffenen nachteilige Gerichtsentscheidung darf jedenfalls in der Beschwerdeinstanz nur auf der Grundlage solcher Tatsachen und Beweismittel getroffen werden, über die dieser zuvor sachgerecht unterrichtet worden ist und zu denen er sich äußern konnte. §§ 33, 33a StPO beschränken die gebotene Anhörung nicht auf Tatsachen und Beweisergebnisse; vielmehr ist über den Wortlaut der Bestimmung im engeren Sinne hinaus jeder Aspekt des rechtlichen Gehörs davon erfasst.[13] Zum Anspruch auf Gehör vor Gericht gehört demnach auch die Information über die entscheidungserheblichen Beweismittel. **Eine gerichtliche Entscheidung darf nur auf Tatsachen und Beweismittel gestützt werden, die dem Beschuldigten durch Akteneinsicht der Verteidigung bekannt sind.**[14]

Die Beschwerdeführer machen vielmehr geltend, das Gericht hätte weitere Informationen über die Umstände der Erlangung der Datenträger beschaffen und ihnen zur Verfügung stellen müssen, damit sie in der Lage seien, den Sachverhalt entsprechend zu würdigen. Damit rügen sie jedoch in der Sache nicht eine Verletzung rechtlichen Gehörs, sondern des effektiven Rechtsschutzes nach Art. 19 Abs. 4 GG.

Soweit die Beschwerdeführer der Sache nach eine Verletzung des effektiven Rechtsschutzes nach Art. 19 Abs. 4 GG rügen, weil die Fachgerichte hätten aufklären müssen, wie die Strafverfolgungsbehörden in den Besitz der Daten gelangt seien und welche Rolle der Bundesnachrichtendienst dabei gespielt habe, haben sie nicht dem in **§ 90 Abs. 2 Satz 1 BVerfGG zum Ausdruck kommenden Grundsatz der Subsidiarität** der Verfassungsbeschwerde Genüge getan. Dieser erfordert, dass ein Beschwerdeführer über das Gebot der Erschöpfung des Rechtswegs im engeren Sinne hinaus alle nach Lage der Sache zur Verfügung stehenden prozessualen Möglichkeiten ergreift, um eine Korrektur der geltend gemachten Grundrechtsverletzung vor den vorrangig hierzu berufenen Fachgerichten zu erwirken oder eine Grundrechtsverletzung zu verhindern.[15]

Diesem Erfordernis sind die Beschwerdeführer im fachgerichtlichen Verfahren nicht nachgekommen. Dort haben sie weder ausdrücklich noch konkludent von den Strafverfolgungsbehörden verlangt, den Sachverhalt in Bezug auf die Beschaffung der Datenträger aufzuklären. Sie haben zwar im Rahmen ihres Akteneinsichtsgesuches dargelegt, dass es ihnen darum gehe, auf welchem Wege die Daten erlangt worden seien. Spätestens nach der Mitteilung der Staatsanwaltschaft, die von den Beschwerdeführern bezeichneten Unterlagen und Informationen (Sicherstellungs-

---

[12] Vgl. BVerfGK 3, 197 <204>; 7, 205 <211>; 12, 111 <115>.
[13] Vgl. BVerfGE 42, 250.
[14] Vgl. BVerfGK 7, 211.
[15] StRspr, vgl. BVerfGE 77, 401; 81, 27.

protokoll des Datenträgers, Protokoll über die Zeugenvernehmung des Informanten) seien bei den Strafverfolgungsbehörden nicht vorhanden, hätten die Beschwerdeführer ihr Aufklärungsbegehren jedoch geltend machen können. Das haben sie indes nicht getan, sondern lediglich die Einsicht in die bei den Strafverfolgungsbehörden befindlichen Unterlagen begehrt.[16]

Im Übrigen hat die Verfassungsbeschwerde keine Aussicht auf Erfolg. Die angegriffenen Entscheidungen verletzen die Beschwerdeführer nicht in ihrem Grundrecht auf Unverletzlichkeit der Wohnung aus Art. 13 Abs. 1 GG.

Mit einer Durchsuchung wird schwerwiegend in die Unverletzlichkeit der Wohnung (Art. 13 Abs. 1 GG) eingegriffen. Notwendiger und grundsätzlich auch hinreichender Eingriffsanlass für eine solche Zwangsmaßnahme im Strafverfahren ist der Verdacht einer Straftat. Der Verdacht muss auf konkreten Tatsachen beruhen; vage Anhaltspunkte oder bloße Vermutungen reichen nicht aus.[17]

Der für die Durchsuchung erforderliche Anfangsverdacht einer Steuerstraftat ist in den angegriffenen Entscheidungen ausreichend dargelegt worden. Es ist von Verfassungs wegen nicht zu beanstanden, dass die Fachgerichte den Verdacht, die Beschwerdeführer hätten Kapitaleinkünfte aus Vermögen Liechtensteiner Stiftungen gegenüber den deutschen Finanzbehörden nicht erklärt, auch auf die Erkenntnisse der Daten aus Liechtenstein gestützt haben.

Bei der Frage, ob die aus Liechtenstein stammenden Daten für die Annahme eines hinreichenden Tatverdachts für eine strafprozessuale Durchsuchung zugrunde gelegt werden dürfen, **geht es nicht um die unmittelbare Geltung eines Beweisverwertungsverbotes, denn dieses betrifft grundsätzlich lediglich die unmittelbare Verwertung von rechtswidrig erlangten Beweismitteln im Strafverfahren** zur Feststellung der Schuldfrage.[18] Ob und inwieweit Tatsachen, die einem Beweisverwertungsverbot unterliegen, zur Begründung eines Anfangsverdachts einer Durchsuchung herangezogen werden dürfen, betrifft vielmehr die Vorauswirkung von Verwertungsverboten und gehört in den größeren Zusammenhang der Fernwirkung von Beweisverwertungsverboten.[19] Insoweit ist anerkannt, dass Verfahrensfehlern, die ein Verwertungsverbot für ein Beweismittel zur Folge haben, nicht ohne weite-

---

[16] Im Verfassungsbeschwerdeverfahren beanstanden die Beschwerdeführer erstmals ausdrücklich, die Strafverfolgungsbehörden hätten die **Umstände des Datenankaufs und die Beteiligung des Bundesnachrichtendienstes daran aufklären müssen.** Damit haben sie den Fachgerichten die Möglichkeit genommen, dazu Stellung zu nehmen oder die entsprechenden Ermittlungen anzustellen. Nach dem Grundsatz der materiellen Subsidiarität der Verfassungsbeschwerde können die Beschwerdeführer daher mit dieser Rüge hier nicht gehört werden.

[17] Vgl. BVerfGE 44, 381 f.; 59, 97 f.

[18] Vgl. Meyer-Goßner, StPO, 53. Aufl. 2010, Einl. RN 55.

[19] Vgl. Beulke, in: Löwe-Rosenberg, StPO, 26. Aufl., § 152 RN 26 f.

res Fernwirkung für das gesamte Strafverfahren zukommt.[20]

Unabhängig davon besteht von Verfassungs- wegen kein Rechtssatz des Inhalts, dass im Fall einer rechtsfehlerhaften Beweiserhebung die Verwertung der gewonnen Beweise stets unzulässig wäre.[21] Die Beurteilung der Frage, welche Folgen ein möglicher Verstoß gegen strafprozessuale Verfahrensvorschriften hat und ob hierzu insbesondere ein Beweisverwertungsverbot zählt, obliegt in erster Linie den zuständigen Fachgerichten.[22] Die Strafgerichte gehen in gefestigter, verfassungsrechtlich nicht zu beanstandender Rechtsprechung davon aus, dass dem Strafverfahrensrecht **ein allgemein geltender Grundsatz, demzufolge jeder Verstoß gegen Beweiserhebungsvorschriften ein strafprozessuales Verwertungsverbot nach sich zieht, fremd ist,** und dass die Frage jeweils nach den Umständen des Einzelfalls, insbesondere nach der Art des Verbots und dem Gewicht des Verstoßes unter Abwägung der widerstreitenden Interessen zu entscheiden ist.[23] Auch wenn die Strafprozessordnung nicht auf Wahrheitserforschung „um jeden Preis" gerichtet ist, schränkt die Annahme eines Verwertungsverbotes eines der wesentlichen Prinzipien des Strafverfahrensrechts ein, nämlich den Grundsatz, dass das Gericht die Wahrheit zu erforschen hat und dazu die Beweisaufnahme von Amts wegen auf alle Tatsachen und Beweismittel zu erstrecken hat, die von Bedeutung sind. Das Rechtsstaatsprinzip gestattet und verlangt die Berücksichtigung der Belange einer **funktionstüchtigen Strafrechtspflege, ohne die der Gerechtigkeit nicht zum Durchbruch verholfen werden kann.**[24] **Der Rechtsstaat kann sich nur verwirklichen, wenn ausreichende Vorkehrungen dafür getroffen sind, dass Straftäter im Rahmen der geltenden Gesetze verfolgt, abgeurteilt und einer gerechten Bestrafung zugeführt werden.**[25] Daran gemessen bedeutet **ein Beweisverwertungsverbot eine Ausnahme, die nur nach ausdrücklicher gesetzlicher Vorschrift oder aus übergeordne-**

---

[20] Vgl. auch BVerfGK 7, 61 <63>.

[21] Vgl. BVerfGK 9, 174 <196>; BVerfG, Beschluss der 3. Kammer des Zweiten Senats vom 27. April 2000 – 2 BvR 1990/96 –, NStZ 2000, S. 488; Beschluss der 3. Kammer des Zweiten Senats vom 27. April 2000 – 2 BvR 75/94 –, NStZ 2000, S. 489; Beschluss der 3. Kammer des Zweiten Senats vom 1. März 2000 – 2 BvR 2017/94, 2 BvR 2039/94 –, NStZ 2000, S. 489 <490>; Beschluss der 3. Kammer des Zweiten Senats vom 30. Juni 2005 – 2 BvR 1502/04 –, NStZ 2006, S. 46; Beschluss der 2. Kammer des Zweiten Senats vom 2. Juli 2009 – 2 BvR 2225/08 –, NJW 2009, S. 3225.

[22] Vgl. BVerfGK 4, 283 <285>; 9, 174 <196>; BVerfG, Beschluss der 2. Kammer des Zweiten Senats vom 28. Juli 2008 – 2 BvR 784/08 –, NJW 2008, S. 3053 <3054>.

[23] Vgl. BVerfG, Beschluss der 2. Kammer des Zweiten Senats vom 28. Juli 2008 – 2 BvR 784/08 –, NJW 2008, S. 3053; BGHSt 38, 214 <219 f.>; 44, 243 <249>; 51, 285 <289 f.>; vgl. auch Nack, in: Karlsruher Kommentar zur StPO, 6. Aufl. 2008, vor § 94 RN 10).

[24] Vgl. BVerfGE 33, 367 <383>; 46, 214 <222>; 122, 248 <272>.

[25] Vgl. BVerfGE 33, 367 <383>; 46, 214 <222>; 122, 248 <272 f.>.

ten wichtigen Gründen im Einzelfall anzuerkennen ist.[26] Die strafgerichtliche Rechtsprechung geht daher davon aus, dass insbesondere das **Vorliegen eines besonders schwerwiegenden Fehlers ein Verwertungsverbot nach sich ziehen kann.**[27] Die Unzulässigkeit oder Rechtswidrigkeit einer Beweiserhebung führt auch nach Auffassung des Bundesverfassungsgerichts nicht ohne weiteres zu einem Beweisverwertungsverbot.[28] Dies gilt auch für Fälle einer fehlerhaften Durchsuchung.[29] Ein **Beweisverwertungsverbot ist von Verfassungswegen** aber zumindest bei schwerwiegenden, bewussten oder willkürlichen Verfahrensverstößen, bei denen die grundrechtlichen Sicherungen planmäßig oder systematisch außer acht gelassen worden sind, geboten.[30] Ein **absolutes Beweisverwertungsverbot unmittelbar aus den Grundrechten** hat das Bundesverfassungsgericht nur in den Fällen anerkannt, in denen der absolute Kernbereich privater Lebensgestaltung berührt ist.[31] Ob ein Sachverhalt zum unantastbaren Bereich privater Lebensgestaltung oder zu jenem Bereich des privaten Lebens, der unter bestimmten Voraussetzungen dem staatlichen Zugriff offen steht, zuzuordnen ist, lässt sich nicht abstrakt beschreiben, sondern kann befriedigend nur unter Berücksichtigung der Besonderheiten des einzelnen Falls beantwortet werden.[32] ...

Bei der Prüfung, ob die angegriffenen Entscheidungen die Grenzen richterlicher Rechtsfindung wahren, hat das Bundesverfassungsgericht die **Auslegung einfachen Gesetzesrechts einschließlich der Wahl der hierbei anzuwendenden Methode nicht umfassend auf seine Richtigkeit zu untersuchen.** Vielmehr beschränkt es auch im Bereich des Strafprozessrechts seine Kontrolle auf die Prüfung, ob das Fachgericht bei der Rechtsfindung die gesetzgeberische Grundentscheidung respek-

---

[26]   Vgl. BGHSt 40, 211 <217>; 44, 243 <249>; 51, 285 <290>.

[27]   Vgl. BGHSt 51, 285 <292>; BGH, Beschluss vom 18. November 2003 – 1 StR 455/03 –, NStZ 2004, S. 449 <450>.

[28]   Vgl. BVerfGK 9, 174 <196>; BVerfG, Beschlüsse der 3. Kammer des Zweiten Senats vom 27. April 2000 – 2 BvR 1990/96 –, NStZ 2000, S. 488, und – 2 BvR 75/94 –, NStZ 2000, S. 489; vom 1. März 2000 – 2 BvR 2017/94, 2 BvR 2039/94 –, NStZ 2000, S. 489 <490>; vom 30. Juni 2005 – 2 BvR 1502/04 –, NStZ 2006, S. 46; Beschluss der 2. Kammer des Zweiten Senats vom 2. Juli 2009 – 2 BvR 2225/08 –, NJW 2009, S. 3225.

[29]   Vgl. BVerfG, Beschluss der 3. Kammer des Zweiten Senats vom 8. November 2001 – 2 BvR 2257/00 –, StV 2002, S. 113; Beschluss der 2. Kammer des Zweiten Senats vom 2. Juli 2009 – 2 BvR 2225/08 –, NJW 2009, S. 3225 <3226>.

[30]   Vgl. BVerfGE 113, 29 <61>; BVerfG, Beschluss der 2. Kammer des Zweiten Senats vom 15. Juli 1998 – 2 BvR 446/98 –, NJW 1999, S. 273 <274>; Beschluss der 1. Kammer des Zweiten Senats vom 16. März 2006 – 2 BvR 954/02 –, NJW 2006, S. 2684 <2686>.

[31]   Vgl. BVerfGE 34, 238 <245 f.>; 80, 367 <374 f.>; 109, 279 <320>.

[32]   Vgl. BVerfGE 34, 238 <248>; 80, 367 <374>.

tiert und von den anerkannten Methoden der Gesetzesauslegung in vertretbarer Weise Gebrauch gemacht.[33]

Bei der Beurteilung, ob der Verwendung der Daten für einen Anfangsverdacht schwerwiegende Rechtsverletzungen entgegenstehen, haben die Gerichte zugunsten der Beschwerdeführer unterstellt, dass nach innerstaatlichem Recht rechtswidrig oder gar strafbar gehandelt worden sei. Insoweit ist zu berücksichtigen, dass sich die Vorschriften der Strafprozessordnung zur Beweiserhebung und -verwertung nach Systematik, Wortlaut und Zweck ausschließlich an die staatlichen Strafverfolgungsorgane richten. Beweismittel, die von Privaten erlangt wurden, sind, selbst wenn dies in strafbewehrter Weise erfolgte, grundsätzlich verwertbar.[34] Dies bedeutet, dass allein von dem Informanten begangene Straftaten bei der Beurteilung eines möglichen Verwertungsverbotes von vornherein nicht berücksichtigt werden müssen.

---

[33] Vgl. BVerfGE 82, 6 <13>; 96, 375 <394>; 122, 248 <258>.

[34] h.M.; vgl. BGHSt 27, 355 <357>; 34, 39 <52>; Eisenberg, Beweisrecht der StPO, 6. Aufl. 2008, RN 397

Zivilrechtliches Repetitorium[1]

---

[1] Prof. Dr. Dr. Siegfried Schwab, Mag. rer. publ.

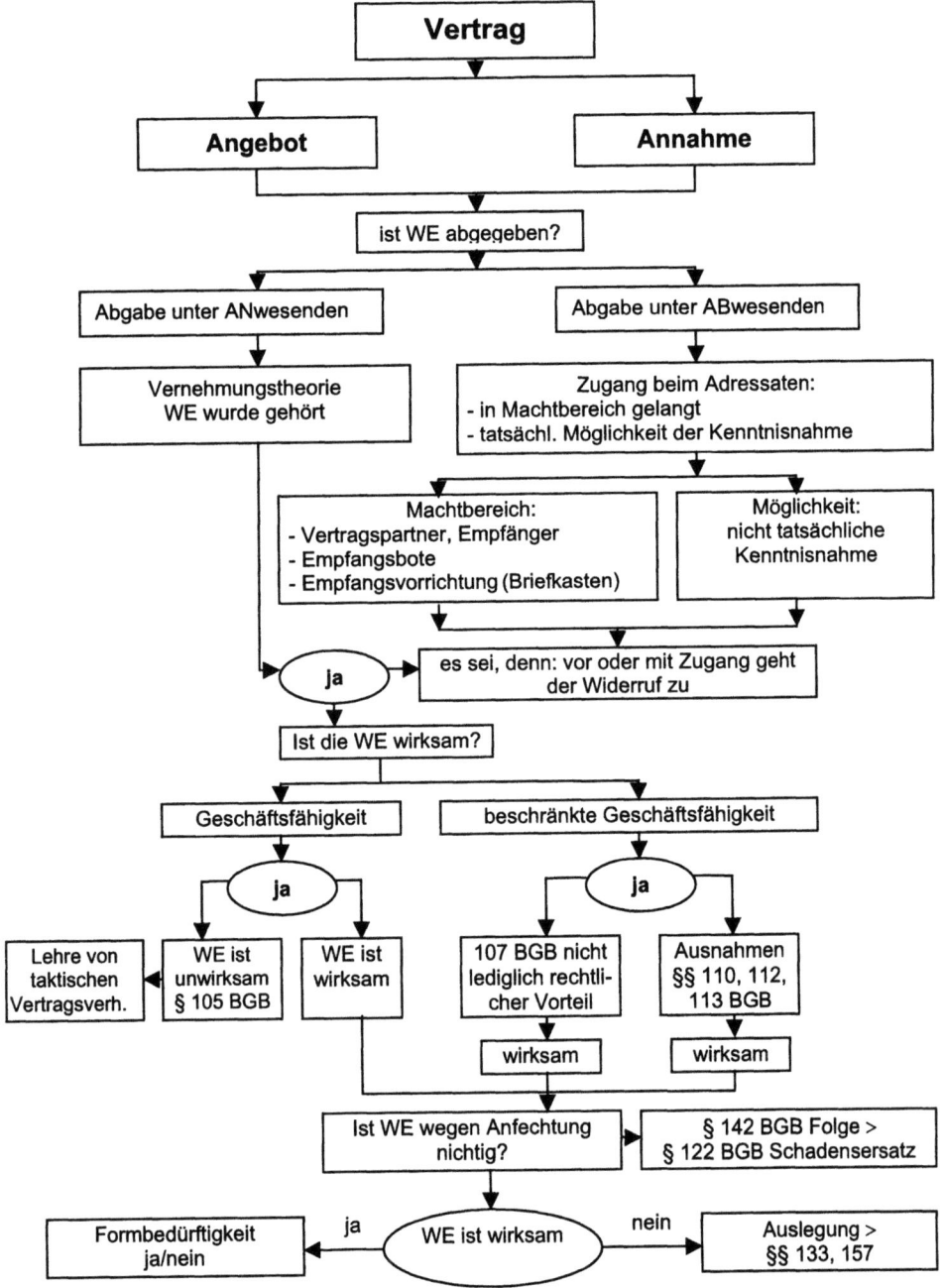

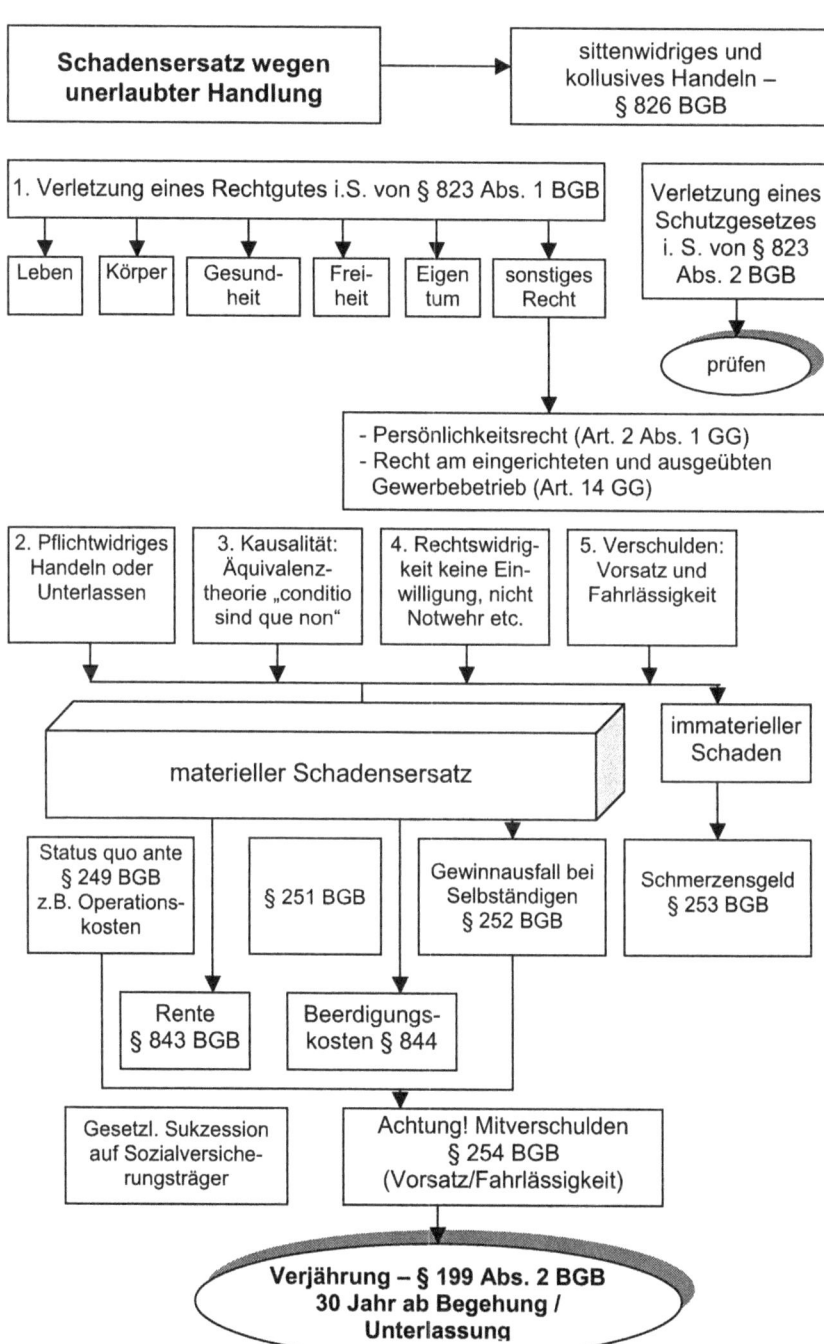

Schadensersatz wegen unerlaubter Handlung

sittenwidriges und kollusives Handeln – § 826 BGB

1. Verletzung eines Rechtgutes i.S. von § 823 Abs. 1 BGB

Verletzung eines Schutzgesetzes i. S. von § 823 Abs. 2 BGB

Leben | Körper | Gesundheit | Freiheit | Eigentum | sonstiges Recht

prüfen

- Persönlichkeitsrecht (Art. 2 Abs. 1 GG)
- Recht am eingerichteten und ausgeübten Gewerbebetrieb (Art. 14 GG)

2. Pflichtwidriges Handeln oder Unterlassen

3. Kausalität: Äquivalenztheorie „conditio sind que non"

4. Rechtswidrigkeit keine Einwilligung, nicht Notwehr etc.

5. Verschulden: Vorsatz und Fahrlässigkeit

materieller Schadensersatz

immaterieller Schaden

Status quo ante § 249 BGB z.B. Operationskosten

§ 251 BGB

Gewinnausfall bei Selbständigen § 252 BGB

Schmerzensgeld § 253 BGB

Rente § 843 BGB

Beerdigungskosten § 844

Gesetzl. Sukzession auf Sozialversicherungsträger

Achtung! Mitverschulden § 254 BGB (Vorsatz/Fahrlässigkeit)

Verjährung – § 199 Abs. 2 BGB 30 Jahr ab Begehung / Unterlassung

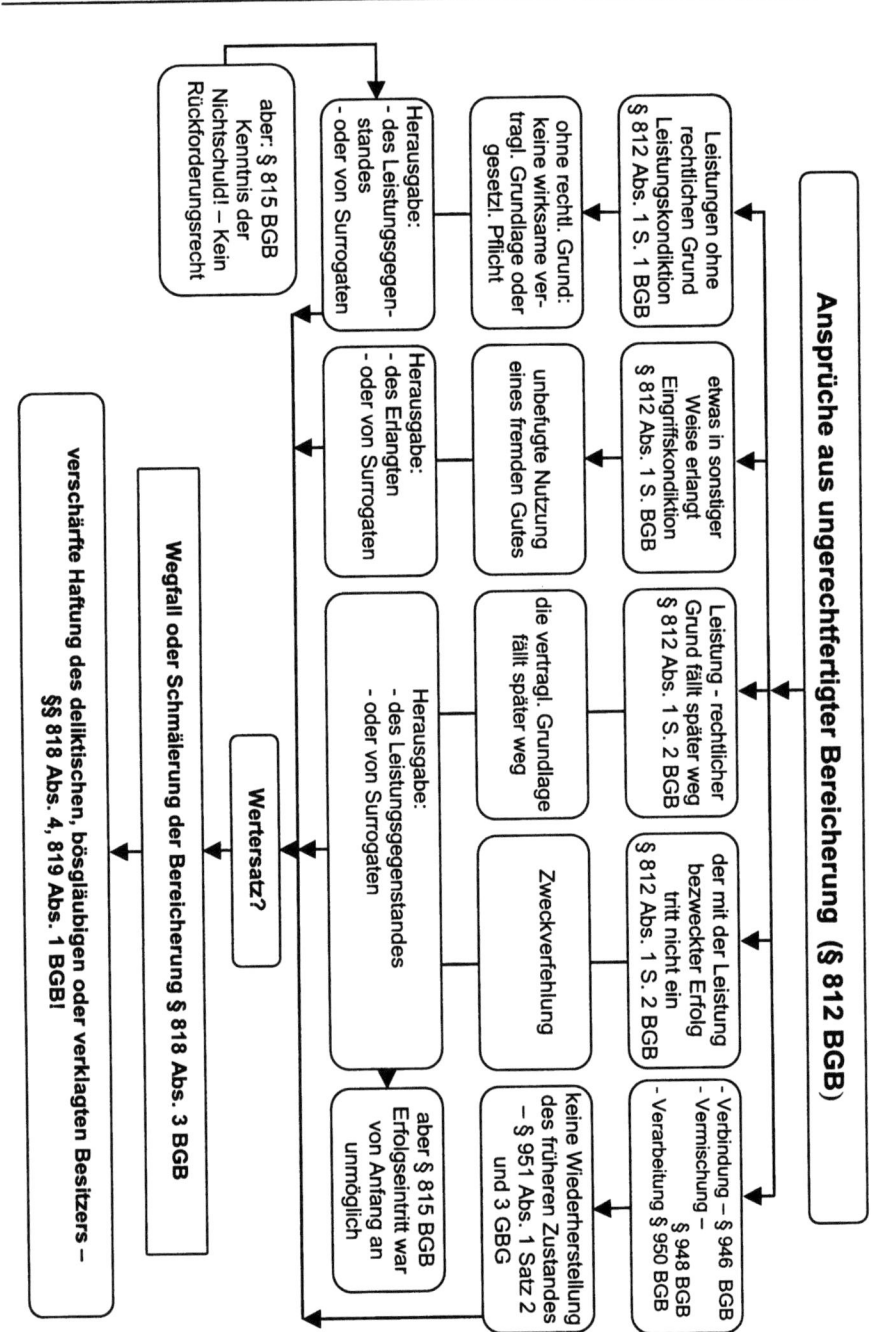

Ansprüche aus ungerechtfertigter Bereicherung (§ 812 BGB)

Leistungen ohne rechtlichen Grund
Leistungskondiktion
§ 812 Abs. 1 S. 1 BGB

ohne recht! Grund: keine wirksame vertrag!. Grundlage oder gesetzl. Pflicht

Herausgabe:
- des Leistungsgegenstandes
- oder von Surrogaten

aber: § 815 BGB Kenntnis der Nichtschuld! – Kein Rückforderungsrecht

etwas in sonstiger Weise erlangt
Eingriffskondiktion
§ 812 Abs. 1 S. BGB

unbefugte Nutzung eines fremden Gutes

Herausgabe:
- des Erlangten
- oder von Surrogaten

Leistung - rechtlicher Grund fällt später weg
§ 812 Abs. 1 S. 2 BGB

die vertrag!. Grundlage fällt später weg

Herausgabe:
- des Leistungsgegenstandes
- oder von Surrogaten

der mit der Leistung bezweckter Erfolg tritt nicht ein
§ 812 Abs. 1 S. 2 BGB

Zweckverfehlung

keine Wiederherstellung des früheren Zustandes
– § 951 Abs. 1 Satz 2 und 3 GBG

- Verbindung – § 946 BGB
- Vermischung –
  § 948 BGB
- Verarbeitung § 950 BGB

aber § 815 BGB Erfolgseintritt war von Anfang an unmöglich

Wegfall oder Schmälerung der Bereicherung § 818 Abs. 3 BGB

Wertersatz?

**verschärfte Haftung des deliktischen, bösgläubigen oder verklagten Besitzers –
§§ 818 Abs. 4, 819 Abs. 1 BGB!**

Staatsrechtliches Repetitorium[1]

---

[1] Prof. Dr. Dr. Siegfried Schwab, Mag. rer. publ.

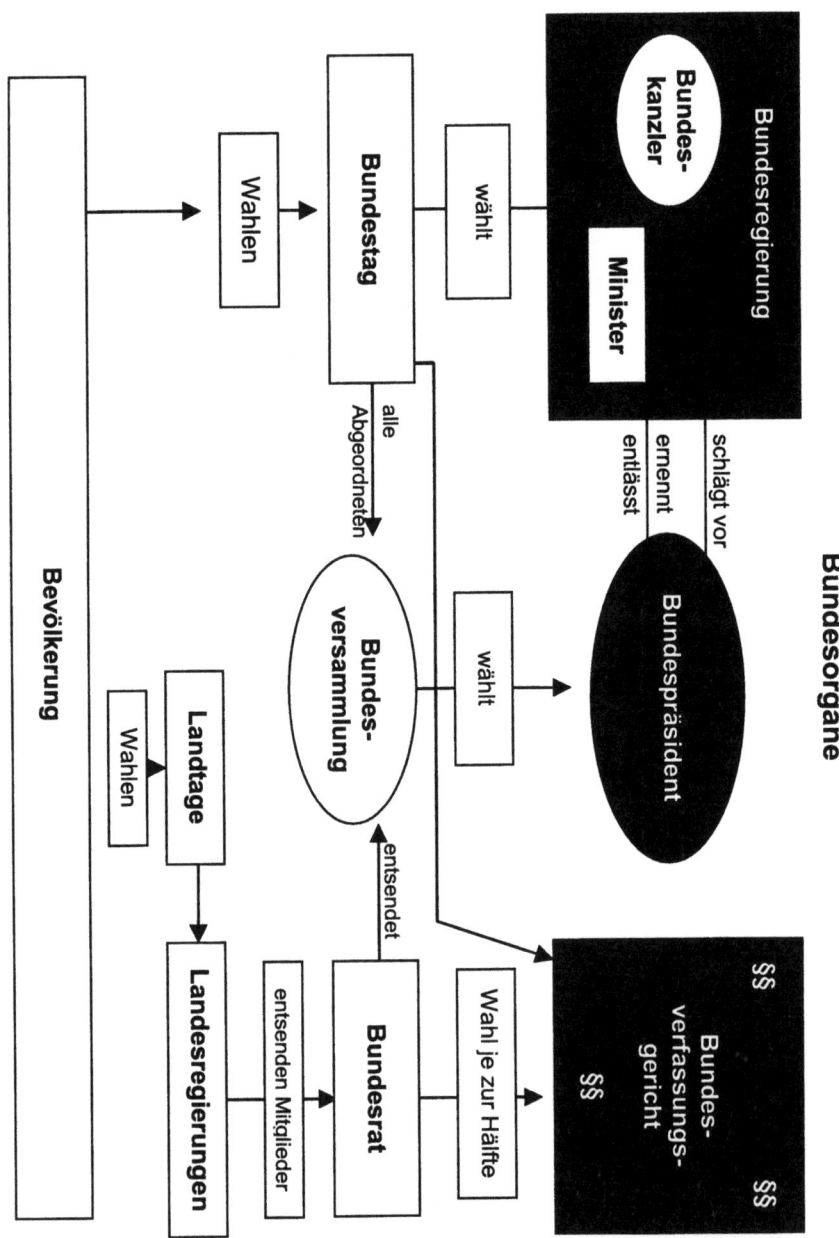

Der Bundespräsident: Wahl, Stellung und Aufgaben

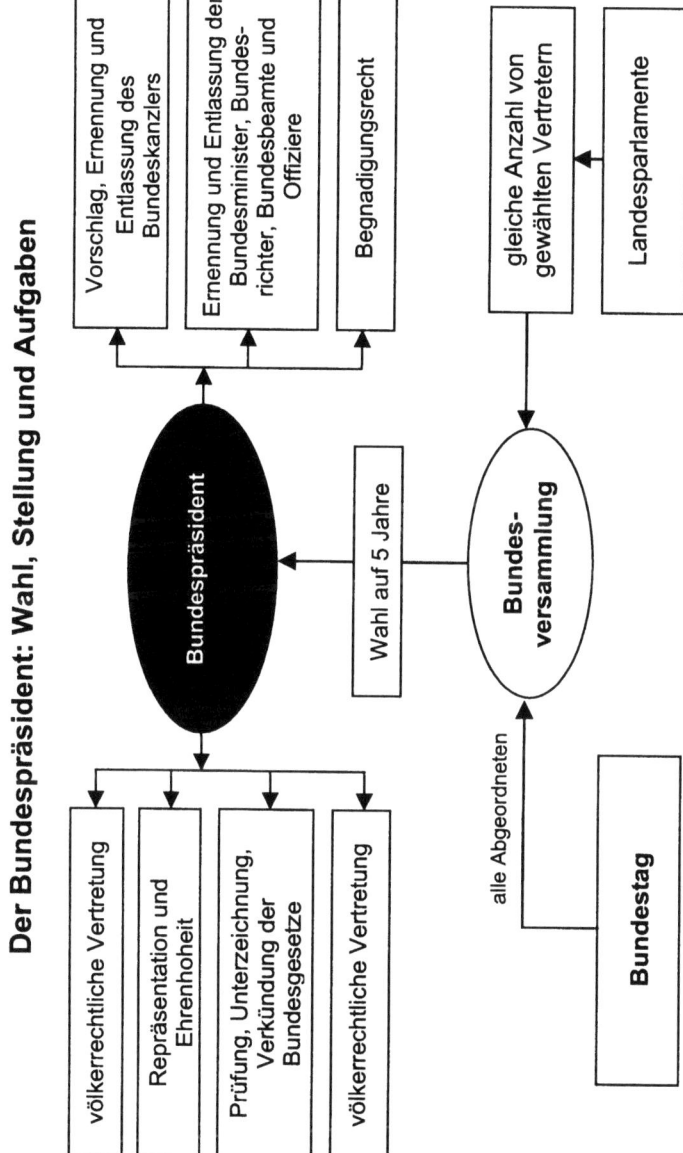

Diplomarbeiten

an der Dualen Hochschule Baden-Württemberg Mannheim

Altherr, Jasmin	Entwicklung und Implementierung von Anforderungsprofilen zur optimalen Stellenbesetzung am Beispiel der Stadtverwaltung Kaiserslautern
Armbrust, Lisa	Entwicklungspotenziale der ABG Abfallbeseitigungsgesellschaft mbH Mannheim
Becker, Tino	Investitionscontrolling – am Beispiel eines Straßenfertigers des Regiebetriebes Straßenunterhaltung der Stadt Heidelberg
Bender, Jacqueline	Anforderungen an das Lower Management beim Abmahnungs- und Kündigungsprozess
Blos, Nicole	Langfristige Kundenbindung durch Einführung eines Bonuspunkte-systems bei einem regionalen Energieversorger
Desch, Magdalena	Entwicklung eines Kundenservice – Centers bei einem regionalen Energieversorgungsunternehmen
Dölp, Marco	Strategie und Taktik für die Umsetzung der EKVO neu im Ab-wasserzweckverband Oberes Weschnitztal
Elmer, Katharina	Retention Management am Beispiel der Auszubildenden der Stadt-verwaltung Ludwigshafen
Haas, Helena	Mitarbeitermotivation durch Mitarbeiterbeteiligung. Ein Modell-projekt am Beispiel der Biothan GmbH
Hoffmann, Julian	Der Kommunale Finanzausgleich und die Auswirkungen der Finanzkrise auf den kommunalen Finanzausgleich am Beispiel der Stadt Mannheim
Kempf, Sandra	Öffentlichkeitsarbeit bei der Rhein-Neckar Flugplatz GmbH – Herausforderung der Präsenz in Social Media
Kissel, Anja	Interkulturelle Öffnung der Verwaltung
Koch, Nora	Wirtschaftliche Betätigung der Kommune dargestellt am Beispiel der Technischen Betriebsdienste der Stadt Lampertheim. Analyse möglicher Rechts- und Organisationsformen

Kuntz, Patric	Wirtschaftliche und technische Aspekte bei der Planung und Umsetzung einer Photovoltaikanlage für das Hallenbad in Zweibrücken
Lambrecht, Franziska	Einsparungen der Gesellschaft durch die Aufgabenwahrnehmung des Betreuers, insbesondere bei Krankenkassen und Sozialverwaltung
Leidner, Matthias	Der Prozess von der Vollversorgung zur strukturierten Beschaffung im liberalisierten Gasmarkt am Beispiel der Stadtwerke Frankenthal
Masciello, Giuliana Vanessa	Erstellung einer Kundenbefragung
Pluta, Patrick	Umbruch im Gasmarkt – Aufstellung eines Energieversorgungsunternehmens im liberalisierten Gasmarkt
Reis, Pia	Umsetzung der Anforderungen des AGG in der Personaleinstellungspraxis
Rettig, Jens	Personelle Herausforderung bei freiwilligen Feuerwehren am Beispiel des Kreises Bergstraße
Roth, Andreas	Employer Branding im öffentlichen Dienst – Entwicklung eines Arbeitgebermarkenimages am Beispiel der Stadtverwaltung Ludwigshafen am Rhein
Schippmann, Kristin	Zukunftsfähiges E-Government für die Stadt Mannheim
Sonnick, Anna	Evaluation des Vergabewesens der Stadt Mannheim
Stein, Katharina	Entwicklung einer Strategie zur Talentförderung bei der Stadt Mannheim
Sulu, Christina	Wirtschaftsplanung und Steuerung kommunaler Gesellschaften
Theobald, Sandra	Controlling in Versorgungsunternehmen: Betrachtung anhand der TWL, speziell des Bereiches NDT
Uhler, Magdalena	Leistungsbewertung in der Wissenschaft als Basis für die Mittelvergabe am Beispiel des Deutschen Krebsforschungszentrums (DKFZ). Entwicklung eines Modells zur internen Budgetierung
Wilking, Janek	Der demographische Wandel in Deutschland und seine Auswirkungen auf die Maßnahmen der Personalentwicklung
Ziegler, Mareike	Umsetzung eines operativen Controllings anhand des Finanz- und Rechnungswesens im Konzern Bad Soden Salmünster

*Frank Deickert, Björn Maier,
Siegfried Schwab (Hg.)*

Erfolgsfaktor Strategisches Management, Controlling und Personal
Zukunft des Gesundheitswesens

Mannheimer Schriften zur Gesundheitswirtschaft
Bd. 3, 2012, 274 S.,
ISBN 978-3-86226-056-0
€ 24,80

Im dritten Band wurde die Mitarbeit der Studierenden durch qualitativ hochwertige Auszüge von Bachelorarbeiten deutlich ausgeweitet. Die Beiträge bilden eine große Bandbreite des ökonomischen Handelns in Betrieben und Institutionen der Gesundheitswirtschaft an praxisorientierten Beispielen ab. Sie sind ein Beleg für eine gute Ausbildung der Betriebe und eine engagierte Arbeit in der Lehre und in der wissenschaftlichen Entwicklung der Studierenden.

Der Band enthält eine Arbeit zum Thema „Analyse des Einsatzes von Kodierfachkräften am Beispiel der Universitätsmedizin Mannheim", welche eine Auszeichnung für eine der besten Bachelorarbeit an der Dualen Hochschule Baden-Württemberg Mannheim erhielt.

Der wirtschaftswissenschaftlich Teil enthält Beiträge zum Thema Controlling und Risikomanagement, aber auch Dauerbrenner der betriebswirtschaftlichen Entscheidungen, beispielsweise das Thema Insourcing vs. Outsourcing.

Der europarechtliche Teil beschäftigt eingehend mit der Griechenland-Pleite und fragt „Eurozone in der Dauerkrise – kann ein Staat einfach pleite gehen?". Daneben werden viele aktuelle arbeitsrechtliche Entscheidungen ausgewertet wie etwa zum „Mobbing", zur Änderungskündigung und zum Verzicht auf Kündigungsschutzklage.

Frank Deickert, Björn Maier, Siegfried Schwab (Hg.)
Erfolgsfaktor Controlling, Risikomanagement und Personal
Zukunft des Gesundheitswesens
Mannheimer Schriften zur Gesundheitswirtschaft, Bd. 2, 2011, 261 S., br.,
ISBN 978-3-86226-038-6, € **24,80**

Frank Deickert, Björn Maier, Siegfried Schwab (Hg.)
Erfolgsfaktor Personal
Zukunft des Gesundheitswesens
Mannheimer Schriften zur Gesundheitswirtschaft, Bd. 1, 2011, 212 S., br.,
ISBN 978-3-86226-008-9, € **24,80**

Martin Arbeiter, Wolfgang Bühring, Ralf Daum, Siegfried Schwab (Hg.)
Die Zukunft aktiv gestalten I
Mannheimer Schriften zur Verwaltungs- und Versorgungswirtschaft, Bd.. 23, 2011, 337 S., br.,
ISBN 978-3-86226-054-3, € **24,80**

Martin Arbeiter, Wolfgang Bühring, Rüdiger Höche, Siegfried Schwab (Hg.):
Technik und Rechtsentwicklung V
Mannheimer Schriften zur Verwaltungs- und Versorgungswirtschaft, Band 22, 2011, 345 S., br.
ISBN 978-3-86226-028-7, € **24,80**

Martin Arbeiter, Wolfgang Bühring, Siegfried Schwab, Hanspeter Stiehl (Hg.):
Technik- und Rechtsentwicklung IV
Mannheimer Schriften zur Verwaltungs- und Versorgungswirtschaft, Band 21, 2011, 345 S., br,
ISBN 978-3-86226-023-2, € **24,80**

Martin Arbeiter, Wolfgang Bühring, Siegfried Schwab, Hanspeter Stihl, Wolfgang Zipperle (Hg.):
Technik- und Rechtsentwicklung III
Mannheimer Schriften zur Verwaltungs- und Versorgungswirtschaft, Band 20, 2010, 344 S., br.,
ISBN 978-3-86266-006-5, € **24,80**

Rüdiger Höche, Reiner Liebich, Siegfried Schwab (Hg.):
Technik- und Rechtsentwicklung II
Mannheimer Schriften zur Verwaltungs- und Versorgungswirtschaft, Band 19, 2010, 378 S., br.,
ISBN 978-3-8255-0745-9, € **25,-**

Martin Arbeiter, Wolfgang Bühring, Clemens Körner, Siegfried Schwab (Hg.):
Technik- und Rechtsentwicklung I
Mannheimer Schriften zur Verwaltungs- und Versorgungswirtschaft, Band 18, 2010, 348 S., br.,
ISBN 978-3-8255-0758-9, € **25,-**

Schwab Silke, Schwab, Siegfried (Hg.):
Probleme der postindustriellen Bürgergesellschaft V
Mannheimer Schriften zur Verwaltungs- und Versorgungswirtschaft, Band 17, 2010, 354 S., br.,
ISBN 978-3-8255-0757-2, € **25,-**

Informationen und weitere Titel unter **www.centaurus-verlag.de**

MIX
Papier aus verantwortungsvollen Quellen
Paper from responsible sources
FSC® C105338
FSC
www.fsc.org

If you have any concerns about our products,
you can contact us on
ProductSafety@springernature.com

In case Publisher is established outside the EU,
the EU authorized representative is:
Springer Nature Customer Service Center GmbH
Europaplatz 3, 69115 Heidelberg, Germany

Printed by Libri Plureos GmbH
in Hamburg, Germany